中国驰名商标

宁江机床

NINGJIANG

MACHINE TOOLS

四川普什宁江机床有限公司由宁江机床集团公司和五粮液普什集团公司共同出资设立，是中国精密数控机床研发、制造、销售的大型骨干企业。公司产品服务于航空、航天、军工、船舶、核电、汽车、模具以及仪器仪表和家电五金等行业。

主导产品

卧式加工中心系列

五轴加工中心

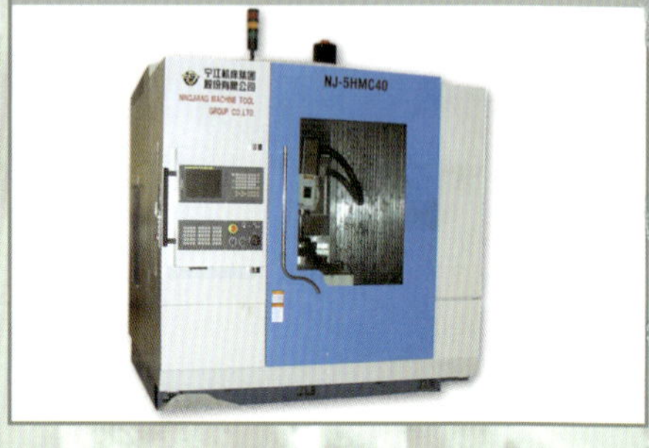

坐标磨床/镗床系列

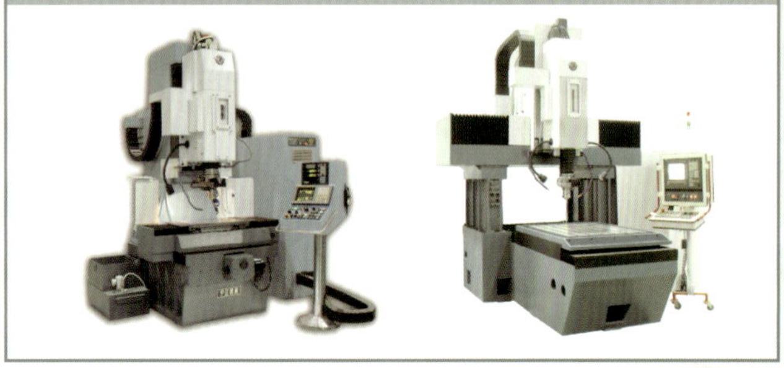

数控及凸轮控制纵切自动车床系列

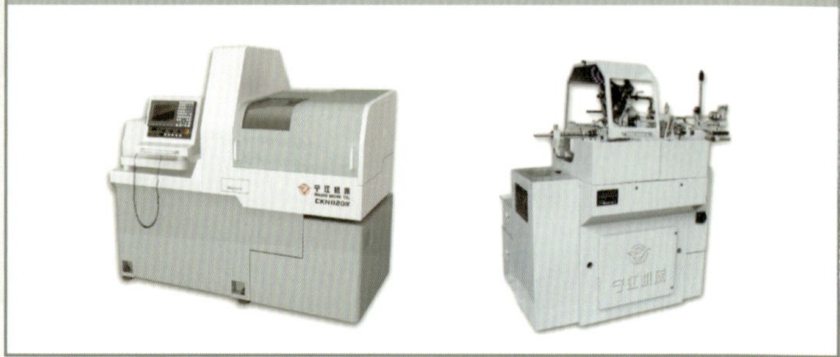

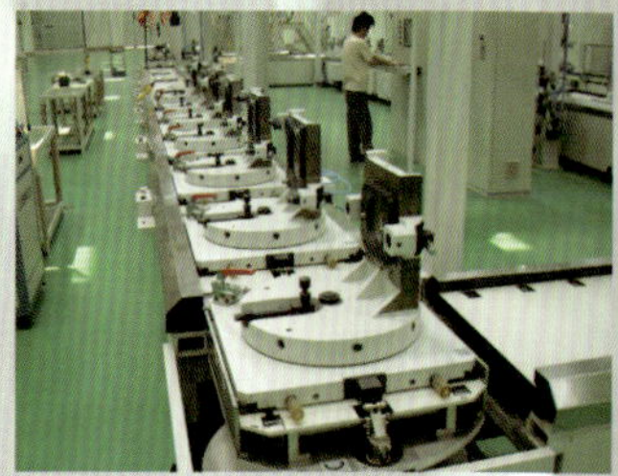

自动组装线及生产线

LGF-001-100
2007041573
ZBG-3-001-100
2007042039(G)

中国名牌
CHINA TOP BRAND
2007.9-2010.9
47年风雨历程，铸就行业名牌
传感精诚，惟有禹衡
Changchun
Yuheng
Optics
Co.,Ltd.

中國藝工
YIGONG CHINA
滚珠丝杠40m/min
滚柱导轨80m/min
成功运用于高速龙门五轴加工中心
中国滚动功能部件
研发制造基地
南京工藝装備製造有限公司
CHINA NANJING TECHNICAL EQUIPMENT MANUFACTURE CO., LTD.
地址：江苏省南京市莫愁路329号 邮编：210004
电话：0086-25-86561707 86586220 http://www.njyigong.cn

桂林量具刃具有限责任公司

SHAN

Guilin Measuring & Cutting Tool Co.,Ltd.

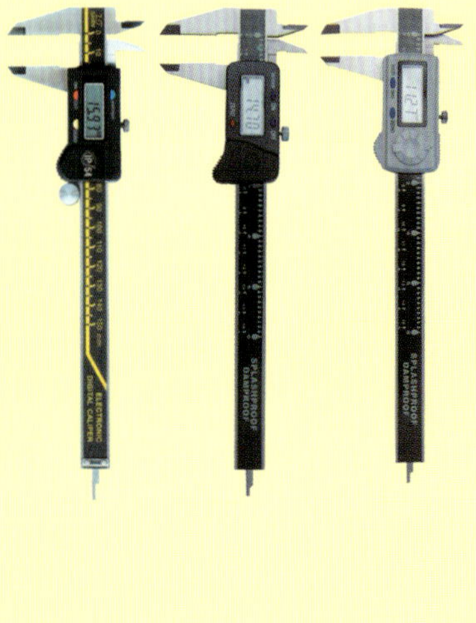

桂林量具刃具有限责任公司(原桂林量具刃具厂)坐落在桂林市风景秀丽的漓江之滨，是中国通用量具专业生产厂家。

公司生产的“山字”牌精密量具包括各类机械式和电子数显式的卡尺、千分尺、量表、深度尺、高度尺、测长器和专用量具等。量具品种多，规格齐全,年产量100多万件(套)。“山字”牌防震百分表两次获得国家银质奖,其他产品亦多次获国家优质产品称号。“山字”牌产品在国内外享有盛誉，50%的产品出口到40多个国家和地区。

公司引进了激光刻线机、激光切割机、激光干涉仪、保护气体淬火炉、精密滚齿机、轴颈抛光机等一系列国外先进设备，使产品质量更上一层楼。

公司1997年通过ISO9001质量体系认证，并于2000年通过复审换证。

工厂承诺：不遗余力地为用户提供满意的产品和服务!

地址：广西壮族自治区桂林市崇信路40号　　邮编：541002

电话：0773-3854341 3833012　　传真：0773-3835544

http://www.sinoshan.com　　E-mail: sales@sinoshan.com

HEIDENHAIN
海 德 汉
高速高精 至臻完美
HEIDENHAIN
Test run
2012第五届全国数控技能大赛
五轴应用指定数控系统
数控系统主要特性：
· 高速度
· 高精度
· 高表面质量
· 五轴联动
· 易操作
精准有道
约翰内斯·海德汉博士(中国)有限公司
www.heidenhain.com.cn
地址：北京市顺义区天竺空港工业区A区天纬三街6号
邮编：101312
电话：010-80420000
传真：010-80420010
E-mail: sales@heidenhain.com.cn

中国机械工业年鉴系列

中国机床工具工业年鉴

2012

中国机械工业年鉴编辑委员会
中国机床工具工业协会
编

机械工业出版社
China Machine Press

《中国机床工具工业年鉴》2012 年刊设置综述、专文、行业概况、市场概况、企业专题、统计资料、标准化、大事记和附录等栏目，集中反映机床工具行业的产品状况、技术水平、产销情况及发展趋势，全面系统地提供了机床工具行业的经济指标。

《中国机床工具工业年鉴》主要发行对象为政府决策机构、机械工业相关企业决策者和从事市场分析、企业规划的中高层管理人员以及国内外投资机构、贸易公司、银行、证券、咨询服务部门和科研单位的机电项目管理人员等。

图书在版编目（CIP）数据

中国机床工具工业年鉴．2012/ 中国机械工业年鉴编辑委员会，中国机床工具工业协会编．—北京：机械工业出版社，2013.1

（中国机械工业年鉴系列）

ISBN 978-7-111-41163-5

Ⅰ．①中… Ⅱ．①中… ②中… Ⅲ．①机床—金属加工工业—中国—2012—年鉴 Ⅳ．① F426.41-54

中国版本图书馆 CIP 数据核字（2013）第 009030 号

机械工业出版社（北京市西城区百万庄大街 22 号　邮政编码 100037）

责任编辑：魏素芳

北京画中画印刷有限公司印制

2013 年 1 月第 1 版第 1 次印刷

210mm×285mm · 24 印张 · 44 插页 · 968 千字

定价：320.00 元

中国机械工业年鉴系列

作为『工业发展报告』

记录企业成长的每一阶段

中国机械工业年鉴

编辑委员会

中国机床工具工业年鉴

『鉴』证行业发展

共建制造强国

中国机床工具工业年鉴
执行编辑委员会

中国机床工具工业年鉴

『鉴』证行业发展
共建制造强国

中国机床工具工业年鉴
执行编辑委员会

中国机床工具工业年鉴
编辑出版工作人员

总　编　辑　郭　锐
主　　　编　李卫玲
副　主　编　刘世博　　肖新军
执行主编　朱彩绵
责任编辑　魏素芳
市场编辑　田泽荣　　常　静　　蒋　斌

地　　　址　北京市西城区百万庄大街22号（邮编100037）
编　辑　部　电话（010）88379829　传真（010）68997966
发　行　部　电话（010）68326643　传真（010）68326017
E-mail:cmiy@vip.163.com
http://www.cmiy.com　　www.mepfair.com

中国机床工具工业年鉴

『鉴』证行业发展

共建制造强国

中国机床工具工业年鉴
特约顾问、特约编辑

特约顾问单位	特约顾问	特约编辑
哈尔滨量具刃具集团有限责任公司	魏华亮	李雪冬
长春禹衡光学有限公司	林长友	杨玉柏
营口机床厂有限公司、营口冠华机床有限公司	刘国强	谢振荣
陕西秦川机床工具集团有限公司	龙兴元	郭　劼
泰安华鲁锻压机床有限公司	刘庆印	韩　军
济南四机数控机床有限公司	王福盛	姬　勇
保定向阳航空精密机械有限公司	李永伟	黄宇龙
机械工业第六设计研究院	赵景孔	刘筑雄
杭州杭机股份有限公司	朱金根	王红黎
宁波海天精工机械有限公司	王焕卫	孙燕华
浙江佳雪微特电机、浙江佳雪数控机床有限公司	潘阿祥	姚志学
江苏亚威机床股份有限公司	吉素琴	李彩红
江苏金方圆数控机床有限公司	宓仲业	孟兆胜
江苏恒力组合机床有限公司	仲　秋	宋建武
扬州欧普兄弟机械工具有限公司	陈　军	邵　怡
湖南宇环同心数控机床有限公司	许世雄	周晓红
成都成量工具集团有限公司	夏义宝	潘凡伟
桂林广陆数字测控股份有限公司	彭　明	李振雄
广州数控设备有限公司	何敏佳	杨兴安
广东高新凯特精密机械股份有限公司	傅　洁	唐兵仿

前　言

2011 年是实施“十二五”规划的起步之年。在过去的一年里，我国机床工具行业经济规模继续保持高速增长，进一步巩固了生产和消费全球第一的地位；市场需求高端化的趋势加速，国产中高档数控机床批量投放市场，部分高档数控机床进入重点行业核心制造领域，在一些领域取得了重要突破。这些标志着机床工具行业在转变发展方式、调整产业和产品结构、推进产业升级等方面迈出了新的步伐。

2011 年，机床工具行业完成工业总产值 6 606.5 亿元，同比增长 32.1%；产品销售产值 6 424.9 亿元，同比增长 31.1%；实现利润 445.8 亿元，同比增长 28.0%。

金属加工机床消费额达 390.9 亿美元，占国际机床消费总量的 45.5%。其中，数控机床消费额 255.8 亿美元，占我国机床消费总量的 65.44%。

金属切削机床产量 85.99 万台，同比增长 15.1%。其中，数控金属切削机床产量 25.71 万台，同比增长 20.6%。金属成形机床产量 23.85 万台，同比增长 0.9%。

机床工具产品进出口总额 291.9 亿美元，其中，进口额 202.9 亿美元，出口额 89.0 亿美元；进出口逆差 113.9 亿美元。金属加工机床进口额 132.4 亿美元，出口额 24.2 亿美元，进出口逆差 108.2 亿美元。其中，数控金属加工机床进口额 111.1 亿美元，出口额 9.0 亿美元，进出口逆差 102.1 亿美元。

全行业累计完成固定资产投资 2 214.5 亿元，同比增长 54.7%。其中，完成固定资产投资中设备购置额 944.0 亿元，同比增长 54.0%。

2011 年，全行业申报“中国机械工业科学技术奖”科研项目共计 49 项，获奖项目 27 项，其中，一等奖 2 项、二等奖 11 项、三等奖 14 项。

2011 年，机床工具行业虽然延续了上年的高速增长，产业结构调整取得显著进步，但国内市场需求结构的加速升级与行业供给能力仍有很大差距，存在着不相适应的矛盾。因此，“十二五”期间，全行业必须实施战略转变和工作重心转移，推动行业由大变强。这既是市场和发展环境对行业提出的客观要求，也是行业持续发展的现实需要，更是国家战略赋予行业的历史使命。

2012 年是实施“十二五”规划的关键之年，全行业要统一思想，达成共识，把工作重心转移到国民经济重点行业核心制造领域服务上来，转移到不断提高中高档数控机床的国内市场占有率上来，转移到不断提高中高档数控系统和功能部件的国内市场占有率上来，为分阶段实现由大变强的战略目标打下坚实的基础。

多年来，《中国机床工具工业年鉴》已成为中国机床工具工业协会与社会各界和广大用户相互联系、交流、增进了解的桥梁，并得到了大家的关心、帮助和支持。今后，希望广大用户和业内人士继续联手，相互支持，为机床工具行业的可持续发展共同努力！

《中国机床工具工业年鉴》是记载行业发展的工具书，为读者提供了机床工具行业较全面的年度经济运行和发展情况，希望对大家了解行业有关情况和行业发展历史有所帮助。在《中国机床工具工业年鉴》的编辑过程中，得到了机床工具行业各企业和相关用户给予的大力支持，在此一并表示感谢。中国机床工具工业协会将一如既往地为各界朋友和广大用户提供真诚的服务。

中国机床工具工业协会常务副理事长

2012 年 12 月

索引

『鉴』证行业发展

共建制造强国

中国工业年鉴出版基地

广告索引

索

引

『鉴』证行业发展

共建制造强国

中国工业年鉴出版基地

专题索引

品牌之路

中国机床工具行业

先进会员企业专栏

2011年度中国机床工具工业协会先进会员企业

自主创新十佳企业（排名不分先后）

齐重数控装备股份有限公司	武汉重型机床集团有限公司
重庆机床（集团）有限责任公司	宁波海天精工机械有限公司
北京精雕科技有限公司	江西杰克机床有限公司
成都宁江机床（集团）股份有限公司	广州数控设备有限公司
南京工艺装备制造有限公司	广东高新凯特精密机械股份有限公司

数控产值十佳企业

大连机床集团有限责任公司	沈阳机床（集团）有限责任公司
陕西秦川机床工具集团有限公司	济南二机床集团有限公司
北京第一机床厂	宁波海天精工机械有限公司
齐重数控装备股份有限公司	北京精雕科技有限公司
杭州友佳精密机械有限公司	浙江瑞远机床集团有限公司

产品销售收入十佳企业

沈阳机床（集团）有限责任公司	大连机床集团有限责任公司
陕西秦川机床工具集团有限公司	北京第一机床厂
济南二机床集团有限公司	江苏天工工具有限公司
江苏扬力集团有限公司	天水星火机床有限责任公司
宁波海天精工机械有限公司	齐重数控装备股份有限公司

产品出口十佳企业

山东威达重工股份有限公司	江苏扬力集团有限公司
北京阿奇夏米尔工业电子有限公司	北京第一机床厂
沈阳机床（集团）有限责任公司	大连机床集团有限责任公司
湖北三环锻压设备进出口有限公司	桂林广陆数字测控股份有限公司
齐重数控装备股份有限公司	浙江凯达机床股份有限公司

综合经济效益十佳企业

宁波海天精工机械有限公司	株洲钻石切削刀具股份有限公司
大连机床集团有限责任公司	北京精雕科技有限公司
杭州友佳精密机械有限公司	江苏天工工具有限公司
天水星火机床有限责任公司	江苏亚威机床股份有限公司
江苏金方圆数控机床有限公司	浙江日发数码精密机械股份有限公司

精心创品牌活动十佳企业（排名不分先后）

浙江凯达机床股份有限公司	安阳鑫盛机床股份有限公司
汉川机床集团有限公司	上海机床厂有限公司
重庆机床（集团）有限责任公司	贵阳险峰机床有限责任公司
成都宁江机床（集团）股份有限公司	东风汽车有限公司设备制造厂
哈尔滨第一工具制造有限公司	山东宏康机械制造有限公司
江苏亚威机床股份有限公司	南京工艺装备制造有限公司
中南钻石股份有限公司	

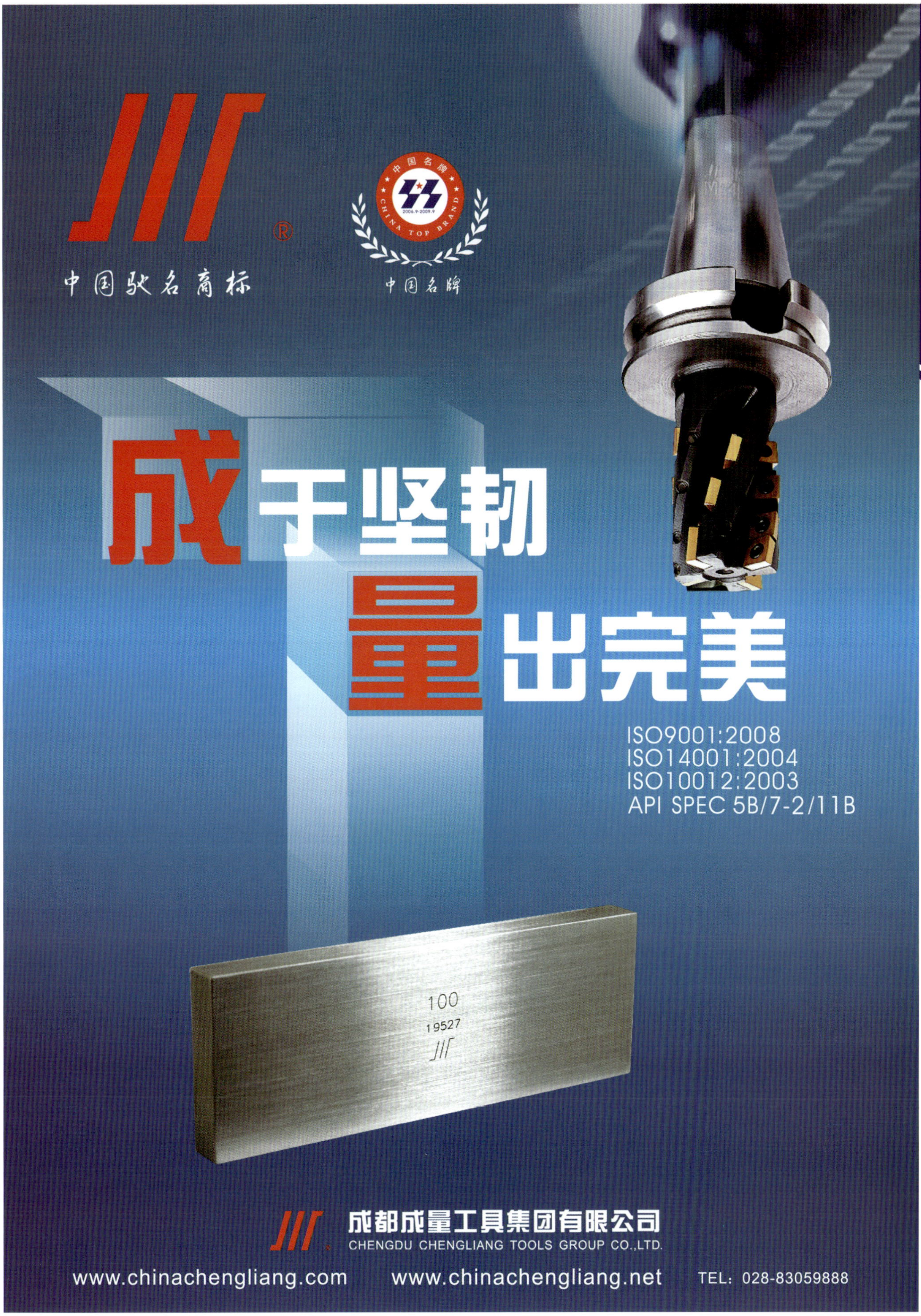
中国驰名商标
中国名牌
2006.9-2009.9
CHINA TOP BRAND
成于坚韧
量出完美
ISO9001:2008
ISO14001:2004
ISO10012:2003
API SPEC 5B/7-2/11B
100
19527
成都成量工具集团有限公司
CHENGDU CHENGLIANG TOOLS GROUP CO.,LTD.
www.chinachengliang.com
www.chinachengliang.net
TEL：028-83059888

DMTG 大连机床集团有限责任公司

大连机床集团有限责任公司始建于1948年，是新中国成立初期国家机床行业十八罗汉之一。经过60余年的风雨历程，已发展成为全国机床工具行业的排头兵企业，我国重要的数控机床、高速精密车床、重型专用机床及大型龙门镗铣机床生产基地，综合性数控系统及功能部件研发制造基地和铸件生产基地。主要产品有500多个品种，遍布国内各省市自治区，远销世界100多个国家和地区。

"十五"以来，大连机床集团用信息化改造传统产业，走新型工业化道路，转变发展方式，调整产业结构，进行大规模的技术改造，极大地提高了产品技术创新和装备制造能力，拓展了企业快速发展的新境界。企业的数控技术、柔性制造技术、自动检测技术以及高速数控机床、高速加工中心、柔性生产线和数控功能部件的设计、制造达到世界先进水平，突破了一批制约我国数控机床发展的核心技术，形成了一批在国际市场上具有竞争力的高端产品。"十一五"期间累计自主创新产品销售收入166亿元，主导产品共获得国家、省、市科技进步奖项51项，开发出国内领先并具有国际先进水平的新产品482种，拥有新型专利110项、具有自主知识产权的核心技术168项。"DMTG"被评为中国驰名商标。DMTG牌数控车床连续6年获中国名牌产品。截至2010年，连续9年荣获中国机床工具行业自主创新、销售收入、数控产值、出口创汇、精心创品牌五项"十佳"称号；2007~2011年连续5年营业收入超过100亿元，2011年营业收入178亿元，居全国同行业前茅。荣获辽宁省、大连市超百亿元领军企业，中国工业大奖表彰奖及全国"两化合一"先进单位等荣誉。

大连机床集团的创新发展，引领了中国机床行业的发展步伐，带动了中国机床行业的突飞猛进，使中国机床制造业站在了世界机床行业的前列。至"十一五"末期，大连机床集团已为汽车、航天航空、军工、核工业、风电核电及船舶、轨道交通、工程机械等行业提供了重大装备累计45万台（套）、自动线600余条，许多关键性技术达到世界一流，替代了进口，并填补了国内空白。一批高档机床率先进入世界500强的企业中。

大连机床集团公司董事长　陈永开

DMTG 大连机床集团有限责任公司

IA5F镗铣加工中心

FMC8008卧式加工中心

D-5089柔性制造岛

VLB40倒立式数控车床

数控系统及数控功能部件

新研制的矩形柔性加工自动线

大连机床　服务世界

DL-50斜床身数控车床

MDV95立式加工中心

D01X自动生产线

CHD25A车铣复合中心

VX32-60龙门加工中心

TTB300车-车拉机床

CHMTI
重庆机床

重庆机床(集团)有限责任公司

品质，决定于每一次细微的碰撞，在万里挑一的选择中，我们受到世界56个国家及地区用户的青睐。为用户提供更精细高效的制齿设备，帮助他们成为更优秀的企业，是我们的目标和梦想。

作为全球性的机床生产企业，重庆机床(集团)有限责任公司始建于1940年，是中国机床行业“十八罗汉”企业之一、中国齿轮加工机床行业标准制定者。目前拥有总资产21亿元，在岗职工约4 600人，各类专业技术人员1 200余人；是以专业生产齿轮加工机床为主，产品涵盖车床、加工中心、复杂刀具、汽车零配件、螺杆制造等于一体的大型国有企业；建有国家技术中心、院士专家工作站、博士后科研工作站和重庆机床&PTG欧洲机床研发中心；已连续13次被评为“重庆工业企业50强”，取得了国家科技进步一、二等奖，中国名牌产品，中国驰名商标，重庆市质量管理奖，国家一级安全质量标准化企业等众多荣誉。

作为世界上优秀的齿轮加工机床制造商，我们雕琢每一个细节，缔造一项项精品，为中国建立起了一座全球化的成套制齿加工装备研发制造基地，切实践行着“装备中国、服务世界”的企业使命。

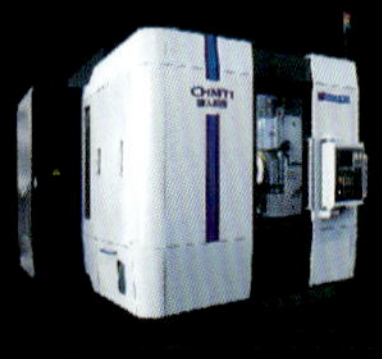
数控高速滚齿机系列

大型数控滚齿机系列

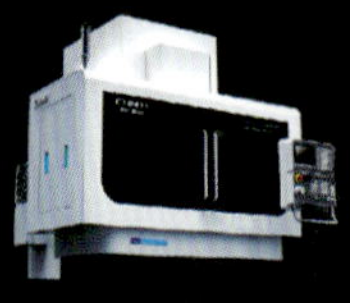
数控剃齿机系列

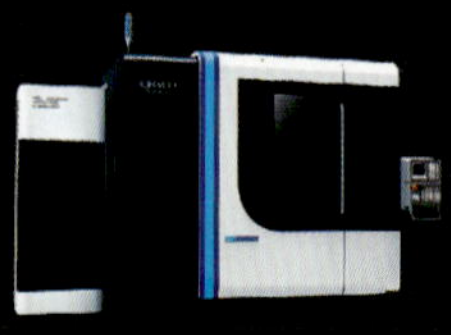
数控万能磨齿机系列

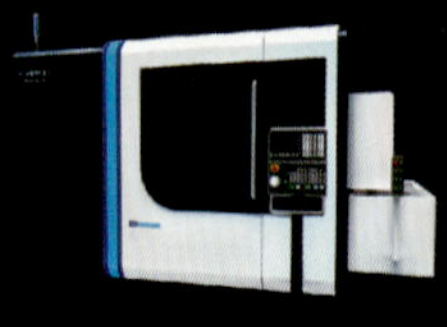
数控高速干切滚齿机系列

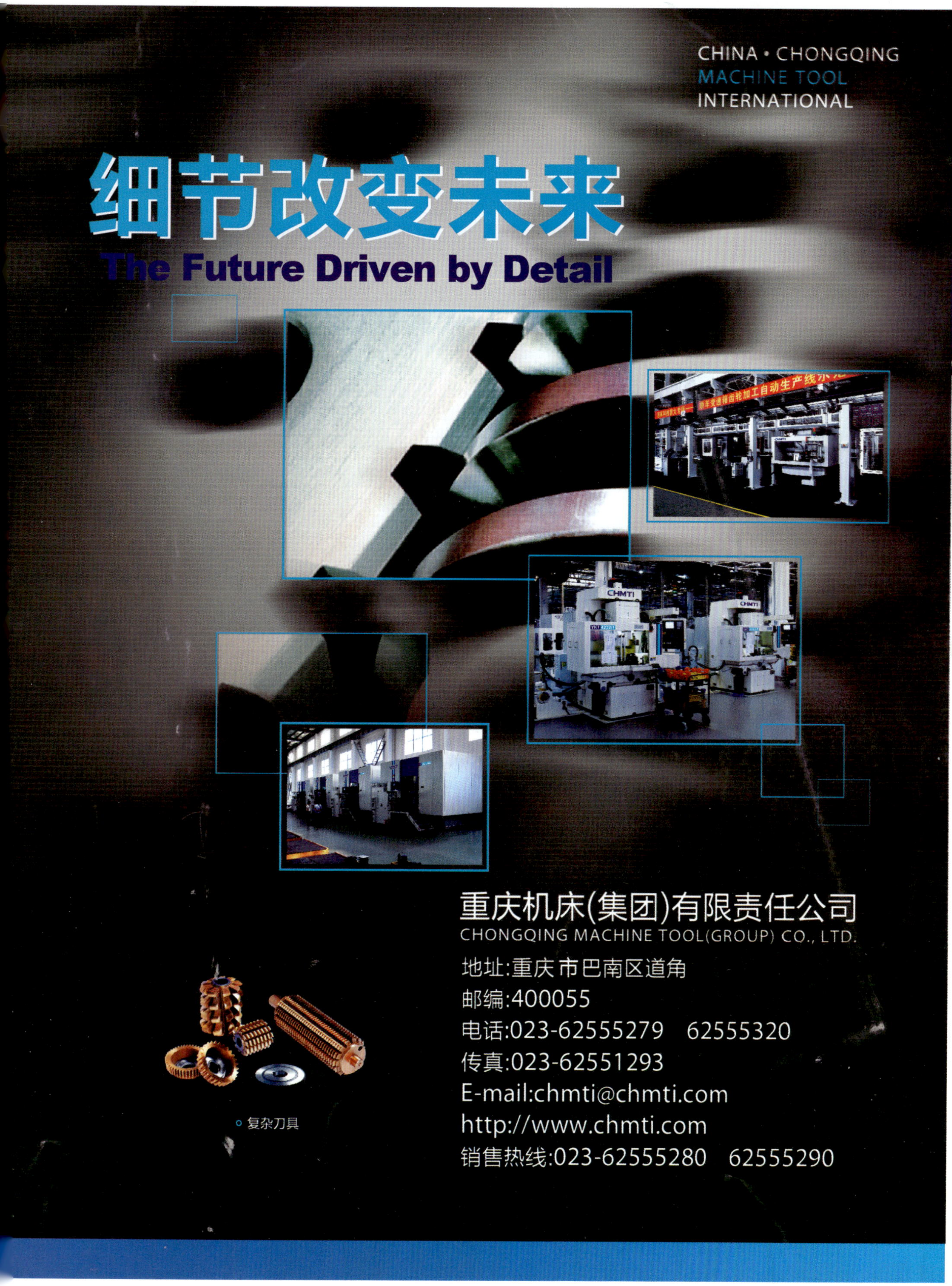
CHINA • CHONGQING
MACHINE TOOL
INTERNATIONAL
细节改变未来
The Future Driven by Detail
CHMTI
复杂刀具
重庆机床(集团)有限责任公司
CHONGQING MACHINE TOOL(GROUP) CO., LTD.
地址:重庆市巴南区道角
邮编:400055
电话:023-62555279 62555320
传真:023-62551293
E-mail:chmti@chmti.com
http://www.chmti.com
销售热线:023-62555280 62555290

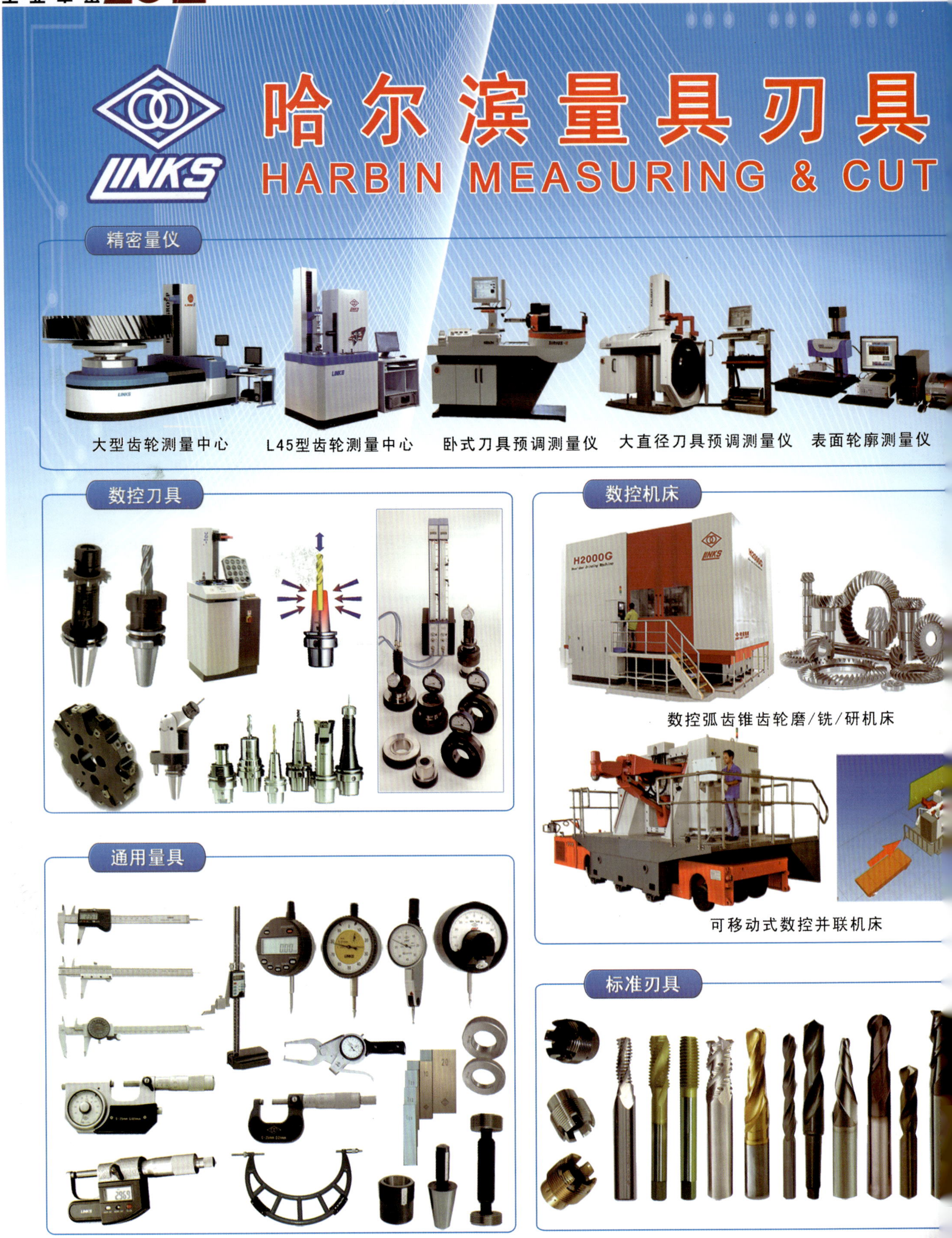
LINKS
哈尔滨量具刃具
HARBIN MEASURING & CUT
精密量仪
大型齿轮测量中心
L45型齿轮测量中心
卧式刀具预调测量仪
大直径刀具预调测量仪
表面轮廓测量仪
数控刀具
数控机床
H2000G
数控弧齿锥齿轮磨/铣/研机床
可移动式数控并联机床
通用量具
标准刃具

中国机床工具行业

优秀企业风采

TONTEC
南通科技
南通科技成就
替代进口产品：
精密立式加工中心
精密卧式加工中心
汽车轮毂专用车床
五轴联动立卧加工中心
高速加工中心
静压导轨龙门加工中心
合作项目：
SGM 汽车发动机缸体缸盖精密柔性制造单元
MAG 高速加工中心
NSS 加工中心主轴
南通科技投资集团股份有限公司
地址：江苏省南通市港闸区永和路 1 号
邮编：226011
电话：0513-85527964
传真：0513-85512271
E-mail: xszgs@tonmac.com.cn
http://www.tontec.net
TONTEC TECHNOLOGY INVESTMENT GROUP CO.,LTD.
Add:1 YongHe Road GangZha area, Nantong, Jiangsu, China
P C:226011
Tel:0086-513-85527964
Fax:0086-513-85512271
E-mail: xszgs@tonmac.com.cn
http://www.tontec.net

中国创造！
TONTEC

高精度立式双面研磨机

数控立式单面研磨机

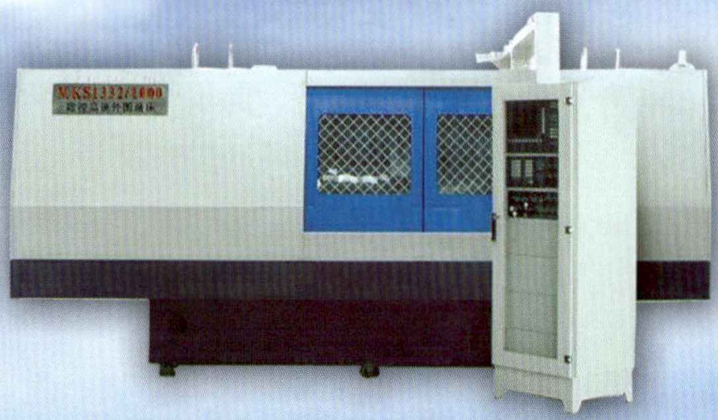

数控高速外圆磨床

湖南宇环同心数控机床有限公司是研发生产精密、高效数控系列磨床的重点装备制造厂，是湖南省高新技术企业，是国家火炬计划项目、国家“十一五”科技重点支撑项目、国家科技型中小企业创新基金重点项目、国家重点新产品计划、长沙市四大千亿元产业集群重点企业的实施单位。

公司建立了完善的现代企业制度，通过了ISO9001:2008国际质量管理体系认证，制定了经技术监督部门批准登记的企业产品标准。公司注册的“宇环”商标被评为湖南省著名商标。

公司生产的主要产品有全数控凸轮轴磨床系列、数控双端面磨床系列、立式双面研磨抛光机系列、数控气门外圆磨床、非圆复合车铣加工中心、活塞环生产专用设备等六大系列。产品行销全国各省区，并出口到十多个国家和地区。

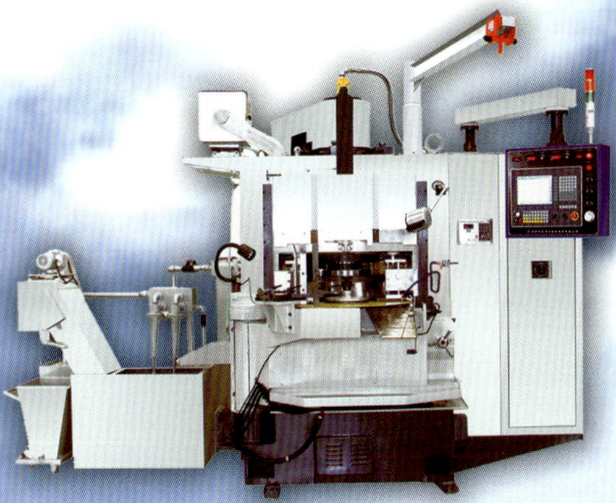

数控立式双端面磨床

全数控高速凸轮轴磨床

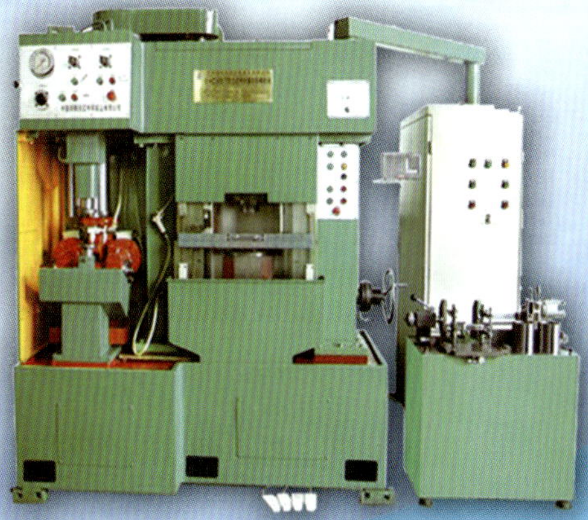

立式仿形车铣床

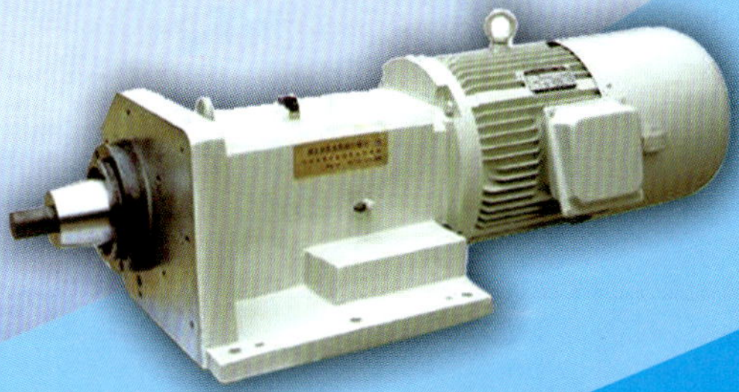

电主轴

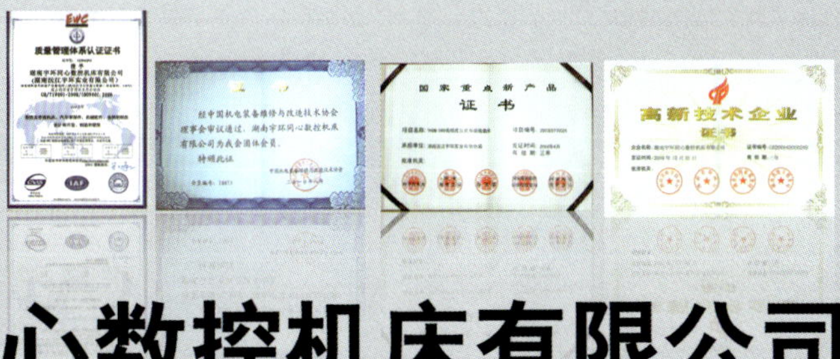

湖南宇环同心数控机床有限公司

YHTX

地址：湖南省浏阳制造产业基地纬二路　　邮编：410323

电话：0731-83201588 83207288　　E-mail:yxb@yh-cn.com　　http://www.yh-cn.com

荣成锻压机床有限公司

荣成锻压机床有限公司（荣成市锻压机床厂）始建于1958年，是生产锻压、剪切设备的专业工厂，2008年搬迁到荣成市开发区。工厂占地面积27万m^2，其中厂房等建筑面积12.8万m^2；共有员工1 000余人，其中工程技术人员与质量专业人员120余人；拥有主要设备400余台（套），其中精、大、稀设备60余台（套）。公司为国家二级企业，连续24年被评为山东省“守合同、重信用”企业。公司拥有“山东省企业技术中心”“山东省高新技术企业”“AAA级标准化良好行为企业”和“省计量保证确认合格企业”等称号；“威德”商标是“山东省著名商标”，“威德”牌压力机是“山东省名牌”产品。企业先后通过了质量、环境、职业健康安全三合一体系认证。

公司下设宏达铸造分公司、结构件厂、压力机厂和山东威德数控重型机床有限公司4个生产厂，现可生产各种牌号的铸件，各种大型焊接件；可生产开式全系列、闭式单点、双点、四点移动工作台及四点数控多连杆压力机等7大系列、150多个品种的压力机产品；可生产数控单柱、数控单柱移动、双柱、数控双柱立式车床等7大系列、48个品种的立式车床产品，多种产品技术水平都达到当今国内先进或领先水平，在国内外市场享有盛誉。公司现已成为国内主要锻压设备和立式车床制造企业之一。

装配中的JF31—1600闭式单点压力机

RONGCHENG
METAL FORMING
MACHINE GROUP CO.,LTD

CAK系列5m数控立式车床

J39—630型四点压力机

由JD36—800型闭式双点压力机组成的大型冲压线

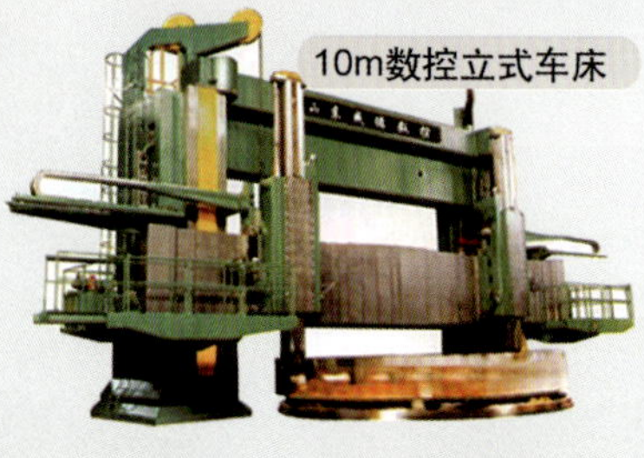
10m数控立式车床

JE36—630型闭式双点压力机

JF36—1000闭式双点压力机

XKA2840数控龙门镗铣床

生产车间

T6920落地镗铣床

200t、100t吊车

B228龙门刨床

W200H落地镗铣床

5A342滚齿机（俄罗斯产）

刨齿机（英国产）

T6926落地铣镗床

DVT350×2532双柱立式车床

辊道钢板清理机

数控火焰切割机

地址：山东省荣成市凭海东路258号
邮编：264300
电话：0631-7551339 7551082
传真：0631-7551339
http://www.weide.com.cn
E-mail:rcdy@china.com

中航工业

公司简介

COMPANY INTRODUCTION

保定向阳航空精密机械有限公司

Baoding Xiangyang Aviation Precision Machinery Co.,Ltd.

保定向阳航空精密机械有限公司隶属于中国航空工业集团公司，始建于 1964 年，位于保定市区，国家大二型、高新技术企业，国内大型的精密组合工艺装备研制生产厂家，中航工业系统专业生产组合工艺装备的企业和精密数控机床修理改造技术归口单位。“中航工业柔性智能工艺装备研制中心”和“中航工业数控机床再制造及备件中心”就设在公司。

公司通过了 ISO9001:2008 国际质量体系认证、武器装备科研生产许可、国家安全标准化二级企业核准、国防计量三级技术机构认可和中国设备管理协会设备维修企业 I 级资质认证。

公司主要产品有柔性智能工艺装备、精密数控机床再制造及备件服务、金属带锯床、骨科医疗器械、功能部件和航空产品六大系列。产品覆盖航空、航天、机械、铁路及船舶等行业，并远销欧美等国家和地区。

产品展示

Products

齿轮箱体保压夹具

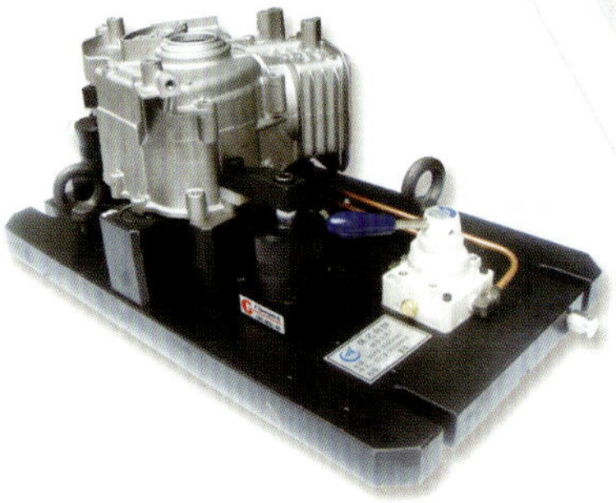

缸头气动夹具

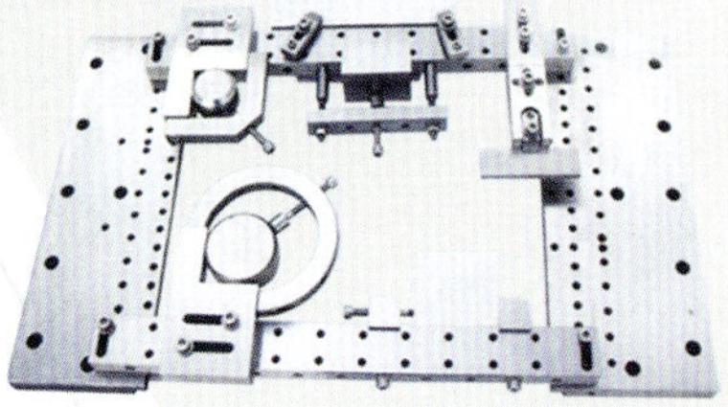

电加工夹具

孔系组合夹具

槽系组合夹具

精密机床修理改造

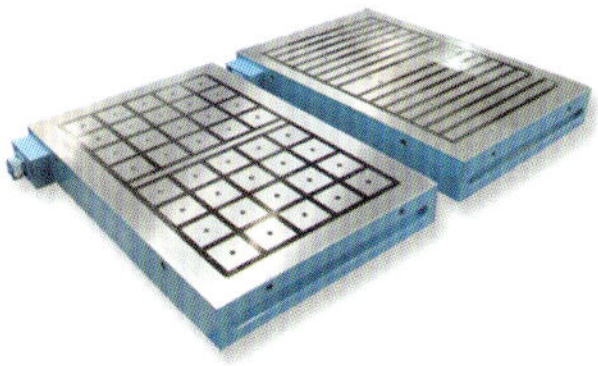

电永磁夹具

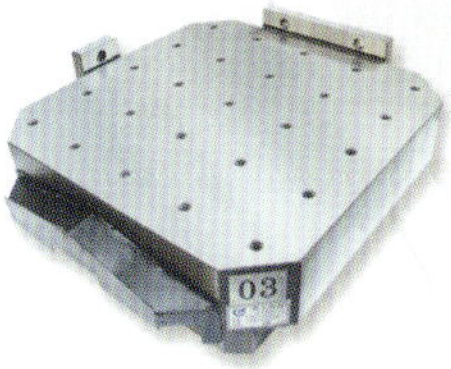

锥孔定位机床托板

光面夹具

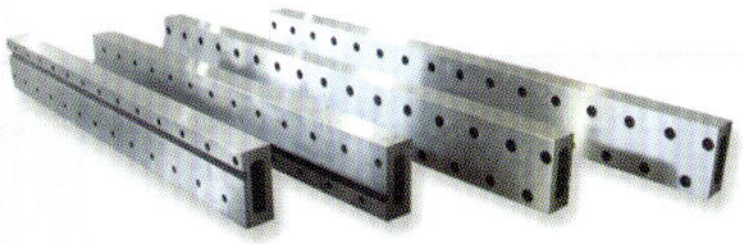

机床导轨

精密平口钳系列

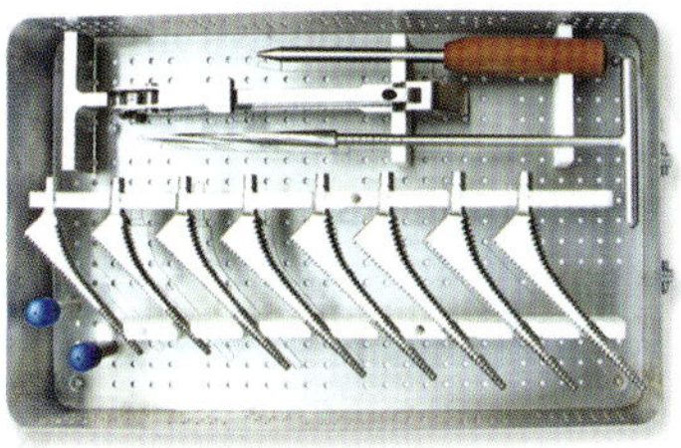

髋关节手术器械

GZ4225B 金属带锯床

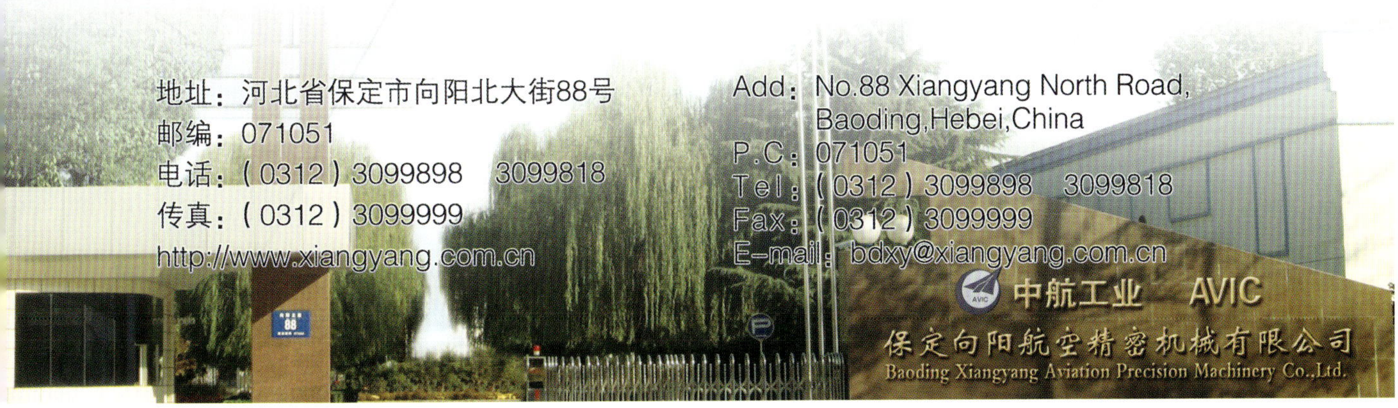

地址：河北省保定市向阳北大街88号
邮编：071051
电话：（0312）3099898　3099818
传真：（0312）3099999
http://www.xiangyang.com.cn

Add：No.88 Xiangyang North Road, Baoding,Hebei,China
P.C：071051
Tel：（0312）3099898　3099818
Fax：（0312）3099999
E-mail：bdxy@xiangyang.com.cn

中航工业　AVIC
保定向阳航空精密机械有限公司
Baoding Xiangyang Aviation Precision Machinery Co.,Ltd.

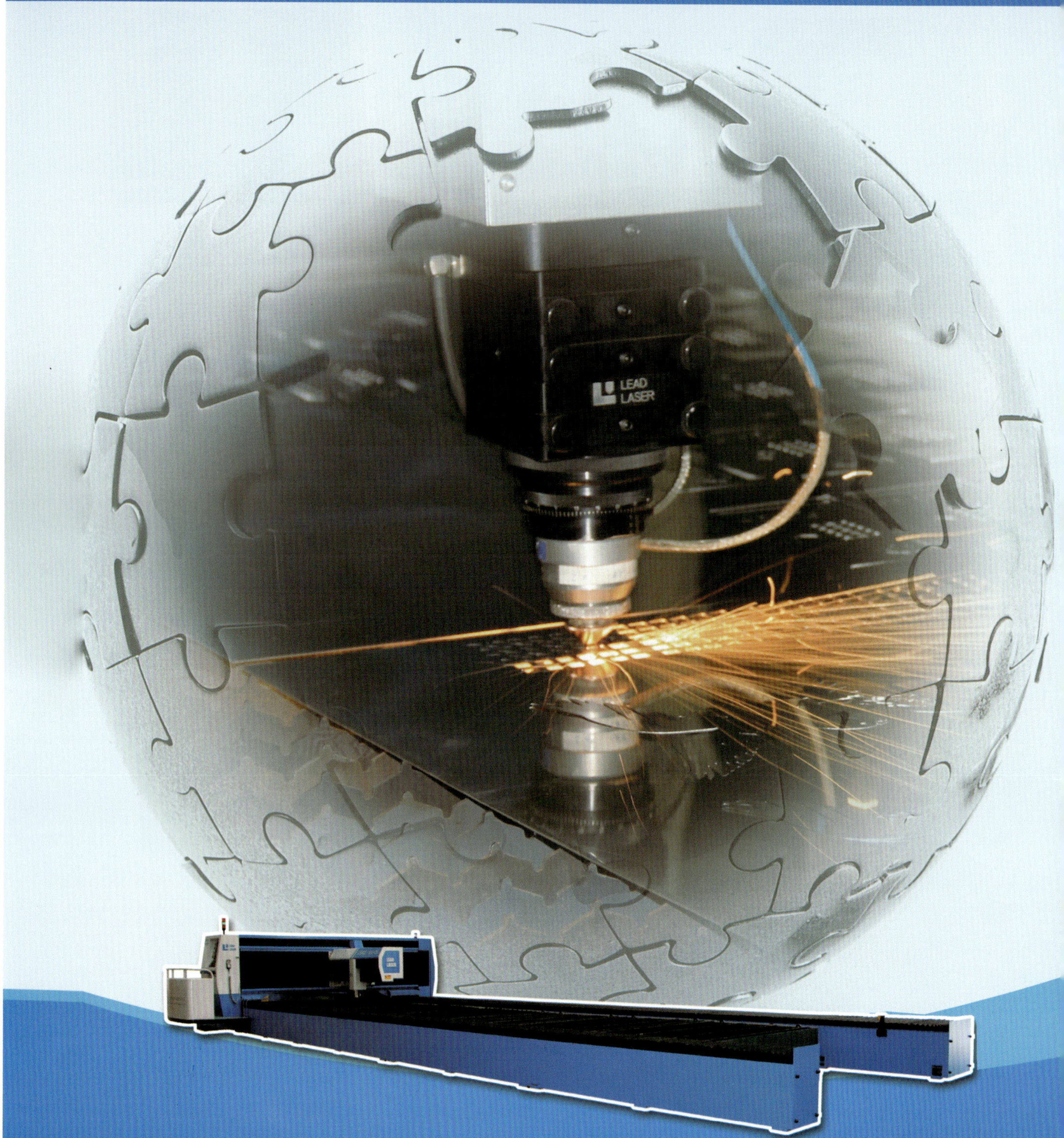
LEAD LASER

晶菱机床
JINGLING

安徽晶菱机床制造有限公司

安徽晶菱机床制造有限公司的前身为安徽蚌埠机床厂，始建于20世纪50年代初，具有50多年铣床制造历史，是蚌埠市著名的“五大机”企业之一。2001年由安徽晶菱机床制造有限公司全资收购，改制为股份制民营企业，是国内大规格铣床专业生产企业，是中国机床工具工业协会理事单位。公司总资产14 000万元，年销售收入1亿元左右，年利税近3 000万元。公司占地面积超过20万m^2，其中建筑面积超过5万m^2。现有员工408人，其中高中级专业技术人员60余人。公司具有较强的生产制造能力，拥有包括日本五面加工中心，德国龙门导轨磨床、龙门镗铣床、龙门立式及卧式加工中心，匈牙利蜗杆式齿轮磨齿机等国内外高精尖加工设备十余台。通过多年的创业发展，公司现有普通铣床、数控机床、重型数控机床三个分厂。目前，年生产各类机床产品1 000台（套）左右。

公司主导产品为X5032、X5042A立式升降台铣床，X6032、X6042A万能升降台铣床，XK5032、XK5042A立式数控升降台铣床，XK6032、XK6042A卧式数控升降台铣床及系列立式加工中心、龙门加工中心、数控龙门铣镗床加工中心、数控落地镗铣床加工中心等系列产品。产品行销30多个省、市和自治区，部分产品还远销东南亚和欧美等国家。公司在机床制造方面拥有完善的制造工艺和测试体系，可独立完成设计、制造等一整套的新产品开发工作。公司是国家二级计量企业，拥有进口的意大利大型三坐标测量仪、美国双频激光干涉仪等一批精密检测仪器。在2004年通过了ISO9000:2000质量管理体系认证。

近年来，企业连续被评为“安徽省民营企业100强”和“蚌埠市纳税大户”，同时也是安徽省“优秀科技民营企业”、安徽省“十五”创新工程先进集体、“蚌埠市先进单位”和“先进党组织”。2009年荣获“安徽省质量奖”和“安徽省著名商标”称号。

安徽晶菱机床制造有限公司在“十二五”期间，将加快建设步伐，通过自主创新，形成年产100台大型、重型、高精数控机床生产能力。在着重提高关键零件的机械加工、产品技术与装配能力的同时，充分发挥自身优势，进一步提高产品设计与制造水平，努力实现“打造晶菱机床精品，振兴中国装备工业”的企业经营目标。

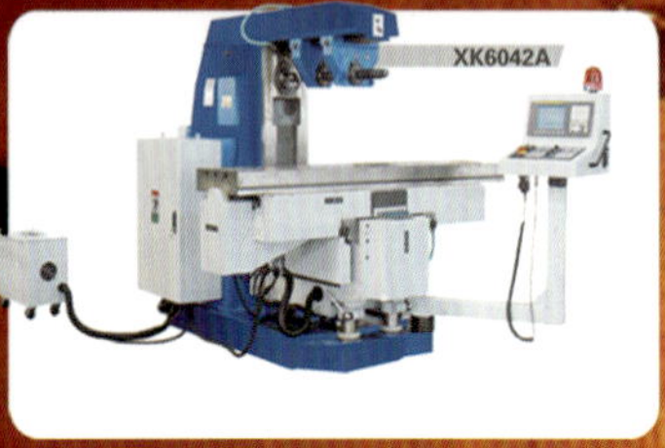

XK6042A卧式数控升降台铣床

TK6916数控落地镗铣床

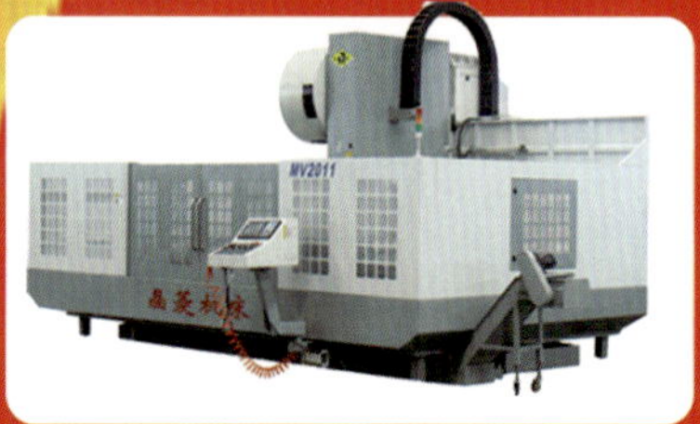

MV2011立式加工中心

DMV4000数控龙门镗铣床加工中心

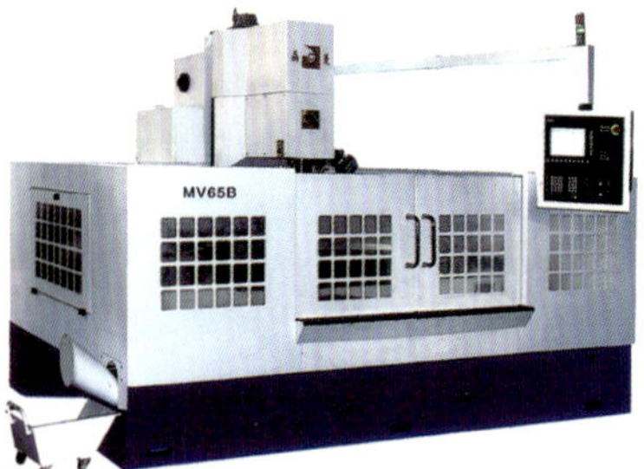

MV65B立式加工中心

MV80立式加工中心

MV-40立式加工中心

地址：安徽省蚌埠市大庆路189号　邮编：233010　电话：0552-4127032 4127839

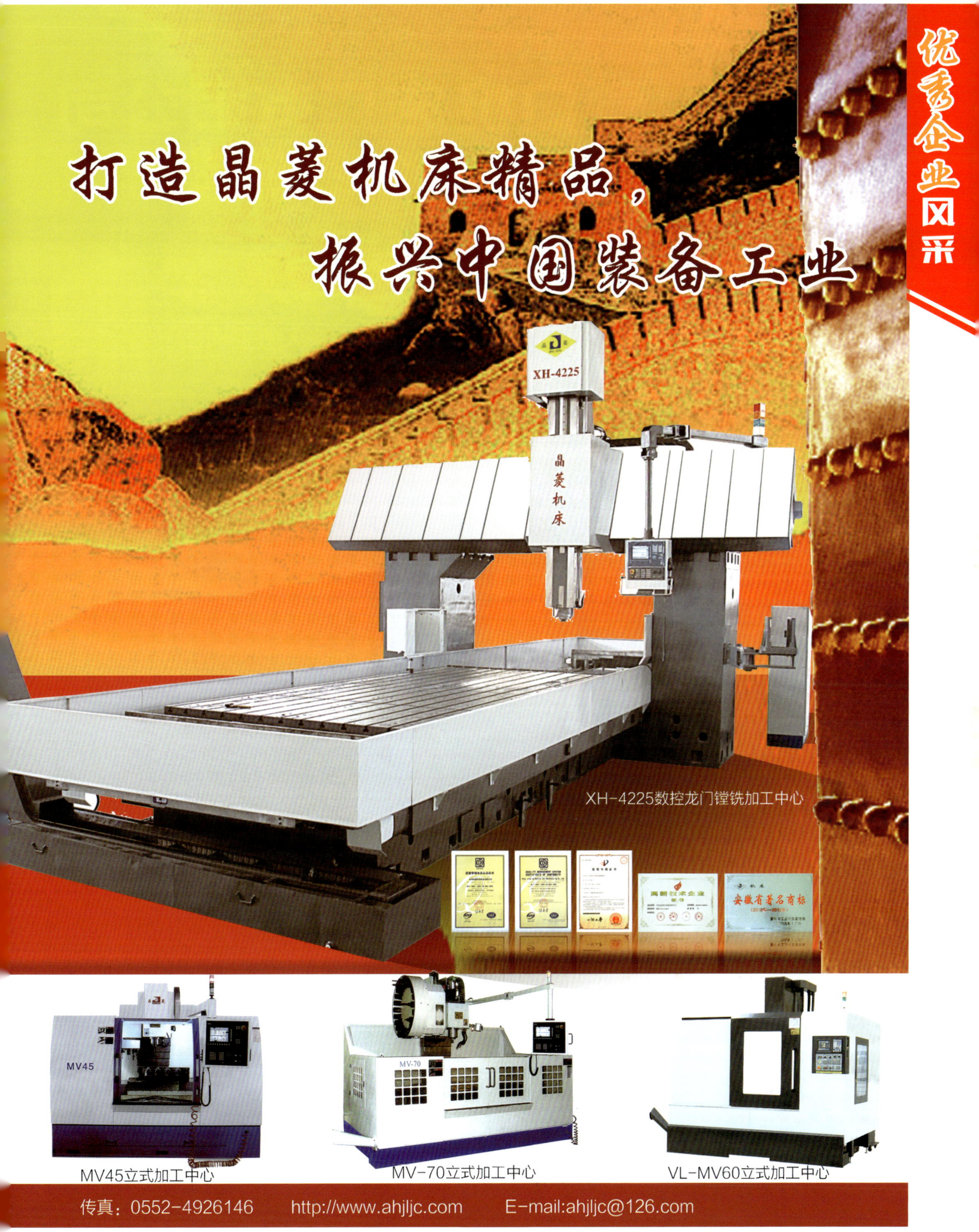
优秀企业风采
打造晶菱机床精品，
振兴中国装备工业
XH-4225
晶菱机床
XH-4225数控龙门镗铣加工中心
高新技术企业
安徽省著名商标
MV45
MV45立式加工中心
MV-70
MV-70立式加工中心
VL-MV60立式加工中心
传真：0552-4926146
http://www.ahjljc.com
E-mail:ahjljc@126.com

营口机床厂有限公司
Yingkou machine tool Co., LTD.
数控铣齿机
YHK86630-4大型四轴数控铣齿机
YK51500-3数控插齿机床
YKG3136CNC六轴数控高速滚齿机
数控工具磨床
MHK6025-4 数控工具磨床
MHK6425
MHK6425-2数控滚刀刃磨床
Y31160A滚齿机
YHK31500-6
YHK31500-6 数控滚齿机
Y31800K滚齿机

营口机床厂有限公司前身为成立于1951年的营口机床厂，1999年企业经过体制改革，变更为现有名称，并通过了ISO9001质量体系认证。公司总占地面积191 200m²，现有员工725人，其中工程技术人员32人。2011年实现总产值3.2亿元。

产品主要包括工具磨床系列、滚刀刃磨床系列、滚齿机系列、插齿机系列及铣齿机系列，共70多种产品。其中，MHK6025-5五轴五联动数控工具磨床适应市场的发展，填补了国内空白。加工直径16m的六轴数控滚齿机也创下了国内数控滚齿机床之先河。

公司产品销往国内各地，而且逐步拓展到中东、欧美等国外市场，深得用户的普遍称赞。主要产品的国内市场平均占有率已超40%，各种普通型号的滚齿机和工具磨床产销量居行业前茅。

公司发展目标是产品产业化、数控化，形成规模扩大，实力雄厚，集机床设计、生产、销售于一体的集团企业。

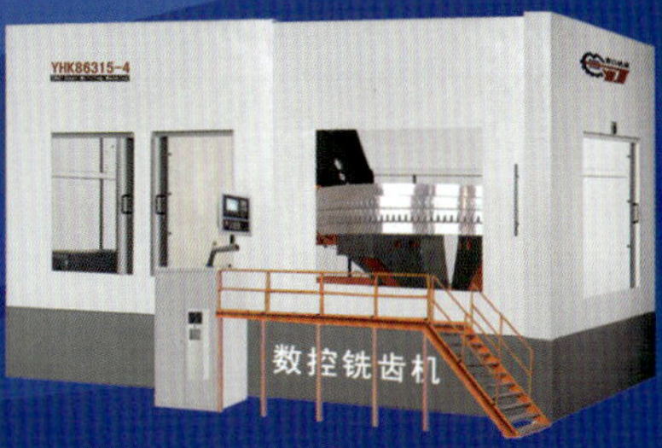

YHK86315-4数控铣齿机

MHK6450数控滚刀刃磨床

YKG5140数控插齿机床

地址：辽宁省营口市西市区滨海路南6号
电话：0417-4809892 4822188 4892363
传真：0417-4892366 4830264

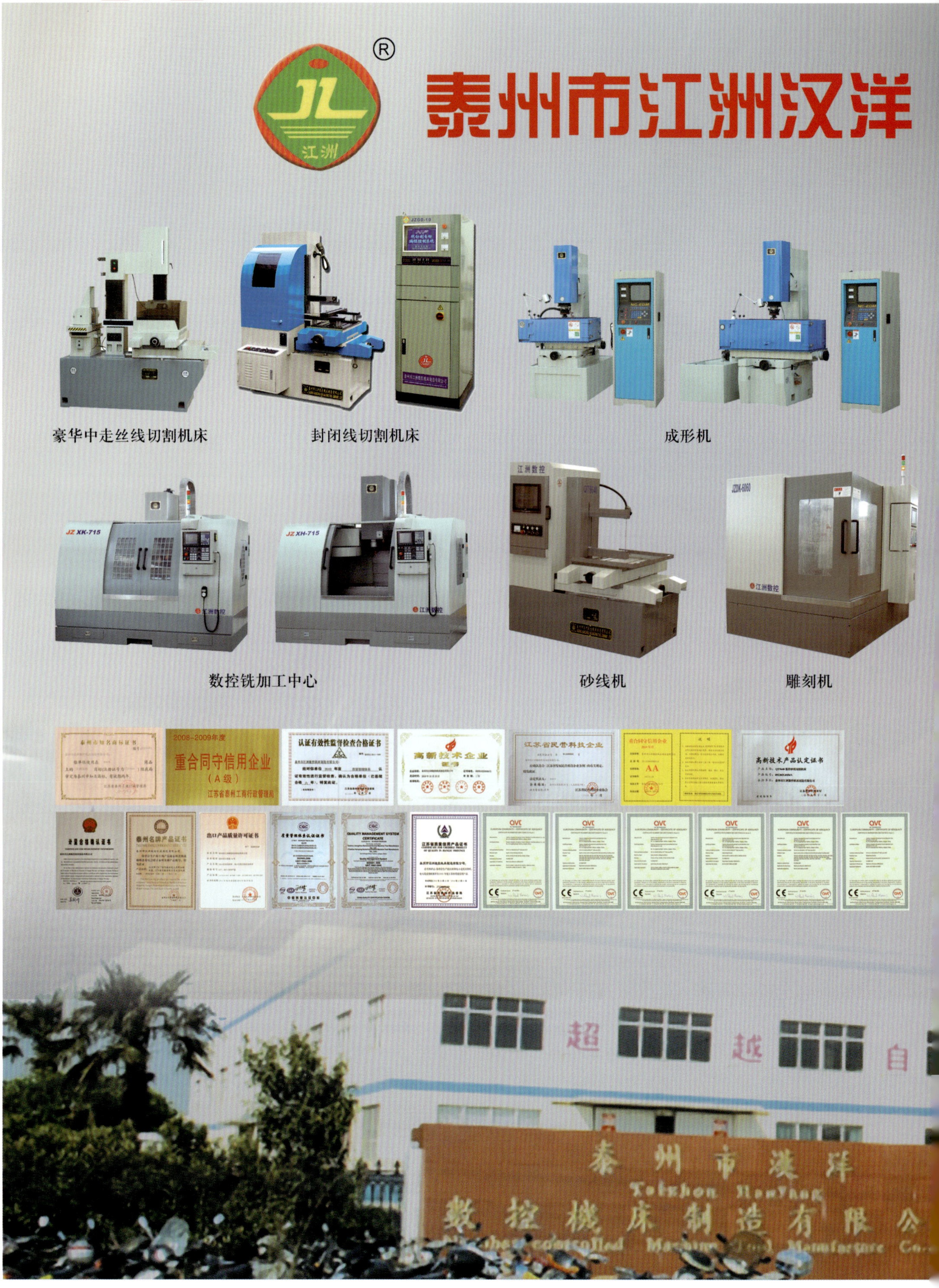
江洲
泰州市江洲汉洋
豪华中走丝线切割机床
封闭线切割机床
成形机
数控铣加工中心
砂线机
雕刻机
2008-2009年度
重合同守信用企业
（A级）
江苏省泰州工商行政管理局
认证有效性监督检查合格证书
高新技术企业
江苏省民营科技企业
高新技术产品认定证书
泰州市汉洋
数控机床制造有限公

数控机床制造有限公司

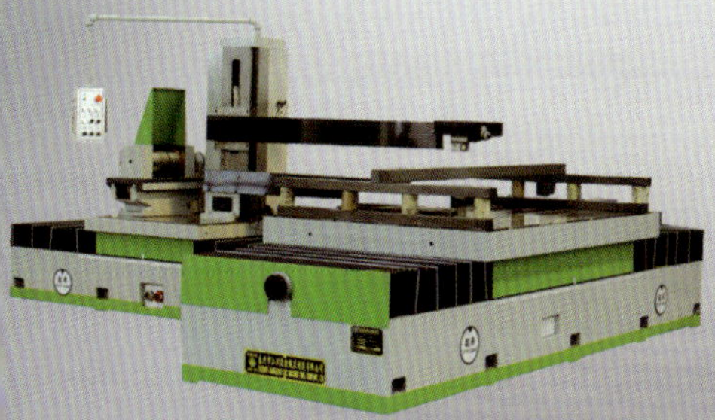
DK77120线切割机床

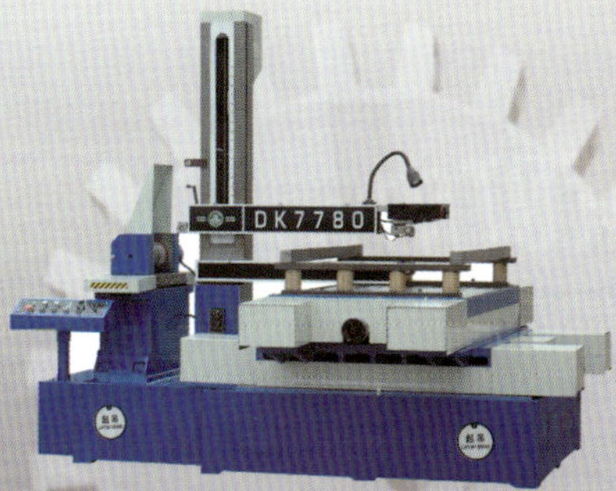

DK7780线切割机床

摇摆线切割机床

小孔机

泰州市江洲汉洋数控机床制造有限公司是国内专业生产数控电火花线切割机床、电火花成形机床、加工中心、数控铣床、雕铣机床、数控砂线切割机床的企业，具有产品开发设计、生产制造能力。

主要产品有DK77系列电火花数控线切割机床、D71系列电火花数控成形机床、数控砂线切割机床、数控砂棒磨削机、高速电火花小孔加工机、XK系列数控铣床、XH系列加工中心和雕铣机等，同时应客户要求生产各式样机。

高素质的员工队伍，科学的管理，与大中院校科研机构的联合，使公司生产的各种机床性能稳定、可靠，能满足各种模具及机械零件的加工制造。

公司通过了ISO9001:2008国际质量体系认证。产品销往国内20多个省市，并出口马来西亚、韩国、越南、泰国、埃及、俄罗斯、巴基斯坦、乌克兰、日本、印度和巴西等国家。产品实行“三包”终身维修，免费为用户提供技术培训。公司售后服务及时、周到，已在全国各地设有几十家售后服务办事处，并在越南和泰国设有分公司。

地址：江苏省泰州市九龙台商工业园区龙翔路16号 **邮编：**225300
电话：0523-82212316 **传真：**0523-86558608
http://www.jzsk.com.cn E-mail: sales@jzsk.com.cn wly468@163.com

天工工具

中国驰名商标　中国名牌产品

江苏天工工具有限公司是中国高速钢孔加工刀具的大型生产基地，始建于 1981 年，占地面积 120 万 m²，资产总额超 50 亿元。天工是以生产数控刀具（孔加工刀具工具麻花钻）以及专用原材料——高速工具钢为主的专业厂家。经过 20 多年的成长发展，天工紧紧依靠科技，实施品牌战略，立足特色需求发展，已成为全球领先的高速钢及高速钢切削工具制造商及中国机械孔加工刀具行业的重点骨干企业。天工生产的孔加工刀具工具麻花钻年出口占国内市场的 15% 以上，产品畅销欧美等世界 50 多个国家以及中国香港、台湾地区，产品全部按照国家以及国际有关标准组织生产。

天工也是自 2001 年起中国大型的高速钢生产企业、国家重点高新技术企业，TG 牌孔加工刀具荣获中国名牌产品称号，TG 注册商标被认定为中国驰名商标。天工国际于 2007 年 7 月 26 日成功在中国香港联交所主板上市，股票编号：826。

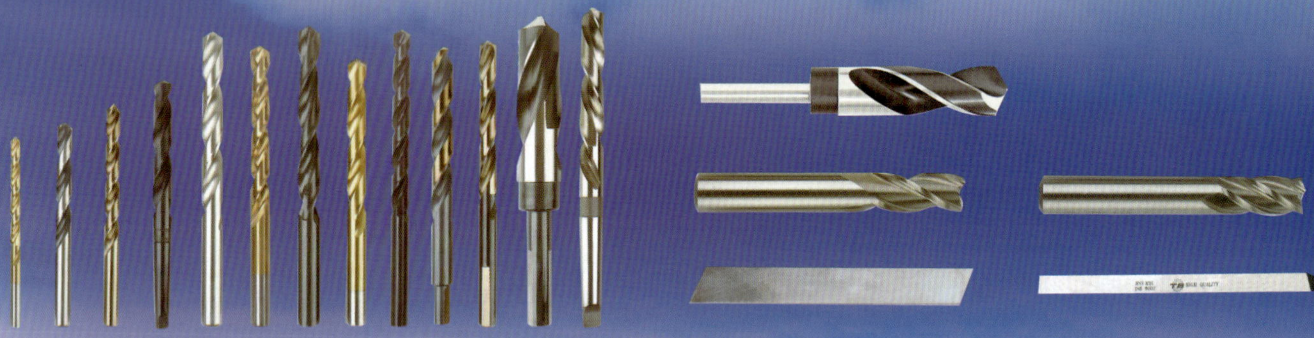

著名工具制造商
江苏天工工具有限公司
地址：江苏省丹阳市后巷镇
电话(总机)：0511-86312333
传真：0511-86312403 86310003
http://www.tggj.com

中国通用技术集团

齐齐哈尔二机床（集团）有限责任公司

QIER Machine Tool（Group）Co., LTD.

中国通用技术集团齐齐哈尔二机床（集团）有限责任公司的前身于1950年10月从沈阳北迁建厂，是“一五”期间我国机械工业重点骨干企业，闻名全国的马恒昌小组所在企业。2008年7月，齐二机床集团正式加入中国通用技术（集团）公司，重新回归央企行列，企业资本实力和竞争能力全面提升，综合实力跃居国内同行前列。进入21世纪以来，齐二机床集团秉承着“国家意志、民族工业、国防保障、经济安全”的历史责任，致力于“把世界技术引进中国，让中国制造引领世界”的民族夙愿，努力打造具有国际竞争力和国际知名品牌的重型装备制造世界知名企业。

重型数控铣镗床系列产品

数控重型卧式车床系列 CK61250 × 100/80

SKPC2502000 型大型筒段铺缠一体机

地址：黑龙江省齐齐哈尔市龙沙区永安大街239号
邮编：161005
电话：0452-2475931　2472445
传真：0452-2426301
http://www.q2jc.com.cn

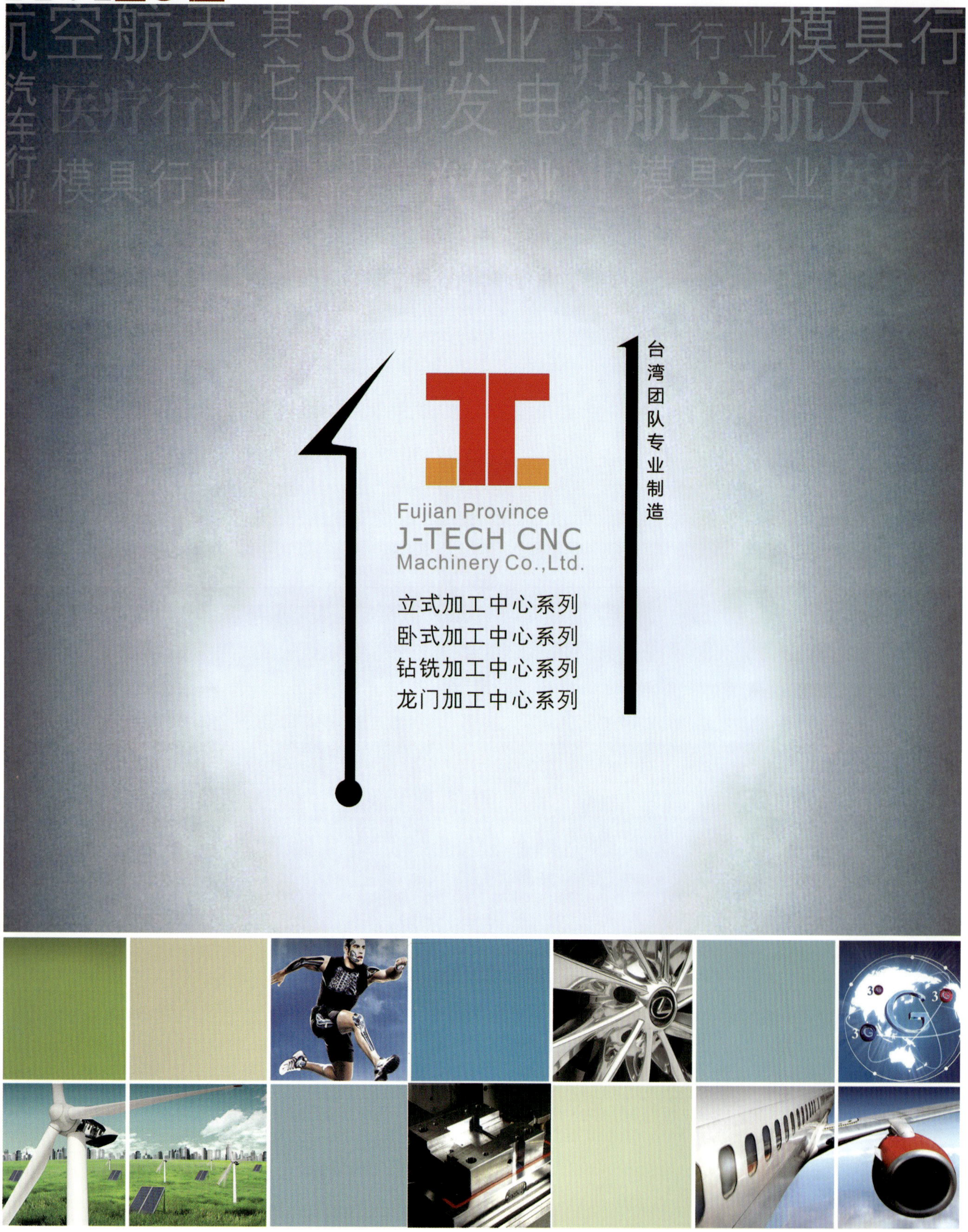

福建省嘉泰数控机械有限公司

地址：福建省泉州市洛江区双阳西环路朝阳片区嘉泰产业园

电话：0086-595-22890666　22890777　传真：0086-595-22890555　http://www.jiataicnc.com

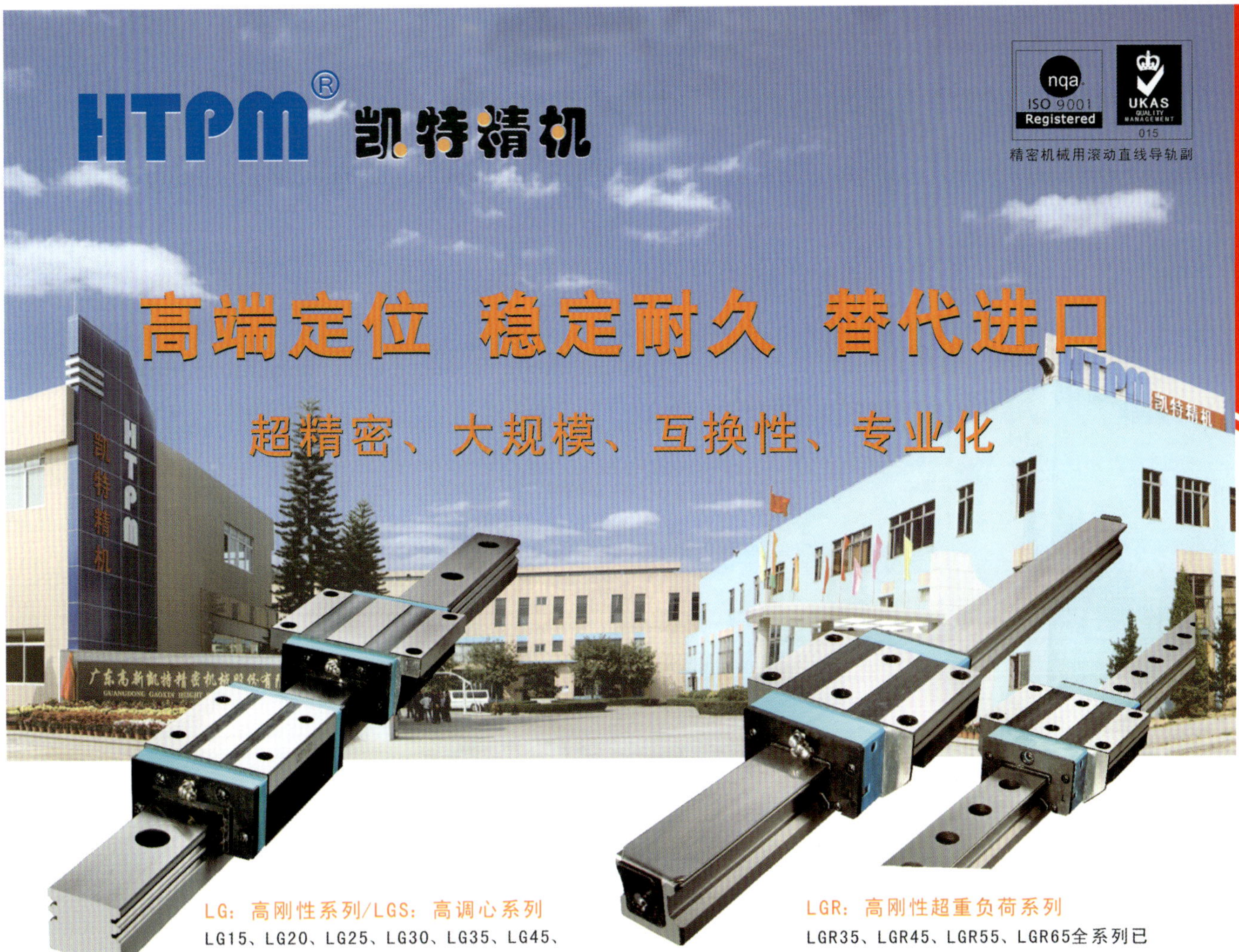

LG：高刚性系列/LGS：高调心系列

LG15、LG20、LG25、LG30、LG35、LG45、LG55、LG65、LGS15、LGS20、LGS25全系列大量供应。

LGR：高刚性超重负荷系列

LGR35、LGR45、LGR55、LGR65全系列已通过综合测试及大量客户使用验证，批量供货，货期稳定快捷。

滚 珠 系 列 ⟷ 滚 柱 系 列

- 全国全套进口世界级关键生产装备的企业
- 全国规模较大的专业滚动直线导轨的生产企业
- 国家火炬计划项目
- 2006年国家重大装备国产化专项项目
- 超过十年在中高档加工中心、数控车床大规模应用历史
- 面向龙门镗铣床等中大型设备的滚柱导轨通过了速度、可靠性试验

高强度投资保证：

图1 德国ABA超精密直线导轨副专用CNC磨床

图2 意大利FAVRETTO超精密直线导轨专用CNC磨床

图3 意大利FAVRETTO超精密滑块专用CNC磨床

广东高新凯特精密机械股份有限公司

地址：广东省江门市新会区会城北安北路19号
电话：0750-6693278 6693778
邮编：529100
传真：0750-6691361
http://htpm.com.cn
E-mail：dg@htpm.com.cn

GESAC

厦门金鹭特种合金有限公司

厦门金鹭特种合金有限公司成立于1989年，是国有上市公司厦门钨业的核心成员，是一家国家高新技术企业。公司主要从事钨粉、碳化钨粉、硬质合金、切削刀具等钨系列产品的生产和销售，是世界大型钨粉、碳化钨粉供应商和出口商，是高品质硬质合金及其精密切削工具的制造商。

公司建立了国家技术中心，独立承担并完成了“国家科技支撑计划”项目、“国家科技重大专项”项目、“国家科技公关计划”项目、“国家火炬计划”项目、“国家重点新产品”开发项目等众多研究课题，被评为“国家重点高新技术企业”“先进技术企业”和“出口型企业”。

公司坚持以诚信为本的理念，致力于不断创新、发展成为“设备一流、技术一流、管理一流、质量一流、服务一流”的现代化企业。

Overview of GESAC

Xiamen Golden Egret Special Alloy Co. Ltd. (GESAC) is a sino-foreign joint venture company founded in 1989, is a core enterprise of the listed Xiamen Tungsten Group. GESAC is specialized in production and sales of various kinds of tungsten powder, cemented carbide and cutting tools., GESAC is the largest production base of tungsten powder and tungsten carbide powder in the world. The Company is not only an important manufacturer of cemented carbide and cutting tools, but also a major raw material supplier for worldwide famous companies of cemented carbide and cutting tools.

GESAC owns a national level R&D center, and has undertaken and finished many national and provincial research projects independently, such as National Science and Technology Support Plan project, National major special science and technology project, National Key Technologies R&D Program, National Torch Program, National Important New Products project etc.GESAC has received numerous awards such as "National Standard High-tech Enterprise", "Enterprise with Advanced Technology" and "Export-oriented Enterprise" from the state government.

GESAC adheres to the philosophy of 'sincerity and dependability are our essence' and strives to develop into a modern enterprise with 'first class equipment, first class technology, first class management, first class quality abd fursr class service'.

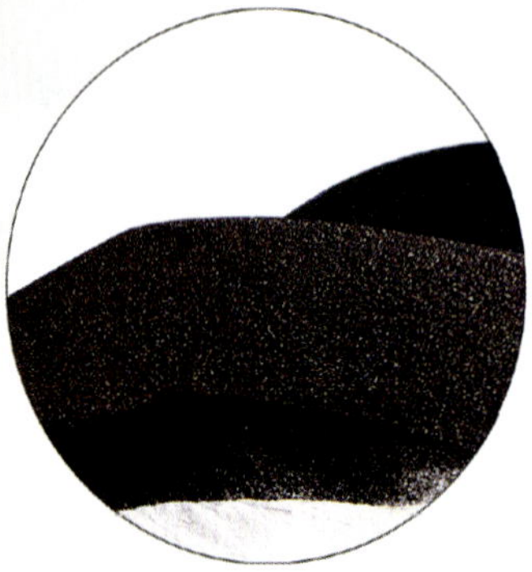

- 钨粉末材料
  Tungsten Metal Powder Materials

- 硬质合金
  Cemented Carbide

- 切削工具
  Cutting Tools

厦门金鹭特种合金有限公司

公司地址：福建省厦门市湖里区兴隆路69号
工厂地址：福建省厦门市同安工业集中区集成路1601-1629号
电话：0086-592-7107370
传真：0086-592-7107322
邮编：361100
邮箱：Tool@gesac.com.cn
网址：www.gesac.com.cn

XIAMEN GOLDEN EGRET SPECIAL ALLOY CO.,LTD.

Add: No.69 Xinglong Road Huli Xiamen China
Add: No.1601-1629# Jicheng Road Tongan Industrial Concentration Area Xiamen Fujian China
Tel: 0086-592-7107370
Fax:0086-592-7107322
PC: 361100
E-mail: Tool@gesac.com.cn
Website: www.gesac.com.cn

厦门金鹭特种合金有限公司
Xiamen Golden Egret Special Alloy Co.,Ltd.

(NC)功能部件 研发、制造基地

YTUM
烟台环球集团
YAN TAI UNIVERSAL GROUP

地址：山东省烟台市凤凰台路 1 号
邮编：264002
销售电话：0535-6515858 6515859
0535-6532942 6531401
传真：0535-6534638
http://www.yt-ma.com

SPARK

天水星火机床有限责任公司

公司装配现场同时生产的3台CCK61 630超重型数控卧式车床，床身上最大工件回转直径6.3m，顶尖间最大工件重200t，应用于军工、船舶、风电、核电、水电、起重、造纸及轧钢等行业

天水星火机床有限责任公司（以下简称星火机床）是专业生产大型卧式机床的跨国制造企业，“SPARK”商标为中国驰名商标，“SPARK牌数控车床”获中国名牌产品。

星火机床2011年销售收入17.8亿元，12年间平均增速超过48%，增长近100倍。星火机床跨越式发展模式被业内誉为“星火现象”。

公司主要产品有大型数控卧式、立式车床，超重型数控卧式、立式车床，大型数控落地镗铣床，大型数控龙门镗铣床，精密数控轧辊磨床等，拥有授权专利136项。多次承担国家高科技研究发展计划“863”重大课题项目、重点新产品计划、国家科技支撑计划及国家数控机床重大专项等攻关项目。

“十二五”期间，公司将秉承“体制股份化、管理信息化、产品数字化、生产市场化、经营国际化”的经营战略，肩负“星火机床的进步就是中国机床的进步”的使命，以制造世界一流机床进入全球机床制造前18位为目标，依托星火机床工业园项目，立足机床主业，重点向新能源、大交通、石油、军工等领域发展，为中国数控机床全面升级换代、引领国内行业潮流，做出应有的贡献。

星火机床历年销售收入趋势图

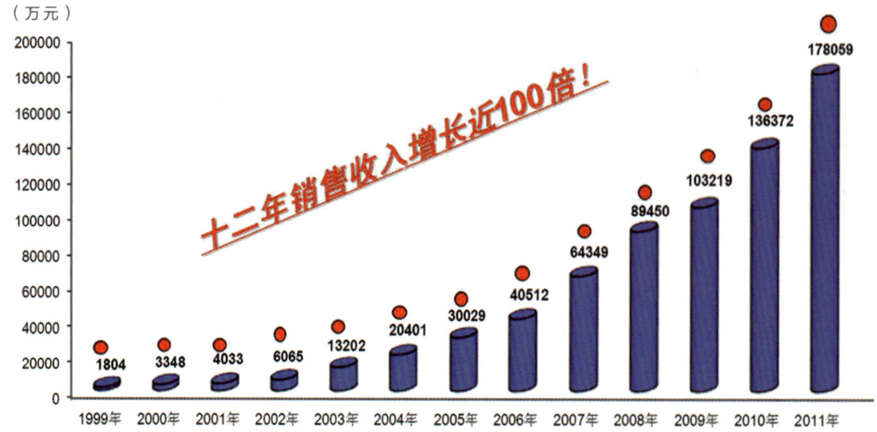

地址：甘肃省天水市麦积区社棠路41号

电话：0938-2782688　　传真：0938-2782639

http://www.sparkcnc.com

综合索引

『鉴』证行业发展
共建制造强国

中国工业年鉴出版基地

编辑说明

一、《中国机械工业年鉴》是由中国机械工业联合会主管、机械工业信息研究院主办、机械工业出版社出版的大型资料性、工具性年刊，创刊于 1984 年。

二、根据行业需要，1998 年中国机械工业年鉴编辑委员会开始出版分行业年鉴，逐渐形成了中国机械工业年鉴系列。该系列现已出版了《中国电器工业年鉴》《中国工程机械工业年鉴》《中国机床工具工业年鉴》《中国通用机械工业年鉴》《中国机械通用零部件工业年鉴》《中国模具工业年鉴》《中国液压气动密封工业年鉴》《中国重型机械工业年鉴》《中国农业机械工业年鉴》《中国石油石化设备工业年鉴》《中国塑料机械工业年鉴》《中国齿轮工业年鉴》《中国磨料磨具工业年鉴》和《中国机电产品市场年鉴》。

三、《中国机床工具工业年鉴》于 2002 年创刊，2012 年为第 11 期。该年鉴由综述、专文、行业概况、市场概况、企业专题、统计资料、标准化、大事记及附录内容构成，集中反映了机床工具行业的产品状况、技术水平、产销情况及发展趋势，全面系统地提供了机床工具行业的主要经济指标。

四、统计资料中的数据由中国机床工具工业协会提供，数据截止到 2011 年 12 月 31 日。

五、《中国机床工具工业年鉴》主要发行对象为政府决策机构、机械工业相关企业决策者和从事市场分析、企业规划的中高层管理人员以及国内外投资机构、贸易公司、银行、证券、咨询服务部门和科研单位的机电项目管理人员等。

六、在编纂过程中得到了中国机床工具工业协会及多年从事机床工具工业研究的专家、学者和企业的大力支持和帮助，在此表示衷心感谢。

八、由于水平有限，难免出现错误及疏漏，敬请批评指正。

中国机械工业年鉴编辑部

2012 年 12 月

目　录

综　述

专　文

行 业 概 况

市场概况

企业专题

统计资料

标准化

大事记

附录

Contents

Summary

Feature

General

General Market Situation

Special Topic of Enterprises

Statistic Information

Standardization

Major Events

Appendix

综述

回顾总结2011年机床工具行业发展情况，介绍机床工具行业“十二五”期间工作要点

综述

2011 年机床工具行业发展综述

2011 年,我国机床工具行业以邓小平理论和“三个代表”重要思想为指导,以深入贯彻落实科学发展观为主题,立足加快调整结构、转变经济发展方式,实现了“十二五”良好开局。我国机床工具市场需求结构加速升级,以中高档数控机床和自动生产线为代表的高端产品需求创出历史新高,普通机床、经济型数控机床等低端产品需求出现一定程度萎缩,机床工具产品出口出现恢复性平稳上升的态势。全行业克服国际经济持续萎靡不振、发展乏力等一系列不利因素影响,工业总产值和产品销售产值均增长 30% 以上。2011 年,我国机床工具行业依然保持了世界机床生产第一、消费第一、进口第一的位置。企业紧密围绕向机床制造强国迈进的目标进行产业结构调整,为“十二五”期间机床工具行业实现持续发展奠定了坚实的基础。

一、2011 年机床工具行业基本情况

机床工具工业包括金属切削机床、金属成形机床、铸造机械、木工机械、机床附件、工量具及量仪、磨料磨具和其他金属加工机械 8 个小行业。按照国家统计局新的统计范围,共有规模以上企业 4 385 家。2011 年末,全行业从业人员 83.27 万人。其中,金属切削机床行业 21.74 万人,占全行业人数的 26.11%;金属成形机床行业 8.13 万人,占全行业人数的 9.76%。2011 年机床工具行业各分行业企业分布情况见表 1。

表 1　2011 年机床工具行业各分行业企业分布情况

行业名称	企业数(家)	占比(%)
合计	4 385	100.0
金属切削机床	609	13.9
金属成形机床	461	10.5
铸造机械	456	10.4
木工机械	150	3.4
机床附件	274	6.3
工量具及量仪	565	12.9
磨料磨具	1 290	29.4
其他金属加工机械	580	13.2

2011 年,机床工具行业完成工业总产值 6 606.5 亿元,同比增长 32.1%。在所属 8 个小行业中,磨料磨具行业完成工业总产值 1 795.9 亿元,占全行业的 27.2%,位居行业第一;金属切削机床行业完成工业总产值 1 542.9 亿元,占全行业的 23.4%,位居行业第二。2011 年机床工具行业各分行业工业总产值完成情况见表 2。

表 2　2011 年机床工具行业各分行业工业总产值完成情况

行业名称	工业总产值(亿元)	同比增长(%)	占比(%)
合计	6 606.5	32.1	100.0
金属切削机床	1 542.9	23.1	23.4
金属成形机床	587.3	36.0	8.9
铸造机械	541.3	37.4	8.2
木工机械	153.4	34.1	2.3
机床附件	341.4	39.3	5.2
工量具及量仪	773.7	34.0	11.7
磨料磨具	1 795.9	35.1	27.2
其他金属加工机械	870.6	32.7	13.1

注:1. 2011 年国家统计局统计企业范围由年产品销售收入 500 万元以上改为 2 000 万元以上。
2. 由于统计对象有所变动,表中所列同比值不是与上年同期实际完成值进行比较的。
3. 本文所列图表均符合上述说明,后续图表不再赘述。

二、2011 年机床工具行业经济运行情况

(一)机床工具行业经济运行情况

1. 行业主要经济指标完成情况

2011 年,机床工具行业完成工业总产值 6 606.5 亿元,同比增长 32.1%;产品销售产值 6 424.9 亿元,同比增长 31.1%;产品销售率达到 97.3%,同比降低 0.8 个百分点;实现利润 445.8 亿元,同比增长 28.0%;产值利润率 6.7%,同比下降 0.3 个百分点。机床工具行业规模以上企业中,私人控股企业占 76.7%,外商控股企业占 7.7%,国有控股企业仅占 5%,“国退民进”的局势不可逆转,机床工具行业已成为充分自由竞争完全市场化的行业。2011 年机床工具行业(按所有制结构)主要经济指标完成情况见表 3。

表 3　2011 年机床工具行业(按所有制结构)主要经济指标完成情况

所有制性质	企业数		工业总产值		产品销售产值		出口交货值	
	数量(家)	占比(%)	实际完成(亿元)	占比(%)	实际完成(亿元)	占比(%)	实际完成(亿元)	占比(%)
合计	4 385	100.0	6 606.5	100.0	6 424.9	100.0	368.9	100.0
国有控股	218	5.0	909.8	13.8	866.2	13.5	34.2	9.3

（续）

所有制性质	企业数		工业总产值		产品销售产值		出口交货值	
	数量（家）	占比（%）	实际完成（亿元）	占比（%）	实际完成（亿元）	占比（%）	实际完成（亿元）	占比（%）
集体控股	131	3.0	176.0	2.7	173.2	2.7	4.1	1.1
私人控股	3 363	76.7	4 570.8	69.2	4 451.7	69.3	179.3	48.6
港澳台商控股	207	4.7	259.3	3.9	254.3	4.0	33.3	9.0
外商控股	336	7.7	517.6	7.8	512.4	8.0	109.6	29.7
其他	130	3.0	172.9	2.6	167.1	2.6	8.4	2.3

注:表中数据因四舍五入,合计数有微小出入。

2011年,共生产金属加工机床109.84万台(包含数控机床27.21万台)。其中,金属切削机床85.99万台,同比增长15.1%;数控金属切削机床25.71万台,同比增长20.6%。金属成形机床23.85万台,同比增长0.9%;数控金属成形机床1.50万台,同比增长13.0%。

国产金属加工机床国内市场占有率66.1%,同比降低0.8个百分点;国产数控机床市场占有率56.6%,同比降低0.1个百分点。

金属加工机床产量数控化率达到24.8%,比上年增加1.8个百分点。全行业金属加工机床产值1 826亿元,产值数控化率54.4%,比上年增加2.2个百分点。

金属加工机床平均单价16.6万元,同比增长15.3%,其中金属成形机床平均单价23.1万元,同比增长35.9%。

全年完成数控装置15.90万台(套),粗略估算是我国数控机床配套率的58.4%。

机床工具产品累计进口额202.9亿美元,同比增长29.25%;其中金属加工机床进口额132.4亿美元,同比增长40.56%。机床工具产品出口额88.97亿美元,同比增长26.43%;其中金属加工机床出口额24.18亿美元,同比增长30.31%。

2. 行业经济运行情况

2011年,机床工具行业呈现高位运行、高开低走、增势放缓的形势。在5月份工业总产值增速达38.3%、6月份单月产值达630.5亿元后,增速开始缓缓下行,在8月份最终跌破保持23个月的单月工业总产值增幅高于30%的纪录,9月份跌至全年低点,为25.6%。第四季度月度工业总产值提升,12月份产值创全年最高,达到682亿元,但受市场需求打压影响,月度工业总产值同比增速再次跌至26.9%。

3. 分行业主要经济指标完成情况

(1)金属切削机床行业。2011年,金属切削机床行业完成工业总产值1 542.9亿元,同比增长23.1%,低于全行业增速9个百分点;实现利润92.5亿元,同比增长14.4%;产值利润率6.0%,同比降低0.5个百分点。

2011年,金属切削机床行业工业总产值呈现两个高峰(6月份154.6亿元、12月份174.9亿元)。金属切削机床月度工业总产值增速全年呈现波动状态,最高与最低波幅差值达到24.1个百分点,反映了市场需求的不稳定性;6月成为市场的拐点,下半年月度工业总产值增速一路下行,11月份跌破15%,12月份达全年最低点,为11.9%,低于全行业月度工业总产值增速约15个百分点。

金属切削机床行业中产品销售收入超过100亿元的第一梯队有2家企业,且已进入国际金属切削机床排名前列,并与国内第二梯队的企业已经远远拉开差距。金属切削机床行业产品销售收入前10名企业大多数保持了高速增长。2011年金属切削机床行业产品销售收入前10名企业见表4。

表4 2011年金属切削机床行业产品销售收入前10名企业

企业名称	产品销售收入		
	累计（亿元）	同比增长（%）	位次
大连机床集团有限责任公司	201.0	22.4	1
沈阳机床(集团)有限责任公司	180.0	25.4	2
陕西秦川机床工具集团有限公司	80.4	21.8	3
北京第一机床厂	33.3	15.7	4
重庆机床(集团)有限责任公司	19.3	16.8	5
天水星火机床有限责任公司	17.8	30.6	6
宁波海天精工机械有限公司	16.4	36.6	7
杭州友佳精密机械有限公司	16.0	38.7	8
齐重数控装备股份有限公司	15.4	-35.4	9
云南正成工精密机械有限公司	14.6	14.7	10

金属切削机床产值前10名企业中重型机床企业占6家,产值超100亿元的企业有2家;金属切削机床产量超过20 000台的企业有3家。2011年金属切削机床产值前10名企业见表5。

表5 2011年金属切削机床产值前10名企业

企业名称	金属切削机床产值			金属切削机床产量		
	累计(亿元)	同比增长(%)	位次	累计(台)	同比增长(%)	位次
沈阳机床(集团)有限责任公司	169.2	12.6	1	95 594	3.8	1
大连机床集团有限责任公司	151.9	37.6	2	64 712	53.0	2

（续）

企业名称	金属切削机床产值			金属切削机床产量		
	累计(亿元)	同比增长(%)	位次	累计(台)	同比增长(%)	位次
陕西秦川机床工具集团有限公司	40.6	22.3	3	21 178	14.8	4
北京第一机床厂	28.6	8.5	4	4 324	6.7	19
天水星火机床有限责任公司	18.2	23.1	5	5 809	0.8	12
宁波海天精工机械有限公司	17.5	45.3	6	1 140	-7.6	51
齐重数控装备股份有限公司	17.3	-18.1	7	960	-12.4	54
齐齐哈尔二机床(集团)有限责任公司	15.2	-3.7	8	1 687	-7.8	44
北京精雕科技有限公司	15.0	58.7	9	9 165	48.8	5
武汉重型机床集团有限公司	13.9	-6.6	10	253	5.4	85

数控金属切削机床产值前10名企业中产值超100亿元的企业有2家，有4家以制造重型机床为主的企业入围。数控机床产量超过10 000台的企业有3家。产品属于中型数控机床的企业基本保持高速增长。2011年数控金属切削机床产值前10名企业见表6。

表6　2011年数控金属切削机床产值前10名企业

企业名称	数控金属切削机床产值			数控金属切削机床产量		
	累计(亿元)	同比增长(%)	位次	累计(台)	同比增长(%)	位次
大连机床集团有限责任公司	121.8	32.2	1	23 303	34.8	2
沈阳机床(集团)有限责任公司	101.5	18.5	2	31 504	12.4	1
陕西秦川机床工具集团有限公司	33.4	21.0	3	12 362	13.3	3
北京第一机床厂	24.7	9.9	4	643	21.8	29
宁波海天精工机械有限公司	17.5	45.3	5	1 140	-7.6	21
齐重数控装备股份有限公司	15.8	-14.8	6	614	-19.7	30
北京精雕科技有限公司	15.0	58.7	7	9 165	48.8	4
杭州友佳精密机械有限公司	13.6	30.7	8	3 407	30.7	7
浙江瑞远机床集团有限公司	12.3	43.4	9	8 091	1.7	5
武汉重型机床集团有限公司	10.3	3.6	10	150	14.5	61

（2）金属成形机床行业。2011年，金属成形机床行业完成工业总产值587.3亿元，同比增长36.0%；实现利润41.9亿元，同比增长34.7%；产值利润率7.1%，同比降低0.1个百分点。

金属成形机床行业产品销售收入前10名企业中销售收入超过20亿元的企业有2家，其余企业销售收入为5亿～10亿元。2011年金属成形机床行业产品销售收入前10名企业见表7。

表7　2011年金属成形机床行业产品销售收入前10名企业

企业名称	产品销售收入		
	累计(亿元)	同比增长(%)	位次
济南二机床集团有限公司	28.1	15.8	1
江苏扬力集团有限公司	22.2	3.3	2
扬州锻压机床集团有限公司	9.6	17.6	3
江苏金方圆数控机床有限公司	8.6	53.1	4
天津市天锻压力机有限公司	8.4	6.8	5
江苏亚威机床股份有限公司	8.0	1.4	6
湖北三环锻压设备有限公司	7.0	-3.7	7
合肥合锻机床股份有限公司	5.2	10.3	8
江苏省徐州锻压机床厂有限公司	5.0	13.4	9
泰安华鲁锻压机床有限公司	5.0	36.6	10

注：部分金属成形机床制造企业也从事金属切削机床制造。

金属成形机床产值前10名企业中产值超过10亿元的企业有3家，金属成形机床产量超过10 000台的企业有2家。2011年金属成形机床产值前10名企业见表8。

表8　2011年金属成形机床产值前10名企业

企业名称	金属成形机床产值			金属成形机床产量		
	累计(亿元)	同比增长(%)	位次	累计(台)	同比增长(%)	位次
江苏扬力集团有限公司	30.8	0.4	1	29 641	-11.0	1

（续）

企业名称	金属成形机床产值			金属成形机床产量		
	累计（亿元）	同比增长（%）	位次	累计（台）	同比增长（%）	位次
济南二机床集团有限公司	28.5	44.9	2	459	30.0	18
扬州锻压机床集团有限公司	12.3	19.9	3	11 213	5.6	3
江苏亚威机床股份有限公司	8.8	12.9	4	2 365	-1.7	5
江苏金方圆数控机床有限公司	8.7	32.6	5	1 786	16.8	8
天津市天锻压力机有限公司	7.9	14.6	6	443	-3.7	19
合肥合锻机床股份有限公司	6.5	18.9	7	648	16.6	15
泰安华鲁锻压机床有限公司	5.0	38.6	8	485	8.7	17
湖北三环锻压设备有限公司	5.0	16.6	9	1 369	27.0	10
荣成锻压机床有限公司	3.7	34.1	10	305	-39.1	20

在数控金属成形机床产值前10名企业中，济南二机床集团有限公司以数控金属成形机床产值26.8亿元位于首位，产值数控化率达到94%。江苏金方圆数控机床有限公司产值数控化率100%，江苏亚威机床股份有限公司产值数控化率达到93.2%，天津市天锻压力机有限公司产值数控化率达到91.1%，合肥合锻机床股份有限公司产值数控化率达到90.8%。2011年数控金属成形机床产值前10名企业见表9。

表9　2011年数控金属成形机床产值前10名企业

企业名称	数控金属成形机床产值			数控金属成形机床产量		
	累计（亿元）	同比增长（%）	位次	累计（台）	同比增长（%）	位次
济南二机床集团有限公司	26.8	52.5	1	323	70.0	7
江苏金方圆数控机床有限公司	8.7	32.6	2	1 786	16.8	1
江苏亚威机床股份有限公司	8.2	14.8	3	1 728	0.3	2
天津市天锻压力机有限公司	7.2	16.6	4	249	-3.1	9
合肥合锻机床股份有限公司	5.9	19.6	5	282	33.7	8
江苏扬力集团有限公司	4.8	35.1	6	1 684	33.1	3
湖北三环锻压设备有限公司	3.8	49.7	7	332	3.8	6
山东宏康机械制造有限公司	3.3	5.8	8	843	-13.1	4
泰安华鲁锻压机床有限公司	2.8	31.9	9	119	19.0	10
天水锻压机床（集团）有限公司	2.4	-33.6	10	87	-15.5	11

4. 我国机床工业在世界机床工业中的地位

2011年，我国金属加工机床消费达到390.9亿美元，占国际机床总消费量的45.51%，其中数控机床消费255.8亿美元，占我国机床消费的65.44%。我国机床销售产值占国际机床销售值的30.31%，机床消费和进口已经连续10年居世界第一，我国已连续3年为世界机床第一生产大国。

我国机床行业在国际上努力打造知名企业，在国际上的地位不断提高。根据美国Gardner公司公布的世界机床前20家企业排名数据显示，沈阳机床（集团）有限责任公司2011年实现机床销售额27.8亿美元，名列世界机床行业第一位，这是中国企业在国际机床发展史上首次位居第一。日本山崎MAZAK、德国通快公司分别以2009年和2011年财年截止时间位居第二位和第三位。大连机床集团有限责任公司以2010年的数据（23.8亿美元）位居第四位。在排行榜前20名企业中，日本和德国所拥有的企业数及企业总产值均分列第一位和第二位，相对其他国家保持较明显优势。世界金属加工机床企业排行榜见表10。

表10　世界金属加工机床企业排行榜

序号	公司名称	所属国家	财年结束期	机床产值（万美元）	企业销售额（万美元）
1	沈阳机床（集团）有限责任公司	中国	2011年12月	278 270	278 270
2	MAZAK	日本	2009年3月	252 500	252 500
3	通快	德国	2011年6月	239 210	275 910
4	大连机床集团有限责任公司	中国	2010年12月	238 060	242 920
5	天田	日本	2012年3月	233 560	235 630
6	小松	日本	2011年3月	226 190	2 156 460

（续）

序号	公司名称	所属国家	财年结束期	机床产值(万美元)	企业销售额(万美元)
7	Gildemeister	德国	2011 年 12 月	221 310	235 000
8	捷太格特	日本	2011 年 3 月	201 220	1 117 900
9	森精机	日本	2012 年 3 月	196 850	196 850
10	大隈	日本	2012 年 3 月	178 520	178 520
11	牧野	日本	2012 年 3 月	140 280	140 280
12	舒勒	德国	2011 年 9 月	135 150	135 150
13	MAG	美国/德国	2011 年 12 月	125 900	125 900
14	现代威亚	韩国	2010 年 12 月	94 920	385 840
15	阿奇夏米尔	瑞士	2011 年 12 月	90 530	411 680
16	Grob	德国	2012 年 3 月	89 600	89 600
17	斗山	韩国	2009 年 12 月	76 300	375 630
18	Index	德国	2007 年 12 月	67 580	67 580
19	格里森	美国	2011 年 12 月	62 500	62 500
20	兄弟	日本	2012 年 3 月	61 810	631 690

（二）重点联系企业经济运行情况

2011 年，机床工具行业 7 个小行业（金属切削机床、锻压机械、机床电器、机床附件、量刃具、滚动功能部件、数控系统）重点联系企业 217 家，约占全行业企业总数的 4.9%。

2011 年，机床工具行业重点联系企业共完成工业总产值 1 226.6 亿元，占全行业总产值的 18.57%，同比增长 17.0%；产品销售产值 1 178.0 亿元，占全行业产品销售产值的 18.33%，同比增长 14.5%。生产数控金属切削机床 13.95 万台，占全行业的 54.26%，同比增长 17.6%，低于数控金属切削机床产值同比增速 2.1 个百分点。因数控系统行业初次纳入统计，对其产品不能进行同期比较。2011 年机床工具行业 7 个小行业重点联系企业产值及产量完成情况见表 11。

表 11　2011 年机床工具行业 7 个小行业重点联系企业产值及产量完成情况

行业名称		合计	金属切削机床	锻压机械	机床电器	机床附件	量刃具	滚动功能部件	数控系统
工业总产值	实际完成（亿元）	1 226.6	883.8	162.2	15.6	18.6	119.1	7.5	19.8
	同比增长（%）	17.0	17.5	13.4	8.9	18.6	22.5	19.4	1.0
金属切削机床产值	实际完成（亿元）	732.5	728.3	4.1		0.04	0.1		
	同比增长（%）	18.8	19.0	-2.0		-87.1	36.2		
数控金属切削机床产值	实际完成（亿元）	499.3	495.5	3.7		0.02	0.1		
	同比增长（%）	19.7	20.0	-4.2		-91.3	25.8		
金属成形机床产值	实际完成（亿元）	153.6	5.2	148.4					
	同比增长（%）	15.5	51.3	14.5					
数控金属成形机床产值	实际完成（亿元）	79.8	3.2	76.7					
	同比增长（%）	29.2	98.7	27.4					
金属切削机床产量	实际完成（台）	403 935	403 628	172		10	125		
	同比增长（%）	14.3	14.3	33.3		-16.7	25.0		
数控金属切削机床产量	实际完成（台）	139 499	139 235	148		4	112		
	同比增长（%）	17.6	17.6	34.5		-42.9	12.0		
金属成形机床产量	实际完成（台）	82 433	1 925	80 508					
	同比增长（%）	-4.6	3.8	-4.8					
数控金属成形机床产量	实际完成（台）	8 158	31	8 127					
	同比增长（%）	4.5	34.8	4.4					
主控单元产量（套）		162 242							162 242
主轴伺服驱动单元产量（套）		2 270							2 270
主轴电动机产量（台）		238							238

（续）

行业名称	合计	金属切削机床	锻压机械	机床电器	机床附件	量刃具	滚动功能部件	数控系统
进给伺服单元产量(套)	82 222							82 222
伺服电动机产量(台)	145 321							145 321

注:表中数据因四舍五入,合计数有微小出入。

2011年,机床工具行业重点联系企业中,金属加工机床行业产值数控化率55.4%,同比增长2.0个百分点。重点联系企业产品销售率96.0%,同比降低2.1个百分点,其中滚动功能部件行业产品销售率同比降低7.5个百分点。只有锻压机械、机床电器、数控系统3个小行业产品销售率实现正增长。2011年机床工具行业7个小行业重点联系企业产品销售率见表12。

表12　2011年机床工具行业7个小行业重点联系企业产品销售率

行业名称	产品销售率(%)	同比增加(百分点)
合计	96.0	-2.1
金属切削机床	96.1	-2.3
锻压机械	95.1	0.3
机床电器	98.2	2.2
机床附件	97.2	-6.0
量刃具	95.4	-4.1
滚动功能部件	94.4	-7.5
数控系统	103.7	4.1

2011年上半年,重点联系企业产成品库存合理,总体库存额在100亿元以内,金属切削机床行业库存额在60亿元以内;下半年库存额连续攀高。2010年12月至2011年12月机床工具行业7个小行业重点联系企业产成品库存见表13。

表13　2010年12月至2011年12月机床工具行业7个小行业重点联系企业产成品库存

月份	产成品库存额(亿元)	
	7个小行业合计	其中:金属切削机床行业
2010年12月	99.4	61.0
2011年1月	89.6	49.9
2011年2月	89.6	49.9
2011年3月	97.3	58.5
2011年4月	96.1	58.8
2011年5月	98.0	59.1
2011年6月	98.8	58.8
2011年7月	103.0	61.6
2011年8月	113.8	74.3
2011年9月	109.1	66.2
2011年10月	114.0	70.5
2011年11月	116.5	72.3
2011年12月	140.3	92.7

截至2011年12月末,7个小行业重点联系企业产成品库存额同比增长38.4%,金属切削机床行业产成品库存额同比增长达49.2%,高于7个小行业平均值10.8个百分点。2011年12月末,金属切削机床行业产成品库存额比2011年1月增长85.8%,激增的库存预示了机床工具行业后期市场已进入比较严峻的局面。2011年机床工具行业7个小行业重点联系企业产成品库存情况见表14。

表14　2011年机床工具行业7个小行业重点联系企业产成品库存情况

行业名称	产成品库存额(亿元)	同比增长(%)
合计	140.3	38.4
金属切削机床	92.7	49.2
锻压机械	17.0	36.6
机床电器	1.3	-7.6
机床附件	3.8	16.5
量刃具	21.8	12.8
滚动功能部件	1.0	31.1
数控系统	2.7	33.8

2011年,部分重点联系企业累计新增订单522.9亿元,同比增长11.5%。12月末在手订单456.0亿元,比上年同期增长19.0%。新增订单和在手订单增长幅度明显低于往年。特别是国产数控系统的新增订单和在手订单明显不足,预示后期低端数控机床市场销售将会出现低迷态势。2011年机床工具行业7个小行业部分重点联系企业订单情况见表15。

表15　2011年机床工具行业7个小行业部分重点联系企业订单情况

行业名称	本期新增订单(亿元)	12月末在手订单(亿元)
合计	522.9	456.0
金属切削机床	397.7	287.4
锻压机械	79.4	109.0
机床电器	5.3	5.2
机床附件	2.0	2.8
量刃具	31.4	40.7
滚动功能部件	5.1	7.5
数控系统	2.0	3.4

三、2011年机床工具行业进出口贸易情况

(一)出口情况

2011年,我国机床工具产品出口额达88.97亿美元,同比增长26.43%,增速同比下降21.92个百分点。出口额居前三位的产品中,金属加工机床出口额同比增长 30.31%,增速同比下降 0.95 个百分点;切削刀具出口额同比增长 31.12%,增速同比下降 19.7 个百分点;磨料磨具出口额同比增长 20.95%,增速同比下降 81.38 个百分点。

各类产品出口额占比略有变化,高附加值的金属加工机床出口额占比同比增加 0.85 个百分点,切削刀具出口额占比同比增加 0.85 个百分点,磨料磨具出口额占比同比下降 0.94 个百分点。2011 年机床工具产品出口情况见表 16。

表 16　2011 年机床工具产品出口情况

产品名称	出口额(亿美元)	同比增长(%)	占比(%)
机床工具	88.97	26.43	100.00
金属加工机床	24.18	30.31	27.18
金属切削机床	16.63	29.50	18.69
金属成形机床	7.55	32.13	8.49
铸造机	0.76	3.33	0.85
木工机床	7.81	17.25	8.78
机床夹具、附件	2.33	42.18	2.62
机床零件、部件	6.81	32.15	7.65
数控装置	5.79	17.77	6.51
切削刀具	21.05	31.12	23.66
量具、量仪	1.73	27.81	1.94
磨料磨具	18.50	20.95	20.79

注:按中国银行 2011 年 12 月 31 日公布的 1 美元 = 6.458 84 元人民币汇率进行折算。表中数据因四舍五入,合计数有微小出入。

我国金属加工机床出口额 2008 年创出 21.1 亿美元的高峰,2011 年又创出 24.2 亿美元的新高,但仅占我国金属加工机床销售额的 7.59%。金属加工机床出口结构出现良好的趋势,数控金属加工机床出口额达到 9.0 亿美元,同比增长 40%,占金属加工机床出口额的 37.19%,比 2008 年增加 4.01 个百分点。其中,数控金属切削机床出口额 7.3 亿美元,同比增长 36.7%,占金属切削机床出口额的 43.9%;数控金属成形机床出口额 1.7 亿美元,同比增长 54.4%,占金属成形机床出口额的 22.5%。

2011 年,在巩固传统的美、日、德机床市场同时,新兴机床市场增速明显。对印度、巴西、俄罗斯和印度尼西亚出口额迅速攀升到 1 亿美元以上,上述国家机床市场潜力较大,我国机床的档次适宜上述市场的需求,今后力争继续扩大出口额度。2011 年金属加工机床出口去向前 10 位国家(地区)见表 17。

表 17　2011 年金属加工机床出口去向前 10 位国家(地区)

序号	国家或地区	出口额(亿美元)	同比增长(%)
1	美国	2.01	40.39
2	印度	1.77	27.98
3	巴西	1.63	51.23
4	日本	1.36	35.72
5	德国	1.29	55.42
6	俄罗斯	1.21	98.53
7	印度尼西亚	1.01	72.99
8	中国香港	0.80	73.85
9	泰国	0.75	33.61
10	韩国	0.75	46.72

(二)进口情况

2011 年,我国机床工具产品进口总额达到 202.9 亿美元,同比增长 29.3%,增速同比下降 32.71 个百分点。在各类产品中,除木工机床进口额同比下降 22.9% 外,其他产品均为正增长。按产品进口额超 10 亿美元排序:金属切削机床进口额 105.4 亿美元,占比 51.94%,位居第一;金属成形机床进口额 27.01 亿美元,占比 13.31%,位居第二;数控装置进口额 18.55 亿美元,占比 9.14%,位居第三;机床零件、部件进口额 13.85 亿美元,占比 6.83%,位居第四;切削刀具进口额 13.74 亿美元,占比 6.77%,位居第五。除铸造机进口额增速同比增加 20.22 个百分点、量具量仪进口额增速同比增加 10.3 个百分点,其余产品进口额增幅比上年均出现不同程度减缓。其中,金属加工机床进口额增速同比下降 19.26 个百分点,数控装置进口额增速同比下降 29.7 个百分点,机床零件、部件进口额增速同比下降 28.46 个百分点,切削刀具进口额增速同比下降 102.22 个百分点。

机床工具产品进口继续增长的主要原因是国内市场需求不减,以及国家促进进口政策的推动作用。金属加工机床进口额占比增加 5.28 个百分点,铸造机,量具、量仪及机床零件、部件进口额占比有微小增长,其余产品的进口额占比出现下降趋势,其中,数控装置进口额占比下降 2.39 个百分点,木工机床进口额占比下降 2.1 个百分点。2011 年机床工具产品进口情况见表 18。

表 18　2011 年机床工具产品进口情况

产品名称	进口额(亿美元)	同比增长(%)	占比(%)
机床工具	202.90	29.25	100.00
金属加工机床	132.40	40.56	65.25
金属切削机床	105.40	40.01	51.94
金属成形机床	27.01	42.73	13.31
铸造机	3.24	44.10	1.60
木工机床	6.32	-22.90	3.12
机床夹具、附件	6.72	16.21	3.31
机床零件、部件	13.85	32.99	6.83
数控装置	18.55	2.79	9.14
切削刀具	13.74	19.43	6.77
量具、量仪	1.97	38.29	0.97
磨料磨具	6.11	18.19	3.01

2011 年,我国金属加工机床进口额达到 132.4 亿美元,同比增长 40.6%,进口机床占据我国机床市场的 33.9%。

数控金属加工机床进口额111.1亿美元，其中，数控金属切削机床进口额95.3亿美元，同比增长40.5%；数控金属成形机床进口额15.8亿美元，同比增长52.9%。

2011年，金属加工机床进口来源位列前10位的国家（地区）进口额合计占金属加工机床进口总额的95.5%，前3位占73.68%，具有很高的集中度。从德国、瑞士进口高端数控机床产品居多，其平均单价是我国数控金属加工机床进口平均单价的3~4倍；由其他国家（地区）进口的主要是中档数控机床和特性化数控机床。2011年金属加工机床进口来源前10位国家（地区）见表19。

表19　2011年金属加工机床进口来源前10位国家（地区）

序号	国家或地区	进口额（亿美元）	同比增长（%）
1	日本	53.68	50.30
2	德国	28.38	44.51
3	中国台湾	15.48	20.29
4	韩国	7.73	8.26
5	瑞士	5.68	84.22
6	意大利	5.66	14.08

（续）

序号	国家或地区	进口额（亿美元）	同比增长（%）
7	美国	4.80	28.65
8	奥地利	2.39	236.92
9	新加坡	1.54	65.80
10	西班牙	1.09	36.98

江苏、广东、上海仍是我国进口数控机床的主要地域。2011年，我国数控机床进口大省江苏、广东进口合计额在总量中占比较上年下降8.1个百分点；而四川、河南因为外资企业增多，进口额占比则明显上升。

2011年，我国进口金属加工机床11.52万台，平均单价11.49万美元。其中，数控金属加工机床7.07万台，平均单价15.7万美元；普通机床4.45万台，平均单价4.78万美元。加工中心、磨床、特种加工机床、车床位居各类金属加工机床进口额前四位。其中，加工中心进口4万多台，进口额48.6亿美元，占金属加工机床进口额的36.7%。此外，磨床占12.4%、特种加工机床占8.7%、车床占7%。2011年我国进口各类数控金属加工机床情况见表20。

表20　2011年我国进口各类数控金属加工机床情况

产品名称	进口量（台）	占比（%）	进口额（万美元）	占比（%）	单台均价（万美元/台）
数控金属加工机床	70 724		1 111 221		15.7
数控金属切削机床	66 418	100.00	953 512	100.00	14.4
数控特种加工机床	7 480	11.26	109 315	11.46	14.6
加工中心	41 014	61.75	486 382	51.01	11.9
数控车床	6 384	9.61	89 636	9.40	14.0
数控钻床	1 329	2.00	20 015	2.10	15.1
数控镗床	284	0.43	19 443	2.04	68.5
数控铣床	5 066	7.63	33 912	3.56	6.7
数控磨床	3 953	5.95	137 841	14.46	34.9
数控齿轮加工机床	908	1.37	56 969	5.97	62.7
数控金属成形机床	4 306	100.00	157 709	100.00	36.6
数控锻造或冲压机床	945	21.95	70 154	44.48	74.2
数控成形折弯机	1 110	25.78	31 861	20.20	28.7
数控剪切机床	268	6.22	11 764	7.46	43.9
数控冲床	1 983	46.05	43 929	27.85	22.2

注：表中数据因四舍五入，合计数有微小出入。

（三）进出口贸易差额情况

据海关统计资料，2011年我国机床工具产品进出口总额291.9亿美元，同比增长28.4%。进出口逆差再创新高，达到113.9亿美元，同比增长31.5%；其中金属加工机床逆差108.2亿美元，占行业逆差的95.0%，逆差同比增长42.9%。

金属加工机床大量进口是形成逆差的主要原因：一是市场需求结构产生变化，高端制造业对高端数控机床的需求大增，如飞机制造、高速铁路、船舶制造、汽车制造等行业需求高速、精密、稳定可靠的数控机床。我国机床工业基础薄弱，满足不了市场对中高档数控机床的需求。我国高端数控机床起步晚，多数产品处于研发小批量制造阶段，有的产品甚至处于填补国家空白时期，国产高档数控机床市场处于培育阶段，尚不能满足国内大量的需求，导致高档数控机床的大量进口。二是国家制定进口高端数控机床的退税优惠政策，也致使用户企业选择进口高端数控机床；有些情况下，高档数控机床的进口价格与稍低档次数控机床的进口价格相差不多，甚至价格略低，这也导致高端数控机床进口猛增。三是我国中档数控机床产业化制造能力不强，数控机床的稳定性和可靠性与国外同类产品存在较大的差距。特别是在机床市场旺盛的时期，国内企业忽视对稳定性、可靠性问题的解决，一旦市场波动就会受到严重影响。

我国从中国台湾、日本及韩国进口的中档数控机床数量很大,对国内企业造成强势竞争。四是国家为了平衡国际贸易,实施鼓励进口的各项政策,在某种程度上推动了机床进口增长。

四、2011年机床工具行业市场需求

(一)国内市场消费情况

据中国机床工具工业协会测算,2011年,国产金属加工机床产值达282.7亿美元,同比增长29.4%,占28个主要机床制造国(地区)合计产值的30.33%。其中,金属切削机床产值197.5亿美元,同比增长26.2%;金属成形机床产值85.2亿美元,同比增长37.4%。2011年,我国依然是世界机床第一消费大国,金属加工机床消费额达390.9亿美元,同比增长33%,占世界28个机床消费国家(地区)的45.51%。其中,数控金属加工机床进口额111.1亿美元,占我国数控机床市场的43.4%。

随着国民经济的高速发展,我国机床市场需求结构发生明显变化,对高端机床产品的需求越来越大,用户群越来越多。而我国高档数控机床起步较晚,处于研发小批量制造阶段,尚不能满足国内的需求。中档数控机床已经发展20余年,但机床的稳定性和可靠性与国外同类机床存在较大的差距。国内制造业市场为了实现高效率制造,对特性化数控机床及成套装备需求日益增多,主流小轿车发动机四大关键件的成套装备几乎全被国外企业囊括。高端机床工具类产品特别是高档数控机床依赖进口的局面依然持续,中档数控机床进口比重依然较大。数据显示,我国是当今国际最大的机床消费市场,预计此种情况会延续若干年。

(二)国际市场消费情况

美国Gardner公司提供的世界28个国家和地区机床生产和消费数据显示,国际机床市场仍然处于高速增长期。2011年,世界28个国家(地区)金属加工机床产值达到932.19亿美元,同比增长33.57%;消费858.90亿美元,同比增长34%,国际机床的生产和消费增速分别高于我国1.5个百分点和2.9个百分点。2011年,我国金属加工机床出口额24.2亿美元,仅占国际消费市场的2.82%。日本出口机床占国际消费市场的13.25%,其出口机床占生产机床的62.01%;德国出口机床占国际消费市场的11.01%,出口机床占生产机床的70.10%;中国台湾出口机床占国际消费市场的4.66%,其出口机床占生产机床的80%。我国机床行业在国际市场上有巨大的发展空间,应该大有作为。

五、2011年行业加快调整结构、转变发展方式

(一)机床工具行业面临的宏观形势

我国机床工具行业历经10年黄金高速发展期,但因基础薄弱,又面临国际化的竞争,今后的机床市场形势仍然十分严峻。当前的宏观局势是,国内市场需求结构向中高档数控产品发展,市场需求结构变化快于机床行业技术发展速度;产品同质化严重,产能增长速度快于技术转型升级的速度,造成低端混战、中端疲软、高端失守的局面;新产品开发升级速度快于制造工艺体系的提升速度,机床稳定性、可靠性成为制约市场深入发展的障碍;国内人力成本、人民币升值和原材料价格均有所上涨,发展环境成本速度快于机床行业利润增长速度,成本不断提升,与国外竞争相对优势迅速缩小。国外强手采取融入战略,在我国建厂,我国机床企业原有价格优势、服务优势逐渐消失;国外对手以低价位、高质量大肆掠夺我国中端产品市场,实施技术和价位垄断压制我高端产品发展,把持高端产品市场。中国大陆与中国台湾地区签署了ECFA,我国又即将与日本、韩国签订FTA自由贸易区,这将使全行业面临更加严酷的市场竞争。我国高端机床工具产品起步晚,远远落后于国际先进国家的水平,当前尚不能满足国内需求,高端产品大量进口的局面仍会持续。

我国正处于工业化发展阶段,国家宏观发展战略对机床工具行业构成政策支持,但机床市场连续高速增长的局面难以再现,未来一段时期将处于稳定增长发展期。在此阶段,市场需求特点是向中高档数控机床、自动生产线、高效特性化专用机床和智能化机床发展;市场竞争焦点是中端产品,我国机床消费已由"塔形"转向"橄榄形"发展;生产经营的核心是围绕用户需求开发产品,为用户提供全面解决方案和产品生命周期综合服务,提高企业综合效益;企业品牌、产品稳定性和可靠性是用户对产品质量的基本要求。未来的竞争是与世界强手的竞争,内外两个市场并举,积极扩大出口,主动参与国际竞争是行业消化过剩产能的重要措施和企业生存发展必选之路。今后,国内机床市场发展环境更加残酷、更加严峻,向机床强国迈进的道路更加艰难曲折。

(二)企业转型升级着力方向

当今国际机床制造领域的新技术竞争已经从机床精度竞争转化为机床信息化水平和综合标准的竞争,机床市场的竞争已经由单纯产品竞争转化为产品生命周期的全面服务及服务标准的竞争。企业加快实现由规模经济向质量效益型转变,由生产型企业向创新型企业转变,由粗放型企业向集约型企业转变。企业普遍按市场需求进行产品结构、企业结构和经营结构的调整,集中突破核心技术,着力提升市场研发和市场开拓能力。企业进一步加快信息化和工业化两化深度融合,加快机床智能化实施;按国际先进标准加速开发中高档产品并实施产业化制造,提高数控机床的稳定性、可靠性,向用户提供全面解决方案,特别是将增强中高端产品的竞争力,提高国产机床市场占有率作为今后的努力方向。

企业转型升级要注重自身素质的提高,加大人才梯队的培养,不断改善人力资源的结构,提高企业创新能力,提高知识密集型产品的比重,提高科技创新对企业的贡献率。企业还要不断提高全员劳动生产率,我国制造业现在的劳动生产率只相当于发达工业化国家的1/20,只有不断缩小与欧美企业在劳动生产率方面的巨大差距,才能大幅提高企业的利润,才能不断提升员工收入。

企业积极制定对策加快转型升级,对产品的质量升级、产量升级和管理升级采取同步实施的策略。企业重视发展软实力，注重加强管理；有的企业注重工艺装备和工艺规程的完善和提高，从根本上解决数控机床的稳定性可靠性；部分企业着手营建为用户提供全面解决方案体系、产品生命周期的全程持续服务体系以及企业服务升级至商务化体系。当前，机床工具企业已经出现"两个推动"局面：市场需求结构升级推动企业转型升级，用户需求推动行业全面解决方案实施。

企业转型升级中值得关注的问题：

(1)受地方政府国内生产总值指标影响，多数企业在发展中继续做加法，有的企业规划"十二五"经济指标翻一番，实现百亿元目标的企业为数不少。企业采取扩大通用数控机床品种和规格的措施，以品种多、规格全、产量大、成本低取胜市场为发展思路。此类发展方式需要继续扩大产能，加大了国内产品的同质化趋势。

(2)有的企业缺少对后续市场的研讨，仍热衷开发制造重型超重型数控机床，建大厂房、买大设备，导致能力已经过剩的重型机床进一步过剩，重型机床无序竞争的局面加剧。

(3)我国机床工具生产企业基本都属于中小企业，当前绝大多数企业从事通用产品制造。沈阳机床(集团)有限责任公司和大连机床集团有限责任公司通用数控机床产能高速提升，两家企业年产数控机床已超过10万台。中小企业加快转型升级，产品向"专、精、特"差异化发展，向提供特性化服务发展是大多数企业的发展方向，避免坠入通用产品的价格战。避免通用中档数控机床价格战的最好方式，一是引导企业加大出口，二是促进中小企业向差异化产品发展。

(4)少数企业产品结构调整与市场需求脱节，与企业技术基础脱节，盲目追求所有产品达到高速、高精、复合化。对用户需求了解不深，产品不被用户认可，不能形成稳定市场。

(三)加快产品结构优化调整

企业按市场需求调整产品结构，新产品开发高起点，对标国际名牌产品，研发成功后迅速商品化，成熟产品尽快实现产业化，快速占领市场。企业根据自身特点制定符合市场结构变化的发展战略和企业发展方向，产品由普通机床向数控机床调整，由低端数控机床向中高端数控机床调整，由单台数控机床向数控生产单元和柔性生产线调整，由通用型向特性化、定制化、差异化方向调整，由数字制造向智能化调整。2012年，中国数控机床展览会从另一个侧面反映了产品结构调整的成果，数控复合机床和五轴联动机床已经成为产品发展趋势。该展会展出的自动生产线、机器人和"专、精、特"的展品数量明显高于往届，部分骨干企业展出了智能化数控机床，已经成为本届展会的特色和亮点，充分反映出市场发展趋势。机床工具行业部分骨干企业市场销售情况也可以反映产品结构调整情况。

济南二机床集团有限公司在细分市场下大功夫，不为外界干扰，小轿车覆盖件数控自动冲压生产线不断提升，实现了综合全方位的突破。数控自动冲压生产线是多台数控冲压机、机器人和智能化的完美结合，是典型的"专、精、特"产品，生产线整体达到国际先进，部分指标达到国际领先，如生产节拍实现15件/min，自动高速换模时间达到3min，装模可自动补偿，数控液压拉伸垫提高模具寿命20%，上述指标为汽车企业带来显著的经济效益。数控自动冲压生产线国内市场占有率达到80%以上，并出口美国福特公司，进入世界冲压生产线三强企业。

北京第一机床厂开拓重型数控龙门镗铣床市场的经验值得行业企业借鉴。该厂收购了德国瓦德里希－科堡公司，初期应用科堡技术和科堡部件装配重型数控龙门镗铣床并进行国内销售，用户对产品质量异议甚多。近年，北京第一机床厂坚持贯彻德国技术和工艺，提高员工技能，制造的重型数控龙门镗铣床的价格明显高于国内其他企业，产品质量基本等同于德国，用户的赞誉带来销售的连锁反应。

沈阳机床(集团)有限责任公司打破"大而全"模式，加速了普通机床向数控机床的转变。2011年，生产数控机床3.15万台，数控机床产值达到101.51亿元，数控机床产值率达到60%。立式、卧式加工中心销售额由2008年的3.4亿元提升至2011年的8.7亿元。2011年，销售12条自动生产线，包含157台各种数控机床，包括未完成的自动生产线合同已经达到28条。按客户需求推出优化的新五类数控产品，至2011年末已占销售额的9%。"十二五"末，将实现数控机床占销售额的80%，其中高档数控机床占10%，中档数控机床占70%，低档数控机床占20%。

大连机床集团有限责任公司近几年累计开发新产品500余项，新产品累计产值达306.83亿元。已经完成了普通车床、平床身数控车床、斜床身数控机床、立式加工中心4条机床装配线，年生产能力至少12万台，其中数控机床6万余台。正筹建卧式加工中心生产线。2011年，生产数控机床2.33万台，数控机床产值达到121.76亿元，数控机床产值率66.5%。公司加快半导体和光伏产业数控机床的研发，组合机床及柔性加工自动生产线订单已经承接到2013年8月，后续合同不断。2011年产品结构调整初见成效，产值数控化率达到70%，其中中高档产品占比达到71.2%。

大连亿达日平机床有限公司是一家员工不到600人的从事差异化设备制造的企业，专门生产汽车发动机缸体缸盖及汽车变速箱、差动器的各类生产线，还扩展至缝纫机、空调压缩机和工程机械的零部件的生产线制造。其经营理念是：向用户提供全面解决方案，擅长的、自己做，不专的、买好的；不断引进先进技术，提高产品档次。卧式加工中心主机以及随动夹具、桁架机械手、刀库、液压站、钣金件等关键部件均自行制造，其余珩磨机及辅助设备(如冷却系统、检测装置等)均从高可信度的企业采购，关键的配套部件采用进口产品。经过20余年的经营，产品和信誉赢得用户信赖形成品牌，已经造就了具有高忠诚度的客户群体，并不断形成市场辐射效应，即使在经济危机中也有不凡的经营业绩。2011 年，公司制造能力 4.3 亿元，当前在手合同 7 亿元，2012 年目标完成 6 亿元。产品价格高于国内企业 30%，合同持续不断。该公司差异化产品的发展模式值得中小型企业借鉴。

（四）促进产业布局优化

国际制造业已进入产业调整的新时期，全国机床制造业要立足现在、着眼未来，为实现机床制造强国奠定基础，筹划国内机床工具产业结构的战略总布局。通用性机床制造企业进一步改组、联合、兼并，形成大型机床企业集团，提高中小型通用机床的集中度，加强集团内的专业化分工，通过规模化生产，降低制造成本，增强机床工具产品在国内市场、国际市场的竞争力，提高两个市场占有率。提高通用重型机床分类制造的专业化程度和技术深度延伸，重型机床向国际品牌发展。重点支持促进有技术实力的中小型企业向“专、精、特”小巨人型企业转化，专门从事特性化、定制化、差异化产品的制造，弥补我国在“专、精、特”产品方面的欠缺和不足。寻求边缘技术的发展，寻求新技术、新产品的诞生和发展，形成新的产业布局，如形成自动化制造产业、机器人产业和智能化制造产业。促进机床工具行业向服务性产业的延伸，形成社会化的商务性服务产业的新产业结构布局。充分利用美国、欧盟经济发展不确定性的机遇，加快海外企业的兼并步伐，根据国内需求兼并或重组国外机床企业、机床关键基础配套件制造企业、功能部件制造企业、刀具刃具企业、量具测量机制造企业、数控系统企业以及与机床相关的软件企业，吸纳国外高新技术和优秀人才，做好机床产业在国际大环境的布局。

（五）市场急需的装备

1. 飞机制造业需求装备

飞机制造业是我国重点发展的涉及国家安全的重要领域。航空发动机是飞机的心脏，属于飞机制造领域的重中之重。我国机床行业应该紧密围绕国家的需求，加快研发适应飞机各类结构件和航空发动机制造的高端装备和制造工艺。

中国机床工具工业协会组织人员对飞机制造业的需求进行了调研。飞机制造业的主要材料是钛合金、高温合金、铝合金和复合材料，机床企业只有深入飞机制造企业，对飞机的常用材料和加工工艺进行深入了解，才能研发出满足用户需要的精密特性化工艺制造装备。航空企业普遍反映，我国机床企业向飞机制造企业提供的是通用化数控机床，机床的刚性差，主轴电动机、进给电动机的功率远远不能满足飞机制造业的需求，是在使用制造二代机的装备制造现代化的四代机。前期提供的许多国产数控机床切削参数仅能达到航空零件加工需求的 1/3 至 1/4。建议机床企业对航空常用材料进行切削实验，检验机床的性能，选择合理的刀具、冷却手段和工艺参数，建立数据库，掌握并不断提高钛合金、高温合金、铝合金和复合材料工件的加工工艺；产品开发人员深入到航空制造企业，了解、掌握飞机零件的工艺特性和技术要求，优化机床主要参数，让用户参与产品设计和改进；企业对用于航空工业的装备应该实施交钥匙工程，以此全面把握飞机零部件的加工特点，不断提高机床装备对航空业的适应性，真正为我国飞机制造业提供全面解决方案。

飞机制造业部分需求装备如下：

（1）加工钛合金、高温合金的大尺寸、大摆角、薄壁零件数控加工装备。包括大型五轴联动 AC 双摆角钛合金数控铣床，以及五轴联动具有翻转工作台的铣床。加工钛合金的数控机床需充分考虑钛合金难加工的工艺特点，机床应能够实现高刚度、大转矩、大功率及大流量冷却液，适合钛合金加工。机床行程大，工作台面积要大，便于装卸多个零件，缩短零件加工的准备周期。

（2）高速、高精并联快速翻转工作台铣床。加工大尺寸铝合金板材的复杂形面、薄壁零件的高自动化、高切削率、高精度、高可靠性数控加工装备。大尺寸铝合金板材加工尽量提供大型五轴联动的高速、高精并联机床以及五轴联动高速翻转工作台铣床。

（3）飞机关键结构件类的柔性制造单元或柔性制造生产线。可实现自动上下料、自动交换工作台、自动换刀、自动在线检测等高自动化、高精度、高可靠性的无人化自动单元或柔性生产线。

（4）并联机构数控机床。该机床具有高自由度，刚性、动态性及高速性能好的特点，适用于飞机结构件的加工。该机床主轴无论处于加工范围的任何位置，其动态特性都保持高度一致，为最佳切削参数的选择提供保证；主轴功率大，保证较高的材料去除率；加工范围大，建立工件坐标系方便，在有效工作空间内可实现 5 至 6 面及全部复合角度的位置加工，适用于敏捷加工，一次装夹即可完成 5 至 6 面的复杂异型件及复合角度孔和曲面的加工。

（5）五轴联动的数控卧式翻板类机床。工作台可在水平和垂直方向进行回转，水平状态安装工件找正，在垂直状态进行加工。适用于板材的加工，利于排屑，加工高效，兼顾精益生产，适当选用带交换工作台的装卸站，具有柔性化的加工单元。

（6）加工飞机发动机各类叶片的五轴联动铣床和五轴联动叶片磨床。机床能够完成多种航空发动机叶片的批量化制造，进气缘和排气缘的加工精度、效率和表面完整性达到国际同类产品水平。

（7）高档数控深孔钻镗床。用于飞机发动机内轴孔、飞机起落架、弹射椅油缸的深孔类的钻孔。同时研制该类零件深孔加工专用刀具、辅具，解决特种材料零件的深孔加工难题。

（8）大型六轴联动精密数控电火花成形机床。用于新一代大运载火箭发动机与大飞机发动机核心部件带叶冠整体式涡轮盘、大型压缩机闭式整体叶轮等难加工材料、复杂形面零件的加工。

（9）七轴数控电火花高速小孔加工机床。用于航天航空发动机特殊材料关键零件群孔加工。

(10)大型高效数控复合材料铺覆设备和配套的工艺装备。

(11)特别急需能够代替人工钻孔铆接的自动化钻铆铣装备。

(12)特别急需可实现同类飞机部件混装装配的具有一定柔性的工艺夹具装备。

(13)飞机零件、部件及整体飞机的自动化高速检测装备。

(14)专门适合粗加工、精密加工钛合金、高温合金、铝合金和复合材料的各类高效加工的刀具。

2. 汽车行业需求装备

国家已经确定,自2013年7月1日起,生产、进口、销售和注册登记的汽车发动机必须达到国Ⅳ标准。柴油发动机电控高压共轨系统的制造装备需求量急剧增长,如年产50万套高压共轨系统就需投资30亿元购买设备。国Ⅳ标准实施,导致电控高压共轨系统年产量要达到450万~500万套,将会出现300多亿元的机床制造设备的投资。购买国外设备价格高昂、交货期长,而且受到销售限制约束,国内制造高压共轨系统企业急需国产的中高档特性化数控机床,要求国产装备达到国外装备的水平。汽车发动机必须达到国Ⅳ标准,为机床行业带来新的机遇。这就需要机床制造厂技术人员能够深入用户企业,了解加工件的工艺特性和工艺参数,开发出实用性强的高压共轨系统零件的差异化专用数控机床。

(1)喷油器体成形加工中心。喷油器体年产3 000万件,需求机床200台,完成车、钻、铣、螺纹加工。

(2)数控小孔精密配珩机床。可珩磨喷油器体和柱塞套的直径3~15mm孔的精密珩磨。要求加工工件的圆度0.5μm、圆柱度1μm、表面粗糙度0.005μm。

(3)电火花加工精密喷孔技术和机床。用于油嘴、节流板喷孔加工,直径0.07~0.3mm,年产近亿件。该类机床需求大。

(4)液体挤压研磨技术和机床。用于油嘴、节流板喷孔的挤压和研磨,主要进一步改善小孔的表面粗糙度。该类机床需求大。

(5)中孔座面专用磨床。用于精磨喷油嘴中孔和密封锥面,加工孔径3~6mm,年产量1亿件。机床电主轴转速9万~12万r/min。该类机床需求大。

(6)精密凹端面磨床。用于磨削ϕ20mm内孔的底端面,平面度0.6~0.9μm,表面粗糙度0.05μm。该机床需求大,国内暂无生产。

(7)高精度配磨外圆磨床。用于油嘴和活塞外圆磨削,要求配磨圆度0.5μm、圆柱度1μm。该类机床需求大。

(8)高硬度硬切削车床。可车削58~62HRC的工件,加工孔和外圆圆度1μm、圆柱度1.5μm,圆锥的圆度1μm,表面粗糙度0.1μm。该类机床需求大。

(9)枪孔钻床。开发专用于喷油嘴和喷油器的可以钻削直径1.5~8mm枪孔钻床。该类机床需求大。

(10)喷油嘴内腔成形组合机床。用于加工喷油嘴内腔密封座面、压力室、盛油槽、进油孔、定位销孔的精密成形组合机床。

(11)高精度数控双端面磨床。用于高压共轨喷油器、过渡块、控制阀、各类调整垫片的磨削。该类机床需求大。

(12)高精度数控无心磨床。用于针阀、喷油器控制活塞的外圆加工。该类机床需求大。

(13)高精度数控凸轮磨床。用于高压油泵凸轮轴成形加工。该类机床需求大。

(14)需求中孔圆柱度快速测量设备、检测平面度和平行度白光测量仪、高精度螺纹测量仪及螺纹与平面的垂直度检测设备等。

六、科技成果和知识产权

(一)新产品开发试制情况

2011年,机床工具行业呈报新产品试制情况的企业共有134家,占全行业4 385家企业的3%。134家企业共计完成751项新产品试制,平均每家企业完成5.6项。开发的新产品中达到国际领先水平的7项,达到国际先进水平的107项;处于国内领先水平的285项,处于国内先进水平的183项。

按小行业划分:金属切削机床小行业有92家企业,新产品试制完成521项,占呈报项目总数的69.4%,平均每家企业5.7项。其中,车床行业46项,钻镗床行业53项,磨床行业143项,齿轮机床行业53项,铣床行业91项,插拉刨机床行业3项,特种加工机床行业21项,锯床行业16项,组合机床行业52项,重型机床行业15项,小型机床行业28项。

锻压机床行业呈报新产品有20家,完成试制产品135项,平均每家企业完成6.8项。此外,机床电器行业9家企业完成21项,机床附件行业4家企业完成36项,数显装置行业9家企业完成38项。

2011年,新产品试制较多的企业9家,呈报新产品数量占新产品总量的23.4%。其中,大连机床集团有限责任公司51项,沈阳机床(集团)有限责任公司39项,上海机床厂有限公司23项,济南二机床集团有限公司呈报22项,烟台环球机床附件集团有限公司呈报21项,四川普什宁江机床有限公司20项。

(二)科学技术奖评选

2011年,机床工具行业申报中国机械工业科学技术奖项目49项,获奖项目27项,其中,一等奖2项、二等奖11项、三等奖14项。与2010年相比,申报项目数量减少1项,获奖率降低3个百分点。

2011年,机床工具行业获奖项目呈现以下几个特点:①一等奖、二等奖合计13项,创历史新高,比历史最好水平的2008年高出30%。②重型机床获奖项目占比较大,其中,一等奖1个、二等奖6个。获奖项目数量占一等奖、二等奖总数的53.85%。表明我国机床工业在各种类型的重型、超重型数控机床方面实现了重大技术突破,机床工具行业为国家重点领域提供重型装备的能力明显增强。③集成、成套项目获奖数量呈上升趋势。济南二机床集团有限公司研发的全自动高速高精密硅钢片落料生产线关键技术及设备、济南铸造锻压机械研究所有限公司等合作研发的变截面汽车纵梁数控平板冲孔生产线、沈机集团昆明机床股份有限公司的FMS柔性制造系统研究开发等项目均获二等奖。这些成果说明机床行业正在摆脱传统的单机制造模式,向集成和成套方向发展。

(三)知识产权情况

通过中国专利数据库(知网版)的检索,对1985年1月1日至2011年12月31日已公开的机床工具类产品相关的专利进行了统计。

金属切削加工及机床共拥有78 422项专利,其中,发明专利24 426项,占比31.15%;外观设计专利11 532项,占比14.70%;实用新型专利42 464项,占比54.15%。在金属切削加工及机床专利中,一般性问题专利24 124项;车削加工及车床专利6 822项,比历史累计增长(指与多年累计至2010年总量进行比较,下同)12.74%;钻削加工及钻床1 063项;镗削加工及镗床3 014项,增长28.97%;铣削加工及铣床1 853项,增长29.13%;刨削加工刨床与插床308项;锯削加工与锯床2 846项,增长20.39%;拉削加工拉床165项;磨削加工与磨床15 705项,增长28.39%;齿轮加工与齿轮机床1 364项,增长23.0%;螺纹加工与螺纹加工机床1 611项,增长21.13%;组合机床及其加工4 277项,增长30.36%;特种加工机床及其加工3 360项,增长20.26%。因上年没有对钻床、拉床等专利进行统计,故无法比较。从以上数据看出,在一年内,各小行业拥有专利数量均比历史累计总量有不同程度的增长,组合机床及其加工专利增长最高(30.36%),车削加工及车床专利增长最低(12.74%),其余小行业专利增长为20%~30%,说明企业普遍将知识产权的维护提高至重要高度。

数控机床专利共计932项,其中,发明专利258项、外观设计专利140项、实用新型专利534项。

数控系统专利共计343项,其中,发明专利245项、外观设计专利5项、实用新型专利93项。数控系统制造企业发明专利占比在全行业是最高的,但外观设计专利占比在全行业是最低的,应该加强外观设计专利的申报,特别是操作面板外观的改进和提高。

金属压力加工拥有专利40 528项,其中包含挤压、锻造、轧制和拉制等小行业的专利。本文仅将冷冲床(钣金加工)、锻压类机床、金属切割类机床和一般性问题专利计入机床工具类专利。一般性问题专利18 879项;冷冲床(钣金加工)专利共4 287项;锻压类机床专利178项,其中,发明专利71项、实用新型专利107项;金属切割及设备拥有专利9 205项,其中,发明专利2 302项、实用新型专利6 903项。

刀具磨料磨具类专利计47 712项,其中属于机床工具类的专利17 898项。按小行业划分,共有刀具专利13 470项、磨料专利1 125项、磨具研具专利2 184项、夹具专利1 119项。

机床制造企业已开始重视软件著作权证书的获得。数控机床内在品质的高低,不仅取决于主机和数控系统的功能和性能,也取决于数控机床特性化的软件系统,不少机床制造企业已经获取了软件著作权。

七、标准化和质量工作

(一)标准化工作

(1)为了发挥标准化工作在机床工具行业由大变强发展过程中的技术支撑和保障作用,制定了《"十二五"机床工具行业标准化工作要点》,提出了"十二五"期间行业标准化工作目标,确定了标准化的重点任务和采取的措施。

(2)完成科技重大专项有关标准化方面的课题研究。2011年,由金属切削机床标准化技术委员会、工业机械电气系统标准化技术委员会、机床数控系统标准化技术委员会、特种加工机床标准化技术委员会、锻压机械标准化技术委员会、铸造机械标准化技术委员会申报并实施的"高档数控机床与基础制造装备技术规范与标准研究——基础制造工艺及装备技术规范与标准研究"课题,提出了高档数控机床技术标准体系框架、重点领域标准发展方案、重要技术标准研究和标准体系实施方案与对策等研究报告,为建立健全我国高档数控机床标准体系框架、引导和促进高档数控机床技术发展提供了必要的标准化技术支撑。机床数控系统标准化技术委员会、量具量仪标准化技术委员会完成了重大专项"数控系统可靠性技术及重型机床运行可靠性研究"和"机床工具高精度锥度传递系统的研究"课题研究,并起草了相关标准草案稿。

(3)参与国际标准化活动取得突破性进展。特种加工机床标准化技术委员会参加了在瑞士召开的ISO/TC 39/SC 10/WG5第三次工作组会议。会议主要对《机床—安全—电火花加工机床》国际标准草案征求到的意见进行讨论。我国提出的9条意见大部分采纳,预计该项国际标准不久将正式颁布。2011年4月,金属切削机床标准化技术委员会在北京成功举办了第五届亚洲标准化工作会议。5月在瑞士苏黎世召开的第71次国际会议中提出的《金属切削机床术语》国际标准提案被接受。工业机械电气系统标准化技术委员会在北京成功举办了IEC60204-3X中日联合工作组第二次会议,正式通过国家标准化管理委员会向IEC中央办公室提交了IEC 60204-3X《数控机床电气设备与控制系统安全》国际标准提案。磨料磨具标准化技术委员会组织行业专家代表团参加了于2011年6月15日在瑞典斯德哥尔摩召开的第37次磨料磨具国际标准化会议,对19项国际标准议案进行了会议表决。

(4)随着技术进步,制定一批先进适用的新标准。截至2011年11月15日,国家标准化管理委员会已发布实施了一批企业产品急需的重要标准102项,其中有代表提升行业服务能力和水平的GB/T 25636—2010《机床数控系统 用户服务指南》,用于保证人身安全的GB 18209.1—2010《机械电气安全指示、标志和操作》等系列标准,用于数控机床的方法标准《金属切削机床 机械加工件通用技术条件》等标准。这些标准的颁布,对机床工具行业以标准为导向,促进企业产品上档次、创品牌起到了良好的促进作用。

(5)注意抓好标准化常态工作。在国家标准化管理委员会狠抓标准制修订质量的方针指导下,从2010年11月至2011年11月,机床工具行业制修订标准211项,其中,国家标准52项、行业标准159项。

2011年,机床工具行业现有标准总计2 099项。现贯彻执行的国家标准709项,其中,强制性国家标准57项、推荐性国家标准652项。机床工具行业现有贯彻执行的行业标准1 390项,其中,强制性行业标准15项、推荐性行业标准1 375项。全行业执行的强制标准72项,仅占标准总计的3.43%。

(6)表彰先进和激励标准化人员。在机械工业标准化工作座谈会上,机床工具行业有4个标准化技术委员会(金属切削机床标准化技术委员会、特种加工机床标准化技术委员会、刀具标准化技术委员会、工业机械电气系统标准化技术委员会)、1个分会(铣床分会)及23位标准工作人员获得"十一五"机械工业标准化先进集体和先进个人称号。由磨床分会制定的JB/T 10790—2007《数控强力成形磨床》和由锻压机械标准化技术委员会制定的JB/T 10784—2007《机械式干粉压力机　通用技术条件》被评为2010年中国标准创新贡献奖二等奖和三等奖。锻压机械标准化技术委员会剪折机械分会荣获上海市标准化推进专项资金、上海市标准化优秀技术成果奖和优秀学术成果奖。铸造机械标准化技术委员会制修订的国家标准《冷室压铸机》获得广东省2011年创新贡献奖二等奖。

(二)质量工作

1. 行业创品牌活动

2011年,机床工具行业评选出13家"精心创品牌活动十佳企业"。这些企业是:浙江凯达机床股份有限公司、安阳鑫盛机床股份有限公司、汉川机床集团有限公司、上海机床厂有限公司、重庆机床(集团)有限责任公司、贵阳险峰机床有限责任公司、成都宁江机床(集团)股份有限公司、东风汽车有限公司设备制造厂、哈尔滨第一工具制造有限公司、山东宏康机械制造有限公司、江苏亚威机床股份有限公司、南京工艺装备制造有限公司和中南钻石股份有限公司。同时,对2009~2010年被评为"精心创品牌活动十佳企业"的企业进行了复审,其中有34家企业复审合格继续有效。

2. 机床工具产品抽查情况

2011年是国家质量监督检验检疫总局对机床工具行业进行质量监督抽查最多的一年,往年主要对金属加工机床进行质量抽查,本年度扩大到5个小行业。全年抽查244家企业的244种产品,是往年抽查产品的3倍。本年度按产品抽查台数的平均合格率为82.37%。其中,机械压力机合格率为72.22%,低于全行业平均合格率10.15个百分点;其他小行业产品合格率都在82%以上,电加工机床合格率最高,达到86.21%。

(1)车床产品,抽查29家企业生产的29种车床产品。抽查发现有5种产品不符合标准的规定,抽查车床合格率为82.76%。不合格项涉及安全方面的缠绕与卷入危险、夹持装置、电击防护安全保护,以及温度温升、精度等机床稳定性方面的项目。

(2)机械压力机产品,抽查36家企业生产的36种机械压力机产品,包括开式压力机和闭式压力机两种类型。抽查有10种产品不符合标准的规定,产品合格率仅为72.22%。不合格项全部是紧急制动装置、双手操作式安全保护装置的要求、保护联结电路、电击防护、预控动作等人身安全项目。历年来机械压力机抽查都存有安全隐患,应该引起机械压力机行业特别是刚进入行业不久的企业的高度重视。

(3)电加工机床产品,抽查29家企业生产的29种电加工机床产品。抽查发现有4种产品不符合标准的规定,抽查电加工机床合格率达到86.21%。不合格项主要涉及电击防护、限位装置、排气装置、控制电路电源、插头/插座组合及保护联结电路项目。

(4)木工锯类机床产品,抽查30家企业生产的30种木工锯类机床产品。抽查中有5种产品不符合标准的规定,抽查木工锯类机床合格率为83.33%。不合格项涉及控制装置的安全性和可靠性、加工区的防护、传动的安全、保护联结电路的连续性、电击防护、过电流保护、电动机过热保护、精度以及机构功能动作试验项目。

(5)砂轮类产品,抽查120家企业生产的120种砂轮产品。发现有19种产品不符合标准的规定,砂轮类产品抽查合格率为84.17%。不合格项涉及回转强度、孔径及硬度项目。

机床类产品质量抽查出现的质量问题主要集中在机械安全和电气安全方面,说明部分企业对涉及人身安全欠缺认识和措施,应该加强产品质量问题的彻底整改。

3. 用户对产品质量诉求和产品的期望

2011年,中国机床工具工业协会通过组织对汽车、发电、船舶、航空四大领域重点用户的调研活动及召开部分机床代理商座谈会,了解到市场和用户对机床工具行业的诉求。

用户和代理商普遍反映国产机床工具产品存在以下主要问题:①国产装备可靠性、稳定性已经成为影响用户企业继续购买国产机床的最大障碍。用户反映,国产数控机床与国外机床使用同样的时间,国外机床仅更换数控系统就可重新开机工作,国产机床除更新数控系统外,必须进行机械大修或者更换部件和零件才能恢复机床的精度。国产装备即使主要零部件采用进口,因为主机设计制造和采购方面存在缺陷(如安全防护、机床漏油漏液严重、电器箱易污染,配套件故障频繁等),导致机床的稳定性和可靠性明显低于国外的产品。国产机床的稳定性低,新机床精度与国外机床基本相当,但一年后精度降低,三年精度基本丧失。②服务不及时,保修期外许多厂家不愿意承担有偿维修服务。机床的质量问题造成用户生产组织管理困难,企业都实行工作效率与个人收入直接挂钩，用户对国内机床企业的服务抱怨甚深，正逐渐丧失对购买和使用国产机床的兴趣。③机床企业以多年变化不大的通用化机床应对重点领域的特性化需求，缺少与用户的沟通是难以在重点领域立足的重大障碍。现代航空工业采用大量的新材料、新工艺、新技术，对机床和其他装备性能和品种的要求越来越高，国外机床制造厂凭借积累多年的经验和对用户工艺的深入研究，对用户的要求响应速度快，能提供全面解决方案。国内机床企业只提供设备，这是与国外企业的最大区别。用户希望国内企业多与用户企业进行沟通，联合振兴我国机床工业和制造业。④国内各企业的机床基本是同质化，结构和参数雷同，缺少厂家的特性。国产机床的使用效率、寿命、精度仅相当于国外机床的50%，价格低的国产机床就已经丧失了实际竞争价值。在参数相同时，国产机床的切除率仅能达到国外机床的1/4。⑤国内机床企业履约率差，经常不按期交货。有的机床厂将机床存在的问题带到用户处进行整改和调试。⑥国内机床厂服务意识薄弱。用户和代理商普遍反映，国外销售人员介绍所提供的机床和技术可以为用户解决什么问题，教会用户如何加工工件可以发挥机床的最大性能，能够提供良好的工艺方案、刀具配置、工艺装备及工件加工的程序。而我国机床销售人员最关心的是用户购买多少机床，对用户的加工件和工艺不了解。国内机床企业售前态度积极热情，售后热情逐渐消失，装备出现问题反应速度慢，解决问题更慢；向用户提供的技术资料不全面，出现质量问题常常无法找到原始技术资料，延误机床质量问题的解决。⑦当前机床企业重机床结构设计，轻机床软件开发；重通用化机床研发制造，轻特性化专用机床研发制造；重主机研发制造，轻数控系统、功能部件、刀具和卡具的研发；重主机功能，轻附具附件功能；重主机质量，轻配套件质量；重销售前服务，轻售后用户服务，更轻“三包”外服务。存在的上述问题已经成为影响国产数控机床继续扩大市场的主要问题，用户企业迫切希望机床工具行业能够引起高度重视，能够做向用户提供全面解决方案可信赖的工艺师。

八、机床工具行业固定资产投资情况

1. 固定资产投资概况

2011 年，机床工具行业固定资产计划总投资 4 359.5 亿元，同比增长 48.4%；完成固定资产投资 2 214.5 亿元，同比增长 54.7%；完成固定资产投资中设备购置投资 944.0 亿元，同比增长 54.0%；新增固定资产 1 458.0 亿元，同比增长 31.1%。

2011 年，机床工具行业完成固定资产投资增速在机械行业中位居第一，高于机械行业平均增速 17.2 个百分点，高出全国第二产业增速 26.7 个百分点，高出全国投资总额增速 30.9 个百分点。机床工具行业完成固定资产投资中设备购置额的占比达 42.6%，在机械行业中同样位列第一。

2011 年，机床工具行业固定资产投资资金总计 2 339.4 亿元，同比增长 51.4%。其中，企业自筹资金 2 039.1 亿元，同比增长 52.0%，企业自筹资金占固定资产投资资金的 87.2%；国内贷款 198.1 亿元，占固定资产投资资金的 8.5%。

2. 固定资产投资方向

前几年，机床市场环境良好，企业有了一定的资金积累；另一方面，企业搬离市区得到了土地置换费用，企业有能力进行较大规模的技术改造，从而获得持续发展的动力。在固定资产的投资中，企业自筹资金占到 87% 以上，充分体现了企业发展的决心。按不同阶段和地区，机床工具行业的技术改造仍在持续进行之中。固定资产投资额的快速增加，改善了厂区的环境和车间工作条件，保证了机床工具行业的制造工艺装备的先进性。许多企业的厂区、厂房设施和制造装备已经完全可以与国外著名企业相媲美，这有助于提高企业的活力和核心竞争能力。

当前，机床工具行业投资项目重复建设依然严重。我国机床工具行业的固定资产投资缺少纵向规划，地方政府横向规划导致大批新建投资项目重叠。在地方政府的支持下，各地完成建设和正在新建的机床制造企业还在不断涌现；地方政府下达的现有机床厂经济指标不断提高，只能迫使机床厂继续扩大产能。地方政府助推了机床工具行业的重复建设，同质化产能增长过大，在部分小行业已经出现产能过剩的现象，特别是低档次产品的产能扩大显著，出现了部分小行业集中度进一步减缩的趋势。当前，对投资项目缺乏市场需求量化调研和产品市场细分研究，出现跟风盲目性投资，发挥不了投资的效益。如今，仍有企业热衷于通用化机床和重型超重型机床的投入。上述现象导致市场竞争更为激烈，容易形成恶性竞争，最终导致市场无序竞争和资源的浪费。

地方政府和企业应该关注投资的方向。市场需求旺盛的高端数控机床和具有差异化的产品、中高档数控系统、关键功能部件、数控机床辅助性的配套件是今后的投资方向。高端产品的前期科技研发投入严重不足，企业缺乏核心技术，高端产品仍然依靠进口。新产品研发过程中缺少实验装备和测试装备，致使研发产品不能在实验室完成向商品化的快速转化，丧失投入市场的时机。许多新产品靠市场和用户进行验证，实验装备和测试装备投入不足是行业技术改造的通病，企业应该加大实验室或实验基地（车间）的基础设施的投入。

注意“专、精、特”产品领域的投资。差异化产品具有巨大的市场，往往不存在产品在市场上的恶性竞争。我国机床产品主要是通用机床，差异化机床是薄弱环节，当前部分差异化机床也依赖进口。我国制造差异化产品的企业很少，在经济形势不好的情况下，该类企业的新增订单和在手合同依然持续高幅增长，制造能力远远满足不了国内市场的需求。建议企业对某些行业进行深入调研，针对行业的共性典型工件开发特性化产品，加大投入，形成系列化批量制造特性化机床，取得良好的投资效益。

注意数控机床配套件的投资。外购配套零部件占数控机床制造成本的60%～70%，数控机床行业应进一步扩大在我国机床工业的瓶颈环节的投资，如关键功能部件、数控系统、基础配套件、高速切削刀具、在线检测装置等，改变上述领域依赖进口的局面。上述领域有的尚未形成产业，甚至还存在空白。

数控自动生产线特别是智能化数控机床已经成为发展的必然趋势。其所需的大量机器人和机械手，以及与之配套的直线电动机、力矩电动机、智能传感器、自动测量和检测等基础装置都是机床工具行业的薄弱环节，应该着重投资并形成新的产业领域。

注意机床工具市场的服务体系建设投资。我国是机床生产、消费、进口第一大国，在20世纪90年代机床拥有量就达400余万台，初步估计现在至少拥有1 000万台的机床设备。许多用户企业愿意把设备维修有偿提交给机床制造厂或专门从事机床维护维修的公司，以降低企业的管理成本。建立独立的专门服务体系，是市场和用户的需求，对社会可提高就业率，对机床企业可分离部分机构专门从事维修服务和机床使用人员培训。国外许多企业在产品全生命周期服务方面获取的服务效益已经高于产品本身创造的经济价值，这是国内企业应该重视的投资环节。

注意在数控机床软件方面的投资。将来数控机床的发展更侧重于软件技术的发展，很可能将来数控机床制造领域的竞争焦点会集中于软件优劣和信息化程度。智能化数控机床的提出就是最好的旁证。用软件补偿机床硬件的不足，降低制造成本、提高效率是今后制造业发展的方向。

企业在转型升级过程中，应该重点解决产品结构调整中的中高档机床的技术瓶颈和产业化问题，解决实现数控机床稳定性、可靠性的工艺装备和实验测试装备，解决好用户反映最多的后续服务问题。充分注意解决好关键部件的装配环境问题。如中高档数控机床的主轴部件必须在恒温净化间进行装配，主轴、箱体等关键零件圆度必须小于0.001mm，并选择合理的工件配合允差，必须配备相应的轴承预紧测量装备和能实现温差装配的工艺装备及主轴部件数控跑合台。只有具备上述基本条件，才能装配调试出精度稳定、性能可靠的主轴部件。

九、"高档数控机床与基础制造装备"科技重大专项实施情况

"高档数控机床与基础制造装备"科技重大专项自2009年开始实施，至2011年共计立项340余项，其中2009年立项194项课题、2010年立项74项课题、2011年立项76项课题。因为科技重大专项的项目技术指标接近或达到国际水平，每项课题的实施都具有科技攻关性质，项目执行时间长，要求完成期限不同，需分期进行验收。2011年，已经获得阶段性成果，部分项目已经完成了验收。截至2011年年底，已经有77项成果进行了验收，其中，高档数控机床与基础制造装备主机28项、功能部件与关键部件19项、共性技术30项。

验收成果显示，机床行业已完成了一批进口量大、市场需求面广和装备制造业急需的瓶颈装备，其中包括加工中心、数控车床、车铣复合机床和数控成形机床等主机项目。根据已验收课题第三方检测机构的数据统计，我国数控机床主机平均无故障时间（MTBF）已从"十一五"初期的500～600h提升至900h左右。3.6万t黑色金属垂直挤压机、大型立式热处理炉等标志性设备已通过课题验收并投入使用。在专项研发成果基础上，济南二机床集团有限公司与美国福特汽车公司签订了5条用于美国本土新建工厂的全自动快速冲压生产线订货合同，这是我国高档数控机床首次出口至欧美主流汽车制造厂的成功案例。

我国高档数控系统研发也取得阶段性成果。由于企业掌握了先进的硬件设计和焊装技术，其中两种典型高档数控系统新产品HNC848（包括应用国产CPU的系统）和GNC60系统结构集成度高，结构紧凑，在系统硬件结构、集成度以及其他技术方面不低于国外主流数控系统。特别是HNC848采用了全密封结构主板技术，有利于保证系统处于较差使用环境下工作的可靠性。HNC848和GNC60自备UPS电源，为系统非正常断电提供系统退出保护，提高了系统的可靠性。

数控机床关键功能部件也取得阶段性成果。机械式大转矩双摆角数控万能铣头、直驱式高速高精度双摆角数控万能铣头、全功能数控双伺服动力刀架、*Y*轴全功能数控动力刀架等一批关键功能部件填补了国内空白，并在国产数控机床进入应用和验证。

科技重大专项积极开展用户示范应用，在重要领域推广项目成果。在航空大型结构件、汽车发动机、汽轮机叶片等领域安排了6项应用示范工程课题，促进了"十一五"已启动的单机、部件等阶段性成果的集成应用。"国产高档数控机床在典型飞机结构件加工中的示范应用"课题已完成6台示范应用机床的设计安装与调试，其中5台机床已经开始进行部分典型飞机结构件的加工应用。该课题还开展了基于"S试件"试切的机床加工精度测评理论研究，"S试件"已申请并获得国际专利。该项动态精度检测技术能快速有效诊断现场零件精度问题，缩短相关设备故障维修时间30%以上，下一步将在五轴联动加工机床制造领域推广应用。

科技重大专项稳步推进创新能力平台建设。在精密工具、高速/复合数控机床等重点领域部署了17项创新能力平台建设课题，高校、科研院所与重点企业联合开展研究，使得创新能力平台已成为关键技术突破的主要技术来源。如"精密工具创新能力平台"，以国内刀具龙头企业为主体，联合国内优势研究单位及汽车、航空等重点领域典型用户，建立技术开发和管理运行达到国际先进水平的精密工具创新能力平台。当前已向行业转移精密工具系统设计与制造共性技术2项，形成HSK、CAPTO等新国际标准刀柄产品2项，建立了行业主要常用材料和关键零部件加工切削数据库，已申请和授权专利72项。

十、省、市、地方机床工具行业发展情况

2011年，机床工具行业金属切削机床产量85.99万台，同比增长15.1%。产量列前三名的省份是:辽宁(19.11万台)、浙江(17.66万台)、山东(14.51万台),上述3省金属切削机床产量占全国金属切削机床总产量的59.6%。金属切削机床产量下降的省份有3个:湖北、湖南、重庆,占全国生产金属切削机床省份(27个)的11.1%。数控金属切削机床产量25.71万台,同比增长20.6%,增速高于金属切削机床增速5.5个百分点。数控金属切削机床产量列前两名的省份是:浙江(6.55万台)、辽宁(5.67万台),两省数控金属切削机床产量占全国数控金属切削机床总产量的47.6%。数控金属切削机床产量下降的省份有5个:黑龙江、湖北、重庆、四川、贵州,占全国生产数控金属切削机床省份(26个)的19.2%。数控金属切削机床的生产主要集中在浙江、辽宁、江苏、山东的101家企业,产量达到17.31万台,占全国数控金属切削机床产量的67.3%。2011年全国各地区金属切削机床产量见表21。

表21　2011年全国各地区金属切削机床产量

地区名称	金属切削机床			其中:数控机床			产量数控化率(%)
	企业数(家)	产量(台)	产量占比(%)	企业数(家)	产量(台)	产量占比(%)	
合计	427	859 926	100.0	226	257 078	100.0	29.9
北京	16	19 530	2.3	14	12 537	4.9	64.2
天津	6	1 375	0.2	5	856	0.3	62.3
河北	6	1 306	0.2				
山西	2	1 937	0.2	1	451	0.2	23.3
辽宁	26	191 076	22.2	3	56 714	22.1	29.7
吉林	3	1 608	0.2	1	57		3.5
黑龙江	5	8 109	0.9	3	1 040	0.4	12.8
上海	20	14 813	1.7	18	7 041	2.7	47.5
江苏	70	75 475	8.8	28	26 638	10.4	35.3
浙江	71	176 552	20.5	50	65 495	25.5	37.1
安徽	14	40 479	4.7	7	5 055	2.0	12.5
福建	4	3 183	0.4	2	168	0.1	5.3
江西	10	3 829	0.4	5	1 214	0.5	31.7
山东	61	145 117	16.9	20	24 233	9.4	16.7
河南	10	8 728	1.0	6	2 307	0.9	26.4
湖北	13	3 010	0.4	6	1 939	0.8	64.4
湖南	4	2 532	0.3	2	323	0.1	12.8
广东	27	18 675	2.2	15	8 309	3.2	44.5
广西	3	6 708	0.8	3	173	0.1	2.6
重庆	9	7 013	0.8	6	4 447	1.7	63.4
四川	10	8 748	1.0	5	833	0.3	9.5
贵州	4	1 410	0.2	3	185	0.1	13.1
云南	18	74 058	8.6	10	16 897	6.6	22.8
陕西	8	31 108	3.6	6	15 317	6.0	49.2
甘肃	1	5 995	0.7	1	393	0.2	6.6
青海	2	1 206	0.1	2	676	0.3	56.1
宁夏	4	6 346	0.7	4	3 780	1.5	59.6

注:根据国家统计局资料整理。

2011年,机床工具行业金属成形机床产量23.85万台,同比增长0.9%。金属成形机床产量列前三名的省份是:江苏(9.93万台)、浙江(3.84万台)、山东(2.26万台)。上述3省金属成形机床产量占全国金属成形机床总产量的67.2%。数控金属成形机床产量1.50万台,同比增长13%。江苏、浙江、山东分列数控金属成形机床前三位,合计产量占全国数控金属成形机床总产量的60.2%。2011年全国各地区金属成形机床产量见表22。

表22　2011年全国各地区金属成形机床产量

地区名称	金属成形机床			其中:数控机床			产量数控化率
	企业数(家)	产量(台)	产量占比(%)	企业数(家)	产量(台)	产量占比(%)	(%)
合计	202	238 526	100.0	42	15 033	100.0	6.3
北京	1	708	0.3	1	13	0.1	1.8
天津	3	726	0.3	1	249	1.7	34.3
河北	4	12 724	5.3				
山西	2	231	0.1	1	44	0.3	19.0
辽宁	5	866	0.4				
黑龙江	4	184	0.1	2	111	0.7	60.3
上海	10	3 847	1.6	3	613	4.1	15.9
江苏	40	99 294	41.6	7	5 670	37.7	5.7
浙江	26	38 416	16.1	6	1 742	11.6	4.5
安徽	34	22 554	9.5	2	1 264	8.4	5.6
福建	1	909	0.4	1			
山东	30	22 608	9.5	5	1 646	10.9	7.3
河南	2	6 161	2.6	1	33	0.2	0.5
湖北	9	2 294	1.0	4	305	2.0	13.3
湖南	2	1 302	0.5				
广东	14	13 493	5.7	2	1 545	10.3	11.5
广西	1						
重庆	3	2 370	1.0	1	1 140	7.6	48.1
四川	2	8 076	3.4				
云南	2	72		1	72	0.5	100.0
陕西	6	1 144	0.5	3	519	3.5	45.4
甘肃	1	547	0.2	1	67	0.4	12.2

注:根据国家统计局资料整理。

十一、2012年市场预测

(一)国内市场预测

2011年上半年,我国机床工具行业延续了2010年的高速增长,但自下半年开始,逐渐呈现缓慢下行趋势,因其缓行尚未形成谷底,势必影响下一年度。初步判断2012年机床市场可能会呈现两种走势:一是前期继续走低、七八月逐步趋稳、后期逐步拉高的发展趋势;二是前期持续走低,年底出现走高。全行业总产值和销售产值将会呈现10%左右增长;金属加工机床产值增速会低于全行业10个百分点,甚至呈现个位数的负增长。国产金属加工机床市场占有率可能出现小幅降低。我国机床工具行业产品出口有可能实现两位数增长,中高档数控机床进口依然保持一定幅度的增长。

进入21世纪,除国际金融危机最严重的2009年全行业总产值增长速度在16.1%,其余年份增长速度在25%～40%。现在国家提出推进创新型国家建设,转变经济发展方式,调整经济结构,大力推动"中国制造"转向"中国创造",由量变向质变的发展思路,控制国民经济稳定较快增长。机床工具行业企业应该认识到机床行业持续10年高速增长的黄金时代将一去不复返,调整优化产品结构、实现稳定较快增长才是回归理性,才能保障企业高质量持续发展。

1. 按国内市场需求加快产品结构调整速度

调整结构、改变经济发展模式是我国今后经济发展的主旋律。我国机床工具市场已经成为国际竞争的主要市场,而且是充分自由竞争的市场。机床工具行业企业应该积极参与竞争,在竞争中发展壮大,否则就被严酷的市场竞争机制所淘汰。

近年来,随着国民经济的高速发展,我国市场需求结构发生变化,对高端数控机床、自动生产线、柔性制造生产线和特性化产品的需求提升幅度加快,用户要求机床行业提供产品生命周期的全面解决方案式的服务。

国家重点发展的航空航天、发电、船舶、汽车、轨道交通等行业对高速高精多轴联动的高档数控机床、自动化辅助装配、自动化输送等高端装备需求日益增多。由于国内技术型劳动资源的匮乏和人力成本的不断提高,市场已经有迹象显示对柔性自动化生产装备需求增加,有可能会成为我国制造业今后规模化大批制造选取装备的主要模式。柔性自动化生产装备将直接导致工业机器人、机械手及无人输送装置产业的高速发展。

市场实践已经说明，即使在前几次市场大幅萎缩的时候，“专、精、特、新”产品仍能保持两位数高速增长，还满足不了市场需求。国内对成套装备需求仍然旺盛，当前主要依赖进口。上述产业为机床工具行业企业提供了巨大的市场和产品发展空间。我国较大规模机床制造企业，当前均以生产通用型机床为主，为了增强企业竞争能力，投入大量资金进行技术改造，量大面广的机床采用流水生产线制造；其中部分企业（如沈阳机床集团和大连机床集团）已经完成了中端通用型数控机床生产路线的改造，形成了产业化的制造能力。机床工具企业应该按国内市场需求加快产品结构调整速度，以生产制造通用型机床的中小企业，尤其应该抓住机遇，深入市场调研，瞄准产品服务的行业，开发针对性强的特性化产品，加快调整产品结构的进程，由生产通用型产品向“专、精、特、新”转型，做“专、精、特、新”产品的小巨人，才是保证中小型机床制造企业今后可持续发展的正确道路。

全面解决方案服务也是企业的产品，而且是软技术高效益的高端产品，具有巨大的市场。我国机床用户逐步要求机床供应商提供全面解决方案式服务。汽车、飞机制造等行业在国外企业提供全面解决方案服务方面身受其益，购进国外装备的同时引进国外新的制造工艺，带来产品生命周期全面维护维修服务，为企业提升了产品的品质，降低了成本。如引进的汽车发动机连杆生产线采用涨断式新工艺，减少了工序和材料耗费，提高了效率，降低了成本。汽车连杆涨断式生产线已经成为发动机行业发展的趋势和必然。机床制造商在用户产品的工艺制造方面下大功夫，才能争得市场，又能在后续服务中持续得到经济实惠。工业发达国家的许多企业后续服务的收益已经大于产品本身的经济价值，他们把向用户提供产品生命周期的全面解决方案服务作为企业最好的产品。为用户提供全面解决方案服务方式是持久延伸产品综合效益和企业转变发展模式、增强企业软实力的必然之路，是产品市场发展进入新的高级阶段的象征。

2. 国内市场将形成以中档数控机床为主体的消费格局

前几年，由于国内整体市场繁荣，很多企业都在忙于以扩展生产能力为主的技术改造，繁荣的市场吸引大批私人企业和其他行业企业介入，导致同质化低端产品进一步的重叠，行业出现“低端混战，中端疲软、高端失守”的局面。当前，我国机床消费市场已经初步呈现由“塔形”向“橄榄形”转变，步入以中档数控机床为主体的消费格局。2011年，我国消费数控机床30余万台，其中进口各类数控机床7.07万台，平均单台价格15.71万美元，折合人民币100.5万元；仅加工中心就进口4万多台，平均单台价格11.86万美元。这些数据表明，我国确实进口了部分高端数控机床，但绝大多数是属于中档数控机床。我国每年进口5万余套数控系统，国产数控系统中有30%属于中档，两者相加可以制造9万台中档数控机床。粗略估算，我国2011年至少消费14万~16万台中档数控机床，占数控机床消费总量的50%左右。今后机床消费市场将中档产品为主体，高档数控机床消费也会逐年升高。机床工具行业企业要按市场发展规律，加快产品结构的调整速度，加快中高档数控机床产业化的进程。

我国机床企业制造中档数控机床已有20余年的历史，积聚了竞争的实力。机床行业企业应该改变“中端疲软”的局面，勇于争夺中档数控机床的市场，争取占有80%以上的份额。国内企业要狠下功夫重点抓好用户反映最强烈的数控机床稳定性、可靠性问题；以狠抓数控机床的制造工艺为突破口，破解稳定性和可靠性的症结，提高数控机床的产品质量；狠抓用户服务质量，获取并扩大国内市场的份额，提高国产机床的市场占有率。

机床市场发展趋势决定了全行业其他小行业的发展。中高档数控机床产量增长是今后市场的主趋势，必将带动数控系统、功能部件、刀具工具等小行业的各类产品同步向中高端产品发展。而上述数控机床配套产业比我国数控机床起步晚，更需加倍努力争夺中高端产品市场。

（二）2012年国际机床市场需求趋势预测

1. 经济发达国家重返制造业，机床工业竞争激烈，也带来了市场机遇

2011年，世界主要工业化国家经济发展走势虽然扑朔迷离，但是世界28个主要金属加工机床生产国家和地区的机床生产和消费，逆反总体经济发展的态势，机床消费额达到858.90亿美元，同比增长34%，且高于我国1个百分点。不仅抵消金融危机造成的消费萎缩，而且达到了一个新的历史高点。这28个国家和地区有22个国家的机床消费额增长10%以上，有14个国家增长30%以上，德国、瑞士、奥地利、瑞典等9个主要机床制造国机床消费增长40%以上，美国、日本和捷克机床消费增长超过50%以上。

由于主要经济发达国家纷纷决策国家经济发展由虚拟经济向实体经济转型，重返制造业已经成为这些国家的长期战略部署。重返制造业，就必须首先发展装备制造业，就必须依赖于机床工业。发达国家重返制造业的策略，导致机床制造业克服主体经济的低迷，在特殊经济环境条件下高速发展。由此可以得出判断，世界机床制造业可能又迎来历史性的发展新阶段和新机遇。

2. 2012年国际机床市场消费预测

2011年，国际机床市场消费额增速在34%高位运行，预计2012年消费增长速度将会明显减缓，但国际机床消费态势仍然比较乐观。美国技术制造协会认为，2012年的制造业将引领美国经济复苏。经济发展处于欧债危机影响下的德国、意大利、英国都预测机床增长3%~5%。中国台湾预计出口机床在欧美市场分别增长0.2%~1.8%，在亚洲各国增长2.9%~7.8%。基本上各机床制造国和地区都预测2012年会出现低位增长。

我国机床出口额在欧美市场不断扩大，我国机床产品

更适合亚洲和金砖国家的市场需求，竞争优势明显，近年增长迅猛，今后仍然会持续增长。

从当前外贸发展环境来看，2012 年我国机床工具产品进出口保持平稳发展仍具有一定的基础和有利条件，但制约发展的不确定和不稳定因素也很多。从外部看，世界经济复苏动力依然不足，需求不振；欧洲主权债务风险在上升，阴霾未散；贸易保护主义加剧，摩擦增多；全球性通胀压力短期内难以缓解。从内部看，劳动力和原材料等各项成本上升、人民币升值等都对产品市场竞争力的提升产生负面影响。克服上述不利因素最好的办法就是调整产品结构，主动迎合市场的需求。为了早日摆脱危机的影响，各国机床行业都在进行新一轮的制造业升级并扩充实力，抢占未来市场。欧美机床企业并购重组势头强劲，日本部分机床企业建厂房、购设备、扩产能；欧美日机床企业在华纷纷建厂扩大产能和销售，为能够享受东盟自贸区的待遇，又在东南亚各国建厂。

2012 年是我国实施“十二五”规划的关键年，全世界的机床制造行业都处于重大战略调整时期，我国机床工具企业要提高对行业发展现状、现阶段主要矛盾和发展环境变化的认识，明确发展战略，从转变发展方式、调整产品结构、解决质量问题、创新管理机制、创新人才机制等方面入手，推动行业由大变强，进入新的历史发展阶段。已经颁布的《机床工具行业“十二五”期间工作要点(试行)》明确了机床工具行业由大变强的努力方向，指明了“十二五”期间行业的重点任务及采取的主要措施。国家颁布的《高端装备制造业“十二五”发展规划》确定了未来十几年将是我国智能制造装备产业快速发展的战略机遇期。“十二五”期间，以新型传感器、智能控制系统、工业机器人、自动化成套生产线为代表的智能制造装备产业体系将逐步形成强大的产业，并有广阔的国内外应用市场。机床工具行业企业应该抓住这一战略机遇，针对战略性智能制造装备产业尽早调整和规划产品发展方向，跟进国家的战略部署，实现企业的转型升级。在“十二五”期间，为机床工具行业由大变强夯实起步的坚固基础。

〔撰稿人：中国机床工具工业协会刘森〕

2011 年机床工具行业经济运行分析

2011 年，我国机床工具行业延续了 2010 年的高速增长，但增速从下半年开始呈现出缓慢回落的态势。行业产业结构调整取得显著进步，服务于高端用户的高档机床供不应求。市场需求结构升级加速，进口再创历史高位，而国产低端产品需求明显减少。国际市场继续呈现不同程度复苏，我国出口到新兴市场的机床工具产品平稳上升。

一、行业主要经济指标完成情况及进出口统计

自 2011 年起，国家统计局定义规模以上企业由年度产品销售收入 500 万元以上调整为 2 000 万元以上，统计范围发生了一些变化，因此 2011 年机床工具行业统计企业数 4 385家，比上年减少 2 000 多家。本文所涉及 2011 年数据均在 4 385 家企业范围内。

1. 行业主要经济指标完成情况

2011 年，机床工具行业完成工业总产值 6 606.5 亿元，同比增长 32.1%；产品销售产值 6 424.9 亿元，同比增长 31.1%；工业产品销售率达到 97.3%，同比下降 0.8 个百分点；实现利润 445.8 亿元，同比增长 28.0%；本期累计完成固定资产投资同比增长 54.7%。

金属切削机床行业完成工业总产值 1 542.9 亿元，同比增长 23.1%。金属切削机床产量 859 926 台，其中数控机床产量 257 078 台，分别同比增长 15.1% 和 20.6%。金属切削机床行业实现利润 92.5 亿元，同比增长 14.4%；产值利润率为 6.0%，同比降低 0.5 个百分点。

金属成形机床行业完成工业总产值 587.3 亿元，同比增长 36.0%。金属成形机床产量 238 526 台，其中数控机床产量 15 033 台，分别同比增长 0.9% 和 13.0%。金属成形机床行业实现利润 41.9 亿元，同比增长 34.7%；产值利润率 7.1%，同比降低 0.1 个百分点。

2. 机床工具产品进出口情况

机床工具产品累计进口额 202.9 亿美元，同比增长 29.3%，其中金属加工机床进口额 132.4 亿美元，同比增长 40.6%。金属加工机床中，金属切削机床进口额 105.4 亿美元，同比增长 40.0%；金属成形机床进口额 27.0 亿美元，同比增长 42.7%。

机床工具产品出口额 89.0 亿美元，同比增长 26.4%，其中金属加工机床出口额 24.2 亿美元，同比增长 30.3%。金属加工机床中，金属切削机床出口额 16.6 亿美元，同比增长 29.5%；金属成形机床出口额 7.6 亿美元，同比增长 32.1%。

二、行业经济运行特点

2011 年，我国机床工具生产、进口及出口总体保持了较高的增长，市场需求高端化的趋势加速，行业经济运行主要有以下几个特点：

1. 产销增速高位运行，增速放缓

2011 年，机床工具行业工业总产值和产品销售产值继

续保持较高的增长水平，金属加工机床产量突破 100 万台。全年机床工具行业呈现高位运行、高开低走、趋势放缓的走势。在 5 月份增速达到最高、6 月份单月产值达到 634.9 亿元后，增速开始缓慢下行，在 8 月份跌破了连续保持 23 个月的单月增幅高于 30% 的纪录后，9 月份到达谷底。11 月、12 月产值连续攀升，12 月份当月产值达到全年最高的 682 亿元，但受市场需求影响，反弹力度不足，月度产值同比增速再次跌回至 26.9%。2010 年 12 月至 2011 年 12 月机床工具行业月度工业总产值及同比增长见图 1。

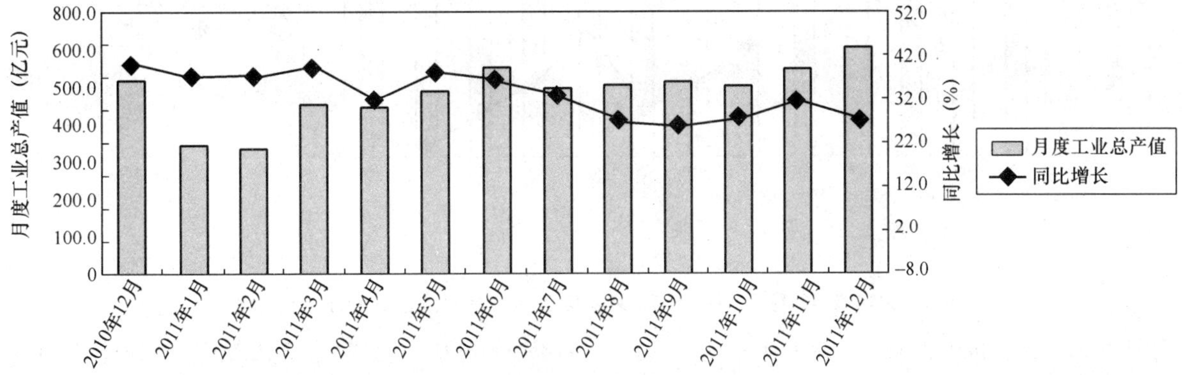

图 1　2010 年 12 月至 2011 年 12 月机床工具行业月度工业总产值及同比增长

机床工具行业中工业总产值增速最高的是机床附件小行业，工业总产值同比增长 39.3%；铸造机械行业和金属成形机床行业增速次之，分别为 37.4% 和 36.0%；金属切削机床行业增速为 23.1%；其余小行业增速在 32.7% 和 35.1% 之间。2010 年 12 月至 2011 年 12 月金属切削机床行业月度工业总产值及同比增长见图 2。

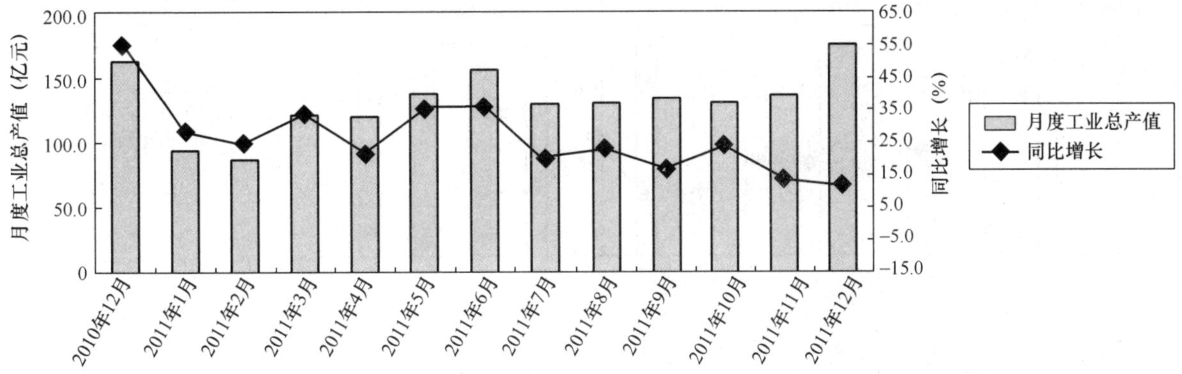

图 2　2010 年 12 月至 2011 年 12 月金属切削机床行业月度工业总产值及同比增长

从图 2 可以看出，2011 年 1 ~ 12 月金属切削机床行业与机床工具行业的月度工业总产值增速走势有所不同，7 ~ 10 月的月度增速在 15% 至 25% 之间波动，11 月份跌破 15% 关口，12 月份产值虽达到全年最高（174.9 亿元），但增速继续下行，为全年最低点（11.9%），偏离机床工具行业月度增速约 15 个百分点。

从中国机床工具工业协会 7 个小行业重点联系企业（部分）的新增订单统计数据看，其走势更为严峻。5 月份重点联系企业（部分）的当月新增订单达到 52 亿元，以后逐月回落，8 月份新增订单 37.1 亿元，同比下降 51.1%，环比下降 34.8%。9 ~ 12 月当月新增订单仍处于低位徘徊状态，小幅波动。12 月份新增订单 33.3 亿元，环比降低 13.7%。由于前期承接订单较大，故至 2011 年末，比上年同期增长 19.0%。

2. 产品结构调整成效显著

2011 年，一大批机床工具行业科技进步成果进入应用领域，同时市场对高端产品的需求不断增加，在这内外动力的推动下，行业产品结构调整成效显著，一批中高档机床产品服务于汽车、航空航天、船舶、能源等重点领域，甚至有的企业还为国外高端用户提供了成套装备。如济南二机床集团有限公司在美国福特公司压力机生产线招标项目中一举中标，为其提供价值 10 亿元的世界最先进的两条压力机生产线。

近几年，国产金属加工机床的数控化率无论以数量还是金额计算，均在不断提升。2011 年，机床工具行业生产数控金属加工机床 272 111 台，同比增长 20.2%。产量数控化率达到 24.8%，比上年提高 1.8 个百分点。全行业金属加工机床产值 1 826 亿元，产值数控化率为 54.4%，比上年提高 2.2 个百分点。

2011 年，国内金属加工机床产值增速大大高于产量增速，单价不断提升，金属成形机床单价增幅明显高于平均水平。金属加工机床平均单价 16.6 万元，同比增长 15.3%，其中金属成形机床平均单价为 23.1 万元，同比增长 35.9%。

3. 进口又攀新高

2011 年，我国机床工具产品进口额同比增长 29.3%，月度进口额依然处于高位，但月度同比增速逐步趋缓，11 月当月进口额同比增速仅为3%,12月份略有反弹。2010年12月至2011年12月机床工具产品月度进口额及同比增长见图3。

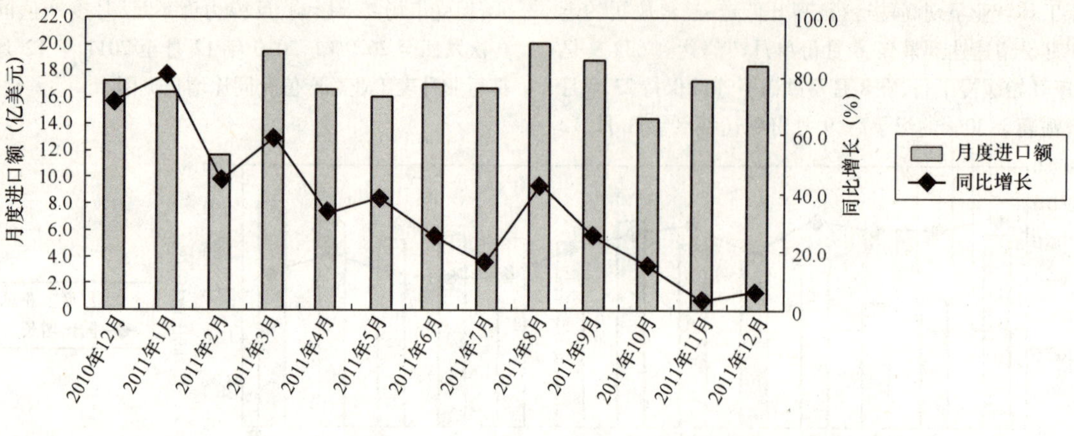

图3　2010年12月至2011年12月机床工具产品月度进口额及同比增长

2011年,金属加工机床进口额132.4亿美元,同比增长40.6%。其中,数控机床进口额111.1亿美元,同比增长42.1%。在各类进口产品中,金属切削机床进口额105.4亿美元,同比增长40.0%;金属成形机床进口额27.0亿美元,同比增长42.7%;数控装置进口额18.6亿美元,同比增长2.8%;切削刀具进口额13.7亿美元,同比增长19.4%;机床零部件进口额13.8亿美元,同比增长33.0%。按进口额排序,金属成形机床增长较快,已经超过数控装置。2010年12月至2011年12月金属加工机床月度进口额及同比增长见图4。

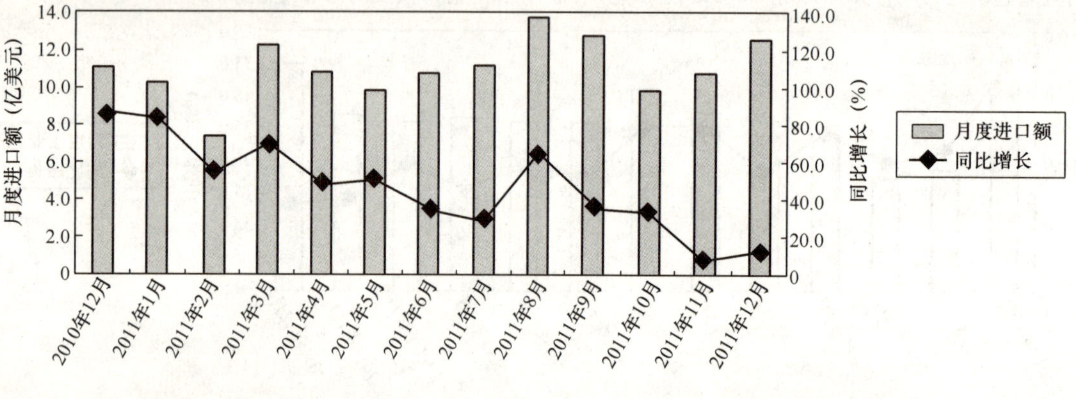

图4　2010年12月至2011年12月金属加工机床月度进口额及同比增长

金属加工机床中进口额居前四位的分别是加工中心、磨床、特种加工机床、车床。其中,加工中心进口额48.6亿美元,占金属加工机床进口额的36.7%。此外,磨床占12.4%、特种加工机床占8.7%、车床占7%。

2012年,大陆从中国台湾进口的数控车床,以数量计列第一位,达到2 753台,同比增长14.2%;以金额计列第二位,达到19.4亿美元,同比增长29.7%,占大陆进口数控车床总额的21.7%。其平均单价仅为7.1万美元,约为中国大陆进口数控车床平均单价(14.04万美元)的1/2。如果在总进口中剔除中国台湾的进口量与进口额,则中国台湾的数控车床平均单价为其他国家和地区平均单价的38.3%。

2011年,我国从日本进口金属加工机床继续迅猛增长,进口额536 836.3万美元,增幅高达50.3%,位居我国金属加工机床进口来源第一位,占我国金属加工机床进口总额的40.5%。进口额居第二位的是德国(283 845.1万美元),列第三位、第四位的分别为中国台湾(154 839.8万美元)和韩国(77 347.7万美元)。

4. 市场需求加速升级,国产机床市场占有率未见提高

我国在“十二五”期间的主要任务是调结构、转方式发展。因此,用户行业的结构升级与转型成为推动机床工具市场需求向高端化发展的动力。受到高居不下的进口压力,2011年国产机床市场占有率为66.1%,比上年降低0.8个百分点。

2011年,机床工具产品进口高速增长,其中金属加工机床进口额增速更是高达40.6%,高于我国金属加工机床产值增速11.2个百分点。

进口额在总量中占2/3的德国和日本,推高金属加工机床进口平均单价同比上涨33.2%。从德国进口的组合机床单价较上年增加4.19倍,从德国进口的数控磨床单价较上年增加3.4倍。从日本进口数控锻造冲压机床349台,单价增加1.69倍。这些都反映出市场需求结构升级加速,用户对中高端产品的需求明显增加,也反映出国产中高端产品在技术水平、产业化、适应市场能力、整体服务等诸多方面仍不能满足这一变化的要求。

5. 出口稳定增长

2011 年，机床工具产品出口继续保持稳定增长，出口额达到 89.0 亿美元，同比增长 26.4%，出口额创多年以来最高。2010 年 12 月至 2011 年 12 月机床工具产品月度出口额及同比增长见图 5。

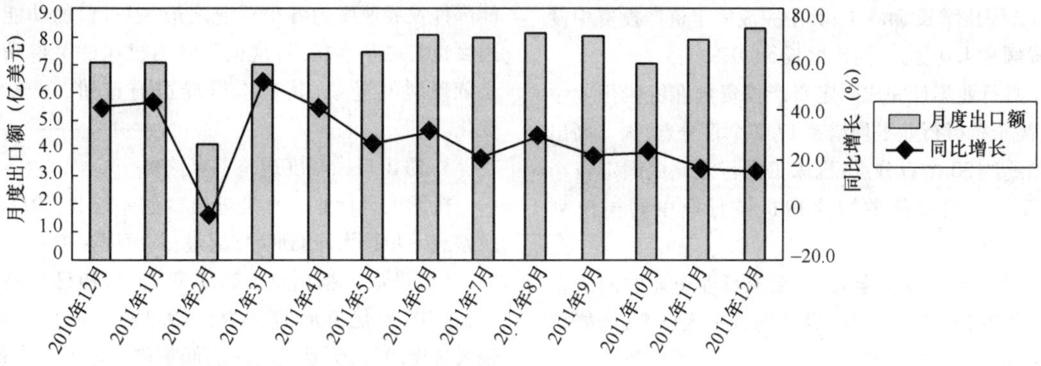

图 5　2010 年 12 月至 2011 年 12 月机床工具产品月度出口额及同比增长

尽管机床工具行业已有一些高档产品出口到海外，但是出口产品结构不尽合理的格局没有改观。按产品类别看，排在前两位的是切削刀具和磨料磨具，出口额分别为 21 亿美元和 18.5 亿美元，这两类产品主要以低附加值产品为主。而金属切削机床和金属成形机床的出口额分别为 16.6 亿美元和 7.6 亿美元。金属切削机床中的台钻、锯床、抛光机和砂轮机合计出口额占金属切削机床出口额的 27.7%。

从出口额增速看，机床夹具、附件增速最快，达到 42.2%；增速为 30% ~40% 的有机床零部件、金属成形机床和切削刀具。2011 年机床工具类产品出口额占比情况见表 1。

表 1　2011 年机床工具类产品出口额占比情况

产品名称	出口额占比(%)
合计	100.00
金属切削机床	18.69
金属成形机床	8.49
铸造机	0.86
木工机床	8.78
机床夹具、附件	2.62
机床零件、部件	7.65
数控装置	6.51
切削刀具	23.66
量具量仪	1.94
磨料磨具	20.80

从出口企业性质看，私人企业出口额占比最大，达到 44.9%，增速达到 39.4%；外企出口额增速也达到 30.6%，占比达到 26.8%；国企出口额占比为 15.6%，增幅较小，仅达到 6.4%。数控装置、机床夹具、机床零部件的出口主力军是外商独资企业，其占比均超过 40% 以上。其他产品，如金属切削机床和金属成形机床、刀具、磨料磨具、木工机床等出口主力军均为私人企业，其占比均超过 40% 以上，其中金属成形机床占比达到 60.1%。

2011 年，我国金属加工机床出口市场中，无论是美国、日本、德国等传统市场还是印度、巴西、俄罗斯等新兴市场均呈现快速增长态势。全年出口去向前 10 名的国家或地区如下：美国、印度、巴西、日本、德国、俄罗斯、印度尼西亚、中国香港、泰国、韩国。其中，印度、巴西、俄罗斯、印度尼西亚等新兴市场发展很快。出口到美国的机床金额达到 2 亿美元，出口到印度的机床金额达到 1.8 亿美元，出口至这两个国家的金属加工机床在总出口额中占 15.5%。2010 年 12 月至 2011 年 12 月金属加工机床月度出口额及同比增长见图 6。

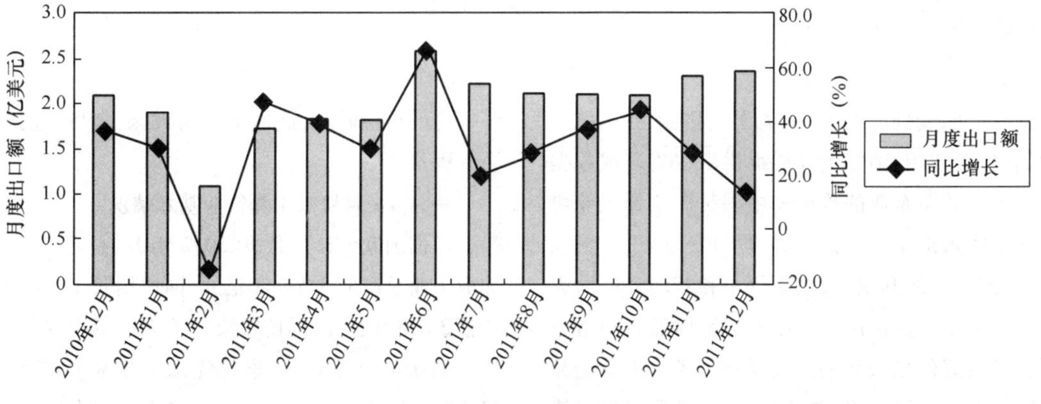

图 6　2010 年 12 月至 2011 年 12 月金属加工机床月度出口额及同比增长

三、需要关注的问题

1. 投资增长过快,喜忧参半

2011年,机床工具行业累计完成固定资产投资额2 214.5亿元,同比增长54.7%;其中完成固定资产投资中设备工具购置额944.0亿元,同比增长54.0%。

机床工具行业累计完成固定资产投资额在机械行业中增速最高,高于机械行业平均增速17.2个百分点,预计高出同期全国增速约30个百分点;机床工具行业完成固定资产投资中设备工具购置额的增速在机械行业中同样位列第一。

中国机床工具工业协会对50余家行业企业的调研也反映出近两年各企业厂房扩建、设备购置投入巨大,产能扩张过猛的情况。

投资额的快速增加,保证了机床工具行业的工艺装备的先进性,有助于提高企业的活力和核心竞争能力,但也会造成以下问题:一是产能过大,特别是低档次产品的产能扩大显著;二是存在投资的盲目性,造成重复建设严重,行业的分散度进一步加大;三是市场竞争更为激烈,容易形成恶性竞争。最终形成市场无序竞争,造成资源浪费。

2. 必须持续加强产品结构调整

2011年,我国机床工具产品结构调整取得了很大成绩,但是由于产品在设计开发、制造技术,以及在软、硬件等方面与国外制造业先进的国家相比存在很大差距,只有通过不懈的努力才可能追上和达到世界先进水平。从以下几方面可以看出我国机床工具行业在产品结构方面还存在着较大的差距:

(1)高端产品还是以进口为主。从日本和德国进口的金属加工机床金额分别较上年增长50.3%和44.5%,这反映出我国高端机床产品的结构调整跟不上市场需求的变化,跟不上制造业结构调整的速度。

(2)中档产品的产业化亟待加强。从中国台湾和韩国进口的加工中心金额较上年分别增长23.7%和24.3%,与我国数控金属切削机床的增长速度基本持平,必须着力培养和扩大我国中档数控机床的产业化和规模化生产。

(3)功能部件瓶颈现象尚未明显改观。2011年,我国功能部件发展速度为各小行业之最,但进口的功能部件增长速度也与之基本相当,这也反映出机床的关键功能部件还是依赖国外进口,其基本格局虽有改进,但未发生根本变化。

3. 进出口大幅度逆差不容忽视

机床工具行业一直是进出口逆差行业,2011年进出口逆差进一步拉大,达到历史之最,其原因在于:

(1)进口大幅增加。2011年,进口额已突破200亿美元,达202.9亿美元,同比增长29.3%。虽然出口产品也有较大幅度增长,但是其增速仍低于进口增速。此外,出口基数也低于进口,故进出口逆差进一步加大。

(2)出口产品结构仍然存在问题。我国出口金额最大的前两位产品是切削刀具和磨具磨料(二者出口金额占比达到44.5%),其中相当一部分产品是低价的低端产品和原料型出口。进出口价格的差异也无助于逆差的缩小。

四、2012年预测

2012年,机床工具行业经济运行速度与2011年相比将呈明显下降趋势,产值增幅将保持在15%左右,利润总额增速将进一步回落。而运行态势则可能呈先低后高,即延续2011年末的下行走势,2012年初呈现出低速增长或小幅负增长,一季度后呈现平稳增长,虽有波动,但增长趋势应保持不变。

在经济运行速度回落的同时,机床工具行业技术创新和产品结构调整有望进一步加快,产业结构升级,强强联合和优势互补的企业兼并重组将更趋活跃,中高端产品的创新和产业化将取得新的进展,我国机床工具行业将向着"做强"的方向迈出坚实的步伐。

〔撰稿人:中国机床工具工业协会李雷〕

2012年上半年机床工具行业经济运行分析

2012年上半年,受到国内外经济形势的影响,我国机床工具行业面临形势严峻,国家统计局提供的主要宏观数据逐月走低,而重点联系企业的数据和中国机床工具工业协会调研的50余家重点企业产销、利润均呈负增长,金属加工机床行业利润下降尤其明显,在手订单和新增订单均大幅下滑,库存明显增加。在国内市场形势整体低迷的情况下,出口保持了良好的增长势头。金属加工机床进口仍显示为正增长,汽车、工厂自动化、航空航天、IT等领域仍保持了一定的高端需求,这也是拉动机床工具产品进口增长的主要因素。

一、1~6月机床工具行业基本情况

根据国家统计局数据,2012年1~6月,机床工具行业完成工业总产值3 299.8亿元,同比增长11.6%;产品销售产值3 220.0亿元,同比增长12.0%;产品销售率97.6%,同比增加0.4个百分点;累计完成固定资产投资同比增长22.5%。1~5月,实现利润148.4亿元,同比减少1.2%;产品销售收入利润率5.9%，同比减少0.7个百分点。

1～6月，金属切削机床行业完成工业总产值682.7亿元，同比减少0.9%。金属切削机床产量415 800台，其中数控机床产量106 120台，分别同比下降8.7%和16.7%。1～5月，金属切削机床行业实现利润21.4亿元，同比下降27.4%；产品销售收入利润率4.2%，同比减少1.4个百分点。

1～6月，金属成形机床行业完成工业总产值283.2亿元，同比增长6.2%。金属成形机床产量111 524台，其中数控机床产量6 422台，分别同比下降13.5%和30.9%。1～5月，金属成形机床行业实现利润12.2亿元，同比下降12.7%；产品销售收入利润率5.6%，同比减少1.3个百分点。

据海关统计数据，1～6月，机床工具产品进口额95.8亿美元，同比下降1.0%；其中金属加工机床进口额63.4亿美元，同比增长3.3%。金属加工机床中，金属切削机床进口额51.0亿美元，同比增长1.9%；金属成形机床进口额12.4亿美元，同比增长9.4%。

机床工具产品累计出口额45.3亿美元，同比增长9.8%。其中金属加工机床出口额13.5亿美元，同比增长24.0%。金属加工机床中，金属切削机床出口额9.1亿美元，同比增长21.0%；金属成形机床出口额4.4亿美元，同比增长30.6%。

二、行业经济运行特点

1. 产销同比增速持续下滑

1～6月，我国机床工具行业工业总产值增速逐月走低，金属切削机床行业已是负增长，显现出市场疲软之态。各个分行业中工业总产值增速最高的是铸造机械，同比增长23.2%；磨料磨具和木工机械次之，分别为17.5%和16.7%；金属成形机床增速降至个位数。重点联系企业的数据则更显颓势，金属切削机床产值同比下降14.4%，金属成形机床产值同比下降13.8%。2011年6月至2012年6月机床工具行业月度工业总产值及同比增长见图1。2011年6月至2012年6月金属切削机床行业月度工业总产值及同比增长见图2。

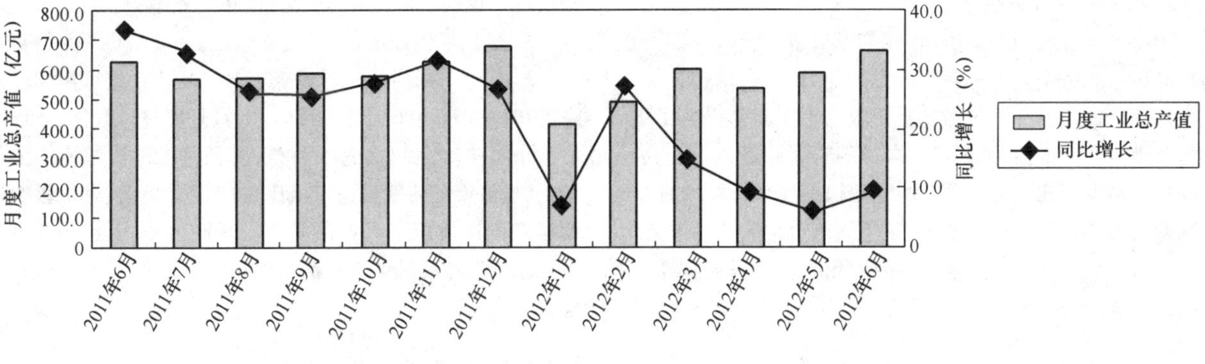

图1　2011年6月至2012年6月机床工具行业月度工业总产值及同比增长

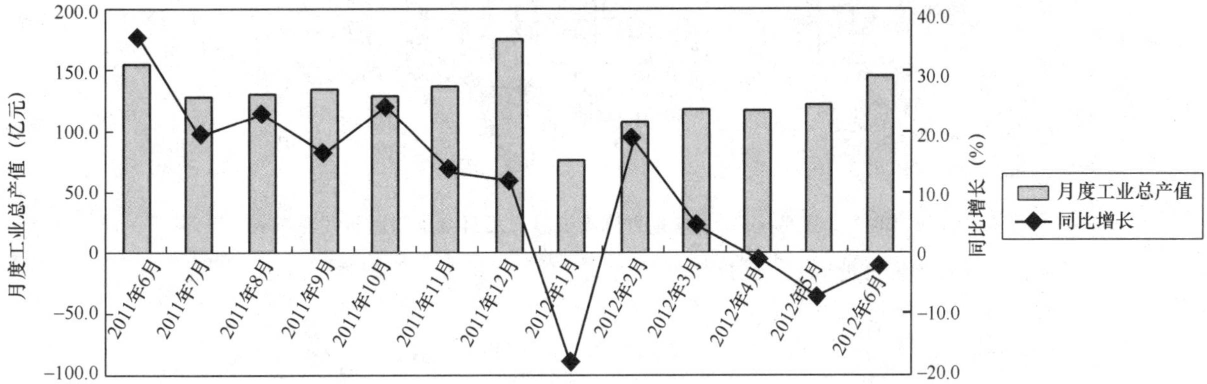

图2　2011年6月至2012年6月金属切削机床行业月度工业总产值及同比增长

销售增速急剧下滑导致库存的大幅增加。1～5月，机床工具行业产成品库存同比增长27.3%，其中金属切削机床行业库存同比增长57.8%。中国机床工具工业协会7个行业重点联系企业6月末产成品库存额同比增长51%。据对部分企业的调研显示，企业库存明显增加的主要原因有：一是2011年上半年市场形势好，供不应求，库存基数小；二是用户推迟提货；三是期盼市场形势很快会好转，预先备好存货；四是为保证一线职工收入和队伍相对稳定，保持一定的生产量。

值得关注的是，根据国家统计局数据，2012年上半年数控金属加工机床产量降幅超过金属加工机床产量降幅，这是多年以来少有的现象（2010年仅有金属成形机床出现过数控机床的增速小于金属成形机床整体增速）。具体数据如下：金属切削机床产量同比下降8.7%，其中数控机床产量同比下降16.7%；金属成形机床产量同比下降13.5%，其中数控机床产量同比下降30.9%。中国机床工具工业协会重点联系企业的统计数据虽然与全行业数据显示的趋势并非一致，但重点联系企业的这两个数据之间的差距却已大幅缩小：金属切削机床产量同比下降21.5%，其中数控机床产量同比下降12.3%；金属成形机床产量同比下降25.1%，其中数控机床产量下降18.7%。

分析其原因如下：一是普通机床工具产品产能过剩，产量的增加实际上是库存的增加；中档数控机床及专机生产一般按订单预投，当前市场需求信息减少，企业不会盲目投入。二是在经济形势不稳定的情况下，为规避投资风险，小微企业更倾向于投资低价位的通用机床。三是经济型数控机床产量大幅下降。重点联系企业数据和近期调研数据均显示：以生产经济型数控机床为主的企业产品产量降幅尤为突出，经济型数控系统企业产量降幅也明显大于其他数控系统生产企业。新的市场迹象表明，我国机床工具市场需求由原来的金字塔型开始向水滴型转化，低档机床的需求大幅收缩。

2. 用户需求升级明显

2012年上半年，机床工具市场需求升级明显。一方面，用户对机床制造企业整体解决方案的能力、对自动化程度、生产效率、产品交货期、售前及售后服务等方面都提出了更高的要求。另一方面，由于用户自身的转型升级，对工艺装备的技术水平提出了更高的要求。例如，汽车行业的排放标准升级对装备提出的新要求，航空航天、军工、能源装备、船舶制造和战略性新兴产业需要的专用装备仍是对高端产品的市场驱动力。因此，在市场普遍低迷的大形势下，进口机床仍在增长。

近期对重点企业调研显示：虽然机床工具市场普遍疲软，但中高档数控机床及相应配套产品未出现明显下滑，为用户提供个性化产品的企业合同呈现增长趋势。航天、航空、军工、IT等行业一些特殊、有针对性的产品需求未见减少，航空领域所需机床均要求具备高效、复合等特点；汽车行业产品升级带来的固定资产投资逐步抬头，如汽车排放即将提出的新的国四标准，汽车行业正面临着新一轮的设备更新改造；铁路和轨道交通领域开始向民营资本开放，资金将逐渐到位，能源行业的西气东输方兴未艾；第四代核电项目已开始启动。

不能忽视的是，金属加工机床上半年累计进口额增长3.3%，虽然增幅减小，但与国内企业的实际产销情况相比（特别是和重点联系企业产销情况相比），形成巨大反差。金属加工机床进口呈量跌价增态势，平均单价同比增长23.8%，其中数控机床平均单价增长11.3%。在市场价格没有明显增长的情况下，进口产品的量跌价增，凸显出市场需求结构迅速升级，也进一步反映出我国中高端机床产品即使有一定的价格优势，还是缺乏市场竞争力。

3. 进口额仍处于高位

2012年1~6月，我国机床工具产品累计进口额同比微降1.0%，2011年6月至2012年6月月度进口数据显示：进口额小幅波动，除2月和5月外，其他月度同比增速均为负增长，显然市场疲软对进口机床也产生了影响，只是影响程度相对国产机床工具产品较弱。2011年6月至2012年6月机床工具产品月度进口额及同比增长见图3。

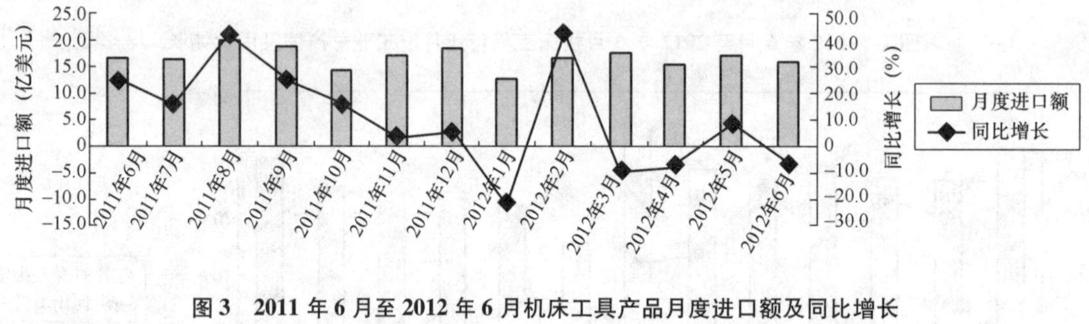

图3 2011年6月至2012年6月机床工具产品月度进口额及同比增长

由于金属加工机床在机床工具进口中占比权数大，与机床工具进口走势基本一致。2011年6月至2012年6月金属加工机床月度进口额及同比增长见图4。

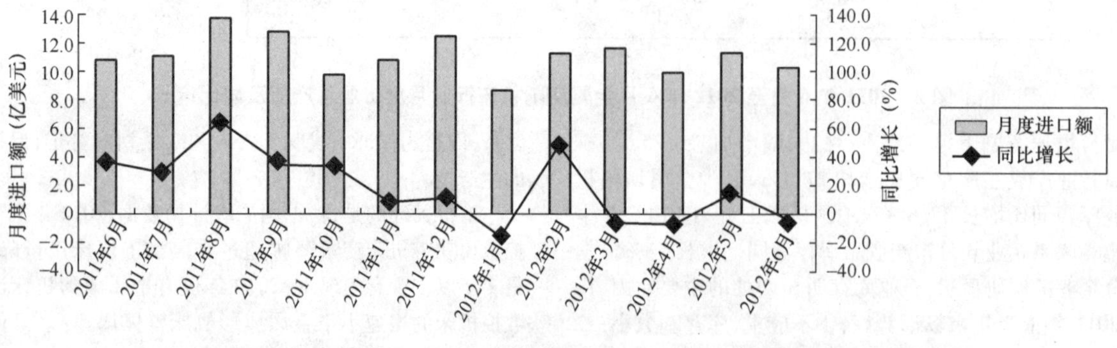

图4 2011年6月至2012年6月金属加工机床月度进口额及同比增长

加工中心、磨床、特种加工机床、车床位居各类金属加工机床进口额前四位。其中,加工中心进口额24.9亿美元,占金属切削机床进口额的48.8%;磨床占17.2%;特种加工机床占9.0%;车床占8.4%。

上半年进口的机床工具产品中,七成来自日本、德国和中国台湾,其中日本份额为37.6%。以金额计算,金属加工机床进口来源前三位依次为日本、德国、中国台湾。2012年1~6月金属加工机床进口来源前10位国家(地区)见表1。

表1 2012年1~6月金属加工机床进口来源前10位国家(地区)

序号	国家(地区)	进口额占比(%)
1	日本	40.05
2	德国	20.55
3	中国台湾	10.73
4	韩国	7.16
5	意大利	5.56
6	美国	4.12
7	瑞士	3.86
8	法国	1.35
9	西班牙	1.31
10	新加坡	0.98

4. 出口保持稳定增长

2012年上半年,我国机床工具产品出口基本保持了稳定增长,由于国内市场疲软,企业重视开拓出口市场是出口继续增长的原因之一。此外,欧美市场对装备需求的强劲复苏与其重新制定的振兴装备制造业产业政策也是拉动我国机床工具出口的因素。外资企业在出口中权重日益增加,且增长势头迅猛。

月度出口数据显示,尽管绝对值仍在增长,但是增速处于下行通道。以传统产品为主要出口产品是难以维系长期稳定高速增长的原因。机床工具6月份月度出口额增速降至1.5%,而金属加工机床6月份月度出口额同比下降6.5%。2011年6月至2012年6月机床工具产品月度出口额及同比增长见图5。2011年6月至2012年6月金属加工机床月度出口额及同比增长见图6。

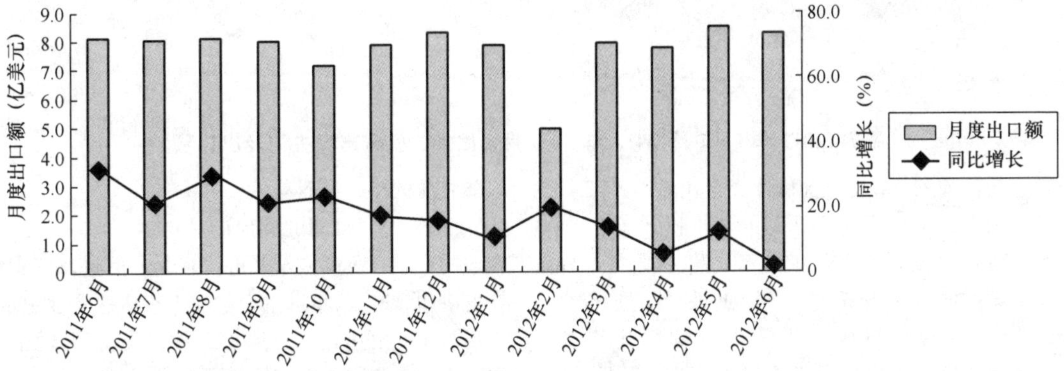

图5 2011年6月至2012年6月机床工具产品月度出口额及同比增长

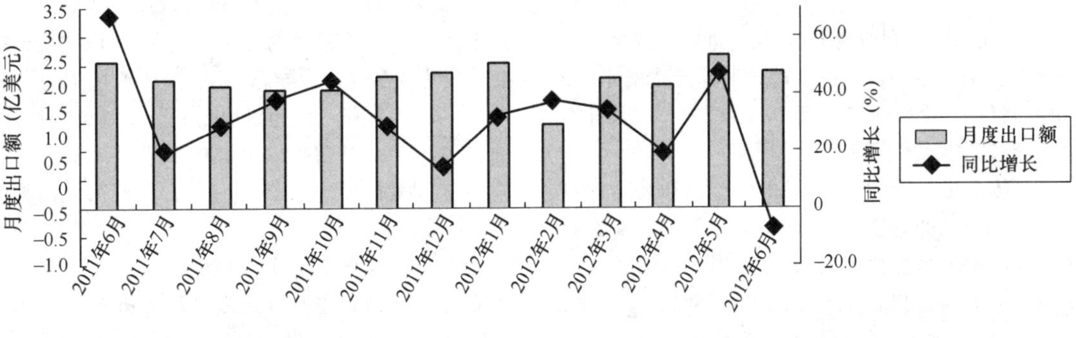

图6 2011年6月至2012年6月金属加工机床月度出口额及同比增长

2012年上半年,金属切削机床出口额超过磨料磨具,位居第二位,出口额已接近第一位的切削刀具。从出口额增速看,金属成形机床增速最快,达到30.6%;机床零部件、铸造机、机床夹具、金属切削机床增速均超过20%。2012年1~6月机床工具产品出口额占比见表2。

表2 2012年1~6月机床工具产品出口额占比

序号	产品名称	出口额占比(%)
1	切削刀具	24.20
2	金属切削机床	20.18

（续）

序号	产品名称	出口额占比(%)
3	磨料磨具	17.51
4	金属成形机床	9.73
5	机床零件、部件	8.51
6	木工机床	7.87
7	数控装置	6.17
8	机床夹具、附件	2.80
9	量具量仪	2.09
10	铸造机	0.94

金属加工机床出口结构趋好，出口量同比增长6.4%，出口额同比增长24%。数控金属切削机床出口额同比增长28.2%，占金属切削机床出口额的47.2%。台钻、砂轮机、抛光机和锯床合计出口额占金属切削机床出口额的25.9%，同比降低1.9个百分点。

2012年上半年，我国金属加工机床出口市场中，除巴西为平衡外汇，采取了临时进口限制政策而出现负增长外，其他市场均显现出强劲增长态势。出口至美国和印度的金属加工机床在总出口额中占20.3%。2011年1~6月、2012年1~6月金属加工机床出口去向及出口额见图7。

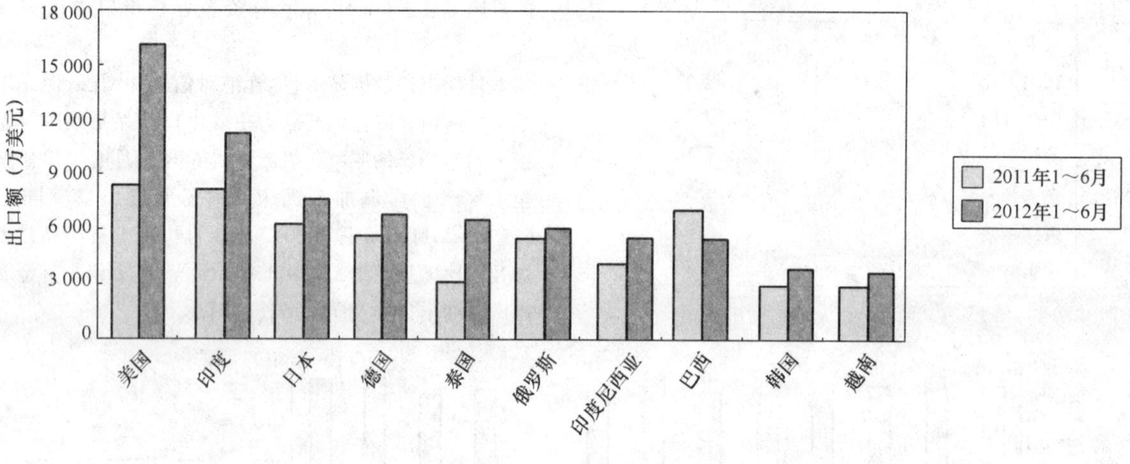

图7　2011年1~6月、2012年1~6月金属加工机床出口去向及出口额

从出口企业性质看，私人企业和外资企业是机床工具产品出口的主力军，金额占比分别达到44.5%和29.6%；国有企业占13.7%。外商独资企业在机床夹具、机床零部件的出口中均列第一位，其占比超过40%。此外，外商独资企业出口势头较猛，其金属成形机床出口额同比增长140.4%，金属切削机床出口额同比增长32.6%。可见，外资企业在我国机床工具出口中扮演着越来越重要的角色。

三、ECFA实施后大陆从中国台湾进口机床工具情况

2012年是"海峡两岸经济合作框架协议"（ECFA）"早收清单"实施的第二年，"早收清单"产品的进口关税全部降至零。1~6月大陆从中国台湾进口机床工具产品累计8.9亿美元，仍处高位，在全部进口产品中占11.2%，位居日本和德国之后，是进口来源地第三位。

在当前整体市场下滑的形势下，中国台湾和大陆针对"早收清单"所列产品的竞争更加激烈。在早期收割清单37种产品中份量最重的是数控车床，大陆从中国台湾进口数控车床1 016台，接近进口总量的一半；其金额略低于日本，接近总额的1/4，达到8 707.3万美元。其平均单价仅为8.6万美元，约为中国大陆进口数控车床平均单价（15.8万美元）的1/2。如果在总进口中剔除中国台湾的进口量与进口额，则中国台湾的数控车床平均单价仅为其他国家和地区平均单价的39%。业内人士普遍认为，即便是与中国台湾产品水平最接近的韩国，其出口至中国的数控车床平均单价也达到12.2万美元。中国台湾数控车床价格之低，对大陆企业的冲击显而易见。

此外，中国台湾的其他产品（如特种加工机床）与内资企业的产品竞争也愈发严重。有企业反映在广东地区的市场份额明显减少，华东生产电加工机床的企业也反映，高端市场被工业发达国家占到85%的市场份额，而中端市场则受到中国台湾同类机床的猛烈冲击，企业生存困难。

四、下半年经济发展预测

近期中央政治局工作会议提出：以扩大内需为战略基点，以发展实体经济为坚实基础，以加快转变经济发展方式为主线，坚持稳中求进的工作总基调，把稳增长放在更加重要的位置。在这一指导思想下，预计下半年的投资力度将高于上半年，一批大型建设项目开工上马、保障房建设的推进、节能型家电补贴政策的实施、铁路系统对民营资本的开放，将拉动我国经济走出二季度的"谷底"，从而将促进机床工具行业的增长。

此外，国家要继续实施积极的财政政策和稳健的货币政策，加大财政政策和货币政策将支持实体经济的流动资金使用。几家银行预测，2012年下半年将有2~3次准备金率和利息的降低。总体上看，企业流动资金紧张状况有望得到缓解。

在国家宏观目标以及现阶段的经济金融政策影响下，国内主要用户领域将加快转型升级步伐，对高端装备的需求将增加，而国产高端机床进入市场仍有待用户的认可，需要有一个过程，下半年行业经济运行将面临更大的挑战。

1. 机床工具行业进入低速稳定增长期

受益于我国经济工业化进程的发展，机床工具行业经历了10年的高速增长期。然而，随着市场日渐成熟，各个领域已从过去以产能扩张式的增长逐渐向转型升级发展，这将是一个长期的过程。由此带来的影响是，我国机床工具行业将在较长一段时间内呈现低速、稳定增长的发展趋势。从当前各主要用户行业的固定资产投资情况可以判断出这一走势。

2012年上半年，汽车工业投资再次进入增长期，本年完成固定资产中设备工具购置额同比增长38%，但是一些数据和实际情况显示，投资对进口和合资企业装备需求的拉动作用明显，而本土汽车装备制造企业仍未从此轮投资中获得明显收益。

上半年铁路基建投资相对滞后于规划，完成额约占全年4 400亿元目标的1/3。铁道部规划2015年铁路营业里程将达到12万公里，则整个“十二五”期间我国铁路建设投资规模超过20 000亿元。当前对民营资本的开放预示着国家将不会放弃达到这一里程目标，铁路系统将对机床工具产品仍有较大需求，但是我国机床工具企业进入高铁关键零部件制造领域并非易事，仍存在结构矛盾。

受全球船舶市场持续低迷的影响，上半年我国船舶工业三大造船指标中完工量同比微增4.2%，新增订单下降50.3%，手持订单下降30.7%。此外，工业总产值增速趋缓、出口下滑、经济效益增幅回落。船舶工业采购国产机床比例相对较高，其增速趋缓对机床工具行业也将产生负面影响。

机床工具产品的其他用户行业（如农业机械、内燃机、石化等行业）固定资产设备投资完成额都比上年同期有所下降。

2. 行业运行下行趋势尚未见底

尽管国家总体经济形势已缓中趋稳，但是机床工具行业发展通常稍滞后于宏观经济步调。加上消化库存的周期，行业运行下行趋势或将持续一段时间。

当前行业订单情况也反映出行业中短期运行状况不容乐观。中国机床工具工业协会7个行业重点联系企业（部分）的新增订单统计数据走势严峻。重点联系企业本期新增订单和在手订单同比均为负增长，分别同比下降35.7%和28.4%，降幅逐月走低。中国机床工具工业协会对部分企业进行了调研，特别将新增订单作为一项主要调研内容。2012年上半年企业订单调研情况见表3。

表3　2012年上半年企业订单调研情况

行业名称	企业数（家）			订单同比增长（%）	
	总数	订单增长	订单减少	最大正增长	最大负增长
合计	47	11	36		
金属切削机床	28	4	24	97.0	−56.4
金属成形机床	4	4			
数控系统	5	1	4	15.0	−46.1
功能部件	6	2	4	20.0	−38.0
量刃具、磨具	4		4		−41.0

注：参与调研的金属切削机床行业中有3家新成立的企业，上年同期没有业绩或业绩数极小，形成新增订单正增长。

从表3看出，企业新增订单普遍下降，47家企业中，负增长达到36家，占比为76.6%，市场需求呈明显继续下滑之势，尚未有见底迹象；而且大部分企业信息量持续减少，按照企业的普遍说法“今天的信息，明天的订单”，意味着至少在短期内，新增订单的增长速率还将下滑。

本次调研中收集的在手订单统计数据，更加令人担忧，上报在手订单的37家企业中（包括上述加以说明的企业），有31家企业呈下降状态，其占比达到86.1%，其中有19家企业下降幅度在30%以上，下降最大幅度为84%。这说明已经有相当一部分企业在四季度，甚至三季度就面临着部分或全部停产的困境。

3. 企业转型升级更加紧迫

在金属切削机床负增长、金属成形机床低速增长的情况下，进口的高档机床仍在增长。2012年上半年，从德国进口金属加工机床增长8.4%，从意大利、美国、英国进口金属加工机床均增长2位数；从法国进口金属加工机床增长近4倍。此外，上半年国际招标采购加工中心、车床和磨床的招标总额是上年同期招标总额的4倍。国际招标中标产品绝大部分为进口高端机床，对机床工具行业向高端发展形成围堵之势。机床工具行业上半年产值增速与利润增速走向正负两个方向，凸显竞争力不强的问题，行业企业的转型升级、提升竞争力显得更加紧迫。

4. 贴近用户需求，调整开拓市场思路

由于十余年来我国经济处于高速增长期，机床工具产品供不应求，机床工具行业也呈现出高速增长态势，再加之金融危机时国家4万亿元的拉动，机床工具产品同质化现象极为严重，特别是低档次的产品同质化现象严重，产能严重过剩。在当前经济下滑时，矛盾显得更为突出，市场竞争激烈。

产能扩张已近极限，“由大变强”是行业企业发展的必由之路。调整结构、转型升级是企业的主要任务。调整结构不仅是产品结构的调整，还要注重市场营销结构的调整，而且是当前经济形势下的当务之急。在当前市场疲软的情况下，很多企业都采取了加大销售力量、加强货款回收等一系列传统措施，但这远远不够。面对越来越苛刻的市场需求、激烈的市场竞争，机床工具行业企业在市场营销结构方面必须有所创新。面对当前状况，有的企业已经采取了一些全新的、战略性的措施，由原来的生产专业化转化为市场专业化，即在确定好细分市场后，以市场为对象，组织由技术人员和营销人员形成的团队，进一步开拓和挖掘市场，对用户提供个性化的、全面的服务，逆势而上，取得不俗的成绩。

5. 关注国际市场，释放巨大产能

海关数据显示，2012 年上半年我国机床工具出口取得了不错的成绩，在调研中了解到，在销售收入中出口占比较大的企业总体形势要好于仅专注国内市场的企业。金融危机之后，欧美都加强了对制造业等实体经济的投入，产业结构不断调整和升级。此外，新兴市场也还处于上升阶段。欧美市场以及东南亚市场的需求将给我国出口持续高速增长创造条件。然而，如果一直以传统产品开拓国际市场，增长将不会持久，面对当前市场形势，行业企业必须利用海外市场需求，提升产品水平和品牌影响力，逐步实现行业持续健康发展的目标。应该关注的一个问题是机床工具行业近年来产能不断膨胀，在市场下滑时巨大产能如何释放？大型企业集团应具有全球视野，大力开拓国际市场走出一条新路。

通过以上分析，对机床工具行业下半年预测：由于木工机械、铸造机械等行业，特别是产值占全行业产值近 30% 的磨料磨具行业的工业总产值都保持两位数正增长，预计全行业产值在下半年将保持个位数的增速。其中，金属加工机床行业或将出现负增长，特别是金属切削机床行业全年下行已成定局，其工业总产值将比上年同期下降 10% 以上。

〔撰稿人：中国机床工具工业协会李雷〕

2011 年机床工具行业进出口分析

2011 年，国际经济复杂多变，世界机床工具市场逐步复苏。我国机床工具行业对外贸易延续了上年良好的发展趋势，表现为前期高位快速增长、中后期增速缓慢回落。虽然增长势头有所放缓，但全年仍保持了较高的增长速度，进出口各项主要指标均创历年同期新高。据海关统计资料，2011 年，我国机床工具产品进出口总额 291.9 亿美元，同比增长 28.4%。其中，出口总额 89.0 亿美元，同比增长 26.43%；进口总额 202.9 亿美元，同比增长 29.25%。进出口逆差 113.9 亿美元，同比增长 31.5%。逆差中的 108.2 亿美元为金属加工机床进出口所产生。由于进口额增速高于出口额增速，且进口基数较大，进出口逆差被进一步拉大。

一、机床工具产品出口情况

受国际金融危机的影响，我国机床工具产品出口额在 2009 年出现较大幅度的下降，2010 年呈现快速回升态势，当年增速达到较高水平。2011 年，全行业产品出口额继续增加，但增速比上年明显下降。

2011 年，我国机床工具产品出口总额 89.0 亿美元，同比增长 26.4%。其中，金属切削机床出口额、金属成形机床出口额分别同比增长 29.5% 和 32.13%，均高于全行业产品出口额增速。而上年出口增长迅猛的切削刀具和磨料磨具，其增势已明显减弱。2011 年机床工具产品出口情况见表 1。2010～2011 年机床工具产品累计出口额同比增长情况见图 1。

表 1　2011 年机床工具产品出口情况

产品类别	出口额（万美元）	同比增长（%）	占比（%）
机床工具	889 681	26.43	100.00
金属加工机床	241 808	30.31	27.18
金属切削机床	166 302	29.50	18.69
金属成形机床	75 507	32.13	8.49
铸造机	7 612	3.33	0.86
木工机床	78 110	17.25	8.78
机床夹具、附件	23 310	42.18	2.62
机床零件、部件	68 115	32.15	7.65
数控装置	57 905	17.77	6.51
切削刀具	210 486	31.12	23.66
量具、量仪	17 301	27.81	1.94
磨料磨具	185 035	20.95	20.80

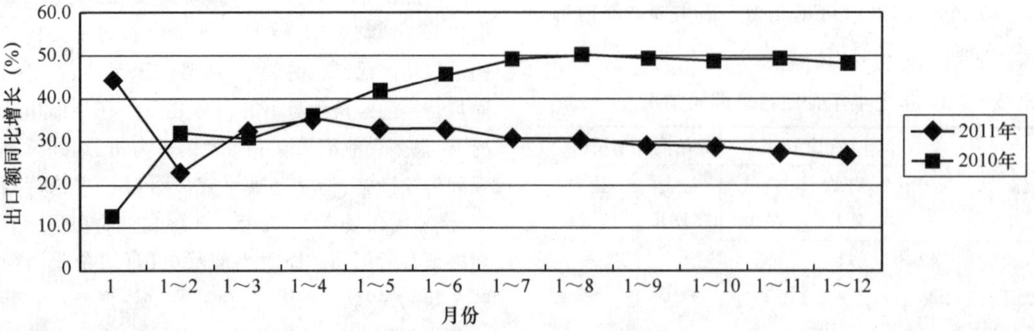

图 1　2010～2011 年机床工具产品累计出口额同比增长情况

1. 金属加工机床出口情况

2011年,我国金属加工机床出口额继2008年后第二次超过20亿美元,达到24.2亿美元,并创新高。数控金属加工机床出口额以40%的增长速度,达到9.0亿美元。其中,数控金属切削机床出口额7.3亿美元,同比增长36.7%;数控金属成形机床出口额1.7亿美元,同比增长54.4%。

2. 金属加工机床主要出口去向

2011年,我国金属加工机床出口无论在传统市场还是在新兴市场均呈现良好的增长势头。在传统的美、日、德机床市场上,金属加工机床出口额同比增长均高于我国该类产品整体出口增长。对新兴机床市场出口增速更加明显,如对巴西出口金属加工机床份额占比与位列第二位的印度相差不足1个百分点,对俄罗斯、印度尼西亚出口额迅速攀升到1亿美元以上。2011年我国金属加工机床出口前10位国家(地区)见表2。

表2 2011年我国金属加工机床出口前10位国家(地区)

序号	国家或地区	出口额(万美元)	同比增长(%)
1	美国	20 071.0	40.39
2	印度	17 665.6	27.98
3	巴西	16 337.7	51.23
4	日本	13 586.2	35.72
5	德国	12 907.9	55.42
6	俄罗斯	12 104.1	98.53
7	印度尼西亚	10 091.7	72.99
8	中国香港	8 021.6	73.85
9	泰国	7 536.3	33.61
10	韩国	7 526.6	46.72

数控金属加工机床出口企业主要集中在辽宁、上海、江苏、广东、北京,上述五地出口额合计占数控金属加工机床出口总额的71.9%,高于上年同期4.7个百分点。其中,辽宁、上海出口平均单价是我国数控金属加工机床出口均价的2倍多。

3. 数控机床出口贸易方式和企业性质

2011年,我国数控金属加工机床主要贸易方式以一般贸易方式为主,占比68.8%,同比增长37.2%;其次是进料加工贸易方式,占比21.0%,同比增长41.4%。

私人企业、外商独资企业数控金属加工机床出口额增长均在50%以上。但国有企业出口额全年呈现负增长,且所占比重明显下降。外商独资企业出口数控金属加工机床平均单价是我国数控金属加工机床出口平均单价的2倍。

二、机床工具产品进口情况

2011年,我国机床工具产品进口总额202.9亿美元,同比增长29.25%。除木工机床进口额为负增长外,其他各类产品进口额均创历史新高。进口增长较快的主要原因是国内市场需求不减以及国家对高技术产品进口政策的推动。2011年机床工具产品进口情况见表3。2010~2011年机床工具产品累计进口额同比增长情况见图2。

表3 2011年机床工具产品进口情况

产品类别	进口额(万美元)	同比增长(%)	占比(%)
机床工具	2 029 003	29.25	100.00
金属加工机床	1 324 022	40.56	65.25
金属切削机床	1 053 960	40.01	51.94
金属成形机床	270 062	42.73	13.31
铸造机	32 381	44.10	1.60
木工机床	63 210	-22.90	3.12
机床夹具、附件	67 217	16.21	3.31
机床零件、部件	138 481	32.99	6.83
数控装置	185 507	2.79	9.14
切削刀具	137 393	19.43	6.77
量具、量仪	19 737	38.29	0.97
磨料磨具	61 056	18.19	3.01

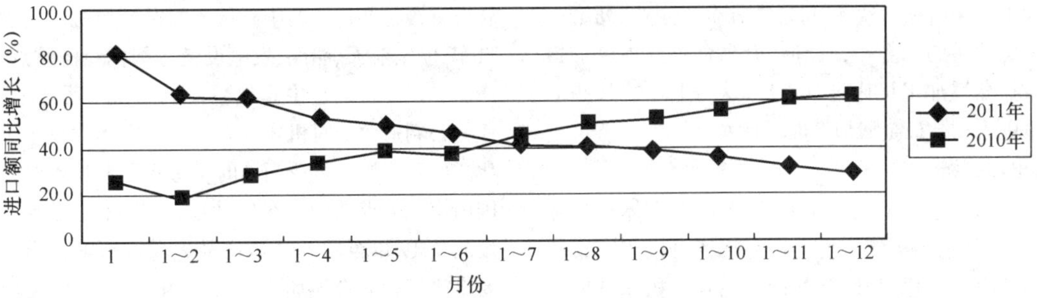

图2 2010~2011年机床工具产品累计进口额同比增长情况

1. 金属加工机床进口情况

2011年,我国金属加工机床进口额132.4亿美元,同比增长40.56%,比全年机床工具产品进口总额增速高出11.31个百分点。数控金属加工机床进口额占金属加工机床进口总额的80%以上。其中,数控金属切削机床进口额95.3亿美元,同比增长40.5%;数控金属成形机床进口额15.8亿美元,同比增长52.9%。

2. 金属加工机床主要进口来源

我国金属加工机床进口来源地集中度较高,2011年位列进口来源前10位的国家和地区进口额合计占金属加工机床进口总额的95.5%。日本和德国进口额合计占比达到60%以上,由日本进口的金属加工机床,以金额计算,90%

以上是数控产品。从德国进口的数控金属加工机床以高档产品居多,其平均单价是我国数控金属加工机床进口均价的3倍。2011年我国金属加工机床进口来源前10位国家(地区)见表4。

表4　2011年我国金属加工机床进口来源前10位国家(地区)

序号	国家或地区	进口额(万美元)	同比增长(%)
1	日本	536 836.3	50.30
2	德国	283 845.1	44.51
3	中国台湾	154 839.8	20.29
4	韩国	77 347.7	8.26
5	瑞士	56 787.4	84.22
6	意大利	56 643.9	14.08
7	美国	47 957.4	28.65
8	奥地利	23 942.7	236.92
9	新加坡	15 417.9	65.80
10	西班牙	10 868.5	36.98

江苏、广东、上海仍是我国进口数控金属加工机床的主要地域。2011年,我国数控金属加工机床进口重心出现了由沿海向内地转移的倾向,江苏、广东两个进口大省进口额合计占比较上年下降8.1个百分点,而四川、河南进口额占比则明显上升。其原因之一是境外企业在川豫两地建立出口加工厂,进口了大批中小型数控金属加工机床。

3. 数控金属加工机床进口贸易方式和企业性质

2011年,以一般贸易方式进口数控金属加工机床58.4亿美元,占比52.5%,同比增长38.4%。外商投资企业以设备投资方式进口数控金属加工机床30.4亿美元,占比27.4%,同比增长13.6%。

从企业性质看,外商独资企业进口数控金属加工机床继续保持高速增长,进口额51.4亿美元,所占比重进一步提高,为46.3%;国有企业进口额23.5亿美元;私人企业进口数控金属加工机床增长迅猛,已超过中外合资企业,列第三位。以上三类性质的企业中,只有外商独资企业进口平均单价低于数控金属加工机床进口均价,这与上述的某些地区进口大量中小型数控金属加工机床有关。

三、进出口分析

在遭受了国际金融危机的重创后,各国对实体经济有了新的认识,世界主要机床市场及新兴市场对机床工具产品需求结构发生了变化,2011年我国金属加工机床进出口表现出新的特点。

1. 从出口来看,传统市场活力再现,新兴市场增长较快

重返制造业在一定程度上缓解了美国当前的就业难题,也使其对金属加工机床需求有所增加。2011年我国对美国金属加工机床出口金额达到2亿美元,增长40%以上,为历史新高。尽管当前世界经济形势不确定因素较多,但我国对日本、德国出口的金属加工机床仍保持快速增长,出口份额在提升,出口额超过或持平于2008年历史最高值。同时,我国面向上述地区出口数控金属加工机床也有较好的表现,日、美、德分列出口数控金属加工机床第一、第三、第四,合计出口额占比25.6%。

我国对新兴市场出口金属加工机床增长依然强劲,印度机床市场已连续4年成为我国金属加工机床出口第二大市场;巴西是继印度之后的又一个快速上升的国家,以50%以上的增速稳定列在第三位,对其出口额直逼印度,不可小视;重振经济,建立多重经济增长点,是俄罗斯新一届政府的经济改革方向,未来俄罗斯机床市场将有较大潜力。印度、巴西、俄罗斯分列我国金属成形机床出口前三位。以印度尼西亚、泰国为代表的东盟及亚洲地区机床市场活跃,增速较快,普遍接近和超过历史最好水平,也是我国加工中心出口的主要市场。

2. 从进口来看,国内需求结构变化,进一步推高进口额

海关进口数据显示,2011年我国数控金属加工机床进口额达到111.1亿美元,在我国数控机床市场占有率为43.4%,在金属加工机床进口额中的比重继上年提升5个百分点后,又提升了1.3个百分点。同时,数控金属加工机床进口平均价格也有较快增长。德国是我国进口高档金属加工机床主要来源地,也是唯一在国际金融危机中(2009年)在我国进口机床中仍保持增长的国家,自2008年开始已稳居我国金属加工机床进口来源前两位。2011年,我国从日本进口的金属加工机床金额占进口总额的40.5%,其中数控车床不仅进口额增速较高,平均价格也大大高于数控车床进口均价。由新加坡进口的金属加工机床虽然金额不大,但数控机床占比最高,达到97.0%,其产品集中于数控特种加工机床和立式加工中心,主要是一些世界知名机床企业利用我国与东盟建立自由贸易区的优惠关税政策,在新加坡投资建厂生产的。

数据还显示,我国对中高档数控机床和成套设备的需求在增加。在重点行业"十二五"规划和"国务院关于加快振兴装备制造业的若干意见"中明确提出,调整产品结构、转型升级是各行业的中心任务。对数控机床需求量较大的汽车、航空航天、船舶、发电设备等国民经济重点行业,对机床工具产品特别是中高档数控机床需求明显增加,重点行业核心制造领域对机床的需求结构和档次发生了较大的变化。而我国机床行业当前的制造水平和技术水平还跟不上国内市场需求结构升级的速度,与国际先进水平还存在一定的差距,以至国外高档产品大量进口。市场的需求形势要求机床行业必须加快产品结构的调整,优化国产数控机床的产品构成,推进中高档数控机床产业化进程,大力提高国产数控机床的整体水平。

我国机床工具行业在近年的快速发展中取得了长足的进步。机床工具产品进出口总额由加入世界贸易组织之初的40多亿美元,10年间增加了6倍;我国连续10年成为世界机床消费、进口第一大国,连续4年成为生产第一大国。国内数控机床产业已初具规模,自主创新也取得了明显成效,行业国际地位得到了显著提升。但是,在行业发展中仍

然没有摆脱以规模扩张为主要特征的发展模式，大而不强是行业的现状。面对新的形势，行业企业要在调整产品结构上下大力气，尽快适应市场需求的变化，提高产品国际市场竞争力。同时，还要密切关注世界经济的发展趋势，警惕各种贸易保护主义，巩固已有的市场份额，大力发展已实行的自贸区合作及新兴市场的开拓。

今后，我国机床工具行业应关注以下几个方面的问题：

（1）出口结构有所改善，结构调整任重道远。2011 年，我国机床工具产品出口取得了可喜的成绩。金属加工机床改变了自 2008 年以来出口增速落后于全行业增速的被动局面，出口额创出历史最好水平。数控金属加工机床出口量价齐增，金额超过 2008 年历史最高的 2 亿美元，在金属加工机床出口总额中占比进一步提升，达到 37.1%；台钻、锯床、抛光机和砂轮机等低值机床占金属切削机床比重逐年下降，从 2002 年的 53.7% 降至 27.7%。

行业企业在主要国际机床市场开拓中有了新的进展。如济南二机床集团有限公司在世界一流企业的国际竞标中，一举囊括福特汽车美国两个工厂全部 5 条大型快速智能冲压生产线的订货合同。这是福特汽车近 20 年来首次采购非德国生产的成套冲压装备，标志着拥有完全自主知识产权的国产冲压装备技术水平与国际竞争力均实现重大突破。武汉重型机床集团有限公司的多台超重型数控机床出口至东南亚和西亚地区，创造了我国在该地区出口超重型数控机床的新纪录。

我国出口产品结构整体正在向好的方向发展，但在进一步分析中发现，切削刀具和磨料磨具出口多、占比大的基本格局仍没有得到有效改善，低档产品和资源性产品大量出口的现象依然存在。同时，出口产品结构的一个新迹象值得关注，即金属加工机床无论是出口还是内销，三资企业（独资、合资、合作）产品所占份额不容忽视，且大多属于中高档产品。比如，在数控金属加工机床出口额中，这三类企业合计占比达 46.9%，同比增长 52.5%，且其平均单价是数控机床出口均价的 2 倍以上。再如，近年来自美国、德国、日本、韩国、中国台湾的机床企业纷纷在中国大陆设厂布局，本土市场竞争更加激烈。2011 年，在大陆的境外控股企业数控金属加工机床产值同比增长 27.5%，在国产数控机床国内市场占有率中 1/4 为境外控股企业所占有。

（2）关注新兴产业市场，减少同质产品进口。近年来，消费电子行业发展迅速，在一定程度上带动了金属加工机床市场的消费。近年来，境外在内地设立的消费电子加工企业，从日本和中国台湾地区进口了大批量的电加工机床、加工中心、数控钻床、数控铣床，多数为小型机床，其价格竞争力较高。如从日本、中国台湾进口到上述企业中的加工中心，进口平均单价仅为 7.5 万美元。消费电子制造业产品特点是品种多、产量大，对机床的要求主要是高效、高速、高寿命、高可靠性和高稳定性，并能批量供货，而对于精度等技术指标要求并不是很高。针对这一新趋势，我国机床行业企业也开始涉足该领域，沈阳机床（集团）有限责任公司可成批提供小型数控钻铣加工中心，湖南宇环同心数控机床有限公司的数控机床也在上述企业的国际招标中中标。

我国从日本、中国台湾和韩国进口的数控金属加工机床列该类产品进口的第一、第三、第四，其共同特点是进口量大，中小型产品多。特别是中国台湾和韩国的中档及以下产品占比较大，与大陆产品同质化程度较高。“海峡两岸经济合作框架协议”（ECFA）的实施，为中国台湾机床的发展注入了活力。在首批“早期收获”清单中，由中国台湾地区进口的数控车床以数量计算排第一，以金额计算列第二，同时进口量占比逐年上升，2011 年已达到 43.1%。中国台湾机床在大陆市场的快速增长，在一定程度上对大陆企业形成了压力。

数控机床尤其是中高档数控机床是我国机床工具行业致力于发展的产品，机床工具行业企业要在技术创新、品牌建设、提高产品附加值以及产品品质、产业化上下苦功，针对各个细分市场，调整产品结构，扩大国产数控机床的市场占有率。

（3）贸易保护加剧，外贸形势严峻。为了加快经济复苏步伐，美国提出“五年出口倍增计划”，而通过“跨太平洋战略经济伙伴关系协定”（TPP）的谈判，将美国未来出口重心锁定在亚太地区，是实施该计划的重要组成部分。2011 年 11 月，日本宣布参与 TPP 多边谈判，同月，美国与韩国的自由贸易协定（FTA）已达成。FTA 协议加速了协定签署双方或多方的投资贸易便利化和市场准入自由化，但是对于协议方之外的企业进入，其竞争优势会有一定的削弱。这将致使我国机床工具产品在美国及日韩市场面临新的挑战。

2011 年下半年开始的世界经济贸易增速的再次下滑，使得一些国家正在寻求更多的贸易保护措施。当年“WTO 20 国集团贸易措施监控报告”显示，“没有任何迹象表明 20 国集团作为一个整体已经放缓采取新的贸易限制措施或致力取消现有的贸易限制措施，特别是那些自国际金融危机以来采取的贸易限制措施。”从当前看，世界经济仍需要较长时间的调整才能走出国际金融危机的阴影，因此，与危机相伴的贸易保护倾向在短期内难以根本扭转。

四、2012 年进出口趋势

从当前外贸发展环境来看，2012 年，我国机床工具产品进出口保持平稳发展仍具有一定的基础和有利条件，但制约发展的不确定和不稳定因素也很多。从外部看，世界经济复苏动力依然不足，需求不振；欧洲主权债务风险在上升，阴霾未散；贸易保护主义加剧，摩擦增多；全球性通胀压力短期内难以缓解。从内部看，劳动力和原材料等各项成本上升、人民币升值等都对产品市场竞争力的提升产生负面影响，产品结构调整更加艰难。为了早日摆脱危机的影响，各国机床行业都在进行新一轮的制造业升级以扩充实力，抢占未来市场。欧美机床企业并购重组势头强劲；日本部分机床企业建厂房，购设备，扩产能；在汉诺威欧洲机床展览会（EMO）上，创新引领产业发展已得到各国的共识。全球的关注点都聚焦在中国这个最大市场上。

2011年下半年，我国机床工具进出口增速开始放缓。就当前经济形势来看，德国强大的实体经济在抵御危机中发挥了重要作用，走实体经济之路成为发达国家恢复经济的趋势；东盟、“金砖国家”等新兴经济体仍有较大的发展空间；国内4万亿元投资已进入尾声，内需动力不足，订单进一步减少，企业对出口关注度必然增加；我国金属切削机床出口增势渐强，如果磨料磨具出口继续下降，其出口额有可能回升到第二位。预计2012年我国机床工具产品进出口在同比增长总体回落的前提下，出口继续较快增长，进口增速明显降低。

2012年是我国实施“十二五”规划的关键年，为了适应新阶段发展要求和发展环境的变化，机床工具行业正处于重大战略调整时期，企业要提高对行业发展现状、现阶段主要矛盾、发展环境变化的认识，从明确发展战略、转变发展方式、调整产品结构、解决质量问题、创新管理机制、创新人才机制等方面入手，推动行业由大变强，进入新的历史发展阶段。

〔撰稿人：中国机床工具工业协会李卫青〕

2011年机床工具行业固定资产投资分析

2011年是我国“十二五”规划的第一年，也是我国经济形势错综复杂的一年。我国经济建设取得了新的成绩，实现了“十二五”良好开局，在十分复杂的国内外背景下，骄人的成绩来之不易。但我国经济发展的不平衡、不协调、不可持续的矛盾和问题仍然十分突出，经济下行压力和物价上涨的压力并存，部分企业经营困难，节能减排形势严峻，经济金融等领域也存在一些不可忽视的风险。

受国家经济宏观调控和国内外大环境影响，机床工具行业发展呈现高位运行、高开低走、趋势放缓的走势。2011年固定资产投资大部分指标仍有较大增幅，为机床工具行业的可持续发展提供了保障。

一、2011年机床工具行业固定资产投资情况

固定资产投资主要包括固定资产计划总投资、新开工项目计划总投资、完成固定资产投资、完成固定资产投资中设备购置投资和新增固定资产5项指标。2011年，机床工具行业固定资产投资出现了惊人的增长速度。从年初开始，固定资产投资各项指标都显示出强劲的增长之势。在全行业各项投资指标中，固定资产计划总投资较上年增长48.4%，新开工项目计划总投资较上年增长56.0%，完成固定资产投资较上年增长54.7%，完成固定资产投资中设备购置投资较上年增长54.0%，新增固定资产较上年增长31.1%。机床工具行业的固定资产投资增长速度远高于国家固定资产投资的增长速度。

1. 固定资产计划总投资

固定资产计划总投资是指报告期内，基本建设项目按照总体设计规定的全部建成计划需要的总投资。2011年初，行业计划总投资增速并不快，但在3月后计划总投资额快速攀升，增速达到40%以上，至三季度增速已经超过50%以上，至年末仍然保持48.4%的增长速度，较上年增加30.7个百分点。在机床工具行业固定资产计划总投资中，磨料磨具行业连续高居榜首，计划投资额达到1 623.3亿元，比上年增长66.5%；其次为其他金属加工机械行业，计划投资额为628.9亿元，比上年增长23.7%。按计划投资额增速排序依次为磨具磨料行业、机床附件行业、量具量仪行业、铸造机械行业，分别比上年增长66.5%、59.8%、54.3%和54.2%。

2. 新开工项目计划总投资

新开工项目计划总投资是指报告期内，新开工的建设项目按照总体设计规定的全部建成计划需要的总投资。新开工项目计划投资是企业近期对市场需求判断的结果，开工后没有特殊情况不会中断实施。一季度出现新开项目计划总投资额的负增长，且至一季度末达到-10%。但随着市场需求的增大，新开项目计划总投资额迅速增长，比上年增长到56.0%，增速较上年增加3.2个百分点。机床工具行业新开工项目计划总投资中，仍是磨料磨具行业名列第一，计划投资额达到820.6亿元，其增速列全行业第三；其次为其他金属加工机械行业，计划投资额达到363.5亿元。新开工项目计划总投资增长较快的行业依次为切削工具行业、金属切削机床行业、磨具磨料行业，分别比上年增长91.5%、75.6%和65.3%。

3. 完成固定资产投资

完成固定资产投资是指建设项目从开始建设到报告期止累计完成的全部投资。完成固定资产投资是投资中的最重要的指标，属于国家社会固定资产投资的一部分，代表行业固定资产投资的总体水平。2011年，机床工具行业累计完成固定资产投资2 214.5亿元，比上年增长54.7%，高出全社会固定资产投资增长速度31.1个百分点。在全行业完成固定资产投资中，磨料磨具行业投资额最大，达到702.1亿元。投资增长较快的依次为量具量仪行业、磨具磨料行业、金属成形机床行业，分别比上年增长95.2%、73.4%和64.4%。金属切削机床行业完成固定资产投资289.8亿元，比上年增长54.3%，列全行业第四。

4. 完成固定资产投资中设备购置投资

完成固定资产投资中设备购置投资是指在已完成、验

收的固定资产中企业购置或自制达到固定资产标准的设备、工具、器具的价值。该指标主要是分析行业固定资产投资的构成，是判定侧重于土建工程还是侧重于工艺装备增加的重要指标。2011 年，机床工具行业用于设备购置投资额 944.0 亿元，比上年增长 54.0%，占全行业完成固定资产投资的 42.6%。在机床工具行业固定资产投资迅速扩张的前提下，投资的重点应该更向设备等工艺手段倾斜，对基本建设的投资应有所放缓。在设备购置投资中，增长最快的是金属切削机床行业，比上年增长 91.6%，说明金属切削机床行业进一步增加了对工艺装备的关注度。增长速度较快的还有磨具磨料行业和金属成形机床行业，分别比上年增长 71.7% 和 69.9%。

5. 新增固定资产

新增固定资产是指已经完成建造和购置过程，并已交付使用的固定资产的价值。新增固定资产是表示固定资产投资成果的价值指标，也是反映建设进度、计算固定资产投资效果的重要依据。2011 年，机床工具行业新增固定资产 1 458.0亿元，比上年增长 31.1%，增速较上年高出 13.3 个百分点。在全行业累计新增固定资产投资中，投资额最大的仍是磨具磨料行业，达到 417.3 亿元。增长最快的是金属成形机床行业，比上年增长 79.1%。

二、各分行业固定资产投资情况分析

2011 年，机床工具行业各分行业固定资产投资的 5 项指标的投资强度和增长速度均有很大差别，显示出行业间发展的不平衡。2011 年机床工具行业各分行业固定资产投资情况见表 1。

表 1　2011 年机床工具行业各分行业固定资产投资情况

行业名称	固定资产计划总投资		新开工项目计划总投资		完成固定资产投资		完成固定资产投资中设备购置投资		新增固定资产	
	累计（亿元）	比上年增长（%）	累计（亿元）	比上年增长（%）	累计（亿元）	比上年增长（%）	累计（亿元）	比上年增长（%）	累计（亿元）	比上年增长（%）
行业合计	4 359.5	48.4	2 461.6	56.0	2 214.5	54.7	944.0	54.0	1 458.0	31.1
金属切削机床	570.1	35.1	316.1	75.6	289.9	54.3	141.5	91.6	177.3	28.9
金属成形机床	374.3	33.0	206.9	35.5	218.4	64.4	93.7	69.9	150.1	79.1
铸造机械	551.0	54.2	363.1	59.6	306.1	44.2	121.0	26.6	216.1	30.3
木工机械	68.0	49.0	48.0	45.9	41.9	28.7	16.6	13.2	32.9	14.5
机床附件	270.5	59.8	163.6	37.5	127.2	53.0	48.7	48.5	84.5	16.9
切削工具	221.0	51.5	145.7	91.5	127.6	53.0	62.6	43.5	101.1	32.4
量具量仪	52.3	54.3	33.9	47.6	30.9	95.2	9.0	49.6	29.3	76.9
磨料磨具	1 623.3	66.5	820.6	65.3	702.1	73.4	315.8	71.7	417.3	33.2
其他金属加工机械	628.9	23.7	363.5	34.7	370.4	32.7	135.1	25.7	249.3	14.5

注：根据国家统计局数据资料整理。表中数据由于四舍五入，合计数有微小出入。

1. 磨料磨具行业——投资规模最大

2011 年，磨料磨具行业固定资产投资继续快速增长，5 项投资指标金额均列全行业第一。其中，固定资产计划总投资 1 623.3 亿元，接近全行业计划总投资的四成，比上年增长 66.5%，增速列全行业第一；新开工项目计划总投资 820.6 亿元，金额占全行业的 33.3%，增速列全行业第三；完成固定资产投资 702.1 亿元，比上年增长 73.2%，增速列全行业第二，金额占全行业完成固定资产投资的 31.7%；购置设备投资 315.8 亿元，比上年增长 71.7%，金额占全行业购置设备投资的 33.5%；新增固定资产 417.3 亿元，比上年增长 33.2%，增速列全行业第三，金额占全行业新增固定资产的 28.6%。

磨料磨具行业投资规模大的主要原因如下：近几年，磨料磨具行业发展很快。2005 年，该行业规模以上（年销售收入 500 万元以上）企业 487 家，占全行业企业总数的 24.3%，2011 年规模以上（年销售收入 2 000 万元以上）企业发展到 1 290 家，占全行业企业总数的 29.4%。2011 年，磨料磨具行业工业总产值比上年增长 35.1%，占全行业总产值的 27.2%，而 2005 年仅占 16.9%。该行业的出口量也快速增长，刚玉产量约占全球的 75% 左右，其中 50% 出口，碳化硅约有 1/4 出口，磨具也约有 1/3 出口，超硬材料产量已占世界总产量的 90% 以上，约 40% 的超硬材料和 20% 的超硬材料制品出口国外。磨具磨料行业的生产规模得到了快速发展，其产品技术水平也得到了长足的进步，制造超硬材料专用的六面顶压机成套设备及工艺在“十一五”取得了重大技术突破，在生产磨料级金刚石方面已超越国外，金刚石产品达到或接近世界先进水平，迅速占领世界高品位的锯切级金刚石市场。该行业骨干企业的工艺装备得到了全面更新，其水平已经接近国外先进企业。技术进步，市场扩大，促使技术改造力度加大，这是磨料磨具行业固定资产五大指标名列前茅的根本原因。但该行业企业也应充分认识到，产能过剩的现象已经较为严重，新的固定资产投入应更加注重产品技术水平和质量的提高，生产规模的扩大应不再是行业的投资重点。

2. 金属成形机床行业——投资增速较快

金属成形机床行业固定资产投资的 5 项指标中，虽然固定资产计划总投资、新开项目计划总投资同比增速并不快，但完成固定资产投资比上年增长 64.4%，增速列全行业第三；完成固定资产投资中设备购置额比上年增长 69.9%，增速列全行业第三；累计新增固定资产比上年增长 79.1%，增速列全行业第一，呈现出较快的固定资产投资增长速度。

分析其增速相对较快的原因，主要有以下几个方面：一是市场需求空间较大。近几年来，金属成形机床增长速度较快，2010 年工业总产值比上年增长 42.2%，高出全行业产值增速 1.6 个百分点；2011 年产值比上年增长 36.0%，高出全行业增速 3.9 个百分点。二是金属成形机床出口额增长较快。印度、巴西等新兴国家对我国的金属成形机床需求不断加大，2011 年金属成形机床出口额比上年增长 32.1%，高出全行业出口额增速 5.7 个百分点。三是产品技术水平不断提升。汽车覆盖件数控自动冲压生产线、全自动高速高精密硅钢片落料生产线关键技术及设备、变截面汽车纵梁数控平板冲孔生产线等都达到或接近国际先进水平，有的产品国内市场占有率已达到 80% 以上。

3. 金属切削机床行业——设备购置投资增速最快

金属切削机床固定资产投资的 5 项指标增速有高有低，其中，完成固定资产投资中设备购置投资增长较快，共完成投资额 141.5 亿元，列全行业第二位，占全年完成固定资产投资额的 48.8%；投资额比上年增长 91.6%，列全行业第一。这说明金属切削机床行业企业更加认识到加强工艺装备手段的重要性。工艺手段的加强，对产品结构的调整和产品质量的提高都将起到至关重要的作用。在今后较长的一段时间，金属切削机床行业的投资，应继续侧重设备工具的投资，特别是高档装备和产业化装备的投资，要防止盲目扩大生产规模和基本建设的固定资产的投资。

4. 机床附件行业——值得关注

机床附件行业包括了机床附件(含功能部件)、滚动部件等制造企业。由于诸多原因，我国机床附件(含功能部件)、滚动部件等发展滞后于主机发展，已成为制约机床行业发展的瓶颈。增加对高档功能部件产业化的投入，购置、增添关键制造设备，提高生产关键功能部件的能力，是机床附件(含功能部件)、滚动部件等迅速赶上主机发展速度的主要手段之一。因此，全行业要更多地聚焦机床附件行业，加大固定资产投资力度，使其固定资产结构在较短时期内有根本的变化。但是 2011 年国家统计局数据显示，机床附件行业的发展速度与其他行业相比，仍相对缓慢。从完成固定资产投资、完成固定资产投资中设备购置投资和新增固定资产指标看，在投资绝对额方面，金额分别为 127.2 亿元、48.7 亿元和 84.5 亿元，均列全行业第七；从增长速度看，分别为 53.0%、48.5% 和 16.9%，分别列全行业的第六、第五和第七。

功能部件是机床行业的软肋，其对固定资产的投入只有超过主机行业，才有可能逐步赶上主机产品结构调整的步伐。所以，全行业都应密切关注机床附件的投入。

5. 切削工具、铸造机械——增速均衡发展

在完成固定资产投资、完成固定资产投资中设备购置投资和新增固定资产 3 项重要指标中，切削工具行业增速分列全行业的第五、第六、第四，铸造机械行业增速则分列全行业的第七、第七、第五。两个行业增速相对较慢的原因是前期投入相对较大，增速也相对较快。2009 年，切削工具行业 3 项指标的增速分列全行业的第二、第四和第五，铸造机械行业 3 项指标则分列全行业的第二、第三和第三。2010 年，切削工具行业的增速更加迅猛，3 项指标分列全行业第三、第二、第一，铸造机械行业增速也有两项居第四位，其投资额均列全行业第三。2011 年两个行业的投资增长速度都较为平衡，说明两个行业的企业更加明确投资目标，更加重视设备的购置，投资更加理性和富有成效。

6. 其他金属加工机械行业——固定资产投入稳定发展

2011 年，该行业就 5 项固定资产投入指标增速而言，有 3 项居全行业最末位，两项居倒数第二。但就投入绝对额而言，则有 4 项居全行业第二，1 项列全行业第三，仅次于磨具磨料行业。固定资产投入额居行业第二，而增速为全行业最末位，说明该行业的固定资产规模已经相当大，而其发展又相对稳定和平衡，处于良性发展状态。

7. 木工机械和量具量仪行业——投资规模较小

两个行业的投资规模都相对最小，与行业本身的规模有关。

(1)木工机械行业。在 2011 年机床工具行业固定资产投资中，其 5 项指标的投资额均列全行业第八，投资规模相对较小。该行业 2010 年固定资产投资增长较快，完成固定资产投资、完成固定资产投资中设备购置投资和新增固定资产 3 项指标的增长速度列全行业第二、第三、第三。2011 年投资增长明显乏力，上述 3 项指标增速分列全行业第九、第九、第八。

(2)量具量仪行业。在 2011 年机床工具行业固定资产投资中，其 5 项指标的投资额均列全行业九位，投资规模相对最小。但完成固定资产投资、完成固定资产投资中设备购置投资和新增固定资产 3 项指标的增长速度列全行业第一、第四、第二。量具量仪行业能够保持一定增长速度的关键原因是市场需求增大。随着各行业产业升级的速度加快，对量具量仪产品需求量增大，对产品的技术水平和功能要求提高，该行业如再不加大创新研发力度，再不加快技术改造步伐，行业产品水平与国外先进企业水平差距将越来越大，高端市场甚至中端市场都将失守。

三、机床工具行业固定资产投资资金来源分析

2011 年，全行业固定资产投资来源为 2 380.3 亿元，共分为两大部分，一是上年末结余资金，共 40.9 亿元；一部分为 2011 年资金来源，为 2 339.4 亿元。本文仅就 2011 年资金来源进行分析。

机床工具行业固定资产投资资金来源由以下几部分组成：国家预算内资金、国内贷款、债券、利用外资、自筹资金和其他资金。其中，“债券”一项全年仅有1 200万元，占比很小，故舍去。2011年机床工具行业固定资产投资资金来源见表2。

表2　2011年机床工具行业固定资产投资资金来源

行业名称	资金来源总计		国家预算内资金		国内贷款		利用外资		自筹资金		其他资金来源	
	累计（亿元）	比上年增长（%）	累计（亿元）	比上年增长（%）	累计（亿元）	比上年增长（%）	累计（亿元）	比上年增长（%）	累计（亿元）	比上年增长（%）	累计（亿元）	比上年增长（%）
行业合计	2 339.4	51.4	7.0	14.6	198.1	52.4	40.5	41.2	2 039.0	52.0	54.7	40.1
金属切削机床	321.7	53.0	0.1	-95.0	19.2	-10.0	6.9	20.3	282.1	59.5	13.5	206.0
金属成形机床	232.1	46.1	5.4	7817.0	23.4	42.3	4.9	7.9	196.2	44.1	2.1	27.3
铸造机械	323.4	35.2	0.69	-25.0	18.7	-2.8	3.7	189.0	294.5	38.5	5.8	11.8
木工机械	44.0	30.7			2.7	-31.0	0.9	76.0	39.9	39.9	0.5	-26.0
机床附件	144.3	65.3	0.15	-88.0	15.2	153.0	2.2	175.0	123.4	60.0	3.3	57.5
切削工具	128.0	47.0	0.1	35.1	4.7	-35.0	2.8	1.1	117.5	55.3	2.9	119.0
量具量仪	32.8	112.0	0.01	-98.0	2.8	39.0	0.4	54.4	29.1	140.0	0.5	-40.0
磨具磨料	734.3	75.6	0.15	-88.0	89.6	149.0	14.5	52.1	611.2	72.3	18.7	13.0
其他金属加工机械	378.8	28.5	0.4	-9.5	21.7	23.2	4.1	28.8	345.2	29.2	7.4	17.7

注：年度固定资产投资资金来源包括上年末结余资金和本年资金来源两部分，本表仅为本年资金来源部分。表中数据由于四舍五入，合计数有微小出入。

从表2中可以看出，各项资金来源均呈增长态势，说明各方面都看好机床工具行业的投资潜力。其中，国家预算内资金增速最低，仅为14.6%，占比也最低；资金来源占比最大、增长速度较快的是企业自筹资金，占比高达87.2%，增速达到52.0%；其他几项资金来源增速均超过40%，但占比并没有明显变化。

企业固定资产投资自筹资金增长较快，并成为资金来源的主体，说明企业自我完善、自我扩大再生产的能力大大提高，企业不断进取、不断进行技术改造、坚持技术进步的愿望进一步增强，更说明经过30多年的改革开放，我国机床工具企业已经真正成为市场经济的主体。但同时也向企业提出警示，作为投资主体，企业必须建立科学的投资决策程序，要设立规范的投资监督机制，减少投资风险。

四、机床工具行业固定资产投资高速增长原因的综合分析

2011年，机床工具行业的经济运行走势为先高后低，市场已经发出需求转弱的信号，但是机床工具行业的固定资产投资仍然强劲。5项固定资产投资指标中，固定资产计划总投资、新开工项目计划总投资、完成固定资产投资、完成固定资产投资中设备购置投资、新增固定资产分别比上年增长48.4%、56.0%、54.7%、54.0%、31.1%，增速分别比上年提高30.7个、3.2个、30.5个、29.8个、13.3个百分点。分析其原因主要有以下几个方面：

（1）国家为防止金融危机蔓延所实施的一揽子救市措施，有效地拉动了内需，促进了投资和消费较快增长，到2011年末势头不减。机床工具行业与宏观经济走向保持一致，也保持了一定速度的增长，行业企业对发展前景看好，坚持进行技术改造和扩大出口再生产。

（2）2011年国家固定资产投资持续快速增长，市场发出强烈的需求增长信号，内需不断扩大，汽车、能源、发电、轨道交通等产业的扩大，拉动了对机床工具产品的需求，形成了对国产机床产品的市场需求逐渐增加的局面。

（3）国家对装备制造业的重视，特别是“高档数控机床与基础制造装备”科技重大专项的实施，促进了对机床工具行业投资的积极性。

（4）为加快农村城市化建设速度，一线城市和部分二线城市在地方政府的协调下，进行产业转移，一些机床工具企业进行土地置换，取得了搬迁资金，从而加大了固定资产投资。

（5）各种资本，包括相当一部分民营资本，纷纷投入机床工具领域，全行业规模以上企业由2005年的2 004家，至2011年规模以上企业已经发展到4 385家。企业数量的增加，必然引发固定资产投资规模的扩大。同时，一些有实力的机床工具用户，为了本企业的发展，同时也是看重了机床工具的大市场，开始投资机床工具行业，如三一重工投资组建了上海三一精机有限公司。这些企业起点高，投资大，对机床工具行业的投资规模也产生一定影响。

2011年，机床工具行业固定资产投资继续保持了相当高的增长速度，为机床工具行业的产品结构调整和发展提供了可靠基础，但同时也存在着生产能力过剩和同质化生产严重的现象。当前，我国正处于调整产品结构、转变经济发展方式的关键时期，机床工具行业固定资产投资必须把握好以下几个方面：

（1）选择好投资重点。作为装备制造业重要的基础装备产业，机床工具行业的投资应该先于国民经济的增长，并高于国民经济的增长速度。当前机床工具行业投资混乱的现象已经非常严重，机床工具行业需要投资，但投资的重点是生产中高档数控机床，生产个性化的、能够为用户提供全面解决方案的产品。因此，行业企业要慎重投资，要选择好投资方向和投资重点，防止落后产能更加过剩，也要防止同质化产品的无序竞争。

（2）注重投资效益。固定资产投资要追求最佳投资回收期。对于机床工具行业而言，固定资产投资的关键是为了加速产品结构调整，提高产品质量，使产品尽早实现商品化和产业化。

（3）严格控制新上项目。企业固定资产投资必须应用高新技术和先进适用技术，切实针对企业自主创新、工艺环节、产品质量、“两化融合”、节能降耗、环境保护以及安全生产等企业发展的薄弱环节，改造和提升传统产业，不断突破关键技术，推进中、高档产品产业化。固定资产投资既要坚决抑制低水平产能扩张，也要防止“高水平”产能的一哄而上，更要杜绝“两高一资”的固定资产投资。

〔撰稿人：中国机床工具工业协会屠景先〕

2011年机床工具行业“中国机械工业科学技术奖”获奖情况分析

一、机床工具行业“中国机械工业科学技术奖”获奖情况

2011年，机床工具行业申报“中国机械工业科学技术奖”项目49项，获奖项目27项，其中，一等奖2项、二等奖11项、三等奖14项。与2010年相比，申报项目数大体相等。2011年机床工具行业“中国机械工业科学技术奖”获奖情况见表1。

表1　2011年机床工具行业“中国机械工业科学技术奖”获奖情况

序号	获奖项目	完成单位	获奖等级
1	五轴联动精密电火花加工技术及装备	北京市电加工研究所、首都航天机械公司、北京机床所精密机电有限公司、哈尔滨工业大学、北京迪蒙数控技术有限责任公司、苏州电加工机床研究所有限公司、上海交通大学、西安航空动力股份有限公司、大连理工大学	一等奖
2	螺旋桨用重型七轴五联动车铣复合机床	武汉重型机床集团有限公司、华中科技大学、镇江中船瓦锡兰螺旋桨有限公司	一等奖
3	μ2000/630HF卧式加工中心	北京工研精机股份有限公司	二等奖
4	Y4232CNC9系列数控精密高效剃齿机成套技术开发及产业化应用	重庆机床（集团）有限责任公司	二等奖
5	MK5225A大型数控龙门导轨磨床	上海重型机床厂有限公司	二等奖
6	凸凹面超高速数控复合磨削关键技术及装备	湖南大学、湖南海捷精密工业有限公司	二等奖
7	超精密研磨用陶瓷结合剂超硬材料磨盘的研制	郑州磨料磨具磨削研究所	二等奖
8	HTM125系列重型双刀架五轴联动卧式车铣复合加工中心	沈阳机床（集团）有限责任公司	二等奖
9	FMS柔性制造系统研究开发（1006）	沈机集团昆明机床股份有限公司	二等奖
10	T21100型大型超长深孔钻镗床	山东普利森集团有限公司德州普利森机床有限公司	二等奖
11	能源行业用全自动高速高精密硅钢片落料生产线关键技术及设备	济南二机床集团有限公司	二等奖
12	变截面汽车纵梁数控平板冲孔生产线	济南铸造锻压机械研究所有限公司、郑州宇通客车股份有限公司	二等奖
13	数控合缝预焊机	湖北三环锻压设备有限公司	二等奖
14	YK2560A数控弧齿锥齿轮研齿机	天津第一机床总厂、重庆理工大学、天津大学	三等奖
15	数控螺旋锥齿轮成形铣齿（粗切）机床	河南科技大学、洛阳科大越格数控机床有限公司	三等奖
16	SK7032数控螺杆转子磨床	陕西汉江机床有限公司	三等奖
17	智能型环保节能数控线切割机床	江苏三星机械制造有限公司	三等奖

（续）

序号	获奖项目	完成单位	获奖等级
18	N－099 型高效重切削数控车床	南京数控机床有限公司	三等奖
19	YH39 系列三向模锻自动成形液压机	合肥合锻股份机床有限公司	三等奖
20	EPC－1600 型电动螺旋压力机	青岛青锻锻压机械有限公司	三等奖
21	基于嵌入式系统的实时控制压铸机的研发和产业化	广东伊之密精密机械有限公司、浙江大学、杭州泛康控制技术有限公司	三等奖
22	复杂曲面型面数控成形工艺及其制造装备	扬州大学	三等奖
23	C92K－125 型 125kJ 数控全液压模锻锤	安阳锻压机械工业有限公司	三等奖
24	机电伺服式全自动轴类校直机开发及应用	长春机械科学研究院有限公司	三等奖
25	DP31－80 型高精度伺服电机驱动数控压力机	江苏省徐州锻压机床厂集团有限公司	三等奖
26	高速环保干切齿轮滚刀	汉江工具有限责任公司	三等奖
27	ϕ42mm 高品级聚晶金刚石（PCD）复合片	河南黄河旋风股份有限公司	三等奖

二、机床工具行业“中国机械工业科学技术奖”获奖情况分析

2011 年，机床工具行业获奖项目是全行业积极实施战略转变，大力推动行业由大变强取得进一步成就的部分代表，呈现以下几个特点。

1. 一等奖、二等奖合计数创历史新高

2011 年，机床工具行业获得“中国机械工业科学技术奖”一等奖 2 项、二等奖 11 项，合计 13 项，比 2008 年历史最好水平的 10 项还多出 30%。虽然一等奖数量比历史最好水平的 2010 年少了 1 项，但二等奖的数量大幅上升，表明获奖项目整体水平跃上了一个新的高度。这也从一个侧面反映了行业产品结构调整取得了新的进展。

2. 重型机床获奖项目占比较大

2011 年，在一等奖项目中，重型机床项目占 1 个，即武汉重型机床集团有限公司等单位合作开发的螺旋桨用重型七轴五联动车铣复合机床项目。在 11 个二等奖项目中，重型机床项目也占了相当的比例，如上海重型机床厂有限公司的 MK5225A 大型数控龙门导轨磨床、沈阳机床（集团）有限责任公司的 HTM125 系列重型双刀架五轴联动卧式车铣复合加工中心、重庆机床（集团）有限责任公司的 Y4232CNC9 系列数控精密高效剃齿机成套技术开发及产业化应用、山东普利森集团有限公司德州普利森机床有限公司的 T21100 型大型超长深孔钻镗床以及湖北三环锻压设备有限公司的数控合缝预焊机等。这些成果反映了我国在大重型机床研制方面所取得的巨大进步，以及对国民经济和国防建设重大装备保障能力的提高。

3. 集成、成套项目获奖数量呈上升趋势

在参加评审的 49 个机床项目中，仅有的 2 条生产线双双获得二等奖，即济南二机床集团有限公司的能源行业用全自动高速高精密硅钢片落料生产线关键技术及设备和济南铸造锻压机械研究所有限公司等合作研发的变截面汽车纵梁数控平板冲孔生产线项目。此外，沈机集团昆明机床股份有限公司的 FMS 柔性制造系统研究开发项目也荣获二等奖。这些成果说明机床行业正在摆脱传统的单机制造模式，向集成和成套方向发展。

三、部分获奖项目介绍

1. 螺旋桨用重型七轴五联动车铣复合机床

荣获一等奖，由武汉重型机床集团有限公司、华中科技大学和镇江中船瓦锡兰螺旋桨有限公司合作完成，属国家 863 项目。

机床最大加工直径 8 500mm，最大加工高度 3 300mm，工作台最大承重 160t，垂直刀架最大切削力 125kN，七轴五联动，既能对整体螺旋桨叶面进行精密铣削，还具备强力车削功能，能够在一次装卡中实现整体螺旋桨中心锥孔及上下端面的加工，是大型舰船螺旋桨精密加工的关键设备。该项目在内置式大转矩 C_1 轴车铣复合刀架、机械式高刚度大功率大转矩双摆角铣头、高精度高刚度重载工作台主轴及无隙传动、重载静压导轨、重型机床超大横梁卸荷与补偿以及大型螺旋桨车铣复合加工工艺、面向螺旋桨加工的编程、大型螺旋桨在线测量与加工质量评估等技术方面都有所创新和突破。该项目的研发成功，填补了国内空白，为我国船舶工业及相关行业关键零件的加工提供了先进的具有自主知识产权的国产装备，对提高我国机床行业，特别是重型高档数控机床的技术水平和国际竞争力具有重要意义。

2. 五轴联动精密电火花加工技术及装备

荣获一等奖，由北京市电加工研究所、首都航天机械公司、北京机床所精密机电有限公司、哈尔滨工业大学、北京迪蒙数控技术有限责任公司、苏州电加工机床研究所有限公司、上海交通大学、西安航空动力股份有限公司和大连理工大学合作完成。

主要创新点如下：针对钛合金、高温耐热合金等难加工材料电火花加工难题，研制成功具有自主知识产权的高效、微精电火花加工脉冲电源及其控制系统。钛合金最佳加工表面粗糙度 0.166μm，最高加工效率 829mm^3/min；模具钢最佳加工表面粗糙度 0.045μm，最高加工效率 1 125 mm^3/min(100A)，达到并超过国际先进水平，实现了耐热合金与钛合金等特殊材料的高效高质量加工。研制开发了电火花加工专用全浸液精密数控转台，定位精度 5.6″，重复定位精度 2.1″，填补了国内空白。研制出精密电火花加工机床，行程(*X* 轴/*Y* 轴/*Z* 轴)≥500mm/400mm/350mm，各轴定位精度 2.9μm，重复定位精度 2.0μm。研制成功五轴联动电火花成形加工专用数控系统，实现复杂形面的加工运动控制和可靠的工程化应用。研制复杂成形电极检测、预调与快换技术及系统，大大提高了电火花加工的全自动化程度及实用性。在 N850 机床上完成了整体带冠涡轮盘加工，经检测达到并符合技术要求，加工效率比进口机床至少提高 20%，节省电极数量约 30%。N850 机床经两年多生产验证，其优越的性能(包括稳定可靠性、工作精度和操作方便性等)得到用户好评。

经专家委员会鉴定，该项目部分加工指标(如表面粗糙度、钛合金加工效率)达到国际领先水平，整体达到国内领先、国际先进水平。

3. Y4232CNC9 系列数控精密高效剃齿机成套技术开发及产业化应用

荣获二等奖，由重庆机床(集团)有限责任公司完成。

主要创新点如下：通过剃齿机系统优化技术、多轴精密传动技术、径向进给热补偿、刀架精密转角补偿、工作台无级调速等技术攻关，将国产剃齿机提高到一个新的水平，特别是剃齿机加工精度达到国际先进水平。项目形成了国家标准 1 项、行业标准 3 项；获国家发明专利授权 2 项、实用新型 1 项。应用其技术成果的系列产品已被列入国家重点新产品，并可完全替代国外进口。实现了工件自动装夹、工件全自动上下料、刀具精密快换等高效自动化剃齿加工系统，降低了劳动强度，提高了生产可靠性，由原来 1 人 1 机提高到 1 人 7 机的国际先进水平。国际同步、国内率先实现水基切削液完全替代切削油加工，节约冷却润滑成本 80% 左右，并有效解决了切削油环境污染，实现绿色加工和清洁化生产，形成产品销售新亮点。

4. FMS 柔性制造系统研究开发

荣获二等奖，由沈机集团昆明机床股份有限公司完成。

本项目研制了两条大、重型精密柔性制造系统 FMS1000 及 FMS1600。其中，FMS1000 由 5 台精密卧式加工中心(工作台面尺寸 1 000 mm × 1 200 mm、工作台承重 3 000kg)、工件和刀具在线检测系统、25 个工作台、20 套缓冲存储站、1 套高速重载自动物流运输线(速度 80m/min)、4 套装卸站、控制与管理系统以及其他辅助设备组成；FMS1600 由 7 台大型精密卧式加工中心(工作台面尺寸 1 600mm × 1 800mm、工作台承重 8 000kg)、工件和刀具在线检测系统、30 个工作台、24 套缓冲存储站、1 套高速重载自动物流运输线(速度 60m/min)、4 套装卸站、控制与管理控制系统以及其他辅助设备组成。在工件一次装夹后，可完成铣、钻、镗、铰、攻丝和轮廓、空间曲面的粗、精加工，满足大、中型精密箱体类、盘套类、板类等多品种复杂零件的单件或批量生产制造。

FMS1000/FMS1600 柔性制造系统是数字化、自动化、柔性化及系统集成技术的智能制造装备，具有承载大、精度和柔性度高等特点。基于数字化设计分析、精密制造、计算机控制、信息网络、自动化、射频识别等技术集成的，具有现场级双总线网络结构和预留企业级网络接口的 FMS 柔性制造系统，达到了 30 个最大承重 8 000kg 的工作台任意交换重复定位精度 ±0.005mm 的高技术性能指标。该柔性制造系统具有以下功能：加工单元网络化群控及刀具/工件在线自动监控、检测、安全保护功能；作业计划制定、任务分配等可视化的操作及状态监控功能；三种工艺路线并行、五类零件混线加工、三种运行模式选择(手动、半自动、全自动)、单机设备“上线”(或离线)、设备柔性组合等控制功能；根据生产数据报表和实际生产效率，调整作业计划和任务分配的生产信息化管理功能。

产品运行一年多来平均无故障运行时间达到 520h，得到了用户的高度认同和好评，取得了较好的应用效果。

5. 能源行业用全自动高速高精密硅钢片落料生产线关键技术及设备

荣获二等奖，由济南二机床集团有限公司完成。

主要创新点如下：攻克机械手高速运行时的振动难题，提高设备运行的稳定性；突破一模双件堆垛问题，提高近 2 倍的生产效率；解决模拟仿真问题，提高全线生产节拍；研发高精密压力机，提高冲片的质量和延长高精度模具使用寿命；研发了伺服送料快速释放装置，突破板料冲剪拉伤难题；攻克废料拉伸难题，减少设备停机率；解决整线集成难题，大幅度提高整线运行稳定性。

本项目拥有完全自主知识产权，获得实用新型专利 4 项，公示国家发明专利 1 项。该项目的研制成功，使我国成为世界上少数几个能够制造全自动硅钢片落料线的国家之一，使我国具备了与国外优势企业同台竞技的实力，结束了我国能源行业高速高精密硅钢片生产线全部依赖进口的历史。

〔撰稿人：中国机床工具工业协会周敏森〕

机床工具行业“十二五”期间工作要点

（试行）

为落实《机床工具行业“十二五”发展规划》，结合《高档数控机床与基础制造装备科技重大专项“十二五”实施计划》，在行业和用户调研的基础上，制定本工作要点。

一、行业发展现状

进入21世纪以来，我国机床工具行业经历了近十年的连续高速发展，取得了令世人瞩目的巨大成就。2009年，全行业经济规模跃居世界第一位，2010年全行业完成工业产值近5 500亿元，其中金属加工机床产值209亿美元，约占全世界金属加工机床产值的1/3。在经济规模迅猛增长的同时，机床工具行业的产品结构水平持续提升，技术创新能力显著增强，行业企业的综合素质和市场竞争能力不断提高。2010年，全行业完成数控机床产量超过22万台，数控机床的国内市场占有率达到57%，国产中档数控机床批量投放市场，部分高档数控机床开始进入重点行业的核心制造领域并得到初步应用，在少数核心制造领域已经取得重要突破。

在巨大的发展成就面前，也必须十分清醒地认识到，过去近十年的高速发展，更多地依靠了以下几个方面的因素：持续强劲的国内市场需求拉动、企业体制机制变革激发的发展动力和国家产业政策的有力支持。比较而言，技术进步和管理升级所发挥的作用则相对有限。客观上讲，持续旺盛的国内中低端市场需求，也在一定程度上延缓了行业的技术进步。就行业总体来看，仍然没有根本摆脱以规模扩张为主要特征的发展模式，产业规模虽然很大，但产品结构水平偏低，仍然处于全球产业链的低端。我国机床工具行业一方面拥有世界第一的产业规模，另一方面则面临国内中高端市场尤其是高端市场仍然依赖进口的局面，特别是中高档数控系统和主要功能部件对进口的依赖程度更高。因此可以说，现阶段行业的基本特征是“大而不强”，现阶段行业的主要矛盾是国内市场需求结构的加速升级与行业供给能力不相适应的矛盾。

综合分析行业现阶段基本特征、主要矛盾和近期国内市场的显著变化，不难判断，机床工具行业正处于实现重大战略转变的关键转折期。行业必须从“十二五”开始，分阶段实现“由大变强”的战略目标。这既是市场和发展环境变化对行业提出的客观要求，也是行业持续健康发展的现实需要，更是国家战略赋予机床工具行业的历史使命和责任。同时还必须看到，近年来行业企业的发展已经为全行业实施“由大变强”的战略转变奠定了坚实的行业基础。

二、“十二五”期间行业工作指导思想

以科学发展观为指导，转方式，调结构，聚焦国内中高端市场，以创新驱动战略为统领，采取重点突破带动全局的总体策略，发挥重大专项的带动引领作用，实现全行业工作重心的转移。要把全行业的工作重心转移到为国民经济重点行业核心制造领域服务上来，转移到不断提高中高档数控机床的国内市场占有率上来，转移到不断提高中高档数控系统和功能部件的国内市场占有率上来。在上述工作重心转移的过程中，推动行业实现由规模扩张向技术进步的发展模式转变，并逐步形成一批具有国际影响力的世界知名品牌和优势企业，完成行业“由大变强”战略转变的阶段性目标。

三、“十二五”期间行业“由大变强”的标志性目标

根据行业现状和实现行业“由大变强”战略转变的客观要求，机床工具行业在“十二五”期间要努力实现三方面的标志性目标。

1. 在为重点行业核心制造领域提供装备和服务方面取得突破性进展

航空航天、船舶、汽车和发电设备制造是国民经济和国防安全的重点行业，也是机床工具行业最重要的服务领域。以上行业的核心制造领域（如航空发动机、汽车发动机、船用柴油机和核电机组制造等）对所需机床工具装备有着很高的综合性能要求，是典型的高端细分市场。为这些核心制造领域提供装备和服务的能力，代表着机床工具制造业的最高水平，也是机床工具行业战略基础地位的价值体现，是机床制造强国的主要标志。经过多年的发展和积累，机床工具行业已经初步具备全面开发高端细分市场的基础条件。“十二五”期间，机床工具行业要集中全行业力量，在已经取得的服务成果基础上，迅速转向开发中高端细分市场的能力建设。采取切实有效措施，在为上述重点行业核心制造领域提供装备和服务方面力求取得突破性进展（根据04重大专项实施计划，前述重点行业核心制造领域所需的高档数控机床和基础制造装备立足于国内的比例分别为：汽车制造领域40%，航空航天制造领域50%，船舶制造和发电设备制造领域70%）。同时，要密切跟踪战略性新兴产业的发展，并为其提供先进适用的机床工具装备。

2. 中高档数控机床国内市场占有率显著提高，中高档数控系统和功能部件国内市场占有率显著提高

中高档数控机床国内市场占有率、中高档数控系统和功能部件国内市场占有率较低，是现阶段行业主要矛盾的具体表现，实现上述两率显著提高的目标，是机床工具行业产业结构水平和核心竞争力提高的重要标志，是全行业“十二五”期间的主攻方向。根据《机床工具行业“十二五”发展

规划》,2015 年力争使国产数控机床的国内市场占有率达到70%以上(根据《高档数控机床与基础制造装备科技重大专项"十二五"实施计划》,2015 年力争将中高档数控系统的国内市场占用率由 20% 提高到 50%,中高档功能部件的国内市场占用率由 5% 提高到 20%)。

3. 形成一批世界知名品牌和优势企业

拥有一批世界知名品牌和优势企业,是机床制造强国的又一重要标志,也是行业实现"由大变强"转变的必然要求。形成一批世界知名品牌和优势企业,必将带动全行业综合素质和结构水平的整体提升,加速行业"由大变强"转变的进程。经过多年的改革发展和市场历练,行业企业综合素质和市场竞争力普遍提高,行业内已经涌现出一大批具有明显发展潜力的优秀企业,有些企业的经济规模已经跃居世界前列,有些企业已经在某些高端细分市场领域取得重要突破,打造世界知名品牌已经成为行业内众多优秀企业的战略目标和事业追求。"十二五"期间,有志于创建世界知名品牌的优秀企业,要将品牌建设纳入企业发展战略,统一规划,系统实施。要依靠技术和管理创新,发挥自身优势,专注市场目标,为中高端市场提供精良产品和优质服务。恪守信用,真诚服务,赢得市场和用户的信任,精心培育企业独特的品牌优势。

四、"十二五"期间行业的重点任务

围绕"十二五"标志性目标,机床工具行业在"十二五"期间要着力完成以下重点任务。

1. 着力提升中高档数控机床的市场竞争力

产品市场竞争力的强弱决定着市场占有率的高低,而产品市场竞争力是其质量、价格、服务及交货期等多种竞争要素的综合体现。"十二五"期间,行业企业要针对国产中高档数控机床市场竞争力不强的现状,采取综合性措施,尤其要在产品的市场适应性和质量可靠性上下功夫,在产业化环节上下功夫,在制约中高档数控机床市场竞争力的深层次技术上下功夫,切实解决"形似神不似"的问题,不断提高中高档数控机床的产业化水平和可靠性水平,使国产中高档数控机床的综合市场竞争力得到显著提升。

2. 着力提升中高档数控系统和功能部件的配套能力

国产中高档数控系统和功能部件发展滞后,配套能力差,是机床工具行业长期存在的结构性问题,也是制约行业产业结构升级的重要因素。加速提升中高档数控系统和功能部件的配套能力,是行业"十二五"期间面临的紧迫任务。数控系统和功能部件企业要与主机用户紧密合作,全面提升中高档数控系统和功能部件的功能、性能和可靠性水平,着力加强产业化和质量保证能力的建设。面对如此艰巨的任务,还要充分调动各方面的资源和发展积极性,采取两条腿走路的方针,即在积极支持专业化企业加快发展的同时,也鼓励和支持有条件的机床主机企业根据自身需求延伸产业链,积极介入数控系统和功能部件产业的发展,从而加速中高档数控系统和功能部件产业的发展进程。

3. 着力提升面向中高端市场的综合服务能力

综合服务能力建设是国内中高端市场对机床工具行业提出的紧迫要求,是机床工具行业进入发展新阶段所必须实现的自身素质提升,同时也是在国内中高端市场与国外强手竞争的特有优势。从现阶段的情况看,行业内企业不同程度地存在重硬件、轻软件,重销售、轻服务的倾向。缺乏对用户工艺的深入研究,缺乏为用户提供全面解决方案的能力,是行业综合服务能力中最薄弱的环节。"十二五"期间,行业企业要着眼于中高端市场的个性化需求特征,最大限度地发挥本土市场的特有服务优势,在与国外强手的竞争中赢得主动权,加速提升面向中高端市场的综合服务能力,完成由简单的"商品提供者"到"用户工艺师"的角色转变。

五、主要措施

为完成"十二五"目标任务,需要全行业协同意志,集中资源,凝聚人才,攻坚克难,尤其是行业内具备较好基础的重点骨干企业要发挥攻坚主力军作用。针对行业现状和目标任务,制定如下主要措施:

1. 明确企业发展战略

行业企业要准确把握行业发展和市场变化的阶段性特征,正确处理好企业近期目标和长远发展的关系,进一步明确企业发展战略,自觉地把企业目标与国家战略紧密结合起来,主动承担国家责任和行业责任。聚焦国内中高端市场,切实把企业的注意力和工作重心调整到实现行业"十二五"标志性目标的方向上来。

2. 转变企业发展方式

行业企业要适应市场需求结构升级的新特点和发展环境的新变化,加速实现发展方式的根本转变,坚定不移地走以内涵式发展为主的发展道路,走以技术进步驱动为主的发展道路,走持续提升企业自身综合素质的发展道路,不断提高企业面向中高端市场的综合竞争力。

3. 调整产品和市场开发模式

行业企业要针对中高端细分市场的个性化需求特征,调整产品和市场开发模式。要特别重视与用户紧密结合,建立开发应用联盟,深入研究和掌握用户工艺特点,努力成为用户工艺专家,逐步培养为用户提供全面解决方案的能力。

4. 着力解决质量可靠性问题

行业企业要针对中高档产品的质量可靠性问题,正确处理好研发设计和产业化技术的关系,扭转重设计、轻工艺的倾向,加大在产业化环节的资源投入力度,把产业化技术摆在企业技术创新体系的应有位置上。切实加强产业化技术研究,恢复和进一步强化制造工艺基础工作,自觉培育文明制造的制度和文化。依靠扎实的基础工作,循序渐进地稳步提升中高档产品的质量可靠性,实现由"能做"到"做好"的本质跨越。

5. 创新企业管理机制

行业企业要针对需求结构升级加速的市场新特征,在企业内部建立起与之相适应的市场响应机制，积极探索管理机制创新。为此，要彻底改造面向低端市场，适用于低档传统产品的企业内部运行机制，优化资源配置，调整组织结构，重构业务流程，从制度和机制层面提高企业对中高端市场的快速响应能力。

6. 专注目标，形成企业特色

行业企业要克服心浮气躁情绪，坚持有所为有所不为的原则，充分借鉴行业内企业已经创造的成功经验，在理性分析自身优势和发展潜力的基础上，选准重点突破的市场方向，集中资源，专注目标，深耕细作，坚持长期不懈努力，真正做出自身的特色和品牌。

7. 创新体系和人才机制建设

加强以企业为主体的技术创新体系建设，行业企业尤其是重点骨干企业要切实发挥技术创新主体的作用，勇于担负起技术创新主体的责任，除不断提高企业自主创新能力外，还要不断提高整合社会创新资源的能力，要综合运用原始创新、集成创新和引进消化吸收再创新等多种创新途径，充分吸收国内外优秀创新成果。逐步建立具有企业自身特点的人才培养和成长机制，加速技术创新体系和人才队伍建设，为实现行业"由大变强"战略转变提供支撑和保障。

在机床工具行业"由大变强"转变的进程中，中国机床工具工业协会要肩负起行业组织的责任与使命，进一步转变观念，防止用计划经济的思维定势和方法手段指导行业工作的习惯倾向，团结引导行业企业自觉承担国家责任和行业责任，把全行业的注意力引导到实现行业"由大变强"转变的方向上来，把全行业的工作重心转移到实现"十二五"标志性目标上来。为此，协会要进一步发挥好桥梁纽带作用，根据行业需求，搭建平台，推动合作，促进交流，为推动机床工具行业实现"由大变强"的战略转变做好服务工作。

六、政策建议

（1）支持机床工具行业针对重点行业核心制造领域开发一批重大新产品，组织一批产业化技术攻关。

（2）数控机床重大专项应加大对示范应用工程的支持力度，进一步突出重点，完善和深化支持办法。

（3）支持行业重点骨干企业建设以企业为主体的相对完整的技术创新体系。

（4）加大对机床工具行业企业中高档产品产业化环节和两化融合技术改造的支持力度，尤其是对能力相对薄弱的数控系统和功能部件产业。

〔供稿单位：中国机床工具工业协会〕

2011 年中国机床工具行业十大新闻

1. 中央领导视察部分重点机床企业，关注机床行业发展

2011 年是"十二五"规划的开局之年，党和国家对装备制造业高度重视，对机床行业给予了充分的关心和支持。中共中央总书记、国家主席、中央军委主席胡锦涛，中共中央政治局常委、全国政协主席贾庆林等部分国家领导人先后视察了部分重点机床企业。张德江副总理专场视察了第十二届中国国际机床展览会（CIMT2011）。

2.《机床工具行业"十二五"发展规划》于 2011 年 7 月正式发布

受工业和信息化部委托，中国机床工具工业协会承担并完成了《机床工具行业"十二五"发展规划》的编制工作，2011 年 7 月由工业和信息化部批准并对外发布。为贯彻落实《机床工具行业"十二五"发展规划》，在深入调研、广泛征求意见、召开专家论证会的基础上，又经中国机床工具工业协会六届五次常务理事（扩大）会议讨论通过后，正式推出《机床工具行业"十二五"期间工作要点（试行）》，以引导行业朝着三个标志性目标和实现"由大变强"的战略转变而努力。

3. 第十二届中国国际机床展览会（CIMT2011）成功举办

2011 年 4 月 11～16 日，第十二届中国国际机床展览会（CIMT2011）在北京举办，来自全球 28 个国家和地区的 1 400多家厂商参展，展出面积达 12 万 m^2。本届展会的规模与水平均创历届 CIMT 展会和全国同类展会之最。此外，首次由工业和信息化部主办的科技重大专项成果展示、"以科技创新迎接后危机时代"高层国际论坛、重点用户领域交流座谈会等丰富多彩的配套活动，均取得了良好效果。

4. "海峡两岸经济合作框架协议（ECFA）"于 2011 年 1 月正式实施

2011 年 1 月，由海峡两岸关系协会与海峡交流基金会签署的"海峡两岸经济合作框架协议（ECFA）"正式实施。协议中，列入大陆对中国台湾实施"早期收获产品清单"的机床工具类产品约 37 种（税号），列入中国台湾对大陆实施"早期收获产品清单"的机床工具类产品有 7 种（税号）。

5. 济南二机床集团有限公司进入国际汽车主流市场

在 2011 年的国际竞标中，济南二机床集团有限公司一举囊括福特汽车公司美国本部两家工厂 5 条大型快速送料

冲压生产线、2台落料压力机的订单。这是中国机床企业在与德国等世界一流企业竞标中赢得的当今国际最高水平的成套成线冲压装备订单，也是福特汽车公司近20年来首次采购非德国生产的成套冲压装备。

6. 2011年中国机床生产、消费仍保持世界第一

中国机床工具工业协会2011年1～12月的统计数据表明：机床工具行业累计完成工业总产值6 606.5亿元，同比增长32.1%。机床工具产品进口保持较快增长，进口额202.9亿美元，同比增长29.3%，其中，金属切削机床进口额增长40.0%，金属成形机床进口额增长42.7%。我国机床销售产值占国际机床销售产值的30.31%，金属加工机床消费达到390.9亿美元，占国际机床总消费量的45.51%，仍保持了机床生产、消费世界第一的位置。

7. 机床行业企业资产重组工作又有新进展

多年来，伴随着市场竞争的加剧，机床行业资产重组的步伐也在逐步加快。2011年，又有多家机床企业在资产重组方面取得进展。例如，中国兵器工业公司与武汉重型机床集团有限公司完成战略重组，东力控股集团有限公司收购杭州机床集团。此外，另有一些企业的资产重组工作正在洽谈当中。

8. 一批“高档数控机床与基础制造装备”科技重大专项(04专项)项目通过验收

“高档数控机床与基础制造装备”科技重大专项(04专项)自2009年开始实施，2011年进入首批项目验收阶段，共有59项涉及机床工具行业的项目或任务通过验收，取得了阶段性成果。

9. 机床行业企业再次荣获第二届中国工业大奖表彰奖

2011年4月28日，第二届中国工业大奖表彰大会在人民大会堂隆重举行。大连机床集团荣获第二届中国工业大奖表彰奖。作为我国工业领域的最高奖项，中国工业大奖是经国务院批准，由中国工业经济联合会牵头，组织10家全国性工业行业联合会(协会)和省区市工业经济联合会共同组织实施，每三年评选、表彰一次。

10. 机床行业两个项目获2011年度中国机械工业科学技术奖一等奖

由北京市电加工研究所、哈尔滨工业大学等9家单位合作完成的“五轴联动精密电火花加工技术及装备”，以及由武汉重型机床集团有限公司、华中科技大学、镇江中船瓦锡兰螺旋桨有限公司合作完成的“螺旋桨用重型七轴五联动车铣复合机床”，获得2011年度中国机械工业科学技术奖一等奖。

〔供稿单位：中国机床工具工业协会〕

分析机床工具行业现状，对机床行业如何加快结构调整、转变发展方式、开创新局面提出指导意见

专文

创新装备制造业发展模式 着力推动产业结构调整

——在2011年军工行业与能源装备领域国产数控机床应用座谈会上的讲话(节选)

工业和信息化部副部长　苏　波

装备制造业是为国民经济发展提供技术装备的基础性产业,是各行业产业升级、技术进步的重要保障,是国家综合实力的体现。“十一五”期间,我国装备制造业取得了令人瞩目的成就。门类齐全的装备制造产业体系基本建立,产业规模跃居世界前列,技术创新能力上了一个新台阶,信息化与工业化稳步融合,国际竞争力明显提高,我国已成为名副其实的装备制造大国。

“十二五”是我国工业发展的重要战略机遇期,也是加快转变经济发展方式的攻坚时期。在国际金融危机冲击和影响下,我国工业发展中积累的深层次矛盾更为凸显,传统发展模式难以为继,必须以转型升级促进又好又快发展。按照国家统一部署,工业和信息化部编制了“十二五”工业转型升级规划,强调工业发展要坚持以科学发展为主题,以加快转变工业发展方式为主线,加快工业转型升级。工业转型升级的内涵就是以质量和效益为中心,推动由低附加值产品向高附加值产品转变,由主要依赖传统生产要素扩张向更多依靠科技进步、劳动者素质提高和管理创新转变,由外延式粗放发展向内涵式集约发展转变,促进形成结构优化、布局合理、技术先进、清洁安全、产业链完善、吸纳就业能力强的现代产业体系。这对装备制造业发展提出了新要求。

第一,要加快产业结构优化升级,着力提升发展质量和效益。在保持行业平稳较快发展的同时,推动行业发展模式从数量扩张型向质量效益型转变。加强企业技术改造,提高先进产能比重,培育壮大高端装备制造及节能设备与新能源汽车等战略性新兴产业,加快发展制造性服务业,推动建设现代产业体系。以提高产品附加值为突破口,优化产品结构,引导企业经营模式从简单的批量生产向多品种、个性化生产方式转变,从生产主导型向消费主导型的订制生产方式转变。

第二,要高度重视人才培养,切实提高自主创新能力。要增强人才培养的前瞻性和计划性,加大资金投入和政策支持,培养一批学术领军人才。高度重视技术进步,支持企业增强技术创新能力,不断完善以市场为导向、以企业为主体、以产业化为主攻方向的技术创新体系,突破关键核心及共性技术,积极推动首台(套)产品的应用推广。

第三,推进信息化与工业化融合,着力提高管理水平和产品质量。充分发挥信息化在装备制造业转型升级中的牵引作用,推动信息技术在研发设计、生产过程、营销管理、物流配送、节能减排、安全生产、跨区域协同等领域的深度应用,加快精益生产、敏捷制造、虚拟制造等在装备制造企业的普及推广,推动制造模式向智能化、自动化转变。

第四,提升质量和服务意识,提高品牌创新能力。以开发品种、提升质量、创建品牌、改善服务、提高效益为重点,大力实施质量和品牌振兴战略,确保产品质量安全,引领和创造市场需求,不断提高产品竞争力。加强工艺研究和应用试验,着重提升试验检测条件,注重单元技术的完善和应用,实现集成创新,培育向用户提供解决方案的能力。

第五,加强协同合作,促进军民融合式发展。装备制造业与军工行业关系非常密切,是军工行业技术进步和产业升级的重要保障,要把民用产品先进成熟的技术应用到军工行业。装备制造企业要充分抓住军民融合式发展机遇,与军工企业共同努力,积极开发满足高端制造业需求的装备产品,促进我国装备制造业实现跨越发展。

实施战略转变 为推动行业由大变强而努力奋斗

——在中国机床工具工业协会第六届五次常务理事会上的主题报告

中国机床工具工业协会常务副理事长　吴柏林

2011年正值“十二五”开局之年。我代表常设机构围绕行业“十二五”的发展,讲三个方面的问题:一是“十一五”期间行业发展回顾;二是“十二五”期间行业的目标与任务;三是落实“十二五”发展的主要措施。

一、“十一五”期间行业发展的回顾

（一）主要成就

1. 全行业持续高速发展，数控机床产业初具规模

“十一五”期间，我国机床工具行业延续了“十五”期间高速发展的态势，取得了令世人瞩目的巨大成就。

2010年完成工业总产值5 536.8亿元，比2005年增长339.56%，年均增长率为34.46%；利润总额310.5亿元，比2005年增长355.95%，年均增长率为35.45%；出口额70.3亿美元，比2005年增长134.72%，年均增长率为18.61%。

2010年数控金属切削机床产量223 897台，比2005年增长375.42%，年均增长率为39.20%。数控机床以实物量计，国内市场占有率达到57%。

2011年，机床工具行业经济呈现高位运行、高开低走、增速放缓的走势，但机床工具行业产销仍继续维持在较高增长水平，其中金属加工机床产量突破100万台，我国仍是全球最大的机床生产国和消费国。

2011年，机床工具行业完成工业总产值6 606.5亿元，同比增长32.1%。金属切削机床产量86万台，同比增长15.1%。其中数控金属切削机床产量25.7万台，同比增长20.6%；金属成形机床产量23.9万台，同比增长0.9%，其中数控金属成形机床产量1.5万台，同比增长13.0%。数控机床增速相对更高，表明需求结构的升级。

2011年，机床工具行业实现利润445.8亿元，同比增长28.0%；产值利润率为6.7%，比2010年降低0.3个百分点。

2. 企业自主创新取得明显成效

“十一五”期间，行业企业通过技术创新，不断推出市场适销的新产品，部分高档数控机床在重点行业的核心制造领域得到初步应用。高档数控机床与基础制造装备科技重大专项（以下简称04重大专项）的实施，有力地推动了行业的科技创新工作。“十一五”期间，重大专项总经费90.9亿元，其中国家拨付21.9亿元，企业和地方政府配套资金69亿元。2009～2010年，04专项共启动17个项目共268项课题的研究工作。当前已产生一批高水平的科技创新成果。

机床工具行业的技术创新能力显著增强，产品结构水平持续提升，行业企业的综合素质和市场竞争能力不断提高。国产中档数控机床批量投放市场，高档数控机床在某些核心制造领域的应用已经取得重要突破。

例如，济南二机床集团有限公司为汽车工业研发的64 000kN大型快速高效数控全自动冲压生产线；北京第一机床厂为核电工业研发的龙门宽度10.5m数控五轴联动车铣复合加工机床；武汉重型机床集团有限公司为核电设备行业研发的回转直径5m、承重500t的超重型卧式镗车床；上海机床厂有限公司为冶金设备行业研制的MKA84250/15000H型超重型数控轧辊磨床；沈阳机床（集团）有限责任公司为船舶和发电设备等行业研制开发的HTM125系列车铣复合加工中心等，是一批具有国际领先水平的科技创新产品，在用户行业得到了很好的应用。

3. 行业国际地位显著提高

“十一五”末，在机床工具行业总体规模及国内市场容量上，我国已稳居机床生产、消费世界第一。2009年、2010年行业经济规模居世界第一位；2010年金属加工机床产值209亿美元，约占全世界的1/3；2002年起，我国已经连续9年成为世界最大的机床消费市场；2010年机床消费金额为283亿美元，约占世界机床消费总额的45%。

（二）主要问题

发展成就是巨大的，但制约行业发展的问题依然存在。归纳起来，主要有以下两个方面。

1. 技术进步相对滞后

前十年，行业快速发展的主要拉动因素是持续强劲的国内市场需求、企业体制机制改革激发的发展动力和国家产业政策的有力支持。比较而言，技术进步和管理升级发挥的作用则相对有限。深层次技术和产业化技术不过关，高水平创新成果产业化推广应用的占比不大。

2010年，机床进口总额为92.4亿美元，约占全国机床消费总额的1/3，进口机床基本上都是中高档产品。2011年机床进口额132.4亿美元，同比增长40.6%。核心制造领域的关键设备仍主要依赖进口，中高档数控系统和主要功能部件对进口的依赖程度更高。

2. 发展方式偏重于规模扩张

由于市场需求的强劲和考核上的规模导向，行业企业在“十一五”期间普遍扩大了产能。倾注产品大型、重型化，品种多样化，规格齐全化的现象在行业企业中十分普遍。有些生产小型通用机床的企业也纷纷上马大型落地镗铣床、龙门加工中心等大型、重型机床。在规模扩张中，企业的生产条件和制造工艺的确有不同程度的改善，但产品技术升级并不显著。产品结构的雷同化、低档大型和重型机床产能过剩等问题相当严重。

因此，就总体来看，行业仍然没有根本摆脱以规模扩张为主要特征的发展模式。我国产业规模虽然很大，但产品结构水平偏低，仍然处于全球产业链的低端。

（三）当前行业的基本特征与主要矛盾

由前面的分析可见，现阶段行业的基本特征是大而不强，主要矛盾是国内市场需求结构的加速升级与行业供给能力不相适应的矛盾。

大而不强是行业发展的一个必经阶段，同时也是和我国工业整体发展水平密切相关的。汽车、船舶、发电设备等用户行业当前也处于大而不强的状态，并且也提出了由大变强的目标。因此，“大”是伟大的历史成就，“强”是行业未来追求的目标。

早在2007年前后，中央就已开始实施调整产业结构、转变发展方式的政策，但由于国际金融危机的爆发，这一进程被迫延缓。经过金融危机的洗礼，全国上下对加快这一政策实施的必要性和必然性都有了更深刻的认识。全社会科技创新和节能环保意识空前提高，各产业的需求都在升级，产品升级换代，质量标准提升，必然引发对制造装备升级的

需求。

世界经济“二次探底”成为热议问题。如再次出现危机,各国政府不会也无力再次大规模救市。而我国经济增长依赖出口和投资拉动的状况尚未根本改变,但当前这两方面的增长动力已经明显减弱。可以预计,今后一段时间内,我国宏观经济增长将会减缓,随之对机床工具产品的需求增长也将趋缓。

在增长速度回落和全社会调结构、转方式双重因素的作用下,当前市场需求结构正在加速升级。这一趋势将使原本中高端市场需求不能满足、中低端市场产能过剩的产业结构性矛盾愈加突出。

(四)行业正处于关键转折期,由大变强是必然选择

综合分析行业现阶段基本特征、主要矛盾和近期国内市场的显著变化,不难判断,机床工具行业正处于实现重大战略转变的关键转折期。

首先,从国家发展战略来看,中高端机床工具市场被国外产品垄断是对我国国防和经济安全的威胁。一些工业先进国家在尖端产品上一直对我国禁运和封锁。有的高端产品即使卖给我国,不仅价格奇贵,还要进行定位跟踪。因此,国家一直高度重视装备制造业,把高端装备制造列为战略性新兴产业之一,设立高档数控机床与基础制造装备重大专项。改变中高档机床工具市场被国外垄断的现状,是行业义不容辞的责任。

其次,战略转变已经是行业生存和发展的必然选择。随着宏观经济的减速和需求结构的快速升级,市场已经不再支撑过去那种简单扩大产能的发展模式,中低端产品产能严重过剩,中高端产品产能不足的现状必须改变。不进行战略转变,行业的生存和发展都将成为问题。

另外,近年来行业企业的发展已经为全行业实施由大变强的战略奠定了坚实的技术和物质基础。这次调研中了解到,行业内若干企业也都不约而同地提出争当世界机床强企的目标。可以说,由大变强已经成为行业的共同愿望和必然选择。

二、“十二五”期间行业的目标与任务

(一)“十二五”规划与“工作要点”的产生背景

2009~2010年,受工业和信息化部委托,中国机床工具工业协会进行了《机床工具行业“十二五”发展规划》的编制。其间协会组织各分会和众多企业一同进行行业调研和资料收集,研究国际先进技术现状与发展趋势,组织了多次领导和专家研讨论证会。规划成稿后,经过两次协会常务理事会、两次通讯理事会征求意见,反复修改,数易其稿。2011年7月规划通过了工业和信息化部的审查,正式发布。

行业“十二五”规划发布后,根据工业和信息化部领导和行业企业的要求,为进一步突出重点和可操作性,更好地与重大专项工作相结合,经反复研究,协会提出了“‘十二五’期间行业重点工作提纲”。在此基础上,2011年7月下旬到8月上旬,协会组织较大规模的行业调研活动,共走访49家行业企业和5家重点用户企业,重点了解企业“十二五”的发展思路、开发中高档数控机床的进展和重大专项执行情况等。调研中,与企业就“重点工作提纲”进行了专题讨论。在吸收调研成果基础上,协会已将“重点工作提纲”修改完善为《机床工具行业“十二五”期间工作要点》(讨论稿)。在2011年9月8日、9日两天,协会又分别召开了国家七部委相关部门负责人和机械工业老领导参加的研讨会,听取意见。再次完善后,形成了本次会议印发的《机床工具行业“十二五”期间工作要点(试行)》。

协会希望这个“工作要点”在行业共识基础上,明确行业“十二五”期间的奋斗方向和行动纲领。

(二)“十二五”期间行业工作的指导思想

以科学发展观为指导,转方式、调结构,聚焦国内中高端市场;以创新驱动战略为统领,采取重点突破带动全局的总体策略;发挥重大专项的带动引领作用,实现全行业工作重心的转移。要把全行业的工作重心转移到为国民经济重点行业核心制造领域服务上来,转移到不断提高中高档数控机床的国内市场占有率上来,转移到不断提高中高档数控系统和功能部件的国内市场占有率上来。在上述工作重心转移的过程中,推动行业实现由规模扩张向依靠技术进步的发展模式转变,逐步形成一批具有国际影响力的世界知名品牌和优势企业,实现行业由大变强战略的阶段性目标。

(三)“十二五”期间行业由大变强的三大标志性目标

根据行业现状和实现行业由大变强战略的客观要求,机床工具行业在“十二五”期间要努力实现三大标志性目标。

1. 在为重点行业核心制造领域提供装备和服务方面取得突破性进展

航空航天、船舶、汽车和发电设备制造业是国民经济和国防安全的重点行业,也是机床工具行业最重要的服务领域。以上行业的核心制造领域(如航空发动机、汽车发动机、船用柴油机和核电机组制造等)对所需机床工具装备有着很高的综合性能要求,是典型的高端细分市场。为这些核心制造领域提供装备的水平和服务的能力,代表着机床工具制造业的最高水平,也是机床工具行业战略基础地位的价值体现,是机床制造强国的主要标志。经过多年的发展和积累,行业已经初步具备全面开发高端细分市场的基础条件。“十二五”期间,机床工具行业要集中全行业力量,在已经取得的服务成果基础上,迅速转向中高端细分市场开发能力的建设。采取切实有效措施,在为上述重点行业核心制造领域提供装备和服务方面力求取得突破性进展(根据“04重大专项”实施计划,前述重点行业核心制造领域所需的高档数控机床和基础制造装备立足于国内的比例分别为:汽车制造领域40%,航空航天制造领域为50%,船舶制造和发电设备制造领域为70%)。

同时,要密切跟踪战略性新兴产业的发展,并为其提供先进适用的机床工具装备。

2. 中高档数控机床国内市场占有率显著提高,中高档数控系统和功能部件国内市场占有率显著提高

中高档数控机床国内市场占有率、中高档数控系统和功能部件国内市场占有率较低,是现阶段行业高端制造能力薄弱的具体表现。实现上述两率显著提高的目标,是机床工具行业产业结构水平和核心竞争力提高的重要标志,是全行业"十二五"期间的主攻方向。根据《机床工具行业"十二五"发展规划》,2015 年力争使国产数控机床以实物量计国内市场占有率达到70%以上(根据《高档数控机床与基础制造装备科技重大专项"十二五"实施计划》,2015 年力争以实物量计将中高档数控系统的国内市场占用率由20%提高到50%,中高档功能部件的国内市场占用率由5%提高到20%)。

3. 形成若干世界知名品牌和优势企业

拥有若干世界知名品牌和优势企业,是机床制造强国的又一重要标志,也是行业实现由大变强战略的必然条件。构建若干世界知名品牌和优势企业,必将带动全行业综合素质和结构水平的整体提升,加速行业由大变强的进程。经过多年的改革发展和市场历练,行业企业综合素质和市场竞争力普遍提高,行业内已经涌现出一批具有明显发展潜力的优秀企业。有些企业的经济规模已经跃居世界前列,有些企业已经在专精特上取得重要突破,打造世界知名品牌已经成为行业内众多优秀企业的战略目标和事业追求。"十二五"期间,有志于创建世界知名品牌的优秀企业,要将品牌建设纳入企业发展战略,统一规划,系统实施。要依靠技术和管理创新,发挥自身优势,专注市场目标,为中高端市场提供精良产品和优质服务。恪守信用,真诚服务,赢得市场和用户的信任,精心培育企业独特的优势品牌,并逐步发展为世界优势企业。

(四)"十二五"期间行业的重点任务

为实现"十二五"期间的三个标志性目标,机床工具行业在"十二五"期间要着力完成以下重点任务,提高以下三项能力。

1. 着力提升中高档数控机床的市场竞争力

产品市场竞争力的强弱决定着市场占有率的高低。在决定产品市场竞争力的质量、价格、服务及交货期四要素中,当前的主要问题是质量。质量问题的要害是深层次技术和产业化技术不过关。行业企业要采取综合性措施,在产品的市场适应性和质量可靠性上下功夫;在产业化环节上下功夫;在制约中高档数控机床市场竞争力的深层次技术上下功夫。切实解决"形似神不似"的问题,使国产中高档数控机床的综合市场竞争力得到显著提升。

2. 着力提升中高档数控系统和功能部件的配套能力

国产数控系统和功能部件产品档次偏低,产业化程度不高,在中高档数控机床市场竞争力低,是制约行业产品结构升级的重要因素。加速提升中高档数控系统和功能部件的配套能力,是行业"十二五"期间面临的紧迫任务。要充分调动各方面的资源和发展积极性,采取两条腿走路的方针。在积极支持专业化企业加快发展的同时,也鼓励和支持有条件的机床主机企业根据自身需求延伸产业链,积极介入数控系统和功能部件产业的发展,从而加速中高档数控系统和功能部件产业的发展进程。专业化企业应与主机厂密切结合,构建开发与应用的产业联盟和利益共同体。

3. 着力提升面向中高端市场的综合服务能力

从现阶段的情况看,行业企业不同程度地存在重硬件、轻软件,重销售、轻服务的倾向。缺乏对用户工艺的深入研究,缺乏为用户提供全面解决方案的能力,是行业综合服务能力的最薄弱环节。要占领中高端市场就必须针对用户个性化需求,当好用户的工艺师,提供综合服务。希望行业内一批技术实力雄厚的企业在综合服务能力方面率先有所突破。

三、落实行业"十二五"发展的主要措施

思路明确之后,关键是政府、行业企业和协会采取协同行动,加以贯彻落实。企业是构成行业的主体,同样也是贯彻落实"十二五"发展的主体。

(一)向行业企业提出的行动倡议

1. 明确企业发展战略

行业企业要准确把握行业发展和市场变化的阶段性特征,正确处理好企业近期目标和长远发展的关系,进一步明确企业发展战略。自觉地把企业目标与国家战略目标紧密结合起来,聚焦国内中高端市场,切实把企业的注意力和工作重心调整到实现行业"十二五"标志性目标的方向上来。

2. 转变企业发展方式

行业企业要适应市场需求结构升级的新特点和发展环境的新变化,加速实现发展方式的根本转变。坚定不移地走以内涵式为主的发展道路,走以技术进步驱动为主的发展道路,走持续提升企业自身综合素质的发展道路,不断提高企业面向中高端市场的综合竞争力。

3. 调整产品和市场开发模式

行业企业要针对中高端细分市场的个性化需求特征,调整产品和市场开发模式。要特别重视与用户紧密结合,建立开发应用联盟。深入研究和掌握用户工艺特点,努力成为用户工艺专家,逐步培养为用户提供全面解决方案的能力。

4. 着力解决质量可靠性问题

行业企业要针对中高档产品的质量可靠性问题,正确处理好研发设计和产业化技术的关系。扭转重设计、轻工艺,重样机制造、轻产业化研究的倾向。加大对产业化环节的资源投入力度,把产业化技术摆在企业技术创新体系的应有位置。切实加强产业化技术研究,健全和强化制造工艺基础工作,自觉培育文明制造的制度和文化。依靠扎实的基础工作,循序渐进地稳步提升中高档产品的质量可靠性,实现由"能做"到"做好"的本质性跨越。

5. 创新企业管理机制

行业企业要针对需求结构升级加速的市场新特征,积极探索管理机制创新,在企业内部建立与之相适应的市场

响应机制。为此，要彻底改变只适应低档传统产品市场的企业内部运行机制。优化资源配置，调整组织结构，重构业务流程，从制度和机制层面提高企业对中高端市场的快速响应能力。

6. 专注目标，形成企业特色

行业企业要克服心浮气躁情绪，坚持有所为、有所不为的原则。充分借鉴行业内企业已经积累的成功经验，在理性分析自身优势和发展潜力的基础上，选准重点突破的市场定位。集中资源、专注目标、深耕细作，坚持长期不懈努力，真正创出具有自身特色的产品和品牌。大多数企业应放弃大而全、小而全的体制，选择专精特的发展路径。

7. 加强创新体系和人才机制建设

行业企业尤其是重点骨干企业要切实发挥技术创新主体的作用，勇于承担技术创新主体的责任。除不断提高企业自主创新能力外，还要不断提高整合社会创新资源的能力，加速技术创新体系。要综合运用原始创新、集成创新和引进消化吸收再创新等多种创新途径，充分吸收国内外优秀创新成果。

要借鉴本行业和其他行业国际合作的成功经验，通过投资兼并、购买技术、引进人才、联合设计、合作生产等多种形式，加强国际合作，加快提升企业的技术水平和产品质量。在这次调研中，了解到多个企业在技术创新方面已经取得很好的经验。

逐步建立具有企业自身特点的人才培养和成长机制，加速人才队伍建设，为实现行业由大变强战略提供人才支撑和保障。

（二）在推动行业由大变强中充分发挥协会作用

协会作为行业组织，根本的宗旨是服务，推动行业发展。在“十二五”期间，协会将努力实现自身工作重心的转移，以三大重点任务为着力点，充分调动行业内外各种资源，在实现行业三项标志性目标过程中发挥应有的作用。

1. 积极组织供需交流活动，推进三大能力建设

“工作要点”中提出的三项重点任务，指的就是行业的三大能力建设。核心的问题是解决深层次技术问题和产业化技术问题，当好用户工艺师。协会将借助多年来与各重点服务领域主要用户企业的广泛联系，积极组织重点用户与行业企业的交流活动，为企业解决这些核心问题提供帮助。除航空航天、船舶、汽车、发电设备四大领域之外，协会还特别重视组织机床内部企业之间的供需交流与对接活动，如讲座、研讨班、交流会等，使企业深入了解用户的个性需求和产品的工艺特点，促成供需对接、共同研发。对形成的一些重大合作项目，协会将进行持续的跟踪和服务。

协会还将组织主机与数控系统、功能部件企业之间的技术交流和项目合作，推动中高档数控系统、功能部件的研发和推广应用。

除组织行业企业和重点领域用户的技术交流外，协会还将在行业企业推出重大新产品时，协助企业组织目标用户参加新闻发布会或产品推介会。

在其他能为企业服务的方面，协会也将积极探索和努力。

2. 组织行业专家研究解决由大变强过程中的热点问题

行业由大变强过程中，企业将面临许多共性的技术和管理问题。针对这些问题，协会将组织行业内外技术和管理专家进行深入的研究，及时为企业提供解决方案，为政府提供制定或调整相应产业政策的建议。

在2012年的重大专项中，协会承接了“数控机床产业升级与发展趋势研究”软课题，其中包含6个子课题。为加强分会建设，提升分会在行业发展中的作用，近期协会将向有关分会下达任务，共同组织专家进行课题研究。04专项给予的课题经费，协会将优先用于保障分会所承担课题任务的需求。

3. 调整工作重心，全力为行业由大变强服务

为推动行业由大变强的战略的实施，协会将进行自身工作重心的调整。各个部门都要围绕为行业由大变强服务的这个中心，开展工作创新。

（1）信息统计工作要重点转向反映行业实现三大目标、三大任务和相关措施的进展情况，进一步提高对行业运营情况的分析水平，注重从宏观经济角度对行业运营情况和发展趋势进行分析判断，提出更具决策参考价值的意见建议。

（2）提高媒体宣传工作水平。以协会网、报、刊三个媒体为阵地，充分调动社会传媒资源，为行业由大变强创造有利的社会舆论环境。

（3）围绕行业标志性目标和重点任务，加强国际交流和相关国际信息与技术资料的收集整理，向政府、行业和企业提供更充分的参考材料。

（4）按有利于引导行业实现三大标志性目标的原则，修改行业的十佳企业评选和中国数控机床展的春燕奖评选的标准。

（5）加强分会建设。组织分会开展调研、市场开拓、技术交流等活动，进一步发挥分会在行业中的作用，以及在由大变强中的专业优势。

4. 充分发挥重大专项的导向作用，提升行业创新能力

积极做好工业和信息化部装备工业司交给协会的各项重大专项工作，推动其顺利实施。在实现行业“十二五”目标中充分发挥重大专项的导向作用。

（三）对政府主管部门的建议

机床工具行业历来得到各级政府的高度重视和关怀。在“十二五”期间，希望政府相关部门间加强协调沟通，加强对行业的指导；对“十二五”主攻目标形成统一认识，突出三个标志性目标这个重中之重；集中精力和资源，协调行动，提高政策和资源效力。

回顾“十一五”，既不能妄自菲薄，也不能妄自尊大，成就空前，但离机床强国相差还远。面向“十二五”，行业站在新的历史起点上，由大变强的共同目标和历史使命激励全行业携起手来，共同努力，继续奋勇前进。

关于推动我国机床工具产业由大变强的几点思考

一、对行业发展现状特征的认识

过去十年，机床工具行业的发展成就举世瞩目，行业变化是全面而深刻的。但是也必须清醒地认识到，过去的发展主要是依靠以下几个方面的增长因素（或称发展优势），即持续强劲的国内市场需求拉动、企业体制机制改革释放和激发的发展动力和创造活力、相对廉价的劳动力成本和国家产业政策的有力支持。比较而言，技术进步和管理升级发挥的作用相对有限。客观地讲，持续旺盛的国内中低端市场需求，也在某种意义上延缓了行业的技术进步进程。由此得出的结论是，行业总体仍然没有根本摆脱以规模扩张为主要特征的发展模式。而这种发展模式是不可持续的。当习惯依赖的主要发展优势弱化时，发展就会陷入停滞。所以，在新的形势下必须做出改变。

二、对行业现阶段主要矛盾的认识

中国机床工具工业协会第六届五次常务理事（扩大）会议上吴柏林常务副理事长在题为“实施战略转变，为推动行业由大变强而努力奋斗”的工作报告（以下简称“工作报告”）中指出：“现阶段行业的主要矛盾是国内市场需求结构的加速升级与行业供给能力不相适应的矛盾。”这一判断抓住了问题的本质。

过去十年，机床工具行业最突出的表现为两个方面。一方面，规模持续迅猛扩大，产销两旺，全线飘红，行业整体规模在2009年全球金融危机背景下一举跃升至世界第一。另一方面，中高档机床工具产品进口规模和增长速度始终保持高位，贸易逆差高企，近两年进口额的增长速度基本保持在行业产值增长速度的两倍左右。以上表现反映的是行业供给能力问题，确切地是供给能力结构的问题。也就是说，通用型的低档产品供给能力过剩，而中高档，尤其是面向高端细分市场的产品供给能力则严重不足（这里所说的能力，当然不是简单指制造能力，而是指综合市场竞争能力）。行业的供给能力结构已经不能适应国内市场需求结构加速升级的要求，在近期国内市场需求发生变化的情况下，这一矛盾更加突出。因此，必须下决心通过发展战略转变和工作重心转移改变这种被动局面。

三、对发展环境变化及变化趋势的认识

从当前情况看，过去依赖的主要增长因素都不同程度地发生了变化，并且还将继续发生变化。在市场变化方面，即使在市场持续旺盛的时候，清醒的业内人士也意识到，这种情况不可能总是持续下去。自2010年国内大、重型机床市场热度降温之后，2011年二季度以来，国内机床工具市场明显整体回落。从行业统计数据看，尽管由于惯性原因，行业整体产出规模和增长速度仍然处于高位，但已表现出明显的下滑趋势。最突出的表现有两个方面：一是产成品库存上升幅度较大（2011年8月末，全行业产成品库存增长21%，其中金属切削机床增长24%，金属成形机床增加34%）。二是企业新增订单显著下降（2011年8月份同比下降51%，环比下降35%）。特别值得注意的是，在国内市场需求下降的同时，企业还要面对国外竞争对手新的市场策略的挑战。在刚刚结束的EMO展会上，德国的DMG和日本的Mori Seiki联合高调展出了其精心准备的ECOLINE系列产品，其突出特点就是高性能和低价格，不难看出其战略意图十分明显，即主要针对中国市场和中国的竞争对手，对此必须给予高度关注。至于其他方面的因素变化这里就不做具体分析，行业企业都应该有切身的感受。因此，无论从当前情况还是未来的发展趋势来看，企业过去依赖的主要发展优势都将逐步弱化和消失，这种情况将逼迫企业必须下决心做出战略调整。从这个意义上讲，当前的发展环境变化，也为机床工具行业提供了实施重大战略转变的合适切入点，对于行业的长期持续健康发展具有积极的意义。

综上所述，工作报告和工作要点（机床工具行业“十二五”期间工作要点）都指出：“机床工具行业正处于实现重大战略转变的关键转折期”，实施战略转变和工作重心转移，推动行业由大变强是“市场和发展环境变化对行业提出的客观要求，也是行业持续健康发展的现实需要，更是国家战略赋予机床工具行业的历史使命和责任”。同时，还必须看到，近年来行业企业的发展进步已经为全行业实施由大变强的战略转变奠定了坚实的基础。

四、关于“三个标志性目标”

工作报告和工作要点都强调指出，要“采取重点突破，带动全局的总体策略”，就是要专注主要目标，集中行业资源，解决主要矛盾。这是工作报告和工作要点提出的最鲜明，也是最重要的工作指导原则。

三个标志性目标是工作报告和工作要点的核心内容，它抓住了行业的主要矛盾和突出问题，而且表述简洁鲜明，工作报告中的行业“十二五”期间的主要任务和措施建议都是围绕这“三个标志性目标”提出来的。

第一个目标，在为重点行业核心制造领域提供装备和服务方面取得突破性进展。航空航天、船舶、汽车和发电设备制造业是国民经济和国防安全的重点行业，也是机床工具行业最重要的服务领域。这些行业的核心制造领域对所需机床装备有着很高的综合性能要求，是典型的高端细分市场。为这些领域提供装备的水平和服务的能力，代表着机床工具制造业的最高水平，是机床工具行业战略基础地位的价值体现。

这一最具标志意义的目标，当前差距最大，也是难度最大的目标。这个目标如不能突破，就谈不上机床工具行业的战略基础地位，谈不上行业的由大变强。从行业在四大重点行业核心制造领域的表现情况看，船舶制造和能源装备制造这两个领域，相对讲有了比较好的基础，而在航空航天和汽车的核心制造领域，行业的基础则相当薄弱。在这些服务领域中，现阶段突出的问题是缺乏对用户工艺的深入研究。因而，对用户的装备需求特点缺乏深刻的理解和准确的把握，不能为用户提供全面解决方案，这是主要症结所在。要在上述核心制造领域取得突破性进展，就必须从根本上突破这个症结。

第二个目标，是关于两个国内市场占用率的目标。即中高档数控机床国内市场占有率显著提高，中高档数控系统和功能部件国内市场占有率显著提高。这也是一个极具标志性意义的目标，是全行业"十二五"期间的主攻方向。需要指出的是，根据行业统计数据，2010 年国产数控机床的国内市场占有率已经达到57%，预计 2012 年占比还会提高，有可能达到或超过60%，似乎占比已经不低。但是这个占有率是以实物量统计的，大部分是低档数控机床，其中中高端占比很低。至于国产中高档数控系统和功能部件的国内市场占有率则更低了，市场基本是被国外厂商垄断。这些目标不突破，行业的由大变强也无从谈起。

第三个目标，构建一批世界知名品牌和优势企业。这个目标是机床制造强国的重要标志和必然要求。其对行业的重要意义不仅在于若干个世界知名品牌和优势企业本身，更在于它会带动全行业综合素质的提升和竞争力的提高。这里需要特别指出的是，世界知名品牌和优势企业不是评选出来的，而是市场公认的。评选出来的所谓名牌未必有什么市场价值。

以上三个标志性目标之间内在联系紧密，相互依托，互相支持。

上述三个标志性目标，抓住了现阶段行业中最突出、最紧迫的问题。只要在这三个方向上取得了突破，则必然带动行业整体竞争力和综合素质的全面提升。

五、值得注意的若干倾向性问题

工作报告和工作要点在明确行业由大变强的指导思想和目标基础上，明确提出了行业的三大重点任务和若干措施建议。应该说，这些都是有针对性的，都是针对行业中不同程度存在的若干倾向性问题而提出的。

(1)"两大一全"的倾向。近十年来，伴随行业的持续高速发展，绝大部分的行业企业都不同程度地取得了显著的发展成就，其最突出的特点就是经营规模的持续迅猛扩张，并且已经形成一种"发展惯性"，一种"路径依赖"，行业企业已经习惯这种持续快速增长的状态。在此过程中，行业企业愈加突出地表现出"两大一全"的倾向，即企业规模越做越大、产品规格越做越大和产品品种越做越全。每当行业在做规划、谋发展时，总是习惯性地首先考虑上述这些方向和路径。必须承认，正是上述路径推动了行业近十年的高速发展，或者说，上述路径在过去十年的发展阶段中是合适的选择。这也和整个我国工业经济发展的大环境密切相关，且与之完全合拍。但是，现在这种发展的路径肯定不行，至少是不完全行，因为环境已经发生变化，行业已经进入新的历史发展阶段。为此，必须做出调整和改变，否则行业将止步于"大"，不可能变"强"，甚至连"大"的地位也保不住。行业由大变强不仅要有我国自己的 MAZAK、DMG 和 AMADA，更要有具有独特优势的众多中小规模的专精特企业。所以必须正确把握规模与结构、外延与内涵、全与专的关系，转移工作重心，调整资源投向，只有这样才能符合发展新阶段的要求。为此，工作报告和工作要点特别指出：要适应市场需求结构升级的新特点和发展环境的新变化，加速实现发展方式的根本转变，坚定不移地走以内涵式发展为主的发展道路；走以技术进步驱动为主的发展道路；走持续提升企业自身综合素质的发展道路。

(2)"重硬轻软"的倾向。连续多年的高速发展，在行业企业中客观上形成了不同程度的资源瓶颈，很多企业经营者都普遍感受到企业内部人才、技术、管理机制等各方面的资源已经跟不上企业快速发展的需要。与此相关的是，在为数不少的行业企业内部积累了一些不良倾向，其中有一类倾向称之为"重硬轻软"。所谓"重硬轻软"的倾向，在宏观层面上表现为片面重视制造能力等硬实力的扩张，而在相当程度上忽视技术创新能力、市场运作能力、品牌建设能力、管理能力和文化能力等软实力的建设，表现为企业既大又全，但是却缺乏企业内涵。在微观层面上则有诸多方面的表现：在产品开发上，重有形的功能和规格指标的实现，忽视无形的技术附加值在产品研发中的体现，忽视深层次技术对设计研发的支持；在产品制造上，重有形的厂房、装备能力的武装，忽视 know－how 的不断积累、工艺系统的整体提升和稳定的质量保障能力建设；在市场开发上，片面地重销售业绩的实现，忽视用户服务水平的提升；即使在服务方面，也仅局限于商品本身的服务，忽视(或现在还根本不具备意识和能力)为用户提供扩展的增值服务等。所有这些倾向都是与行业由大变强的方向完全相悖的，都是制约行业实现三个标志性目标的重要因素，是行业现阶段存在的突出问题，对此必须要有清醒的认识和自觉的行动。所以工作报告和工作要点特别提出："要采取综合性措施，尤其要在产品的市场适应性和质量可靠性上下功夫；在产业化环节下功夫；在制约中高档产品市场竞争力的深层次技术上下功夫。"如此才能切实解决"形似神不似"的问题。

(3)急于求成的倾向。必须客观地承认，行业这些年进步很大，但那是相对于自己的过去而言。事实上，我国与机床制造强国的差距还很大，需要下大力气、花大功夫才能缩小差距。尤其需要静下心、沉住气、甘于寂寞、卧薪尝胆，做大量扎实的底层基础工作。而当前在行业内外不同程度的存在急于求成甚至急功近利的心态和情绪，这是十分有害的,尤其是在行业内部存在的这种倾向则更为有害。所谓急于求成的倾向,现阶段主要有两种表现,一是满足于“能做”,二是想“包打天下”。

第一种表现:一方面必须承认,和过去相比,行业现在确实生产许多过去不能生产的产品,这里主要指一些高端产品,比如一些大规格/大吨位的产品,一些多轴联动的产品,一些多工序复合的产品。但另一方面还必须承认,这些高端产品真正在用户中取得良好应用效果的还不是很多,形成一定市场规模(占有率)的则更是很少,有相当部分的产品还仅仅停留在“能做”这个初级阶段上,离“做好”和“做出特色”差距甚大。这种情况本身并不是问题,因为这是必须经历的发展阶段。问题在于不能仅仅满足于这个阶段,甚至长期止步于这个阶段。行业过去在这方面的教训很多,现在这些表现仍然不少。做了一台样机(往往这些样机仅仅是实现了一些基本功能和规格指标,因而仅是初步成果),就不切实际地大肆宣传,什么“打破垄断”“突破封锁”和“达到当代国际领先水平”等。结果是鉴定获奖,大功告成,将初步成果束之高阁,又急着把注意力和资源投向新的更“时髦”的项目上。如此循环往复,不仅造成研发资源的巨大浪费,更重要的是研发的产品长期不能实现产业化制造和市场应用的突破。鉴于此,工作报告和工作要点还特别指出,要实现由“能做”到“做好”的本质性跨越。事实上“能做”和“做好”之间,绝不是量的差距,而是质的区别。对此必须充分认识。因为只有这样才能够引起足够的重视,投入足够的精力和资源,实现这个跨越。第二种表现:即“包打天下”的倾向。行业企业的高速发展、经济规模的不断扩大和创新能力的提升,极大地增强了行业企业的自豪感和自信心,于是“什么都想做,什么都能做”这种“包打天下”的倾向有了不同程度的显现。尤其是过去五年时间,这种表现相对突出。在这种思想倾向指导下,一些行业企业采取四面出击的打法,结果造成资源分散,不但新的目标没有成功实现,而且原有的优势也受到一定程度的削弱。应该说,这本来是一种积极发展的倾向,是好事,但问题在于要立足自身实力,把握好扩张的度,把握好扩张的范围和速度,要遵循规律,重视基础,扬长避短,不能脱离实际。因为企业的资源是有限的,自身的优势也是有局限的。有限的资源只能用于有限的目标,而且是用于自身具有相对优势的目标。为此,工作报告和工作要点专门指出:“要克服心浮气躁的情绪,有所为有所不为,充分借鉴行业内企业已经取得的成功经验,在理性分析自身优势和发展潜力的基础上,选准重点突破的市场方向,集中资源,专注目标,深耕细作,坚持长期不懈地努力,真正做出自身的品牌和特色。”面临当前的形势和任务,行业企业尤其要重视这个问题。

(4)对高端细分市场的认识和态度。在重点行业核心制造领域,即国内的高端细分市场取得突破性进展,是工作报告和工作要点提出的突出目标。面对这一艰巨的历史任务,行业首先要有正确清醒的认识,并选择合适的突破路径。

对于高端细分市场的认识和态度,当前在行业中大致有如下几种表现:一是不重视,认为该市场领域规模不大,且投入大、见效慢,特别是投入风险较大,因此不能作为企业市场战略的重点;二是畏难,缺乏信心和勇气,认为该领域对机床设备的技术要求太高,企业技术水平差距太大,这是长期的目标,现阶段还不能作为企业经营的重点方向;三是对该市场的难度和困难估计和准备不足,仓促上阵,结果屡战屡败;四是对该市场的个性化需求特征认识不足,以经营中低端产品市场的传统模式,用通用型的产品去应对该市场等。所有这些表现都是不正确的认识、态度和方法,是行业成功进入高端细分市场的主要障碍,是制约行业在重点行业核心制造领域取得突破性进展的主要因素。针对上述表现,工作报告和工作要点都明确倡议,行业企业尤其是重点骨干企业要“自觉地把企业目标与国家战略紧密结合起来,主动承担国家责任和行业责任”;“要特别重视与用户紧密结合,深入研究和掌握用户工艺特点,努力成为用户工艺专家”;要加速提升面向中高端市场的综合服务能力,完成由简单的“商品提供者”到“用户工艺师”的角色转变。这里已经把在这个方向上的突破提高到企业履行“国家责任和行业责任”的高度。

全行业要坚定信心,协同意志,集中资源,专注目标,攻坚克难,一定能够在“十二五”期间实现行业由大变强的阶段性目标。

〔撰稿人:中国机床工具工业协会陈惠仁〕

中高档数控机床发展的几点建议

2002年以来,我国成为世界机床消费第一大国,2010年全球主要28个机床生产国机床消费总额598.9亿美元,其中中国消费额占45.6%。由于国产机床的质量、内在性能不能满足用户的需求,依然处在“低端混战,高端失守”的不利局面,导致近几年机床进口额骤增。2011年1~9月,我国金属切削机床进口额99.1亿美元,同比增长51.4%,高精尖产品市场被西方发达国家占领。

过去10年,机床行业的发展更多地依赖于持续强劲的国内市场需求拉动、相对廉价的劳动力成本优势和国家产业政策的有力支持,企业依靠的是政策性的自然增长。比较而言,技术进步和管理升级所发挥的作用是相对有限的。众所周知,普通机床的应用已经从工业化大生产逐步转变为粗加工、车间零配件维修,在欧洲、美国、日本等工业化国家已经成为维修工具。经济型数控机床是我国独有的,是普通机床的升级产品,市场容量有限。普通机床及经济型数控机床符合我国的国情,需求将长期存在,但产品生命周期将逐步进入衰退期。"十二五"期间,机床工具行业提出发展中高档数控机床是工作的要点。毋庸置疑,企业转型,摆脱以规模扩张为主的发展模式,重点发展中高档数控机床,是企业未来的主攻方向。

一、中高档数控机床发展的几点建议

中外企业的中高档数控机床的结构和总体参数相差不大,同质化竞争激烈。中高端机床的市场竞争已经发展成为产品技术水平与企业经营管理能力的综合竞争,现就中高档机床的发展提供几点建议。

1. 以市场为出发点

产品经营应以市场为出发点,服务于目标客户,重点发展市场容量大、发展潜力强的数控车床、立式加工车床、卧式加工车床、龙门机床、数控镗床、数控磨床等中高档数控机床,不可盲目地追求机械结构的新颖、精度指标的高超。台湾机床企业大多将产品定位在量大面广的中档数控机床上,虽然技术上与德国、日本等水平有差距,但经济实用,可以满足大多数用户的需求,机床企业实现了年增长30%~40%。近几年,日本森精机制作所推出X系列、德国德马吉公司推出E系列等经济型数控机床,以价位略低、经济实用进军我国市场,在华销售实现了快速增长。

2. 总体规划,调整产品结构

梳理企业现有产品,总体规划机床型谱,下大力气调整产品结构,不追求产品线大而全,要深入分析主要产品盈利能力,重点发展规模效益好、盈利能力强的中高端数控产品,淘汰不盈利产品,实施精品工程。结合企业几年的产品销量、利润水平、技术水平、产品稳定性等综合因素,分析市场现况、趋势和企业现实,集中有限的资源,聚焦到最能成功且有发展前景的主要产品上,打造精品形成龙头,以龙头产品带动系列产品,形成细分领域的优势机床产品。对企业管理而言,多不如少,少不如精,企业如果谋求长远发展,依靠混乱的多产品战略几乎是不可能的。要学习台湾机床行业,无论是主机厂、功能部件厂,还是配套工厂,产品技术成熟,质量稳定,每家均有专长。

3. 协同设计,提高标准化、通用化水平

数控机床是电子信息技术与传统机床技术相结合的机床一体化产品,融合了机、电、液、气等工程学科,是系统性工程。产品设计要实施产、供、销协同设计,实现用合理的设计控制机床成本。

产品设计是企业生产组织的源头,一切生产活动全部是按照图样、工艺而具体展开的。因此,产品质量、成本与交货期是由产品设计所决定的。产品设计中主体结构、尺寸标注、公差配合、零部件的选用应尽量采用标准化,产品开发中设计人员要主动考虑是否能将外形或功能相近的零部件做成通用的。通用性、模块化可以最大限度地满足用户个性化的需求,加快交货进程。通用件产销量大,便于车间组织,可以大幅度提高加工与装配的工作效率,而且批量订购也降低了采购成本。通用化是标准化作业的基础,标准化作业不仅提升效率而且还可以稳定产品质量。

4. 工艺标准化,提高产品质量

任何一种产品,要具有高水平的产品质量,应具备先进的工艺标准。生产工艺贯穿于生产的各个环节,科学严谨的工艺技术有助于生产活动的有序进行、提高产品质量、减少生产准备、降低成本、提高劳动生产率等目标的实现。因此,对企业来说,要想有好的产品质量,工艺保证是必须的。

1980年、1990年以后出生的青年员工是机床生产企业加工、装配的主力,由于工作经验不足,导致产品质量不稳定。标准化作业是解决该问题行之有效的最佳方法。

5. 孕育未来,加大基础理论的研究

国内机床企业已掌握数控机床的基本机械结构,可以初步预测,未来10~20年数控机床的主体机械结构不会发生大的变化,未来数控机床将向高精、高效发展。因此,电主轴、直线电动机等高效功能部件将应用于传动系统,控制技术特别是基于互联网的远程维护与管理、五轴联动控制技术、人机工程操作技术,热变形及其补偿是机床技术发展的重点。

机床作为综合学科,基础理论的研究只有靠自己。基础理论的研究涉及机床结构、振动控制、温度控制、噪声控制、刀具应用、数控系统应用、动态控制等众多领域,当前机床制造企业在这方面的实际应用还是空白。另外,五轴控制技术,主轴系统、进给系统、数控系统、电气控制方面的功能部件研究国内一直没有实质性突破,关键技术还没有掌握,只有自主研发才能突破关键技术。

6. 稳定质量,提升单机品质

发展机床首先是稳定单机产品质量,提升品质。从国内用户大量进口的中高档机床分析,进口机床从产品档次上略好于国内企业,用户不惜花费重金看中的是进口机床的品质,在意的是产品的精度与可靠性。与国际先进水平相比,中国机床在加工精度、可靠性、效率、自动化、智能化和环保等方面还存在较大的差距。整体不足之处集中在关键的制造水平、机床精度及稳定性、机床平均无故障时间及机床应用领域基础研究。

精心制造,实施全面质量管理,严格遵守工艺规范,实施全面质量管理。学习丰田公司的全面质量管理(TQM),强调质量是生产出来的而非检验出来的,由生产中的质量管理来保证产品的最终品质。在每道工序进行时,均注意质量的检测与控制,保证及时发现质量问题,培养员工的质量意识。

选好外购件、外协件生产厂家,合格的原材料是生产出优质产品的物质基础。机床必须选用高性能、高可靠性的数控系统、伺服驱动装置、配套功能部件、电器元件和检测元件,才能保证机床的可靠性,强化外购件的管理,使其产品质量在可控范围内。

7. 持续改进,不断完善产品内在质量

任何产品只有不断完善,持续改进才能弥补设计缺陷。要完善制作工艺路线,在实际应用中总结经验,不断提高产品的内在质量。1950~2000年,50年加工精度提升100倍左右,即加工精度平均每8年提高1倍,当前的普通加工精度已达到20世纪50年代的精密加工水平。加工手段、制造水平不断更新,用户的需求也与日俱增。汽车行业每半年更新一次,国际先进机床制造企业基本上是2~3年更新一次产品,而国内机床产品主体结构、性能升级变化缓慢,很多部件结构设计之后基本没有再改进,一直沿用至今。持续改进可以弥补先天设计不足,适应现代设计、工艺制造水平,可以说,持续改进是和新产品开发同样重要的技术工作。

8. 深入客户工艺研究

"十二五"期间,机床行业发展的第一个标志性目标,是在重点行业核心制造领域提供装备和服务方面取得突破性进展。航空航天、船舶、汽车和发电设备制造是机床工具行业最重要的服务领域,是典型的高端细分市场。

客户购买设备的目的是用于生产获得利润,"十二五"期间行业企业应重点研究高端客户、大客户的产品和工艺需求,按照客户的需求,量身定制,为客户提供所需的个性化的服务。特别是为批量生产用户提供生产线,配备技术服务,实施交钥匙工程。机床行业的"交钥匙"工程主要体现在按用户工艺要求和生产纲领,提供零件加工的成套解决方案,不仅是为用户提供单台的机床设备,更包含加工工艺、机床、夹具、刀具、检验测量、软件等诸多内涵。应重点学习美国哈斯自动化公司的客户工艺研究,公司定期推出杂志,从用户的角度介绍其产品实际应用;手机平台网站为用户提供哈斯机型列表、描述、规格和价格信息。内置高级刀具管理(ATM)功能,在很大程度上简化了指定、调用和管理备用刀具等操作。

二、机床服务成为重要的经济增长点

德鲁克对企业基本功能的表述为"市场营销和创新"。过去20年,中国经济由短缺向过剩经济转变,也就是由产品经济向营销服务经济过渡;科特勒对中国企业提出忠告:一个只关注价值链中最薄弱环节的产业政策是不能支持中国未来经济发展的。了解客户的需求,进行产品创新,并为之服务才能赢得市场,使企业得以生存与发展。服务不能只是产品质量弥补的消防队,而应成为产品持续改进信息的采集者,更应该成为企业发展的经济增长点。

服务收入是国际机床企业重要的收入来源,而国内机床企业当前的服务收入还没有真正起步。要开展机床三包外服务、备品备件、机床大修和技术咨询等服务业务,并使其成为重要的经济增长点。

三、推进功能部件发展

配套功能部件产品技术落后是数控机床发展落后的重要原因。我国机床企业历来只重视主机的设计和制造,造成数控机床的功能部件,如滚珠丝杠、滚动导轨、数控转塔刀架、刀库和机械手要么质量差,可靠性不及国外名牌,要么还是空白。

国内企业中高档数控机床的系统是发那科、西门子的,进给系统丝杠、导轨、主轴、刀架和刀库全部是外购的,选择高档外购件成为数控机床的卖点,具有自主知识产权的自制件仅有机床主体铸件、防护板焊件等,附加值极低,这是造成国内企业产品利润低的直接原因。技术上,中高档数控机床的性能很大程度上取决于功能部件,功能部件生产企业的产能、价格、供货期也将直接影响机床企业发展。

关键的核心技术是买不来的,国外企业对华仅销售高档机床及其配件而不在我国制造,更不会进行技术转让。为此,必须自力更生,加快机床功能部件研究,提升整体机床技术水平。应重点发展数控系统、数控刀架、滚珠丝杠、直线导轨、防护罩和主轴等功能部件。

四、服务下游行业

经过几十年的发展历程,国内企业机床产品从无到有,企业经济规模实现了从小到大的转变。但上游数控系统、功能部件完全依赖外购,导致成本居高不下;下游为用户提供成套、成线服务的能力弱,更缺乏提供全套解决方案的能力,导致以单机服务于国内普通用户,中高档产品没有替代进口服务于国家重点行业,更没有批量进入重点核心制造业。行业努力的方向要围绕市场展开,服务于汽车、机械制造、军工等重点下游行业,更应服务七大战略性新兴产业。机床行业尤其是数控机床发展将得到下游需求的有力支撑。根据"高档数控机床与基础制造装备"专项规划,到2020年,航空航天、船舶、汽车、发电设备制造所需要的高档数控机床与基础制造装备80%左右将立足国内,未来机床行业发展空间十分广阔。

〔撰稿人:沈阳机床(集团)有限责任公司刘士玉〕

数控雕铣机——电主轴行业的新机遇

“加工中心”问世不久，就有人质疑，加工中心的功能太全，用它来加工小型产品成本过高；为了能够加工小型产品，加工中心的BT40主轴一般都要求达到20 000r/min以上，不仅给设计制造带来相当的困难，也使使用成本过高。作为替代加工小型产品加工中心的新机床品种，数控雕铣机应运而生。

数控雕铣机是一种新型数控加工机床，弥补了通用数控机床（铣床、钻床等）加工功能单一和加工中心加工小型产品成本过高的不足，为我国制造业的发展提供了一种性价比很高的新型机床产品，是我国机床行业中的新军。数控雕铣机行业从2000年逐渐起步，成为机床行业的一个重要分支。当前，国内已经涌现一批具备一定规模的雕铣机厂家，为我国雕铣机行业的进一步发展创造了良好的条件。

一、数控雕铣机的市场现状与发展前景

数控雕铣机以其技术优势和价格优势，已成为我国消费类电子零配件、小型精密模具、五金制品、家具等制造行业重要的机床工具。另外，在大功率LED铝基板、工艺礼品、金属电极、金属眼镜框等加工领域，也开始使用数控雕铣机。

随着数控雕铣机应用领域的不断拓展，其市场规模也不断扩大。据调查，2002～2006年，数控雕铣机小批量应用于模具、家具制造行业，处于市场导入期。随着数控雕铣机技术的不断成熟和价格趋于合理，其性价比逐渐得到用户的认可，市场快速扩大。2007年，我国数控雕铣机产销量突破10 000台，产值超过15亿元，标志着国内数控雕铣机产业进入高速成长期。2007～2010年，在模具、家具与五金等制造行业需求继续快速增长的同时，由智能手机、平板电脑、电子书、GPS等带动的消费类电子零配件制造业的需求异军突起，推动数控雕铣机行业迅速发展。2010年国内数控雕铣机产量已突破4.5万台。随着数控雕铣机自身技术不断成熟，以及下游新兴应用领域不断涌现，结合各下游行业“十二五”规划的发展目标，保守预计到2015年全国数控雕铣机产销量将达到12万台。

消费类电子产品零配件、模具、五金制品及家具等四大制造行业仍将是数控雕铣机的主要应用领域。其中，随着触摸屏手机、平板电脑渗透率的不断提高，未来消费类电子产品零配件制造行业对数控雕铣机需求将持续快速增长，到2015年对数控雕铣机需求量将达到38 000台。

二、数控雕铣机用电主轴的特点

数控雕铣机是一种同时具备雕刻和铣削加工功能的数控机床，其主要特征是使用高速电主轴以小刀具进行雕铣加工。其中，电主轴的工作转速一般在20 000～60 000r/min，最高可达100 000r/min，并且要求电主轴在无负载运行时运转应平稳，实际转速偏差必须保证在10%以内。在空运转过程中，电主轴轴承处的温度与温升均应控制在较低的范围内；回转精度方面，低速时约2μm、20 000r/min或以上时一般约为10μm。由于数控雕铣机主要用于加工小型产品，在实际加工中电主轴的切削负载小，数控雕铣机电主轴的功率较小，一般都只有几千瓦，实现高转速要比BT40主轴容易得多。因此，数控雕铣机可以较好地满足高速度、高精度加工要求。

三、数控雕铣机市场的迅速崛起给电主轴企业带来良好的发展机遇

数控雕铣机的高速发展和广泛应用给专业电主轴制造企业带来了巨大的发展契机。一般每台雕铣机需配套电主轴1～2套，部分产品甚至配套4套。按雕铣机的年需求推算，数控雕铣机电主轴的市场规模相当可观。以2010年为例，数控雕铣机产销4.5万台，数控雕铣机电主轴的产销就超过9万套。预计2015年数控雕铣机的产销量将达到12万台，需要配套的电主轴将超过24万套。

可喜的是，从2011年中国国际机床展及市场情况来看，当前国产数控雕铣机几乎全面采用国产电主轴。我国雕铣电主轴市场已经形成一定的产业规模，如江苏“星晨”、无锡“博华”、无锡“阳光”、安阳“莱必泰”、广州“昊志”等都能生产为雕铣机配套的从普通级到高精密级不同层次的电主轴。当前国内配套数控雕铣机的电主轴年生产能力也就在9万套左右，与24万套的潜在市场需求还有相当大的距离。国内电主轴生产厂家应以数控雕铣机市场迅速发展为契机，踊跃参与电主轴的开发和生产。

数控雕铣机用电主轴的发展，为加工中心配套的电主轴发展打下了坚实的基础，为加工中心电主轴的国产配套准备好了充分的条件。

未来，具备较强的技术水平、产品质量可靠、品牌知名度高的电主轴厂家在机床行业将获得广阔的发展空间！

〔撰稿人：中国机床工具工业协会主轴功能部件专业委员会钟洪〕

突破瓶颈　冲刺高端　做精做强

——提高中高档滚动功能部件国内市场占有率的思考

一、瓶颈、焦点与机遇

我国机床工具行业“十二五”规划中提出，要“突破数控系统和功能部件发展的瓶颈，实现主机的应用示范和批量配套，不断推进数控系统和功能部件产业化”。加速发展中高档数控系统和功能部件，加速提升中高档数控系统和功能部件的配套能力已成为业内关注的焦点，是机床工具行业“十二五”期间面临的紧迫任务。

在我国，与数控机床配套的数控系统和关键功能部件的产业化进程发展很不平衡，有先有后、有大有小、有快有慢，与主机发展的不同步程度差异也很大。滚动功能部件早已打破当年洋货一统天下的局面，在低端市场不但与洋货平分秋色，而且出现产能过剩。而所谓的“瓶颈”，主要是指中、高端滚珠丝杠副和滚动直线导轨副。

据2011年市场调查，国产中高档滚珠丝杠副和滚动直线导轨副在我国中高档数控机床和成套高档工业装备中的采用率仅25%～26%，而进口产品的采用率却高达74%～75%，对进口产品的依赖，成为制约我国中高档数控机床自主化、纯国产化的瓶颈。

那么，瓶颈是怎样造成的呢？

首先，跟产业发展的成长环境有关。在政策环境方面，西方工业发达国家（如德国、美国、日本等），甚至我国台湾，都把高档功能部件视作战略物资，他们出台一系列政策保护本国或本地区关键零部件产业发展，包括税收、资金、限制进口等。与高端工艺装备一样，高端数控系统、功能部件都是技术含量很高的核心配套产品，在工业现代化中扮演十分重要的角色，不但是数控机床不可缺少的核心功能部件，也是航空航天、军工装备、战略性新兴产业的重要基础支撑。而我国，从“七五”到“十二五”，虽然也对核心功能部件，特别是数控系统给予重视和支持，但支持力度不大，政策不到位。关键零部件从“配套”升格为“功能部件”，地位虽然提高了，但功能部件行业仍常常受到“重主机、轻配套”传统思维的干扰以及低关税鼓励进口洋货的挤压，举步维艰。

在市场环境方面，长期以来“重洋轻土”的外向思维和采购心态是低关税鼓励进口的思想根源，从而导致“Made in China”产品在本土市场遭到不公平待遇，严重淡化了“自力更生、为国争光、为民族争气”的爱国精神，使我国高档功能部件的研发与规模化生产失去本土市场的拉动力。

在经济全球化的今天，优化资源配置，主张“全球大配套”是无可非议的，但必须建立在不伤害民族工业发展的大前提下才是正确的决策。当我国还不能制造高档数控系统和功能部件的时候，引进技术，进口高档产品是必要的，一旦我国自己研发成功并投入量产，再继续花高价购买没有核心技术的洋货（核心技术是买不来的）就是毫无远见、不明智的做法。

在产业和企业自身方面，产生瓶颈的内因包括：资金欠缺，尤其是投入研发方面的资金更少；企业缺少有真才实学的高端研发人才和经验丰富的高级技师（工匠）；长期习惯模仿产品，工艺雷同，在创新方面少有作为；基础理论和基础性能实验研究十分薄弱，成为制约向高端进军的软肋。

从以上分析不难看出，所谓“瓶颈”，就是在上述内因外因相互影响，交叉发酵中慢慢形成的，冰冻三尺非一日之寒。

其实，业内人士早就指出：我国中高档数控系统和核心功能部件的国内市场占有率很低，基本被外商垄断，这是长期以来行业发展中最突出的结构性矛盾。要解决这个矛盾，首先就要突破瓶颈，扫除思想障碍，搬掉绊脚石，在“十二五”规划的指引下和国家科技重大专项的推动下，抓住发展的黄金机遇，在高档数控机床、高档数控系统、高档核心功能部件的国产化、产业化方面实现跨越式发展，做精做强，为国争光。

二、可靠性工程——是提高高端滚动功能部件国内市场占有率的当务之急

当今全球科技迅猛进步、日新月异，各类机电产品呈现向高精度、高性能、智能化、复合化发展的趋势，越是高端产品对可靠性的要求也越高。高端数控系统和功能部件产品的可靠性已成为用户关注的最大焦点。据有关资料统计，配套件、功能部件的故障率占主机故障率的30%左右，如果国产高档数控系统和功能部件是制约高档数控机床的瓶颈，那么可靠性是瓶颈中的瓶颈，是规模化制造技术的重中之重。

长期以来，我国滚动功能部件产业中的不少企业存在以下倾向：重视产品的加工制造，轻视研发与创新；重视产品的价值，忽视智慧和第一生产力的价值；重视“今天的”出厂初始质量，忽视隐形的“明天的”质量；在企业质量管理上，看重ISO 9000的认证，忽视可靠性工程的实施等，暴露了整个行业在贯标和质量管理方面的短缺。

应当清醒地看到，我国为数不多的中高档滚动功能部件产品，在市场竞争中既输在“原材料及基础理论和基础性能试验”的起跑线上，也输在让用户最不放心的“产品可靠性”这个薄弱环节。2011年6月，第二次全国范围的滚动功能部件用户调查显示：在对用户“中高档滚动功能部件国产化需要重点解决的问题”的调查项目中，产品性能的稳定性、精度保持性、寿命及可靠性3个关键项目列居首位，成为提高国内市场占有率首先必须解决的问题。

众所周知，所谓可靠性是指产品在规定条件下和规定时间内完成规定功能的能力。它综合表现了产品功能的持久性、精度的稳定性、运行的无故障性以及维修性、可用性和经济性，用平均故障间隔时间 MTBF 来量化。可靠性是涵盖时间因素的产品质量，把产品的使用时间 $t=0$ 作为一般意义的质量，而可靠性则是使用时间 $t>0$ 的质量，是以时间尺度去衡量产品的特性。可靠性工程是产品在整个生命周期内，从设计、研制、试验、量产、使用、维修、再制造直至报废的全过程的可靠性工程。它强调的是现场运行过程的实效，它是跨越 ISO 9000 质量管理的系统工程。

在滚动功能部件企业的产品样本中列出的轴向额定动载荷、轴向额定静载荷、轴向接触刚度等数据，几乎都是按理论公式计算出来的，多数企业并未通过性能试验去核实验证。如果用户按这些数据去设计选用，需要考虑安全系数，特别是用于重载的场合，否则可靠性从“设计”的第一环节就很难保证。

时至今日，滚动功能部件产业中绝大多数企业都缺少寿命和可靠性的试验装置。近年行业中的重点骨干企业在国家科技重大专项的支持下，正着手按 GB/T 23568《机床功能部件可靠性》的国家标准研制寿命和可靠性的试验台，着手进行可靠性试验，迈出了高端滚动功能部件实施可靠性工程的第一步。

在国家“高档数控机床与基础制造装备”科技重大专项中，共性技术研究的第一项就是“可靠性设计与性能试验技术”，要求提供能够用于规模化生产的可靠性设计方法、试验分析方法和精度保持措施，并在高速、精密数控机床、重型装备、数控系统和关键功能部件中推广应用。这项十分重要的共性技术成果将对我国功能部件产业实施可靠性工程产生引导和推动作用。

可靠性工程是企业从制造技术到生产质量管理再到售后服务的系统工程，在技术层面上，基础理论和性能试验是产品可靠性设计和创新的源泉，是可靠性工程的首要环节。但是，如果没有有效的管理手段来支承，没有企业“一把手”的重视，也很难收到立竿见影的效果。应清醒地意识到：可靠性是高端滚动功能部件市场竞争的焦点，是能否取得用户信赖、认可并扎根落户国产高端数控机床和大型装备的关键，是提高国内市场占有率的重中之重。

谈到可靠性，举一个刚刚发生的生动事例：2011 年 11 月，我国的神州 8 号首次在太空中成功实现与天宫一号的对接和自动分离，是我国迈进太空的重要里程碑。其中，对接机构是我国自己设计制造的，我国航天史上最复杂的空间机电一体化对接机构，是空间交会对接的关键，得到国际航天专家的高度评价。这其中既有成千上万航天人的卓越功劳，也有大批关键零部件配套企业的贡献。例如，在神州8号的“对接环”上安装的六套用于精密同步、快速驱动的高可靠性滚珠丝杠副就是由我国早期(1960 年)从事滚珠丝杠副研究和小批量生产的北京机床研究所——北京工研精密机械公司所提供的。在对接全过程的8个步骤中，这六套滚珠丝杠副同步快速驱动安装在“对接环”上的三对“捕获锁”，执行“捕获”时的快速外推伸出、“校正”时的快速延伸、“拉近”时的返转缓缓收缩。在对接过程中，体重8t的“神8”和体重8.6t的“天宫一号”两个航天器以每秒0.2m左右的速度进行撞击，在超高低温、超失重状态下运行，这对滚珠丝杠的刚度、精度、抗冲击能力、动力特性、可靠性都要求很高。

我国自主研制的快速同步驱动滚珠丝杠副，在“神8-天宫”对接机构中的成功应用，敲开了国产高档滚动功能部件产品迈入航天领域的大门。它既为北京机床研究所——北京工研精密机械公司争光，也为滚动功能部件民族产业争气。这证明，只要踏踏实实地打好基础，做好“可靠性”这门功课，冲刺高端，攀登高峰就无往而不胜！

三、延伸产业链，协同发展

当前，国产中高档功能部件尚不能满足国产中高档数控机床的配套需要，缺口很大，而功能部件制造企业又属于“弱势”群体，基础薄弱，人才和资金都短缺。面对如此现状，在机床工具行业“十二五”规划及工作要点中提出：在积极支持专业化企业加快发展的同时，也鼓励和支持有条件的机床主机企业根据自身的需求延伸产业链，积极介入数控系统和功能部件产业的发展，从而加速中高档数控系统和功能部件产业的发展进程。

这种产业链的延伸有各种方案可供选择，一是主机厂与功能部件专业厂针对高档数控机床对高档功能部件的配套需要，联合组建开发应用产业联盟；二是根据自身发展的需要通过投资参股等方式，扶持功能部件企业，构建主辅对接的技术经济利益共同体，共同推进并加快高档功能部件的规模化生产步伐。

提倡产业链的延伸，不应当理解为鼓励主机厂搞“大而全”。回顾我国机床行业发展几十年的历史，曾有不少有恒温车间、有螺纹磨床的大型国有企业，“十八罗汉厂”都曾经尝试自己上马生产滚珠丝杠，其结果终因背离功能部件专业化成批生产的规律，虽然做出来了，但做不好，供货期和价格比也拼不过专业厂，特别是自己生产的产品连自己都不爱用，浪费了人力、物力、财力，最终因“大而全”走入死胡同。

究其原因，是决策者存在认识上的误区。我国台湾线性传动产业龙头企业 HIWIN 卓永才董事长对这个问题有深刻的见解，他说，关键零部件同时具有“技术密集型”“资本密集型”和“管理密集型”的特征。在 CIMT2011 展会期间他说，“我现在开始介入机床工业，经过对比，我感到搞关键零部件产业的难度是很大的，做出一个样品并不难，要做好做大，搞专业化大批量生产有很多学问……”。

下面借此机会谈一谈产业链延伸的两类有特色的模式。

模式一:母鸡下蛋。在我国机床产业发展的历史中,具有专业特色的汉江机床有限公司(国家布点的精密螺纹磨床专业生产企业)凭借多年在精密螺纹制造和检测技术方面的丰富经验,在市场需求的驱动下,厚积薄发,成功以母鸡下蛋的模式,利用自己生产的装备,先后在总部汉中、江苏昆山、上海浦东组建了滚动功能部件专业分厂。在顺利完成高档滚动功能部件国家科技重大专项的同时,已形成年产滚珠丝杠15万套以上,滚动直线导轨6万m以上的规模。近年在产业结构调整中,该公司又把产业链延伸到压缩机行业和光伏产业,新鸡(SK7032×750数控螺杆转子磨床等)下新蛋(精密螺杆转子等)成为汉机公司新的支柱产品和经济增长点。

这种具有"专、特、精"特色的"母鸡下蛋模式"与"大而全"的最大区别是直接面向市场的专业化生产,而不是封闭式自我配套。汉江机床有限公司的实践证明:这种具有专业特色的主副直接对接是又好又快发展功能部件的一种模式。

模式二:具有共同"基因"的跨行业延伸合作。众所周知,在机械制造领域轴承行业是规模庞大的基础零部件产业,而滚动功能部件其实就是在"轴承"摇篮中派生出来的新产品。他们都具有滚动摩擦副的共同物理特性和共同的"基因",其基础理论、设计计算都是基于Hertz弹性接触变形理论、滚动摩擦与润滑理论。而轴承工业更是系列化、大批量专业生产的典范,其对自动化生产线上的工艺和装备、产品精度的稳定性、尺寸一致性、可靠性都有非常严格的要求,在规模化生产中有许多成熟的制造技术可以借鉴。正因为如此,国外许多生产滚动功能部件的顶尖企业(如NSK、SKF、FAG、INA等)都是从轴承工业中诞生的。这种基于"出身"和成长环境的差异是值得行业深思的。我国已有轴承行业向滚动功能部件延伸的事例,在东北有瓦轴与日本THK合资生产滚珠丝杠的企业,在南方有上海莱必泰(RABBIT)数控机床有限公司。该公司是我国制造轴承专机和自动线的知名企业,2006年莱必泰与日本NTN公司合资组建"上海莱恩(LAIEN)精密机床附件公司"(中方控股),引进NTN技术,主产精密滚珠丝杠副和滚动直线导轨副,产品以外销为主。LAIEN的最大特点是在生产线上移植了轴承的设计理念和制造技术。例如,公司十分重视滚道齿形的设计、精密制造和检测,在自制的RGSW系列CNC精密螺纹磨床精磨的滚道达到C1～C0级,再在自己研制的螺纹滚道抛光机上,用特制的油石对滚道进行振荡式仿形超精抛光,达到$R_a<0.2\mu m$,从而大大提高了滚珠丝杠副的高速特性,降低了高速传动的噪声。该公司在控制产品"清洁度"和"可靠性"方面也传承了轴承的技术。这说明我国高档滚动功能部件产品若能充分借鉴轴承产业的设计、制造技术,可以少走许多弯路。滚动功能部件企业应主动与轴承行业的科研机构、院校、有技术实力的企业进行跨行业的"产、学、研、用"联合,利用轴承行业的科研平台和有利条件开展共性技术和高效高精制造技术的研究,这将有助于加快企业向高端产业进军的步伐,推动我国滚动功能部件产业做精做强。

现在,突破瓶颈,向高端冲刺,已成为业内的共识。滚动功能部件的几家重点骨干企业,在国家重大科技专项的支持下,近年已取得可喜成就。例如,滚动功能部件分会理事长单位、数控机床产业技术创新联盟(沈阳机床集团牵头)的成员单位——山东博特精工在行业的企业中最早建立滚动功能部件工程实验室,先后研制成功GQ32×16、GQ40×20、GQ63×20精密高速滚珠丝杠副,精度达到P_1、P_2级,线速度可达60m/min,产品已成功应用于北京一机床、昆明机床等高档数控机床;南京工艺装备制造公司在重大专项攻关过程中,直接与从事高档数控机床攻关的主机厂挂钩,先后为沈阳机床股份有限公司的GMC2550U五轴高速龙门加工中心、中捷机床公司的GMC1230U五轴联动加工中心、四川长征机床集团的GMC2500H型五轴龙门高速加工中心等提供了高速高性能滚动功能部件,受到用户好评。用户认为"精度和性能完全能满足机床的使用要求","能够替代进口"。在滚动功能部件行业中最早走"产、学、研"道路并取得成效的广东高新凯特精机公司,坚持研发与基础理论研究并举,自主研发出一批滚动直线导轨副的精度与性能测试仪器,通过扎实的研究试验,使HTPM品牌的高档滚珠和滚柱直线导轨副在高档加工中心、数控龙门铣床等成功应用,并被许多用户"指定采购"。北京机床研究所(精密天工)、大连高金数控集团在攻克高端滚动功能部件中也获得丰硕成果。

成绩虽然是初步的,但已开始得到国内生产高档数控机床主机厂的认可,这是"十一五"十分重要的成果。乐观预测,到"十二五"末,我国高档滚动功能部件在产品性能和可靠性提高后将迈入规模化生产阶段,其自给率将会大大超过20%的规划目标。滚动功能部件行业做精做强指日可待。

〔撰稿人:黄祖尧〕

我国量具量仪制造业的现状与发展趋势

一、概述

先进数字化测量技术已成为先进数字化制造业的核心技术,先进数字化测量仪器已成为先进数字化制造装备的核心组件。

高速高效、精密复杂数控切削加工技术和装备近年来得到快速发展,推动了先进数字化切削加工技术和高档数控机床的发展。数字化测量技术和精密量具量仪是数控切削加工技术与装备的"眼睛",对整个数控切削系统、加工过程和产出结果实施全面的检测监控。作为系统运行质量保证体系中信息获取、分析、评定、诊断乃至反馈实现闭环制造的关键组件,先进数字化量具量仪肩负着装备、服务,并推动先进数字化切削技术和数控切削机床持续向前发展的重任。

量具量仪对于制造业的重要性毋庸置疑。据20世纪90年代美国国家标准局的调查评估,量具量仪、仪器仪表行业在美国工业总产值中仅占4%,但其影响度达到66%。随着科学技术的发展,占比将继续增加,影响度将继续增大。制造越高端,测量越重要。测量技术已经成为制造业的核心技术,测量仪器已经从配套设备转变为制造装备的核心组件。据科技部统计,我国2009年机械装备进口额达1万亿元,其中进口精密仪器仪表6 000亿元。从数据可以看出,测量仪器在我国当今先进制造业发展中的重要性,也凸显我国精密测量仪器仪表制造行业在满足国民经济重大需求上的巨大差距。

"十一五"期间,我国制造领域国家优先发展的重大专项中包含能源设备、汽车、航空航天以及铁路交通运输设备等制造业,而这些行业所涉及的典型、关键零件的特点是:大、重、复杂、精密,其中新型难加工材料的切削加工占据了相当大的比重。这给数控切削加工技术和装备提出了新的课题,也对测量技术和量具量仪提出了新的更高要求,并为其提供了新的发展机遇。

按照产品类型,量具量仪产业可划分为两大部分:量具(包括传感器)和测量仪器。

量具具有以下特点:通用,使用面广;量大,可实现规模化生产。随着现场质量检测的要求,适应生产加工环境的、数显化的专用高效量具成为行业发展趋势。为满足数控机床精度提高的要求,位移传感器已经达到微纳米精度。新测量原理、高分辨力、高精度、高防护数字化量具发展迅速,测量信息无线传输的数字量具测量站/网得到了开发应用。

量仪的特点如下:先进数控测量仪器属于高档数控装备,它集成了精密测量技术、精密机械制造技术、传感技术、电子技术、数控驱动技术、计算机技术以及信息技术等多学科领域内的先进科学技术成果。由于其复杂、精密,高新技术密集,品种多,因此,自主创新开发及生产制造的难度大。投入大,产出少,收益慢。在传统的"重生产,轻质量"的思想指导下,市场开拓困难,尤其在优势明显的国外先进技术和产品的冲击下,行业的生存与发展一度受到较大影响。

二、行业发展历史的回顾

我国量具量仪产业是解放初在苏联的援助下建立的,奠定了基础。哈尔滨量具刃具集团有限责任公司、成都成量工具集团有限公司、北京北量机电工量具有限责任公司、桂林量具刃具有限责任公司、上海量具刃具厂以及贵阳新天光电科技有限公司等为主的量具量仪企业,以及行业技术归口的成都工具研究所有限公司为我国量具量仪产业的发展做出了很大的贡献。经过多年努力,通过对引进技术和产品的攻关,不少产品如量块、百分表、游标卡尺等精密量具,精密位移传感器,以及齿轮测量仪器、激光干涉测量仪、圆度仪、滚刀检查仪等机电/电子式精密量仪已经达到相当高的技术水平,与国外的差距日趋缩小。

随着改革开放的深入,在制造业的强力推动下,近年来量具量仪产业有了显著的发展和进步,技术和产品升级换代步伐加快,进入了数字化和CNC时代。通用量具产业发展迅速,民营企业及改制企业成为行业生力军。桂林广陆数字测控股份有限公司2008年量具产量达到100万套,销售额达到1.8亿元,成为国内数显卡尺产业领头羊和出口大户,其自主开发、有自主知识产权的IP67高级防护数显传感器和数显卡尺,达到国外先进水平,实现批量生产。青海量具刃具有限责任公司的千分尺产量和产值已位居世界前列,2008年产量达到100万件,销售额超过6 000万元。精密量仪产业发展实现了专项突破,哈尔滨量具刃具集团有限责任公司2007年量具量仪销售达到3.8亿元,其中量仪近2.6亿元。2008年四季度虽然受到经济危机影响,全年量仪销售额仍然超过2.3亿元。产品覆盖齿轮量仪、三坐标测量机、表面轮廓粗糙度测量仪、对刀仪、量块、量规、卡尺、千分尺、指示表等,在兼并了国外企业后技术水平和产品性能有了提高。成都工具研究所有限公司激光测量技术及仪器和齿轮整体误差测量技术有了新的发展。哈尔滨量具刃具集团有限责任公司、哈尔滨精达测量仪器有限公司成功开发的国产 CNC 齿轮测量中心，打破了国外产品十年的市场垄断，夺回了(70% ~80%)国内市场的份额。北京航空精密机械研究所(303 所)、西安爱德华测量设备有限公司的三坐标测量机在激烈的竞争中占有一席之地，这些都是我国量仪产业发展的实例。近年更有不少民企和台资港商(如"智泰""怡信""万濠")等的加入，壮大了民族工业队伍，国外量具量仪著名厂商和跨国集团也纷纷在我国独资/合资建厂或兼并我国企业，进入我国市场。这些都使我国量具量仪产业在体制结构、产品技术发展和市场竞争态势上发生很大的变化。新的形势无疑大大推进了我国量具量仪产业的发展和格局的划分。以三坐标测量机为例，近年国产产品虽发展较快，但是绝大多数为中小规格的生产型中低端产品，国内市场(70% ~80%)份额仍然主要由国外企业或跨国集团所占据。在高档、计量型或大规格三坐标测量机/多坐标测量机领域，国外或跨国集团公司产品占据了绝对多数，近年他们更向中低端产品兼并扩展，民族企业的生存发展空间受到更大挤压。

从 2008 年 10 月中下旬以来，受全球金融危机影响，我国量具量仪行业市场需求明显萎缩，尤其是出口量具订单下滑更为明显，降幅达到 50% 以上。据中国机床工具工业协会工具分会对我国工具行业 72 家企业的统计，2009 年行业工业总产值为 116.3 亿元，仅为 2008 年 230 亿元的一半；2009 年产品销售利润为 17.3 亿元，而 2008 年为 35.9 亿元，也仅为一半。其中，2008 年量具量仪统计企业的全年产值为 12.9 亿元(量具 9.93 亿元，量仪 2.98 亿元)，2009 年仅为 10.2 亿元(量具 7.4 亿元，量仪 2.78 亿元)，相当 2008 年的 79%(其中量具为 74.6%，量仪为 93.5%，主要受金融危机对出口的冲击)。

由于我国政府采取了非常及时而强有力的政策措施拉动内需，在全国经济迅速复苏的良好的形势下，工具行业各企业根据市场变化在压缩库存，减产减资减人的同时，强化内功，提高现有产品质量和内部管理，积极开发高新技术产品，努力实现产业产品转型提升，生产销售有了较大起色，走出了低谷并明显回升。2010 年更出现订货激增，以至于来不及生产供货的局面。

三、量具量仪技术和产品现状以及近期发展趋势

我国量具量仪制造技术和产品，总体上更多依赖引进仿制，依赖于廉价的材料和人力资源，竞相生产中低端量大利微的产品，而高端市场却难以进入，与国外差距之明显，甚于机床刀具。

除了体制问题以外，我国量具量仪行业经济技术基础和创新开发能力都很薄弱，指望企业依靠自身资金及技术积累求得发展，困难较大。即使在国内市场，面对资金雄厚、技术实力强大、资源积累丰厚的跨国集团的竞争，谋求生存发展的难度也可想而知。

在通用量具及数显量具方面，存在低价竞争现象。以民营企业为主的中小企业产品单一，尤其是外向型量具出口企业，其产品为劳动密集型，技术含量低，大多以仿制为主，贴牌出口，且在最近国际经济动荡中，国际市场已明显萎缩，生存更加困难。由于在可靠性、性能、新技术、新产品等方面的差距，我国量具无法进入高端市场。近年原材料及劳动力的上涨和短缺，低价竞争，伪冒产品屡禁不止，使不少企业利润人减，举步维艰。

在数控精密仪器方面，国内开发生产的三坐标测量机、齿轮测量仪器、激光干涉测量仪、表面轮廓粗糙度测量仪、圆柱度测量仪等，产品性能和质量有不少进展，但是与国外同类产品相比，以中低档的居多，精度低或不稳定，可靠性低。行业整体上高新技术基础薄弱，自主开发创新能力欠缺，尤其是量仪关键零部件如基准高精度长、圆传感器、测头探测系统、精密传动丝杆及直线滚动导轨等几乎全依赖进口。缺乏测量基础技术研究和基础设施，缺乏精密仪器制造技术、装备和人才，缺乏精密量仪基准传递检测技术、装备与环境条件，缺乏高水平研究团队和市场开拓技术服务人员，因此，企业自身很难实现自主创新开发，生产制造具有市场竞争力的高端数控测量装备。由于量仪高新技术集成度高，自主创新开发难度大，开发周期长，需要大量财力、物力和人力的投入，市场开拓艰难，绩效差，更面临和国外跨国公司"重量级选手"的竞争。这些不利因素对企业领导在制定量仪发展决策时起到了消极的影响。

总的来说，量具量仪行业在机床工具制造行业中发展最为迟缓，比国外先进技术至少落后 20 年。

近几年，以汽车为代表的机械制造业高速发展，国家振兴机械装备制造业的政策出台，给我国量具量仪产业的发展提供了机遇。"十一五"，我国机械制造领域国家重点优先发展专项中,对精密测量技术和仪器提出了更多、更高、更新的要求,这对我国量具量仪产业是个良好的发展机遇。不少企业抓住了"十一五"发展机遇,加快技改,加大技术引进和自主创新投入,积极实施产业结构转型,开发了市场急需的、高科技高性价比的先进数字化量具量仪产品。在世界经济不景气的情况下,对于具有良好性价比的我国量具量仪产品,尤其是数显电子量具和数字化测量仪器,应该是个机会。积极稳定原有市场、开拓新市场是可取的。在注重技术和工艺改造,提升传统产品质量,加强管理进一步降低成本的同时,努力开发新技术新产品,推动技术、产品的升级换代,抓住时机迅速提升企业竞争力,显得更为重要和紧迫。

四、我国量具量仪近年的新技术和新产品集锦

2010年、2012年是我国量具量仪行业在新技术和新产品开发上取得明显成果的时期,这得归功于经济大环境的复苏改善,国家政策的导向支持、重点项目的拉动,更应归功于企业重视技术创新,跟踪行业发展趋势,瞄准国家及市场需求,结合自身优势积极开发新技术、新产品。

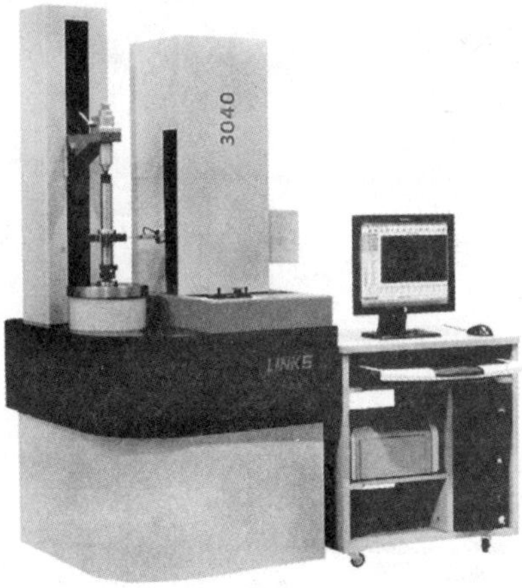

精密测量技术和量具量仪近年来的发展趋势归结为三大方向:测量技术和信息技术及先进数字化制造技术的集成和融合——强化了精密测量的过程质量监控和服务功能,实现了从"被动"检测到"主动"监控的转变,从"离线"到"在线"、从"事后"到"实时"的转变;测量信息和测量数据无线/网络传输技术的应用及数控测量仪器/系统的网络远程服务;集成了先进测量技术的制造系统远程诊断/咨询服务系统/平台。八个领域:数字化量具和传感器——为适应加工环境,实现纳米高精度测量,开发新测量原理;坐标探测系统——多轴高精度扫描测量;便携式、便于操作的高精度激光测量系统;现场快速、光电非接触测量仪器的发展——悬臂式坐标测量机,关节臂式测量机,可移动式测量仪;极限尺度测量仪器的发展——大尺寸复杂零组件的现场测量,激光雷达,iGPS,MEMS的纳米测量坐标机;在线/在机测量仪器的发展——主动/工位量仪;仪器精度软件补偿技术——仪器静态精度补偿和温度、力等工况环境的动态补偿,以及仪器故障自诊断技术和软件远程升级和维护技术;精密量具量仪和制造系统的集成融合,构建设计加工测量闭环制造系统等。

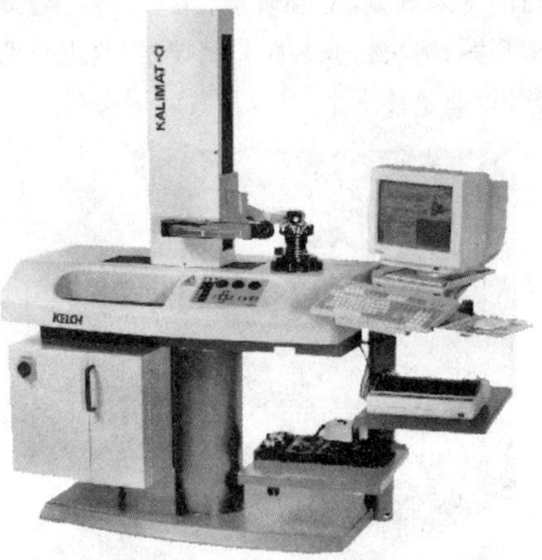

我国量具量仪制造行业近年取得的部分主要成果和代表企业介绍如下。

(1)数字化量具方面主要有:防水防尘性能达到IP67的"工况型"数显卡尺——桂林广陆数字测控股份有限公司,上下左右可视"宜人化"的数显千分尺——青海量具刃具有限责任公司,红外"遥控型"数显指示表——成都成量工具集团有限公司,数控机床用"无线传输型"触发式测头——哈尔滨先锋机电技术开发有限公司,蓝牙"无线传输"电子水平仪——青岛前哨精密仪器有限公司,高精度陶瓷步距规——桂林安一量具有限公司、深圳市鹰旗实业有限公司,CNC齿轮成形磨床在机检测装置——秦川机床集团有限公司。

(2)数控测量仪器方面主要有:花岗石基座CNC齿轮测量中心——哈尔滨量具刃具集团有限责任公司、哈尔滨精达测量仪器有限公司和哈尔滨智达测控技术有限公司,大型龙门式三坐标测量机——北京航空精密机械研究所、西安爱德华测量设备有限公司、深圳市壹兴佰测量设备有限公司,CCD成像刀具预调测量仪——哈尔滨量具刃具集团有限责任公司、成都成量工具集团有限公司和天津市天门精密机械有限公司,凸轮轴曲轴检测仪——北京中科恒业中自技术有限公司、哈尔滨量具刃具集团有限责任公司,高精度圆度/圆柱度测量仪——哈尔滨工业大学、西安威尔信精密仪器有限公司,精密影像测量仪——贵阳新天光电科技有限公司、苏州怡信光电科技有限公司、珠海市怡信测量科技有限责任公司、苏州天准精密技术有限公司,高性价比轻便影像测量仪——深圳智泰精密仪器有限公司,首创的绝对编码网格式影像仪——东莞七海光电有限公司,集成CNC齿轮测量中心和离线数控砂轮修整机的齿轮刀具闭环制造系统——西安共达精密机电公司、汉江工具有限责任公司,大型CNC齿轮测量仪——哈尔滨量具刃具集团有限责任公司、秦川机床集团有限公司,微小齿轮测量仪器——成都工具研究所有限公司和北京工业大学,激光干涉测量系统——成都工具研究所有限公司,复合测头五坐标测量机——西安交通大学等。

五、期许与展望

工具行业在实施国家重大专项规划中,"官(管)、用、产、学、研”相结合是条有效途径。由政府管理部门通过对重大项目的统筹规划、立项管理，调动、整合与集成行业内外的优势资源，解决行业共性关键技术，改进行业技术基础设施，提升行业整体水平，具有重要的现实意义。

由中国机械工业联合会承接的国家科技支撑计划“高速高效切削工具的研究开发”项目是个成功典范。该项目与国民经济发展规划和重大项目需求密切结合，针对我国航空航天、交通运输设备行、能源设备行业发展急需的高档数控机床和高速高效数控工具，在共性关键技术和典型产品开发制造技术方面，明确了目标，确定了11个课题，集中了行业内外“用、产、学、研”的优势企业和科研院所，在中国机械工业联合会科技工作部的组织领导下，强强联合，优势互补，协同攻关。短短不到2年时间，在超细晶粒硬质合金材料的制备技术（株洲钻石切削刀具股份有限公司、厦门金鹭特种合金有限公司）、高性能涂层（TiAlN、厚膜 Al_2O_3）设备和涂层工艺成套技术（上海工具厂有限公司、四川大学、成都工具研究所有限公司）、曲轴磨削高速高效CBN砂轮制造成套技术（郑州磨料磨具磨削研究所）、大型重型复杂数控齿轮滚刀、插齿刀、花键拉刀的制造技术及装备（汉江工具厂有限公司、哈尔滨第一工具制造有限公司）方面都取得了突破性成果。以加工石油管的螺纹刀片和加工火车轮毂刀片为代表的硬质合金复杂成形数控刀具成套制造技术水平（成都工具研究所有限公司、株洲钻石切削刀具股份有限公司）也有明显的提高。在高速高效切削加工基础理论、共性技术的研究和实验检测装备、先进切削工艺（南京航空航天大学、山东大学、成都工具研究所有限公司）方面也取得了令人鼓舞的进展。“高速高效切削工具的研究开发”项目的实践，为精密数字化量具量仪制造行业的国家立项、行业攻关，提供了一个可借鉴的模式和途径。

〔撰稿人：谢华锟〕

行业概况

从生产发展、市场及销售、产品进出口、科技成果及新产品等方面阐述机床工具各分行业及企业2011年发展情况

综述
专文
行业概况
市场概况
企业专题
统计资料
标准化
大事记
附录

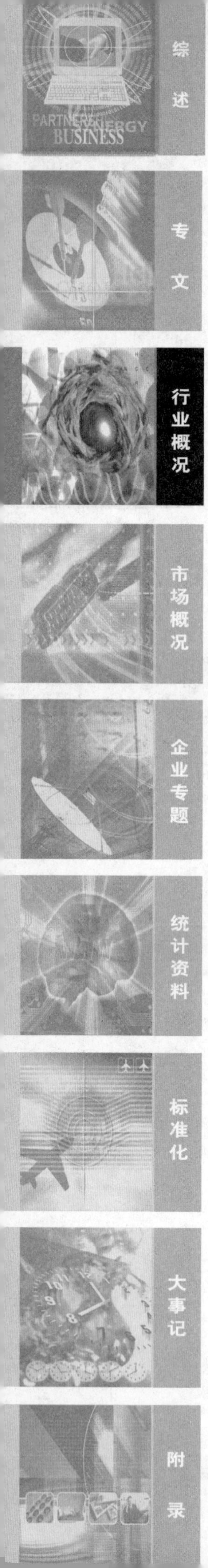
综述
专文
行业概况
市场概况
企业专题
统计资料
标准化
大事记
附录

金属切削机床

金属切削机床行业包括车床行业、铣床行业、钻镗床行业、磨床行业、齿轮加工机床行业、特种加工机床行业、插拉刨床行业、锯床行业、组合机床行业、重型机床行业及小型机床行业。

一、行业基本情况

1. 国家统计局发布的金属切削机床行业基本情况

2011 年,金属切削机床行业共有规模以上企业 609 家,比上年减少 194 家;产品销售产值 1 486.7 亿元,比上年增长 21.6%,增幅比上年下降 11.3 个百分点;工业总产值 1 542.8亿元,比上年增长 23.1%,增幅比上年下降 11.2 个百分点。

2. 年鉴统计的金属切削机床行业基本情况

2011 年,参加年鉴统计的金属切削机床行业企业 234 家,比上年减少 14 家,占全行业企业总数的 38.4%。完成工业总产值 1 146.2 亿元,占全行业工业总产值的 74.3%,比上年下降 4.8 个百分点;产品销售产值 1 116.7 亿元,占全行业产品销售产值的 75.1%,比上年下降 4.4 个百分点。

金属切削机床行业基本情况统计口径分为 11 个小行业,全行业机床类产品产值占工业总产值的平均值为 83.7%。2011 年金属切削机床行业 11 个小行业(234 家企业)基本情况见表 1。

表 1　2011 年金属切削机床行业 11 个小行业(234 家企业)基本情况

行业名称	企业数(家)	工业总产值(万元)	机床工具类产品产值(万元)	工业销售产值(万元)	机床工具类产品销售产值(万元)	工业增加值(万元)	实现利税(万元)	从业人员平均人数(人)	资产总计(万元)	流动资产平均余额(万元)	固定资产净值余额(万元)
合计	234	11 461 829	9 590 414	11 166 765	9 538 792	3 863 598	953 589	185 560	13 954 773	8 862 569	2 516 485
车床	29	2 926 306	2 663 089	2 861 198	2 861 198	1 038 608	205 374	46 156	3 454 472	2 181 244	603 496
钻镗床	27	1 809 365	1 459 313	1 766 051	1 398 446	951 913	73 301	30 179	2 688 407	1 806 268	393 509
磨床	35	632 866	544 539	600 213	522 302	204 577	65 685	16 229	1 010 120	551 829	217 813
齿轮加工机床	12	1 150 285	673 485	1 234 037	641 154	186 284	100 873	21 580	1 081 449	620 049	263 740
铣床	27	1 339 894	1 204 011	1 206 349	1 101 893	578 157	209 121	21 749	2 091 974	1 398 125	363 083
插拉刨床	12	72 493	51 094	70 045	68 532	26 526	7 171	3 910	102 197	65 025	13 057
特种加工机床	27	318 027	304 742	308 606	285 953	13 001	54 934	9 627	240 453	143 524	45 276
锯床	35	289 646	273 439	270 455	257 059	71 875	49 340	5 695	240 507	140 310	67 067
组合机床	16	2 167 742	1 735 785	2 135 025	1 707 379	626 407	144 311	11 569	1 977 593	1 367 583	185 358
重型机床	8	656 154	600 312	617 010	597 100	134 972	32 746	15 621	900 517	515 652	313 266
小型机床	6	99 051	80 605	97 776	97 776	31 278	10 733	3 245	167 084	72 960	50 820

注:资料来源于本年鉴统计资料。表中的机床产品产值含金属切削机床行业生产的非金属切削机床产值。

二、行业生产情况

1. 国家统计局发布的金属切削机床基本生产情况

2011 年,国家统计局发布的统计信息显示,生产金属切削机床的企业 427 家,比上年下降 21.8%;427 家企业共生产金属切削机床 859 926 台,比上年增长 15.1%。其中,生产数控金属切削机床的企业有 226 家,比上年下降 19%;226 家企业共生产数控金属切削机床 257 078 台,比上年增长 20.6%。

2. 本年鉴统计的金属切削机床基本生产情况

2011 年,金属切削机床生产企业 224 家,比上年减少 6 家。共生产金属切削机床 660 664 台,比上年增长 4.3%,占全国总产量的 76.8%;其中数控机床 229 436 台,比上年增长 20.6%,占全国总产量的 89.2%。金属切削机床产值 850.8 亿元,比上年增长 23.5%;其中数控机床产值 595.5 亿元,比上年增长 26.3%;金属切削机床产值数控化率为 70%。

机床产值占比前五名依次是:车床,占 25.8%;加工中心,占 21.2%;镗床,占 13.0%;铣床,占 8.3%;其他金属切削机床,占 6.6%。数控机床产值占比前五名依次是:加工中心,占 30.3%;数控车床,占 23.7%;数控铣床,占 8.7%;其他金属切削机床,占 8.4%;组合机床,占 6.5%。2011 年金属切削机床行业(224 家企业)生产情况见表 2。

表2　2011年金属切削机床行业(224家企业)生产情况

产品名称	实际完成			其中:数控		
	产量(台)	产值(万元)	产值占比(%)	产量(台)	产值(万元)	产值占比(%)
金属切削机床	660 664	8 507 765	100.0	229 436	5 954 591	100.0
加工中心	40 356	1 803 554	21.2	40 356	1 803 554	30.3
立式加工中心	33 429	883 359		33 429	883 359	
卧式加工中心	3 314	408 025		3 314	408 025	
龙门式加工中心	3 074	502 874		3 074	502 874	
其他加工中心	539	9 296		539	9 296	
车床	240 641	2 189 995	25.8	104 934	1 412 309	23.7
钻床	73 425	333 035	3.9	1 977	18 089	0.3
镗床	10 781	1 106 388	13.0	4 036	433 566	7.3
磨床	33 576	537 305	6.3	7 361	253 428	4.3
齿轮加工机床	7 614	406 472	4.8	3 536	328 923	5.5
螺纹加工机床	15 270	23 030	0.3	64	7 520	0.1
铣床	71 674	709 250	8.3	29 495	517 430	8.7
插床	520	3 907				
拉床	402	17 610	0.2	110	4 958	0.1
特种加工机床	20 750	253 185	3.0	20 418	251 665	4.2
锯床	60 595	139 715	1.6	8 676	36 363	0.6
组合机床	6 966	418 991	4.9	6 449	384 320	6.5
仪表车床	43 859	6 184	0.1			
其他金属切削机床	34 235	559 144	6.6	2 024	502 466	8.4
台钻	167 641	332 198				
砂轮机	19 033	1 104				

注:资料来源于本年鉴统计资料。金属切削机床总计数中不含台钻、砂轮机、抛光机。

三、出口情况

1. 海关总署统计的金属切削机床出口情况

2011年,全国金属加工机床出口额24.2亿美元,比上年增长30.31%;数控金属加工机床出口额9亿美元,比上年增长39.77%,占金属加工机床出口额的37.2%。其中,金属切削机床出口额16.6亿美元,比上年增长29.5%;数控金属切削机床出口额7.2亿美元,比上年增长36.69%,占金属切削机床出口额的43.4%。

2. 本年鉴统计的金属切削机床出口情况

2011年,94家企业共出口金属切削机床53 995台,比上年增长11.1%,占海关总署统计(减去台钻、砂轮机、抛光机6 397 891台)的6.6%;出口额8亿美元,比上年增长15.2%,占海关总署统计(减去台钻、砂轮机、抛光机46 049.2万美元)的66.7%。出口各种数控金属切削机床5 849台,比上年增长13.3%,占海关总署统计的15.6%;出口额5.6亿美元,比上年增长11.4%,占海关总署统计的77.8%。2011年金属切削机床行业(94家企业)产品出口情况见表3。

表3　2011年金属切削机床行业(94家企业)产品出口情况

(续)

产品名称	实际完成		其中:数控	
	出口量(台)	出口额(万美元)	出口量(台)	出口额(万美元)
金属切削机床	53 995	79 869.6	5 849	55 652.3
加工中心	648	14 289.9	648	14 289.9
立式加工中心	493	2 419.1	493	2 419.1
卧式加工中心	50	986.8	50	986.8
龙门式加工中心	83	10 788.5	83	10 788.5
其他加工中心	22	95.5	22	95.5
车床	16 864	18 721.2	2 081	7 768.8
钻床	10 926	2 517.6		
镗床	199	2 426.9	27	937.2
磨床	1 855	2 459.9	148	885.1
齿轮加工机床	102	652.3	36	490.0
螺纹加工机床	378	262.6	374	219.0
铣床	8 217	26 608.5	156	20 700.4
插床	1	1.6		
特种加工机床	2 088	10 099.2	2 088	10 099.2
锯床	12 104	1 318.0	237	192.9
其他金属切削机床	613	511.9	54	69.8
台钻	14 361	397.9		
金属成形机床	178	78.5		
机械压力机	178	78.5		

注:资料来源于本年鉴统计资料。2011年人民币与美元平均汇率折算率为1:6.458 84。

四、新产品

年鉴资料显示，2011年金属切削机床行业92家企业共完成新产品521种，比上年减少185种。其中，金属切削机床496种，占全部新产品的95.2%；数控金属切削机床399种，比上年减少66种，占金属切削机床的80.4%。在521种新产品中，属全新设计的329种，改型设计的179种；属行业新产品的176种。新产品中，磨床新产品数量最多，达131种；加工中心次之，共110种；车床第三，共78种。3种产品占金属切削机床新产品的比率分别是：26.4%、22.2%和15.7%。在数控金属切削机床新产品中，加工中心数量名列第一（110种），数控磨床第二（101种），数控车床第三（70种），所占数控金属切削机床新产品的比例分别是27.6%、25.3%和17.5%。2011年金属切削机床行业（92家企业）新产品开发情况见表4。

表4　2011年金属切削机床行业（92家企业）新产品开发情况

产品名称	新产品（种）	所占比例（%）	其中：数控（种）	所占比例（%）
金属切削机床	496	100.0	399	100.0
加工中心	110	22.2	110	27.6
立式加工中心	38		38	
卧式加工中心	21		21	
龙门式加工中心	31		31	
其他加工中心	20		20	
车床	78	15.7	70	17.5
铣床	37	7.5	29	7.3
钻床	11	2.2	8	2.0
镗床	19	3.8	15	3.8
磨床	131	26.4	101	25.3
齿轮加工机床	37	7.5	26	6.5
特种加工机床	17	3.4	17	4.3
拉床	1	0.2		
锯床	13	2.6	4	1.0
生产线	3	0.6	2	0.5
珩磨机	3	0.6	2	0.5
专机	17	3.4	2	0.5
其他金属切削机床	19	3.8	13	3.3

注：资料来源于本年鉴统计资料。

五、专利发明情况

本年鉴汇总了2011年金属切削机床行业11个小行业的专利，共444项，比上年增加84项。其中，实用新型专利360项，占行业专利总数的81.1%。2011年金属切削机床行业授权专利情况见表5。

表5　2011年金属切削机床行业授权专利情况

行业名称	专利数量（项）	授权专利类型统计（项）		
		发明	实用新型	外观设计
金属切削机床	444	66	360	18
车床	18	2	14	2
钻镗床	5	5		
磨床	99	25	73	1
齿轮加工机床	35	8	27	
铣床	46	3	41	2
插拉刨床	10		10	
特种加工	35	6	24	5
锯床	50	6	41	3
组合机床	58	10	44	4
重型机床	74		73	1
小型机床	14	1	13	

六、科研项目

2011年，金属切削机床行业共报送科研项目403项，投资26亿元。其中，国家级科研项目78项，属于国家重大专项55项；省市级科研项目58项。在报送的科研项目中，应用状况处于研制阶段的232项，自行应用的124项。报送的获奖科研项目76项，其中，国家级10项、省市级53项、行业级11项。

车床行业、铣床行业、钻镗床行业、磨床行业、齿轮加工机床行业、特种加工机床行业、插拉刨床行业、锯床行业、组合机床行业、重型机床行业及小型机床行业详细情况见各分行业篇。

〔撰稿人：中国机床工具工业协会周秀茹〕

车　床

车床行业如同机床工具行业一样，近十年取得了巨大发展。“十一五”期间，国内企业通过兼并重组和国际并购，优化了产业结构，推动了国内外企业的有机结合，为建立产业新格局、提高行业创新能力、实现规模化生产和提高国际竞争能力打下了良好的基础。车床类产品中的普及型、全功能数控车床和高速数控车床、精密数控车床、车削中心及铣车复合机床等被列入“十二五”重点发展产品项目。在“十二五”初期，尽管受到后金融危机影响，整个车床行业仍经受住了考验，依然保持了经济总量的平稳增长。

一、基本情况

车床分会生产企业在册会员单位51家，其中，国有企业15家、国有公司制企业16家、民营企业20家，职工人数超过4.6万人。参加本年鉴汇总的车床行业企业有29家。

根据车床分会对29家骨干会员的统计，2011年完成工业总产值292.6亿元，比上年增长17.2%；工业销售产值

286.1亿元，比上年增长16%；实现利税20.5亿元，比上年增长3.9%；从业人员平均人数46 156人。2011年车床行业主要经济指标完成情况见表1。

表1　2011年车床行业主要经济指标完成情况

指标名称	单位	年度累计
工业总产值	万元	2 926 306
其中：机床工具类产品产值	万元	2 663 089
工业销售产值	万元	2 861 198
其中：机床工具类产品销售产值	万元	2 861 198
工业增加值	万元	1 038 608
实现利税	万元	205 374
从业人员平均人数	人	46 156
资产总计	万元	3 454 472
流动资产平均余额	万元	2 181 244
固定资产净值平均余额	万元	603 496

二、生产情况

2011年，车床分会29家骨干会员企业生产各种金属切削机床179 398台，金属切削机床总产值2 672 595万元。生产车床142 585台，比上年增长4.8%，其中数控车床60 720台，比上年增长5.7%。车床产量数控化率42.6%，与上年持平。车床产值1 532 986万元，比上年增长17.3%；数控车床产值901 938万元，比上年增长27%。车床产值数控化率58.8%，比上年提高4.5个百分点。

从上述数据可以看出，车床行业产品结构调整取得了显著的成效。尤其是经过2008年国际金融危机的冲击，行业企业进一步提高了对改善产品结构必要性和重要性的认识。许多企业对主要产品进行调整，压缩低档、普通产品，升级换代经济型数控车床，着力发展中高档数控车床、加工中心以及生产线。2011年车床行业分类产品生产情况见表2。

表2　2011年车床行业分类产品生产情况

产品名称	实际完成		其中：数控	
	产量（台）	产值（万元）	产量（台）	产值（万元）
金属切削机床	179 398	2 672 595	71 206	1 572 986
加工中心	8 102	480 440	8 102	480 440
立式加工中心	6 326	213 301	6 326	213 301
卧式加工中心	942	120 242	942	120 242
龙门式加工中心	834	146 897	834	146 897
车床	142 585	1 532 986	60 720	901 938
钻床	20 872	120 267	38	1 625
镗床	4 485	493 440	1 321	166 914
磨床	24	3 942	17	2 567
铣床	35	2 207	6	255
刨床	71	4 469		
其他金属切削机床	3 224	34 845	1 002	19 248

三、出口情况

2011年，车床行业出口金属切削机床14 580台，比上年增长35.3%；出口额17198.8万美元，比上年增长81.7%。出口车床11 609台，比上年增长22.4%；出口额8 708万美元，基本与上年持平。其中，出口数控车床1 291台，比上年增长65.9%；出口额2 660.6万美元，比上年减少4.1%。可以看出，虽然车床出口量有一定的增长，但是出口车床档次明显降低，我国车床行业必须大力发展中高端车床，打造精品车床，加强车床品牌建设。2011年车床行业分类产品出口情况见表3。

表3　2011年车床行业分类产品出口情况

产品名称	实际完成		其中：数控	
	出口量（台）	出口额（万美元）	出口量（台）	出口额（万美元）
金属切削机床	14 580	17 198.8	1 576	9 256.4
加工中心	224	6 435.0	224	6 435.0
立式加工中心	166	629.3	166	629.3
卧式加工中心	19	429.9	19	429.9
龙门式加工中心	39	5 375.8	39	5 375.8
车床	11 609	8 708.0	1 291	2 660.6
钻床	2 113	810.8		
镗床	89	798.7	5	63.7
磨床	5	38.4	4	32.3
其他金属切削机床	540	407.9	52	64.8

四、新产品开发情况

2011年，参加年鉴汇总的企业共开发新产品44种，包括数控车床、加工中心、生产线以及其他数控机床。2011年车床行业新产品开发情况见表4。

表4　2011年车床行业新产品开发情况

序号	产品名称	产品型号	主要技术参数	产品性质	产品水平
天水星火机床有限责任公司					
1	数控端面车床	CK64160	ϕ1 600mm	改型设计	国内领先
2	数控五轴联动车铣复合加工机床	CH61125	ϕ1 250mm	改型设计	国内领先

（续）

序号	产品名称	产品型号	主要技术参数	产品性质	产品水平
3	航空精密加工数控车床	CNCH350	ϕ350mm	改型设计	国内领先
4	大型船舶用曲轴加工中心	无固定型号	ϕ3 500mm	改型设计	国内领先
5	大型数控万能车床	CKW61160	ϕ1 600mm	全新设计	国内领先
沈阳机床（集团）有限责任公司					
6	数控车床	HTC3230	最大加工直径:410mm,最大加工长度:300mm,主轴功率:15kW,主轴最大转速:2 500 r/min,主轴最大输出转矩:417N·m,快速移动速度(X/Z):20m/min	全新设计	国内先进
7	数控卧式轮毂车床	HTC6680hwh	最大加工直径:660mm,最大加工长度:800mm,主轴功率:30kW,主轴最大转速:2 300 r/min,主轴最大输出转矩:360N·m,快速移动速度(X/Z):(15 m/min)/(20 m/min)	全新设计	国内先进
8	车铣中心	HTM40100	最大加工直径:400mm,最大加工长度:1 000mm,车削主轴额定功率:22kW,车削主轴最大转速:5 000 r/min,车削主轴最大转矩:150N·m,铣削主轴最大转速:20 000 r/min,铣削主轴额定功率:60kW,铣削主轴最大转矩:95.5N·m,快速移动速度(X/Z):25 m/min	全新设计	国内先进
9	车铣中心	HTM80400	最大加工直径:800mm,最大加工长度:4 000mm,主轴额定功率:37kW,主轴最大转速:2 000 r/min,最大输出转矩:2 000N·m,快速移动速度($X/Y/Z$):(16 m/min)/(15 m/min)/(20 m/min)	改型设计	国内先进
10	数控立式车床	VTC3240	最大加工直径:320mm,最大加工长度:400mm,主轴额定功率:11kW,主轴最大转速:2 500 r/min,最大输出转矩:350N·m,快速移动速度(X/Z):20 m/min	全新设计	国内先进
11	数控立式轮毂车床	VTC6664vwh	最大加工直径:660mm,最大加工高度:680mm,主轴功率:60kW,最大输出转矩:1 100N·m,最大转速:2 000 r/min,快速移动速度(X/Z):30 m/min	全新设计	国内先进
12	立式数控车床	VTC8080	最大回转直径:1 000mm,最大加工直径:900mm,最大车削高度:800mm,主轴转速:50～800 r/min	全新设计	国内先进
13	双刀架立式数控车床	VTC10080d	最大回转直径:1 200mm,最大车削高度:800mm,最大车削直径:1 000mm,主轴转速:5～400 r/min,主轴最大转矩:21 330N·m,快速移动速度(X/Z):10 m/min	全新设计	国内先进
14	立式双刀架数控车削中心	VTC12580d	最大回转直径:1 600mm,最大车削高度:800mm,最大车削直径:1 250mm,主轴转速:5～300 r/min,主轴最大转矩:24 768 N·m,快速移动速度(X/Z):10 m/min	全新设计	国内先进
15	数控车床	HTC32i 系列	最大加工直径:450mm,最大加工长度:500mm,主轴功率:15kW,主轴最大转速:4 000 r/min,主轴最大输出转矩:272N·m,快速移动速度(X/Z):(24 m/min)/(20 m/min)	全新设计	国内先进
16	数控车床	HTC4050n	最大回转直径:690mm,最大加工直径:400mm,最大车削长度:500mm	改型设计	国内先进
17	车削中心	HTC40100ny	最大回转直径:690mm,最大加工直径:400mm,最大车削长度:900mm,Y轴行程:70mm	改型设计	国内先进

（续）

序号	产品名称	产品型号	主要技术参数	产品性质	产品水平
18	双主轴双刀架数控车床	HTC50250n	最大回转直径:690mm,最大加工直径:500mm,最大车削长度:2 500mm	改型设计	国内先进
19	数控车床	STC3030	最大回转直径:500mm,最大加工直径:300mm,最大车削长度:300mm. 主轴转速:30～1 200 r/min	全新设计	国内先进
20	数控抽油杆车床	STC1460n	床身上最大回转直径:750mm,滑鞍上最大回转直径:500mm,最大车削直径:140mm,最大车削长度:500mm,主轴通孔直径:155mm,主轴转速:90～800 r/min	全新设计	国内先进
21	数控抽油杆车床	STC2085n	床身上最大回转直径:500mm,滑鞍上最大回转直径:300mm,最大车削直径:65mm,最大车削长度:500mm,主轴通孔直径:68mm,主轴转速:45～1 000r/min	全新设计	国内先进
22	数控抽油杆车床	STC2260n	床身上最大回转直径:810mm,滑鞍上最大回转直径:580mm,最大车削直径:240mm,最大车削长度:500mm,主轴通孔直径:260mm,主轴转速:185～600 r/min	全新设计	国内先进
23	数控纵切机床	SH20－5	主轴最大回转直径:20mm,车削直径:20mm,车削长度:200mm,快速移动速度(*X/Y/Z*):18 m/min,主轴最高转速:6 000 r/min,主电动机功率:2.2kW、3.7kW,动力刀具最高转速:6 000 r/min,动力刀具电动机功率:1kW,加工精度:IT5,定位精度(*X/Y*、*Z*),0.005mm/0.01mm,重复定位精度(*X/Y*、*Z*):0.002 5 mm/0.005mm	改型设计	国内先进
24	数控纵切机床	SH20－7	主轴最大回转直径:20mm,车削直径:20mm,车削长度:200mm,快速移动速度($X/Y/Z_1/Z_2$):18 m/min,主轴最高转速:6 000 r/min,主电动机功率:2.2kW、3.7kW,动力刀具最高转速:6 000 r/min,动力刀具电动机功率:1kW,加工精度:IT5	改型设计	国内先进
25	经济型数控卧式车床	ETC1625u	床身最大回转直径:450mm,车削直径:160mm,车削长度:250mm,快速移动速度(*X/Z*):12 mm/min,主轴最高转速:4 000 r/min,主电动机功率:5.5kW,主轴额定转矩:63.5N·m,换刀时间(T－T):2s,加工精度:IT6,表面粗糙度:1.6μm,定位精度(*X/Z*):0.012mm/0.016mm,重复定位精度(*X/Z*):0.005mm/0.006mm	改型设计	国内先进
26	经济型数控卧式车床	ETC1625p	床身最大回转直径:450mm,车削直径:160mm,车削长度:250mm,行程(*X/Z*):360mm/300mm,快速移动速度(*X/Z*):12 mm/min,主轴最高转速:4 000 r/min,主电动机功率:5.5kW,主轴额定转矩:63.5 N·m,加工精度:IT6,表面粗糙度:1.6μm,定位精度(*X/Z*):0.013mm/0.018mm,重复定位精度(*X/Z*):0.007mm/0.008mm	改型设计	国内先进
27	经济型数控卧式车床	ETC1015p	床身最大回转直径:265mm,车削直径:100mm,车削长度:150mm,快速移动速度(*X/Z*):20 mm/min,主轴最高转速:5 000 r/min,主电动机功率:3.7kW,主轴额定转矩:35N·m,加工精度:IT6,表面粗糙度:1.6μm,定位精度(*X/Z*):0.012mm,重复定位精度(*X/Z*):0.003mm	改型设计	国内先进

（续）

序号	产品名称	产品型号	主要技术参数	产品性质	产品水平
安阳鑫盛机床股份有限公司					
28	汽车带轮加工自动生产线	XSPT001	自动线加工节拍:28.5s,最大加工零件重量:5kg,夹持工件最大直径:200mm,加工零件厚度:20~50mm	全新设计	国内先进
29	大型卧式车床	CW61125/10	床身最大回转直径:1 250mm,顶尖距:5 000mm,最大加工件重量:10t	全新设计	国内先进
30	卧式球面车床	C65160	顶尖距:3 000mm,最大加工件重量:16t,加工球面直径:1 000~1 600mm	全新设计	国内先进
31	斜床身经济型数控车床	ADJ15	床身最大回转直径:400mm,顶尖距:600mm,最大切削直径:300mm	全新设计	国内先进
32	斜床身经济型数控车床	ADJ25	床身最大回转直径:500mm,顶尖距:600mm,最大切削直径:370mm	全新设计	国内先进
济南一机床集团有限公司					
33	数控重型卧式车床	J1CK61125	床身上最大回转直径:1 250mm,最大车削直径:700mm,最大加工长度:16 000mm,主轴转速:1~180 r/min,主电动机功率:55kW,刀架刀位数:4,快速移动速度(*X/Z*):6 m/min	全新设计	国内先进
34	数控刨台卧式铣镗床	J1TK65	主轴直径:130mm、160mm,主轴转速:5~2 000 r/min(2挡),主轴电动机功率:22kW、30kW,主轴最大输出转矩:3 350N·m,快速移动速度(*X*、*Y*、*Z/W*):(9 m/min)/(6 m/min),工件稳定切削尺寸精度:IT6	全新设计	国内先进
35	车铣复合加工中心	MAL-700ATC	主轴输出转矩:2 256N·m,控制轴数:五轴四联动,主轴转速:20~2 000 r/min,快速移动速度(*X*、*Y/Z*):(12 m/min)/(16 m/min),定位精度(*X/Z*):0.016mm/0.025mm,加工尺寸精度:IT6	全新设计	国内先进
南京第一机床厂有限公司					
36	数控车削中心	CK1463/LG	ϕ630mm×3 000mm	全新设计	国内领先
37	数控车削中心	CK1463-Y/LG	ϕ630mm×3 000mm	全新设计	国内领先
38	数控铣床	VM-800	1 050mm×500mm	改型设计	国内领先
39	立式加工中心	VMC-800	1 050mm×500mm	改型设计	国内领先
宝鸡机床集团有限公司					
40	高速数控车床	CK7516GS	床身上最大回转直径:400mm,床身最大车削直径:280mm,床鞍上最大回转直径:180mm,主轴转速:60~8 000r/min,主电动机功率:11kW,快速进给速度(*X/Z*):42 m/min,行程(*X/Z*):165mm/340mm	全新设计	国内领先
41	高速车削中心	CH7516GS	动力刀具最高转速:6 000 r/min,床身上最大回转直径:400mm,床身最大车削直径:280mm,床鞍上最大回转直径:180mm,主轴转速:60~8 000 r/min,主电动机功率:11kW,快速进给速度(*X/Z*):42 m/min,行程(*X/Z*):165mm/340mm	全新设计	国内领先
42	缸套专用车床	GT32	床身上最大回转直径:400mm,床鞍上最大回转直径:320mm,车削缸套最大直径:320mm,主轴转速:100~500 r/min	全新设计	填补国内空白
43	数控珩磨机	2MK2218B	珩孔直径:80~180mm,最大珩孔深度:400mm,主轴最大行程:800mm,主轴转速:25~250 r/min,主轴往复速度:2.5~25 m/min,主轴端面距工作台面的距离:550~900mm,工作台面尺寸:ϕ720mm,工作台分度精度:±30″	改型设计	国内领先

（续）

序号	产品名称	产品型号	主要技术参数	产品性质	产品水平
44	滚子轴承超精机	3MBW340	加工工件内径：100～300mm，加工工件外径：120～400mm，加工工件宽度：17～170mm，工件转速：50～1 000r/min，振荡频率：120～2 400次/min	全新设计	国内领先

五、科研项目

2011年，车床行业上报科研项目19项，上报获奖科研项目12项。2011年车床行业部分企业科研项目见表5。2011年车床行业获奖科研项目见表6。

表5 2011年车床行业部分企业科研项目

序号	科研项目名称	主要内容	投入资金（万元）	项目来源
天水星火机床有限责任公司				
1	CCK61350数控重型卧式车床	该车床具有双刀架结构，左、右刀架选用框式刀架卧式结构，为主、副刀板形式；纵、横向采用静压导轨多油腔结构形式，均化了由切削力产生的振动、颠覆力矩等；主传动为自动两挡无级变速机构。尾座移动采用电动机－齿轮－蜗杆蜗条传动机构，可减少尾座轴向窜动的间隙，运用以上机构有效地解决了普通重型车床刚度及承载能力不足的问题，消除了质量不稳定、自动化程度低等诸多缺点	合计3 900	企业自行开发
2	CHX61315车铣复合加工机床	该机床广泛应用于机械、冶金、航空、轻工、矿山等设备制造行业。在研发过程中，引入了一些新观念及新技术，对传统结构予以改进，保证其主要的技术性能较国内同类产品有较大的提高。主机遵循现代高速切削、高精度、高效率生产的理念，选用卧式结构，主传动为自动两挡无级变速机构，刀架采用BARUFFALDI公司数控卧式八工位动力刀架。*C*轴采用高精度双导程蜗轮－蜗杆传动，可实现卡盘的精确分度及定位。该机床不仅具有车削、铣削、钻削等多种切削加工功能，而且还具有攻螺纹，以及在径向任意位置及转轴端面铣槽等加工功能		企业自行开发
3	C43160数控曲轴车床	该车床是曲轴加工的专用设备，广泛适用于汽车、轮船、铁路、石油输送等设备制造行业加工大型曲轴类零件，具有回转直径大、加工稳定性高、机床回转精度高、加工曲轴规格多、配重调整方便简捷、机床使用安全可靠以及加工效率高等特点，填补了国内外大型曲轴车削加工的空白，实现了以车代铣，提高了生产效率，降低了生产成本。该车床可从小到大对不同规格曲轴进行加工，特别适用于对重点产品大型曲轴的加工。该机床已成为曲轴加工行业的重要设备之一		企业自行开发
沈阳机床（集团）有限责任公司				
4	HTM40100h车铣加工中心	针对客户需求，以热变形误差补偿技术、多轴联动铣车复合加工工艺、在线检测技术、三维防碰撞技术、动态性能研究与测试技术、空间误差补偿技术、刀具自动识别系统的研究为基础支撑，开发制造具有国际领先水平的系列高档卧式铣车复合加工中心	合计18 800	
5	HTC3250μn精密数控车床和车削中心	该项目是“十一五”国家科技攻关计划重大专项之一，针对高端客户需求，以高精度动静压主轴技术、精密液体静压导轨系统、微量进给机构技术的研究为基础支撑，研制开发新一代精密数控车床。产品可满足航空、国防、军工、天文、光学及电信民用工业等领域对于精密加工的要求		
6	HTC2550hs高速数控车床及车削中心	该项目是“十一五”国家科技攻关计划重大专项之一，针对高端客户需求，可以满足汽车、飞机、模具等制造行业对于高速、高效、复合、智能、环保加工的要求		

（续）

序号	科研项目名称	主要内容	投入资金（万元）	项目来源
7	CAK3635 数控车床	大孔径主轴及排刀设计技术；机床防水可靠性的提高与保证技术；加工和装配工艺优化技术；试验检测技术；三维设计技术；有限元分析优化技术；模块化设计技术和零件通用化设计技术。该车床最大切削直径 360mm，最大切削长度 350mm，主电动机额定功率 7.5kW、11kW		自主研发
8	CAK5075 数控车床	机床主要基础大件动、静刚度试验研究；机床防水可靠性的提高与保证技术；缸体移动式尾台锁紧结构；润滑油回收技术；机床可靠性设计技术研究；有限元分析优化技术；模块化设计技术。该车床最大切削直径 500mm，最大切削长度 750mm，主电动机额定功率 15kW、18.5kW		自主研发
9	CKZ600 数控轴承保持架专用机床	回转工作台设计技术、高速主轴单元的应用；机床防水可靠性的提高与保证技术；加工和装配工艺优化技术；试验检测技术；三维设计技术；有限元分析优化技术；模块化设计技术；零件通用化设计技术。该专机最大钻孔直径 100mm，主电动机额定功率 7.5kW、11kW		自主研发
10	CAK6385di 数控车床	模块化防护结构设计技术；机床防水可靠性的提高与保证技术；加工和装配工艺优化技术；试验检测技术；三维设计技术；模块化设计技术；零件通用化设计技术；人性化操纵箱设计技术		自主研发
11	CAK63185di 数控车床	模块化防护结构设计技术；机床防水可靠性的提高与保证技术；加工和装配工艺优化技术；试验检测技术；三维设计技术；模块化设计技术；零件通用化设计技术；人性化操纵箱设计技术		自主研发
12	CAK8085 数控车床	模块化防护结构设计技术；机床防水可靠性的提高与保证技术；加工和装配工艺优化技术；试验检测技术；三维设计技术；模块化设计技术；零件通用化设计技术		自主研发
13	CAK100290 数控车床	模块化防护结构设计技术；机床防水可靠性的提高与保证技术；加工和装配工艺优化技术；试验检测技术；三维设计技术；模块化设计技术；零件通用化设计技术		自主研发
14	12m 数控螺纹磨床和 9m 数控丝杠旋风铣床	开发具有国际先进技术水平的 12m 大型高速数控丝杠磨床和 9m 大型数控丝杠旋风铣床及配套螺纹动态检测仪器，解决相关的关键技术难题，制定系列化的企业工艺规范与技术标准，培养高水平的研发、制造与管理人才队伍		
15	CK9555 大功率船用柴油机活塞加工用变椭圆车床	该课题研制生产的具有国际先进水平的大功率船用柴油机活塞加工用变椭圆车床，是大型船舶、重型机车、汽车、航空航天、工程机械等领域急需的高档外圆异型活塞加工机床。基本机型主要技术指标：最大回转直径：550mm，最大加工长度：1 000mm，车削主轴最高转速：1 500 r/min，主轴回转精度：0.002mm，快速进给速度（X/Z）：15 000 mm/min		
济南一机床集团有限公司				
16	J1MAL700/MC 数控卧式多轴车削中心	通过产品研发，掌握相关的多轴车削中心总体布局、强力车削电主轴、车铣复合动力刀架、模块化设计、对置式双主轴、复合滑板虚拟 Y 轴、机床热变形及补偿、多轴控制环境下的防干涉以及可靠性技术等关键技术	合计 3 700	
17	MAL－700ATC 型车铣复合加工中心	开发出一种具有自主知识产权的高效、高性能，具有车铣复合功能的五轴四联动卧式加工中心，重点解决车铣复合 B 轴刀架、主传动及机床整体刚性、机床结构的热平衡技术及精度补偿等问题，提高了机床加工精度及稳定性，提高了卧式车铣加工中心的设计能力		济南市自主创新计划
18	J1CK61125 型数控卧式车床	开发出一种具有自主知识产权的、高效、高性能、高可靠性、大输出转矩及功率、大规格的两轴控制数控车床。该车床可加工盘轴类零件，特别适合加工长轴类零件，产品达到国际先进水平		山东省科技攻关计划

（续）

序号	科研项目名称	主要内容	投入资金（万元）	项目来源
宝鸡机床集团有限公司				
19	BM63150C精密数控车床及BM63150X车削中心	掌握精密数控车床及车削中心关键技术，主要包括高速、精密动静压主轴设计、制造技术，高精度导轨、高精度进给系统技术，采用人造大理石制造整体床身技术，提高主轴精度的设计、制造、装配技术；实现主要单元国产化，主要包括精密进给系统、数控系统等；开发完成加工直径630mm的BM63150C精密数控车床和BM63150X精密车削中心共5台		

表6　2011年车床行业获奖科研项目

项目名称	主要内容及应用范围	获奖名称	获奖等级	主要完成单位
大型数控五轴联动车铣复合加工机床	大型数控五轴联动车铣复合加工机床已通过国家科技部验收，是加工复杂曲面的先进设备，是数控技术中难度最大、应用范围最广的机床。该机床集计算机控制、高性能伺服驱动和精密加工技术于一体，应用于高效、精密、自动化加工复杂曲面零件，是我国发电、船舶、航天航空、模具、精密仪器等民用工业和军工部门迫切需要的关键加工设备。机床床身上最大工件加工直径1 250mm、主轴最高转速1 200 r/min，五轴联动，动力刀塔工位数12，能够完成各种复杂曲面加工，技术达到国际先进水平。项目申请专利12项，其中，发明专利3项，已获授权专利8项	甘肃省科技进步奖 天水市科学技术奖	一等奖 一等奖	天水星火机床有限责任公司
HTM125系列车铣中心	HTM125系列车铣中心是沈阳机床股份有限公司自主设计、生产的五轴联动卧式车铣复合加工中心。总体设计：斜床身、具有C轴功能的双主轴箱、运行于床身和辅助导轨之上的单立柱、置于单立柱两侧挂箱上的双刀架、刀具位于主轴正上方的进刀机构、多个曲轴专用中心架、位于第二主轴箱及中心架上移动的特殊燕尾拖动机构、超长全封闭式防护机构等构成了HTM125系列机床。左刀架具有车、镗、铣、钻、铰、攻丝等功能，其刚性优于进口设备；右刀架大转矩输出可实现外铣粗加工，这是进口设备不具有的；在一台机床上可完成粗精加工，效率高，可替代进口机床。较之一般的五轴卧式车床，该机床具有重型机床的承载能力，双刀架的配置，尤其在曲轴加工方面优势明显。在机车制造业、船舶制造业、曲轴加工及相关产业中应用前景广阔	辽宁省科技进步奖	二等奖	沈阳机床股份有限公司
HTC63150n数控车床	HTC63150n大型卧式斜床身数控车床是沈阳机床股份有限公司根据市场需求，在通用数控车床上应用复合导轨结构、增加刀库及自动换刀装置等功能部件，采用油水分离技术，开发设计的一种高效、高性能的先进数控机床。该机床可根据用户需求配置不同容量的刀库，并对普通立式刀架改装，增加了拉刀机构，通过机械手换刀，实现了对复杂多加工序零件一次性加工	沈阳市科技进步奖 全国发明展览会银奖	三等奖	沈阳机床股份有限公司
CKH61125数控重型卧式车床	该项目在重型床身轻量化设计、镶钢导轨、报警设计、断电回退、尾座顶紧力数字显示等方面实现了集成创新，机床配置有公司专利技术的自对中心的机床中心托架装置，使机床承载较大工件时能减少振动，运行平稳。该机床适于加工各种形状复杂的轴、套、盘类零件，广泛应用于电力、船舶、航天航空、冶金、军工、风电、汽车等设备制造及普通机械加工领域	国家重点新产品		安阳鑫盛机床股份有限公司

（续）

项目名称	主要内容及应用范围	获奖名称	获奖等级	主要完成单位
CX8075 立式车铣复合加工中心	该系列产品可实现五轴联动，工件一次装夹完成五面加工，适用于军工、航天、汽车、医疗机械等领域加工小批量、多品种、个性化的复杂形面和高精度零件（如叶轮、叶片、齿轮、模具、汽车零部件等）。该产品满足了我国军工、航天、汽车、医疗机械等领域对此类高档数控机床的迫切需求	春燕奖		安阳鑫盛机床股份有限公司
ADG25M 高速数控车削中心	该高速数控车削中心可实现车、镗、铣、钻等多种工序复合加工，可以车代磨，同时具有硬切削、干式切削等加工功能。该产品主要应用于汽车、摩托车、电子、军工、航空航天等领域关键零部件的高效精密加工	春燕奖		安阳鑫盛机床股份有限公司
TKA2140 数控深孔镗床的研制	TKA2140 数控深孔镗床不但可以完成钻削、镗削，而且还可以进行滚压加工，钻削时采用内排屑法。机床床身刚性高，精度保持性好；主轴转速范围广，进给系统由伺服电动机驱动，能适应各种深孔加工工艺的要求；工件顶紧采用液压装置，仪表显示，安全可靠，装夹方便，工艺适应性强，加工效率高，成品一致性好。主要用于加工机床的主轴孔，各种机械液压油缸和气缸圆柱形通孔、盲孔及阶梯孔等	安阳市科技进步奖	三等奖	安阳鑫盛机床股份有限公司
CK61100 数控卧式车床设计与制造技术研究	该机床具有高刚性、高精度、大转矩等特点。床身为高标铸铁（HT300）整体床身，稳定性能好；导轨面宽，刚性好，抗振能力强；主轴采用精密重负荷轴承作三点式支撑，旋转稳定，既可重切又可精车；主轴变速为液压 4 挡自动变速，挡内无级。该机床适于加工形状复杂的轴、套、盘类零件，如车削内、外圆柱面、圆锥面、圆弧面、端面、切槽、倒角、螺纹等，尤其适合多品种、中小批量的轮番加工。工艺适应性强，加工效率高，成品一致性好，废品率低，对工人技术熟练程度的要求不高。编程容易，操作简单，是理想的大型机械加工设备	河南省工业和信息化科技成果	一等奖	安阳鑫盛机床股份有限公司
32t 重型卧式车床关键技术研究	该机床床身为整体式箱形三条矩形导轨结构，采用高标铸铁（HT300）一次成型铸造，经过二次时效处理，稳定性能好；导轨面宽，刚性好，抗振能力强；导轨（镶钢）面经中频淬火（硬度超过肖氏 68°）并由导轨磨床进行精密磨削，保证了长寿命、高精度和良好的精度保持性。该机床适用于以高速钢和硬质合金刀具对不同材质的轴类零件、圆筒形和盘状零件进行车削外圆、端面、切槽、切端、镗孔，车镗内外锥体，并可利用上刀架（通过挂轮）车削长度短于 600mm 的各种螺纹等	河南省工业和信息化科技成果	二等奖	安阳鑫盛机床股份有限公司
MJ－630MC/型数控车削中心	MJ－630MC 型数控车削中心，是济南一机床集团有限公司自主研发的一种集机电一体化、数字控制、高效复合加工为主要特征的三轴控制高档数控机床，广泛应用于航天航空、军工、汽车等行业，可替代进口	济南市科技进步奖	二等奖	济南一机床集团有限公司

六、专利发明情况

据不完全统计，2011 年车床行业企业获得授权专利 18 项，其中，发明专利 2 项、实用新型专利 14 项、外观设计专利 2 项。2011 年车床行业部分企业授权专利情况见表 7。

表 7　2011 年车床行业部分企业授权专利情况

序号	专利名称	专利类型	授权日期
沈阳机床（集团）有限责任公司			
1	数控机床的后置直驱高速静压主轴结构	实用新型	2011.03.21

（续）

序号	专利名称	专利类型	授权日期
2	高速车铣复合加工动力电主轴装置	实用新型	2011.04.07
3	车铣复合加工中心的高刚性高定位精度 B 轴装置	实用新型	2011.04.12
4	数控机床的反包容闭式静压导轨结构	实用新型	2011.05.27
5	数控车床主轴镶套灌胶结构	实用新型	2011.09.14
6	数控车床	外观设计	2011.01.05
7	加工轴承保持架的数控机床的工作台结构	实用新型	2011.11.02
安阳鑫盛机床股份有限公司			
8	数控轮对滚光车床	发明	2011.04.20
9	台尾液压锁紧装置	实用新型	2011.02.09
10	普通车床用车内半球面的装置	实用新型	2011.06.01
11	普通车床用车偏心工件装置	实用新型	2011.06.01
12	主轴内置式冷却装置	实用新型	2011.08.24
宝鸡机床集团有限公司			
13	数控车床	外观设计	2011.03.16
14	具有丝杠定量预紧功能的数控车床进给系统	实用新型	2011.05.04
15	一种数控立式气缸套珩磨机的伺服液压双进给机构	发明	2011.07.20
济南一机床集团有限公司			
16	一种刀架	实用新型	2011.07.13
17	车铣复合加工中心	实用新型	2011.03.09
18	一种机床夹具	实用新型	2011.03.09

七、企业简介

安阳鑫盛机床股份有限公司　是我国中部地区车床行业规模较大的企业，属于国家高新技术企业，获得 ISO 9001 国际质量管理体系认证、ISO 14001 环境管理体系认证和 GB/T 28001 职业健康安全管理体系认证。

公司主要生产各类普通车床和数控机床。2011 年，公司机床产量 5 811 台，完成工业总产值 110 357 万元，实现销售收入 96 241 万元。

2011 年，公司申报了 2012 年国家科技重大专项 7 项，其中，由公司牵头申报 2 项、参与申报 5 项；申报了 2011 年国家火炬计划项目 1 项（AD 系列精密数控车床及车削中心产业化项目），国家重点新产品项目 1 项（CKH61125 数控重型卧式车床）；申报了 2012 年国家火炬计划项目 1 项（轴承套圈高效精密车削生产线研发及产业化），国家重点新产品项目 1 项（CX 系列立式车铣复合加工中心）。公司共申报专利 7 项，其中发明专利 4 项；取得专利证书 5 项，其中发明专利 1 项；获得 2011 年河南省工业和信息化科技成果奖 4 项，其中，一等奖 1 项、二等奖 2 项、三等奖 1 项；获得 2011 年安阳市科技进步奖 2 项、河南省科技进步奖三等奖 1 项。CKH61125 数控重型卧式车床被评为国家重点新产品。

2011 年，公司通过了高新技术企业复审、AAAA 标准化良好行为企业复审和河南省著名商标复审。公司荣获精心创品牌活动十佳企业、全国机械工业质量管理活动杰出企业、河南省 2012 年度百高企业、河南省 2012 年度装备制造业 30 强企业等荣誉称号。

〔撰稿人：中国机床工具工业协会车床分会陈洪军〕

铣　床

2011 年是“十二五”规划开局之年，我国机床工具行业经济总量继 2010 年高速增长之后，由于惯性原因，行业整体产出规模和增长水平仍然处于高位，但已表现出明显的增幅下滑趋势。受融资环境趋紧、用工成本上升、利率汇率调整、能源及原材料价格高位波动、要素供应紧张等多重因素影响，企业成本上升较快，组织生产难度加大。主要表现为：国内机床工具市场整体明显回落，重型机床市场订单下滑严重，成本剧增，主要经济指标增速回落，利润率下降，企业存货资金占用增加。

一、基本情况

2011 年，铣床分会在册统计会员单位 44 家，其中，国有企业 10 家、集体控股企业 6 家、私人控股企业 24 家、台商控股企业 2 家、港商控股企业 2 家，职工人数 2 万余人。参加本年鉴汇总的铣床分会会员单位有 28 家。其中，上海第三机床厂的数据已上报其他分会，为避免重复统计，本年鉴统计数据中不包括该企业。

根据铣床分会 27 家会员单位的统计数据，2011 年，铣床行业经济运行状况总体仍呈现增长的态势，但增长幅度同比下降。2011年,完成工业总产值134.0亿元,比上年增长10.1%;工业销售产值120.6亿元,比上年增长29.9%;实现利税20.9亿元,比上年增长13.4%;从业人员平均人数21 749人,比上年增长0.4%。2011年铣床行业主要经济指标完成情况见表1。

表1 2011年铣床行业主要经济指标完成情况

指标名称	单位	年度累计
工业总产值	万元	1 339 894
其中:机床工具类产品产值	万元	1 204 011
工业销售产值	万元	1 206 349
其中:机床工具类产品销售产值	万元	1 101 893
工业增加值	万元	578 157
实现利税	万元	209 121
从业人员平均人数	人	21 749
资产总计	万元	2 091 974
流动资产平均余额	万元	1 398 125
固定资产净值平均余额	万元	363 083

二、生产情况

2011年,铣床行业生产金属切削机床54 731台,比上年增长5.8%,其中普通铣床39 924台,比上年增长0.7%。生产数控机床24 534台,比上年增长32.2%,金属切削机床产量数控化率达44.8%。金属切削机床总产值116亿元,比上年增长28.9%,其中数控机床产值97.9亿元,比上年增长36.3%,金属切削机床产值数控化率达84.4%。在数控机床产品中,加工中心产量9 770台,比上年增长19.7%。其中,立式加工中心产量7 642台,比上年增长10.4%;卧式加工中心产量696台,比上年增长138.4%;龙门式加工中心产量893台,比上年增长55%。加工中心产值46.97亿元,比上年增长33.9%,其中,立式加工中心产值比上年增长28%,卧式加工中心产值比上年增长89.8%,龙门式加工中心产值比上年增长22.6%。

从以上数据可以看出,卧式加工中心产量、产值均有大幅增长,其同比增长幅度超过往年,说明中高档数控机床市场需求依然保持旺盛。2011年铣床行业分类产品生产情况见表2。

表2 2011年铣床行业分类产品生产情况

产品名称	实际完成		其中:数控	
	产量(台)	产值(万元)	产量(台)	产值(万元)
金属切削机床	54 731	1 160 024	24 534	979 098
加工中心	9 770	469 668	9 770	469 668
立式加工中心	7 642	254 568	7 642	254 568
卧式加工中心	696	77 192	696	77 192
龙门式加工中心	893	128 612	893	128 612
其他加工中心	539	9 296	539	9 296
车床	2 829	85 379	2 452	83 136
钻床	135	1 446	45	1 019
镗床	104	660	104	660
磨床	629	4 980	81	2 592
铣床	39 924	588 846	12 042	420 704
锯床	7	15		
其他金属切削机床	1 333	9 032	40	1 319

三、出口情况

2011年,出口金属切削机床5 913台,比上年增长1.6%。出口数控机床297台,比上年下降29.6%;其中,出口立式加工中心95台,比上年下降30.1%。各类金属切削机床出口额27 604万美元,比上年增长7.1%,其中数控机床出口额22 599.2万美元,比上年下降5.6%。在出口的数控产品中,立式加工中心出口额805.9万美元,比上年下降75%;数控铣床出口额20 431.5万美元,比上年增长16%。以上统计数据显示,2011年铣床行业产品出口比上年小幅增长,主要还是由普通铣床的出口量和数控铣床的出口额起到了支撑作用。但立式加工中心的出口量和出口额下滑异常明显。据有关数据显示,立式加工中心的进口量仍维持在高位增长的态势,表明加工中心产品的市场竞争愈演愈烈,国内加工中心生产企业的市场竞争力亟待提高。2011年铣床行业分类产品出口情况见表3。

表3 2011年铣床行业分类产品出口情况

产品名称	实际完成		其中:数控	
	出口量(台)	出口额(万美元)	出口量(台)	出口额(万美元)
金属切削机床	5 913	27 604.0	297	22 599.2
加工中心	99	836.7	99	836.7
立式加工中心	95	805.9	95	805.9
卧式加工中心	1	16.9	1	16.9
龙门式加工中心	3	13.9	3	13.9
车床	124	1 326.0	124	1 326.0
磨床	30	2.1		
铣床	5 592	25 383.2	72	20 431.5
其他金属切削机床	68	56.0	2	5.0

四、新产品开发情况

2011年,在机床市场需求明显下滑、各企业经济运行普遍不如上年的情况下,铣床行业大多企业积极采取应对措施,大力开发新产品,加快调整产品结构,产品技术水平不断提高,产品结构升级明显。宁波海天精工机械有限公司注重产品品种和系列的发展,产品已形成龙门加工中心、卧式加工中心、卧式车削中心、立式车削中心、数控落地镗铣床、高速及五轴联动加工中心六大系列,近200多个品种。公司在坚持发展适合于国内市场的中高档数控机床方面取得显著成绩。浙江日发数码精密机械股份有限公司为满足技术创新需要,积极开展与国内外著名科研院所的技术合作,对关键共性技术进行重点研究,在高速电主轴和 A、C 联动双摆角头的研发和实现空间复杂曲面加工方面取得突破性进展。成都普瑞斯数控机床有限公司虽然产品依旧以十字滑台结构立式加工中心为主,但是产品结构改进比较大,配置也有所增加,功能更加完善。同时还开发出高速钻攻中心系列产品等,产品市场拓展也取得了较好的成绩。北京第一机床厂积极推进和完善新产品开发,形成了立式、卧式加工中心的量产化工艺,确定了重型产品的发展方向,全新重型产品数控落地铣镗床和重型立式车床成功进入高端市场,在汽车制造企业自动化生产组线方面的成果进一步扩大。四川长征机床集团有限公司加大产品结构调整力度,产品从普通升降铣床、中小型加工中心、数控铣床发展到高速高精加工中心、高架横梁移动龙门加中心、龙门移动加工中心、五轴联动高速龙门加工中心、铣车复合加工中心、五轴联动叶片加工中心、汽轮机轮子专用数控铣床,其产品结构在转型升级方面取得明显进步。

据不完全统计,2011 年铣床行业部分企业共完成新产品开发项目 90 项。2011 年铣床行业新产品开发情况见表 4。

表 4　2011 年铣床行业新产品开发情况

序号	产品名称	型号	主要技术参数	产品性质	产品属性	产品水平
北京第一机床厂						
1	数控落地铣镗床	BHBM200	镗轴直径:200mm,主轴最高转速:2 500r/min,主轴电动机功率:80kW,工作台面尺寸:4 000mm×4 500mm,回转工作台面尺寸:4 000mm×3 000mm,滑枕 Z 向行程:1500mm	全新设计	企业新产品	国内领先
2	数控双柱立式车床	BVT8500	最大车削直径:8 500mm,工作台直径:8 000mm,工作台最大转矩:967 000N·m,零件最大通过高度:6m,滑枕 Z 向行程:3 500mm	全新设计	企业新产品	国内领先
3	双柱立式铣车复合加工中心	BVTM13500	最大车削直径:13 500mm,工作台直径:10 500mm,工作台最大转矩:850 000N·m,零件最大通过高度:7m,滑枕 Z 向行程:3 500mm	全新设计	企业新产品	国内领先
4	数控双龙门移动镗铣床	XKAU2840×300	工作台面尺寸:4 000mm×30 000mm,定梁最大加工范围:30m×4.7m×2.7m,动梁最大加工范围:30m×4.7m×5m,主轴电动机功率:100kW,滑枕 Z 向行程:2 000mm	全新设计	企业新产品	国内领先
5	数控龙门移动镗铣床	XKA2870×240	工作台面尺寸:7 000mm×24 000mm,最大通过宽度:7.5m,通过高度:5.5m,主轴最高转速:1 500r/min,主轴电动机功率:100kW,滑枕 Z 向行程:3 000mm	全新设计	企业新产品	国内领先
6	汽车零件加工自动生产线	B1-ZX001	主轴电动机功率:15kW、22kW,主轴最大转矩:420N·m,主轴最高转速:3 000r/min	全新设计	行业新产品	国际先进
长春数控机床有限公司						
7	立式加工中心	XH714	工作台面尺寸:1 000mm×450mm,主轴最高转速:6 000r/min,主轴功率:5.5kW	改型设计	企业新产品	
8	立式加工中心	XH715	工作台面尺寸:1 200mm×550mm,主轴最高转速:6 000r/min,主轴功率:5.5kW	改型设计	企业新产品	
9	立式加工中心	XH716	工作台面尺寸:1 400mm×650mm,主轴最高转速:6 000r/min,主轴功率:11kW	改型设计	企业新产品	
10	立式加工中心	XH718	工作台面尺寸:1 800mm×800mm,主轴最高转速:4 000r/min,主轴功率:22kW	改型设计	企业新产品	
11	门架式移动龙门加工中心	XK2730	工作台面尺寸:3 000mm×15 000mm;主轴最高转速:2 500r/min;主轴功率:37kW	全新设计	企业新产品	
12	定梁数控龙门铣床	XK2418	工作台面尺寸:1 800mm×3 000mm,主轴最高转速:6 000r/min,主轴功率:18.7kW	全新设计	企业新产品	
13	新型摩擦焊机	CA-10	最大顶锻力:100kN,主轴最高转速:3 000r/min	全新设计	行业新产品	

（续）

序号	产品名称	型号	主要技术参数	产品性质	产品属性	产品水平
四川长征机床集团有限公司						
14	五坐标横梁移动龙门加工中心	GMC4000H/2	工作台面尺寸:4 000mm×7 000mm,进给速度(*X/Y/Z*):5～20 000mm/min,快速移动速度(*X*、*Y/Z*):(27m/min)/(30m/min),定位精度(ISO)(*X/Y/Z*): 0.013mm/0.009mm/0.007mm,重复定位精度(*X/Y/Z*):0.009mm/0.008mm/0.006mm	全新设计	企业新产品	国内领先、国际先进
北京精雕科技有限公司						
15	精雕数控雕刻机	JDWGM1200H_ATC	工作台面尺寸:1 300mm×1 800mm	全新设计	企业新产品	国内先进
16	精雕数控雕刻机	Light800	工作台面尺寸:880mm×640mm	全新设计	企业新产品	国内先进
17	精雕数控雕刻机	Carver1200	工作台面尺寸:650mm×1 200mm	全新设计	企业新产品	国内先进
18	精雕数控雕刻机	CarverPMS_A8_RT	工作台面尺寸:480mm×450mm	全新设计	企业新产品	国内先进
19	精雕数控雕刻机	Carver600V_AU_RT	工作台面尺寸:650mm×650mm	全新设计	企业新产品	国内先进
20	精雕数控雕刻机	JDWGM1200L	工作台面尺寸:1 300mm×1 800mm	全新设计	企业新产品	国内先进
21	精雕数控雕刻机	CarverXMS	工作台面尺寸:430mm×620mm	改型设计	企业新产品	国内先进
22	精雕数控雕刻机	CarverWMS1200H	工作台面尺寸:1 198mm×1 521mm	全新设计	企业新产品	国内先进
23	精雕数控雕刻机	CarverPMS_ATC_G	工作台面尺寸:480mm×450mm	全新设计	企业新产品	国内先进
24	精雕数控雕刻机	Carver400V_RT	工作台面尺寸:490mm×430mm	全新设计	企业新产品	国内先进
南通科技投资集团股份有限公司						
25	高速立式加工中心	VSH1100	主轴最高转速:20 000r/min,工作台面尺寸:700mm×1 200mm,三向行程:120mm/900mm/700mm,刀库容量:30 把	全新设计	行业新产品	
26	五轴立式加工中心	5DL1100	主轴最高转速:10 000r/min,三向行程:1 100mm/600mm/610mm,*A* 轴最大工件夹持长度:500mm,*A* 轴最大工件回转直径:500mm,刀库容量:16 把	全新设计	行业新产品	
27	五轴卧式加工中心	5DGBC50	主轴最高转速:18 000r/min,工作台直径:500mm,三向行程:650mm/700mm/460mm,刀库容量:20 把	全新设计	行业新产品	
28	立式加工中心	VCL850	主轴最高转速:8 000r/min、12 000r/min,工作台面尺寸:550mm×1 000mm,三向行程:850mm/550mm/540mm,刀库容量:24 把	全新设计	企业新产品	
29	交换工作台立式加工中心	VGC500	主轴最高转速:12 000r/min,工作台面尺寸:400mm×700mm,三向行程:500mm/400mm/400mm,刀库容量:16 把	全新设计	企业新产品	
30	车削中心	TC50	主轴最高转速:3 000r/min,最大切削直径:460mm,最大切削长度:560mm,刀塔工位数:12,换刀时间:0.14s	全新设计	企业新产品	
31	龙门加工中心	GMC2040	工作台面尺寸:2 000mm×4 000mm,三向行程:4 500mm/2 800mm/1 000mm,龙门通过宽度:2 600mm,刀库容量:32 把(可选 40 把)	改型设计	企业新产品	
32	数控龙门镗铣床	GM2580	工作台面尺寸:2 500mm×8 000mm,三向行程:8 500mm/3 300mm/1 000mm,龙门通过宽度:3 100mm	改型设计	企业新产品	
纽威数控装备(苏州)有限公司						
33	全功能数控车床	NL402H	工作台面尺寸:400mm×500mm	改型设计	企业新产品	国内领先

（续）

序号	产品名称	型号	主要技术参数	产品性质	产品属性	产品水平
34	全功能数控车床	NL635H	工作台面尺寸:630mm×1 300mm	改型设计	企业新产品	国内领先
35	立式加工中心	VM601D	工作台面尺寸:650mm×400mm	全新设计	企业新产品	国内领先
36	立式加工中心	VM702H	工作台面尺寸:700mm×420mm	改型设计	企业新产品	国内领先
37	卧式加工中心	HM1006TP	工作台面尺寸(2个):1 000mm×1 000mm	改型设计	企业新产品	国内领先
38	龙门加工中心	PM121	工作台面尺寸:1 250mm×2 000mm	改型设计	企业新产品	国内领先
39	龙门加工中心	PM305MS	工作台面尺寸:3 000mm×8 000mm	全新设计	企业新产品	国内领先
40	龙门加工中心	PM307MS	工作台面尺寸:3 000mm×12 000mm	改型设计	企业新产品	国内领先
成都普瑞斯数控机床有限公司						
41	立式加工中心	PL700B	行程(*X/Y/Z*):700mm/410mm/525mm,工作台面尺寸:420mm×1 000mm	改型设计	企业新产品	国内先进
42	钻铣加工中心	PT300B	行程(*X/Y/Z*):350mm/300mm/300mm,工作台面尺寸:330mm×600mm	全新设计	企业新产品	国内先进
43	立式加工中心	PV1800A	行程(*X/Y/Z*):1 800mm/920mm/920mm,工作台面尺寸:920mm×1 900mm	改型设计	企业新产品	国内先进
黄山皖南机床有限公司						
44	立式升降台铣床	X5042B	工作台面尺寸:428mm×2 000mm,行程(*X/Y/Z*):1 250mm/420mm/480mm	其他	企业新产品	国内先进
45	万能升降台铣床	X6142B	工作台面尺寸:428mm×2 000mm,行程(*X/Y/Z*):1 250mm/420mm/480mm	其他	企业新产品	国内先进
46	卧式加工中心	HMC630	工作台面尺寸:630mm×700mm,行程(*X/Y/Z*):1 000mm/740mm/800mm	其他	企业新产品	国内先进
上海斌盛电子机械有限公司						
47	数控机床油水分离装置	MCV－1890	行程(*X/Y/Z*):1 800mm/900mm/850mm	全新设计	企业新产品	国内领先
48	一种数控机床鞍座	MCV－1890	工作台面尺寸:2 000mm×920mm	全新设计	企业新产品	国内领先
南通国盛机电集团有限公司						
49	立式加工中心	MV840	工作台面尺寸:1 000mm×430mm,行程(*X/Y/Z*):800mm/430mm/500mm,主轴最高转速:6 000r/min、8 000r/min,进给速度:10～6 000mm/min,快速移动速度(*X*、*Y/Z*):(16m/min)/(12m/min),刀库容量:24把,换刀时间:3.5s	改型设计	企业新产品	行业中等水平
50	立式加工中心	MV1270	工作台面尺寸:1 400mm×700mm,行程(*X/Y/Z*):1 200mm/700mm/650mm,进给速度:10～6 000mm/min,刀库容量:24把,换刀时间:3.5s	改型设计	企业新产品	行业中等水平
51	立式加工中心	MV1370	工作台面尺寸:1 500mm×700mm,行程(*X/Y/Z*):1 300 mm/700mm/650mm,进给速度:10～6 000 mm/min,刀库容量:24把,换刀时间:3.5s	改型设计	企业新产品	行业中等水平
52	立式加工中心	MV1580B	工作台面尺寸:1 700×800mm,行程(*X/Y/Z*):1 500mm/800mm/700mm,进给速度:10～6 000 mm/min,刀库容量:24把,换刀时间:3.5s	改型设计	企业新产品	行业中等水平
53	立式加工中心	MV1475	工作台面尺寸:1 600mm×750mm,行程(*X/Y/Z*):1 400 mm/750mm/650mm,进给速度:10～6 000mm/min,刀库容量:24把,换刀时间:3.5s	改型设计	企业新产品	行业中等水平

（续）

序号	产品名称	型号	主要技术参数	产品性质	产品属性	产品水平
54	龙门加工中心	GMF5027A	工作台面尺寸:5 000mm×2 300mm,行程(X/Y/Z):5 200mm/2 700mm/1 000mm,主轴转速:10~4 000r/min(6 000r/min),主电动机功率:22~26kW,进给速度:10~7 000mm/min,快速移动速度:10m/min,刀库容量:24把、32把、40把,换刀时间:6s,承重:18 000kg	全新设计	企业新产品	行业中等水平
55	龙门加工中心	GMF8034R	工作台面尺寸:8 000mm×2 600mm,行程(X/Y/Z):8 200mm/4 000mm/1 250mm,主轴转速:10~3 750r/min,主电动机功率:30~37kW,进给速度:10~7 000mm/min,快速移动速度:10m/min,刀库容量:24把、32把、40把,换刀时间:6s,承重:32 000kg	全新设计	企业新产品	行业中等水平
56	卧式加工中心	HMC110	行程(X/Y/Z):2 500 mm/1 400 mm/1 400 mm,主轴转速:45~6 000r/min,快速移动速度:20m/min,进给速度:1~10 000mm/min,主轴电动机功率:25kW、30kW,刀具容量:60把,定位精度:0.02mm,重复定位精度:0.01mm	技术引进	企业新产品	行业中等水平
57	高速钻孔攻牙机	TV510	工作台面尺寸:630mm×320mm,行程(X/Y、Z):500mm/300mm,进给速度(X/Y/Z):15m/min,快速移动速度(X/Y/Z):48m/min,主轴转速:8 000~15 000r/min,主电动机功率:5.5kW,刀柄形式:BT30,刀库形式:夹臂式,刀位数量:12把,换刀时间:1.4s	技术引进	企业新产品	行业中等水平
桂林机床股份有限公司						
58	数控开模机	XK2310KM	工作台面尺寸:1 000mm×2 000mm,行程(X/Y/Z):2 400mm/1 400mm/750mm	全新设计	行业新产品	
59	数显滑枕床身铣床	XS7912B/4	工作台面尺寸:1 200mm×4 000mm,行程(X/Y/Z):4 000mm/1 900mm/800mm	全新设计	行业新产品	
60	三坐标数控龙门镗铣床	XK2935S/10	工作台面尺寸:3 500mm×10 000mm,行程(X/Y/Z):10 500mm/4 500mm/1 250mm	全新设计	行业新产品	
61	数控龙门移动铣床	XK2640/12	工作台面尺寸:4 000mm×12 000mm,行程(X/Y/Z/W):12 500 mm/6 000 mm/1 500 mm/3 000mm	全新设计	行业新产品	
62	数显强力龙门铣床	GLS2025C/6	工作台面尺寸:2 000mm×6 000mm,行程(X/Y/Z):6 500mm/3 000mm/1 500mm	全新设计	行业新产品	
63	卧式升降台铣床	GLJ630C/1	工作台面尺寸:630mm×1 800mm,行程(X/Y/Z):2 200mm/350mm/600mm	全新设计	行业新产品	
64	卧式升降台强力铣床	GL-800C/3	工作台面尺寸:800mm×3 000mm,X轴行程:3 500mm,Y轴行程:(套筒伸缩)110mm,Z轴行程:600mm	改型设计	企业新产品	
65	数控龙门铣床	XK2312/4	工作台面尺寸:1 250mm×4 000mm,行程(X/Y/Z):4 500mm/1 800mm/1 000mm	全新设计	行业新产品	
66	数显强力龙门铣床	GLS2016D/4	工作台面尺寸:1 600mm×4 000mm,行程(X/Y/Z/W):4 300 mm/2 000 mm/1 000mm/750mm	全新设计	行业新产品	

（续）

序号	产品名称	型号	主要技术参数	产品性质	产品属性	产品水平
67	数控床身式双面铣床	GLK7710SC/6	工作台面尺寸：1 000mm×6 000mm，行程（X/Y/Z）：6 300mm/650mm/1 500mm	全新设计	行业新产品	
68	数控龙门铣床	XK2312D/4	工作台面尺寸：1250mm×4000mm，行程（X/Y/Z）：4000mm/1900mm/1250mm	全新设计	行业新产品	
69	数显强力龙门铣床	GLS1200C/4	工作台面尺寸：1200mm×4000mm，行程（X/Y/Z）：4200mm/100mm/1200mm	全新设计	行业新产品	
杭州友佳精密机械有限公司						
70	立式数控车床	FVT－450/450R	床面回转直径：650mm，车削直径：460mm，车削高度：500mm，行程（X/Z）：250mm/500mm，快速移动速度（X/Z）：（20m/min）/（24m/min），卡盘尺寸：ϕ304mm，主轴转速：25～2 500r/min，主电动机功率：18.5kW、22kW，刀架刀位数：8 把，加工精度：真圆度 0.005mm、圆柱度 0.01mm、平面度 0.02mm，表面粗糙度：0.8μm，定位精度（ISO 230－2）：0.01mm，重复定位精度（ISO 230－2）：0.006mm	全新设计	企业新产品	
71	立式加工中心	VMP－50A	工作台面尺寸：1 420mm×600mm，行程（X/Y/Z）：1 300mm/610mm/600mm，进给速度（X/Y/Z）：1～10 000mm/min，快速移动速度（X、Y/Z）：（36m/min）/（24m/min），承重：1 500kg，主轴转速：50～10 000 r/min，主轴转矩：118 N·m，主电动机功率：15kW、18.5kW，定位精度（ISO 230－2）：0.01mm，重复定位精度（ISO 230－2）：0.006mm	全新设计	企业新产品	
72	卧式数控车床	FT－350W	全硬轨设计，轮圈加工专用，床面回转直径：670mm，车削直径：620mm，车削长度：710mm，行程（X/Z）：330mm/750mm，快速移动速度（X/Z）：20m/min，卡盘尺寸：ϕ381mm，主轴转速：25～2 500r/min，主电动机功率：30kW、37kW，刀位数：8 把，加工精度：真圆度 0.005mm、圆柱度 0.01mm，表面粗糙度：0.8μm，定位精度（ISO 230－2）：0.01mm，重复定位精度（ISO 230－2）：0.006mm	全新设计	企业新产品	
深圳市捷甬达实业有限公司						
73	大型立式五轴加工中心	V1580－5AX	主轴最高转速：7 000r/min，主轴电动机功率：15kW，行程（X/Y/Z）：1 500mm/800mm/670mm，A 轴：－110°～110°，C 轴：0°～360°，快速进给速度（X/Y/Z）：15m/min	改型设计	企业新产品	行业领先
74	高速五轴加工中心	CM650B－5AX	主轴最高转速：24 000r/min，主轴电动机功率：4.0kW，行程（X/Y/Z）：600mm/500mm/250mm，A 轴行程：－120°～40°，C 轴行程：0°～360°，快速进给速度（X/Y/Z）：9m/min	改型设计	行业新产品	行业领先
75	高速轻型立式加工中心	GVC6040	三轴快速移动速度：48m/min、48m/min、32m/min，行程（X/Y/Z）：500mm/400mm/280mm，主轴最高转速：10 000r/min，刀具容量：20 把	全新设计	企业新产品	行业领先

（续）

序号	产品名称	型号	主要技术参数	产品性质	产品属性	产品水平
76	高速轻型立式加工中心	GVC6050	三轴快速移动速度:48m/min,切削速度:10mm/min,行程(X/Y/Z):600mm/500mm/550mm,主轴最高转速:12 000r/min,刀具容量:24 把	全新设计	企业新产品	行业领先
77	高速轻型立式加工中心	GVC8050	三轴快速移动速度:48m/min,行程(X/Y/Z):600mm/500mm/550mm,主轴最高转速:15 000r/min,刀具容量:24 把	全新设计	企业新产品	行业领先
78	自动化生产单元	机械手 + VTC500 + HT45	机械手:控制轴数 6,手腕部最大可搬运重量 20kg,运动半径 1 811mm,重复定位精度 ±0.08mm;VTC500:行程(X/Y/Z)500mm/400mm/300mm,快速进给速度(X/Y/Z)48 m/min,主轴最高转速 10 000r/min,刀具容量 14 把;HT45:最大切削直径 300mm,最大加工长度 150mm,可通棒料直径 45mm,行程(X/Z) 340mm/200mm,快速移动速度(X/Z)20m/min	技术引进	行业新产品	国内领先
79	线轨立式加工中心	1060L3	三轴快速移动速度:48m/min,行程(X/Y/Z):1 000mm/620mm/610mm,主轴最高转速:8 000r/min,刀具容量:24 把	全新设计	企业新产品	行业领先
80	叶片五轴联动加工中心	XKH800Z	工件最大装夹长度:800mm,工件最大回转直径:400mm,行程(X/Y/Z):1 350mm/400mm/500mm,A 轴摆角:360°,B 轴摆角:±45°,主轴最高转速:15 000r/min	全新设计	行业新产品	
北京机电院机床有限公司						
81	叶轮五轴联动加工中心	XKR50	工作台直径:500mm,行程(X/Y/Z):650mm/600mm/460mm,A 轴摆角:-110° ~ 30°,C 轴摆角:n×360°,主轴最高转速:40 000 r/min	全新设计	企业新产品	
青海一机数控机床有限责任公司						
82	铣车复合加工中心	XCH-1200	工作台直径:1 000mm,主轴转速:20 ~ 8 000 r/min,快速移动速度:30m/min,定位精度:0.008mm,重复定位精度:0.005mm	改型设计	企业新产品	
83	高速立式加工中心	XH786	工作台宽度:800mm,主轴最高转速:12 000 r/min,快速移动速度:50m/min,定位精度:0.010mm,重复定位精度:0.006mm	全新设计	行业新产品	
84	大型卧式加工中心	XCM-1600	工作台直径:1 600mm,主轴转速:35 ~ 8 000 r/min,快速移动速度:24m/min,定位精度:0.015mm,重复定位精度:0.008mm	改型设计	企业新产品	
福建省威诺数控有限公司						
85	五轴联动钛合金结构件加工中心	W5V320	行程(X/Y/Z):600mm/560mm/450mm,A 轴倾斜:-15° ~ 115°,C 轴回转:360°	全新设计	行业新产品	
宁波海天精工机械有限公司						
86	动柱定梁龙门五面加工中心	HTM-60GM×90	工作台面尺寸:5 000mm × 8 000mm;行程(X/Y/Z):9 000mm/6 500mm/1 500mm;主轴转速:5 ~ 2 000r/min;进给速度(X、Y/Z):(6m/min)/(5m/min);快速移动速度(X、Y/Z):(10m/min)/(8m/min)	全新设计	企业新产品	国内领先

（续）

序号	产品名称	型号	主要技术参数	产品性质	产品属性	产品水平
87	数控落地式镗铣床	HTM－F2－200/160	镗轴最大快速移动速度：6m/min，立柱导轨跨度：1 380mm，主轴箱最大快速移动速度：10m/min，滑座导轨跨度：1 890mm	全新设计	企业新产品	国内领先
88	方滑枕动梁龙门镗铣中心	HTM－36GHE×85	工作台面尺寸：3 000mm×8 000mm，切削速度（*X*、*Y*、*Z*/*W*）：(6m/min)/(2m/min)，快速移动速度（*X*、*Y*/*Z*/*W*）：(10m/min)/(6m/min)/(2m/min)	全新设计	企业新产品	国内领先
89	内圆磨床	HTM－MK2132×3000	磨孔直径：40～320mm，最大磨孔深度：290mm，工件最大旋径：800mm，工件最大长度：3 000mm	全新设计	企业新产品	国内领先
90	数控立式车铣中心	HTM－V80L	最大车削直径：2 000mm，最大工件高度：1 500mm，工作台面直径：1 600mm，快速移动速度（*X*/*Z*）：10m/min，进给速度（*X*/*Z*）：0～5 000mm/min	全新设计	企业新产品	国内领先

五、科研项目

2011 年，铣床行业部分企业共报科研项目 53 项（其中国家重大专项 11 项），科研项目投资约 2.97 亿元。2011 年铣床行业部分企业科研项目见表 5。2011 年铣床行业获奖科研项目见表 6。

表 5　2011 年铣床行业部分企业科研项目

序号	科研项目名称	主要内容	应用状况	投入资金（万元）	项目来源
北京第一机床厂					
1	高速铁路关键零件高效双龙门专用加工中心的开发应用（延续上年）	针对国家高速铁路关键零部件的制造，自主开发高效双龙门专用加工中心，满足当前广大用户对铁路道岔各种尖轨、基本轨、翼轨和心轨等产品加工的迫切需求，在北京地区形成对高速铁路制造装备的配套能力，填补北京地区为高速铁路制造提供重大装备的空白	自行应用	合计 100	北京市科技计划
2	钛合金复杂梁框类构件五轴加工机床与工艺（延续上年）	针对航空复杂结构钛合金梁、框类零件加工和航空工业新产品研发的急需，研制适合于航空复杂结构钛合金梁、框类零件加工的大型、大转矩、高刚度的五坐标联动数控机床，为航天航空制造业提供机床装备与制造工艺等全套解决方案	研制阶段		
3	数控螺旋锥齿轮磨床	螺旋锥齿轮加工技术及加工工艺研究	研制阶段		
杭州友佳精密机械有限公司					
4	FVT－450/450R 立式数控车床	新产品研发	自行应用	合计 880	自选项目
5	VMP－50A 立式加工中心	新产品研发	自行应用		自选项目
6	FT－350W 卧式数控车床	新产品研发	自行应用		自选项目
南通科技投资集团股份有限公司					
7	高精度数控机床热变形补偿控制技术	通过对高速数控机床的主轴和进给系统的热误差的检测、热误差模型的建立，开展基于开放式数控系统的热误差实时补偿技术和方法的研究，开发数控机床的热误差补偿系统——热误差补偿模型的数控系统嵌入模块。其应用能实时补偿热变形误差，有效改善机床性能，提高机床加工精度	研制阶段	60	企业自定

（续）

序号	科研项目名称	主要内容	应用状况	投入资金（万元）	项目来源
四川长征机床集团有限公司					
8	立式加工中心运行平衡点及其稳定性研究	准确找出立式加工中心稳定的平衡点，为立式加工中心定位精度补偿提供理论依据，改变当前立式加工中心定位精度稳定性不能持久的局面	自行应用	25	自选
深圳市捷甬达实业有限公司					
9	自动化生产单元	该单机是采用机械手与 GVC5040 及斜床身数控车床 HT45 配套，实现高效率、高智能化、多批量制造的生产单元	研制阶段	100	市场需求
南通国盛机电集团有限公司					
10	新型立式车铣复合加工中心的研制	本产品具有多功能、高精度、高效率、零泄漏、操作维护简单等特点。其高效率的机器结构极具竞争优势，市场潜力巨大，产业化前景良好	研制阶段	500	自主研发
青海一机数控机床有限责任公司					
11	机器人与加工中心集成技术研究	快速移动速度 48m/min，定位精度≤0.010mm，重复定位精度≤0.006mm	研制阶段	合计 4 700	2011 年青海省重大专项
12	动梁无滑枕立式铣车复合加工中心	工作台直径 1 250 ~ 1 600mm，主轴最高转速12 000 r/min，回转工作台最高转速 150r/min，快速移动速度 50m/min，定位精度≤0.006mm/1 000mm，重复定位精度≤0.003mm/1 000mm，转台/摆角铣头定位精度≤5″	研制阶段		
成都普瑞斯数控机床有限公司					
13	PL800μ 精密立式加工中心	通过对机床热变形的抑制及其补偿等技术的研究和应用，机床精度性能指标达到国际先进水平	研制阶段	400	2011 年四川省重大技术装备创新研制项目
桂林机床股份有限公司					
14	铣车复合中心	完成 XCH2308 铣车复合中心研制开发和样机试制，项目完成后预计形成系列产品年产 10 台以上批量生产能力	研制阶段	合计 4 600	广西科技攻关与新产品试制计划
15	数控滑枕床身式双面铣床开发	完成 GLK7710SC/6 数控滑枕床身式双面铣床研制开发和样机试制，项目完成后预计形成系列产品年产 5 台以上批量生产能力	研制阶段		广西千亿元产业重大科技攻关工程项目
16	高速双龙门移动五轴联动加工中心开发	完成 1 台 XH2935S/10 - 5X 高速双龙门五轴联动加工中心的研究设计与样机试制，形成 1 ~ 2 台系列产品的生产应用。产品技术达到国内领先和国际先进水平	研制阶段		广西千亿元产业重大科技攻关工程项目
17	广西数控机床研发中心建设	完成千亿元产业广西数控机床研发中心建设及提高开发能力建设	研制阶段		广西千亿元产业研发中心建设实施方案计划
北京机电院机床有限公司					
18	BVG 系列高速立式加工中心	高速立式加工中心的研制	研制阶段	合计 9 900	
19	高温合金航发叶片五轴联动加工中心研制与应用	叶片五轴联动加工中心研制与应用	研制阶段		

（续）

序号	科研项目名称	主要内容	应用状况	投入资金（万元）	项目来源
20	加工硬铝合金整体涡轮转子的 XKR50 五轴联动加工中心	XKR50 五轴联动叶片加工中心研制	研制阶段		
21	全数字高档数控装置在五轴机床上的应用	国产数控装置在五轴机床上的应用	研制阶段		
22	数控固定切点跟踪式曲轴磨床	数控曲轴磨床的研制	研制阶段		
23	透平机械叶片制造应用国产高档数控机床示范工程	应用国产数控机床加工透平机械叶片的示范工程	研制阶段		
24	飞机难加工材料和典型复杂曲面零件的高速精密加工工艺研究	航空曲面零件的加工工艺研究	研制阶段		北京市科委投标项目
25	用于飞机典型零件加工的高档数控装备研制和示范应用	用于航空曲面零件加工的数控装备	研制阶段		北京市科委投标项目
26	凸轮轴关键加工工艺和设备研究及应用	凸轮轴关键加工工艺和设备研究及应用	研制阶段		北京市科委投标项目
27	全数字交流伺服与主轴驱动装置及其电机测试用加工中心机床研制	主轴驱动装置及其电机测试用加工中心机床研制	自行应用		
28	精密机床典型结合面及其整机静动热态特性实验	精密机床典型结合面及其整机静动热态特性实验	自行应用		
29	直驱精密双摆角铣头的开发应用	直驱精密双摆角铣头的开发应用	自行应用		北京市科委投标项目
30	五轴联动加工中心应用的研究	五轴联动加工中心应用的研究	自行应用		北京市科委投标项目
上海斌盛电子机械有限公司					
31	数控机床油水分离装置	采用内藏式一体化设计，降低机床漏水率，减少占地面积	自行应用	合计 40	企业自行研发
32	一种数控机床鞍座	由顶部和底边构成双层结构，通过双层结构的封闭性，克服变形大的缺点，提高机床的刚性，性能得到改善	自行应用		企业自行研发
宁波海天精工机械有限公司					
33	HTM－60GM×90 动柱定梁龙门五面加工中心	HTM－60GM×90 系列产品是龙门框架整体移动式重型龙门铣镗床，适合超大、超重零件的加工。主要特点是利用大跨距龙门框架及龙门框架移动，可实现超大的 *X* 轴、*Y* 轴加工；再配以 600mm×600mm 大截面方滑枕结构，保证整机具有足够的刚性和稳定性，且机床吸振性好、动态特性佳	研制阶段	合计 7 700	企业自有技术
34	HTM－F2－200/160 数控落地式铣镗床	HTM－F2－200/160 数控落地式铣镗床是在传统结构优点的基础上，优化设计传动结构，实现机床的刚度与质量参数相匹配的新一代高端机床产品	研制阶段		企业自有技术
35	HTM－36GHE×85 方滑枕动梁龙门镗铣中心	完成 *X* 轴、*Y* 轴导轨静压技术；配置溜板倾角自动调整装置；主轴具有温度控制、超温报警和自动保护装置，可实现大功率和转矩；横梁有防止工件碰撞结构及防止断电后下垂装置；ATC 机械手式立卧刀库，刀库容量 70 把（ISO50）、10 把（ISO60）	研制阶段		企业自有技术

（续）

序号	科研项目名称	主要内容	应用状况	投入资金（万元）	项目来源
36	HTM－MK2132×3000 内圆磨床	HTM－MK2132×3000 内圆磨床是专门针对大型回转类零件端头锥孔及直孔的精加工机床，具有精度高、效率高、工作可靠等特点。通过更换磨头和砂轮可对 ϕ40～320mm 的内孔进行精加工，适合工件的范围宽广	自行应用		企业自有技术
37	HTM－V80L 数控立式车铣中心	HTM－V80L 数控立式车铣中心是应用优化制造手段生产的全功能数控机床。此车铣中心可配置动力头滑枕，在零件一次装夹后，可实现车削、铣削、钻孔、攻丝、磨削各工序加工，广泛用于重型机械、采矿机械、石油天然气钻采设备、发电机、内燃机、风力发电机、航空航天、轴承及通用机械等行业	研制阶段		企业自有技术
38	HTM－DF160 落地镗床	机床的 X 轴、Y 轴、Z 轴支撑方式采用恒流闭式静压导轨结构，X 进给机构采用双电动机＋高转矩、低背隙行星减速器＋双小齿轮＋进口的高精度齿条传动结构，能有效地提升机床的运动性能和精度。采用多项精度补偿措施，并对其效果性能进行测试；主轴箱重力平衡采用液压平衡方式；采用恒温冷却和主轴温度实时监测装置，能使回转速度和温升达到理想状态，主轴回转速度高；采用有限元模态分析手段，能有效提升机床的刚度和性能；机床结构复杂，要求精度高，针对机床各个关键组件的结构工艺进行攻关和实验	研制阶段		企业自有技术
39	HTM－50GM×200/DB 龙门移动定梁五面加工中心	HTM－50GM×200/DB 龙门移动定梁五面加工中心主要特点是利用龙门超强框架的刚性好、吸振性强、稳定性好、动态特性佳等特点，可实现超大的加工范围。机床具备铣削、镗削、钻削（钻、扩、铰）、攻丝、锪削等多种加工功能，零件一次装夹可同时完成零件 5 个面上的孔系及平面的加工。该加工中心产品结构和工艺成熟，产品质量稳定	研制阶段		企业自有技术
40	HTM－RT3 数控回转工作台	HTM－RT3 数控回转工作台是在传统结构优点的基础上，优化设计传动结构、匹配机床的刚度与质量参数的新一代高端功能部件	研制阶段		企业自有技术
41	HTM－V80FL 数控立式车铣中心	HTM－V80FL 数控立式车铣中心是采用加拿大的菲利普－奥林匹亚原有技术，经过合资合作，应用优化制造手段而生产的全功能数控机床。该产品在零件一次装夹后，可实现车削、铣削、钻孔、攻丝等加工工序	研制阶段		企业自有技术
42	HTM－160HA 卧式加工中心	该机床的合金钢主轴经硬化处理，采用高精密轴承三点支撑。主传动采用齿轮传动，3 挡变速 0～3 500 r/min（无级调速），高速恒功率，低速大转矩。双电动机驱动，圆光栅闭环检测，四点均匀液压松开弹簧夹紧的回转工作台。配置高速、高刚性、高响应特性、高精度的坐标驱动系统	研制阶段		企业自有技术
43	HTM－V120L 数控立式车铣中心	HTM－V120L 数控立式车铣中心是采用加拿大的菲利普－奥林匹亚原有技术，经过合资合作，应用优化制造手段生产的全功能数控机床。该产品在零件一次装夹后，可实现车削、铣削、钻孔、攻丝等加工工序	研制阶段		企业自有技术

（续）

序号	科研项目名称	主要内容	应用状况	投入资金（万元）	项目来源
44	HTM－HTC40 数控重型卧式车床	最少两轴（X 轴、Y 轴）可联动的数控重型卧式车床；采用单电动机直流驱动或双电动机伺服驱动，实现床头箱主轴 S 轴进而 C 轴的控制；采用增力卡紧实现工件的强力卡紧；采用双小齿轮大纵向传动技术，实现刀架在大纵向 Z 轴方向的传动；采用恒流静压技术，实现高精度、低爬行的进给；采用蜗母牙条传动尾座，实现尾座的任意位置自制动；采用短锥柄结构，实现顶尖定心的灵活性与可靠性；采用双刀板结构的框式刀架，实现刀架的高刚性重切削	研制阶段		企业自有技术
45	HTM－TC16A 全功能数控车床	HTM－TC16A 全功能数控车床在承袭传统结构中基础框架刚性强、结构对称、稳定性强等优点的基础上，优化设计了移动部件。可在一次装夹中完成多工序加工，如车削、钻孔、攻丝等	研制阶段		企业自有技术
46	HTM－RT2 数控回转工作台	工作台的 V 轴、B 轴支撑采用恒流闭式静压导轨结构；工作台的 V 向采用伺服电动机通过同步带轮降速后带动丝杠传动，具有精度高、无间隙传动的特点；B 向采用双齿轮消隙箱降速后带动大齿圈传动；V 向采用编码器半闭环控制；B 向采用圆光栅全闭环控制；采用有限元模态分析手段，能有效提升机床的刚度和性能；因要求工作台承载大、回转精度高，针对机床各个关键组件的结构进行攻关和实验	研制阶段		企业自有技术
47	HTM－F1－130 数控落地式镗铣床	该机床进给机构采用双电动机＋高转矩、低背隙行星减速器＋双小齿轮＋进口的高精度齿条传动结构，实现伺服系统的高刚性、无间隙传动，满足重切削和精密切削要求。机床采用多项精度补偿措施，并对其效果性能进行测试；标准配置光栅尺闭环检测系统，配合数控补偿功能确保机床运行精度。X 轴伺服系统标准配置电控制动装置，安全可靠。X 轴导轨安装不锈钢防护罩，防止污物对导轨的污染，延长导轨的使用寿命	研制阶段		企业自有技术
48	HTM－HTC10 数控重型卧式车床	最少两轴（X 轴、Y 轴）可联动的数控重型卧式车床；采用单电动机直流驱动或双电动机伺服驱动，实现床头箱主轴 S 轴进而 C 轴的控制；采用增力卡紧实现工件的强力卡紧；采用双小齿轮大纵向传动技术，实现刀架在大纵向 Z 轴方向的传动；采用恒流静压技术，实现高精度、低爬行的进给；采用蜗母牙条传动尾座，实现尾座的任意位置自制动；采用短锥柄结构，实现顶尖定心的灵活性与可靠性；采用双刀板结构的框式刀架，实现刀架的高刚性重切削	研制阶段		企业自有技术
49	HTM－VTC350 立式车铣中心	该机床可达到国外同类机床的同等水平，适用于重型机械、发电设备、造船、冶金机械、造纸机械等行业，利用高速钢或硬质合金刀具，对铸铁、铸钢、锻钢、有色金属等大型轴类零件（或筒型零件）的外圆柱表面、外曲线表面、锥面、端面、切槽等进行粗、精加工	研制阶段		企业自有技术

（续）

序号	科研项目名称	主要内容	应用状况	投入资金（万元）	项目来源
50	HTM－2150Ⅱ高速直结主轴龙门铣床	该机床具有高转速、高进给（最大切削速度 20m/min）、高响应性（最大加速度 $5m/s^2$）三大特征，具有加工复杂形面所需的高速和准确的特性。高速直联式（机械主轴 12 000r/min）或直驱式高速主轴（内藏式电主轴 14 000～24 000r/min）配置，广泛适用于各种高精度零件加工以及精密模具的高速切削。具有优越的性价比，可同时兼顾低速重切削和高速精加工要求，实现单一机床粗精加工一体化的高效能切削	研制阶段		企业自有技术
黄山皖南机床有限公司					
51	HMC630 卧式加工中心	完成新产品试制，达到规模生产能力	自行应用	合计 520	企业自行研发
52	X5042B 重型立式升降台铣床	完成新产品试制，达到规模生产能力	自行应用		企业自行研发
53	X6142B 重型万能升降台铣床	完成新产品试制，达到规模生产能力	自行应用		企业自行研发

表 6　2011 年铣床行业获奖科研项目

序号	项目名称	主要内容及应用范围	获奖名称	获奖等级	主要完成单位
1	AVC1200（新结构）立式加工中心（推广应用）	机床可用于模具、航天、航空等企业的中小型、复杂零件的高速加工	自贡市科技进步奖	二等奖	四川长征机床集团有限公司
2	CX056 核电专用双轴轴向轮槽数控铣床（推广应用）	机床主要用于能源行业的关键零件的完整加工	自贡市科技进步奖	二等奖	四川长征机床集团有限公司
3	XK2645S/18 动梁动柱双龙门数控铣床	完成 XK2645S/18 动梁动柱双龙门数控铣床产品研制开发，并实现系列化小批量生产能力。产品可应用于国防军工、航空航天、汽车、模具、船舶及核电设备等制造行业	桂林市科学技术进步奖	二等奖	桂林机床股份有限公司
4	HTM－100H 卧式加工中心	产品采用国际流行的刨台式整体结构，基体刚性强；动柱正挂箱，切削受力均匀，热稳定性好，精度保持性佳；三轴淬硬矩形导轨，滑动面贴塑，移动灵活，定位精度高达±0.004mm；主轴箱循环冷却；机床所有润滑点均为定时定量集中润滑，保证机床良性运转，提高使用寿命；双交换工作台，减少辅助时间，提高机床效率；工作台可选用任意分度或 360°分度形式，交流伺服驱动，液压夹紧，准确可靠快捷；可选配光栅尺，提高零件加工精度；自动换刀，刀库容量可根据用户需要任选；控制部分采用先进的 FANUC 18i－MB/0i－MC 系统，具有高性能、高精度、高可靠性、高效率等优点，操作方便，自诊断能力强	宁波市北仑区科技进步奖	三等奖	宁波海天精工机械有限公司
5	四轴四联动 XH715（VMC850）立式加工中心	该产品底座（床身）横截面采用 V 形筋板设计；导轨副油水分离，利于环保；能实现多轴控制、四轴联动；适合进行各种几何曲面铣削和钻、镗等多种复合工序的自动化加工。广泛应用于汽车及其零部件制造业、航天航空、国防军工以及模具制造、IT 等产业	黄山市科学技术奖	二等奖	黄山皖南机床有限公司

（续）

序号	项目名称	主要内容及应用范围	获奖名称	获奖等级	主要完成单位
6	HMC630 卧式加工中心	采用国际领先的整体倒“T”形结构，刚性好，并配有旋转工作台，工件在旋转工作台上经一次装夹后，电脑系统能自动选择不同的刀具，自动改变机床主轴转速，依次完成工件多个面上的多工序加工，可实现铣削、钻孔、扩孔、镗孔、铰削、攻丝等工序，不仅使生产效率大大提高，还大大提高了产品加工精度	安徽省高新技术产品		黄山皖南机床有限公司

六、专利发明情况

据不完全统计，2011 年，铣床行业部分企业有 46 项创新技术已获国家专利授权，其中，发明专利 3 项、外观设计专利 2 项、实用新型专利 41 项。2011 年铣床行业部分企业授权专利情况见表 7。

表 7　2011 年铣床行业部分企业授权专利情况

序号	企业名称	专利名称	专利类型	授权日期
1	杭州友佳精密机械有限公司	双向拆换的主轴装置	实用新型	2011.01.05
2	杭州友佳精密机械有限公司	三点快速定位底座	实用新型	2011.01.05
3	南通科技投资集团股份有限公司	多驱动单元组成的进给系统	发明	2011.01.05
4	南通科技投资集团股份有限公司	一种数控机床封闭室	实用新型	2011.01.26
5	南通科技投资集团股份有限公司	一种采用电动推杆的快速换刀机械手	实用新型	2011.04.20
6	南通科技投资集团股份有限公司	双速变速箱油箱装置	实用新型	2011.11.23
7	南通科技投资集团股份有限公司	数控落地镗床主轴箱平衡补偿系统	实用新型	2011.11.23
8	南通科技投资集团股份有限公司	高转速大转矩传动机构	实用新型	2011.12.07
9	南通科技投资集团股份有限公司	镗床 Z 轴丝杆螺母的支撑装置	实用新型	2011.12.07
10	深圳市捷甬达实业有限公司	数控铣床	外观设计	2011.10.05
11	深圳市捷甬达实业有限公司	数控车床	外观设计	2011.10.05
12	深圳市捷甬达实业有限公司	带有轴承防护装置的丝杠	实用新型	2011.03.30
13	南通国盛机电集团有限公司	一种制造大型齿轮的机床	发明	2011.06.29
14	南通国盛机电集团有限公司	一种制造大型齿轮的机床	实用新型	2011.06.29
15	成都普瑞斯数控机床有限公司	一种新型斗笠刀库用镶嵌式刀盘	发明	2011.07.20
16	成都普瑞斯数控机床有限公司	一种浮动卸荷式主轴松刀装置	实用新型	2011.06.15
17	成都普瑞斯数控机床有限公司	一种斗笠刀库用横移装置	实用新型	2011.06.29
18	成都普瑞斯数控机床有限公司	一种凸轮连杆式同步松刀机构	实用新型	2011.08.24
19	桂林机床股份有限公司	机床水平丝杆机械式横向支撑装置	实用新型	2011.01.07
20	桂林机床股份有限公司	线性调速电位器	实用新型	2011.04.20
21	桂林机床股份有限公司	主电动机驱动自动分度直角铣头	实用新型	2011.08.23
22	桂林机床股份有限公司	机床行程自动控制碰销解锁机构	实用新型	2011.08.08
23	桂林机床股份有限公司	转轴单向锁紧装置	实用新型	2011.07.15
24	桂林机床股份有限公司	机床进给拨叉恒压控制挂档弹跳机构	实用新型	2011.08.08
25	上海斌盛电子机械有限公司	一种数控机床鞍座	实用新型	2011.08.17
26	上海斌盛电子机械有限公司	运丝全封闭防护装置	实用新型	2011.06.01
27	上海斌盛电子机械有限公司	一种数控机床主轴箱筋板	实用新型	2011.06.01
28	上海斌盛电子机械有限公司	线架压丝轮装置	实用新型	2011.06.01
29	上海斌盛电子机械有限公司	数控机床传动部件	实用新型	2011.06.01
30	上海斌盛电子机械有限公司	数控机床油水分离装置	实用新型	2011.06.01
31	上海斌盛电子机械有限公司	卷带式导轨防护装置	实用新型	2011.08.17
32	上海斌盛电子机械有限公司	立柱全封闭防护装置	实用新型	2011.06.22
33	宁波海天精工机械有限公司	横梁可变压力平衡系统	实用新型	2011.01.05

（续）

序号	企业名称	专利名称	专利类型	授权日期
34	宁波海天精工机械有限公司	复合导轨	实用新型	2011.05.04
35	宁波海天精工机械有限公司	一种简易刀具水雾冷却润滑系统	实用新型	2011.04.06
36	宁波海天精工机械有限公司	一种高速加工机床大跨距高刚性横梁结构	实用新型	2011.06.22
37	宁波海天精工机械有限公司	一种松拉刀液压泵站	实用新型	2011.04.20
38	宁波海天精工机械有限公司	伺服转矩串联双电动机消隙装置	实用新型	2011.07.27
39	宁波海天精工机械有限公司	一种具有环行导轨支承结构的工作台	实用新型	2011.07.20
40	宁波海天精工机械有限公司	一种自动换刀系统	实用新型	2011.07.20
41	宁波海天精工机械有限公司	一种落地镗床滑枕的精密补偿装置	实用新型	2011.07.20
42	黄山皖南机床有限公司	一种数控床身铣床	实用新型	2011.06.01
43	黄山皖南机床有限公司	一种四轴四联动立式加工中心	实用新型	2011.06.01
44	黄山皖南机床有限公司	一种用于数控螺杆铣床的连接法兰	实用新型	2011.06.01
45	黄山皖南机床有限公司	一种数控螺杆铣床	实用新型	2011.06.01
46	黄山皖南机床有限公司	一种改进的数控铣床	实用新型	2011.06.01

七、企业简介

本版年鉴仅介绍铣床分会会员中2家改制重组的企业和2家发展较快的民营企业以及3家2011年新入会的企业。

北京机电院机床有限公司 源于1907年的京师初等工业学堂，与北京工业同步诞生，前身曾是北京市最大的科研院所之一，2002年成为改制后的北京机电院高技术股份有限公司的数控机床事业部。由于控股公司战略产业整合，于2010年12月底正式独立为北京机电院机床有限公司。

公司占地面积20万m^2，拥有员工167人，其中具有中级职称及以上的技术人员60人。顺义生产基地拥有先进的加工制造能力，年产量达500台。公司产品包括高端五轴立式加工中心、普及型立式加工中心系列（E、BV、VMC系列）、磨床、龙门五面体加工中心等系列产品。

公司始终致力于成为国内机床细分领域的技术创新排头兵，现形成以五轴联动加工中心、直线电动机驱动加工中心、五面体加工中心为代表的“五字系列”高端产品的领先优势，连续多年销售量在国内名列前茅，成套设备进入了汽车领域以及航空领域。公司开发的国内第一台用于大型汽轮机叶片加工的五轴联动叶片加工中心填补了国内空白，并实现了批量生产和批量销售。公司还为用户提供成套工程服务，承接了多项交钥匙工程。公司近年来承担了多项科技部“863”计划课题、科技部支撑计划课题、国家重大专项、北京市装备制造重点项目，先后获得中国机械工业科学技术奖一等奖、北京市科学技术奖一等奖等多项科技奖项，拥有近30项专利技术和奖项。

南通科技投资集团股份有限公司 前身是南通机床厂，从事机床研发制造已有56年历史，是我国机床行业的重点骨干企业、江苏省高新技术企业、全国机床行业第二家上市公司，具有进出口经营权。公司建立了完整的科技研发、质量保证、生产指挥和营销服务体系，通过了ISO 9001:2000质量管理体系认证。主要产品有立式、卧式、龙门式加工中心，数控车床，数控铣床，升降台、摇臂式铣床等系列，产品总体水平在国内处于先进地位。

公司拥有总资产22亿元，职工1 700余人，各类专业人员384人，其中高级职称40余人，技师210余人；建有铸、锻、热处理、金属切削加工、装配和检测等完整的生产体系；拥有主要生产设备265台，其中包括德国高精度龙门式导轨磨床和加工中心、日本龙门式五面加工中心、瑞士坐标镗床和精密外圆磨床、美国加工中心、英国三坐标测量仪等精大稀加工设备和检测仪器设备110多台；拥有现代化的厂房和完善的基础设施，生产条件堪称国内一流。

科技创新、自主研发是公司永恒的主题，公司在南通、北京、常州分别成立了以发展中高档数控机床为重点的3个研究院，与清华大学联合成立“清华·通科数控机床技术联合研发中心”，以“替代进口”为目标，大力进行共性、基础性关键技术的研究以及高端数控机床产品的研制和重大技术难题的攻关。2011年，公司完成了3个新产品的图样设计和3个全新产品的研发试制，复审通过了高新技术企业，VCL1100加工中心获得国家重点新产品称号，VH1100高速立式加工中心被认定为江苏省首台（套）重大装备产品。

2011年，公司紧紧围绕“两业一平台”的发展战略，积极开拓进取，抢抓转型发展的历史机遇。公司着力打造具有核心竞争力的一流软实力，在推进制度创新、技术创新、管理创新、名牌创建、企业文化建设等方面卓有成效。公司新产品已批量生产并赢得良好市场口碑，大客户、大订单源源不断。全年生产机床4 336台，数控机床的产值化率达78.41%。

上海斌盛电子机械有限公司 自2001年创办以来，公司始终坚持“以市场为导向、以质量求生存，以创新谋发展、以服务为宗旨”的发展理念，通过吸收引进、消化创新、自主研发，由当初的单一系列几个品种发展到现在的3个系列、近20个品种，年产各类机床1 000余台的规模，综合经济指标连年攀升，成为同行业民营企业中一颗璀璨的明珠。公司于2009年通过了ISO 9001:2008质量管理体系认证，自2006年以来连年获得上海市高新技术企业称号。

公司坚持“以人为本,科技创新”的发展理念。本着产品不断更新、技术不断创新、企业不断发展的原则,打造企业的拳头产品,不断提高公司产品市场占有率。

公司牢固树立“质量第一,用户至上”的宗旨,努力打造企业品牌,国内外市场不断扩大,部分产品远销东南亚国家和地区,深得用户的赞誉。公司在国内多个大中城市设有办事处,竭诚为广大客户提供卓越的产品和优质、快捷的售前、售后服务。“十一五”时期,公司进一步强化自身优势,优化产品组合,大力开发新品,提升产品技术含量和可靠性,提高品牌知名度和用户信誉度,为机床工具工业和模具工业的发展做出了贡献。

福建省威诺数控有限公司 是一家集研发、设计、制造、销售、服务于一体的专业生产立式加工中心、卧式加工中心、数控龙门加工中心等数控机床产品的高新技术企业。2011年销售产值7 000多万元。公司拥有各类高素质员工150余人,大专以上学历员工占30%以上,其中高中级技术管理人才20多人。企业下设技术部、生产部、营销部、财务部、品管部、综合办等6个科室和机加、总装、钣金、仓库等车间。具有按不同客户的实际需求自行设计、组装各种加工中心的能力与实力。

公司重视研发投入,研发实力雄厚,正在进行的省级研究项目3个,企业技术中心被认定为“福建省企业技术中心”。

公司生产实力雄厚,拥有国内外知名品牌成套生产设备、检测仪器100多台,机械加工设备数控化率达60%以上,处于国内行业先进水平。近年来,“威诺数控”入选福建省著名品牌、莆田市知名商标。

上海谱港机床有限公司 成立于2001年,是一家以铣床制造为主营业务的民营企业,公司占地总面积5.8万 m^2,总建筑面积6万 m^2,注册资金1 160万元,公司现有员工305人,其中技术人员30人。公司的前身是上海机床总公司芦潮港机床厂,从20世纪90年代初开始,以生产中、小型普通车床、数控车床为主,20世纪末开始从事大型、重型车床的研制及生产,从2001年开始,在上海第四机床厂的支持与帮助下,开始生产铣床产品。2010年生产铣床700台,2011年产能达到1 200台。为了满足市场需求,当前公司正在着手数控强力铣床的开发,以此推动公司数控机床的发展。

公司在2001年通过了ISO 9001:2000国际质量管理体系认证,2002年获得自行进出口贸易权,2004年获得中国质量认证中心(CQC)的证书,2006年获得中国检验检疫出口一类企业证书,2009年被评为上海市先进民营企业,2011年通过了中国质量认证中心ISO 9001:2008版国际质量管理体系认证。

公司秉承以“做好企业是积累社会公德”的经营理念。强调质量控制及管理,实现销售体制及生产方式的创新。从2011年上半年开始,依托长期铣床制造的经验及优势,先后开发了PVL-715A、PVL-715B、PVL-716A、PLV-716B、PVL-717、PVL-718、PTL540等各种机型的数控铣床及加工中心。2012年,公司根据市场需求,规划在数控铣床系列的发展中,通过技术引进和合作开发的形式,发展床身式强力铣床。

公司本着团结敬业,奉行“质量第一,信誉第一”的原则,坚持“开拓、进取”的创业精神,为国内外客户提供最优质的服务。

纽威数控装备(苏州)有限公司 成立于1997年,是由苏州正和投资有限公司控股的民营企业。公司经营范围为研发、生产三轴、四轴及五轴联动数控机床、数控系统及伺服装置,销售自产产品并提供相关技术支持和售后服务。公司拥有完整的产品质量保证体系和产品检测手段,已通过ISO 9001:2008质量管理体系认证及CE认证。

公司有技术研发人员101名,并拥有由80多位行业专家组成的专案研发项目组,年投入上千万元研发经费,专注于研发、生产、销售以加工中心为主的中高档制造装备,追求产品的高速、高效、高精度。研发产品在投入市场前进行反复的试验和测试,通过多次的改进、优化,保证产品设计合理、性能稳定、精度可靠。

公司建有近3万 m^2 现代化恒温厂房及6 000m^2 精细恒温车间,2009年引进了瑞士SIP(西普)公司坐标镗床、瑞士KELLENBERGER(克林贝格)公司高精度数控万能磨床、意大利FAVRETTO(法力图)公司导轨磨床、德国STARRAGHECKERT(斯达拉格海科特)公司卧式加工中心和西班牙ZAYER(萨亚)公司五面体加工中心。公司于2010年被认定为江苏省高新技术企业。已申请8项发明专利(两项已授权)、33项实用新型专利(18项已授权),成功自主研发并生产了NLS/NLH/NLHC/VNL数控车床、VM立式加工中心、HM卧式加工中心和PMS/PMH龙门镗铣加工中心。其中,HM卧式加工中心、VM动柱式立式加工中心、VM定柱式立式加工中心、NL全功能数控卧式车床、NL大型数控卧式车床、VNL数控立式车床等被评为江苏省高新技术产品。

南通国盛机电集团有限公司 经过12年的倾力经营,拥有6个子公司和1个大型现代化生产基地,组建了江苏省(国盛)精密数控机床工程技术研究中心,积累了丰富的产品经验。

公司秉承“诚信、品质、勤奋、创新”的核心价值观,围绕“做精做强”的思路,依靠人性化的管理体制和民主化的管理模式,造就了优秀的管理团队和人才架构,重视个人和企业共同成长,强调和谐共赢是公司的特色。公司多次组织员工出国考察培训,并参加各种成长性培训,给予员工广泛的发展空间,注重人才队伍建设,拥有国内同行业顶尖水平的专家团队,并不断与科研院校合作交流。

通过十余年的快速发展,公司已逐步形成拥有自主开发技术、精密加工制造能力和高精度检测能力的规模生产能力,不断推出适合市场需求的各类机电产品,更能在引导市场需求方面有所作为。公司现主营产品是精密数控立式加工中心系列和数控定梁式龙门镗铣床系列，产品远销美国、德国、加拿大、韩国、印度、澳大利亚等国家和地区；同时还是德国德马吉、德国宝马格、瑞典山特维克、日本东芝机械、加拿大赫斯基等国际著名企业的长期合作伙伴。“产业报国，恩泽社会”是公司持久不变的宗旨。

〔撰稿人：中国机床工具工业协会铣床分会胡瑞琳〕

钻 镗 床

2011年，是钻镗床行业发展不平凡的一年，上半年企业的生产经营仍然看好。但由于受欧美经济复苏疲软的影响，市场需求下降，订货严重不足，我国钻镗床生产企业下半年经营收入开始滑坡，行业生产经营形势非常严峻。

一、基本情况

钻镗床分会共有会员企业63家，其中，国有控股企业19家、集体控股企业11家、私人控股企业31家、与外商合资企业1家、台资企业1家。职工人数3万余人。参加本年鉴统计的企业27家。

根据钻镗床分会对27家骨干企业的统计，2011年完成工业总产值180.9亿元，比上年下降13.5%；工业销售产值176.6亿元，比上年下降14.3%；工业增加值95.2亿元，比上年增长18.5%；实现利税7.3亿元，比上年下降8.5%。以上数据说明2011年国际金融危机的后续影响依旧比较严重，机床行业的形势不容乐观。2011年钻镗床行业主要经济指标完成情况见表1。

表1 2011年钻镗床行业主要经济指标完成情况

指标名称	单位	年度累计
工业总产值	万元	1 809 365
其中：机床工具类产品产值	万元	1 459 313
工业销售产值	万元	1 766 051
其中：机床工具类产品销售产值	万元	1 398 446
工业增加值	万元	951 913
实现利税	万元	73 301
从业人员平均人数	人	30 179
资产总计	万元	2 688 407
流动资产平均余额	万元	1 806 268
固定资产净值平均余额	万元	393 509

二、生产情况

根据钻镗床分会不完全统计，2011年共生产金属切削机床143 549台，比上年下降25.1%；产值1 425 111万元，比上年增长14.4%。其中，生产各种数控机床39 527台，比上年增长11.4%；产值876 360万元，比上年增长28.0%。生产加工中心17 414台，比上年增长15.5%；产值602 072万元，比上年增长41.9%。生产钻床52 392台，比上年下降22.3%；产值209 207万元，比上年增长5.2%。生产镗床5 981台，比上年增长1.9%；产值543 452万元，比上年下降2.8%。2011年钻镗床行业分类产品生产情况见表2。

表2 2011年钻镗床行业分类产品生产情况

产品名称	实际完成		其中：数控	
	产量（台）	产值（万元）	产量（台）	产值（万元）
金属切削机床	143 549	1 425 111	39 527	876 360
加工中心	17 414	602 072	17 414	602 072
立式加工中心	14 997	268 140	14 997	268 140
卧式加工中心	1 193	143 556	1 193	143 556
龙门式加工中心	1 224	190 376	1 224	190 376
车床	1 191	14 827	1 019	4 175
钻床	52 392	209 207	1 889	14 081
镗床	5 981	543 452	2 439	208 274
磨床	100	1 420	78	1 020
螺纹加工机床	14 904	1 949		
铣床	26 224	41 151	16 440	38 509
特种加工机床	27	368	27	368
组合机床	201	3 700	196	3 518
其他金属切削机床	25 115	6 965	25	4 343
台钻	166 381	32 912		
砂轮机	19 033	1 104		

三、出口情况

2011年，由于受美国经济复苏疲软及欧洲债务危机严重的影响，机床的传统出口市场严重萎缩。虽然大力开发新兴经济体国家、东南亚、非洲及南美市场，但出口总体形势仍不乐观。2011年，共出口金属切削机床9 103台，比上年增长10.5%；出口额8 895.3万美元，比上年下降4.9%。出口加工中心181台，比上年增长52.1%；出口额6 333.9万美元，比上年下降14.3%。出口钻床8 813台，比上年增长10.8%；出口额1 706.8万美元，比上年增长36.2%。出口镗床101台，比上年下降9.8%；出口额836.1万美元，比上年增长31.4%。2011年钻镗床行业分类产品出口情况见表3。

表3 2011年钻镗床行业分类产品出口情况

产品名称	实际完成		其中：数控	
	出口量（台）	出口额（万美元）	出口量（台）	出口额（万美元）
金属切削机床	9 103	8 895.3	199	6 433.3
加工中心	181	6 333.9	181	6 333.9

（续）

产品名称	实际完成		其中:数控	
	出口量(台)	出口额(万美元)	出口量(台)	出口额(万美元)
立式加工中心	123	528.2	123	528.2
卧式加工中心	19	429.9	19	429.9
龙门式加工中心	39	5 375.8	39	5 375.8
车床	3	10.7	3	10.7
钻床	8 813	1 706.8		
镗床	101	836.1	13	81.4
磨床	3	0.5		
铣床	2	7.4	2	7.4
台钻	14 361	397.9		

四、新产品开发情况

与历年相比，2011年新产品开发数量略有减少，共开发53种，其中85%以上为数控机床产品，包括立式/卧式数控铣镗床和加工中心、刨台式数控铣镗床和加工中心、龙门式数控铣镗床和加工中心等。这些新产品的开发，进一步拓展了加工中心的应用领域和使用范围，必将为我国的装备制造业的发展注入新的活力。2011年钻镗床行业部分企业新产品开发情况见表4。

表4　2011年钻镗床行业部分企业新产品开发情况

序号	产品名称	型号	主要技术参数	产品性质	产品属性	产品水平
沈阳机床(集团)有限责任公司						
1	数控落地铣镗床	FBC260r	行程(Z/W):1 800mm/1 600mm，主轴抗力:70 000N，主轴转矩:25 000N·m、30 000N·m	全新设计	企业新产品	国内领先
2	卧式铣镗加工中心	TH65125×250B/D	主轴转速:10～4 000r/min，主轴最大转矩:1 300N·m，主轴最大轴向抗力:16 000N，工作台面尺寸:1 250mm×2 500 mm，工作台最大承重:10 000kg，快速移动速度(X、Z/Y):(15m/min)/(10m/min)	改型设计	企业新产品	国内领先
3	数控卧式铣镗床	TKS6513	主轴转速:10～3 000r/min，主轴最大转矩:2 600N·m，主轴最大轴向抗力:20 000N，工作台面尺寸:1 400mm×1 600mm，工作台最大承重:10 000kg	改型设计	企业新产品	国内领先
4	数控卧式铣镗床	TK6513/2	主轴转速:10～2 000r/min，主轴最大转矩:2 500N·m，主轴最大轴向抗力:20 000N，工作台面尺寸:1 400mm×1 600mm，工作台最大承重:10 000kg	改型设计	企业新产品	国内领先
5	五轴数控龙门铣床	GMB30805X	主轴最高转速:15 000r/min，最大转矩:315N·m，C轴转角:$n\times360°$，A轴转角:±95°，A轴、C轴定位精度:15″、重度定位精度:10″	改型设计	企业新产品	国内领先
6	龙门式数控五轴镗铣床	GMB2550u	主轴最高转速:2 000r/min，额定转矩:1 000N·m，C轴转角:±185°，A轴转角:±105°，快速移动速度($X/Y/Z$):10m/min	改型设计	企业新产品	国内领先
7	动龙门式数控铣钻床	GDC5060ms	动力头之间最小间距:380mm，主轴转矩:228N·m，主轴功率:9kW，Z轴行程:500mm	全新设计	行业新产品	国内领先

（续）

序号	产品名称	型号	主要技术参数	产品性质	产品属性	产品水平
8	桥式五轴加工中心	GMC2560u	额定功率：21kW，主轴最高转速：18 000r/min，额定转矩：100N·m，C轴转角：±360°，A轴转角：±110°	改型设计	企业新产品	国内领先
9	桥式五轴加工中心	GMC2590u	额定功率：42kW，主轴最高转速：24 000r/min，额定转矩：100N·m，C轴转角：±360°，A轴转角：−110°~95°	改型设计	企业新产品	国内领先
10	龙门五轴加工中心	GMC1630u	三个直线坐标轴均采用高速、高精密滚珠丝杠传动，导轨均采用线性滚柱导轨，线性轴和旋转轴均配有光栅尺和圆光栅	改型设计	企业新产品	国内领先
11	立式五轴加工中心	VMC22120u	快速移动速度（$X/Y/Z$）：30m/min，加速度：3m/s²，电主轴最高转速：14 000r/min，A轴、B轴的快速回转速度：10r/min，A轴、B轴摆角：±40°	改型设计	企业新产品	国内领先
12	龙门移动式加工中心	GMC50180mr3	工作台面尺寸：5 000mm×18 000mm，主轴端面至工作台距离：500~2 000mm，定位精度（X、Y/Z）：0.04mm/0.03mm，重复定位精度：0.016mm，Z轴行程：1 500mm	改型设计	企业新产品	国内领先
13	龙门移动式加工中心	GMC40120mr	主电动机功率：37kW、51kW，主轴轴向抗力：17 000N，主轴最大转矩：2 000N·m，工作台面尺寸：4 000mm×12 000mm	全新设计	行业新产品	国内领先
14	动梁龙门加工中心	GMC2560WH	主轴转速：10~2 000r/min，主轴转矩：6 000N·m、8 000N·m，工作台面尺寸：2 500mm×6 000mm	全新设计	行业新产品	国内领先
15	动梁龙门移动式加工中心	VMG5	工作台面尺寸：6 000mm×20 000mm；快速进给速度（$X/Y/Z$）：16m/min，主电动机功率：63kW	技术引进	行业新产品	国际先进
16	数控回转工作台	PIB80h	工作台承重：80t，工作台面尺寸：3 500mm×3 500mm，直线快速移动速度：9m/min，直线定位精度：0.03mm，直线重复定位精度：0.018mm	全新设计	行业新产品	国内领先
17	数控回转工作台	PIB40t	工作台承重：40t，工作台面尺寸：25 000mm×3 000mm，直线快速进给速度：6m/min，回转速度：1r/min，直线轴定位精度：0.018mm，重复定位精度：0.012mm，反向差值：0.01mm	全新设计	企业新产品	国内领先
芜湖恒升重型机床股份有限责任公司						
18	数控落地铣镗床	TK6213B	主轴直径：130mm，主轴转速：2.5~800r/min（无级），主轴行程：800mm，主轴箱行程：2 500mm，立柱滑座行程：6 000mm	改型设计	企业新产品	国内领先
19	数控落地铣镗床	TK6216	主轴直径：160mm，主轴转速：3~1 000r/min，主轴行程：1 000mm，主轴箱行程：3 000mm，立柱滑座行程：4 000mm	全新设计	企业新产品	国内领先

（续）

序号	产品名称	型号	主要技术参数	产品性质	产品属性	产品水平
20	数控落地铣镗床	TK6920	镗轴直径:200mm,铣轴端部直径:320mm,滑枕尺寸:480mm×540mm,镗轴行程:1 200mm,滑枕行程:1 200 mm,主轴箱行程:4 000mm,立柱滑座行程:8 000mm,主轴转速:1～1 200 r/min	全新设计	企业新产品	国内领先
21	数控双柱立式车铣钻床	CQKXZ5250	工作台直径:3 890mm,工件最大车削直径:5 000mm,工件最大高度:3 200mm,工件最大重量:32 000kg,数控车刀架行程:水平2 750mm、垂直1 700mm,铣钻刀架行程:水平2 750 mm、垂直400mm	全新设计	企业新产品	国内领先
天通吉成机器技术有限公司						
22	数控落地铣镗床	CTB130	主轴直径:130mm	全新设计	企业新产品	国内领先
23	数控刨台卧式铣镗床	CPBR160	主轴直径:160mm	全新设计	企业新产品	国内领先
24	双面刨台铣镗加工中心	CPB130 * 2 - ATC	主轴直径:130mm	全新设计	企业新产品	国内领先
浙江西菱台钻制造有限公司						
25	数控立式钻床	ZK5140A/ZK5150A	最大钻孔直径:40mm、50mm	改型设计	企业新产品	国内领先
26	数控钻床	ZK2515/ZK2515 - 3	最大钻孔直径:25mm	全新设计	行业新产品	国内领先
27	数控台式钻床	ZK4120	最大钻孔直径:20mm,行程:125mm	改型设计	行业新产品	国内领先
28	数控精密深钻孔机床	ZK2162	最大钻孔直径:25mm,最大深度:650mm	全新设计	企业新产品	国内领先
29	数控立式加工中心	VMC420L	快速移动速度:15m/min,行程(X/Y/Z):410mm/260mm/500mm	改型设计	企业新产品	国内领先
30	卧式双向镗孔复合机床	VDM039	加工节拍:70s	全新设计	行业新产品	国内领先
31	卧式双向镗孔复合机床	VDM040	加工节拍:60s	全新设计	行业新产品	国内领先
32	卧式双向镗孔复合机床	VDM041	加工节拍:60s	全新设计	行业新产品	国内领先
33	滑台式四工位八轴复合机床	VDM043	加工节拍:72s	全新设计	行业新产品	国内领先
34	8寸主轴箱镗孔专用机床	VDM044	加工节拍:60s	全新设计	行业新产品	国内领先
35	滑台式两工位多轴钻孔攻丝复合机床	VDM045	加工节拍:90s	全新设计	行业新产品	国内领先
36	卧式单工位双向四轴钻孔攻丝专用机床	VDM046	加工节拍:50s	全新设计	行业新产品	国内领先
宁夏中卫大河机床有限责任公司						
37	小孔径卧式珩磨机床	2MB215Z	珩孔直径:5～30mm	全新设计	行业新产品	国内领先
38	双轴立式数控珩磨机床	2MK2208 * 2	珩孔直径:16～80mm,最大深度:200mm	全新设计	行业新产品	国内领先
39	数控卧式铣床	DHKQ1296	行程:2 120 mm,工作台面尺寸:1 500mm×1 000mm	全新设计	行业新产品	国内领先
40	数控卧式铣床	DHKQ1297	行程:3 000 mm,工作台面尺寸:1 500mm×1 000mm	全新设计	行业新产品	国内领先
41	数控导轨铣床	DHKQ1298	行程:4 380 mm,工作台面尺寸:2 000mm×800mm	全新设计	行业新产品	国内领先
42	数控钻铣床	XH700	行程(X/Y、Z):700mm/500mm,工作台面尺寸:850mm×500mm	全新设计	行业新产品	国内领先

（续）

序号	产品名称	型号	主要技术参数	产品性质	产品属性	产品水平
43	龙门加工中心	THK2412	工作台面尺寸：1 200 mm × 2 100 mm，行程（X/Y/Z）：2 000mm/1 650 mm/800mm	全新设计	行业新产品	国内领先
江苏新瑞重工科技有限公司						
44	桥式龙门加工中心	GM1730	工作台面尺寸：1 700 mm × 3 000 mm，行程（X/Y/Z）：3 100mm/1 700 mm/1 000mm，快速移动速度：20 m/min，主轴最高转速：6 000r/min	改型设计	企业新产品	国内领先
45	龙门加工中心	GF920	工作台面尺寸：900mm × 2 000mm，行程（X/Y/Z）：2 200 mm/1 350 mm/800mm，快速移动速度：20m/min，主轴最高转速：6 000r/min	全新设计	企业新产品	国内领先
46	动梁龙门加工中心	GME3080	工作台面尺寸：3 000 × 8 000mm，行程（X/Y/Z/W）：8 500 mm/4 500 mm/1 500mm/2 750mm，快速移动速度：20m/min，主轴最高转速：3 000r/min	全新设计	企业新产品	国内先进
47	高架桥式五轴龙门加工中心	GM40120/5X	工作台面尺寸：4 000 mm × 12 000 mm，行程（X/Y/Z）：13 000 mm/5 500 mm/1 000 mm，快速移动速度：20 m/min，主轴最高转速：14 000r/min	全新设计	企业新产品	国内领先
48	卧式加工中心	H50	工作台面尺寸：500mm × 500mm，行程（X/Y/Z）：700mm/500mm/550mm，主轴最高转速：12 000r/min	改型设计	企业新产品	国内先进
49	三坐标高速立式加工中心	VQ70	工作台面尺寸：1 600mm × 720mm，行程（X/Y/Z）：1 600mm/720mm/760mm，电主轴最高转速：24 000r/min	改型设计	企业新产品	国内先进
50	六轴六联动龙门加工中心	GF2040 – 6X	工作台面尺寸：2 000 mm × 4 000 mm，行程（X/Y/Z）：4 500 mm/2 600 mm/600mm，快速移动速度：20m/min，主轴最高转速：1 500r/min	全新设计	企业新产品	国内领先
51	立式加工中心	V915	工作台面尺寸：900mm × 1 500mm，行程（X/Y/Z）：1 600 mm/900mm/800mm，电主轴最高转速：6 000r/min	全新设计	企业新产品	国内先进
52	高架桥式龙门加工中心	GM2020	工作台面尺寸：2 000 mm × 2 000 mm，行程（X、Y/Z）：2 000 mm/1 000 mm，快速移动速度：20m/min，主轴最高转速：6 000r/min	改型设计	企业新产品	国内先进
常州源兴数控机床有限公司						
53	数控动柱式钻铣床	ZK52	工作台面尺寸：5 240mm × 500mm，行程（X/Y/Z）：5 000mm/500mm/540mm，主轴转速：50 ~ 3000r/min，快速移动速度（X、Y/Z）：（5m/min）/（4m/min），X、Y 向进给速度：1 ~ 3 000 mm/min，定位精度：0. 03mm，重复定位精度：0. 02mm	改型设计	企业新产品	国内先进

五、科研项目及专利发明情况

2011 年，钻镗床行业上报科研项目 5 项、获奖科研项目 1 项、专利 5 项。2011 年钻镗床行业科研项目见表 5。2011 年钻镗床行业获奖科研项目见表 6。2011 年钻镗床行业授权专利情况见表7。

表5 2011年钻镗床行业科研项目

序号	科研项目名称	主要内容	投入资金(万元)	项目来源	主要完成单位
1	CQK5840数控双柱立式车床	研发	合计4 700	自主研发	芜湖恒升重型机床股份有限公司
2	CQK5850数控双柱立式车床	研发		自主研发	芜湖恒升重型机床股份有限公司
3	TK6920数控落地式铣镗床	研发		安徽省科技攻关项目	芜湖恒升重型机床股份有限公司
4	TK6216数控落地式铣镗床	研发		自主研发	芜湖恒升重型机床股份有限公司
5	大型功能复合型数控双柱立式车床	开发与应用		安徽省科技攻关项目	芜湖恒升重型机床股份有限公司

表6 2011年钻镗床行业获奖科研项目

项目名称	主要内容及应用范围	获奖名称	获奖等级	主要完成单位
大型数控双面卧式铣镗床	机床为双柱、双卧轴、大横向移动工作台布局。两立柱及主轴箱以工作台中心线为对称轴对称布置,机床整体的热对称性好,两镗轴因热变形而产生的相对位移小,因而镗孔同轴度精度高。当配上随工作台移动的铣削动力装置时,可实现七轴控制。该机床适用于工程机械、能源设备、交通车辆、军工等行业的大型箱体类、机架类、长臂类、动臂类、拉杆类零件的镗孔、刮内开裆面、铣平面等多道工序的加工	安徽省科技进步奖	二等奖	芜湖恒升重型机床股份有限公司

表7 2011年钻镗床行业授权专利情况

序号	企业名称	专利名称	专利类型	授权日期
1	芜湖恒升重型机床股份有限公司	一种用于立式圆导轨的磨削加工装置	发明	2011.02.16
2	芜湖恒升重型机床股份有限公司	一种机床回转工作台装置	发明	2011.04.27
3	芜湖恒升重型机床股份有限公司	一种数控双柱立式铣钻床分度进给箱	发明	2011.07.20
4	芜湖恒升重型机床股份有限公司	可加工拉杆类零件铣镗床的工作台驱动装置	发明	2011.01.19
5	常州源兴数控机床有限公司	数控钻床用深细孔导向定位装置	发明	2011.07.27

六、企业简介

汉川机床集团有限公司 公司以振兴装备制造业为己任,以科技创新为依托,致力于产业结构的调整。2007年,公司在陕西省汉中市汉台区东工业园区购买工业用地40万m^2,规划年产能40亿元。项目一期投资8.15亿元,于2010年6月建成并投入生产,二期预计投资10.55亿元,在“十二五”期内建设完成。

H2新工厂主要研发制造大型、重型龙门式加工中心、落地式铣镗床、刨台式铣镗床和卧式加工中心等系列产品。新增高精度加工设备和检测仪器共380多台(套),金属切削机床的实物量数控化率达到95%以上,为零件的加工和高精度机床的生产奠定了坚实的基础。

H2工厂集零件制造、整机装配为一体,围绕基础装备数字化、生产过程数字化、生产管理数字化、决策支持数字化和分析应用数字化进行“五化”建设,把最新管理理念与信息化技术密切结合,最终实现“一流制造、一流技术、一流管理”的数字化工厂目标。

当前,H2工厂的大、重型机床工艺生产能力按龙门产品的工作台面尺寸计算,最大已经达到8 000mm,按落地式铣镗床的高度计算,数控铣镗床的Y轴(垂直)行程为5 000mm,全年生产能力680台(套),多项关键技术达到世界一流水平。H2工厂已成为为国家关键、重点行业提供重大装备的制造基地。

桂林正菱第二机床有限责任公司 占地面积超过15万m^2,拥有5个生产车间和9个职能科室,现有在职员工397人,主要加工设备近800台(套),各关键生产工序配有国内外高、精、尖设备和配套的检测仪器。

公司较早通过了中国质量认证中心的ISO 9001:2008质量管理体系认证,获得了国家科技部授予的“全国CAD应用示范企业”、广西壮族自治区科技厅授予的“制造业信息化应用示范企业”、广西壮族自治区经济委员会授予的“自治区级技术中心”、桂林市科学技术局授予的“桂林数控钻床工程技术研究中心”等称号,并与广西工学院合作成立“机械工程系产学研合作中心”。主导产品Z3032、Z3050系列摇臂钻床被中国机械工业质量管理协会评为全国机械工业用户满意产品。公司有一支较高技术水平的技术人员和技术工人队伍,有40多年的研发、生产普通机床及数控机床的经验。

公司主导产品有摇臂钻床、移动万向摇臂钻床、方柱立式钻床、卧式车床、端面铣床等十大类、100余种规格产品，年生产能力达3 000余台。其中，多种钻床、数控仿型立式铣镗床等产品获得机械工业部优质产品、广西优质产品等荣誉称号，并获广西科技进步奖，产品畅销全国各地，远销欧、美、东南亚及中东等50多个国家和地区，深受国内外用户的好评。近几年研发的高性能数控机床有ZH7450龙门钻铣加工中心、ZH5140立式钻削加工中心、ZK9450数控龙门动柱式钻床、XK96100数控卧式铣床和Z30125摇臂钻床。2011年，公司实现工业总产值1.06亿元、工业销售产值8 626万元。

公司的总体发展战略目标是：不断完善企业内部管理机制，强化核心竞争能力，坚定不移地建成集摇臂钻床、立式钻床、数控钻床于一身的中国南方钻床开发、生产、销售基地和科技型、效益型的现代化企业。

上海三一精机有限公司 由三一集团投资创建于2009年，总部位于上海川沙产业园，拥有昆山、无锡两大生产制造基地。按世界一流标准在建的临港产业园，总投资26亿元，占地面积66.7万m^2，于2012年5月建成投产。

公司主要从事精密机床的研发、制造和销售，产品涵盖龙门加工中心、卧式加工中心、立式加工中心、车床系列、钣金加工设备系列、镗铣床系列、齿轮加工机床系列、磨床系列、重型压力机系列、数控系统及功能部件系列等。

秉承"品质改变世界"的企业使命，公司将年销售收入的7%～10%投入研发，致力于缔造世界最高品质产品。当前，公司拥有一支由业界领军人物带领的全球顶尖级研发团队。公司现有机床研究院、数控研究院、德国研究院，共计600余名研发人员（其中硕士及以上学历人员占85%以上）。

公司通过生产过程的精细化管理、标准化的作业流程和严格的产品质量检测体系，保证了产品的高可靠性。临港产业园生产车间采用全数字化生产线，投入超一流设备，实现了生产过程自动化控制，打造了恒温、绿色花园式样板工厂，形成了独特的SPS精益生产模式。

一切为了客户，创造客户价值。公司以客户需求为中心，通过标准化、差异化、超值化的服务，实现"超越客户期望，超越行业标准"的服务目标，帮助客户成功，引领行业服务新潮流。

〔撰稿人：中国机床工具工业协会钻镗床分会常全富〕

磨　床

一、基本情况

磨床分会现有会员单位53家（新增会员单位1家）。其中，磨床设计开发、制造企业46家，砂轮机设计开发、制造企业5家，磨床零配件生产及磨料磨具生产企业2家。磨床分会53家企业中国有控股企业16家、集体控股企业1家、私人控股企业36家，从业人员平均人数16 229人。参加本次年鉴统计的磨床企业共35家，占磨床分会会员单位的66%。

2011年，磨床分会35家会员企业完成工业总产值632 866万元，比上年增长26.7%。其中机床工具类产品总产值544 539万元，比上年增长32.7%，占工业总产值的86.0%，占比比上年提高3.8个百分点。完成工业销售产值600 213万元，比上年增长20.5%。其中机床工具类产品销售产值522 302万元，比上年增长23.6%。完成工业增加值204 577万元，比上年增长29.3%；实现利税总额65 685万元，比上年增长15.6%；资产总计1 010 120万元，比上年增长17%；流动资产平均余额551 829万元，比上年增长21.3%；固定资产净值平均余额217 813万元，比上年增长31.9%；行业平均产销率为94.8%，比上年下降4.9个百分点。2011年磨床行业主要经济指标完成情况见表1。

表1　2011年磨床行业主要经济指标完成情况

指标名称	单位	年度累计
工业总产值	万元	632 866
其中：机床工具类产品产值	万元	544 539
工业销售产值	万元	600 213
其中：机床工具类产品销售产值	万元	522 302
工业增加值	万元	204 577
实现利税	万元	65 685
从业人员平均人数	人	16 229
资产总计	万元	1 010 120
流动资产平均余额	万元	551 829
固定资产净值平均余额	万元	217 813

2011年，磨床行业工业总产值超过亿元的企业有16家，分别为上海机床厂有限公司11.6亿元，无锡机床股份有限公司8.4亿元，威海华东数控股份有限公司7.0亿元，杭州杭机股份有限公司3.9亿元，新乡日升数控轴承装备股份有限公司3.9亿元，陕西汉江机床有限公司3.8亿元，桂林桂北机器有限责任公司3.0亿元，北京第二机床厂有限公司2.8亿元，上海第三机床厂2.0亿元，湖南宇环同心数控机床有限公司1.9亿元，云南合信源机床有限责任公司1.5亿元，临清兴和宏鑫机床有限公司1.4亿元，陕西秦川格兰德机床有限公司1.4亿元，济南四机数控机床有限公司1.4亿元，江西杰克机床有限公司1.3亿元，无锡市明鑫机床有限公司1.0亿元。工业总产值增幅超过50%的企业有3家，分别是长春第一机床有限公司、上海精密机床厂有限公司和北京广宇大成数控机床有限公司。

2011年，磨床行业工业销售产值超过亿元的企业有15家，分别为上海机床厂有限公司11.2亿元，无锡机床股份有限公司9.2亿元，威海华东数控股份有限公司6.2亿元，新乡日升数控轴承装备股份有限公司3.9亿元，陕西汉江机床有限公司3.7亿元，杭州杭机股份有限公司3.4亿元，桂林桂北机器有限责任公司3.0亿元，北京第二机床厂有限公司2.5亿元，上海第三机床厂1.9亿元，湖南宇环同心数控机床有限公司1.4亿元，陕西秦川格兰德机床有限公司1.4亿元，济南四机数控机床有限公司1.3亿元，临清兴和宏鑫机床有限公司1.3亿元，江西杰克机床有限公司1.1亿元，云南合信源机床有限责任公司1.1亿元。

二、生产销售情况

2011年，磨床行业35家企业共生产金属切削机床34 839台，比上年增长25.6%；产值537 824万元，比上年增长33.0%。生产数控机床6 678台，比上年增长19.4%；产值266 011万元，比上年增长24.8%。

2011年，生产磨床28 582台，比上年增长29.2%；产值450 300万元，比上年增长42.6%。生产数控磨床5 490台，比上年增长31.1%；产值203 644万元，比上年增长39.7%。数控磨床的产值增幅大于产量增幅，说明市场对数控产品的需求向中高端发展，企业的产品结构不断优化。

磨床产量占金属切削机床产量的82.0%，产值占金属切削机床产值的83.7%。磨床产量数控化率为19.2%，比上年增长0.3个百分点；产值数控化率为45.2%，比上年下降1个百分点。

磨床产品产值超过亿元的企业有13家，分别为上海机床厂有限公司8.802亿元，无锡机床股份有限公司6.779亿元，新乡日升数控轴承装备股份有限公司3.647亿元，杭州杭机股份有限公司3.555亿元，桂林桂北机器有限责任公司3.013亿元，北京第二机床厂有限公司2.457亿元，威海华东数控股份有限公司1.495亿元，云南合信源机床有限责任公司1.458亿元，陕西秦川格兰德机床有限公司1.356亿元，济南四机数控机床有限公司1.315亿元，江西杰克机床有限公司1.270亿元，湖南宇环同心数控机床有限公司1.075亿元，无锡市明鑫机床有限公司1.012亿元。

磨床产量超过1 000台的企业有8家，分别为上海机床厂有限公司4 670台，无锡机床股份有限公司3 403台，桂林桂北机器有限责任公司2 700台，杭州杭机股份有限公司2 477台，新乡日升数控轴承装备股份有限公司2 108台，云南合信源机床有限责任公司1 984台，威海华东数控股份有限公司1 633台，北京第二机床厂有限公司1 562台。

2011年，数控磨床产值超过亿元的企业有6家，分别为无锡机床股份有限公司4.758亿元，新乡日升数控轴承装备股份有限公司2.128亿元，上海机床厂有限公司1.994亿元，北京第二机床厂有限公司1.411亿元，湖南宇环同心数控机床有限公司1.073亿元，济南四机数控机床有限公司1.014亿元。

2011年磨床行业产值数控化率超50%的企业见表2。2011年磨床行业分类产品生产情况见表3。

表2　2011年磨床行业产值数控化率超50%的企业

序号	企业名称	磨床产值数控化率(%)
1	临清兴和宏鑫机床有限公司	100.0
2	湖南海捷精密工业有限公司	100.0
3	北京广宇大成数控机床有限公司	100.0
4	湖南宇环同心数控机床有限公司	99.8
5	四川富临集团成都机床有限责任公司	85.0
6	无锡市明鑫机床有限公司	80.5
7	安徽省尚美精密机械科技有限公司	80.0
8	济南四机数控机床有限公司	77.1
9	无锡机床股份有限公司	70.2
10	郑州第二机床厂	62.9
11	南通第二机床有限公司	61.5
12	江西杰克机床有限公司	59.1
13	新乡日升数控轴承装备股份有限公司	58.3
14	北京第二机床厂有限公司	57.4
15	天津市津机磨床有限公司	56.5
16	威海华东数控股份有限公司	53.2

表3　2011年磨床行业分类产品生产情况

产品名称	实际完成		其中:数控	
	产量(台)	产值(万元)	产量(台)	产值(万元)
金属切削机床	34 839	537 824	6 678	266 011
加工中心	535	46 016	535	46 016
立式加工中心	353	9 400	353	9 400
卧式加工中心	78	4 433	78	4 433
龙门式加工中心	104	32 183	104	32 183
车床	866	7 214	507	4 908
钻床	7	30		
镗床	10	4 705	10	4 705
磨床	28 582	450 300	5 490	203 644
齿轮加工机床	318	3 070	3	62
螺纹加工机床	183	10 540	32	3 760
铣床	4 274	11 349	97	2 407
拉床	18	650		
其他金属切削机床	46	3 950	4	509
台钻	1 260	308		

注：由于台州北平机床有限公司、温岭市美日机床有限公司生产的磨床为超小型、简易机床，且数量大，因此没有计入金属切削机床合计。

三、出口情况

2011年，磨床行业参加统计的35家企业中出口金属切削机床的企业有19家，共出口金属切削机床4 370台，比上年增长40.3%；出口额3 407.5万美元，比上年增长31.6%。出口数控机床141台，比上年增长41.0%；出口额808.6万美元，比上年增长81.6%。出口磨床1 771台，比上年增长24.4%；出口额2 229.8万美元，比上年增长23.5%。出口数控磨床98台,比上年增长46.3%;出口额663.7万美元,比上年增长102.4%。数控磨床的出口量呈稳步增长态势,出口额则比上年有较大的增长,说明磨床企业不断提高产品质量,逐步扩大对中高端产品的出口。2011年磨床行业分类产品出口情况见表4。

表4 2011年磨床行业分类产品出口情况

产品名称	实际完成		其中:数控	
	出口量(台)	出口额(万美元)	出口量(台)	出口额(万美元)
金属切削机床	4 370	3 407.5	141	808.6
加工中心	8	52.0	8	52.0
卧式加工中心	6	29.0	6	29.0
龙门式加工中心	2	23.0	2	23.0
车床	3	4.3		
磨床	1 771	2 229.8	98	663.7
齿轮加工机床	7	12.3		
螺纹加工机床	4	43.6		
铣床	2 576	1 049.3	35	92.9
其他金属切削机床	1	16.2		

四、新产品开发情况

2011年,磨床行业35家企业共开发新产品143种,比上年增长14.4%。磨床类新产品130种,比上年增长13.0%;数控磨床新产品99种,比上年增长12.5%。部分新产品已达到国际先进水平或国际领先水平。2011年磨床行业新产品开发情况见表5。

表5 2011年磨床行业新产品开发情况

序号	产品名称	型号	主要技术参数	产品性质	产品属性	产品水平
北京第二机床厂有限公司						
1	数控凸轮轴磨床	MKS8332A	最大磨削直径:320mm,最大工件长度:750mm,中心高:180mm	全新设计	行业新产品	国际先进
2	数控专用牙轮磨床	B2-K1017	最大磨削直径:450mm,最大工件长度:500mm,中心高:280mm	全新设计	行业新产品	国际先进
3	大型柔性复合数控磨床	B2-K3063	最大磨削直径:630mm,最大工件长度:4 000mm,中心高:335mm	全新设计	行业新产品	国际先进
4	数控万能外圆磨床	MK1432D×1500	最大磨削外圆直径:320mm,最大磨削内圆直径125mm,最大工件长度:1 500mm	全新设计	企业新产品	国内领先
5	大型数控万能外圆磨床	MKS1450×3000	最大磨削外圆直径:500mm,最大磨削内圆直径250mm,最大工件长度:3 000mm	全新设计	行业新产品	国际先进
6	数控偏心曲轴专用磨床	B2-K2018	最大加工直径:200mm,最大工件长度:500mm,中心高:125mm	全新设计	行业新产品	国际先进
7	大型数控(端面)外圆磨床	MKS13(16)63×2500	最大磨削直径:630mm,最大工件长度:2 500mm,中心高:340mm	全新设计	企业新产品	国内领先
8	高精度数控外圆磨床	MGK1332×750	最大磨削直径:320mm,最大工件长度:750mm,中心高:180mm	全新设计	企业新产品	国际先进
杭州杭机股份有限公司						
9	数控龙门导轨磨床	HZ-KD3015/4	3 000mm×1 500mm×1 000mm	改型设计	行业新产品	国内领先
10	数控剪刃磨床	MKC7150×25/L	500mm×2 500mm	改型设计	行业新产品	国内领先
11	数控转向齿成形磨床	MKL7150×10/10	500mm×1 000mm	改型设计	行业新产品	国内领先
12	数控摆线轮成形磨床	MKL7150×16/4	500mm×1 600mm	全新设计	行业新产品	国内领先
13	数控动梁龙门导轨磨床	HZ-KDL8025×20	8 000mm×2 500mm×2 000mm	全新设计	行业新产品	国内领先
14	数控立轴复合磨床	MGKF2500/1	ϕ2 500mm	全新设计	行业新产品	国内领先
15	数控精密立轴双端面磨床	MKZ7790/101	ϕ900mm	全新设计	行业新产品	国内领先
16	数控立轴复合磨床	MGKF2000×13/1	ϕ2 000mm×1 000mm	全新设计	行业新产品	国内领先
17	数控直线滚动导轨专用磨床	HZ-088CNC	550mm×6 000mm	全新设计	行业新产品	国际先进

（续）

序号	产品名称	型号	主要技术参数	产品性质	产品属性	产品水平
陕西汉江机床有限公司						
18	数控螺纹磨床	SK7520	ϕ200mm×750mm，加工精度：蜗杆5~6级	改型设计	行业新产品	国内先进、国际领先
19	数控螺杆转子磨床	SK7032×12	ϕ320mm×1 200mm	改型设计	行业新产品	国内先进、国际领先
20	全自动可转位刀片周边磨床	2MZK7150	内切圆直径：5~50mm，最大周边长度：200mm，最大刀片厚度：20mm	改型设计	行业新产品	国内先进、国际领先
21	数控多线硅片切割机	GK4620	最大截面尺寸：220mm×220mm，最大工件长度：820mm	改型设计	行业新产品	国内先进、国际领先
22	数控螺纹塞规磨床	SK7140	ϕ400mm×500mm	全新设计	企业新产品	国内领先
23	数控内螺纹磨床	SK7620A	ϕ200mm×125mm	全新设计	企业新产品	行业先进
24	丝杠磨床	S7420×750	ϕ200mm×750mm	改型设计	企业新产品	行业先进
25	花键轴磨床	M8612A	ϕ125mm×1 000mm	改型设计	企业新产品	行业先进
26	滚剪线	HJ080	ϕ1 000mm×0.5mm，60m/min	改型设计	企业新产品	行业先进
27	数控螺杆转子铣床	SK6432	ϕ250mm×1 200mm	全新设计	企业新产品	国内领先
28	数控搓丝板磨床	MK6260	450mm×80mm×45mm	全新设计	企业新产品	行业先进
29	数控干法套管修坯机	GXTK80×3500	ϕ800mm×3 300mm，ϕ140~150mm	全新设计	企业新产品	行业先进
30	数控花键轴磨床	MK8620	ϕ200mm×1 500mm	全新设计	企业新产品	行业先进
31	数控转子槽专机	HJ100	ϕ40~150mm	全新设计	企业新产品	行业先进
天津市津机磨床有限公司						
32	数控立轴圆台平面磨床	MK74330	工作台平面度：≤0.02mm，试磨件表面粗糙度：≤1.25μm	全新设计	行业新产品	国内先进
33	数控立轴圆台平面磨床	MK7490	工作台平面度：≤0.02mm，试磨件表面粗糙度：≤1.25μm	全新设计	行业新产品	国内先进
34	全自动数控立轴圆台平面磨床	MKZ74180	磨削平面对基面的平行度：≤0.02mm，表面粗糙度：≤1.25μm	全新设计	行业新产品	国内先进
35	数控高精度立式复合磨削中心	MGK74220	直线度：≤0.003/500mm，表面粗糙度：≤0.20μm	全新设计	行业新产品	国内先进
上海机床厂有限公司						
36	专用外圆磨床	H169/2	ϕ500mm×8 000mm	改型设计	企业新产品	国内领先
37	外圆磨床	H332	ϕ500mm×2 000mm	改型设计	企业新产品	国内领先
38	数控专用外圆磨床	H401-ME	ϕ1 900mm×2 000mm	改型设计	企业新产品	国内领先
39	万能外圆磨床	H405-JN/1	ϕ500mm×4 000mm	改型设计	企业新产品	国内领先
40	万能外圆磨床	M1450B×4000	ϕ500mm×4 000mm	改型设计	企业新产品	国内领先
41	万能外圆磨床	M1463/2000-H	ϕ630mm×2 000mm	改型设计	企业新产品	国内领先
42	万能外圆磨床	M1480/4000-H	ϕ800mm×4 000mm	改型设计	企业新产品	国内领先
43	外圆磨床	MC1363/3000-H	ϕ630mm×3 000mm	改型设计	企业新产品	国内领先
44	数控外圆磨床	MK1350×2000-H	ϕ500mm×2 000mm	改型设计	企业新产品	国内领先
45	数控外圆磨床	MK1350×3000-H	ϕ500mm×3 000mm	改型设计	企业新产品	国内领先
46	数控万能外圆磨床	MK1432/2000-H	ϕ320mm×2 000mm	改型设计	企业新产品	国内领先
47	数控曲轴主轴颈磨床	MK81125/8000-H	ϕ1 250mm×8 000mm	改型设计	企业新产品	国内领先
48	数控曲轴磨床	MK82125/H	ϕ1 250mm×8 000mm	改型设计	企业新产品	国内领先
49	数控曲轴磨床	MK82125A/6000-H	ϕ1 250mm×6 000mm	改型设计	企业新产品	国内领先
50	数控轧辊磨床	MK84125A/4000-H	ϕ1 250mm×4 000mm	改型设计	企业新产品	国内领先
51	数控轧辊磨床	MK84125A/6000-H	ϕ1 250mm×6 000mm	改型设计	企业新产品	国内领先
52	数控轧辊磨床	MK84125A/H	ϕ1 250mm×5 000mm	改型设计	企业新产品	国内领先

（续）

序号	产品名称	型号	主要技术参数	产品性质	产品属性	产品水平
53	数控轧辊磨床	MK8463A/H	ϕ630mm×4 000mm	改型设计	企业新产品	国内领先
54	数控外圆磨床	MKA1320×750/H	ϕ200mm×750mm	改型设计	企业新产品	国内领先
55	数控端面外圆磨床	MKB1632×1000/H	ϕ320mm×1 000mm	改型设计	企业新产品	国内领先
56	数控轧辊磨床	MK84100/5000－H	ϕ1 000mm×5 000mm	改型设计	企业新产品	国内领先
57	精密外圆磨床	MMA1350×2000	ϕ500mm×2 000mm	改型设计	企业新产品	国内领先
58	数控丝杠磨床	SKA7432/4000－H	ϕ320mm×4 000mm	改型设计	企业新产品	国内领先
北京广宇大成数控机床有限公司						
59	数控立式万能磨床	MGK2850	工作台直径:500mm	改型设计	企业新产品	国内先进
60	数控立式万能磨床	MGK2860	工作台直径:600mm	改型设计	企业新产品	国内先进
61	数控立式万能磨床	MGK2880	工作台直径:800mm	改型设计	企业新产品	国内先进
62	数控立式万能磨床	MGK28100	工作台直径:1 000mm	改型设计	企业新产品	国内先进
63	数控立式万能磨床	MGK28120	工作台直径:1 200mm	改型设计	企业新产品	国内先进
64	数控立式万能磨床	MGK28160	工作台直径:1 600mm	改型设计	企业新产品	国内先进
65	数控立式万能磨床	MGK28320	工作台直径:3 200mm	改型设计	企业新产品	国内先进
66	数控外圆磨床	MGK1320	ϕ200mm×500mm	改型设计	企业新产品	国内先进
陕西秦川格兰德机床有限公司						
67	外圆磨床	M1380A×3000	ϕ800mm×3 000mm	改型设计	企业新产品	国内先进
68	数控车桥专用磨床	GZ116/4	ϕ650mm×2 500mm	改型设计	行业新产品	国内领先
69	数控高速车轴专用磨床	GZ118A×1500	ϕ630mm×1 500mm	改型设计	行业新产品	国内领先
70	数控双砂轮架车轴专用磨床	GZ126/1	ϕ320mm×2 500mm	全新设计	行业新产品	国内领先
71	数控双砂轮架高速外圆磨床	GZ148	ϕ550mm×2 000mm	全新设计	行业新产品	国内领先
72	数控高速外圆磨床	GZ141	ϕ800mm×4 000mm	改型设计	企业新产品	国内领先
73	数控高速端面外圆磨床	GZ112/1	ϕ500mm×750mm	改型设计	行业新产品	国内先进
74	数控高速端面外圆磨床	GZ150	ϕ320mm×500mm	改型设计	行业新产品	国内先进
75	数控高速轴承外圆磨床	3MKS2165	ϕ650mm×400mm	全新设计	行业新产品	国内领先
76	数控高速曲轴主轴颈磨床	GZ152	ϕ320mm×750mm	全新设计	行业新产品	国内领先
77	数控高速凸轮轴主轴颈磨床	GZ143	ϕ500mm×1 000mm	全新设计	行业新产品	国内领先
无锡机床股份有限公司						
78	数控气门杆无心磨床	MK1050A/1	杆外径:4.5～9mm,杆头部直径:20～45mm,磨削长度:60～120mm	改型设计	企业新产品	国际先进
79	数控气门锁夹槽无心磨床	MK1050A/2	杆外径:4.5～9mm,杆头部直径:20～45mm,磨削长度:60～120mm	改型设计	企业新产品	国际先进
80	数控锭杆宽砂轮无心磨床	MK11150/5	磨削直径:8～150mm,磨削长度:10～395mm	改型设计	企业新产品	国际先进
81	数控立式内圆磨床	MK2860	磨削内孔直径:150～600mm,最大磨削高度:500mm	全新设计	企业新产品	国内先进
82	数控轴承端面沟磨床	3MK1010	孔径:40～100mm,最大外径:135mm,宽度:4～25mm	全新设计	企业新产品	国内先进
83	数控轧辊磨床	MK8450×40	磨削直径:50～500mm,最大工件长度:4 000mm	全新设计	企业新产品	国内先进
84	圆锥滚子无心磨床	3M6040	最大磨削外径:40mm	全新设计	企业新产品	国内先进
85	硅晶片磨床	WX－6008	最大工件外径:300mm	全新设计	企业新产品	国内先进

（续）

序号	产品名称	型号	主要技术参数	产品性质	产品属性	产品水平
86	立轴两头平面磨床	M7730	最大工件外径:100mm	全新设计	企业新产品	国内先进
新乡日升数控轴承装备股份有限公司						
87	数控双向角接触推力球轴承内圈沟磨床	3MK1012B/1	工件外径:40～120mm，工件宽度:3～20mm，圆度:1μm，沟摆:1.5μm，表面粗糙度:0.28μm	全新设计	企业新产品	国内先进
88	数控双向角接触推力球轴承外圈沟磨床	3MK1012B/2	工件外径:47～140mm，工件宽度:10～40mm，圆度:1μm，沟摆:1.5μm，表面粗糙度:0.28μm	改型设计	企业新产品	国内先进
89	数控双向角接触推力球轴承外圈沟磨床	3MK1040B/2	工件外径:200～400mm，工件宽度:30～80mm，圆度:3μm，沟摆:2μm，表面粗糙度:0.32μm	改型设计	企业新产品	国内先进
90	卧式钢球研球机	3M7750	加工工件直径:1～8mm；装球量:30kg，最大工作压力:4kN，加工钢球精度:G5	全新设计	企业新产品	国内领先
91	卧式大球研球机	3M77100	加工工件直径:12.7～75mm，装球量:500kg，最大工作压力:15kN，加工钢球精度:G10	全新设计	行业新产品	国内领先
92	卧式大球磨球机	3M76100	加工工件直径:12.7～75mm；装球量:500kg；最大工作压力:20kN	全新设计	行业新产品	国内先进
93	数控立式车床	CK5712A	最大回转直径:1 350mm，最大工件直径:1 250mm，最大工件高度:600mm，定位精度(X/Z):0.03mm，重复定位精度(X/Z):0.015mm，反向偏差(X/Z):0.01mm，尺寸精度公差等级:IT6级	全新设计	企业新产品	国内领先
94	单面研磨机	2M85100－3	工件外径:350mm，工件宽度:1～250mm，平面度:0.002mm，表面粗糙度:0.2μm	全新设计	企业新产品	国内领先
95	硅钢片砂带磨床	2M53100	加工最大工件宽度:1 000mm，加工最小工件长度:350mm，加工工件厚度:0.2～1.5mm，下部三传动辊平面度:≤0.02mm，下传动辊和张紧辊和张紧砂带的上面同一平面度:≤0.02mm，进料端上传动辊与下传动辊的间隙差:≤0.05mm	全新设计	行业新产品	国内领先
96	卧式双头中心孔磨床	2M8125	加工工件长度:500～3 000mm，以磨过的中心孔定位磨外圆后，外圆对中心孔的径向跳动:≤0.005mm，中心孔的表面粗糙度:0.8～0.4μm	全新设计	行业新产品	国内领先
济南四机数控机床有限公司						
97	数控曲轴专用磨床	J4K－083	圆度:≤0.003mm，圆柱度:≤0.004mm，表面粗糙度:≤0.32μm	全新设计	企业新产品	国内领先
98	数控复合磨床	J4K－320	顶磨外圆:圆度≤0.000 8mm，圆柱度≤0.002mm，表面粗糙度:≤0.16μm；卡磨外圆:圆度≤0.001mm，表面粗糙度:≤0.16μm	全新设计	行业新产品	国际先进
99	数控成形槽专用磨床	J4K－085	顶磨外圆:圆度≤0.001 5mm，圆柱度≤0.003mm，表面粗糙度:≤0.32μm；卡磨外圆:圆度≤0.002mm，表面粗糙度:≤0.32μm	全新设计	企业新产品	国内领先

（续）

序号	产品名称	型号	主要技术参数	产品性质	产品属性	产品水平
100	数控端面外圆磨床	J4K－301	顶磨外圆：圆度≤0.001mm，圆柱度：≤0.002mm，表面粗糙度：≤0.16μm；卡磨外圆：圆度≤0.001mm，表面粗糙度：≤0.16μm	全新设计	行业新产品	国际先进
101	数控高精度外圆磨床	MGK1312×250	顶磨外圆：圆度≤0.000 5mm，圆柱度≤0.002mm，表面粗糙度：≤0.05μm；卡磨外圆：圆度≤0.002mm，表面粗糙度：≤0.025μm	全新设计	企业新产品	国内领先
咸阳机床厂						
102	数控工具磨床	MKA6025×4	最大工件直径：250mm，最大工件长度：520mm	改型设计	行业新产品	行业领先
103	数控工具磨床	MKA6025×3A	最大工件直径：250mm，最大工件长度：520mm	改型设计	行业新产品	行业领先
104	数控外圆磨床	MKA1412A	最大工件回转直径：200mm，最大工件长度：350mm	改型设计	行业新产品	行业领先
无锡市明鑫机床有限公司						
105	数控内圆端面磨床	MK2120/S	磨削直径：10～200mm	全新设计	行业新产品	国内领先
106	数控无心磨床	MK11250	磨削直径：10～250mm	全新设计	行业新产品	国内领先
威海华东数控股份有限公司						
107	双柱双刀架数控立式铣车床	CKXD52125×50	最大车削直径：12 500mm，最大工件高度：5 000mm，回转工作台直径：8 000mm，工作台转速：0.16～16r/min，铣轴转速：80～800r/min	全新设计	企业新产品	国内领先
108	数控落地铣镗床	HBW160	镗轴直径：160mm，铣轴端部直径：300mm，*X* 轴快速移动速度：8 000mm/min，*X* 轴进给速度：0.5～8 000mm/min，主轴转速：2.5～1 500r/min	全新设计	企业新产品	国内先进
109	立式高速高精加工中心	HVC－1055	行程（*X/Y/Z*）：600mm/800mm/380mm，工作台面尺寸：800mm×600mm，导轨跨距（*X/Y/Z*）：330mm/380mm/320mm	全新设计	企业新产品	国内先进
110	双交换高档精密卧式加工中心	HMC1000	行程（*X/Y/Z*）：1 350mm/1 100mm/1 100mm，工作台面尺寸：1 000mm×1 000mm（2个），快速移动速度（*X/Y/Z*）：50m/min，换刀时间：3s	全新设计	企业新产品	国内先进
111	数控动梁龙门导轨磨床	MKW5225A/2.5×100	工作台面尺寸：2 500mm×10 000mm，最大磨削工件尺寸：10 000mm×3 000mm×2 500mm，最大磨削工件重量：30 000kg，加工表面粗糙度：卧式周边磨头≤0.63μm、立式万能磨头≤0.8μm	全新设计	企业新产品	国内领先
112	六轴数控滚齿机	RF－CNC 50/160	最大加工直径（单分度）：16 000mm，最大加工直径（滚齿）：14 000mm，最小加工直径（带换刀机械手）3 700mm，最小加工直径（不带换刀机械手）：2 800mm，工作台定位精度：±6″，工作台重复定位精度：±3″	全新设计	企业新产品	国际领先

（续）

序号	产品名称	型号	主要技术参数	产品性质	产品属性	产品水平
113	数控龙门镗铣车削中心	XKC2890/80×300	装夹平台尺寸：7 000m×30 000mm，方滑枕截面尺寸：600mm×700mm，移动横梁的龙门间距：9 030mm，龙门框架纵向行程：30 000mm，镗铣头水平行程：12 500mm，镗铣头垂直移动行程：4 000mm，最大加工工件高度：8 000mm	全新设计	企业新产品	国际先进
朝阳博文机床有限公司						
114	立式数控曲线磨床	MK85100	工作台直径：1 000mm，曲线最大外切圆直径：1 100mm	全新设计	行业新产品	国内领先
115	立式数控内圆端面磨床	MK2880L	磨削孔径：300～800mm，最大磨削工件高度：800mm，表面粗糙度：≤0.4μm，圆度：≤0.005μm	改型设计	企业新产品	国内先进
116	数控磨头移动式刀具磨床	MK72800	最大磨削工件宽度：320mm，最大磨削工件长度：4 500mm	全新设计	企业新产品	国内先进
117	数控立轴圆台平面磨床	MK7475	工件表面粗糙度：≤0.8μm，磨削平面对基面的平行度：≤0.01mm	全新设计	企业新产品	国内先进
118	数控立轴圆台平面磨床	MK74160/C2	工件表面粗糙度：≤0.8μm，磨削平面对基面的平行度：≤0.01mm	改型设计	行业新产品	国内先进
119	轻型数控立轴圆台平面磨床	MKQ74 系列	工件表面粗糙度：≤0.8μm，磨削平面对基面的平行度：≤0.01mm	全新设计	行业新产品	国内领先
南通第二机床有限公司						
120	卧轴矩台平面磨床	M7180×20	800mm×2 000mm	全新设计	行业新产品	国内领先
121	卧轴矩台平面磨床	M7163×20	630mm×2 000mm	全新设计	行业新产品	国内领先
122	数控立轴圆台平面磨床	MK7475B	ϕ750mm×300mm	全新设计	行业新产品	国内领先
123	数控立轴圆台平面磨床	MK7475B	ϕ800mm×300mm	全新设计	行业新产品	国内领先
湖南海捷精密工业有限公司						
124	难加工材料轴类零件150m/s超高速精密外圆磨削装备	MKC1320	加工范围：ϕ200mm×1 000mm，砂轮最高线速度：200m/s，主轴跳动：0.002mm，磨削零件外圆尺寸精度：≤0.003mm，磨削零件圆度：≤0.000 5mm，磨削表面粗糙度：0.086～0.106μm，批量加工工序能力指数：Cp≥1.33	全新设计	行业新产品	国际先进
湖南宇环同心数控机床有限公司						
125	数控立式双端面磨床	YTDM－580CNC/CBN	平面度：0.003mm，两平面平行度：0.003mm，表面粗糙度：0.2μm	改型设计	行业新产品	国内领先
126	立式单面研磨（抛光）机床	YT2M－8193	研磨件最高平面度精度：0.003mm（ϕ80mm），抛光件最高平面度精度：0.002mm（ϕ80mm），研磨件表面粗糙度：0.10μm，抛光件表面粗糙度：0.05μm	全新设计	行业新产品	国际先进
127	高精度立式双面研磨机床	YT2M－4826	加工件最大直径：280mm，加工件最小厚度：0.25mm，工件平面度、平行度：0.004mm	全新设计	行业新产品	国际先进
128	数控凸轮轴磨床	YTMCNC8326－10	砂轮线速度：150m/s，凸轮轮廓磨削精度：0.025mm，磨削表面粗糙度：≤0.32μm	改型设计	行业新产品	国内领先

（续）

序号	产品名称	型号	主要技术参数	产品性质	产品属性	产品水平
129	非圆复合车铣加工中心	YTCX5－160	加工直径:38～170mm,装夹活塞环高度:125mm(ϕ50mm 以下)、160mm,整筒环铣开口间隙差:≤0.01mm/150mm	全新设计	行业新产品	国内领先
130	立式单面研磨(抛光)机床	YT2M－8190	加工件最大直径:300mm,工件平面度、平行度:0.005mm	全新设计	行业新产品	国际先进
131	高精度立式双面研磨机床	YT2M－4836	加工件最大直径:360mm,加工件最小厚度:0.40mm,工件平面度、平行度:0.004mm	全新设计	行业新产品	国际先进
132	立式双面研磨加高机床	YT2M－13SA	加工件最大直径:280mm,加工件最小厚度:0.30mm,工件平面度、平行度:0.003mm	全新设计	企业新产品	国内领先
台州北平机床有限公司						
133	钻头铣刀研磨机	ZX13	可修磨钻头和铣刀	全新设计	企业新产品	国内先进
134	钻头丝攻研磨机	ZS13	可修磨钻头和丝攻	全新设计	企业新产品	国内先进
135	数控五轴工具磨床	BPX5	选配刀具自动量测系统,能制造各种刀具	全新设计	企业新产品	国内先进
四川富临集团成都机床有限责任公司						
136	数控复合磨床	MK2712/1	加工孔径:20～120mm,加工深度:100mm,外圆(锥)最大直径:160mm,端面环带宽度:100mm;工件最大旋径:450mm,加工精度:IT4～IT5 级,行程(X/Z):220mm/1 160mm	全新设计	行业新产品	国内领先
桂林桂北机器有限责任公司						
137	数控强力成形磨床	MKL7150×12	磨削工件最大尺寸(宽×长×高):500mm×1 250mm×500mm,成形磨削V形面的直线度:0.01mm/300mm,成形磨削V形面的轮廓度:±5′,成形磨削表面粗糙度:1.0μm	全新设计	企业新产品	国内先进
138	数控龙门成型导轨磨床	GM－KT3010	磨削工件最大尺寸(宽×长×高):1 000mm×3 000mm×600mm,导轨成型磨削的直线度:0.02mm/1 000mm,成型磨削斜导轨面的轮廓度:±5′,成型磨削表面粗糙度:1.0μm	全新设计	行业新产品	国内先进
139	数控龙门导轨磨床	GM－KD8025A/12G	磨削工件最大尺寸(宽×长×高):2 500mm×8 000mm×1 200mm,工件表面粗糙度:周边磨削0.63μm、万能磨削1.0μm	全新设计	企业新产品	国内先进
江西杰克机床有限公司						
140	数控高速复合磨床	JKM8320B	ϕ200mm×1 000mm	全新设计	企业新产品	国内领先
武汉机床厂						
141	数控滚刀刃磨床	HS550CNC－4	最大滚刀直径:550mm	全新设计	行业新产品	国内先进
安庆机床有限公司						
142	立式钢球研球机	3ML7280	加工钢球直径:3～25mm,最大装球量:200～250kg(依球径大小),主轴转速:5～30r/min,料盘转速:0.03～0.42r/min	改型设计	企业新产品	国内先进

（续）

序号	产品名称	型号	主要技术参数	产品性质	产品属性	产品水平
安徽省尚美精密机械科技有限公司						
143	全自动宽砂轮四轴四联动数控高效精密胶辊研磨机	SM25CNC－W	中心高：≤160mm，顶尖距：≤450mm，最大磨削直径：100mm，砂轮主轴最高转速：2 500r/min	全新设计	行业新产品	国内领先

五、合资合作产品销售情况

2011年，临清兴和宏鑫机床有限公司与日本兴和株式会社继续合资合作生产立式加工中心，无锡光洋机床有限公司与日本光洋株式会社继续合资合作生产数控无心磨床。2011年磨床行业合资合作产品销售情况见表6。

表6　2011年磨床行业合资合作产品销售情况

序号	合资合作产品名称	数量（台）	生产企业名称
1	立式加工中心	220	临清兴和宏鑫机床有限公司
2	数控无心磨床	70	无锡光洋机床有限公司

六、科研项目

2011年，磨床行业上报科研项目共82项，比上年下降17.2%。投入科研经费23 772.2万元，比上年下降56.8%。2011年磨床行业部分企业科研项目见表7。2011年磨床行业获奖科研项目见表8。

表7　2011年磨床行业部分企业科研项目

序号	科研项目名称	主要内容	应用状况	投入资金（万元）	项目来源
上海机床厂有限公司					
1	大型数控切点跟踪曲轴磨床研发和制造	研制出大型数控切点跟踪曲轴磨床，用于船舶曲轴、机车曲轴的磨削加工，可实现曲轴在一次装夹中完成主轴颈和连杆颈的高效、精密磨削	自行应用	合计2 300	
2	磨床远程诊断维护系统开发与应用	进行磨床远程诊断与维护系统的研究与开发，在机械加工行业起到示范作用	自行应用		地方科技项目
3	高精度滚珠丝杠及螺母成套磨削设备研发与制造	研制出磨削高精度滚珠丝杠及螺母机床，促进我国高档数控机床产业的发展	研制阶段		
4	超精密大尺寸光学玻璃平面磨床研发与制造	研制出超精密大尺寸光学玻璃平面磨床	研制阶段		
5	数控机车车轴专用磨床研发与制造	研制出用于磨削机车车轴的数控磨床	自行应用		企业科技项目
6	关键功能部件的研究	结合产品对数控磨床头尾架、砂轮轴系及进给系统等关键功能部件进行研发和改进	自行应用		企业科技项目
7	针对风电及轴承行业立式数控内外圆磨床研发与制造	针对风电及轴承行业产品特性，研制出立式数控内外圆磨床	自行应用		企业科技项目
杭州杭机股份有限公司					
8	大型直线滚动导轨精密曲面成形数控磨床研发	开发线轨副磨床，重点开发重载线轨磨床	研制阶段	合计1 460	
9	MKL数控成形磨床系列研发	开发成形磨削产品，主要用于航空、汽车行业	研制阶段		自主开发
10	精密磨床系列产品研发	研制开发精密和高精度平面磨床	研制阶段		自主开发
11	MGKF系列数控复合磨床研发	开发用于新能源、船舶等行业加工大型回转类零件的复合磨床	研制阶段		自主开发
12	HZ－KD（L）系列龙门导轨磨床研发	开发定梁和动梁龙门平面（导轨）磨床	研制阶段		自主开发

（续）

序号	科研项目名称	主要内容	应用状况	投入资金（万元）	项目来源
13	MKW76100 数控精密卧轴双端面磨床	用于轴承、阀片行业	研制阶段		自主开发
无锡机床股份有限公司					
14	300mm 硅片磨削机床的开发	针对 300mm 单晶硅抛光片制备过程中的硅片高效超精密磨削平整化加工要求，研制开发 300mm 硅片超精密磨削机床，其性能指标达到国际同类产品先进水平	研制阶段	合计 6 700	
15	精密数控内圆复合磨床	面向机床主轴、轴承套、套筒以及数控工具系统刀柄等零部件精加工的技术要求，研制可在一次装夹中完成零件的内圆、外圆、端面、锥面和非圆等的复合磨床，其综合技术指标与可靠性达到同类产品国际先进水平	研制阶段		
16	高精度数控中孔座面磨床	面向电控共轨柴油喷射系统中的关键零部件精加工的技术要求，研制精密数控中孔座面磨床，实现多表面的精密磨削，其综合技术指标与可靠性达到同类产品国际先进水平	研制阶段		
临清兴和宏鑫机床有限公司					
17	数控龙门镗铣床	机床设计与制造	其他	合计 260	企业自主研发
18	龙门式雕铣机	机床设计与制造	其他		企业自主研发
陕西汉江机床有限公司					
19	压缩机螺杆转子加工工艺试验研究	通过大量铣削磨削试验，使螺杆转子加工效率、精度达到国外同类产品先进水平	自行应用	合计 56	企业自主研发
20	滚珠丝杠加工工艺优化试验	GQ32、GQ40、GQ50 旋铣丝杠工艺优化试验	自行应用		企业自主研发
北京第二机床厂有限公司					
21	凸轮轴关键加工工艺和设备研究及应用	研发用于新型凸轮轴加工的高速、高动态性能精密磨削设备，用于凸轮轴生产线	研制阶段	合计 1 395	地方科技项目
22	高速铁路轴类零件高效精密加工技术和装备的开发应用	双砂轮架数控外圆磨床系列模块化设计与制造，高刚度、大承载砂轮主轴系的设计开发，双砂轮架换位磨削技术	研制阶段		地方科技项目
23	数控切点跟踪曲轴磨床	开发 CBN 砂轮随动磨削技术和工艺、数控切点跟踪磨削控制软件、数控切点跟踪技术及在线测量技术、高响应（高随动特性）砂轮架设计与控制技术、高速 CBN 砂轮设计及精密修整技术及加工误差补偿技术	研制阶段		
24	精密数控外圆磨床	砂轮进给系统及高动态特性功能部件设计技术，砂轮自动更换系统，复合磨床数控技术及直驱技术	研制阶段		
25	汽车曲轴加工柔性、敏捷、高效、精密、自动化生产线示范工程	设计和研制曲轴加工成套装备；开发研制联线设备如物流系统，相关检测技术、监测技术、质量控制技术、智能化网络技术；研究每道工艺的切削技术、自动化生产线的组线技术和整线的集成技术	研制阶段		
26	数控机床设计创新示范工程	建立机床类著名品牌产品资源库、可进行数据自由编辑的数控机床标准件数字化三维模型库、用于机床产品进行人机验证的人体数据模型和数控机床设计专家顾问库。通过对数控机床创新设计，验证虚拟现实仿真评价系统和用户体验评价系统的可行性和实用性	研制阶段		

（续）

序号	科研项目名称	主要内容	应用状况	投入资金（万元）	项目来源
27	0.5μm级主轴类零件精密磨削设备研制	研制0.5μm级主轴类零件精密磨削设备——专用高精度数控磨床，在柔性自动化的数控加工条件下，实现复杂形状工件的高效精密复合加工	研制阶段		地方科技项目
28	陶瓷微晶磨料及磨具制备技术	研发陶瓷微晶磨料及磨具，并在专用磨床上开展磨削工艺试验	研制阶段		
29	高效精密数控磨削用系列超硬材料砂轮	开发7种为数控磨床配套的高效精密系列超硬材料砂轮的成套制造技术；开发的各种砂轮在数控磨床上进行磨削试验和性能评价研究，砂轮耐用度等性能指标接近或达到国际先进水平，并均能在用户实现应用	研制阶段		
上海第三机床厂					
30	XK7610B型数控卧式床身铣床	配置倾斜式数控转台，带全封闭防护罩的四轴数控床身铣床	自行应用	合计147	企业自主开发
31	MK135型数控外圆磨床研制	两轴联动CNC数控外圆磨床，砂轮右置，砂轮架可旋转一定角度，实现圆柱面、圆锥面、轴肩等磨削	研制阶段		企业自主开发
32	CK6830L斜床身数控车床研制	采用直线导轨，进给速度提高；高速主轴单元确保零件加工精度和高效、高速、高可靠性	自行应用		企业自主开发
33	MGA1320型高精度外圆磨床研制	砂轮架和头架采用成形油楔动压轴承，使主轴具有较高的回转精度，进给机构采用闭式滚动导轨，保证微进给的准确性和灵敏度	研制阶段		企业自主开发
34	MKA1320型数控磨床研制	机床具有高速、高效、高可靠性的特点。砂轮主轴轴承为SKF高精度角接触主轴专用轴承，保证了磨削零件的精度	研制阶段		企业自主开发
湖南宇环同心数控机床有限公司					
35	立式数控非圆复合车铣加工中心	研制出对具有定位缺口的铸造活塞环毛坯进行内外椭圆同步仿形车削和铣开口的专用机床	自行应用	合计1 920	长沙市科技计划
36	全数控高速凸轮轴磨床	研制出CBN砂轮最高线速度达到150m/s的高精度凸轮轴磨床，用于加工凸轮轴零件	自行应用		
37	中小型机床再制造生产技术开发及产业化应用示范	研制磨床再制造生产技术及装备，建设产业化示范基地，建成年再制造磨床150台的产业化基地，参与制定机床再制造技术标准或规范1项	自行应用		“十二五”国家支撑计划
38	新型智能化CBN高效全数控磨床	采用公司自主研发的技术，开发软件技术，解决CBN砂轮磨削修整、冷却等难题，提高机床的稳定性与可靠性	自行应用		国家中小企业创新基金重点项目
39	平面精密研磨机床	研制具有特色的半固着研磨盘加工技术，开发达到国际先进水平的产品	自行应用		湖南省科技计划项目
40	精密数控单面研磨抛光机	研制出平面度高、表面粗糙度低、工艺更换快、易操作维护和加工效率高的平板电脑显示屏研磨与抛光机	自行应用		湖南省战略性新兴产业专项引导资金项目
41	精密高效数控双端面磨床	产品采用专利技术和优化设计，采用CBN砂轮磨具，采用先进的机床结构分析、设计等关键技术，使产品达到十分完美的境地	自行应用		湖南省科技创新
济南四机数控机床有限公司					
42	J4K－083型数控曲轴专用磨床	该机床是为适应国内外磨削技术与工艺发展而开发的一种高档数控磨床，主要用于中小型内燃机、汽车、摩托车的曲轴偏心轴径的高效磨削	其他	合计1 180	济南市高新区科技计划项目

（续）

序号	科研项目名称	主要内容	应用状况	投入资金（万元）	项目来源
43	J4K－320型数控复合磨床	该机床是为适应国内外磨削技术与工艺发展而开发的一种高档数控磨床，主要用于汽车发动机变速箱（齿轮箱）及液压泵等高精度齿轮类、套筒类及各类精密零件的内外圆、端面和圆锥的高精度磨削	其他		济南市科技计划项目
44	J4K－085型数控成形槽专用磨床	机床采用三轴数控系统分别控制砂轮架的进给、移动，工作台进给、移动和金刚滚轮修整系统进给、后退，能在一次安装工件条件下，完成对工件的外圆、环道各表面的自动循环磨削，实现多批量、多品种、多规格的高精度磨削。该机床具有高效率、高精度、操作方便、易实现自动化生产等特点，主要用于汽车转向器及军工、航天、机床工具等行业的高精度螺杆类、刀柄类及各类精密零件的外圆、复杂曲面的高精度磨削	其他		山东省技术创新项目
45	J4K－301型数控端面外圆磨床	该机床是公司在消化吸收国外先进技术基础上自主开发的新一代数控设备，具有较高的技术含量。该设备采用工作台固定，十字滑台移动的全新整体布局设计，适应以汽车变速箱齿轮轴、液压齿轮泵齿轮轴等典型零件为代表的各种中小零件的精密磨削加工	其他		山东省技术创新项目
46	MGK1312×250型数控高精度外圆磨床	该机床是公司在消化吸收国外先进技术基础上自主开发的新一代数控设备，该设备采用三轴数控系统控制砂轮架进给、工作台移动及头架回转，能在一次安装工件条件下，完成对工件的各级外圆表面的自动循环磨削，实现多批量、多品种、多规格的高精度磨削，同时也可实现工件的分度定位磨边倒角等	其他		山东省技术创新项目
47	J4K－076型数控出油阀成形外圆磨床	该机床吸收国外先进技术，通过深入分析以出油阀为典型的零件加工工艺要求，采用瑞士STUDER公司的多油楔大锥度砂轮架主轴结构及高精度大锥度头架结构，结合本企业数控端面外圆磨床总体布局形式，形成产品的总体方案	其他		山东省技术创新项目
天津市津机磨床有限公司					
48	MKZ74180全自动数控立轴圆台平面磨床	工作台配以专用液压夹具，实现全过程自动磨削，提高生产率	自行应用	137	市场需求
陕西秦川格兰德机床有限公司					
49	大规格机床动静压轴承主轴单元	大规格机床动静压轴承主轴单元为磨床的核心功能部件，当前公司产品主要依赖外购配套。为掌握核心技术、提高产品竞争优势，计划研发ϕ630mm以上规格外圆磨床系列产品的砂轮架动静压轴承主轴单元	研制阶段	合计185	自行研制
50	超高精度头架回转技术	提高磨床加工精度的关键是提高头架主轴回转精度，计划以试制高精度复合磨床为载体，研究攻关超高精度回转主轴头架的加工、装配和检测技术	自行应用		自行研制
51	高精度头架主轴系统	在原多油楔可调隙动压轴承和大锥度动压滑动轴承的成功应用的基础上，开发采用超高精度滚动轴承的主轴单元以提高刚性。关键是轴承孔的精密加工及精密主轴系统的装配技术	自行应用		自行研制
52	导轨及精密进给技术	开展静压导轨及其他高精度新结构导轨的研究。通过优化数控轴的进给机构，定程磨削尺寸分散可达0.01mm。高精度、高刚度进给驱动机构和误差补偿技术提高重复定位精度及定位精度，提高磨削尺寸精度，减小对测量仪的依赖	自行应用		自行研制

（续）

序号	科研项目名称	主要内容	应用状况	投入资金（万元）	项目来源
53	新型液压自动跟踪中心架	汽车发动机曲轴、凸轮轴、偏重轴类及细长轴的高效、精密磨削必须采用自动跟踪中心架，为满足中低端用户需求，已成功开发两点开式液压自动跟踪中心架，批量应用于车桥等的磨削	自行应用		自行研制
安庆机床有限公司					
54	3ML7280 立式钢球研球机	机床采用立式结构，竖直主轴旋转，固定盘偏心加压，料盘采用无级调速，主传动采用交流电动机，变频无级调速。该机床专供钢球生产厂家对 $\phi3\sim25$mm 的钢球进行精研超精研加工，是稳定、高效生产G10～G5 级钢球的理想设备	自行应用	50	滚动体行业“十一五”科技发展规划
桂林桂北机器有限责任公司					
55	高速精密平面磨床液体共悬浮电主轴技术引进与合作开发	开发一种典型规格的液体悬浮电主轴新产品，并在普通卧轴矩台平面磨床、龙门平面磨床、龙门导轨磨床等企业主导产品上批量应用	自行应用	合计 1 578	广西壮族自治区科技项目
56	GM－KD10020 大型数控龙门导轨磨床研发与关键技术攻关	重点研发新产品 GM－KD10020 大型数控龙门导轨磨床的关键技术	自行应用		广西壮族自治区科技项目
57	机床大型关键零件频谱谐波时效工艺关键技术攻关	应用频谱谐波时效技术，对大型平面磨床、龙门磨床等机床主要大型部件进行试验，达到消除铸件或结构焊接件残余应力和稳定加工精度的目的，解决机床大型关键零件加工易变形的工艺难题，促进机床整机精度及性能的提升	自行应用		广西壮族自治区科技项目
58	数控龙门铣磨复合机床研制	围绕千亿元支柱产业——机械装备领域中数控机床开展关键技术攻关，降低对外技术依存度，研制开发出市场需求大、附加值较高的数控龙门铣磨复合机床新产品，提升企业科技创新能力，推动产业发展	自行应用		广西壮族自治区科技项目
新乡日升数控轴承装备股份有限公司					
59	数控立式车磨复合加工中心	开展该类数控机床的整机结构优化设计及集成技术的研究，高刚性和最小热变形的研究，内孔直线沟道砂轮轴装置的研制及高速磨削技术的研究，内置主轴电动机高精度工件轴技术的研究，内圆高频磨削主轴及控制技术的研究，外圆高精度磨削主轴及控制技术的研究，硬车车削夹具、车刀头座的研制，刀具的自动定位技术以及在线测量技术及测量软件应用的研究等	研制阶段	合计 510	
60	数控立式复合磨床	研究机床总体结构及部件优化设计，高精度、高刚度、高转速静压主轴，大直径精密闭式静压转台，机床动态特性分析和热误差分析及补偿技术，在线动态检测技术，零件磨削程序设计与应用技术，机床可靠性和精度保持性技术	研制阶段		
湖南海捷精密工业有限公司					
61	数控装备关键共性技术的研发	本项目主要攻克数控机床行业的共性瓶颈难题，包括高速大功率电主轴系统的研究，外圆及非外圆精密加工软件的开发等	研制阶段	合计 1 900	湖南省数控机床产业技术创新战略联盟项目

（续）

序号	科研项目名称	主要内容	应用状况	投入资金（万元）	项目来源
62	难加工材料超高速精密磨削关键技术研究	本项目针对工程陶瓷等超硬材料、钛合金等强韧材料、复合涂层材料等新型材料的加工难题，通过系统研究超高速磨削机理、整机及核心部件关键技术，突破超高速磨削装备产业化的技术瓶颈，攻克当前新型难加工材料加工表面质量差、效率低、精度控制难的问题，实现难加工材料的精密高效加工	研制阶段		湖南省战略性新兴产业重大科技攻关项目
长春第一机床有限公司					
63	经济型数控凸轮轴磨床开发	节约成本，提高效率	研制阶段	9	企业自主开发
朝阳博文机床有限公司					
64	力矩电动机在数控立式曲线磨床上的应用	在数控立式曲线磨床上应用于直驱式力矩电动机驱动工作台旋转，消除了机械传动产生的角度误差，提高了磨削曲线的轮廓精度	自行应用	合计 480	企业自主研发
65	伺服电动机在立轴圆台平面磨床上的应用	伺服电动机带动滚珠丝杠驱动磨头进给，提高了进给精度；采用数控系统进行自动磨削控制，提高了生产效率和加工精度	自行应用		企业自主研发
洛阳轴承集团装备制造有限公司					
66	数控万能落地磨床	新产品设计研发	自行应用	合计 42	企业自主研发
67	高速控兜孔镗床	新产品设计研发	自行应用		企业自主研发
安徽省尚美精密机械科技有限公司					
68	全自动宽砂轮四轴四联动数控高效精密胶辊研磨机	主要研究高线速度、宽砂轮的应用	自行应用	合计 175	企业自主开发
69	液压数控高效精密胶辊研磨机的研发		研制阶段		企业自主开发
江西杰克机床有限公司					
70	数控高速随动磨床产业化	建成年生产 150 台数控高速随动磨床的生产线和数控高速随动磨床技术开发中心，成为国内最大的数控高速随动磨床产业化制造基地与研发基地，产品达到国际先进水平	其他	合计 2 620	
71	MK8260 数控曲轴磨床	研制以加工汽车发动机曲轴为代表的系列数控曲轴磨床。该磨床可自动改变砂轮进给速度，提高了加工质量和效率，满足了市场对高精度、高效率、高可靠性高档设备的要求	其他		重点新产品计划
72	JKM8320 超高速随动数控磨床	整合国内顶尖的技术力量，研制的该产品各项主要技术性能指标已与国际同类产品水平相当，具有明显的性价比优势和市场竞争力	其他		火炬计划
73	超高速 CBN 随动数控磨床	该机床是集数十年生产各种型号规格曲轴磨床和凸轮轴磨床的经验，吸取国际先进技术，结合当前国情，自行研制开发的一种新颖的曲轴精加工设备，可全面替代进口，提升了我国数控机床在该领域的竞争力	其他		
74	超高速随动磨削关键技术与高档数控磨床	该机床具有高效、高精度的特点，各项主要技术指标都处于国内国际领先水平。可与进口机床相媲美，性价比极高，是大中型汽车制造厂、发动机和柴油机制造厂以及曲轴配件生产厂家的理想加工设备	其他		重点新产品计划

（续）

序号	科研项目名称	主要内容	应用状况	投入资金（万元）	项目来源
南通第二机床有限公司					
75	MK7475B 精密数控立柱圆台平面磨床	工作台面尺寸：ϕ750mm×300mm	自行应用	合计 530	市场需求
76	MK7480 精密数控立柱圆台平面磨床	工作台面尺寸：ϕ800mm×300mm	自行应用		市场需求
77	M7180×20 卧轴矩台平面磨床	工作台面尺寸：800mm×2 000mm	自行应用		市场需求
78	M7163×20 卧轴矩台平面磨床	工作台面尺寸：630mm×2 000mm	自行应用		市场需求
温岭市美日机床有限公司					
79	螺旋铣刀研磨机	修磨铣刀端面、侧刃	自行应用	合计 20	自行设计
80	球头铣刀研磨机	主要用于修磨球头铣刀	自行应用		自行设计
81	螺丝攻研磨机	可修磨螺丝攻前切削面与直槽丝攻整个前切削面与前切削刃	自行应用		自行设计
82	带锯条磨齿机	可修磨各种变齿	自行应用		自行设计

表 8　2011 年磨床行业获奖科研项目

序号	项目名称	主要内容及应用范围	获奖名称	获奖等级	主要完成单位
1	高速、超高速精密数控外圆磨床系列产品的研发和应用	研制出高速、超高速精密数控外圆磨床，提高了产品精度和稳定性，可用于脆性、黏性材料等特殊材料的精密磨削	上海市重点产品质量振兴攻关成果奖	二等奖	上海机床厂有限公司
2	大型重载精密轴类零件磨削技术与系列成套装备	研制出加工大型重载精密轴类零件的专用磨床，如超重型数控轧辊磨床、大型数控外圆磨床等，可用于磨削轧辊、主轴等大型重载精密轴类零件	上海市科技进步奖	一等奖	上海机床厂有限公司
3	2MNKA9820 纳米级精度微型数控磨床	研制出纳米级精度微型数控磨床，适用于各种超硬脆性材料、超硬合金、模具钢、无电解镀层镍等材料的微小机电光学零部件及模具的超精密磨削加工	中国国际工业博览会创新奖		上海机床厂有限公司
4	MKL7150×10 型转向齿条数控强力成形磨床	用于汽车转向齿条成形磨削	杭州市科技进步奖	三等奖	杭州杭机股份有限公司
5	MGKF1600/1 数控高精度立轴圆台复合磨床	用于大直径行星轮、非圆曲面、各种大型轴承的内外圆、圆锥、内外圈滚道及端面等各面的精加工磨削	能源优秀合作项目		杭州杭机股份有限公司
6	汽车发动机曲轴高效精密加工成套装备	研究短流程（5 工序 7 台设备组成）的高效精密曲轴生产线的工序布局；研究开发应用“数控切点跟踪磨削”技术的曲轴连杆颈磨床；研究开发应用复合磨削技术实现主轴颈、法兰端磨削的曲轴复合磨削磨床；采用现代计算机信息控制技术和以太网，实现生产线网络化控制和生产信息流的传递与反馈；产品应用于汽车发动机曲轴精加工生产线	全国机械工业职工岗位技术创新活动岗位技术创新成果	二等奖	北京第二机床厂有限公司
7	GM－K4016A 数控龙门平面磨床	该产品为最新结构设计，采用横梁固定龙门结构，具有整机刚性强、精度稳定等优点，是升级换代产品。广泛适用于装备制造业、模具行业磨削各种大平面，工件可直接固定在工作台面上或固定在电磁吸盘上进行磨削加工	广西优秀新产品	三等奖	桂林桂北机器有限责任公司

（续）

序号	项目名称	主要内容及应用范围	获奖名称	获奖等级	主要完成单位
8	砂轮自动修整精密数控卧轴矩台平面磨床	通过引进意大利先进技术加以消化吸收再创新，对数控精密平面磨床产品设计、生产工艺、关键零部件进行攻关，主要包括研发精密滚柱交叉导轨副、伺服数控二轴联动装置、液－电联合控制砂轮修整器、开门断电磨头砂轮防护罩	桂林市科技进步奖	三等奖	桂林桂北机器有限责任公司
9	136BSG 水泵轴磨床	主要用于轴承行业加工汽车水泵轴承，以及纺织机械水泵轴承芯轴单、双沟道	河南省科技成果奖	二等奖	新乡日升数控轴承装备股份有限公司
10	凹凸面超高速数控复合磨削关键技术及装备	研发在同一机床上通过一次装夹，同时完成“汽车凸轮轴凸面、凹面及轴颈外圆复合磨削加工”的凸凹面超高速数控复合磨削装备，实现凸轮轴高速化、精密化、智能化、复合集成化和专机化加工，有效解决了具有凸凹复合型面凸轮轴的磨削难题，填补了我国在凸凹复合型面凸轮轴磨机研制生产的空白，总体技术达到国际先进水平	中国机械工业科学技术奖	二等奖	湖南海捷精密工业有限公司
11	MKG1320 超高速数控外圆磨床	研发具有自主知识产权的超高速数控外圆磨床，突破多项关键功能部件制造等技术，加速我国在高速超高速数控外圆磨床设计制造领域的进程，总体技术达到国内领先水平，部分指标达到同类机床国际先进水平，可替代进口产品	中国技术市场协会金桥奖	二等奖	湖南海捷精密工业有限公司技术研发中心
12	J4K－071 系列柴油发动机喷油嘴磨削加工自动生产线	5 种设备均采用 FANUC－0i 数控系统，内装 PMC 控制器，操作者可通过显示屏以人机会话的方式设定磨削参数，实现机床自动磨削。每台机床具有自动上、下料自动循环磨削，自动修整、自动补偿系统，机床配置外径自动测量仪、砂轮电子动平衡装置，采用高速磨削，端面、外圆、圆弧等型面一次成形加工，具有连线生产自动化程度高、加工精度稳定等特点	济南市技术发明奖	二等奖	济南四机数控机床有限公司
13	YTMCNC8336－16 全数控高速凸轮轴磨床	产品主要用于机械、汽车、航空航天、船舶、内燃机等制造行业的发动机制造厂，加工发动机凸轮轴的凸轮轮廓	国家重点新产品		湖南宇环同心数控机床有限公司
14	YTMCNC8326－10 全数控高速凸轮轴磨床	产品主要用于机械、汽车、航空航天、船舶、内燃机等制造行业的发动机制造厂，加工发动机凸轮轴的凸轮轮廓	湖南省科技进步奖	三等奖	湖南宇环同心数控机床有限公司
15	YTCX5－160 非圆复合车铣加工中心	用于对具有定位缺口的铸造活塞环毛坯进行内外椭圆同步仿形车削和铣开口的专用机床	湖南省技术创新产品		湖南宇环同心数控机床有限公司
16	YTDM－580CNC/CBN 数控立式双端面磨床	应用于电子、LED、光伏及智能电器产业	湖南省自主创新产品		湖南宇环同心数控机床有限公司
17	MK8580 数控立式曲线磨床	主要应用于液压马达、纺织机械等产品零件的内外曲线的磨削加工	辽宁省优秀新产品奖励 辽宁省科学技术研究成果奖 朝阳市科学技术进步奖	三等奖 一等奖	朝阳博文机床有限公司

（续）

序号	项目名称	主要内容及应用范围	获奖名称	获奖等级	主要完成单位
18	M72500磨头移动式刀具磨床	适合于长刃具的磨削，立式磨头沿床身导轨移动，大大提高了磨削效率且减少了占地面积	辽宁省专精特新产品		朝阳博文机床有限公司
19	全自动宽砂轮四轴四联动数控高效精密胶辊研磨机的研发	磨削打印机走纸轮、充电胶辊、显影胶辊、橡胶滚轮等高端胶辊	滁州市科学技术奖	三等奖	安徽省尚美精密机械科技有限公司
20	数控高速随动磨床	该项目创建了异形轴类零件高效精密随动磨削方法与多磨头成组磨削异形复合面的方法；开发了超高速磨削工艺与数控加工自动编程系统软件，研制完成了实现高速/超高速磨削的圆柱静压导轨和直线电动机进给系统、液体静动压轴承组成的高速电主轴；研制了大型精密异形复合面随动数控磨床与超高速CBN随动数控磨床，并实现了产业化。主要应用于坦克、装甲车、潜艇、汽车、飞机、船舶等大型装备零件的加工	江铃科技奖	一等奖	江西杰克机床有限公司
21	超高速CBN随动数控磨床	该机床是将现代设计技术、高速磨削技术、计算机自动控制技术与机电仪一体化技术融于一体的先进磨床，主要适用于磨削各类大型发动机、内燃机凸轮轴零件	江西省科学技术进步奖	三等奖	江西杰克机床有限公司
22	JKM8320超高速随动数控磨床	该机床创建了异形轴类零件高效精密随动磨削方法与多磨头成组磨削异形复合面的方法，开发了超高速磨削工艺与数控加工自动编程系统软件，研制完成了实现高速/超高速磨削的圆柱静压导轨和直线电动机进给系统、液体静动压轴承组成的高速电主轴	国家重点新产品		江西杰克机床有限公司
23	超高速随动磨削关键技术与高档数控磨床	该技术广泛应用于高速外圆、平面、无心等各种通用磨床与曲轴、活塞、活塞环等高档专用磨床，为磨削加工提供了高效、精密与柔性的理论、方法与技术。装备替代进口，大幅度提高了我国高档数控磨削装备参与国际竞争的能力	教育部科学进步奖	二等奖	江西杰克机床有限公司

七、专利发明情况

2011年，磨床行业部分企业获得授权专利有99项，其中，发明专利25项、实用新型专利73项、外观设计专利1项。2011年磨床行业部分企业授权专利情况见表9。

表9　2011年磨床行业部分企业授权专利情况

序号	企业名称	专利名称	专利类型	授权日期
1	上海机床厂有限公司	复合数控磨床高精度砂轮架分度机构	实用新型	2011.07.20
2	上海机床厂有限公司	一种磨床磨削轴类零件用的移动测量架	实用新型	2011.04.06
3	上海机床厂有限公司	旋转式砂轮静平衡装置	实用新型	2011.08.31
4	上海机床厂有限公司	中心架托瓦测量装置	实用新型	2011.08.31
5	上海机床厂有限公司	曲轴加工随动支撑装置	实用新型	2011.08.31
6	上海机床厂有限公司	高精度磨床磨削轴类零件用的工件顶紧系统	实用新型	2011.09.28
7	上海机床厂有限公司	数控轧辊磨床的磨顶尖装置	实用新型	2011.08.31
8	杭州杭机股份有限公司	机床圆工作台复合式旋转支承装置	发明	2011.01.05

（续）

序号	企业名称	专利名称	专利类型	授权日期
9	杭州杭机股份有限公司	一种机床回转机构液压盘式锁紧装置	发明	2011.08.17
10	杭州杭机股份有限公司	机床长丝杠牵引式随动支承装置	实用新型	2011.01.05
11	杭州杭机股份有限公司	机床回转机构液压盘式锁紧装置	实用新型	2011.01.19
12	杭州杭机股份有限公司	立轴式锥度磨削装置	实用新型	2011.06.22
13	杭州杭机股份有限公司	数控立轴圆台复合磨床	实用新型	2011.08.10
14	杭州杭机股份有限公司	立柱下置式磨床	实用新型	2011.12.28
15	北京第二机床厂有限公司	一种能够自动更换砂轮的可回转砂轮架体	发明	2011.09.07
16	北京第二机床厂有限公司	工件自动识别及防装反机构	发明	2011.04.20
17	北京第二机床厂有限公司	针对曲轴的自动上下料装置	发明	2011.07.20
18	北京第二机床厂有限公司	间歇式导轨润滑的终端检测方法及采用该方法的润滑装置	发明	2011.08.10
19	北京第二机床厂有限公司	双砂轮架曲轴磨床	实用新型	2011.11.05
20	北京第二机床厂有限公司	凸轮轴磨床的定相位装置	实用新型	2011.07.06
21	北京第二机床厂有限公司	随动磨削进给机构的锁紧防护装置	实用新型	2011.07.06
22	北京第二机床厂有限公司	曲轴工件回转测速及相位准停控制系统的无触点开关支架	实用新型	2011.07.06
23	北京第二机床厂有限公司	自动推料和定位装置	实用新型	2011.12.14
24	无锡机床股份有限公司	一种改进型磨头结构	发明	2011.11.09
25	无锡机床股份有限公司	一种改进型半导体晶片真空夹持吸盘	发明	2011.08.10
26	无锡机床股份有限公司	一种半导体晶片磨削砂轮对刀装置	发明	2011.10.17
27	无锡机床股份有限公司	一种薄半导体晶片清洗干燥装置	发明	2011.10.17
28	无锡机床股份有限公司	一种工作台倾角调整结构	发明	2011.10.17
29	无锡机床股份有限公司	一种半导体晶片粗磨精磨组合砂轮主轴结构	发明	2011.10.17
30	无锡机床股份有限公司	一种浮动头气体轴承	发明	2011.10.17
31	无锡机床股份有限公司	一种防堵塞真空吸盘	发明	2011.11.09
32	无锡机床股份有限公司	一种自适应多孔气体轴承	发明	2011.11.20
33	无锡机床股份有限公司	一种改进的使用空气轴承的砂轮主轴	发明	2011.11.20
34	无锡机床股份有限公司	一种改进的使用空气轴承的工作台主轴	发明	2011.11.20
35	无锡机床股份有限公司	一种用于晶圆磨床的对刀装置	发明	2011.11.09
36	无锡机床股份有限公司	一种磨床的砂轮修整器	实用新型	2011.08.24
37	无锡机床股份有限公司	数控立式万能磨床	实用新型	2011.08.10
39	无锡机床股份有限公司	一种内外圆复合磨床	实用新型	2011.08.10
40	无锡机床股份有限公司	机床的高精度套筒主轴结构	发明	2011.11.20
41	无锡机床股份有限公司	一种机床的高精度套筒主轴结构	实用新型	2011.08.10
42	陕西汉江机床有限公司	数控外螺纹磨床自动对刀装置	实用新型	2011.01.05
43	咸阳机床厂	电主轴冷却水流量检测装置	实用新型	2011.05.18
44	咸阳机床厂	汽车方向机液压转阀阀芯磨床	实用新型	2011.05.11
45	咸阳机床厂	轴承非接触式气体密封装置	实用新型	2011.04.06
46	桂林桂北机器有限责任公司	精密数控多工位宝石磨削机	实用新型	2011.12.07
47	新乡日升数控轴承装备股份有限公司	一种超精机用油石补偿加压装置	实用新型	2011.02.09
48	新乡日升数控轴承装备股份有限公司	多功能修整器	实用新型	2011.02.09
49	新乡日升数控轴承装备股份有限公司	一种工件搬运装置	实用新型	2011.02.09
50	新乡日升数控轴承装备股份有限公司	心轴端面磨床	实用新型	2011.06.15
51	新乡日升数控轴承装备股份有限公司	一种超精机用油石补偿装置	实用新型	2011.06.22
52	新乡日升数控轴承装备股份有限公司	双头超精机	实用新型	2011.06.22
53	新乡日升数控轴承装备股份有限公司	一种双滚轮支承机构	实用新型	2011.06.29
54	新乡日升数控轴承装备股份有限公司	一种范成磨磨头中心调整装置	实用新型	2011.06.29
55	新乡日升数控轴承装备股份有限公司	一种立式钢球研球机上的主轴传动装置	实用新型	2011.10.19

（续）

序号	企业名称	专利名称	专利类型	授权日期
56	新乡日升数控轴承装备股份有限公司	卧式光球机上的固定板支承装置	实用新型	2011.10.19
57	新乡日升数控轴承装备股份有限公司	钢球加工上的停电保压阀	实用新型	2011.10.19
58	新乡日升数控轴承装备股份有限公司	一种圆锥滚子数控磨床	实用新型	2011.11.02
59	新乡日升数控轴承装备股份有限公司	一种两侧驱动铣刀盘的主轴箱	实用新型	2011.11.23
60	新乡日升数控轴承装备股份有限公司	一种无心磨床的进给装置	实用新型	2011.12.07
61	湖南海捷精密工业有限公司	外间隙节流腔内孔式回油液压轴承	发明	2011.08.31
62	湖南海捷精密工业有限公司	用于曲轴磨削的伺服自动跟踪支撑装置	发明	2011.09.28
63	湖南海捷精密工业有限公司	适用于磨床进给的双层十字移动装置	实用新型	2011.09.23
64	湖南海捷精密工业有限公司	一种适用于凸轮轴多工位复合磨削的数控磨床	实用新型	2011.09.28
65	济南四机数控机床有限公司	一种针阀体压力室定位专用弹性夹具	实用新型	2011.01.19
66	济南四机数控机床有限公司	数控磨床用大行程尾座	实用新型	2011.03.02
67	济南四机数控机床有限公司	曲轴磨削用液压偏心夹具	实用新型	2011.03.02
68	济南四机数控机床有限公司	自检测高精度喷油器升程配磨成形磨床及配磨方法	发明	2011.05.04
69	武汉机床厂	万能刀具支撑装置	实用新型	2011.11.30
70	武汉机床厂	直驱工件头	实用新型	2011.11.30
71	天津津机磨床有限公司	磨削加工中心多主轴磨削装置	实用新型	2011.07.27
72	天津津机磨床有限公司	磨削高精度旋转工作台	实用新型	2011.07.20
73	天津津机磨床有限公司	一种高精度磨床	实用新型	2011.08.03
74	天津津机磨床有限公司	一种套类零件磨削夹具	实用新型	2011.08.03
75	天津津机磨床有限公司	立轴圆台平面磨床水平修整器	实用新型	2011.08.10
76	湖南宇环同心数控机床有限公司	一种直驱式非对称闭式矩形静压导轨	发明	2011.12.21
77	湖南宇环同心数控机床有限公司	一种机床的滑台装置	实用新型	2011.06.01
78	湖南宇环同心数控机床有限公司	一种二轴联动低速大扭矩直驱静压头架装置	实用新型	2011.02.02
79	湖南宇环同心数控机床有限公司	一种数控双端面磨床上的磨削装置	实用新型	2011.06.15
80	湖南宇环同心数控机床有限公司	一种双面研磨机的研磨盘升降装置	实用新型	2011.06.15
81	湖南宇环同心数控机床有限公司	一种数控双端面磨床上的送料传动装置	实用新型	2011.06.15
82	湖南宇环同心数控机床有限公司	一种气门全自动上下料装置	实用新型	2011.02.02
83	湖南宇环同心数控机床有限公司	立式双面研磨机（YT2M－4826）	外观设计	2011.11.30
84	云南合信源机床有限责任公司	新型磨床主轴系统	实用新型	2011.08.03
85	郑州第二机床厂	可调行程双位偏心往复机构	实用新型	2011.07.27
86	郑州第二机床厂	可调行程双位偏心往复机构的定点刹车装置	实用新型	2011.04.29
87	安徽省尚美精密机械科技有限公司	一种纺织胶辊研磨机全自动上下料系统	发明	2011.05.11
88	安徽省尚美精密机械科技有限公司	一种低电阻充电辊及其制造方法	发明	2011.12.14
89	安徽省尚美精密机械科技有限公司	一种充电式纺织清洁捻枪	实用新型	2011.12.14
90	温岭市美日机床有限公司	螺旋铣刀研磨机	实用新型	2011.11.09
91	温岭市美日机床有限公司	球头铣刀研磨机	实用新型	2011.11.14
92	温岭市美日机床有限公司	螺丝攻研磨机	实用新型	2011.11.09
93	温岭市美日机床有限公司	带锯条磨齿机	实用新型	2011.09.28
94	朝阳博文机床有限公司	直线导轨安装定位机构	实用新型	2011.09.21
95	江西杰克机床有限公司	一种调整动静压磨头油膜温度的方法	实用新型	2011.12.28
96	江西杰克机床有限公司	一种液压油节流加温装置	实用新型	2011.01.28
97	江西杰克机床有限公司	一种带内反馈节流回油的静压轴承	实用新型	2011.01.26
98	江西杰克机床有限公司	一种砂轮架主轴动静压轴承	实用新型	2011.09.21
99	江西杰克机床有限公司	一种调整曲轴磨床尾架顶紧力的装置	实用新型	2011.11.16

八、企业简介

安徽省尚美精密机械科技有限公司 成立于2000年，位于安徽省天长市西城区高新技术开发区内，占地面积1.5万 m^2，年产非标设备500余台。建立初期以纺织辅机设备配件为起步点，2003年从事机床及非标设备制造，具有很强的机械加工设计、非标机械设备及橡胶制品研发制造能力，是专业从事非标设备研发、生产和销售的企业。当前，产品包括金属切削设备系列、高速工具钢校直切断机系列、胶辊研磨机系列、新型纺织机械辅助设备、打印机充电辊（滚筒类）磨床及生产线等。

公司多年来不断加大自主研发力度，并与国内外多家权威科研机构、知名学府紧密合作。2006 年以来，公司先后与中国航天科工晨光集团、上海理工大学、深圳海德盟数控技术有限公司、无锡中捷数控技术有限公司等单位建立了合作关系，极大地提升了公司的设计研发能力。公司于 2008 年 1 月成立地区级技术中心，专业涉及机械设计、机械制造工艺、电气自动化、计算机科学与技术等。该技术中心配备有三坐标检测机、万能材料试验机、布氏硬度计、现场动平衡测量仪、激光跳动测量仪等 30 余台（套）。通过多年的积累和发展，公司成功研制上市的产品有四大系列、30 多个品种，拥有新产品发明专利 3 项、实用新型专利 20 多项、计算机软件著作权 2 项。

公司凝聚了一批富于进取、勇于实践、知识全面、经验丰富、充满朝气的中青年科技人才，拥有办公场所 6 000m^2，职工 85 人。公司已成为集机电研发服务、商贸为一体的现代化综合性科技企业。公司开发的数控胶辊研磨机系列产品先后获得了高新技术产品、安徽省新产品、科学技术奖等荣誉，并获得了国家科学技术部的创新基金支持。

北京广宇大成数控机床有限公司　是北京市科学技术委员会批准成立的高新技术企业、北京数控联盟理事单位、北京磨削研究中心。公司致力于研发和生产各种高精度数控磨床，以最大限度满足和提升民族制造业的发展。凭借雄厚的科研力量，不断承接北京市科学技术委员会下达的专题项目的研发与制作。当前公司已拥有 5 项实用新型专利及 1 项发明专利。

公司拥有加工中心、数控专机等精良的加工设备，以及精密的检测及测量设备，确保了产品每一个环节的精确到位。完善的售后服务体系确保了用户利益最大化。公司从成立初就培养了一支及时高效的售后服务队伍，以履行公司“急用户所急”的承诺。

以科技为先导，以市场为导向，坚持走自主技术产权之路，是公司一贯坚持的理念。也正是这一理念引导了公司在成立不长的时间内先后完成了北京市的多项科研课题，同时向市场推出了与国际技术水平接轨的高精度数控立式磨床等高新技术产品，以满足市场需求。

长春第一机床有限公司　前身为长春第一机床厂，始建于 1958 年，是中型二类全民所有制工业企业，1999 年改制，2003 年组建为杭州机床集团长春一机有限公司（杭州机床集团控股），2011 年 12 月更名为长春第一机床有限公司（为长春市国有资本投资经营有限公司全股子公司）。

公司地处长春市高新技术开发区，注册资金 5 000 万元，总资产 8 000 万元，在册员工 226 人。厂区占地面积 5.1 万 m^2，建筑面积 2.1 万 m^2，生产作业面积 1.5 万 m^2。按照现代化生产模式设计的厂房，适合各种大型机床的生产制造。具有年生产普通机床产品 500 台、大型机床 15 台、数控机床 50 台的生产能力。

公司下设一室、两部、三个车间。产品包括外圆磨床、凸轮轴磨床、导轨磨床、平面磨床以及同类产品的专用机床等四大系列、40 多种产品。外圆磨床共有四大系列、13 种规格产品（MA1432B 万能外圆磨床，M1332、MA1350、M1363 外圆磨床，MK1332 数控外圆磨床和 MK1632 数控端面外圆磨床），凸轮轴磨床分四大系列、7 种规格产品（MJK8312 经济型数控凸轮轴磨床，MK8312A 数控凸轮轴磨床，MK8312C 数控凸轮轴磨床，MB8318 凸轮轴磨床），龙门导轨磨床分五大系列、8 个规格产品（$CC_1$033 龙门平面磨床，M52100 龙门导轨磨床，M52160 龙门导轨磨床，M5220 龙门导轨磨床，MK52160 数控龙门导轨磨床），可以为汽车、铁路车辆、轮船、机械装备及风力发电设备企业提供高水平的精加工设备。

中国的第一台龙门导轨磨床就诞生在长春第一机床厂。当前，龙门导轨磨床向大型化和数控化方面发展，长度突破 8 000mm，宽度突破 2 000mm，可满足机床、风电机组、模具等制造行业的需求。

公司根据市场变化，不断调整产品结构。在提高产品产量的同时，加快了新产品开发速度，提高产品技术水平，高起点研发大型外圆磨床、大型龙门导轨磨床和数控机床。根据市场需求开发船舶和纺织机械凸轮轴磨床。

咸阳机床厂　成立于 1950 年，主要从事机床产品的开发、制造和经营，是国家定点的工具磨床生产厂家，主要产品有 M（G）A6025 系列万能工具磨床、2M9120A 系列多用磨床、MM9825 系列精密卡规磨床、M9116 系列模具工具磨床四大系列、20 多个品种。其中，MA6020A 万能工具磨床、2M9120A 多用磨床、MM9825 精密卡规磨床一直保持“部优”和“省优”称号，被国家认定为替代进口产品。

近十余年来，咸阳机床厂紧跟行业发展方向，积极加大产品研发速度，逐步开发出以五轴四联动 2MKA9025 数控螺旋槽工具磨床、MKA6025 ×2（×3）数控工具磨床和龙门式 MKA6032 ×4 数控工具磨床为代表的数控工具磨床、XYJ –2003（XYJ –4011）系列汽车等速万向节球笼保持架窗口磨（铣）床、XYJ –2015 ~2017 汽车方向机专用加工磨床、MKS1620 及 MKA1412 数控外圆磨床四大系列、十多种新型数控磨床始终保持产品技术领先水平。

2004 ~2009 年，咸阳机床厂先后完成国家航天工业重要科研项目 XYJ –9202、9203、9205 系列数控针刺机的开发设计、制造工作，并研制成功 XYJ –2010 数控工具磨床（用于军工企业异型模具的磨削）、XYJ –2012 数控专用沟槽倒角磨床（用于空调器压缩机转子沟槽磨削）以及 XYJ –2018 数控立式磨床等一系列专用机床，这些机床均受到相关产业用户的极高评价。

2010 ~2011 年，针对数控加工机床大量应用可转位刀片，研发出 2MKA7126 数控可转位刀片周边磨床，用于可转位硬质合金刀片周边及后刀面的磨削加工。同时，立足于专业的工具磨床生产，推动产品的技术升级及功能完善，开发出 MKA6025×4 数控工具磨床，形成6025系列数控机床系列化。工厂研制的用于加工汽车方向机动力转向器阀芯的 XYJ-2015 数控阀芯槽及倒角磨床 2010 年通过了陕西省省级科技成果鉴定。2011 年，有 3 项技术获国家知识产权局授权实用新型专利。

桂林桂北机器有限责任公司 占地面积近 8.7 万 m^2，现有员工 486 人，其中科技人员 161 人；拥有总资产 2.4 亿元，固定资产 5 130 万元。公司是国家磨床重点骨干企业，中南地区唯一一家专业生产磨床的企业，是国家高新技术企业、自治区企业技术中心和工程技术研究中心。2011 年，公司完成工业总产值 3 亿元，实现销售收入 2.5 亿元，利税总额 2 600 万元。

公司拥有立/卧式加工中心、精密导轨磨床、精密螺纹磨床、精密外圆磨床、数控仿型铣床等各类先进设备 400 余台，具有年生产平面磨床 3 000 台的能力。

公司生产的产品有普通卧轴矩台平面磨床系列，精密、数控平面磨床系列，精密超长平面磨床系列，数控龙门平面磨床系列，数控龙门导轨磨床系列和数控、专机机床系列。

2011 年，公司研发了数控强力成形磨床、数控龙门成型导轨磨床、数控铣磨复合机床等新产品。MMK7140 精密级数控平面磨床系列被列入国家火炬计划项目产品。获得 7 项国家专利，其中 1 项发明专利；承担完成了 2 项广西科研项目；与湖南大学“国家高效磨削工程技术研究中心”合作建立了“国家高效磨削工程技术研究中心桂林分中心”和“博士后流动站”。

当前，公司已在桂林灵川、浙江、湖南、广东开建了生产基地。外延式扩张的推进将成为公司新的效益增长点。

温岭市美日机床有限公司 是一家专业研制生产小型专用刀具磨床、小型精密机床和精密机械工具的专业制造商。多年来，公司一直专注于小型傻瓜便携式专用刀具磨床、精密机具的发展，向业内各大用户提供高品质的产品及优质的服务。公司的产品已获得 13 项国家专利，有 6 项专利正在审核中。产品通过了 CE 认证，拥有自营进出口权，参加过各种专业展会 500 多场次，产品受到了国内外新老客户的一致好评。

2006 年至今，在保持业绩飞速增长的同时，公司规模在不断壮大，生产经营、营销策略也在不断改变，以适应市场需求的变化。产品行销至欧洲、美洲、中东、东南亚等国家及中国台湾地区。公司不仅接受了最严格的品质考验，提高了专业制造水平，也制造出高性价比的产品，以满足全球客户的需求。

公司主要产品有钻头研磨机、铣刀研磨机、丝攻研磨机、倒角机、万能磨刀机、万能工具磨床、锯片磨齿机、焊接锯片磨齿机、带锯条磨齿机、铣刀刃磨机、车刀研磨机、气动攻牙机、电动攻牙机、液压攻牙机、齿轮倒棱机、数控分度头、万能分度头、回转工作台及带锯床等机具系列。公司产品从研发、制造、管理到销售都严格贯彻 ISO 9001:2001质量管理体系。齐全的制造设备及检验仪器、先进的科学技术使公司产品外观精美、品质优良、规格齐全。

四川富临集团成都机床有限责任公司 原成都机床厂，始建于 1958 年，是原国家机械工业部定点生产内圆磨床的专业厂家，已有 50 余年的生产内圆磨床的经验，拥有强大的研发和工艺人员，产品研发能力强，以生产优质内圆磨床著称。公司于 2000 年被四川富临集团全资收购，现为民营企业。

公司主要产品有普通内圆磨床、轴承专用磨床、汽车零件专用磨床、数控内圆端面磨床、数控复合磨床、数控立式磨床等上百种产品，产品覆盖中高端内圆磨床，在行业及用户中享有较高的声誉。从 2000 年开始，公司又致力于产品数控化、智能化的开发和研制工作，开发和研制了 CDK-34、MK2110、MK2115、MK2120 数控内孔端面磨床，MG2112 高精度专用刀柄磨床，MK2880、CD-50 数控立式磨床。为适应市场的需求，公司与全国 105 个大中小城市建立了良好的营销关系。

公司始终坚持自主创新，加快调整产品技术结构，推动企业转型升级，促进机床产品向大型化、智能化发展，努力提升公司品牌知名度，扩大市场份额。2011 年，公司以现有产品为基础，努力实施技术创新，先后开发出 MK2320、MK2712 数控机床、MKD2850 立式磨床等一系列新产品、新技术，公司机床产品产值数控化率达到 85%，满足了客户的需求，也为公司赢得了更多的业绩。其中，MK2320 四轴数控内圆端面磨床及 MK2712 复合磨床的结构设计均为国内首创，实现了一次装夹完成工件的内圆、端面及外圆（包括锥度）的多工序磨削，更好地保证了零件的尺寸精度及位置精度，深得用户好评。

朝阳博文机床有限公司 始建于 1965 年，是原机械工业部立式磨床的定点专业生产厂，是中国机床工具工业协会和中国模具工业协会会员单位，主要致力于立轴圆台平面磨床、数控立式内圆端面磨床、数控立式曲线磨床、数控立式车床、磨头移动式刀具磨床等产品的研制和新产品的开发。2003 年转制为朝阳博文机床有限公司，总资产 6 100 万元，现有员工 260 人。2011 年，公司实现经营收入 7 000 万元，实现利税 670 万元。公司内设有技术开发部，拥有工程技术人员 70 人。

公司主导产品为金属切削机床，包括 M74 系列立轴圆台平面磨床、M74 系列立轴圆台模具磨床、MK28 系列数控立式内圆端面磨床、MK85 系列数控立式曲线磨床、MK74 系列数控立式磨床、MA72 系列磨头移动式刀具磨床、CK51 系列和 CK52 系列数控立式车床等机床产品。“朝机”机床产品在国内处领先水平，行销全国各地，部分产品出口北美、亚洲、非洲。公司以健全的管理、优异的产品质量和周到的售后服务占领机床产品市场。每一种产品都经过严格的质量管理，其质量深获国内外客户的肯定。

公司是国内立式磨床的专业生产企业，于 2004 年自主研制开发了 MK28 系列数控立式内圆端面磨床，2006 年自主开发了MK85系列数控立式曲线磨床并获得了国家实用新型专利，2007年研发了VGK数控立式万能磨床和CK5116数控立式车床，2008年开发了CK5225数控立式车床，2009年开发了MK2880Z数控磨床，2010年开发了MKQ7450/MKQ7475轻型单轴数控平面磨床，立轴圆台平面磨床产品不断升级。2011年，为阀门行业设计开发的MK2860TJ磨床产品攻克了三偏心蝶阀密封部件加工的难题，在同行业处于领先水平。研发的MK72800－4.5磨头移动式立轴矩台平面磨床首次推向市场，M7475D扇形砂瓦卡盘体的加工方法及外观结构获国家发明专利和实用新型专利。

洛阳轴承集团装备制造有限公司　是洛阳LYC轴承有限公司所属的全资子公司，是从事轴承专用设备研发、制造、改造、维修，轴承模具制造和高速电主轴制造的专业公司，是LYC公司装备研究所新装备试验和生产基地。公司于2004年通过ISO 9001:2000国际质量管理体系认证。

公司注重多元化发展，独立研发的大型提速铁路轴承滚道超精机、球面轴承滚道超精机、滚子凸度超精机具有独立的知识产权，获得多项国家专利；公司制造的保护气氛辊棒炉生产线率先在国内实现了国产化，制造的环锻件调质、淬火炉属于国内轴承行业最大的热处理炉，并且可以实现一炉多用；制造的8 000mm井式退火炉填补了国内空白。在轴承专用模具、高速电主轴生产方面，研制的硬质合金冷镦滚子、冷镦钢球模具和冷镦铆钉模具较钢制模具提高5～10倍寿命，拥有多项国家专利；生产的压力机、扩孔机、高速镦锻机，先后为日本HBP160和瑞士AMP30高速镦锻机配套，产品红硬性强，使用寿命长。

近年来，公司为国内外轴承生产厂家提供了专用机床、专用模具和技术支持。今后，公司将不断创新、实践，努力打造国内一流的轴承专用设备、轴承专用模具生产基地。

西安鸣士机电开发有限公司　成立于1994年，是一家位于西安高新技术产业开发区的民营股份制高新技术企业。公司产品主要分为机床控制类、工业缝纫机控制系统和数控设备类。公司现有营业面积约3 500m²，员工共70余人。

在公司产品中，机床相关产品主要有两大类，一是平面磨床用充退磁控制器、直流调速器、交流电动机控制器等产品，二是小型数控精密车床。公司的小型数控精密车床有MS－20、MS－30系列，十多个品种，得到了相关行业的广泛认可。2011年，公司完成工业总产值1 718.2万元、工业销售产值1 704.8万元。

营口冠华机床有限公司　前身为成立于1951年的营口机床厂，1999年改制更名为营口冠华机床有限公司。公司坐落于营口市西市区滨海路南6号，总占地面积超过19万m²，现有员工725人，其中工程技术人员32人。公司辽宁省、营口市重点企业，获得辽宁省高新技术企业、辽宁省最佳诚信单位、营口市百强企业等荣誉称号。2011年，公司完成工业总产值3.2亿元。

公司多年从事机床的设计、制造、经营，具有丰富的机床制造经验。产品设计、生产人员专业化程度高，新产品开发能力强。近年来，为不断增强企业自身能力，新增了导轨磨床、数控镗铣加工中心、磨齿机、龙门刨床及数控车床等高、精、尖设备，增添了三坐标测量仪、大型齿轮周节检测仪等先进检测设备。公司生产装备能力强，拥有国内仅有或少有的捷克产蜗轮母机、英国曼彻斯特产4m蜗轮母机（CRAVEN BROS）等设备。公司实现零件无外协加工，确保产品供货期。

公司主要产品有：万能工具磨床，包括M6025K、MS6025K、MG6025K万能工具磨床，2M925C多用磨床，D2625K电解万能工具磨床，YK－002A数控万能工具磨床，MHK6025－4数控万能工具磨床，YK－006D数控电解工具磨床；滚刀刃磨机床，包括MG6425、MG6450、MHK6425、MHK6450等型号的滚刀类磨床；滚齿机系列，包括YB3120、Y3120K、Y3150K等型号的滚齿机，Y31160K、Y31200K、Y31315K等型号的大型滚齿机床，YHK3150、YHK3180、YHK31125数控滚齿机，Y3136CNC6、YK3150－6、YK31125－6、YK31200－6等型号的直径为360mm～16m全系列六轴数控滚齿机；插齿机系列，包括Y5150K、YG5150K普通插齿机，YHK5150、YHK5180二轴数控插齿机，YKS5122－3、YKG5140－4、YK5180A－3、YK51125－3等型号的三轴数控插齿机；铣齿机系列，包括YK86250、YK86315、YK86400、YK86500、YK86630型铣齿机。公司可设计和制作各种加高、加长的非标型滚齿机。

公司产品具有较强的市场竞争力，不仅销往全国各地，还以极快的增长速度销往中东、欧美等国家和地区，并深得用户的普遍赞誉。主要产品国内市场平均占有率已超过40%，各种普通型号滚齿机和工具磨床产销量居行业前列。公司发展目标是产品产业化、数控化，建成规模庞大、实力雄厚，集机床设计、生产、营销于一体的集团型企业。

〔撰稿人：中国机床工具工业协会磨床分会安军　审稿人：中国机床工具工业协会磨床分会夏萍〕

齿轮加工机床

2011年，是齿轮加工机床行业平稳发展、转型升级的一年。在机床行业经历了长期高速增长之后，齿轮机床行业企业面对国家经济增速放缓、汽车行业发展受到控制、市场环境不稳定等因素的影响，各企业理性思考，审时度势，转移工作重心，企业重新定位，转变发展方式，坚持走特色化、品牌化发展之路。在各个会员企业的共同努力下，齿轮加工机床分会各企业整体经济呈平稳增长态势，为我国机床行业的稳步发展做出了贡献。

一、生产发展情况

2011年,齿轮加工机床分会新增会员单位2家,共有15家会员单位,其中国有企业8家,其余为民营企业。纳入年鉴统计的会员单位共12家,比上年新增3家,分别为上海第三机床厂、南京工大数控科技有限公司和上海众昊机床有限公司。这12家企业的齿轮机床产值和销售收入占全行业的80%以上,基本能代表我国齿轮机床行业的总体情况。

2011年,齿轮加工机床分会12家会员单位共完成工业总产值1 150 285万元,比上年增长16.2%;工业增加值186 284万元,比上年增长15.3%。2011年齿轮加工机床行业主要经济指标完成情况见表1。

表1 2011年齿轮加工机床行业主要经济指标完成情况

指标名称	单位	年度累计
工业总产值	万元	1 150 285
其中:机床工具类产品产值	万元	673 485
工业销售产值	万元	1 234 037
其中:机床工具类产品销售产值	万元	641 154
工业增加值	万元	186 284
实现利税	万元	100 873
从业人员平均人数	人	21 580
资产总计	万元	1 081 449
流动资产平均余额	万元	620 049
固定资产净值平均余额	万元	263 740

二、产品生产情况

2011年,齿轮加工机床12家会员单位金属切削机床产量32 646台,比上年增长8.1%,机床产值数控化率77.4%。其中,齿轮加工机床产量6 690台,比上年增长7.3%;齿轮加工机床产值391 047万元,比上年增长6.4%,齿轮加工机床产值数控化率83.3%。

按机床产值计算,各类金属切削机床产值的占比分别是:齿轮加工机床占58.1%,车床占26.9%,加工中心占5.6%,磨床占5.0%,螺纹加工机床占1.5%,铣床占1.9%,其他金属切削机床占1.0%。2011年齿轮加工机床行业分类产品生产情况见表2。

表2 2011年齿轮加工机床行业分类产品生产情况

产品名称	实际完成		其中:数控	
	产量(台)	产值(万元)	产量(台)	产值(万元)
金属切削机床	32 646	673 485	18 373	521 580
加工中心	1 417	37 407	1 417	37 407
车床	21 617	181 337	13 137	135 525
磨床	2 096	33 692	135	10 092
齿轮加工机床	6 690	391 047	3 396	325 631
螺纹加工机床	183	10 540	32	3 760
铣床	453	12 549	165	4 168
其他金属切削机床	190	6 913	91	4 997

三、销售及出口情况

2011年,齿轮加工机床分会12家会员单位共销售金属切削机床32 403台,与上年基本持平。其中,销售齿轮加工机床6 554台,比上年增长2.9%。2011年齿轮加工机床行业主要产品销售情况见表3。

表3 2011年齿轮加工机床行业主要产品销售情况

产品名称	实际完成		其中:数控	
	销售量(台)	销售额(万元)	销售量(台)	销售额(万元)
金属切削机床	32 403	641 154	18 778	349 229
加工中心	1 416	36 770	1 398	36 543
车床	21 516	174 895	12 648	131 066
磨床	2 089	33 579	90	8 724
齿轮加工机床	6 554	365 769	3 109	314 017
螺纹加工机床	183	10 540	32	3 760
铣床	457	13 168	170	4 457
其他金属切削机床	188	6 433	130	4 600

2011年,齿轮加工机床12家会员单位实现出口创汇8 467万美元。其中,金属切削机床出口1 954台,出口额2 624万美元,分别比上年增长32.1%和21.1%。2011年齿轮加工机床行业分类产品出口情况见表4。

表4 2011年齿轮加工机床行业分类产品出口情况

产品名称	实际完成		其中:数控	
	出口量(台)	出口额(万美元)	出口量(台)	出口额(万美元)
金属切削机床	1 954	2 624	249	1 040
加工中心	8	54	8	54
车床	1 801	1 696	155	262
磨床	46	189	46	189
齿轮加工机床	95	640	36	490
螺纹加工机床	4	45	4	45

四、新产品开发情况

齿轮加工机床行业企业为适应市场的发展,产品由滚-剃向滚-磨发展,整体向全数控化、高精度化、高速高效化、绿色化、自动化、智能化及多种功能复合化方向发展。

重庆机床(集团)有限责任公司开发了YW7226CNC万能磨齿机、轿车变速箱齿轮加工自动线等,其中YW7226CNC万能磨齿机、新一代的YE3120CNC数控干切滚齿机等产品都处于国际先进水平。南京第二机床厂有限公司开发的YS51250CNC数控插齿机也处于国际先进水平。陕西秦川机床工具集团有限公司研发的QMK009、QJK002锥齿轮磨齿机创国内先河。2011年齿轮加工机床行业新产品试制完成情况见表5。

表5 2011年齿轮加工机床行业新产品试制完成情况

序号	产品名称	型号	主要技术参数	产品水平
重庆机床(集团)有限责任公司				
1	数控万能磨齿机	YW7232CNC	最大加工直径:320mm,最大加工模数:6mm,主轴(*B*)极限转速:8 000r/min,工作台最高转速(*C*轴):1 000r/min,砂轮最大安装直径×长度:320mm×200mm,砂轮中心至工作台中心距离:30~530mm,砂轮回转中心至工作台面距离:100~700mm,砂轮最大回转角:±45°,砂轮最大轴向移动量:260mm,外支架行程:310~780mm,机床主电动机功率:45kW,加工精度:GB/T 10095.1—2008的4级,数控系统:Siemens 840Dsl	国际先进
2	轿车变速箱齿轮加工自动线	ZDX100	最大加工直径:200mm,最大加工模数:4mm	同类先进
3	数控滚齿机	Y3132CNC5	最大加工直径:320mm,最大工件模数:8mm,主轴(*B*)转速:100~700r/min,工作台最高转速(*C*轴):60r/min,最大装刀直径×长度:170mm×230mm,滚刀中心至工作台中心距离:40~320mm,刀架回转中心至工作台面距离:210~570mm,刀架最大回转角:±45°,最大窜刀距离:200mm,小立柱顶尖端面距工作台面距离:350~750mm,刀架最大回转角:±45°,工作台面尺寸(直径×孔径):320mm×100mm,机床主电动机功率:15kW,加工精度:GB/T 10095.1—2008的7级,数控系统:FANUC 0I-MD	国内领先
4	数控滚齿机	Y3150CNC5	最大加工直径:500mm,最大工件模数:12mm,主轴(*B*)转速:80~600r/min,工作台最高转速(*C*轴):50r/min,最大装刀直径×长度:200mm×240mm,滚刀中心至工作台中心距离:45~355mm,刀架回转中心至工作台面距离:280~680mm,刀架最大回转角:±45°,最大窜刀距离:200mm,小立柱顶尖端面距工作台面距离:390~890mm,工作台面尺寸(直径×孔径):510mm×100mm,机床主电动机功率:18kW,加工精度:GB/T 10095.1—2008的7级,数控系统:FANUC 31i	国内领先
5	滚齿机	Y3180HS	最大加工直径:800mm,最大工件模数:10mm,主轴转速:40~200r/min,工作台最高转速:5.3r/min,最大装刀直径×长度:180mm×180mm,滚刀中心至工作台中心距离:50~550mm,刀架回转中心至工作台面距离:235~585mm,外支架轴承孔下端面至工作台面距离:400~600mm,刀架最大回转角:±45°,最大窜刀距离:50mm(手动),轴向进给量级数:12级,轴向进给量:0.4~4mm/r,工作台液压快速移动距离:50mm,加工精度:GB/T 10095.1—2008的7级	国内领进
6	高速干切自动滚齿机	YE3120CNC7	最大加工直径:210mm,最大工件模数:4mm,主轴(*B*)转速:100~1 500r/min,工作台最高转速(*C*轴):200r/min,最大装刀直径×长度:130mm×230mm,滚刀中心至工作台中心距离:30~180mm,刀架回转中心至工作台面距离:195~495mm,刀架最大回转角:±45°,最大窜刀距离:180mm,小立柱顶尖端面距工作台面距离:330~680mm,工作台面尺寸(直径×孔径):190mm×75mm,机床主电动机功率:15kW,加工精度:GB/T 10095.1—2008的7级	国际先进
7	高效数控铣齿机	YKX39320(N)	最大加工直径:3 200mm,最大工件模数:30mm(25mm),最大齿宽:600mm,工件最大环形厚度(含工装):500mm,刀架最大回转角度:±30°,最大安装刀具直径×宽度:440mm×100mm,铣刀中心至工作台中心距离:600~1 820mm(90~1 310mm),铣刀中心至工作台面距离:500~1 500mm,工作台直径×孔径:2 550mm×740mm,铣刀转速:50~200r/min,工作台极限转速:4r/min,主电动机功率:46kW,加工精度:GB/T 10095.1—2008的8级,数控系统:Siemens 840D	国内领先

（续）

序号	产品名称	型号	主要技术参数	产品水平
8	大型数控滚齿机	Y31160CNC6	最大加工直径:1 600mm,最大工件模数:20mm,主轴(*B*)转速:22～220r/min,工作台最高转速(*C* 轴):8r/min,最大装刀直径×长度:350mm×375mm,滚刀中心至工作台中心距离:100～1 000mm,滚刀中心至工作台面距离:475～1 775mm,刀架最大回转角:±45°,最大窜刀距离:300mm,小立柱支架端面距工作台面距离:1 155～2 055mm,工作台面尺寸(直径×孔径):1 460mm×535mm,机床主电动机功率:37kW,加工精度:GB/T 10095.1—2008 的7级	同类先进
9	大型数控滚齿机	Y31200CNC6	最大加工直径:2 000mm,最大工件模数:20mm,主轴(*B*)转速:22～220r/min,工作台最高转速(*C* 轴):8r/min,最大装刀直径×长度:350mm×375mm,滚刀中心至工作台中心距离:300～1 200mm,滚刀中心至工作台面距离:475～1 775mm,刀架最大回转角:±45°,最大窜刀距离:300mm,小立柱支架端面距工作台面距离:1 155～2 055mm,工作台面尺寸(直径×孔径):1 460mm×535mm,机床主电动机功率:37kW,加工精度:GB/T 10095.1—2008 的7级	国际先进
10	数控自动滚齿机	YZ3118CNC5	最大加工直径:130mm,最大工件模数:4mm,主轴(*B*)转速:100～1 000r/min,工作台最高转速(*C* 轴):200r/min,最大装刀直径×长度:110mm×160mm,滚刀中心至工作台中心距离:25～195mm,刀架回转中心至工作台面距离:200～485mm,刀架最大回转角:±45°,最大窜刀距离:120mm,小立柱顶尖端面距工作台面距离:420～740mm,工作台面尺寸(直径×孔径):190mm×75mm,机床主电动机功率:7.5kW,加工精度:GB/T 10095.1—2008 的7级	国内领先
11	高效数控滚齿机	YXZ3132CNC5	最大加工直径:320mm,最大工件模数:8mm,主轴(*B*)转速:120～540r/min,工作台最高转速(*C* 轴):40r/min,最大装刀直径×长度:160mm×200mm,滚刀中心至工作台中心距离:60～250mm,刀架回转中心至工作台面距离:265～515mm,刀架最大回转角:±45°,最大窜刀距离:150mm,小立柱顶尖端面距工作台面距离:360～660mm,工作台面尺寸(直径×孔径):320mm×100mm,机床主电动机功率:18kW,加工精度:GB/T 10095.1—2008 的7级,数控系统:FANUC 0I－MD	国内领先
12	数控自动剃齿机	YDZ4232CNC5	最大加工直径:320mm,最大工件模数:8mm,顶尖中心高:240mm,顶尖间最大距离:700mm,最大安装刀具外径×宽度:240mm×50mm,剃刀转速50～400r/min(无级),刀架最大回转角:±20°,顶尖中心距剃刀中心距离:125～240mm,*Z* 轴滑板移动速度:0.2～500mm/min,可旋转送料机构双托盘中心跨距:400mm,机床总功率:15kW,工作精度:GB/T 10095.1—2008 的6级,数控系统:FANUC0i－MD	国际先进
13	数控高速干切滚齿机	YS3126CNC7	最大加工直径:260mm,最大工件模数:6mm,主轴(*B*)转速:100～1 500r/min,工作台最高转速(*C* 轴):100r/min,最大装刀直径×长度:160mm×230mm,滚刀中心至工作台中心距离:30～300mm,刀架回转中心至工作台面距离:125～475mm,刀架最大回转角:±45°,最大窜刀距离:160mm,小立柱顶尖端面距工作台面距离:460～780mm,工作台面尺寸(直径×孔径):245mm×110mm,加工精度:GB/T 10095.1—2008 的6～7级,数控系统:Siemens 840D	国际先进
14	滚齿机	Y3150EA	最大加工直径:500mm,最大工件模数:8mm,主轴转速:40～250r/min(9级),工作台最高转速:7.8r/min,最大装刀直径×长度:160mm×160mm,滚刀中心至工作台中心最小距离:30mm,滚刀中心至工作台面距离:235～535mm,刀架最大回转角:±45°,最大窜刀距离:50mm,精加工精度:GB/T 10095.1—2001 的7级	同类先进

（续）

序号	产品名称	型号	主要技术参数	产品水平
15	滚齿机	Y3180HA	最大加工直径:800mm,最大工件模数:10mm,主轴转速:40～200r/min(8级),工作台最高转速:5.5r/min,最大装刀直径×长度:180×180mm,滚刀中心至工作台中心最小距离:50mm,滚刀中心至工作台面距离:235～585mm,刀架最大回转角:±45°,最大窜刀距离:50mm,精加工精度:GB/T 10095.1—2001的7级	同类先进
16	高速、精密数控转台	TKG13800	工作台直径:800mm,工作台最高转速:12r/min,承载能力:1 000kg,定位精度:8″,重复定位精度:3″	国内领先
南京第二机床厂有限公司				
17	数控蜗杆砂轮磨齿机	Y7232CNC	ϕ320mm×6mm	国内先进
18	数控滚齿机	Y3120CNC	ϕ200mm×4mm	国内先进
19	数控插齿机	YS51250CNC	ϕ2 500mm×20mm	国际先进
20	数控插齿机	YK5150B	ϕ500mm×8mm	国际先进
陕西秦川机床工具集团有限公司				
21	深孔钻	ZZK2500	机床最大钻孔长度:2 500mm,最大钻孔直径:40mm,最小钻孔直径:1.6mm,两端同轴误差:0.3mm,直线度:0.05mm	国际先进
22	成形砂轮磨齿机	YK7380A	最大齿顶直径:800mm,最小齿根直径:100mm,模数:2～20mm,齿数:不限,最大直齿宽度:500mm,螺旋角:±45°,工作台最大载荷:2 000kg	国内领先
23	成形砂轮磨齿机	YK73125A	最大齿顶直径:1 250mm,最小齿根直径:220mm,模数:2～25mm,齿数:不限,最大直齿宽度:700mm,螺旋角:±35°,工作台最大载荷:6 000kg	国内领先
24	蜗杆砂轮磨齿机	YK7232B	工件最大外径:320mm,工件最小根径:20mm,工件齿数:12～256个,工件模数:1～6mm,工件压力角:15°～23°,工件最大齿宽:170mm,螺旋角:±45°,头尾架顶尖距:180～420mm,砂轮转速:1 000～1 650r/min	国内领先
25	龙门式铣车复合加工中心	VMT260	工作台直径:2 600mm,工作台最大承载能力:20 000kg,过龙门宽度:3 000mm,过龙门高度:1 500mm,车削主轴功率:90kW,工作台最大转矩:34 000N·m,车削转速:0～100r/min,过中心最大车削直径:3 500mm,铣削主轴功率:37kW,铣削主轴最大输出转矩:1 295N·m,铣削主轴最高转速:3 000r/min,行程($X/Y/Z$):4 760mm/2 800mm/1 400mm	国内先进
26	立式磨床	VG150	工作台直径:1 500mm,最大回转直径:2 200mm,磨削最小孔径:230mm,允许装夹工件最大高度:1 200mm,磨削最大孔深:500mm,立磨头砂轮直径:200～400mm,卧磨头最大砂轮直径:500mm	国内领先
27	龙门式车铣镗复合中心	VTB200	工作台直径:2 000mm,工作台承载能力:20 000kg,快速移动速度(X/Z):(20m/min)/(15m/min),行程(X/Z):1 750mm/1 200mm,工作台转速(车削时):0～200r/min,工作台分度转速(铣削时):0～5r/min,铣削主轴最大转速:2 000r/min,车削主轴最大功率:2×55kW,铣削主轴最大功率:31kW,最大工件直径:2 300mm,最大工件高度:1 500mm,最大镗孔直径:350mm	国内先进
28	拉刀磨床	QMK008	最大工件直径(圆拉刀):300mm,最大工件宽度(平拉刀):300mm,最大工件长度:2 000mm,磨削工件轮廓度:0.004mm,表面粗糙度:≤0.2μm	国际先进
29	锥齿轮磨齿机	QMK009	最大工件直径:2 500mm,最大模数:50mm,最大齿宽:500mm,加工精度:4级	国际先进

（续）

序号	产品名称	型号	主要技术参数	产品水平
30	锥齿轮铣齿机	QJK002	最大工件直径：2 500mm，最大模数：50mm，最大齿宽：500mm，加工精度：6 级	国际先进
31	中空成型机	SCJC50X2	挤出机螺杆直径：65mm，长径比：28∶1，螺杆转速：0～65r/min，塑化能力：70kg/h	国内先进
32	多层中空机	SCJC30×3	制品容积：30L，效率：80 只/h，模板尺寸：720mm×650mm，锁模力：280kN	国内先进
33	铣车加工中心	VMT80/VMT100	工作台直径：1 000mm、800mm，快速移动速度（$X/Y/Z$）：50m/min，工作台最高转速：500r/min（ϕ800mm），车铣主轴转速：12 000r/min，定位精度（$X/Y/Z$）：0.008mm，重复定位精度（$X/Y/Z$）：0.004mm	国际先进
天津第一机床总厂				
34	淬火压床	YA9060	ϕ600mm	国际水平
35	数控弧齿锥齿轮拉齿机	YKW2950B	ϕ500mm×M12mm	国内先进
36	数控插齿机	YK5132B	ϕ320mm×M8mm	国内先进
37	数控研齿机	YK2560A	ϕ600mm	国际水平
38	数控插齿机	YKA5150A	ϕ500mm×M8mm	国内先进
39	数控插齿机	YK5150B	ϕ500mm×M8mm	国内先进
40	盘齿轮噪声检查机	YP9920	ϕ200mm×M4mm	国内先进
41	轴齿轮噪声检查机	YZ9916	ϕ160mm×M4mm	国内先进
42	数控齿条插齿机	YK58125A	1 250mm×M8mm	国内先进
43	数控插齿机	YKA5132B	ϕ320mm×M8mm	国内先进
44	数控铣齿机	YK2232A	ϕ320mm×M6mm	国内先进
青海第二机床制造有限责任公司				
45	数控专用花键轴铣床	QH_2－078	最大加工直径：300mm，顶尖距：6 500mm，最大加工长度：6 100mm，中心高：3 700mm，加工齿数范围：任意，控制轴数：4 轴	国内先进
上海第三机床厂				
46	数控端面外圆磨床	MKA1620	加工直径×长度：200mm×500mm	同类先进
47	大型数控精密球面磨床	MD5100	加工直径：1 000mm	同类先进
南京工大数控科技有限公司				
48	数控精密铣齿机	YKC83300	加工直径：3 000mm	国内先进
49	数控精密铣齿机	SKXC－2000/16	加工直径：2 000mm	国内先进
湖南中大创远数控装备有限公司				
50	干切削铣齿机	YKA2260	最大加工直径：600mm	国际先进
宜昌长机科技有限责任公司				
51	数控插齿机	YKT5150	最大工作直径（外齿/内齿）：500mm/600mm，最大模数：10mm，最大齿宽：200mm	国内领先
52	后立柱进给数控插齿机	YK51160C	最大工作直径（外齿/内齿）：1 600mm/2 100mm，最大模数：20mm，最大齿宽：350mm	国际先进
53	数控插齿机	YK5150	最大工作直径（外齿/内齿）：500mm/600mm，最大模数：10mm，最大齿宽：140mm、200mm	国际先进

五、科研项目及获奖情况

2011 年，齿轮机床分会 12 家会员单位共上报科研项目 58 项，投入资金 1 亿元左右。其中，国家科技项目 8 项、地方科技项目 50 项。获奖科研项目共 13 项。2011 年齿轮加工机床行业部分企业科研项目见表 6。2011 年齿轮加工机床行业获奖科研项目见表 7。

表6　2011年齿轮加工机床行业部分企业科研项目

序号	科研项目名称	主要内容	应用状况	投入资金（万元）	项目来源
重庆机床(集团)有限责任公司					
1	数控精密高效剃齿机关键技术与装备产业化	突破产业化技术难题,创造产业化条件,形成高档剃齿机产业化基地	自行应用	合计6 280	
2	轿车变速箱齿轮加工自动生产线	建立六类、8条轿车齿轮自动加工生产线	研制阶段		
3	引进英国PTG磨削加工技术合作项目	突破磨削加工控制技术,共同开发系列磨齿机	研制阶段		重庆市国际科技合作基地项目
4	数控高效制齿机床成套技术产业化工程	依托国家科技进步二等奖技术研究成果,通过完善产业化设备及设施,促进数控高效制齿技术产业化	自行应用		
5	机床再制造成套技术及产业化	研究机床再制造各项关键技术,形成重型机床、精密机床和通用机床再制造成套技术及产业化应用基地	研制阶段		
6	数控制齿机床重庆市重点实验室(企业)(能力提升建设)	建设建筑面积3 500m^{2}以上、仪器设备总价值2 000万元以上的实验室	自行应用		重庆市科技平台与基地建设
7	Y31200CNC6全数控高效大型滚齿机的研制及产业化	开展数控精密滚齿机关键技术研究:工作台静压技术,新型滚刀主轴静压技术,立柱液压卸荷技术,“镶钢导轨+滚动导轨块”结构,大型精密双蜗杆蜗轮副制造技术,大型开合式外支架的设计制造技术,大型高精度零件的加工技术。生产Y31200CNC6大型数控滚齿机	自行应用		重庆市科技攻关项目
8	数控制齿机床重庆市重点实验室	完善实验室现有研发条件,提升试验及验证能力	自行应用		重庆市科技平台与基地建设
9	Y31320CNC6系列大型数控滚齿机研发及产业化	完成产品关键技术攻关,实现产品试制验证,并逐步实现产业化	研制阶段		企业项目
10	汽车齿轮加工数控高效滚齿机开发	完成产品关键技术攻关,实现产品试制验证,并逐步实现产业化	自行应用		企业项目
11	Y3150EA滚齿机	完成产品关键技术攻关,实现产品试制验证,并逐步实现产业化	自行应用		企业项目
12	Y3180HA滚齿机	完成产品关键技术攻关,实现产品试制验证,并逐步实现产业化	自行应用		企业项目
13	YZ3118CNC5数控自动滚齿机	完成产品关键技术攻关,实现产品试制验证,并逐步实现产业化	研制阶段		企业项目
14	YXZ3132CNC5数控自动滚齿机	完成产品关键技术攻关,实现产品试制验证,并逐步实现产业化	研制阶段		企业项目
15	YZ3120CNC7数控自动滚齿机	完成产品关键技术攻关,实现产品试制验证,并逐步实现产业化	研制阶段		企业项目
16	YZ4232CNC5数控自动滚齿机	完成产品关键技术攻关,实现产品试制验证,并逐步实现产业化	研制阶段		企业项目
17	YDZ4232CNC5数控自动剃齿机	完成产品关键技术攻关,实现产品试制验证,并逐步实现产业化	研制阶段		企业项目
18	Y3140/52/60CNC2-3系列滚齿机	完成产品关键技术攻关,实现产品试制验证,并逐步实现产业化	研制阶段		企业项目
19	Y3140/52/60CNC4-6系列滚齿机	完成产品关键技术攻关,实现产品试制验证,并逐步实现产业化	研制阶段		企业项目

（续）

序号	科研项目名称	主要内容	应用状况	投入资金（万元）	项目来源
20	YW7223CNC 数控万能磨齿机	完成产品关键技术攻关，实现产品试制验证，并逐步实现产业化	研制阶段		企业项目
21	YKX39250(N)大型数控铣齿机	完成产品关键技术攻关，实现产品试制验证，并逐步实现产业化	研制阶段		企业项目
22	YB3120H 半自动滚齿机	完成产品关键技术攻关，实现产品试制验证，并逐步实现产业化	自行应用		企业项目
23	YB31125H 半自动数控滚齿机	完成产品关键技术攻关，实现产品试制验证，并逐步实现产业化	自行应用		企业项目
24	Y3150ES 滚齿机	完成产品关键技术攻关，实现产品试制验证，并逐步实现产业化	自行应用		企业项目
25	YS3126CNC7 数控自动干切滚齿机	完成产品关键技术攻关，实现产品试制验证，并逐步实现产业化	研制阶段		企业项目
南京第二机床厂有限公司					
26	YG31200CNC 高精度滚齿机研发	加工直径 2 000mm，模数 20mm，加工精度 5 级	研制阶段	合计 860	企业自选
27	YX3150CNC 数控滚齿机研发	加工直径 500mm，模数 12mm，加工精度 6 级	研制阶段		企业自选
28	YN31160CNC 数控滚齿机研发	加工直径 1 600mm，模数 20mm，6 轴数控	研制阶段		江苏省科技成果转化资金项目
29	YN31250CNC 数控滚齿机研发	加工直径 2 500mm，模数 32mm，7 轴数控	研制阶段		江苏省科技成果转化资金项目
30	YW5120CNC 万能数控插齿机	加工直径 200mm，模数 6mm，8 轴数控	研制阶段		
31	YS51160CNC 数控插齿机	加工直径 1 600mm，模数 16mm，齿宽 280mm	研制阶段		江苏省科技成果转化资金项目
32	YAN4232CNC 数控剃齿机	加工直径 320mm，模数 6mm，2 轴数控	研制阶段		企业自选
33	YT5180CNC 数控插齿机	加工直径 800mm，模数 12mm，5 轴数控	研制阶段		企业自选
天津第一机床总厂					
34	摆线齿锥齿轮数控加工机床关键技术研究	开发全新产品	自行应用	合计 740	控股集团科技项目
35	YKW51250 数控插齿机	开发全新产品	自行应用		
36	YKW2075 数控螺旋锥齿轮磨齿机	开发全新产品	研制阶段		
37	YKH2235 数控铣齿机	开发全新产品	研制阶段		企业自选项目
38	YK2560B 数控研齿机	增加产品功能，提高性能	研制阶段		企业自选项目
39	YK5132C 数控插齿机	增加产品功能，提高性能	自行应用		企业自选项目
40	YK5132B 数控插齿机	增加产品功能，提高性能	自行应用		企业自选项目
41	YK5150B 数控插齿机	增加产品功能，提高性能	研制阶段		企业自选项目
42	YK5132B/K1 数控插齿机	增加产品功能，提高性能	自行应用		企业自选项目
宜昌长机科技有限责任公司					
43	YK5612C 数控齿扇插齿机的研发	数控齿扇插齿机研发	研制阶段	合计 1 570	企业自选项目
44	YK31350 数控滚齿机的研发	大型数控滚齿机的研发	研制阶段		企业自选项目
45	YK51160C 数控插齿机的研发	加工直径 1 600mm 数控插齿机的研发	其他		企业自选项目

（续）

序号	科研项目名称	主要内容	应用状况	投入资金（万元）	项目来源
46	YK51350 数控插齿机的研发	加工直径 3 500mm 数控插齿机的研发	研制阶段		企业自选项目
47	YK83160 数控铣齿机的研发	数控铣齿机的研发	研制阶段		企业自选项目
48	刀架体结构改进	插齿机刀架体结构改进	研制阶段		企业自选项目
49	YKY51160 数控插齿机的研发	液压冲程数控插齿机的研发	研制阶段		企业自选项目
50	ZX300A 数控提拉梳槽机的研发	数控提拉梳槽机的研发	研制阶段		企业自选项目
51	高速插齿机的研发	高速插齿机的研发	研制阶段		企业自选项目
52	工作台静压装置的研发	插齿机工作台静压装置的研发	研制阶段		企业自选项目
南京工大数控科技有限公司					
53	SKXGC－3000 高效数控铣、滚齿复合机床关键技术研究及其应用	数控铣、滚齿复合机床开发	自行应用	合计 620	企业立项
54	高效数控铣内外齿机床关键技术研究与产业化	机床系列化开发与关键技术研究	自行应用		科技部中小企业创新基金
55	大重型数控静压回转工作台关键技术研究	大型精密转台研发	自行应用		
56	SKMC－3000 数控磨齿机研发	数控磨齿机研发	研制阶段		自主研究
57	大型高效数控成形铣磨齿成套装备研发与产业化	齿轮加工解决方案	研制阶段		
湖南中大创远数控装备有限公司					
58	YKA2260 干切削铣齿机	研制干切削铣齿机	研制阶段	2 000	企业自选项目

表 7　2011 年齿轮加工机床行业获奖科研项目

项目名称	主要内容及应用范围	奖项名称	获奖等级	主要完成单位
数控精密剃齿机成套技术研究及产业化	成功突破一系列精密、高效数控剃齿关键技术，研制出 Y4232CNC9 九轴四联动数控剃齿机等精密、高效多轴数控系列剃齿机产品 20 多种，被列入国家重点新产品计划，共计 2 项；国内市场占有率达 70% 以上；制定国家标准 1 项、行业标准 3 项；获国家发明专利授权 2 项、实用新型专利 1 项。近年累计销售数控剃齿机近 1 000 台，共实现销售收入 4 亿元	中国机械工业科学技术奖	二等奖	重庆机床（集团）有限责任公司
YX3132CNC4/5 系列数控高效滚齿机研制及产业化	研制出 YX3132CNC4/5 系列数控高效滚齿机新产品，其技术处于国内领先水平；获国家发明专利 1 项；已大量销往陕西法士特、浙江万里扬、浙江双环、德国 GETRAG 公司（江西）、重庆市蓝黛实业有限公司等重要客户；累计销售该系列机床 240 余台，可实现销售收入 1.5 亿元	重庆市科学技术进步奖	二等奖	重庆机床（集团）有限责任公司
YK2560A 数控弧齿锥齿轮研齿机	采用现代设计方法及模块化设计，完成了在最佳接触质量的锥齿轮副研齿过程中关键技术的理论研究及其软件的研发，完成了数控弧齿锥齿轮研齿机的结构设计；采用高档数控系统控制，具有多种研齿加工方法的数字化模型和控制功能软件包，并完成了整机的人性化外观设计，明显改善了生产的安全性	天津市科技进步奖	二等奖	天津第一机床总厂、重庆理工大学、天津大学

（续）

项目名称	主要内容及应用范围	获奖名称	获奖等级	主要完成单位
YK2560A 数控弧齿锥齿轮研齿机	该项目所取得的研究成果可直接应用于其他规格的数控弧齿锥齿轮研齿机的开发和与这些产品相配套的数控滚检机产品的开发，使锥齿轮加工装备的技术水平和性能得到很大的提升	中国机械工业科学技术奖	三等奖	天津第一机床总厂、重庆理工大学、天津大学
数控插齿机	该项目基于多项新技术的高度集成，开发的高精度数控插齿机，采用数控系统、液压系统和伺服电动机实现对机床的驱动和程序控制，准确地将主运动与让刀运动同步连接，能自动调整刀具行程长度和刀具行程位置	天津市专利奖	一等奖	天津第一机床总厂
YK5150 数控插齿机	主要用于中型内、外圆柱齿轮的切削加工；主运动由交流变频电动机驱动，切削时径向进给由交流伺服电动机驱动立柱移动来实现；可根据切削需求设置循环次数及每次循环的切削量	湖北省科技进步奖	二等奖	宜昌长机科技有限责任公司
数控大型圆柱齿轮铣齿机	适用于加工内、外圆柱齿轮，特别适用风电设备、回转支承、冶金机械、矿山机械等相关行业的行星减速机、增速箱、偏航轴承内外齿圈及变桨轴承内外齿廓的加工。通过旋转铣刀架可实现斜齿轮加工，最大加工螺旋角为 ±15°，非标可扩大至 ±25°，通过配备外铣刀架还可以加工外圆柱齿轮	湖北省自主创新产品		宜昌长机科技有限责任公司
大中型数控插齿机	该大中型数控插齿机是为了满足工程机械、汽车、矿山机械及能源设备等行业加工各种传动齿轮而开发的高精、高效齿轮加工设备，机床实现六轴数控，自动化程度高，柔性好，加工空间大	湖北省自主创新产品		宜昌长机科技有限责任公司
小型数控插齿机	该小型数控插齿机是为了满足工程机械、汽车、矿山机械、能源设备等行业加工各种传动齿轮而开发的高精、高效齿轮加工设备，机床实现六轴数控，自动化程度高，柔性好，加工空间大	湖北省自主创新产品		宜昌长机科技有限责任公司
回转支承的新型制造装备关键技术研究、开发与应用	产品研究与开发	江苏省科学技术奖	一等奖	南京工业大学、南京工大数控科技有限公司
极坐标数控高效铣、滚齿复合机床	产品开发	2011 年南京市优秀专利		南京工大数控科技有限公司
SKXC－4000/35 数控铣齿机	产品开发	江苏省首台（套）重大装备产品		南京工大数控科技有限公司
螺旋锥齿轮铣齿机	用于加工汽车后桥齿轮	长沙市科学技术创新奖		湖南中大创远数控装备有限公司

六、专利发明情况

2011 年，齿轮加工机床行业共获授权专利 35 项，其中发明专利 8 项、实用新型专利 27 项。2011 年齿轮加工机床行业部分企业授权专利情况见表 8。

表 8　2011 年齿轮加工机床行业部分企业授权专利情况

序号	企业名称	专利名称	专利类型	授权日期
1	重庆机床（集团）有限责任公司	一种数控滚齿机大立柱	实用新型	2011.01.19
2	陕西秦川机床工具集团有限公司	一种双摆动机构	实用新型	2011.10.05
3	陕西秦川机床工具集团有限公司	大型数控齿轮加工机床	实用新型	2011.11.16
4	天津第一机床总厂	薄壁套类工件压淬机床	发明	2011.06.15
5	天津第一机床总厂	数控插齿机送料机构	实用新型	2011.06.15
6	天津第一机床总厂	数控插齿机刀架机构（托）	实用新型	2011.06.15

（续）

序号	企业名称	专利名称	专利类型	授权日期
7	天津第一机床总厂	数控曲线圆柱齿轮铣齿机（托）	实用新型	2011.06.15
8	天津第一机床总厂	插齿机工作台翻转机构	实用新型	2011.06.15
9	天津第一机床总厂	伺服电动机驱动的数控插齿机让刀机构（托）	实用新型	2011.06.15
10	天津第一机床总厂	用于数控插齿机刀轴往复运动的液压消隙机构	实用新型	2011.03.30
11	天津第一机床总厂	大型液压主驱动切削全闭环数控插齿机（托）	实用新型	2011.06.22
12	天津第一机床总厂	齿轮插齿机斜向让刀调整机构	实用新型	2011.06.22
13	天津第一机床总厂	数控弧齿锥齿轮磨齿机工件箱水平旋转机构	实用新型	2011.06.22
14	天津第一机床总厂	大型精密数控回转工作台（托）	实用新型	2011.06.22
15	天津第一机床总厂	万能外圆磨床加工带键轴套的摆动装置	实用新型	2011.10.05
16	宜昌长机科技有限责任公司	自润滑式球拉杆机构	实用新型	2011.04.20
17	宜昌长机科技有限责任公司	插齿机工作台主轴旋转刮研装置	实用新型	2011.04.20
18	宜昌长机科技有限责任公司	插齿机工作台主轴结构	实用新型	2011.04.20
19	宜昌长机科技有限责任公司	具有增力、自锁、反馈功能的夹紧机构	实用新型	2011.04.20
20	宜昌长机科技有限责任公司	梳槽螺旋角任意调整机构	实用新型	2011.04.20
21	宜昌长机科技有限责任公司	具有锁紧功能的精密分度台	实用新型	2011.05.25
22	宜昌长机科技有限责任公司	铣齿刀具磨削及安装组合刀架	实用新型	2011.05.25
23	宜昌长机科技有限责任公司	插齿机用直线导向装置	实用新型	2011.05.25
24	宜昌长机科技有限责任公司	盘类齿轮工件自动夹紧装置	实用新型	2011.05.25
25	青海第二机床制造有限责任公司	一种高速滚齿机滚刀飞轮保护器	实用新型	2011.09.10
26	青海第二机床制造有限责任公司	一种管材弯制工具	实用新型	2011.09.10
27	青海第二机床制造有限责任公司	一种新型机床跟刀架	实用新型	2011.05.04
28	青海第二机床制造有限责任公司	一种机床变速箱斜齿轮传动液压消隙装置	发明	2011.09.10
29	南京工大数控科技有限公司	四点角接触转盘轴承滚珠直径预测方法	发明	2011.04.27
30	南京工大数控科技有限公司	双刀盘铣齿加工装置及加工方法	发明	2011.04.28
31	南京工大数控科技有限公司	风力发电机变桨回转支承实验台	发明	2011.04.29
32	南京工大数控科技有限公司	数控静压转台的精度检测装置及方法	发明	2011.12.21
33	湖南中大创远数控装备有限公司	一种螺旋锥齿轮磨齿机高钢度、高精度主轴结构	发明	2011.05.11
34	湖南中大创远数控装备有限公司	一种机床用双分度副静压支承回转工作台	发明	2011.01.05
35	湖南中大创远数控装备有限公司	六轴五联动螺旋锥齿轮加工机床	实用新型	2011.08.24

七、质量及标准

2011 年，齿轮机床标准化分技术委员会秘书处积极参加齿轮机床行业标准化活动及会议，编制完成了齿轮机床行业 2012～2013 年行业标准项目计划，全年共完成了 2 项国家标准及 4 项机械行业标准的制修订送审稿。

在对齿轮机床行业标准的复审方面，齿轮机床标准化分技术委员会秘书处会同齿轮机床专业标准主要起草单位对齿轮机床专业 2 项行业标准进行了认真的复审，填写了 2011 年行业标准复审修订标准汇总表，并上报全国金属切削机床标准化技术委员会。

全年制修订标准如下：国家标准《多轴联动数控螺旋锥齿轮磨齿机　第 2 部分：精度检验》（计划号 20091724 – T – 604），国家标准《多轴联动数控螺旋锥齿轮铣齿机　第 2 部分：精度检验》（计划号 20091725 – T – 604），行业标准《大型数控铣齿机　第 1 部分：精度检验》（计划号 2010 – 1229T – JB），行业标准《大型数控铣齿机　第 2 部分：技术条件》（计划号 2010 – 1230T – JB），行业标准《数控弧面蜗杆副铣齿机　第 1 部分：精度检验》（计划号 2010 – 1270T – JB），行业标准《数控弧面蜗杆副铣齿机　第 2 部分：技术条件》（计划号 2010 – 1271T – JB）。

八、企业简介

本年鉴对 2011 年齿轮加工机床分会新增的 2 家会员单位进行介绍。

上海第三机床厂　2010 年末，上海第三机床厂对上海第一机床厂进行了整体重组，上海第一机床厂不再以法律实体形式存在。

上海第三机床厂前身是上海亚中铁工厂，创建于 1944 年。上海亚中铁工厂曾在 20 世纪 40 年代制造出我国第一台外圆磨床，是我国最早的磨床生产厂家。1958 年正式定名为上海第三机床厂，专业从事磨床和镗床的开发、研制和生产。当前，上海第三机床厂涵盖了原来的上海第三机床厂、上海第四机床厂、上海江宁机床厂、上海仪表机床厂和上海第一机床厂的生产经营范围。

上海第三机床厂 20 世纪 50 年代开始精密机床的设计

和制造,70年代开始数控机床的设计和制造,是当时国内为数不多的精密机床、数控机床生产厂家之一。80年代,原上海第三机床厂曾引进德国立式加工中心、原上海第四机床厂曾引进德国卧式加工中心、原上海第一机床厂曾引进德国三轴单元、原上海仪表机床厂曾引进德国封边机的设计制造技术。90年代,原上海第三机床厂曾与日本合作生产外圆磨床,近年来曾与捷克合作生产立式加工中心。

上海第三机床厂经过多年的企业整合和调整,现在建有完整的技术开发部门和产品销售部门,主要产品为外圆磨床(包括数控外圆磨床)、光学曲线磨床(包括数控光学曲线磨床)、床身铣床(包括数控床身铣床)和加工中心、卧式车床(包括数控卧式车床)、齿轮加工机床五大类、70余个品种。

浙江嘉力宝精机股份有限公司 是嘉力宝控股集团下属核心企业,主要生产各种型号精密数控齿轮加工机床。公司为国家重点高新技术企业,承担了多项国家重点新产品计划和国家火炬计划项目,获得国家专利30多项,其中发明专利3项。

公司配备了高精度蜗轮副加工中心、进口的大型导轨磨床、数控磨齿机和齿轮检测中心等精密加工检测设备,以保证零部件的加工精度。为进一步扩大生产规模,公司又增添了哈挺立式加工中心、瑞士精密外圆磨床和日本五面体加工中心。

公司的齿轮机床技术研究开发中心,拥有国家级专家5人、高级工程师20人、专业高级装配技师50人,被评定为浙江省高新技术研究开发中心。开发的数控滚齿机产品被列入国家重点新产品计划项目,并荣获浙江省科技进步奖二等奖、中国齿轮专业协会优秀新产品二等奖。

〔撰稿人:中国机床工具工业协会齿轮加工机床分会刘欢 审稿人:中国机床工具工业协会齿轮加工机床分会周玉红〕

特种加工机床

一、基本情况

2011年,是"十二五"规划的起步之年,特种加工机床行业积极调整产品结构和产业结构,转变发展方式,促使全行业从"多而不强"向"由弱变强"的目标发展。

当前,特种加工机床行业已形成产业化生产的产品有电加工机床、激光加工机床和快速成形机床三类,其他机床品种属于特殊加工的专机。在三大类产品中,品种和产量最多的是电加工机床,包括电火花线切割机、电火花成形机、电火花高速小孔加工机、电解加工机以及电火花加工专机等;激光加工机床包括激光切割机、激光打标机、激光焊接机、激光穿孔机和激光成形机等;快速成形机床包括熔融沉积快速成形机床、激光选区烧结快速成形机床、激光选区熔化快速成形机床、立体光固化快速成形机床、电子束熔化快速成形机床、叠层实体快速成形机床和等离子喷射沉积快速成形机床等。

特种加工机床分会会员单位以生产电加工机床的企业为主,这些企业(包括生产配附件的企业)占会员总数的95%以上。另外,激光加工机床企业占会员总数的3.1%,快速成形机床企业占会员总数的1.6%。特种加工机床分会会员单位涵盖本行业主要骨干制造企业,其产值占到国内全行业产值的70%以上,基本上能够反映全行业的经济运营状况。

2011年,特种加工机床分会共有会员单位32家,参加年鉴统计的单位共有27家,占全部统计会员单位的84.4%。参加统计的会员单位以理事单位为主(重点骨干企业),个别理事单位因产业重点转移等原因未参与统计。

2011年,我国特种加工机床行业受宏观经济形势的影响,在经历了2010年的销售高速增长后,增幅减缓,机床类产品销售收入比上年仅增长9.4%。2011年特种加工机床行业主要经济指标完成情况见表1。

表1 2011年特种加工机床行业主要经济指标完成情况

指标名称	单位	年度累计
工业总产值	万元	318 027
其中:机床工具类产品产值	万元	304 742
工业销售产值	万元	308 606
其中:机床工具类产品销售产值	万元	285 953
工业增加值	万元	13 001
实现利税	万元	54 934
从业人员平均人数	人	9 627
资产总计	万元	240 453
流动资产平均余额	万元	143 524
固定资产净值平均余额	万元	45 276

二、生产和销售情况

2011年,特种加工机床行业27家企业的主导产品仍为特种加工机床。上半年生产、销售、出口呈上升态势,运营情况正常,从第三季度开始增幅逐渐下滑,但是全年仍保持了平稳增长。全年共生产金属切削机床21 543台,其中特种加工机床20 723台;完成金属切削机床产值27.1亿元,其中特种加工机床产值25.3亿元。2011年特种加工机床行业分类产品生产情况见表2。

表2 2011年特种加工机床行业分类产品生产情况

产品名称	实际完成		其中:数控	
	产量(台)	产值(万元)	产量(台)	产值(万元)
金属切削机床	21 543	270 635	21 211	269 114
加工中心	579	12 258	579	12 258

（续）

产品名称	实际完成		其中:数控	
	产量（台）	产值（万元）	产量（台）	产值（万元）
立式加工中心	556	11 534	556	11 534
卧式加工中心	15	651	15	651
龙门式加工中心	8	73	8	73
车床	12	72	12	72
铣床	229	5 488	229	5 488
特种加工机床	20 723	252 817	20 391	251 296

2011 年，特种加工机床行业出口产品全部为数控特种加工机床，出口略有下降。全年共出口特种加工机床 2 088 台，比上年下降 10.4%，出口额下降 1%。2011 年特种加工机床产品出口情况见表 3。

表 3　2011 年特种加工机床产品出口情况

产品名称	实际完成		其中:数控	
	出口量（台）	出口额（万美元）	出口量（台）	出口额（万美元）
金属切削机床	2 088	10 099.2	2 088	10 099.2
特种加工机床	2 088	10 099.2	2 088	10 099.2

三、新产品开发情况

2011 年，特种加工机床行业 9 家企业上报新产品 21 个，以电加工机床为主，涵盖了电火花成形机、电火花线切割机和电火花小孔加工机三大类电加工机床。通过新产品开发，企业实现了产品技术的提升和产品结构的优化，有的产品还融和了当前倡导的节能环保理念。2011 年特种加工机床行业新产品开发情况见表 4。

表 4　2011 年特种加工机床行业新产品开发情况

序号	产品名称	型号	主要技术参数	产品性质	产品属性	产品水平
北京迪蒙斯巴克科技股份有限公司						
1	数控电火花成形加工控制柜	CP－50	效率：$260mm^3/min$	改型设计	企业新产品	国内领先
江苏三星机械制造有限公司						
2	节能环保数控线切割机床	DK77E	利用低损耗高频脉冲电源，将线切割机床钼丝分为 A、B、C 三段，分别实现切割、修整、精整功能；并创新使用内置式电机储丝滚筒，全封闭外观设计	全新设计	行业新产品	国内领先
3	全封闭中走丝线切割机床	DK77F	试件加工精度：±0.005mm，最佳表面粗糙度：≤1.2μm，最大加工速度：$160mm^2/min$，三次切割的平均速度：$80mm^2/min$ 左右	全新设计	行业新产品	国内领先
北京安德建奇数字设备有限公司						
4	龙门加工中心	JCD2504B	工作台面尺寸：2 300mm×4 000mm，工作台承重：12 000kg，主轴最高转速：6 000r/min，机床外形尺寸：10 718mm×4 320mm×3 223mm	全新设计	企业新产品	国内先进
5	带自动穿丝装置的高精度六轴数控单向走丝线切割机床	AW310TA	最大加工效率：$200mm^2/min$，最佳表面粗糙度：≤0.002mm，加工零件精度：±0.002mm	改型设计	企业新产品	国际领先
6	带自动穿丝装置的高精度数控单向走丝线切割机床	AW510T	最大加工效率：$250mm^2/min$，最佳表面粗糙度：≤0.003mm，加工零件精度：±0.002 5mm	改型设计	企业新产品	国内领先
7	数控电火花成形机床	AF10	工作台面尺寸：600mm×400mm，最大加工效率：$380mm^2/min$，最佳表面粗糙度：≤0.003mm，加工零件精度：±0.015mm	改型设计	企业新产品	国内领先
北京阿奇夏米尔工业电子有限公司						
8	数控电火花成形机床	SP 1U	行程（$X/Y/Z$）：320mm/250mm/250mm，最大工件重量：400kg，最大工件尺寸：790mm×480mm×235mm，加工电流：50A	改型设计	企业新产品	
苏州市宝玛数控设备有限公司						
9	带直接进电式导轮装置和可分式导丝嘴的电火花线切割机床	BM400－C	行程（$X/Y/Z$）：400mm/320mm/300mm	全新设计	行业新产品	国内领先

（续）

序号	产品名称	型号	主要技术参数	产品性质	产品属性	产品水平
10	改进型电火花穿孔机	BMD703 - 400	行程(X/Y/Z):400mm/320mm/300mm	改型设计	企业新产品	行业领先
北京市电加工研究所						
11	五轴联动精密数控电火花加工机床	N850	行程(X/Y/Z):850mm/500mm/400mm,定位精度:5μm/100mm,最大电极重量:180kg,最佳表面粗糙度:≤0.2μm	全新设计	企业新产品	国际先进
12	五轴联动精密数控电火花加工机床	AA50	行程(X/Y/Z):500mm/400mm/352mm,定位精度:5μm/100mm,最大电极重量:50kg,最佳表面粗糙度:≤0.1μm	全新设计	企业新产品	国际先进
13	五轴数控电火花成形机床		行程(X/Y/Z):550mm/400mm/550mm,A轴:360°,C轴:±180°	全新设计	企业新产品	国内先进
14	数控电火花PCD磨刀机		多轴数控	全新设计	企业新产品	国际先进
北京凝华科技有限公司						
15	PCD磨刀专机	MD25H	行程(X/Y/Z):250mm/150mm/150mm,刀具直径:400mm	改型设计	行业新产品	国内领先
16	PCD磨刀专机	MP25i	行程(X/Y/Z):250mm/150mm/150mm,复合片直径:<100mm	改型设计	行业新产品	国内领先
江苏冬庆数控机床有限公司						
17	微细阵列孔数控电加工机		优化微细阵列孔加工的电参数,达到稳定地一次性加工256个直径小于50μm、直径偏差小于2μm的微细阵列孔的目的	技术引进	企业新产品	国内首创
18	多功能慢走丝线切割机床	DK7632A	加工速度高	技术引进	企业新产品	国内首创
19	冬庆数控控制系统		系统存储量大,运行速度快,人性化界面友好,操作简单方便,还有停电记忆和自动恢复断电前加工参数的功能	改型设计	企业新产品	国内首创
深扬数控机械有限公司						
20	多单元电火花线切割组合机床	DKH1200 - 2	最大切割回转体直径:1 200mm,最大切割高度:600mm,行程:600mm/800mm,最快切割速度:150mm^2/min	全新设计	行业新产品	国际领先
21	智能化大锥度电火花线切割机床	DKB400D	最大切割角度:60°,行程:400mm/500mm	改型设计	行业新产品	国际领先

四、科研项目

近几年,随着国家对装备制造行业支持力度的不断加大,以及各省、市也都加大了对科研项目的支持力度,特种加工机床行业科研项目中获得国家级重大项目的数量呈现上升趋势。2011年,特种加工机床行业共有科研项目25项,投资4 143.4万元。获奖科研项目5项。2011年特种加工机床行业科研项目见表5。2011年特种加工机床行业获奖科研项目见表6。

表5 2011年特种加工机床行业科研项目

序号	科研项目名称	主要内容	应用状况	投入资金(万元)	项目来源
北京迪蒙斯巴克科技股份有限公司					
1	φ50mm大面积镜面加工工艺研究	铜电极加工钢工件,在φ50mm的大面积上稳定加工出粗糙度为0.2μm的镜面	自行应用	合计20	企业自选
2	经济型数控柜	对柜体结构、电器架构进行优化设计与改进,开发出符合设计要求的电火花成形加工数控柜	研制阶段		企业自选

（续）

序号	科研项目名称	主要内容	应用状况	投入资金（万元）	项目来源
北京安德建奇数字设备有限公司					
3	AF10 精密数控电火花成形机	新产品研发	自行应用	合计 320	企业自选
4	AW310TA 带自动穿丝装置的高精度六轴数控单向走丝线切割机床	新产品研发	自行应用		
5	AW510T 带自动穿丝装置的高精度数控单向走丝线切割机床	新产品研发	自行应用		企业自选
6	JBH1000 卧式加工中心	新产品研发	自行应用		企业自选
7	AW1100F 大行程数控单向走丝线切割机床	新产品研发	研制阶段		企业自选
8	AW310T 带自动穿丝装置的高精度数控单向走丝线切割机床	新产品研发	自行应用		企业自选
苏州电加工机床研究所有限公司					
9	特殊材料高效放电铣削加工工艺及设备	用于特殊材料高效加工	研制阶段	合计 3 720	
10	精密数控单向走丝电火花线切割加工工艺及设备	用于精密模具加工	研制阶段		
11	固定工作台五轴联动精密数控电火花成形机	自动化程度高，加工精度高	研制阶段		
12	全浸泡式精密电加工机床专用密封数控回转工作台	密封性好，回转精度较高	自行应用		
13	精密电解脉冲数控电源研究	用于电动剃须刀网罩刀片的精密加工	研制阶段		企业委托项目
14	轮胎模花纹块五轴数控电火花加工工艺及设备	数控轴多，加工方便，加工精度及加工效率高	研制阶段		江苏省科技支撑项目
15	特殊材料高效数控放电铣削加工技术与装备	利用电加工能以柔克刚加工硬、脆、韧及黏等材料的优势，采用加长铜管电极，在工件与电极之间施加高效放电电源，并对加工区采取冲、包、浸液进行有效排屑冷却，通过数控系统控制工件与电极之间的相对轨迹及对电极损耗进行在线检测和补偿，以类似数控铣的方式，实现对特殊材料零件复杂形面的高效低成本去余量加工	技术转让		
16	固定工作台式五轴联动精密数控电火花成形加工机床	可以对包括钛合金、高温耐热合金等特殊材料在内的所有导电材料零件的三维复杂形面进行高效、精密加工。该设备具有加工精度高、表面质量好等特点，是我国航天、航空、军工、半导体、家电、汽车和电机等行业的精密零件及精密模具不可或缺的关键加工装备	技术转让		
17	高效精密单向走丝线切割加工技术与装备	具有自动穿丝功能，配置了微细丝加工附件，可以使用 $\phi0.05\sim0.33$mm 电极丝进行加工，是技术高度密集的机电一体化产品。该高效精密单向走丝线切割机床是我国航天、航空、军工、IT、家电、汽车和电机等行业的精密零件及模具不可或缺的关键加工装备	技术转让		

（续）

序号	科研项目名称	主要内容	应用状况	投入资金（万元）	项目来源
北京市电加工研究所					
18	金属微丝拉拔模具精密线抛光机理研究	对金属微丝拉拔模具关键技术——线抛光技术进行研究，研究不同参数对模具表面形貌和孔型精度的影响规律；对磨料的微观尺度流场结构、磨料颗粒的运动力平衡、磨粒的运动轨迹进行仿真；建立抛光区磨粒的耕犁深度数学模型，使金属微丝拉拔模具的精度达到发达国家的水平	研制阶段	合计76	国家自然科学基金
19	聚晶金刚石拉丝模全自动超声整形机研制	根据聚晶金刚石拉丝模整形工艺要求的各种机械动作，设计机械结构方案及机械传动方式，并搭建试验平台；拟采用PLC控制方式，实现工作台自动旋转、主轴自动进给、工具针尺寸自动测量、自动磨针、电参数自动选取、自动加工等功能；进行加工试验，力争设计出一套适合于全自动超声整形加工的工艺方案，并进一步完善机械结构及数控系统，建立最优加工参数数据库	研制阶段		北京市科学技术研究院萌芽计划项目
20	电火花加工蜂窝密封组件专用机床的研究	机床工作台及床身等关键结构的设计，高精度旋转工作台和大面积动密封的设计，高精度高速电极旋转轴的设计和安装，工件专用卡具的设计，旋转部件的热影响分析，适用于加工蜂窝结构的电加工参数	研制阶段		北京市科学技术研究院萌芽计划项目
21	基于RTLinux平台的开放式电火花数控系统软件设计	数控系统控制软件的操作系统基于开放的Linux系统，使用NC核+Linux内核的操作系统结构保证了数控系统具有良好的硬实时性能。Linux是源代码开放的免费软件，没有底层与硬件操作的壁垒，开发成本很低；Linux安全性与可靠性很高；解决了复杂轨迹的插补问题	研制阶段		北京市科学技术研究院萌芽计划项目
22	PCD、PCBN刀具放电加工机理及关键技术研究	从刀具放电加工前后的材料成分、组织结构、力学性能等测试分析入手，分析研究超硬材料放电加工机理以及PCD、PCBN变质层形成机理，建立放电加工参数、变质层对超硬刀具性能影响和刀具寿命间的相关数学模型，提高超硬刀具放电加工刃口质量，延长刀具使用寿命，推动超硬刀具及其产业化研究的快速发展	研制阶段		北京市优秀人才项目
23	聚晶金刚石模具拉拔镀铜焊丝过程仿真及参数优化	通过利用有限元分析软件ANSYS对镀铜焊丝的拉拔过程进行模拟计算，分析拉拔过程中模具及焊丝的受力情况，并通过实验优化设计出在一定拉拔条件下最优的模具孔型参数及拉拔道次组合，从而提高模具的使用寿命及焊丝的表面质量	研制阶段		北京市科学技术研究院萌芽计划项目
24	火箭尾喷管电火花专用加工机床的研制	研制火箭尾喷管电火花专用加工机床，并对相关的工艺加以研究。对工件夹具及数控转台进行设计，以适应火箭尾喷管的加工要求；设计工作液循环系统及油气回收装置；设计火箭尾喷管相关电火花加工工艺及检测技术	研制阶段		北京市博士后基金
25	带叶冠整体式涡轮盘的五轴联动电火花加工精度分析及控制	该项目主要针对当前带叶冠整体式涡轮盘实际生产中存在的加工难题，以自主研发的N850型五轴联动精密数控电火花加工机床为实验平台，通过对机床运动学建模、误差解耦补偿和热变形分析与控制，以及对带叶冠整体式涡轮盘加工工艺的设计与试验，为带叶冠整体式涡轮盘的高质量加工提供可靠的、科学的理论依据和技术支撑	研制阶段		北京市博士后基金

表 6　2011 年特种加工机床行业获奖科研项目

序号	项目名称	主要内容及应用范围	获奖名称	获奖等级	主要完成单位
1	带自动穿丝装置的高精度六轴数控单向走丝线切割机床	该机床带自动穿丝装置的恒张力运丝机构，采用纳秒级无电解脉冲电源技术，配置机床自动检测和平衡系统，拥有加工参数库和智能专家系统，采用六轴数控。该机床主要应用于模具、航空、航天、军工、家电和 IT 等领域的零部件加工	北京市怀柔区科学技术奖	二等奖	北京迪蒙斯巴克科技股份有限公司
2	五轴联动精密电火花技术及装备	结合国家重大装备需求，攻克了五轴联动精密数控电火花加工及装备关键技术，包括五轴联动电火花加工专用数控系统、精密数控转轴（C 轴）、全浸液电火花专用数控转台（A 轴）、高效精微脉冲电源和精密电火花加工工艺技术等。自主研制出工程系列化的五轴联动精密数控电火花机床，解决了难加工材料复杂曲面零件的制造难题，主要技术参数达到国际先进水平	中国机械工业科学技术奖	一等奖	北京市电加工研究所、苏州电加工机床研究所有限公司
3	N850 精密数控电火花成形机床	具备五轴联动电火花加工功能，基于国内自主技术研制开发，具有针对性强、可拓展性好和不受国外技术限制等特点，价格仅为国外同类产品的 60%，特别适用于国防科技工业关键件的批量生产，对我国新一代运载火箭、新型先进武器装备、飞机发动机的研制和批量生产起到关键的推动作用。该五轴联动精密数控电加工机床具有很强的通用性，还可应用于能源设备、发电设备、汽车、医疗器械及模具等民用领域	国产数控机床优秀合作项目		北京市电加工研究所
4	电火花加工机床专用全浸液数控转台	该转台是精密数控电火花加工机床实现五轴联动的必备关键功能附件，采用全闭环谐波减速器加同步传动结构驱动，综合运用双位置反馈控制技术、全闭环检测技术等，实现了精确的角度定位和连续旋转伺服加工，定位精度达 5.6″，重复定位精度达 2.1″。同时，运用气室密封、多层复合密封、磁流体密封等密封方法解决了转台整体及输出轴端的密封难题，成功实现了转台的全浸液，防护等级达到 IP68，获得了优良的电火花加工性能	北京市科学技术研究院优秀科技成果奖		北京市电加工研究所
5	高性能慢走丝电加工机床开发及产业化	单向走丝电火花线切割加工精度 0.005mm，加工表面粗糙度 0.4μm，主要用于航天、航空、军工、IT、家电、汽车和电机等行业的精密零件及模具的加工	中国机械工业集团科学技术奖	三等奖	苏州电加工机床研究所有限公司

五、专利发明情况

2011 年，特种加工机床行业上报专利 35 项，其中发明专利 6 项、外观设计专利 5 项、实用新型专利 24 项。2011 年特种加工机床行业部分企业授权专利情况见表 7。

表 7　2011 年特种加工机床行业部分企业授权专利情况

序号	企业名称	专利名称	专利类型	授权日期
1	苏州电加工机床研究所有限公司	一种电加工机床用外置式旋转分度工作台	实用新型	2011.05.25
2	苏州电加工机床研究所有限公司	一种用于电火花机床加工环形花纹的机床轨迹摇动机构	实用新型	2011.11.30
3	苏州电加工机床研究所有限公司	电火花线切割数字式运丝筒驱动控制装置	实用新型	2011.10.15
4	杭州杭机数控机床有限公司	一种中心冲油的电加工机床 C 轴组件	实用新型	2011.09.28
5	杭州杭机数控机床有限公司	HMC500A 精密数控卧式加工中心	外观设计	2011.08.03
6	杭州杭机数控机床有限公司	铣削－电火花成形复合加工中心	外观设计	2011.08.17
7	杭州杭机数控机床有限公司	HC350A 精密数控卧式加工中心	外观设计	2011.08.24

（续）

序号	企业名称	专利名称	专利类型	授权日期
8	杭州杭机数控机床有限公司	精密高速数控钻、攻丝一体机床	外观设计	2011.08.24
9	北京安德建奇数字设备有限公司	低速走丝线切割机运丝系统的衡张力控制装置	实用新型	2011.07.01
10	北京安德建奇数字设备有限公司	一种低速走丝线切割机床加工液位自动控制系统	实用新型	2011.05.23
11	江苏三星机械制造有限公司	防护罩（电火花线切割机床UV轴十字拖板用）	外观设计	2011.09.28
12	苏州三光科技股份有限公司	线切割机床的喷嘴装置	发明	2011.07.20
13	苏州三光科技股份有限公司	线切割机床的机身结构	发明	2011.11.06
14	苏州市宝玛数控设备有限公司	水基型线切割工作液	发明	2011.07.20
15	北京市电加工研究所、北京迪蒙数控技术有限责任公司	电火花加工精密数控分度旋转轴	实用新型	2011.11.30
16	北京市电加工研究所、北京迪蒙数控技术有限责任公司	电火花深盲孔加工装置	实用新型	2011.10.18
17	北京市电加工研究所、北京迪蒙数控技术有限责任公司	一种用于电火花加工机床的全浸液数控转台	实用新型	2011.09.27
18	北京市电加工研究所、北京迪蒙数控技术有限责任公司	精密刀具机械磨床主轴平动机构	实用新型	2011.09.28
19	北京市电加工研究所、北京迪蒙数控技术有限责任公司	刀具负倒棱加工夹具	实用新型	2011.12.07
20	北京市电加工研究所、北京迪蒙数控技术有限责任公司	三维精密工作台	实用新型	2011.12.07
21	北京市电加工研究所、北京迪蒙数控技术有限责任公司	超硬材料砂轮喷砂修锐方法及装置	实用新型	2011.11.14
22	北京市电加工研究所、北京迪蒙数控技术有限责任公司	拉丝模超声波整形抛光机	实用新型	2011.12.07
23	北京市电加工研究所、北京迪蒙数控技术有限责任公司	磁悬浮无级调压式工作台装置	实用新型	2011.12.07
24	北京市电加工研究所、北京迪蒙数控技术有限责任公司	一种磁斥力自助恒压进给装置	实用新型	2011.12.07
25	北京市电加工研究所、北京迪蒙数控技术有限责任公司	精密连接法兰	实用新型	2011.12.07
26	北京市电加工研究所、北京迪蒙数控技术有限责任公司	拉丝模线抛光机的支撑变向导轮装置	实用新型	2011.05.18
27	北京凝华科技有限公司	数控分度头	实用新型	2011.08.17
28	江苏冬庆数控机床有限公司	线切割机用同步带张紧装置	发明	2011.06.22
29	江苏冬庆数控机床有限公司	数控雕铣机自动换刀库防护装置	实用新型	2011.07.06
30	自贡嘉特数控机械制造有限公司	多单元电火花线切割组合机床	发明	2011.10.09
31	自贡嘉特数控机械制造有限公司	往复走丝型电火花线切割机床的导轮装置	实用新型	2011.10.12
32	自贡嘉特数控机械制造有限公司	电火花线切割机床的防护性立柱	实用新型	2011.10.31
33	自贡嘉特数控机械制造有限公司	电火花线切割机床电极丝的控制装置	实用新型	2011.11.16
34	东莞盈拓科技实业股份有限公司	自动切换加工储液箱	发明	2011.03.24
35	东莞盈拓科技实业股份有限公司	可切换两种加工液的供液装置及加工机	实用新型	2011.10.05

六、标准化及质量工作

1. 标准化工作

2011年，特种加工机床分会参加了《机床－安全－电火花加工机床》国际标准的制定工作，召开了专家研讨会，对该国际标准的第三稿提出了修改意见；参加了在瑞士召开的该标准的第三次国际会议，会上对我国及其他国家提出的修改意见进行了认真讨论，对标准进行了修改。该国际标准将于2012年正式颁布，将大大提升我国电火花加工机床的安全水平。

特种加工机床分会还参加了数控机床国家重大专项“数控电火花加工机床用浸入式回转工作台”及“863”计划的《数控高效放电铣削机床　第2部分：技术条件》标准的

制定工作以及其他11项标准的制修订工作，并参与组织召开了《数控电火花加工机床用浸入式回转工作台》《数控高效放电铣削机床　第2部分：技术条件》和《特种加工机床类种划分》3个标准的行业专家研讨会。2011年特种加工机床行业标准制修订情况见表8。

表8　2011年特种加工机床行业标准制修订情况

标准项目名称	标准性质	制修订	主要起草单位
数控电火花加工机床用浸入式回转工作台	推荐	制定	苏州电加工机床研究所有限公司
数控高效放电铣削机床　第2部分：技术条件	推荐	制定	苏州电加工机床研究所有限公司、西安航空动力股份有限公司
特种加工机床　类种划分	推荐	修订	苏州电加工机床研究所有限公司等

2011年，根据上级主管部门指示，由全国特种加工机床标准化技术委员会负责特种加工机床领域高端装备标准体系的编制工作。全国特种加工机床标准化技术委员会对现归口的标准及正在执行的标准制修订计划进行了归纳整理，提出了今后制修订标准清单。

2. 质量工作

根据国家工业和信息化部的有关文件精神，特种加工机床分会将“贯标示范产品”改为“达标认定产品”，并细分为“达标认定产品”和“达标认定优等产品”两个等级，于2011年将《达标认定产品试点工作的暂行办法》作为特种加工机床行业的行规行约。2011年7月，制定了《达标认定产品委托检验实施方案》，明确依据自愿原则，由企业提出“达标认定产品”的申请。按国家规定的检测程序，按照安全标准和相关产品的精度标准对于申请的产品进行严格检测，由检测中心提出检测报告。根据检测报告，经分会审定合格的，确定为“达标认定产品”和“达标认定优等产品”，在特种加工机床分会2011年年会上颁发了证书。

七、新增会员单位及转制企业介绍

深圳福斯特新数控机床有限公司　前身为国营数控设备厂，1992年合资成立了深圳福斯特数控机床有限公司，为国有控股合资企业。经过20年的努力，由初期只制造数控线切割机床发展到能生产快走丝线切割机床、数控高速模具雕铣机床和数控等离子切割机床和加工中心等数控设备的企业，具备年产销500台数控机床的能力。公司产品不仅畅销国内，还远销欧洲、中东、美洲及东南亚等30多个国家和地区，享有较高声誉。研发的产品获得了10多项专利，并获得3项市级科技成果奖和两项软件登记权。公司于1997年被认定为深圳市高新技术企业，2000年取得ISO 9001质量管理体系认证，产品通过了CE认证，连续多年获得“深圳市产品监督检验质量好企业”称号。2010年4月，按照上级国资主管部门的要求，公司开始国有股退出改革工作；2011年5月，深圳福斯特新数控机床有限公司组建成立。“福斯特”品牌在不断地发展壮大，深圳福斯特新数控机床有限公司抓住机遇，正以新的精神面貌迎接市场经济的新挑战。

东莞盈拓科技实业股份有限公司　创立于2005年，是一家专业研发、生产和销售中高端精密数控机床及操作软件的合资企业，于2009年被认定为国家高新技术企业。公司坐落于东莞市横沥镇水边工业园南区，占地面积2.2万m^2，资产总额1.5亿元。

公司坚持“精益求精、尽善尽美”的品质理念，高度重视自主技术创新和自主品牌建设。公司对主导产品数控电火花成形机及操作软件、加工中心、数控慢走丝线切割机、多轴数控精密雕铣机四大系列数控机床全部拥有核心技术和自主研发能力，产品技术水平和产销能力在国内同行中居领先地位。

当前，公司已经通过ISO 9001：2008国际质量管理体系认证及ISO 14001国际环境管理体系认证，曾先后获得国家高新技术企业、国家标准化良好行为企业、广东省级企业技术中心、广东省守合同重信用企业、广东省名牌产品及广东省自主创新产品等荣誉。公司在自身不断发展壮大的同时，也为引领行业技术革新、促进地方经济社会发展做出了积极贡献。

常州市哲益机电有限公司　成立于2003年5月，为有限责任公司，注册资金50万元。公司坐落在常州市武进区鸣凰工业园，环境优美，交通便利。公司现有员工40余人，拥有精密数控车床、万能螺纹磨床、外圆磨床、车床、注塑机、液压机、真空烧结炉和工具显微镜等加工、检验设备100多台。公司专业生产快走丝线切割机床配件，如导轮、铜导轮座、喷水板、导电块、运丝丝杆及螺母、联轴器等。公司生产的铜导轮座是经过长期实践研究不断改进的产品，采用了内外铜套中间夹绝缘层，结构合理，变形量小，耐用性好，消除了塑料导轮座不耐用、变形大等缺点。另外，导轮、运丝丝杆及螺母的加工工艺不断成熟，产品质量越来越被客户认可。2011年，公司销售额380万元。

北京迪蒙斯巴克科技股份有限公司　是精密放电加工、精密运动控制、精密激光加工设备技术开发和制造的高新技术企业。公司自成立以来，通过股权结构调整和资源调整，已发展成为机电一体化装备制造股份制公司。

公司自主开发了具有国内领先水平的数控系统和放电控制软件，拥有五轴联动电火花机床控制软件著作权，生产了以系列高精密镜面电火花机为核心产品的“迪蒙斯巴克”品牌数控机床，产品广泛应用于国内模具制造和精密零部件加工领域以及航天航空零部件的加工领域。其质量的可靠性和技术先进性在国内同类产品中居于领先地位，部分产品已出口国外。

公司已经通过ISO 9001质量管理体系认证，是北京中关村高新技术企业协会的会员单位。“精密数控电火花成形机床项目”被列为北京市高新技术成果转化项目。2011年,公司“电火花加工电源的放电回路”项目获发明专利授权。

〔撰稿人:中国机床工具工业协会特种加工机床分会孙洁　审稿人:中国机床工具工业协会特种加工机床分会陈德忠〕

插拉刨床

一、基本情况

插拉刨床分会现有会员单位14家,参加本年鉴统计的会员单位12家。

根据插拉刨床分会12家会员单位的资料统计,2011年完成工业总产值7.25亿元,比上年增长16.3%;工业销售产值7.0亿元,比上年增长19.7%。2011年插拉刨床行业主要经济指标完成情况见表1。

表1　2011年插拉刨床行业主要经济指标完成情况

指标名称	单位	年度累计
工业总产值	万元	72 493
其中:机床工具类产品产值	万元	51 094
工业销售产值	万元	70 045
其中:机床工具类产品销售产值	万元	68 532
工业增加值	万元	26 526
实现利税	万元	7 171
从业人员平均人数	人	3 910
资产合计	万元	102 197
流动资产平均余额	万元	65 025
固定资产净值平均余额	万元	13 057

二、生产和销售情况

2011年,插拉刨床行业12家会员单位金属加工机床产量4 788台、产值44 850万元。其中,金属切削机床产量3 553台、产值33 206万元(其中数控机床产量111台、产值5 022万元);金属成形机床产量1 235台、产值11 644万元。系列工具机产量17台、产值8万元。另外,铸铁件、锻钢件等其他产品33 568件,产值1 672万元。

在金属切削机床产量中,行业主导产品插床、拉床、刨床合计产量2 423台,占金属切削机床总产量的68.2%;插床、拉床、刨床合计产值27 836万元,占金属切削机床总产值的83.8%。2011年插拉刨床行业分类产品生产情况见表2。

表2　2011年插拉刨床行业分类产品生产情况

产品名称	产量单位	实际完成		其中:数控	
		产量	产值(万元)	产量	产值(万元)
金属切削机床	台	3 553	33 206	111	5 022
刨床	台	1 519	6 969		
插床	台	520	3 907		
拉床	台	384	16 960	110	4 958
钻床	台	14	721		
锯床	台	176	779		
铣床	台	3	72		
齿轮加工机床	台	1	64	1	64
其他金属切削机床	台	936	3 734		
金属成形机床	台	1 235	11 644	18	716
机械式压力机	台	266	3 083		
其他金属成形机床	台	969	8 561	18	716
木工机床	台	302	4 918		
系列工具机	台	17	8		
其他产品	件	33 568	1 672		

2011年,插拉刨床分会12家会员单位中有两家企业出口机床产品,出口额111.9万美元,其中,金属切削机床出口额33.4万美元,金属成形机床出口额78.5万美元。2011年插拉刨床行业产品出口情况见表3。

表3　2011年插拉刨床行业产品出口情况

产品名称	出口量(台)	出口额(万美元)
金属切削机床	5	33.4
刨床	4	31.8
插床	1	1.6
金属成形机床	178	78.5

三、新产品、新技术、新工艺发展情况

2011年,插拉刨床行业企业共开发新产品3种。2011年插拉刨床行业新产品开发情况见表4。

表4　2011年插拉刨床行业新产品开发情况

产品名称	型号	主要技术参数	产品性质	产品属性
长沙机床有限责任公司				
滑块槽机床	FK6015	最大加工直径:130mm,最大装夹长度:50mm	全新设计	企业新产品
山东省青岛生建机械厂				
数控花键冷搓机	LCK915	最大加工模数:1.27mm,最大加工直径:50mm	全新设计	行业新产品
数控挤齿机	JCK260	最大加工模数:6mm,工件外径:65~260mm	全新设计	行业新产品

四、科研项目及专利发明情况

2011年，插拉刨床行业共上报科研项目15项。2011年插拉刨床行业科研项目见表5。2011年插拉刨床行业获奖科研项目见表6。2011年插拉刨床行业授权专利情况见表7。

表5　2011年插拉刨床行业科研项目

序号	科研项目名称	主要内容	应用状况	投入资金（万元）	项目来源
山东省青岛生建机械厂					
1	QSZ－132花键滚轧机	新产品研发	自行应用	合计360	自选科研项目
2	LCK915数控花键冷搓机	新产品研发	自行应用		自选科研项目
3	QSZ－099气门矫直机	新产品研发	自行应用		自选科研项目
4	QSZ－129专用滚丝机	新产品研发	自行应用		自选科研项目
5	QSZ－135数控滚轧机	新产品研发	自行应用		自选科研项目
6	Z28K1－35数控花键滚轧机	新产品研发	自行应用		自选科研项目
7	QSZ－134沟槽滚挤机	新产品研发	自行应用		自选科研项目
8	QSZ－133专用滚丝机	新产品研发	自行应用		自选科研项目
9	Z28K－25数控花键滚轧机	新产品研发	自行应用		自选科研项目
10	JCK260数控挤齿机	新产品研发	自行应用		自选科研项目
缙云县高新机械制造有限公司					
11	电伺服驱动高效拉床研发	开发以电伺服驱动的高效拉床，以伺服电动机驱动丝杠带动主溜板运动，取代传统的液压缸驱动主溜板运动模式	研制阶段	合计2 520	浙江省重大科技专项
12	高性能十字轴钻孔机床研制	针对现有十字轴钻孔加工机床加工效率较低的问题，基于模块化设计技术，研制了可四工位同时进行钻孔加工的高效数控钻孔加工机床	自行应用		缙云县科技计划项目
13	高性能电液同步伺服驱动系统研制及产业化	高性能电液伺服同步驱动系统的研制及其在拉削装备中的应用	自行应用		浙江省重大科技专项
14	高性能电液伺服数控拉床研制与产业化	研制出高性能双缸电液伺服数控拉床，并进行产业化推广应用	自行应用		科技部科技帮扶项目
15	直角双立柱立式外拉床研发	实现工件一次装夹固定，实现粗精拉二次拉削的连续作业	自行应用		缙云县科技计划项目

表6　2011年插拉刨床行业获奖科研项目

项目名称	主要内容及应用范围	获奖名称	获奖等级	主要完成单位
LG51SH大型高性能立式数控内拉床研发	用于汽车传动系统套管叉、滑动叉、中间连接套、中间突缘，变速箱齿轮，方向机齿轮、方向盘，万向节内、外环，轮毂轴承单元，调整臂，单向器等汽车关键零部件的高效率、高精度、高自动化的精密拉削加工	缙云县科技进步奖	二等奖	缙云县高新机械制造有限公司

表7　2011年插拉刨床行业授权专利情况

企业名称	专利名称	专利类型	授权日期
长沙机床有限责任公司	一种拉床提刀装置	实用新型	2011.03.16
长沙机床有限责任公司	一种内定心端面压紧的机床夹具	实用新型	2011.04.20
缙云县高新机械制造有限公司	一种花键轴尼龙覆膜精整机	发明	2011.01.26
缙云县高新机械制造有限公司	一种直角双溜板立式拉床结构	实用新型	2011.01.12
缙云县高新机械制造有限公司	丝杆式立式内拉床	实用新型	2011.03.16
缙云县高新机械制造有限公司	旋压机用退料机构	实用新型	2011.03.02
缙云县高新机械制造有限公司	无弯矩力的内拉床	实用新型	2011.03.16
缙云县高新机械制造有限公司	防松螺母	实用新型	2011.03.16

（续）

企业名称	专利名称	专利类型	授权日期
缙云县高新机械制造有限公司	内外两用侧拉床	实用新型	2011.03.16
缙云县高新机械制造有限公司	可加工特大工件的立式拉床	实用新型	2011.04.13

五、企业介绍

长沙机床有限责任公司 原长沙机床厂，创建于1912年，已走过百年历史。通过近百年生产拉床、刨床、插床、枪钻及组合机床的经验积累，公司在通用机床的制造技术上取得长足的进步，拉力600kN以上的拉床处于世界领先水平；在专用机床生产方面也取得相当大的突破，先后开发制造了加工气缸体、转向齿条、制动钳体、端面齿、连杆、万向节、内螺纹、蜗轮叶片、空调压缩机叶片槽及键槽等高精度专用拉床。2010年以来，公司自主研发生产的具有世界领先技术的数控剐齿机系列、数控旋分机床、数控复合系列的齿轮加工机床，开创了齿轮加工全新工艺方法，解决了传统齿轮加工工艺无法解决的难题。

2011年，公司已经整体搬迁至长沙高新技术产业开发园区。面对企业搬迁任务繁重、生产经营未走上正常轨道、产品交货期短、人员变化大的多重考验，公司管理层从调整组织机构、合理布局和合理组织生产过程、优化产品结构、有效利用资源及充分发挥效能等多方面入手，用最短的时间、最快的速度及最佳的效果完成了搬迁工作。公司推行“6S管理”的经营管理模式，让企业在国家级高新区内重塑“十八罗汉”的辉煌。

长沙机床有限责任公司作为我国机床行业拉削技术、刨削技术和剐齿技术的领航者，肩负着“立行业标杆，树民族品牌”的使命。长机人始终以“诚诚恳恳做人，扎扎实实做事”为经营理念，以“先客户之忧而忧，后客户之乐而乐”为服务宗旨，以创新的数控技术为基石，以高效、高精度、环保、节能及低劳动成本为目标，打造我国高端数控加工设备生产基地。

辽宁抚顺机床制造有限公司 原辽宁抚顺机床厂，占地面积超过20万m^2，属于国有独资有限公司，是我国插床专业生产厂。公司以生产插床、牛头刨床为主，仿型步冲压力机为辅，插床产量占全国插床产量的90%以上。

经过多年的发展，公司在铸造、锻造及机械加工等方面积累了丰富的实践经验，拥有雄厚的技术实力、先进的工艺装备及完善的检测手段和管理体系，已成为一个现代化的机床生产厂。公司积极引进新技术，在原有产品结构基础上开发了数显、数控产品，产品向系列化方向发展。2011年，公司生产各种机床550台，销售各种机床404台，完成工业总产值6 197万元，实现销售收入5 348万元。

山东省青岛生建机械厂 2011年，公司积极应对市场变化，以加快转变经济发展方式为主线，扎实推进产业产品结构，生产经营继续保持了健康平稳态势。公司机床销售呈现前高后低的走势，下半年月均销售量较上半年下降34.94%。面对迅速变化的市场，公司在加大市场开拓力度的同时，采取有效措施积极应对市场波动，抓住煤矿机械、风电设备、核电设备等重点行业、重点领域，加大大吨位滚丝机、数控滚丝机的销售力度，全年共销售25t以上大吨位滚丝机72台，实现销售收入1 357万元，占全部主导产品销售收入的17%，收到良好效果。

在新产品开发方面，公司充分发挥在冷滚轧机行业的国内领先优势，加快冷滚轧产品的开发步伐和扩大产能规模，自主设计开发的LC915花键冷搓机和LQ200花键冷敲机填补了国内空白。随着LCK915数控花键冷搓机已具备投产条件，公司已成为国内同时拥有花键冷搓、数控滚轧和冷敲三种先进冷成形技术的企业。

2011年，公司产品产量1 639台，其中，金属切削机床（牛头刨床）936台、金属成形机床（滚丝机）703台；销售总量1 520台。完成工业总产值10 287万元、工业增加值5 112万元，实现销售收入9 196万元、利润2 295万元。

襄樊展宏机械制造厂 2011年，公司继续加大开拓西南、西北市场，两市场的产品继续维持在近60台的销量。同时，加强产品质量控制、生产成本、劳动效率及技术改进等方面的深化管理，进一步巩固了企业生产经营成果，彻底扭转了近几年连续亏损局面，经营实现平稳发展。

2011年，在做好销售工作的同时，在物价连续上涨前提下，公司进一步完善成本管理，加强物资消耗定额管理，严格控制物资消耗，全年利润同比增长10%以上。主导产品牛头刨床产量261台，同比增长10%；全年完成工业总产值1 102万元，同比增长19%。

长沙机床厂机械刨床厂 是地处长沙南城湖南省环保科技产业园内的一家集体企业。公司以科技创新为动力，致力于产学研合作，不断增强和提升企业核心竞争力。

公司的主要产品有机械牛头刨床、液压牛头刨床、数控牛头刨床、数控龙门刨床、机械插床、液压插床、数控液压插床、液压联合冲剪机床、数控镗铣床及罗茨鼓风机等。现有员工200余人，其中高中级技术人员80余人（高级工程师6人）。企业拥有几十年的专业生产经验，雄厚的技术力量，较强的科研开发能力，先进的设计技术，精良的CNC机床和工艺装备，完善的检测手段，严细的管理体系，周到的技术服务体系。

公司在不断吸收消化国内外知名厂家先进技术的同时，结合国内行业的发展情况，于20世纪90年代末自主开发、研制了数控龙门刨床、数控液压插床系列，填补了国内空白。公司于2003年取得了自营进出口权，促进公司的出口业务，为国家创造更多的外汇收入。2011年，公司完成工业总产值3 456万元，实现销售收入3 225万元。

长沙插拉刨机电设备制造有限公司 创建于2006年，是国家级高新技术企业，主要研发与制造用于汽车、军工、农机、齿轮以及船舶等行业加工关键零部件的专用拉床。

公司在册员工126人，其中，各类管理人员17人、技术研发人员38人。

公司自成立以来，基于拉床系列产品既符合国家产业政策、环保节能要求又是国家重点支持的高新技术项目，始终坚持“技术领先求进步，创新理念谋发展”的经营理念，不断开拓创新，锐意进取，尤其是在产品自主创新上加大科技攻关力度，积极与国际“高、精、尖”拉削前沿技术接轨。当前，公司技术部已被认定为长沙市“市级企业技术中心”，且获得了国家6项实用新型专利和4项计算机软件著作权。2011年，公司通过了ISO 9001质量体系复审认证。公司产品不仅已被上海大众、中国一汽、二汽、广州本田、深圳比亚迪、保定长城以及安徽奇瑞等众多知名汽车制造厂家广泛使用，同时在唐山爱信、浙江中马、陕西法士特、河北香河华美、浙江迅达、天津天海、北京博世力士乐等齿轮加工企业经受住了长期考验。产品还远销东南亚市场。

缙云县高新机械制造有限公司 创建于2003年，是一家专业从事拉削装备研发、制造、销售及服务的国家高新技术企业、浙江省科技型中小企业。

公司建有拉削装备省级研发中心，研发制造立式内拉床、立式外拉床、卧式内拉床、卧式外拉床、卧式侧拉床、工件移动式拉床、双油缸重型拉床、螺旋式花键拉床、筒式拉床、电伺服拉床及各种专用机床等。产品广泛应用于汽车、航天航空、船舶舰艇及军工等领域，特别适用于汽车工业关键零部件的精加工。

近几年来，公司产品获得授权发明专利2项、实用新型专利39项。科研项目中，被列为国家重点新产品1项、省级新产品6项，国家创新基金项目、国家火炬计划项目等国家项目4项，浙江省重大科技专项、省特色资金项目等省部级项目4项，县级科技发展项目5项。公司通过ISO 9001:2008国际质量管理体系认证和出口质量认证，对公司产品质量进行全方位的管控。

〔撰稿人：中国机床工具工业协会插拉刨床分会朱炜娜 审稿人：中国机床工具工业协会插拉刨床分会刘利〕

锯 床

2011年，是我国“十二五”规划的第一年，在国家宏观经济持续平衡发展的良好环境中，我国锯床行业在调整经济结构、转变发展方式和提升产品科技创新能力等方面取得了显著成效。虽然下半年国内外经济大环境出现多种不利因素，很多企业的生产经营受到不同程度的冲击和影响，但通过全行业的努力，我国锯床行业仍然保持了快速健康发展的态势。

一、行业基本情况

锯床分会生产企业现注册会员单位45家，2011年新增3家。其中，私人控股企业37家、中外合资股份企业4家、国有企业2家、部队企业1家、外资企业1家。

2011年，参加年鉴统计的锯床行业企业35家，其中，金属锯床生产企业28家、双金属带锯条生产企业6家、双金属带锯条刀具生产企业1家。由于锯床行业中的主要骨干生产企业都提供了有关统计资料，年鉴资料基本上反映了2011年我国锯床行业的经济运行情况。

2011年，锯床行业35家企业完成工业总产值289 646万元、工业销售产值270 455万元，分别比上年增长34.6%和23.4%。其中，机床工具类产品产值273 439万元，机床工具类产品销售产值257 059万元，分别比上年增长17.3%和21.0%。完成工业增加值71 875万元，比上年增长18.0%；实现利税49 340万元，比上年增长37.3%；从业人员平均人数5 695人，比上年增长7.8%；资产总计240 507万元，比上年增长26.4%；流动资产平均余额140 310万元，比上年增长22.4%；固定资产净值平均余额67 067万元，比上年增长28.0%。

在35家锯床行业企业中，产值1 000万~5 000万元的企业有13家，产值5 000万~1亿元的企业有6家，产值1亿~3亿元的企业有6家，产值3亿元以上的企业有4家。

以上数据反映，锯床行业主要经济指标增速均以两位数增长，人均产值和人均利税明显提高，经济效益显著。这说明2011年我国锯床行业整体经济运行平稳良好，仍然处于高速增长阶段。各生产企业更加注重提升企业素质和经济效益，不断提高劳动生产率，以保持企业可持续发展。2011年锯床行业主要经济指标完成情况见表1。

表1 2010年锯床行业主要经济指标完成情况

指标名称	单位	年度累计
工业总产值	万元	289 646
其中：机床工具类产品产值	万元	273 439
工业销售产值	万元	270 455
其中：机床工具类产品销售产值	万元	257 059
工业增加值	万元	71 875
实现利税	万元	49 340
从业人员平均人数	人	5 695
资产总计	万元	240 507
流动资产平均余额	万元	140 310
固定资产净值平均余额	万元	67 067

二、生产及出口情况

2011年，锯床行业28家企业共生产各类金属锯床60 412台，比上年增长8.9%；产值138 921万元，比上年增长17%。其中，生产数控锯床8 676台，比上年增长27.7%；产值36 363万元，比上年增长12.8%；数控锯床产量占锯床总产量的14.4%。

2011年，6家双金属带锯条生产企业共生产各类双金属带锯条 2 477 万 m、复合带材 6 795t，分别比上年增长 28.6% 和 49.5%；带锯条产值 68 630 万元，复合带材产值 31 165万元，分别比上年增长 29.8% 和 53.2%。

2011 年，出口锯床 12 104 台，比上年下降 13%；出口额 989.5 万美元，比上年增长 5.9%。其中，出口数控锯床 237 台，比上年增长 7.7%；出口额 192.9 万美元，比上年增长 20.6%。出口双金属带锯条 142.5 万 m，出口额 560 万美元，分别比上年增长 36.1% 和 39.7%。

三、新产品研发情况

参加本年鉴汇总的部分会员企业设计开发的主要新产品中，行业新产品有 9 个，企业新产品有 7 个。2011 年锯床行业新产品研发情况见表 2。

表 2　2011 年锯床行业新产品研发情况

产品名称	型号	主要技术参数	产品性质	产品属性	产品水平
湖南湖机国际机床制造有限公司					
硬质合金圆锯床	GKT624	圆锯片尺寸：ϕ460mm × 2.7mm，锯切尺寸：ϕ40 ~ 150mm，锯切速度：40 ~ 140r/min，进给速度：50 ~ 500mm/min，返回速度：1 500mm/min，主电动机功率：7.5kW	改型设计	企业新产品	国内先进
硬质合金圆锯床机组	GKT608JL	圆锯片尺寸：ϕ830 × 7.5mm，锯切尺寸：ϕ160 ~ 250mm，锯切速度：54 ~ 125r/min，定尺长度：1 379 ~ 4 500mm，定尺精度：0 ~ 5mm，主电动机功率：55kW	改型设计	企业新产品	国内先进
数控卧式带锯床	GK4225	带锯条尺寸：3 505mm × 27mm × 0.9mm，锯切尺寸：≤ϕ250mm，锯切速度：30 ~ 120m/min，长度误差：±0.1mm，主电动机功率：2.2kW	改型设计	企业新产品	国内先进
铝棒锯断专用立式带锯床	GL5270 × 100	锯切尺寸：700mm × 1 000mm × 9 000mm，锯切速度：800 ~ 2 200 m/min，进给速度：30 ~ 1 000 mm/min，辊道送料速度：1 ~ 5m/min	改型设计	企业新产品	国内先进
双工位专用卧式带锯床	HN068	带锯条尺寸：4 585mm × 34mm × 1.06mm，锯切尺寸：≤ϕ320mm，锯切速度：20 ~ 70m/min，回转角度：180°，主电动机功率：4kW	全新设计	行业新产品	国内先进
标本切片专用立式带锯床	HN069	带锯条尺寸：5 380mm × 27mm × 0.9mm，锯切尺寸：600mm × 550mm，锯切速度：1 500m/min，进给速度：50 ~ 500mm/min，锯切行程：2 000mm，主电动机功率：5.5kW	全新设计	行业新产品	国内先进
石家庄威锋机械制造有限公司					
汽车钢梁专用带锯床机组		龙门卧式双向可转角带锯床，水平面内角度旋转范围 -60° ~ 60°，可同时完成工件前后端 4 个以上角度的连续锯切	全新设计	行业新产品	国内先进
浙江锯力煌锯床股份有限公司					
大型数控龙门加工中心	TOM - SP3208	工作台承重：150 000kg，加工尺寸：18 000mm × 6 000mm，定位精度：±0.008mm，联动轴数：5，最多控制轴数：32	全新设计	企业新产品	国内先进
高效大型带锯床	GB42450H	最大加工尺寸：ϕ5 000mm，加工精度：0.10mm/100mm，锯切速度：30 ~ 100m/min，进给速度：0 ~ 10mm/min，工作台旋转速度：2 ~ 10h/r	全新设计	行业新产品	国内先进
铝金属高速组合锯床		最大加工尺寸：800mm × 800mm，加工精度：0.10mm/100mm，锯切速度：1 000 ~ 2 500m/min，进给速度：10 ~ 2 000mm/min	全新设计	企业新产品	国内先进
浙江晨龙锯床股份制造有限公司					
法兰件数控锯切机床	GKX200	切割最大外径：2 000mm，切割最小内径：650mm，锯切速度：30 ~ 60m/min，进给速度：0 ~ 300mm/min，移动行程：800mm，圆环转动速度：0 ~ 10r/min，圆环移动距离：300mm	全新设计	行业新产品	国内先进

（续）

产品名称	型号	主要技术参数	产品性质	产品属性	产品水平
多晶硅棒料锯切组合立式带锯床	G5120	锯切尺寸：ϕ120～200mm，锯切喉深：500mm，带锯条尺寸：38mm×0.5mm，锯床横向移动行程：350mm，锯床纵向移动行程：1 100mm，锯切速度：100～1 000m/min，主电动机功率：3kW	全新设计	行业新产品	国内先进
浙江伟业锯床有限公司					
数控齿轮齿坯锯切带锯床	GY5880	最大锯切尺寸：ϕ1 800mm，锯切速度：20～80m/min，最大锯切效率：120cm^2/min，锯床与齿坯中心线互成30°，锯架可左右移动各6°	全新设计	行业新产品	国内先进
浙江晨雕机械有限公司					
组合自动送料数控转角带锯床	GZ4240/50HM	90°时锯切尺寸：圆料ϕ400mm、方料400mm×500mm，45°时锯切尺寸：圆料ϕ400mm、方料400mm×350mm	全新设计	企业新产品	国内先进
湖南泰嘉新材料科技股份有限公司					
13.14/18双金属带锯条	13×0.6－14/18	宽度：13mm，厚度：0.6mm，齿形：14/18变齿	全新设计	行业新产品	国内先进
80规格双金属带锯条	80×1.68－0.75/1.25	宽度：80mm，厚度：1.6mm，齿形：0.75/1.25变齿	全新设计	行业新产品	国内先进

四、科研成果及其应用情况

2011年，锯床行业参加年鉴统计的单位共上报科研项目18项，项目来源于省市级计划科技发展项目和企业自主开发的科技项目。

浙江晨龙锯床股份有限公司研制的G32曲轴锯切立式带锯床被列为2011年国家重点新产品项目。产品主要技术性能指标：单个曲拐对称面尺寸允差±0.25mm，单个曲拐垂直锯切面垂直度允差0.15/100mm，锯断面表面粗糙度3.2μm。该锯床将曲轴安装在两个顶尖上，通过电动机驱动行星减速机带动曲轴设定的角度旋转到一定位置，液压锁紧，锯床在直流伺服电动机驱动下，沿着轴线方向进行锯切和移位。该锯床采用PLC与伺服控制系统，一次装夹可全部自动完成曲轴连杆颈、主轴颈的加工，适合于大批量船用曲轴生产。

2011年锯床行业部分企业科研项目见表3。

表3　2011年锯床行业部分企业科研项目

序号	科研项目名称	主要内容	应用情况	投入资金（万元）	项目来源
湖南湖机国际机床制造有限公司					
1	关于铝合金带锯床切削工艺的研究	研究和解决在铝合金锯切时每齿进给量和锯切速度的控制问题。通过对锯切的仿真分析，以及温度场、锯切力及功率的检测，分析每齿进给量、锯切速度与主电动机功率之间的关系。通过主电动机变频控制、进给油缸液压伺服控制和PLC的数据处理，从而实现对每齿进给量和锯切速度的匹配控制	自行应用	合计280	自主研发
2	带锯条闪光焊接技术的研究	带锯条闪光焊接是个复杂热电耦合、热力耦合过程，检测困难且与实际偏差较大。该项目结合理论分析和实验结果得出各项技术指标。UBN－8半自动对焊机可焊接宽为27mm、34mm、41mm，最大截面积为50mm^{2}的带锯条。采用分级焊接变压器，根据焊接材料规格的不同选择不同的焊接电压，根据实验机焊接实验结果确定次级短路电流标准。采用电动机联结减速机带动凸轮旋转驱动电极移动，根据实验机焊接实验结果确定速度	自行应用		创新基金
3	小规格棒料高精高效锯切装备的研制	开发一种用于切割小规格黑色金属和有色金属的高精度、高效率、环保、省材、自动化程度高的强力锯削圆锯床	其他		自主研发

（续）

序号	科研项目名称	主要内容	应用情况	投入资金（万元）	项目来源
浙江晨龙锯床股份有限公司					
4	GKX200 法兰件数控锯切机床的研发	GXK200 法兰件数控锯切机床专门用于大型环形件、管件等空心圆形工件的切断。环形件、法兰件、管件均为空心件，在正常锯切时，锯带向下运转，工件旋转方向与锯带相反，两个运动合成为锯切运动。正常锯切时，不存在锯带拉齿的现象。当快锯穿工件时，由于工件内表面未加工，存在高低不平的凸起，如果按正常锯切时工件旋转方向与锯带相反，容易造成锯带拉齿。该机床利用 PLC 编程技术，将锯架的进给运动分段，当锯切深度达到设定距离时，旋转盘反转，旋转方向与锯带方向一致，保证了工件锯穿时不拉齿	其他	合计 200	自主研发
5	GZ4228 车桥组合端面切割锯床	车桥双端面锯切带锯床采用两台卧式带锯床相对布置的方式，对车桥的两个端面同时锯切。为适应不同规格长度车桥的锯切，两台锯床可以相向移动，移动由液压油缸驱动，移动距离由光栅尺控制，移动到位后以缩紧的方式实现不同长度车桥的锯切。由于带锯床锯切为冷加工方式，不存在热应力引发的变形，不会给后续加工工序带来困难，锯切留量少，并且车桥两端的锯切是在一次装夹中完成的，保证了两锯切端面的平行度	其他		自主研发
浙江锯立煌锯床股份有限公司					
6	TOM－SP3208 大型数控龙门加工中心	机床采用多轴控制，连续插补运动，具有曲面小线段预读计算功能；解决工作台在加工大型工件时，由于承重大，造成工作台的爬行问题；研发大型工件进行多面加工时的精确定位技术；大容量的刀库，可实现智能选刀和刀具补偿；采用气液平衡系统，实现精密配重和高速运行。广泛用于我国的航天、风力发电设备、船舶制造、高速列车、飞机螺旋桨、潜艇发动机叶轮等的加工。在大型工件一次装夹中，可完成多面体复杂曲面的多工序高速、高精加工	其他	合计 620	省立项
7	GB42450H 高效大型带锯床	本项目主要研究内容：解决传统带锯床锯切大规格截面而造成的锯切精度低、锯带使用寿命短的难题；解决在高切削效率下，锯带容易断带、断齿问题，提高锯带使用寿命；解决机床一系列动作的全过程自动化控制难题	其他		县立项
8	铝金属高速组合锯床	提高机床的锯切效率、锯切精度、自动化程度，实现全过程数控化	其他		县立项
浙江得力机床制造有限公司					
9	GBR 石墨圆弧锯切带锯床研发	针对市场对石墨类材料加工设备的需求量增加，特别是加工石墨毛坯圆弧设备的稀缺，研发新型圆弧锯切带锯床	其他	合计 258	省立项
10	GD4232 双带对称锯切带锯床研发	针对汽车桥壳本体工件需两头锯切的需要，研发“双带对称锯切”新型带锯床	其他		县立项
浙江伟业锯床有限公司					
11	GY5360/230 大喉深横切立式带锯床开发	项目通过对机械部分的技术创新，使锯切喉深范围不再受到限制，弥补了纵切锯床受坯料长短限制的局限性，同时满足了板料和棒料的锯切要求。横切锯床进刀和退刀采用机械传动，比其他锯床采用液压进退刀更稳定、可靠；横切立锯进退刀采用变频调速，可以选择不同材料的理想锯切进给速度；主传动采用由齿轮减速箱驱动锯轮来实现；锯架工进、快进、快退等功能由变频电动机、控制屏、齿轮减速箱、斜齿轮组成的传动系统来实现。在锯切过程中，锯条的切削速度和锯架的进给速度，均可在操作面板上显示，方便操作者掌握速度	其他	167.6	县立项

（续）

序号	科研项目名称	主要内容	应用情况	投入资金（万元）	项目来源
12	GY588D 数控齿轮齿坯锯切带锯床研发	当前大型齿轮齿坯传统的加工工艺为插齿或滚齿，加工速度慢，刀具损耗大。数控齿轮齿坯锯切带锯床以高速的锯切工艺取代传统的插齿或滚齿加工工艺，实施对大型齿轮齿坯的粗切齿加工，效率可提高2倍，锯条的损耗是齿轮刀具损耗的1/8。该锯床具有角度控制精度和自动化程度高等特点			县立项
浙江晨雕机械有限公司					
13	Z4240/50HM 组合自动送料转角带锯床	实现整个锯架顺时针在0°~45°随意对角度参数进行设定与改变，自动定位，完成多次送料的组合自动化锯切	其他	108	自主研发
湖南泰嘉新材料科技股份有限公司					
14	13×0.6－14/18 双金属带锯条的产品开发	根据市场需要开发窄规格小齿形产品，开展齿形、铣刀、分齿模设计，铣齿、分齿、热处理等工艺研究	其他	合计800	自主研发
15	80 规格带锯条开发	解决铣齿机钳口高度问题，开展分齿模、工艺技术，淬火回火工艺研究，开发80mm宽规格带锯条，改变国内市场宽带锯条基本由国外品牌锯条占领的局面	其他		自主研发
16	退火工艺研究	根据双金属复合钢带的特点和钢的相变原理，对退火工艺进行优化，缩短退火工艺时间，提高效率，节能减排	其他		自主研发
湖南天成锯业有限公司					
17	全自动激光连续焊接机研究	引进国外激光焊接机先进技术，设计制造连续清洗、收放料、驱动、焊接夹具等配套装置	其他	合计400	自主研发
18	27mm×0.9mm、34mm×1.06mm、41mm×1.25mm 激光焊接工艺研究	在确保带锯条焊透、焊牢的前提下，选择可保证较高焊接效率的焊接功率	其他		自主研发

五、专利发明情况

2011年，锯床行业35家企业共获得国家授权专利50项，其中，发明专利6项、实用新型专利41项、外观设计专利3项。2011年锯床行业部分企业授权专利情况见表4。

表4 2011年锯床行业部分企业授权专利情况

序号	企业名称	专利名称	专利类型	授权日期
1	湖南湖机国际机床制造有限公司	手动换向油缸	实用新型	2011.06.22
2	湖南湖机国际机床制造有限公司	光电一体化传动安全保护装置	实用新型	2011.06.17
3	湖南湖机国际机床制造有限公司	一种圆锯片阻尼调整器	实用新型	2011.06.17
4	湖南湖机国际机床制造有限公司	固定钳口换位保护装置	实用新型	2011.06.17
5	湖南湖机国际机床制造有限公司	台阶轴夹紧装置	实用新型	2011.06.17
6	湖南湖机国际机床制造有限公司	锯片定位机构	实用新型	2011.06.24
7	浙江锯立煌锯床股份有限公司	减速机刹车式阻尼消隙装置	实用新型	2011.12.21
8	浙江锯立煌锯床股份有限公司	高效大型带锯床	发明	2011.12.21
9	浙江锯立煌锯床股份有限公司	数控圆锯床	外观设计	2011.12.07
10	浙江锯立煌锯床股份有限公司	带锯床（全封闭）	外观设计	2011.02.09
11	浙江锯立煌锯床股份有限公司	带锯床（GB42100）	外观设计	2011.02.09
12	浙江锯立煌锯床股份有限公司	带锯床四导轨立体化进给装置	实用新型	2011.02.09
13	浙江锯立煌锯床股份有限公司	带锯床旋转锁紧装置	实用新型	2011.02.09
14	浙江晨龙锯床股份有限公司	带锯条	实用新型	2011.12.14
15	浙江晨龙锯床股份有限公司	立式带锯床	实用新型	2011.12.14
16	浙江晨龙锯床股份有限公司	吸音板以及由吸音板围构成的吸音箱	实用新型	2011.01.11
17	浙江晨龙锯床股份有限公司	用于切割大型钢管的立式带锯床	实用新型	2011.01.11
18	浙江晨龙锯床股份有限公司	用于生产大型泡沫铝的组合模具	实用新型	2011.07.06

（续）

序号	企业名称	专利名称	专利类型	授权日期
19	浙江晨龙锯床股份有限公司	用于生产大型泡沫铝的搅拌器	实用新型	2011.03.09
20	浙江晨龙锯床股份有限公司	用于生产大型泡沫铝的成套设备	发明	2011.12.21
21	浙江晨龙锯床股份有限公司	一种卧式金属带锯床	发明	2011.06.15
22	浙江晨龙锯床股份有限公司	将带状厚钢板工件制成齿条的加工方法	发明	2011.05.04
23	浙江伟业锯床有限公司	数控旋转带锯床	实用新型	2011.04.20
24	浙江伟业锯床有限公司	一种带锯床节能装置	实用新型	2011.05.18
25	浙江伟业锯床有限公司	旋转带锯床工件夹紧装置	实用新型	2011.04.20
26	浙江伟业锯床有限公司	智能进给带锯床	实用新型	2011.08.03
27	浙江伟业锯床有限公司	智能锯切带锯床	实用新型	2011.09.14
28	浙江奥林发机床有限公司	车床的自动送料稳定装置	实用新型	2011.01.31
29	浙江奥林发机床有限公司	车床的自动落件装置	实用新型	2011.01.31
30	浙江得力机床制造有限公司	带锯床送料平台	实用新型	2011.07.06
31	浙江得力机床制造有限公司	带锯床液压站散热器	实用新型	2011.07.06
32	浙江得力机床制造有限公司	带锯床数控送料装置	实用新型	2011.07.20
33	浙江得力机床制造有限公司	带锯床工件压紧装置	实用新型	2011.07.06
34	浙江得力机床制造有限公司	气动全自动卧式带锯床	实用新型	2011.07.06
35	浙江得力机床制造有限公司	带锯床附机架	实用新型	2011.07.06
36	浙江得力机床制造有限公司	带锯床导向臂调节装置	实用新型	2011.07.20
37	浙江得力机床制造有限公司	带锯床工件夹紧装置	实用新型	2011.07.06
38	浙江得力机床制造有限公司	带锯床电动排屑装置	实用新型	2011.08.13
39	浙江晨雕机械有限公司	一种数控转角带锯床	实用新型	2011.06.30
40	浙江晨雕机械有限公司	一种带锯床的自动送料机构	实用新型	2011.06.30
41	大连双金科技股份有限公司	双金属带锯条同炉多带光亮淬火全自动生产线	发明	2011.05.18
42	大连双金科技股份有限公司	同炉多带双金属带锯条热处理全自动生产线	实用新型	2011.05.18
43	湖南泰嘉新材料科技股份有限公司	一种可加强焊缝强度的双金属带锯条加强齿	发明	2011.04.06
44	湖南泰嘉新材料科技股份有限公司	全自动放料机	实用新型	2011.02.16
45	湖南泰嘉新材料科技股份有限公司	回火生产线用金属导架	实用新型	2011.01.05
46	湖南泰嘉新材料科技股份有限公司	带锯条根带捆扎装置	实用新型	2011.01.05
47	湖南泰嘉新材料科技股份有限公司	一种带锯条表面涂油防锈喷涂装置	实用新型	2011.01.05
48	湖南泰嘉新材料科技股份有限公司	锯轮张力系统	实用新型	2011.01.05
49	湖南泰嘉新材料科技股份有限公司	分齿机导向机构	实用新型	2011.01.19
50	湖南泰嘉新材料科技股份有限公司	毛刺板导向机构	实用新型	2011.05.04

六、标准化

2011 年，锯床行业产品标准制修订项目 4 个，通过了标准审查，完成了报批程序。国家标准化管理委员会第 7 号（总第 139 号）文件公布批准，锯床行业标准完成共 7 项。2011 年锯床行业标准制修订情况见表 5。2011 年锯床行业标准发布情况见表 6。

表 5　2011 年锯床行业标准制修订情况

标准号	标准名称	计划号
JB/T 4318.1—20 × ×	卧式带锯床　第 1 部分：型式与参数	2010 - 1287T - JB
JB/T 4318.2—2011	卧式带锯床　第 2 部分：精度检验	2010 - 1288T - JB
JB/T 4318.3—2011	卧式带锯床　第 3 部分：技术条件	2010 - 1289T - JB
JB/T 9930.1—2011	立式带锯床　第 1 部分：型式与参数	2010 - 1249T - JB

表 6　2011 年锯床行业标准发布情况

标准号	标准名称	发布日期
JB/T 9931.1—2011	卧式弓锯床　第 1 部分：型式与参数	2011.05.18

（续）

标准号	标准名称	发布日期
JB/T 9931. 2—2011	卧式弓锯床　第 2 部分：精度检验	2011. 05. 18
JB/T 9931. 3—2011	卧式弓锯床　第 3 部分：技术条件	2011. 05. 18
JB/T 3364. 1—2011	圆锯床　第 1 部分：型式与参数	2011. 05. 18
JB/T 3364. 2—2011	圆锯床　第 2 部分：精度检验	2011. 05. 18
JB/T 3364. 3—2011	圆锯床　第 3 部分：技术条件	2011. 05. 18
JB/T 3364. 4—2011	圆锯床　第 4 部分：主轴端部连接尺寸	2011. 05. 18

七、企业介绍

浙江锯力煌锯床股份有限公司　前身为浙江锯力煌锯床集团有限公司，创建于 1987 年，2007 年 12 月整体变更为股份有限公司，是一家集研发设计、生产制造、销售服务于一体的以带锯床生产为主的综合型制造企业，是国家重点高新技术企业、浙江省高新技术企业、浙江省工业行业龙头骨干企业、浙江省专利示范企业、浙江省创新型试点企业和 AAA 级资信企业。

公司位于浙江省 27 个小城市培育试点之一的壶镇，占地面积 15. 6 万 m^2，资产总计 4. 2 亿元，员工 600 余人。拥有现代化的厂房，一流的生产检测设备，一个极具创新意识的精英管理团队及一支高素质的员工队伍。连续多年公司的带锯床产量和市场占有率排名国内同行企业前列。公司通过了 ISO 9001 质量管理体系认证和机械安全认证。“锯力煌”是“浙江省著名商标”，“锯力煌”牌带锯床是“浙江省名牌产品”，全球最大带锯床（锯切直径 3m）由公司研发制造，并具有自主知识产权。

公司的企业技术中心和研发中心 2009 年被评为浙江省优秀企业技术中心，2010 年被认定为省级高新技术企业研发中心。中心配备先进的加工中心、数控车床等机械加工设备，自主研发、设计、制造各种新、奇、特锯床。公司在全国设有 50 多个销售服务中心，宝钢、首钢、太钢、武钢、鞍钢、冶钢、攀钢等多家国家大型钢铁企业及部分国内权威机构研究所、航空、航天等军工企业都使用该公司的产品，产品还出口到日本、美国、德国、加拿大、西班牙和印度等 19 个国家和地区，深受用户好评。“敬业、团队、创新”是锯力煌人的文化精神，“创中国名牌，建一流企业”是锯力煌人不懈追求的目标。

石家庄威锋机械制造有限公司　属股份制企业，是中国机床工具工业协会锯床分会副理事长单位。公司一向坚持“诚信为本，善待顾客，为顾客提供价值”的经营理念，注重产品开发，以可靠的产品与优质的服务支持品牌形象。经过十几年的积累，现已拥有全自动、半自动七大系列、30 多个品种的金属带锯床，包括铰轴卧式金属带锯床、双柱卧式金属带锯床、双柱卧式宽幅金属带锯床、立式及可倾立式金属带锯床、可转角双柱卧式金属带锯床、可旋转立式金属带锯床、高速带锯床以及用于有色金属浇冒口锯切、车辆桥轴齐头、钢厂重型型材成捆裁断、热力管道外壳端头整形，以及石油套管、弯头管件、钢管平头倒棱和直边倒角等各种专用锯床。其中，锯带速度达到 2 000m/min 的高速带锯床适合有色金属、陶瓷、石墨及半导体材料的加工，可转角系列金属带锯床在转角数字精密控制方面、全自动金属带锯床在自动化程度及长度精密定尺方面日臻完善，性能稳定，操作简便，深受用户青睐。

公司设有专业的客户服务中心，拥有一支技术精湛、敬业的技术服务队伍，以“服务是质量”为宗旨，专门负责产品售前、售中、售后的服务工作，及时、准确地为客户解决各种问题，赢得了顾客的支持与信赖。

浙江伟业锯床有限公司　公司主要生产带锯床，年生产能力达 4 800 多台。2011 年，公司通过了中国驰名商标、浙江省名牌产品和浙江省著名商标的认定。2011 年，参与的省科技厅重大专项“大喉深横切立式带锯床”项目进展顺利，已成功通过中期考评；承担的国家创新基金项目“智能锯床带锯床研发”处于中试阶段；承担的缙云县科技项目“数控齿轮齿坯锯切带锯床”成功通过了项目验收。2011 年，公司从业人员 185 人，完成工业总产值 13 587 万元，实现销售收入 12 969 万元，出口额达 93. 7 万美元，与往年相比有较大增长。

浙江晨雕机械有限公司　创建于 1995 年，是一家集金属带锯床研发、生产、销售于一体的高新技术企业，浙江省重合同守信用 AAA 企业，年产各类金属带锯床 5 000 台。公司现有员工 160 余人，具有中高级职称的科技人员 16 人，大专以上学历的人员占员工总数的 30% 以上。2011 年，公司“神雕”牌商标被评为浙江省著名商标。公司通过了 ISO 9001：2008质量管理体系认证。

公司经过十几年的发展，现已成为金属带锯床行业研发制造基地之一，建有省级高新技术研发中心。公司拥有门类齐全的加工中心、数控车床及钣金、焊接、检测等设备 140 多台（套）。销售服务网络遍布全国各大中城市，产品还远销东南亚各国。

近年来，公司始终坚持“做细才能做精、做精才能做久、做久才能做强”的经营理念，凭借雄厚的研发实力和制造优势，以及与大专院校长期产、学、研合作，自主研发设计制造的各类金属带锯床以其实用性、可靠性、稳定性，在市场上受到客户的青睐和好评。2011 年，公司申报并已获国家授权实用新型专利 2 项。

浙江奥林发机床有限公司　原浙江省缙云县华东机床厂，创办于 1988 年，是专业生产用于锯切黑色金属、有色金属、塑料及其他非金属材料的卧式、立式、双立柱、龙门式金属带锯床的专业厂家，年产量达 4 000 台左右，产值 6 000 多万元。公司占地面积超过2万 m^2，资产总计3 000多万元。公司产品通过了CE安全认证和ISO 9001:2008认证。公司持有商标：宝石花、天立凰、JEWEL FLOWER和太钢。

2011年，公司研发的滚子专用自动车床投入生产，制定了滚子专用自动车床企业标准；拥有实用新型专利2项，分别是车床的自动送料稳定装置、车床的自动落件装置。公司"年产200台滚子专用自动车床生产线技术改造"项目总投资1 067万元，其中设备投资352万元。公司研发的"锯中式前倾送料型全自动卧式带锯床"项目于2011年底已试制成功，将于2012年批量生产，投入市场销售。

浙江沪缙机床有限公司 原缙云县沪缙液压机床有限公司，创建于1988年，是一家私营有限责任公司，专业生产"沪缙"系列液压机，卧式、立式带锯床和龙门铣床，固定资产9 500万元，是浙南地区的重型机床骨干企业。2011年，公司完成工业总产值3 846.5万元、工业销售产值3 546万元，平均从业人员75人。

公司自1993年以来，在上海液气动技术研究所的大力支持下，自主开发设计、研制成功GB卧式、GY立式两大系列金属带锯床。当前，公司生产的各种型号带锯床，特别是公司自主研发的GB42200大型卧式带锯床，采用了双立柱双油缸结构，使锯床锯切更稳定，精度更高，摩擦系数小。以精湛的技术服务于螺旋桨行业，填补了国内外螺旋桨冒口的切割空缺，更重要的是解决了螺旋桨行业高难度的问题，加大了螺旋桨行业的切削能力，为客户解决后顾之忧。

公司本着"质量第一，用户至上"的宗旨，采用先进的生产和质量管理体系，对生产和质量层层把关，提供一流的产品质量和用户满意的售后服务。

浙江恒宇锯床有限公司 是全国带锯床主要制造商。公司技术力量雄厚，由带锯床专家治厂。产品有经济型、主流型和高端型三种系列，经济型锯床经济实用，性能达标；主流型锯床性能优越，功能齐全，机床经久耐用，物超所值；高端型锯床能满足客户的特殊需求。公司还承接设计制造各种非标准和超大型带锯床。

公司不断开拓锯切技术新领域，致力于研究高速锯切、智能控制新技术，努力降低带锯条的消耗，已获得多项专利。在生产制造环节中，狠抓质量，要求每台产品做到零缺陷，使用户无后顾之忧。公司充分发挥带锯切削专业技术优势，运用先进的设计理念，根据客户的要求制定设计方案，在制造过程中严格遵守合同和技术协议；售后认真做好安装调试服务工作，一条龙交钥匙工程服务是公司的特色。

大连双金科技股份有限公司 成立于1995年，2000年12月改制为股份制公司，并由大连市政府批准为拟在"创业板"上市的候选企业，已经完成券商辅导期。公司注册资金2 700万元，占地面积6 500m^2，资产总计5 000余万元。

公司是大连市优秀高新技术企业和大连市AAA级信用企业、中国产品质量放心用户满意十佳诚信企业。公司承担国家级重点科技计划项目和国家火炬计划项目的研发任务，是从事研发和推广双金属带锯成套设备与配套工艺软件技术的专业厂家。

公司开发的一条当今世界先进水平的双金属带锯全自动示范生产线，拥有全部自主知识产权，总体指标达到了世界先进水平，部分主要指标已超过进口同类设备水平，完全可替代进口。

公司在"双金属带锯机组"和"双金属带锯条"两个国家级重点项目研发方面具有技术权威性。公司是国内同行业唯一一家获得国家科技部等五部委共同授权的"双金属带锯机组"独家研发单位，项目中全部获国家专利的知识产权为公司所有。公司是国内同行中唯一一家配套研发成功设备与工艺技术，并能提供成套设备和完整配套专有技术的厂家，也是国家级"双金属带锯机组"设备研发基地和具有推广转让资格的科研单位。

嘉兴市康泰工具制造有限公司 原杭州东锋工具制造有限公司，创立于2004年，是一家集研发、生产、销售于一体的民营企业。公司是国内专业生产带锯条铣刀的企业，并能根据客户的特殊需求定做。

公司拥有完善的设备及专业的生产技术，主要生产带锯条铣刀、孔锯铣刀及各种齿形铣刀，凭借对刀具领域的专业水平和成熟的技术，在行业中迅速崛起，并在国内同行业中占据领先地位。生产的铣刀具有同心度高、精度高、耐磨性好等良好性能，以及切削锋利、旋转平稳、操作轻快等特点。经过历年的不断创新与工艺改进，出厂的产品拥有良好的品质，完全可与进口同类铣刀相媲美。公司坚持"以质量求生存，以信誉求发展"的经营理念，竭诚为广大用户提供优质的产品与服务。

〔撰稿人：中国机床工具工业协会锯床分会许荪　审稿人：中国机床工具工业协会锯床分会叶钧〕

组合机床

一、基本情况

组合机床分会现有会员企业63家，其中，国有企业7家、外商合资企业3家、国有和民营混合企业2家、民营股份制企业51家，民营股份制企业在行业中已占主导地位。参加年鉴统计的16家会员企业合计产品销售收入已连续6年突破百亿元大关，2011年首次突破200亿元，比上年增长22%；完成工业总产值216.8亿元，比上年增长33%，其中，机床类产品产值173.6亿元，比上年增长35%；利润总额9.2亿元，比上年下降2%。全年从业人员平均人数11 569人，固定资产总计197.8亿元，固定资产净值平均余额超过18.5亿元。2011年组合机床行业主要经济指标完成情况见表1。

表 1　2011 年组合机床行业主要经济指标完成情况

指标名称	单位	年度累计
工业总产值	万元	2 167 742
其中:机床工具类产品产值	万元	1 735 785
工业销售产值	万元	2 135 025
其中:机床工具类产品销售产值	万元	1 707 379
工业增加值	万元	626 407
实现利税	万元	144 311
从业人员平均人数	人	11 569
资产总计	万元	1 977 593
流动资产平均余额	万元	1 367 583
固定资产净值平均余额	万元	185 358

二、生产和销售情况

2011 年,组合机床行业生产金属切削机床 70 021 台,产值 106.3 亿元。其中,生产组合机床及其自动线 5 961 台,产值近 39.8 亿元。组合机床产量数控化率 94.6%。2011 年组合机床行业分类产品生产情况见表 2。2011 年组合机床行业分类产品出口情况见表 3。

表 2　2011 年组合机床行业分类产品生产情况

产品名称	实际完成		其中:数控	
	产量(台)	产值(万元)	产量(台)	产值(万元)
金属切削机床	70 021	1 063 005	28 212	1 006 758
加工中心	2 397	124 173	2 397	124 173
立式加工中心	2 081	75 739	2 081	75 739
卧式加工中心	316	48 434	316	48 434
车床	60 668	67 012	19 259	36 899
铣床	55	1 265	55	1 265
组合机床	5 961	397 704	5 640	372 523
其他金属切削机床	940	472 851	861	471 897

表 3　2011 年组合机床行业分类产品出口情况

产品名称	实际完成		其中:数控	
	出口量(台)	出口额(万美元)	出口量(台)	出口额(万美元)
金属切削机床	3 423	5 354.4	628	2 270.2
加工中心	106	482.8	106	482.8
立式加工中心	101	401.7	101	401.7
卧式加工中心	5	81.1	5	81.1
车床	3 270	4 703.0	475	1 618.8
铣床	47	168.6	47	168.6

三、新产品研发情况

2011 年组合机床行业新产品研发情况见表 4。

表 4　2011 年组合机床行业新产品研发情况

序号	产品名称	型号	主要技术参数	产品性质	产品属性	产品水平
大连机床集团有限责任公司						
1	长规格大型平床身数控车床	CKA61250P	床身上最大工件回转直径:2 500mm,刀架上最大工件回转直径:2 000mm,最大工件长度:8 000mm,最大加工长度:7 900mm,卡盘直径(手动四爪):2 000mm,最大车削直径:2 000mm(立式四工位刀架)、2 500mm(加特殊刀杆),主轴中心高:1 280mm,床身导轨宽度:1 100mm,工件极限重量(只使用卡盘悬卡):3 000kg,两顶尖间最大工件重量(带辅助支撑):15 000kg,主轴最大转矩:25 000N·m,刀架最大切削力:40kN,主电动机功率:45kW	改型设计	企业新产品	国内领先
2	平床身管箍螺纹数控车床	CKG-15G	最大加工管件直径:150mm	全新设计	企业新产品	国内领先
3	典型制动盘零件加工单元	DXSCP-0001	最大加工直径:240mm,零件重量:10kg	全新设计	企业新产品	国内领先
4	大型平床身数控车床	CKA61160H	床身上最大回转直径:1 600mm,滑板上最大回转直径:1 250mm,最大车削直径(四工位刀架):1 600mm,最大工件长度:4 000mm,最大加工长度:4 000(包括工件夹持部分)mm,主轴中心距床身导轨面距离:850mm,主电动机功率:39kW、48kW	改型设计	企业新产品	国内领先

（续）

序号	产品名称	型号	主要技术参数	产品性质	产品属性	产品水平
5	数控旋风铣床	CKX－50	最大加工直径：70mm，最大加工长度：700mm	全新设计	企业新产品	国内领先
6	平床身多功能数控车床	NC500	最大回转直径：500mm，最大工件长度：1 500mm，主轴转速：1～2 200r/min，主电动机功率：7.5kW、11kW	全新设计	企业新产品	国内领先
7	平床身车削中心	CKH6180	最大切削长度：4 700mm，最大车削直径：530mm	改型设计	企业新产品	国内领先
8	轴承滚子加工自动车床	CKAS－42	床身上最大回转直径：500mm，滑板上最大回转直径：200mm，最大车削滚子直径：42mm，最大加工滚子长度：100mm，主轴中心距床身导轨面距离：250mm，主轴中心距地面距离：1 130mm	全新设计	企业新产品	国内领先
9	斜床身装、调、修教学数控车床	ZTXC－15	最大加工直径：200mm，最大加工长度：400mm	全新设计	企业新产品	国内领先
10	曲轴外铣机床	EFM80	最大加工曲轴长度：1 300mm，最大曲轴主轴颈：125mm，最大曲轴连杆径：100mm，最大曲轴回转直径：320mm	全新设计	企业新产品	国内领先
11	曲轴法兰孔加工机床	DLZ－20	最大加工曲轴长度：1 300mm，主电动机功率：9kW	全新设计	企业新产品	国内领先
12	卧式车铣复合加工中心	CHD32	最大加工直径：630mm，最大加工长度：2 000mm，正主轴功率：23.6kW，副主轴功率：18.3kW	全新设计	行业新产品	国际先进
13	斜床身数控车床	DL－40M	最大加工直径：800mm，最大加工长度：3 000mm，主电动机功率：22kW、30kW	改型设计	企业新产品	国内领先
14	上下刀架双电主轴数控车床	DL－20MSTD	最大回转直径：500mm，最大车削长度：500mm，主轴转速：30～4 500r/min，副主轴转速：30～5 000r/min，主轴电动机功率：11kW、15kW，副主轴电动机功率：5.5kW、7.5kW	改型设计	企业新产品	国内领先
15	棒料数控车床	CKT－40	最大加工棒料直径：40mm，最大加工棒料长度：180mm	全新设计	企业新产品	国内领先
16	棒料数控车床	CKA6136	最大加工棒料直径：28mm	改型设计	企业新产品	国内领先
17	棒料数控车床	CKA6150	最大加工棒料直径：150mm，最大加工长度：680mm，主电动机功率：7.5kW，主轴转速：7～2 200r/min	改型设计	企业新产品	国内领先
18	棒料数控车床	CKA6163	最大加工棒料直径：100mm，最大加工棒料长度：1 000mm	改型设计	企业新产品	国内领先
19	倒立车加工单元	VLB40	最大回转直径：440mm，最大加工直径：400mm，最大加工高度：150mm	全新设计	企业新产品	国内领先
20	斜床身长轴棒料数控车床	DL20MS	最大加工直径：50mm，最大加工长度：330mm，主电动机功率：15kW	改型设计	企业新产品	国内领先
21	数控车床（改造）	CL－40A	最大加工直径：800mm，最大加工长度：1 000mm，主电动机功率：18.5kW、22kW	全新设计	企业新产品	国内领先
22	双刀架数控车床	DL20MTP	最大回转直径：500mm，最大车削长度：500mm，主轴转速：30～3 500r/min，主轴电动机功率：15kW、18.5kW	改型设计	企业新产品	国内领先
23	车床	CW6180E	ϕ160mm 主轴孔，最大加工长度：3 000mm	改型设计	企业新产品	国内先进

（续）

序号	产品名称	型号	主要技术参数	产品性质	产品属性	产品水平
24	数控车削中心	DL25M	最大回转直径：520mm，最大加工直径：500mm，最大加工高度：150mm	全新设计	行业新产品	国际先进
25	数控车床	DKL25	最大切削直径：380mm，最大切削长度：500mm	全新设计	行业新产品	国际先进
26	轴承环数控车床	CL20A	最大加工直径：300mm，最大加工长度：430mm	全新设计	企业新产品	国内领先
27	丝杠车床	DL25	最大加工直径：50mm，最大加工长度：1 000mm	全新设计	企业新产品	国内领先
28	精密立式加工中心	VDM55	行程（$X/Y/Z$）：1 020mm/550mm/510mm，快速移动速度（X、Y/Z）：（48m/min）/（30m/min），主轴转速：25～8 000r/min，最大承重：800kg，刀库容量：20 把，定位精度（$X/Y/Z$）：0.004mm，重复定位精度（$X/Y/Z$）：0.002mm	全新设计	行业新产品	国际先进
29	精密卧式加工中心	HDM	HDM40P/50/65：定位精度（$X/Y/Z$）0.004mm、重复定位精度（$X/Y/Z$）0.002mm，HDM80/125：定位精度（$X/Y/Z$）0.005mm、重复定位精度（$X/Y/Z$）0.003mm	全新设计	行业新产品	国际先进
30	高速立式加工中心	DBS50	主轴最高转速（电主轴）：24 000r/min，行程（X/Y、Z）：570mm/400mm，快速移动速度（$X/Y/Z$）：60m/min，定位精度（$X/Y/Z$）：0.007mm，重复定位精度（$X/Y/Z$）：0.003mm	全新设计	行业新产品	国际先进
31	高速立式加工中心	VDBS65	主轴最高转速（电主轴）：18 000r/min，行程（X/Y、Z）：570mm/400mm，快速移动速度（$X/Y/Z$）：60m/min，定位精度（$X/Y/Z$）：0.007mm，重复定位精度（$X/Y/Z$）：0.003mm	全新设计	行业新产品	国际先进
32	高速卧式加工中心	HDBS50	主轴最高转速（电主轴）：18 000r/min，行程（$X/Y/Z$）：1 050mm/650mm/600mm，快速移动速度（$X/Y/Z$）：50m/min，定位精度（$X/Y/Z$）：0.01mm，重复定位精度（$X/Y/Z$）：0.005mm	全新设计	行业新产品	国际先进
33	高速卧式加工中心	HDBS63	主轴最高转速（电主轴）：18 000r/min，行程（$X/Y/Z$）：1 030mm/800mm/900mm，快速移动速度（$X/Y/Z$）：65m/min	全新设计	行业新产品	国际先进
34	高速卧式加工中心	MDH50S	行程（$X/Y/Z$）：630mm/620mm/710mm，快速移动速度（$X/Y/Z$）：60m/min，主轴转速：100～12 000r/min，最大承重：400kg，工作台最小分度：1°，刀库容量：40 把，刀具最大长度：350mm，换刀时间：（刀－刀）1.2s、（切－切）2.8s，定位精度：±0.002 5mm（JIS），重复定位精度：±0.002 0mm（JIS）	全新设计	行业新产品	国际先进
35	钻削中心	TD500	主轴最高转速：12 000r/min，行程（$X/Y/Z$）：500mm/400mm/300mm，快速移动速度（$X/Y/Z$）：48m/min，定位精度（$X/Y/Z$）：0.01mm，重复定位精度（$X/Y/Z$）：0.006mm	全新设计	企业新产品	国际先进
36	单工作台卧式加工中心	MDH 65A	行程（$X/Y/Z$）：1 050mm/900mm/900mm，快速移动速度（$X/Y/Z$）：45m/min，主轴转速：35～8 000r/min，最大承重：2 000kg，工作台最小分度：1°，刀库容量：40 把，换刀时间：（刀－刀）2.0s、（切－切）4.2s，定位精度（X/Y、Z）：±0.003mm/0.002 5mm，重复定位精度（X/Y、Z）：±0.002 5mm/0.002mm	全新设计	行业新产品	国际先进

（续）

序号	产品名称	型号	主要技术参数	产品性质	产品属性	产品水平
37	单工作台卧式加工中心	MDH 80A	行程（X/Y/Z）：1 400mm/1 100mm/1 050mm，快速移动速度（X/Y/Z）：36m/min，主轴转速：35～8 000r/min，最大承重：1 300kg，工作台最小分度：1°，刀库容量：40 把，换刀时间：（刀－刀）2.5s、（切－切）8s，定位精度（X/Y、Z）：±0.003mm/0.002 5mm，重复定位精度（X/Y、Z）：±0.002 5mm/0.002mm	全新设计	行业新产品	国际先进
38	卧式加工中心单元	HDL63A	行程（X/Y/Z）：1 000mm/630mm/800mm，快速移动速度（X/Y/Z）：40m/min，主轴转速：50～6 000r/min，刀库容量：28 把，换刀时间：（刀－刀）2.5s、（切－切）7s，定位精度（X/Y/Z）：0.012mm，重复定位精度（X/Y/Z）：0.004mm	全新设计	行业新产品	国际先进
39	加长工作台立式加工中心	VDL1000	主轴最高转速：8 000r/min，行程（X/Y/Z）：1 850mm/560mm/600mm	改型设计	企业新产品	国内领先
40	双交换工作台立式加工中心机床	VDR－600P	行程（X/Y/Z）：600mm/450mm/460mm，快速移动速度（X、Y/Z）：（45m/min）/（30m/min），主轴转速：45～10 000r/min，最大承重：500kg，刀库容量：16 把，换刀时间：（刀－刀）1.5s，定位精度（X/Y/Z）：±0.002 5mm，重复定位精度（X/Y/Z）：0.001 5mm	全新设计	企业新产品	国内领先
41	卧式加工中心	MDH－160F	行程（X/Y/Z）：2 500mm/1 800mm/1 600mm，快速移动速度（X/Y/Z）：16m/min，主轴转速：35～3 000r/min，主轴最大转矩 2 463N·m，最大承重：12 000kg，工作台最小分度：0.001°，刀库容量：60 把，换刀时间：（刀－刀）9.1s，定位精度（X/Y/Z）：0.012mm，重复定位精度（X/Y/Z）：0.008mm	改型设计	企业新产品	国内领先
42	动梁式龙门加工中心	VX32－60	工作台面尺寸：2 500mm×600mm，行程（X/Y/Z/W）：7 600mm/3 500mm/1 000mm/1 300mm，主轴功率：30kW、37kW，主轴转矩：1 740N·m、2 150N·m，主轴最高转速：3 000r/min	改型设计	企业新产品	国内领先
43	重型龙门加工中心	XK2140	工作台面尺寸：12 000mm×4 000mm，行程（X/Y/Z/W）：13 000mm/5 600mm/1 500mm/3 500mm，主轴最大输出转矩：8 000N·m，主轴转速：10～1 200r/min	改型设计	企业新产品	国内领先
44	数控镗铣床	TK6513	镗轴直径：130mm，镗轴转速：10～2 000r/min，镗轴行程（W 轴）：800mm，主轴箱垂直行程（Y 轴）：1 600mm，立柱纵向行程（Z 轴）：1 600mm，工作台面尺寸：1 400mm×1 600mm（标准），工作台行程：2 000mm	改型设计	企业新产品	国内领先
45	双端面精密磨削机床	AC640－F	工作盘直径：640mm，盘宽：180mm，上工作盘电动机功率：7.4kW，上工作盘转速：175r/min，下工作盘电动机功率：7.4kW，下工作盘转速：175r/min，内齿柱圈电动机功率：1.7kW，内齿柱圈转速：80r/min，磨削精度：平面度＜1μm、平行度＜1μm、尺寸公差＜1μm，表面粗糙度＜0.4μm	全新设计	企业新产品	国内领先

（续）

序号	产品名称	型号	主要技术参数	产品性质	产品属性	产品水平
46	卧式加工中心	H20011	行程(X/Y/Z):800mm/610mm/800mm,快速移动速度(X/Y/Z):45m/min,主轴转速:50～18 000r/min,刀库容量:24 把,换刀时间:(刀－刀)1.2s、(切－切)7s,定位精度(X/Y/Z):0.012mm,重复定位精度(X/Y/Z):0.006mm	全新设计	企业新产品	国内领先
47	卧式加工中心	H20012	行程(X/Y/Z):800mm/600mm/800mm,快速移动速度(X/Y/Z):40m/min,主轴转速:50～12 000r/min,刀库容量:28 把,换刀时间:(刀－刀)1.2s、(切－切)7s,定位精度(X/Y/Z):0.012mm,重复定位精度(X/Y/Z):0.006mm	全新设计	企业新产品	国内领先
48	一汽道依茨(大柴)缸盖生产线		生产节拍以每个品种六缸气缸盖加工工序内容多的工序为准,整线单件生产节拍:≤2.8 min/件(包括机加工和上下料等所有辅助时间),单台换型调整时间:＜3.5h(包括工件检测时间)	全新设计	行业新产品	
东风汽车有限公司设计制造厂						
49	高速加工中心	DH500I	工作台面尺寸:500mm×500mm,行程(X/Y/Z):650mm,主电动机功率(S1/S6):25kW/35kW,主轴转速:45～18 000r/min,快速进给速度:60m/min,刀库容量:46 把,定位精度:±0.01mm,重复定位精度:±0.005mm,控制系统:FANUC 31i－MB	全新设计	企业新产品	国内领先

四、科研项目及专利发明情况

2011 年组合机床行业科研项目见表 5。2011 年组合机床行业授权专利情况见表 6。

表 5　2011 年组合机床行业科研项目

序号	科研项目名称	主要内容	应用状况	投入资金(万元)	项目来源
大连机床集团有限责任公司					
1	CKA61250P/8000 长规格大型平床身数控车床	新产品开发研究	研制阶段	合计 49 400	企业自选科技项目
2	CKG－15G 平床身管箍螺纹数控车床	新产品开发研究	研制阶段		企业自选科技项目
3	DXSCP－0001 典型制动盘零件加工单元	新产品开发研究	研制阶段		其他企业委托科技项目
4	CKA61160H/5000 大型平床身数控车床	新产品开发研究	研制阶段		企业自选科技项目
5	CKX－50 数控旋风铣床	新产品开发研究	研制阶段		企业自选科技项目
6	NC500 平床身多功能数控车床	新产品开发研究	研制阶段		企业自选科技项目
7	CKH6180/5000 平床身车削中心	新产品开发研究	研制阶段		企业自选科技项目
8	CKAS－42 轴承滚子加工自动车床	新产品开发研究	研制阶段		企业自选科技项目
9	ZTXC－15 斜床身装、调、修教学数控车床	新产品开发研究	研制阶段		企业自选科技项目
10	DXZCH－001 轴承环加工自动线	新产品开发研究	研制阶段		其他企业委托科技项目
11	EFM80 曲轴外铣机床	新产品开发研究	研制阶段		企业自选科技项目
12	DXHS－0001 活塞零件高效高精加工柔性自动线	新产品开发研究	研制阶段		其他企业委托科技项目
13	DLTT－125 薄壁回转体零件高速精密车床	国家数控专项产品研究	研制阶段		
14	DLZ－20 曲轴法兰孔加工机床	国家数控专项产品研究	研制阶段		其他企业委托科技项目
15	CHD32 卧式车铣复合加工中心	国家数控专项产品研究	研制阶段		

（续）

序号	科研项目名称	主要内容	应用状况	投入资金（万元）	项目来源
16	DL－40M 斜床身数控车床	新产品开发研究	研制阶段		企业自选科技项目
17	DL－20MSTD 上下刀架双电主轴数控车床	新产品开发研究	研制阶段		企业自选科技项目
18	CKT－40 棒料数控车床	新产品开发研究	研制阶段		企业自选科技项目
19	CKA6136/750 棒料数控车床	新产品开发研究	研制阶段		企业自选科技项目
20	CKA6150/750 棒料数控车床	新产品开发研究	研制阶段		企业自选科技项目
21	CKA6163/1000 棒料数控车床	新产品开发研究	研制阶段		企业自选科技项目
22	VLB40 倒立车加工单元	新产品开发研究	研制阶段		企业自选科技项目
23	DL20MS 斜床身长轴棒料数控车床	新产品开发研究	研制阶段		企业自选科技项目
24	CL－40A 数控车床改造项目	新产品开发研究	研制阶段		企业自选科技项目
25	DL20MTP 双刀架数控车床	新产品开发研究	研制阶段		企业自选科技项目
26	S7432A 丝杠磨床改造	新产品开发研究	研制阶段		企业自选科技项目
27	VS2000 变频车床	新产品开发研究	研制阶段		企业自选科技项目
28	160mm 主轴孔 CW6180E 车床	新产品开发研究	研制阶段		企业自选科技项目
29	DL25M 数控车削中心	国家数控专项产品研究	研制阶段		
30	DL25 数控车床	国家数控专项产品研究	研制阶段		
31	各种五轴头坐标变换设置调试方法的研究	基础技术研究	研制阶段		来自境外的科技项目
32	数控机床热态、动态精度和进给传动的精度试验研究	基础技术研究	研制阶段		来自境外的科技项目
33	航空发动机和发电汽轮机高温合金叶片叶轮类零件加工工艺试验研究	国家数控专项研究	研制阶段		
34	典型零件加工工艺、刀具研究	基础技术研究	研制阶段		来自境外的科技项目
35	VERICUT 仿真软件开发	基础技术研究	研制阶段		来自境外的科技项目
36	后置处理软件开发	基础技术研究	研制阶段		来自境外的科技项目
37	球感仪诊断和伺服优化	基础技术研究	研制阶段		来自境外的科技项目
38	CL20A 轴承环数控车床	新产品开发研究	研制阶段		企业自选科技项目
39	DL25/1 000mm 丝杠车床设计	新产品开发研究	研制阶段		企业自选科技项目
40	3 000mm 丝杠车床设计	新产品开发研究	研制阶段		企业自选科技项目
41	VDM 精密立式加工中心系列	国家数控专项产品研究	研制阶段		国家科技项目
42	HDM 精密卧式加工中心系列	国家数控专项产品研究	研制阶段		
43	DBS50 高速立式加工中心	国家数控专项产品研究	研制阶段		
44	VDBS65 高速立式加工中心	国家数控专项产品研究	研制阶段		
45	HDBS50 高速卧式加工中心	国家数控专项产品研究	研制阶段		
46	HDBS63 高速卧式加工中心	国家数控专项产品研究	研制阶段		
47	MDH50S 高速卧式加工中心	国家数控专项产品研究	研制阶段		
48	TD500 钻削中心	新产品开发研究	研制阶段		企业自选科技项目
49	MDH 65A 单工作台卧式加工中心	国家数控专项产品研究	研制阶段		
50	MDH 80A 单工作台卧式加工中心	国家数控专项产品研究	研制阶段		
51	HDL63A 卧式加工中心单元	国家数控专项产品研究	研制阶段		
52	VDL1000 加长工作台立式加工中心	新产品开发研究	研制阶段		企业自选科技项目
53	VDL1200 加长工作台立式加工中心	新产品开发研究	研制阶段		企业自选科技项目
54	VDR－600P 双交换工作台立式加工中心	新产品开发研究	研制阶段		企业自选科技项目
55	MDH－65F 卧式加工中心	新产品开发研究	研制阶段		企业自选科技项目
56	MDH－160F 卧式加工中心	新产品开发研究	研制阶段		企业自选科技项目

（续）

序号	科研项目名称	主要内容	应用状况	投入资金（万元）	项目来源
57	VX32－60 动梁式龙门加工中心	新产品开发研究	研制阶段		企业自选科技项目
58	XK2140 重型龙门加工中心	新产品开发研究	研制阶段		企业自选科技项目
59	TK6513 数控镗铣床	新产品开发研究	研制阶段		企业自选科技项目
60	锡柴缸体、缸盖生产线	新产品开发研究	研制阶段		其他企业委托科技项目
61	重庆小康缸盖生产线	新产品开发研究	研制阶段		其他企业委托科技项目
62	上海皮尔博格缸盖生产线	新产品开发研究	研制阶段		其他企业委托科技项目
63	DUCB63 牙爪轴径五轴卧式加工中心	新产品开发研究	研制阶段		企业自选科技项目
64	AC640－F 双端面精密磨削机床	新产品开发研究	研制阶段		企业自选科技项目
65	H20011（HDL50 电主轴）卧式加工中心	新产品开发研究	研制阶段		企业自选科技项目
66	H20012（HDL63 电主轴）卧式加工中心	新产品开发研究	研制阶段		企业自选科技项目
67	一汽道依茨（大柴）缸盖生产线	新产品开发研究	研制阶段		其他企业委托科技项目
东风汽车有限公司设备制造厂					
68	DH500I 新型高速加工中心	替代 DM 系列加工中心，为用户提供经济型高速加工中心，实现批量生产	自行应用	合计 1 270	企业自选科技项目
69	DH500Ⅱ新型高速加工中心的研制	替代 DM 系列加工中心，为用户提供经济型高速加工中心，实现批量生产	研制阶段		企业自选科技项目
70	DGC20 动梁式龙门加工中心研制	研制适应大型重型零件五面加工的动梁式龙门加工中心，包含大型机床基础结构、运动结构、铣头附件等技术开发	研制阶段		企业自选科技项目
71	基于通用机床小批量试制的发动机缸体机加制造技术	开发试制出市场需求的加工发动机缸体的新型机床	自行应用		企业自选科技项目
72	物料计划计算机软件开发	优化物流流程，提高物流计划效率，减少工作量，实现各物流相关软件的无缝衔接	自行应用		企业自选科技项目
73	基于机器人滚边为平台的机器人集成应用研究	在机器人滚边技术开发的基础上，进一步研究掌握机器人集成应用技术。了解不同厂家的机器人的特性及配置，使机器人熟练掌握包括电焊、涂胶、滚边、搬运等操作技术	自行应用		企业自选科技项目
74	机器人仿真技术应用	通过对机器人焊装自动线的前期规划，大大减轻后期设计工作量	自行应用		企业自选科技项目
75	焊装总线输送技术研究及装备试制	通过商用车车身厂 D760 焊装线和东风日产襄樊新焊装线项目，开发出广泛应用于轿车焊装线的滚床台车输送线，掌握这项技术并应用于生产	自行应用		企业自选科技项目
76	橡胶悬架开发	通过台架试验，2013 上半年完成路试，下半年形成商品，推向市场	研制阶段		企业自选科技项目
77	东风商用车悬架开发研制	与东风商用车技术中心紧密合作，开发试制出市场需求的悬架及推力杆	自行应用		企业自选科技项目

（续）

序号	科研项目名称	主要内容	应用状况	投人资金（万元）	项目来源
78	汽车零部件CAE分析系统的建立	分析系统建立，使其尽快应用到新产品的研发中	自行应用		企业自选科技项目

表6　2011年组合机床行业授权专利情况

序号	企业名称	专利名称	专利类型	授权日期
1	大连机床集团有限责任公司	侧定位可调弹性支撑机构	发明	2011.01.12
2	大连机床集团有限责任公司	应用于发动机缸体上的珩架机械手松夹机构	发明	2011.04.13
3	大连机床集团有限责任公司	大型龙门机床可交换工作台结构	发明	2011.02.16
4	大连机床集团有限责任公司	自动定位夹压机构	发明	2011.04.06
5	大连机床集团有限责任公司	三腔式自动夹压锁紧机构	发明	2011.05.04
6	大连机床集团有限责任公司	盘类零件外定心夹紧机构	发明	2011.04.06
7	大连机床集团有限责任公司	多功能精密镗铣床滑枕装配方法	发明	2011.04.20
8	大连机床集团有限责任公司	检测动柱动梁式双龙门加工中心机床精度的立柱固定方法	发明	2011.03.23
9	大连机床集团有限责任公司	用于金属切削设备的刀具驱动装置	实用新型	2011.02.16
10	大连机床集团有限责任公司	可调整传动间隙的蜗轮蜗杆传动装置	实用新型	2011.03.16
11	大连机床集团有限责任公司	单立柱五轴联动立式车铣复合加工中心	实用新型	2011.05.04
12	大连机床集团有限责任公司	具有托链防护结构的平床身数控车床	实用新型	2011.05.04
13	大连机床集团有限责任公司	具有顶持和镗削复合功能的机床	实用新型	2011.05.18
14	大连机床集团有限责任公司	加工中心主轴用自动打刀卸荷装置	实用新型	2011.05.04
15	大连机床集团有限责任公司	用于加工中心的刀具升降机构	实用新型	2011.05.11
16	大连机床集团有限责任公司	利用弧面凸轮分度的八工位选料机构	实用新型	2011.05.04
17	大连机床集团有限责任公司	回转工作台机械夹紧装置	实用新型	2011.05.04
18	大连机床集团有限责任公司	用于卧式加工中心的齿轮主轴结构	实用新型	2011.05.04
19	大连机床集团有限责任公司	龙门加工中心用头库	实用新型	2011.06.22
20	大连机床集团有限责任公司	具有模块式刀库结构的机床	实用新型	2011.06.15
21	大连机床集团有限责任公司	立柱式金属切削机床	实用新型	2011.06.15
22	大连机床集团有限责任公司	具有副导轨卸荷机构的机加设备	实用新型	2011.06.15
23	大连机床集团有限责任公司	用于夹具上的具有缓冲功能的油缸驱动机构	实用新型	2011.06.15
24	大连机床集团有限责任公司	具有油膜阻尼套辅助支撑的主轴箱	实用新型	2011.06.15
25	大连机床集团有限责任公司	缓冲挡料装置	实用新型	2011.06.22
26	大连机床集团有限责任公司	具有提前预留淬火变形量功能的机加设备	实用新型	2011.06.22
27	大连机床集团有限责任公司	用于龙门式机床的多组滚子卸荷机构	实用新型	2011.06.22
28	大连机床集团有限责任公司	立卧自动交换自动回转式主轴头	发明	2011.08.10
29	大连机床集团有限责任公司	液压、凸轮相结合的加工中心托盘交换机构	发明	2011.07.20
30	大连机床集团有限责任公司	双进给珩磨头连接杆	实用新型	2011.08.10
31	大连机床集团有限责任公司	龙门式数控多头成形导轨磨床	实用新型	2011.07.20
32	大连机床集团有限责任公司	单立柱磨床	实用新型	2011.08.10
33	大连机床集团有限责任公司	弹簧预紧式精镗头主轴装置	实用新型	2011.07.20
34	大连机床集团有限责任公司	丝杠螺距检测仪	实用新型	2011.07.20
35	大连机床集团有限责任公司	机床交换主轴箱手动回转装置	实用新型	2011.07.20
36	大连机床集团有限责任公司	数控车床	外观设计	2011.08.10
37	大连机床集团有限责任公司	具有双蜗轮蜗杆消隙机构的回转工作台驱动装置	实用新型	2011.10.05
38	大连机床集团有限责任公司	弹簧预紧式液压浮动尾座	实用新型	2011.08.24
39	大连机床集团有限责任公司	组合机床用铣削动力头	实用新型	2011.08.24
40	大连机床集团有限责任公司	蜗杆斜齿轮传动机构	实用新型	2011.10.05

（续）

序号	企业名称	专利名称	专利类型	授权日期
41	大连机床集团有限责任公司	具有液体静压式导轨结构的精密数控车削中心	实用新型	2011.09.14
42	大连机床集团有限责任公司	具有液体静压主轴系统机构的精密数控车削中心	实用新型	2011.09.14
43	大连机床集团有限责任公司	具有液体静压导轨及液体静压主轴系统的数控车削中心	实用新型	2011.09.14
44	大连机床集团有限责任公司	液压松紧套筒式尾座	实用新型	2011.09.28
45	大连机床集团有限责任公司	压紧式油缸结构	实用新型	2011.09.28
46	大连机床集团有限责任公司	曲轴箱类工件铣削夹具机构	实用新型	2011.10.05
47	大连机床集团有限责任公司	卧式加工中心	外观设计	2011.09.14
48	大连机床集团有限责任公司	数控机床	外观设计	2011.09.14
49	大连机床集团有限责任公司	立式车铣复合加工中心	外观设计	2011.11.30
50	大连机床集团有限责任公司	用于单拉门与床鞍之间的离合机构	实用新型	2011.11.30
51	大连机床集团有限责任公司	具有单拉门横向安全互锁装置的数控车床	实用新型	2011.11.02
52	大连机床集团有限责任公司	利用电动推杆和限位开关进行换挡的主轴箱	实用新型	2011.11.02
53	东风汽车有限公司设备制造厂	可调式步距板	实用新型	2011.12
54	东风汽车有限公司设备制造厂	一种用于加工中心刀具内冷的高压无级调压冷却系统	实用新型	2011.12
55	东风汽车有限公司设备制造厂	主轴总成气密装置	实用新型	2011.12
56	东风汽车有限公司设备制造厂	一种更换方便的伸缩式活动菱形销结构	实用新型	2011.12
57	东风汽车有限公司设备制造厂	实现下缸体水平分中定位、夹紧的装置	实用新型	2011.12
58	东风汽车有限公司设备制造厂	一种对工件的辅助支承结构	实用新型	2011.12

五、新增加会员企业简介

南京众得利自动化机械有限公司 是专业设计、制造高效自动化专用组合机床的民营企业，致力于为国内的金属加工行业提供优质、高效的自动化设备。产品适于自动化加工水暖器材、阀门等产品，尤其是针对煤气阀、空调截止阀、球阀、管接头、螺母等，已形成一套完善的加工技术。精心研制的各类实用型专用机床，已在国内著名的大中型企业广泛运用。

上海电气机床成套工程有限公司 是上海电气（集团）总公司下属集工厂自动化制造、工业服务工程、设备成套贸易于一体的专业化服务企业。公司以市场为导向，全方位地为装备制造业企业提供一流的技术、一流的产品和一流的服务。上海电气机床成套工程有限公司以领先的技术、高效的集成和精益求精的理念，积极为汽车、核电、风电、冶金、纺织及石化等装备制造业服务。

面对新经济形势的挑战，公司依托上海电气集团强大的市场与技术资源，以富有经验、创造力和忘我工作的团队精神，以专业化、国际化和市场化运作为一体的服务平台，努力将自身打造成设备再制造、改造、维修保养、搬迁安装、工厂一体化以及设备管理社会化的现代服务企业。

枣庄运达机床有限公司 是汽车零部件生产装备专业制造商，主要产品包括车轮设备方面的轮辐旋压机、轮辐立式车床、轮辋立式车床、气门孔铣床、多孔钻床；离合器设备方面的程控立式车床、数控立式车床；制动鼓设备方面的立式和卧式车床。公司严格按照ISO 9001：2000质量管理体系的要求组织生产，执行全程全员质量控制，严把产品质量关。

公司产品品种齐全，技术领先，质量可靠，服务及时，深受用户信赖。公司生产的CK6160系列离合器数控立式车床、CK5180离合器程控立式车床系列以高效的加工方式结束了离合器生产企业没有专用设备的历史。FC轮辐立式车床、DKZ轮辐多孔钻床、XYJ立式轮辐旋压机满足了汽车车轮轮辐生产企业的需求。公司本着“诚信守诺、优质服务”的经营理念，为用户提供更优质的产品和服务。

〔撰稿人：中国机床工具工业协会组合机床分会李秀敏 审稿人：中国机床工具工业协会组合机床分会刘庆乐〕

重型机床

一、基本情况

2011年，参加年鉴统计的重型机床分会会员企业共8家。重型机床行业主要经济指标已连续两年下降，2011年降幅尤为明显。2011年，工业总产值比上年下降12.65%，销售收入比上年下降18.8%，利润总额比上年下降近50%，出口交货值比上年下降36%。这在一定程度上预示重型机床行业的市场不再活跃，未来发展面临诸多困难。重型机床行业经济指标下降的主要原因：一是受全球经济低迷及国家宏观经济调控的影响；二是重型机床行业连续多年的高速增长基数已累计较大，实现持续增长相对困难；三是在“十五”和“十一五”期间，各重点用户企业的技术改造大都基本完成，重型机床采购的高潮期基本结束；四是市场对普通和低档次数控重型机床需求量大幅降温，而重型机床生产企业通过外延式的扩张，产能扩大，但产品与技术趋于同质化，普通数控重型机床生产能力过剩。2011 年重型机床行业主要经济指标完成情况见表 1。

表 1　2011 年重型机床行业主要经济指标完成情况

指标名称	单位	年度累计
工业总产值	万元	656 154
其中：机床工具类产品产值	万元	600 312
工业销售产值	万元	617 010
其中：机床工具类产品销售产值	万元	597 100
工业增加值	万元	134 972
实现利税	万元	32 746
从业人员平均人数	人	15 621
资产总计	万元	900 517
流动资产平均余额	万元	515 652
固定资产净值平均余额	万元	313 266

二、生产及出口情况

2011 年，重型机床行业数控金属切削机床产量占总产量的 35.7%，较上年增加 4.9 个百分点；数控金属切削机床产值占总产值的 79.4%，较上年下降 0.5 个百分点。2011 年重型机床行业分类产品生产情况见表 2。

表 2　2011 年重型机床行业分类产品生产情况

产品名称	实际完成		其中：数控	
	产量（台）	产值（万元）	产量（台）	产值（万元）
金属切削机床	2 723	410 632	971	325 898
加工中心	53	13 676	53	13 676
立式加工中心	51	13 175	51	13 175
龙门式加工中心	2	501	2	501
车床	1 780	266 246	739	214 733
钻床	5	1 364	5	1 364
镗床	97	52 146	66	41 210
磨床	653	41 448	78	32 301
齿轮加工机床	29	5 974		
铣床	45	24 150	29	22 461
刨床	40	4 707	1	153
其他金属切削机床	21	921		

2011 年，重型机床出口额 3 065.4 万美元（仅以重型机床分会参加统计的会员企业统计），比上年下降 36%。数控机床出口额占总出口额的 87.5%。2011 年重型机床行业产品出口情况见表 3。

表 3　2011 年重型机床行业产品出口情况

产品名称	实际完成		其中：数控	
	出口量（台）	出口额（万美元）	出口量（台）	出口额（万美元）
金属切削机床	63	3 065.4	42	2 682.9
车床	54	2 273.3	33	1 890.8
镗床	9	792.1	9	792.1

三、新产品开发情况

2011 年重型机床行业部分企业新产品开发情况见表 4。

表 4　2011 年重型机床行业部分企业新产品开发情况

产品名称	型号	主要技术参数	产品性质	产品属性	产品水平
武汉重型机床集团有限公司					
数控落地铣镗床	FB260/200×60	主轴直径：260mm，主轴转速（无级）：1.6～800r/min，镗轴轴向行程：1 700mm	改型设计	企业新产品	国际先进
数控落地铣镗床	TK6920A/120×60	主轴直径：200mm，主轴转速（无级）：2～1 000r/min，镗轴轴向行程：1 200mm	改型设计	企业新产品	国际先进
组合式数控落地铣镗床	U－TK6920B/160×50	主轴直径：200mm，主轴转速（无级）：2～1 250r/min，镗轴轴向行程：1 200mm	改型设计	企业新产品	国际先进
双柱立式铣车加工中心	CHXA5263×50/100	最大加工直径：6 300mm，最大加工高度：5 000mm，工作台承重：100t	改型设计	企业新产品	国内领先
数控不落轮车床	UGL30	轨距：1 435mm，承重：35t	全新设计	企业新产品	国内领先
数控重型卧式铣车床	DL250×240/500×420	加工工件长度：24 000mm，两顶尖间最大承重：500t，最大加工直径：4 200mm	全新设计	企业新产品	国内领先
上海重型机床厂有限公司					
重型数控卧式车床	CK61315T4	床身上最大回转直径：3 150mm，承重：80t，主轴转速：0.5～200r/min，加工长度：16m，主轴电动机功率：130kW、191kW	全新设计、合作生产	行业新产品	国内领先

（续）

产品名称	型号	主要技术参数	产品性质	产品属性	产品水平
大型动梁数控龙门导轨磨床	MK5235	最大加工宽度：3 500mm，最大工件长度：16 000mm，最大磨削高度：2 500mm，单位长度最大工件重量：3t/m，磨头主轴径向圆跳动：0.002mm	技术引进	企业新产品	国内先进
数控深孔钻镗床	PB2	床身上最大回转直径：800mm，最大镗孔直径：355mm，最大加工深度：10m，主轴转速：2.8～1 120r/min，主电动机功率：55kW，钻杆转速：2.8～1 120r/min，钻杆箱电动机功率：55kW	技术引进	企业新产品	国内先进
都匀贵航东方机床有限公司					
钢轨加工专用数控龙门铣床	DF－054/16M	立柱间距：2 500mm，行程（X/Y）：16 500 mm/2 500 mm，工作台面尺寸：16 000mm×2 000mm	全新设计	企业新产品	
数控龙门镗铣床	XK2430/10M	龙门立柱间距：3 500mm，行程（X/Y）：10 500mm/3 500mm，工作台面尺寸：10 000mm×3 000mm	全新设计	企业新产品	

四、科研项目和专利发明情况

2011 年，重型机床分会会员企业上报科研项目 29 项，上报获奖科研项目 10 项。2011 年重型机床行业部分企业科研项目见表 5。2011 年重型机床行业获奖科研项目见表 6。2011 年重型机床行业部分企业授权专利情况见表 7。

表 5　2011 年重型机床行业部分企业科研项目

序号	科研项目名称	主要内容	应用状况	投入资金（万元）	项目来源
武汉重型机床集团有限公司					
1	TDV600×600 数控回转工作台	该产品是为天津赛瑞机器设备有限公司承担的国家重大工程项目提供的重大关键加工设备，是主机 FB320/280×120 数控落地铣镗床必备的功能辅机。该项目目标性能达到国际同类机床先进水平，而其规格属国内首创，达到世界超重型机床的最大规格	研制阶段	合计 22 000	企业自选
2	FB320/280×120 数控落地铣镗床	该产品是为满足天津赛瑞机器设备有限公司加工超大型、巨型零件而研发的超重型数控落地铣镗床，其规格、承重为世界最大。该数控落地铣镗床具自动化程度高、功能多、效率高、精度高的特点，可以满足船舶、发电设备和大型飞机对重型和超重型复杂形面零件的高效、复合加工要求	研制阶段		企业自选
3	WHCQ1600 卧式加工中心	本项目以研制大型精密卧式加工中心整机为载体，研发满足我国航空航天、军工及大型加工机械、挖掘机、矿山机械、大型发电机、大型建筑机械、大型轧钢设备、运输设备等制造行业所需的重大加工装备，以满足各行业未来 10～15 年加工大规格、高精度复杂零件的高效、复合加工要求。该加工中心不仅能替代进口，打破国外长期对我国同类高档加工中心的技术封锁和禁运，同时有利于带动国内关键功能部件的技术升级，有利于提高我国整体装备制造业的产品水平	研制阶段		企业自选

（续）

序号	科研项目名称	主要内容	应用状况	投入资金（万元）	项目来源
4	CKX53280 数控单柱移动立式铣车床	CKX53280 型数控单柱移动立式铣车床是为满足 250 000kN 大型水压机组的顶盖、底环和转轮大件以及 400mm 厚钢板轧钢机大型零件的加工而开发的高精尖设备。该机床除车削外，还具有钻、铰、铣、镗、磨功能，工作台 360°精密分度。有 X、Z、U、W、C 五个进给轴，可三轴联动，且均为全闭环控制。本机床配备直角铣头、电主轴磨头、旋风铣头、平旋盘、数控两坐标铣头及自动抓取装置等附件	研制阶段		企业自选
5	XKU2680×640 数控双龙门移动镗铣床	该机床是全新设计的特大规格机床，采用龙门移动形式，配一动、一定两个龙门，固定工作平台长 64m。该产品开发的重点有两项：一为特大规格动、定梁龙门镗铣床所有基础部件和各轴进给系统的全新设计，二是该机床配置的重型分度镗铣头 MⅢ	研制阶段		其他企业委托
6	YK31320A 数控立式滚齿机	根据产品的系列化发展目标，研发设计适应市场需要的全新结构的 YK31320A 型数控滚齿机	研制阶段		企业自选
7	WHG7000 曲轴车铣复合加工中心	针对复杂回转轴类零件研发的曲轴车铣复合加工中心，解决了铣主轴及镗主轴的铣削及铣槽、钻孔等加工瓶颈。该产品是一种高效、高精度、高可靠性的先进设备，具有同类产品国际先进水平	研制阶段		企业自选
8	XKG2730×80 数控龙门移动镗铣床	该数控定梁龙门移动镗铣床重点是开发一个高速、实用型、4×90°机械式镗铣头	研制阶段		企业自选
9	TK6926B 数控落地铣镗床	该高档超重型数控落地铣镗床具有自动化程度高、功能多、效率高、精度高的特点，可以满足船舶、发电设备和大型飞机对重型和超重型复杂形面零件的高效、复合加工要求	研制阶段		企业自选
都匀贵航东方机床有限公司					
10	XK9920/16M 加工钢轨数控龙门铣床数控技术集成及应用开发	试制 XK9920/16M 加工钢轨数控龙门铣床样机	自行应用	合计 670	地方科技
11	XH2420 定梁式龙门镗铣加工中心	研发试制 XH2420 定梁式龙门镗铣加工中心样机	自行应用		地方科技项目
12	大功率、大行程、大转矩滑枕式镗铣头制造、装配及检测技术研发	研发试制大功率、大行程、大转矩滑枕式镗铣头	自行应用		地方科技项目
齐重数控装备股份有限公司					
13	重型曲轴铣车复合加工机床	新产品研发	研制阶段	合计 1 580	
14	数控桥式龙门五轴联动车铣复合机床	新产品研发	研制阶段		企业自选
15	超重型数控轧辊磨床	新产品研发	研制阶段		
16	HDVTM160×10/8L－MC 高档立式铣车复合加工中心	新产品研发	研制阶段		

（续）

序号	科研项目名称	主要内容	应用状况	投入资金（万元）	项目来源
齐齐哈尔二机床（集团）有限责任公司					
17	XKL24 系列铝锭复合加工单元	XKL24 系列铝锭复合加工单元是一种有色金属重型加工成套设备，主要用于铸造铝锭外表面的加工，是铝合金板材轧制生产线的重要组成部分，可广泛用于各类铝型材轧制生产线及其他有色金属轧制生产线，是有色金属加工制造业的关键加工设备	自行应用	合计 39 000	黑龙江省科技攻关项目
18	水室封头专用数控龙门移动式车铣加工中心	主要针对核电关键部件水室封头的复杂加工而设计的水室封头专用数控龙门移动式车铣加工中心，产品创新采用 B 轴旋转技术，能在封头一次装夹中完成钻孔、镗孔、切沟槽以及铣削平面等加工工序，解决了核电封头加工复杂、效率低下等诸多问题	研制阶段		
19	A/C 双摆角数控万能铣头	通过对 A/C 机械式和电主轴式双摆角数控万能铣头通用机型的设计、分析与制造工艺、装配、调试、检验、性能试验等的研究，开发 A/C 双摆角数控万能铣头系列产品，为多轴联动数控机床配套	研制阶段		
20	数控龙门移动五轴联动车铣复合加工生产关键技术研究	该项目研制的产品不仅适用于内外圆柱面、端面、圆弧面、内外圆锥面、螺纹等车削加工，还可在立刀架内增加铣削功能，可广泛应用于国防军工、航空航天、船舶、风电设备、水电设备、矿山机械、交通运输设备和重型机械等行业大型工件的机械加工	自行应用		
21	重型数控机床动态综合误差补偿技术的研究应用	误差补偿技术是提高数控机床精度的一种行之有效方法。研究重型机床综合误差补偿技术，对提高重型数控机床的精度、实现我国向制造强国转变的战略目标具有重要的战略意义	研制阶段		
22	25 000kN 大型多工位压力机关键技术	通过本项目的实施，不仅可以满足我国汽车行业对高档冲压装备的迫切需求，提高生产效率与零部件质量，还将显著提高我国高档冲压装备的设计及制造水平	研制阶段		科技部科技人员服务企业
23	重型高速数控机械冲压生产线关键技术联合开发	重型高速数控机械冲压生产线与其他冲压方式相比，具有自动、高效、复合化、制件质量高且稳定等优势。本项目采用国际先进的伺服送料和快速换模技术，使产品达到国际先进水平	自行应用		国际合作项目
24	数控龙门移动五轴联动车铣复合机床	该数控龙门移动五轴联动车铣复合机床可一次性装夹完成核电设备关键件复杂曲面、斜孔等多工序加工，提高生产效率和加工件质量	研制阶段		黑龙江省重点科技攻关项目
25	超重型数控落地铣镗床	超重型数控落地铣镗床主要用于超长、超重、超高异形及复杂形面工件的加工。主机和回转工作台一起运行，可通过一次装夹完成工件的多面加工。该机床配以数控翻转转台，翻转轴为数控联动轴，机床可实现九轴控制、五轴联动	自行应用		

（续）

序号	科研项目名称	主要内容	应用状况	投入资金（万元）	项目来源
26	大型多工位压力机自动化生产线	大型多工位压力机自动化生产线充分体现了当今冲压装备的发展趋势和最高水平，不仅可以满足我国汽车行业对高档次冲压装备的迫切需求，提高生产效率，提高零部件质量，还将显著提高我国高档次冲压装备的设计及制造水平	自行应用		
上海重型机床厂有限公司					
27	导轨磨床自动磨削	软件开发（包括人机对话界面等）	自行应用	30	自行开发
贵阳险峰机床有限责任公司					
28	数控车床	高精度静压中心架	自行应用	合计180	自行开发
29	重型数控车床静压导轨研究	大拖板进给静压导轨	研制阶段		自行开发

表6 2011年重型机床行业获奖科研项目

序号	项目名称	主要内容及应用范围	获奖名称	获奖等级	主要完成单位
1	螺旋桨用重型七轴五联动车铣复合机床	大型螺旋桨用重型七轴五联动车铣复合加工机床可以一次装夹，实现对大型螺旋桨多桨叶、多表面的空间曲面加工，能够高精、高效地完成螺旋桨所有车铣加工工序，为我国船舶行业使用先进的现代升力面理论优化设计方法设计螺旋桨提供了工艺保证	中国机械工业科学技术奖	一等奖	武汉重型机床集团有限公司
2	Y98－1000/46×25型研配试冲液压机	Y98－1000/46×25型研配试冲液压机是公司自主研发设计的具有自主知识产权的高性能、高精度、高自动化的数控压力机产品，广泛用于汽车、电器及国防等工业企业的模具调试、修模、研模和冲压成形	黑龙江省科技进步奖	三等奖	齐齐哈尔二机床（集团）有限责任公司
3	XK2130型数控动梁龙门镗铣床	XK2130型数控动梁龙门镗铣床在一次装夹中可对一个零件的五个不同表面进行钻、镗、铣、切沟槽加工。产品技术先进，性能稳定可靠，精度高，达到国际同类产品先进水平。广泛用于电力设备、船舶、石化设备、国防、航空航天等行业复杂形面、异形关键件的精密加工	黑龙江省科技进步奖	三等奖	齐齐哈尔二机床（集团）有限责任公司
4	CK61250×100/80型数控重型卧式车床	CK61250×100/80型数控重型卧式车床结构合理，技术先进，性能稳定可靠，适用于以高速钢、硬质合金及陶瓷刀具粗、精加工黑色金属、有色金属及部分非金属零件，可车削圆柱面、圆锥面、端面、切槽、螺纹及回转曲面，特别适用于加工重型、超重型、复杂异形工件，是冶金设备、电力设备、船舶等制造行业以及其他国家重点行业的急需设备	黑龙江省机械工业科技进步奖	二等奖	齐齐哈尔二机床（集团）有限责任公司
5	XK2650×400数控动梁龙门移动式镗铣床	机床研制并应用于金属切削加工行业	齐齐哈尔市科技进步奖	二等奖	齐重数控装备股份有限公司
6	BVDM315×5/20L－MC立式铣钻加工中心	机床研制并应用于金属切削加工行业	齐齐哈尔市科技进步奖	二等奖	齐重数控装备股份有限公司
7	UWT140L－NC数控不落轮对车床	机床研制并应用于铁路车辆加工行业	齐齐哈尔市科技进步奖	三等奖	齐重数控装备股份有限公司

（续）

序号	项目名称	主要内容及应用范围	获奖名称	获奖等级	主要完成单位
8	XK2650×400 数控动梁龙门移动式镗铣床	机床研制并应用于金属切削加工行业	黑龙江省科技进步奖	二等奖	齐重数控装备股份有限公司
9	BVDM315×5/20L－MC 立式铣钻加工中心	机床研制并应用于金属切削加工行业	黑龙江省科技进步奖	三等奖	齐重数控装备股份有限公司
10	MK5225A 大型数控龙门导轨磨床	机床具有纵、横二向凹凸磨削功能，配有二轴联动数控砂轮插补修正器，具有配磨功能。适用于大型高精度导轨面的加工	中国机械工业科学技术奖	二等奖	上海重型机床厂有限公司

表 7　2011 年重型机床行业部分企业授权专利情况

序号	企业名称	专利名称	专利类型	授权日期
1	武汉重型机床集团有限公司	静压托主轴箱	实用新型	2011.04.13
2	武汉重型机床集团有限公司	变频恒流静压轴承	实用新型	2011.02.09
3	武汉重型机床集团有限公司	整体静压托	实用新型	2011.05.18
4	武汉重型机床集团有限公司	轴分度定位结构	实用新型	2011.04.13
5	武汉重型机床集团有限公司	机床轴夹紧装置	实用新型	2011.05.18
6	武汉重型机床集团有限公司	立式机床工作台中置内立柱	实用新型	2011.06.29
7	武汉重型机床集团有限公司	螺纹旋风铣头	实用新型	2011.08.24
8	武汉重型机床集团有限公司	半气浮直线滑动导轨	实用新型	2011.04.13
9	武汉重型机床集团有限公司	可变式恒流静压导轨	实用新型	2011.05.18
10	武汉重型机床集团有限公司	多溜板多主轴铣钻装置	实用新型	2011.10.05
11	武汉重型机床集团有限公司	抬起定心装置	实用新型	2011.10.05
12	武汉重型机床集团有限公司	全静压主轴结构	实用新型	2011.12.14
13	齐齐哈尔二机床(集团)有限责任公司	气垫缓冲装置	实用新型	2011.02.02
14	齐齐哈尔二机床(集团)有限责任公司	组合镗轴的加工工艺	实用新型	2011.05.11
15	齐齐哈尔二机床(集团)有限责任公司	附件夹紧松开液压装卸保护装置	实用新型	2011.02.02
16	齐齐哈尔二机床(集团)有限责任公司	滑枕重力卸荷装置	实用新型	2011.02.16
17	齐齐哈尔二机床(集团)有限责任公司	一种超细长杆的推出装置	实用新型	2011.02.16
18	齐齐哈尔二机床(集团)有限责任公司	一种冲压机床用具有双向缓冲性能的气液缸装置	实用新型	2011.04.13
19	齐齐哈尔二机床(集团)有限责任公司	直角附件头的倾刀装置	实用新型	2011.02.02
20	齐齐哈尔二机床(集团)有限责任公司	直角式转动器装置	实用新型	2011.06.29
21	齐齐哈尔二机床(集团)有限责任公司	数控冲槽机的平衡装置	实用新型	2011.08.10
22	齐齐哈尔二机床(集团)有限责任公司	自动锻压机推出杆装置	实用新型	2011.06.29
23	齐齐哈尔二机床(集团)有限责任公司	齿圈内撑夹具装置	实用新型	2011.06.29
24	齐齐哈尔二机床(集团)有限责任公司	测量锥轴锥孔的辅助装置	实用新型	2011.11.02
25	齐齐哈尔二机床(集团)有限责任公司	大型立式车床转台齿圈的机加及装配调整装置	实用新型	2011.08.03
26	齐齐哈尔二机床(集团)有限责任公司	可实现间歇冲压的冲槽机	实用新型	2011.12.14
27	齐齐哈尔二机床(集团)有限责任公司	一种用于数控机床滑枕热变形补偿的控制装置	实用新型	2011.08.17
28	齐齐哈尔二机床(集团)有限责任公司	可移动式拉紧螺母安装装置	实用新型	2011.07.27
29	齐齐哈尔二机床(集团)有限责任公司	重型工件支承调节器	实用新型	2011.09.21
30	齐齐哈尔二机床(集团)有限责任公司	斜度可调式专用夹具	实用新型	2011.08.10
31	齐齐哈尔二机床(集团)有限责任公司	心轴自磨装置	实用新型	2011.09.28
32	齐齐哈尔二机床(集团)有限责任公司	机床导轨防护罩	实用新型	2011.08.10
33	齐齐哈尔二机床(集团)有限责任公司	组合式镗轴	实用新型	2011.10.05
34	齐齐哈尔二机床(集团)有限责任公司	一种加工深孔径工件的专用刀杆	实用新型	2011.07.27
35	齐齐哈尔二机床(集团)有限责任公司	用于数控重型卧式车床刀架上的镗杆装置	实用新型	2011.08.03
36	齐齐哈尔二机床(集团)有限责任公司	多工位压力机快速换模系统的电控永磁吸盘式端拾器	实用新型	2011.09.21

（续）

序号	企业名称	专利名称	专利类型	授权日期
37	齐齐哈尔二机床(集团)有限责任公司	一种用于普通铣镗床方滑枕伸出的电气控制系统	实用新型	2011.08.24
38	齐齐哈尔二机床(集团)有限责任公司	大型立式车床转台齿圈安装测量装置	实用新型	2011.10.05
39	齐齐哈尔二机床(集团)有限责任公司	高效的铣磨通用夹具	实用新型	2011.07.27
40	齐齐哈尔二机床(集团)有限责任公司	伺服送料横向杆电永磁对接装置	实用新型	2011.09.28
41	齐齐哈尔二机床(集团)有限责任公司	立卧车床用大直径锥度测量装置	实用新型	2011.08.03
42	齐齐哈尔二机床(集团)有限责任公司	滑枕镗孔镗刀杆吊架	实用新型	2011.08.03
43	齐齐哈尔二机床(集团)有限责任公司	机床主轴端面键槽对称检具	实用新型	2011.08.24
44	齐齐哈尔二机床(集团)有限责任公司	数控落地铣镗床	外观设计	2011.08.03
45	上海重型机床厂有限公司	细长轴零件自动加工设备	实用新型	2011.04.27
46	上海重型机床厂有限公司	大重型数控机床精密主传动双小斜齿轴消隙装置	实用新型	2011.04.27
47	齐重数控装备股份有限公司	重型车床工作台机械增力卡盘爪装置	实用新型	2011.09.21
48	齐重数控装备股份有限公司	数控立式车床变速箱	实用新型	2011.07.20
49	齐重数控装备股份有限公司	大型车床横梁	实用新型	2011.09.28
50	齐重数控装备股份有限公司	精密机床尾座限位装置	实用新型	2011.08.31
51	齐重数控装备股份有限公司	数控重型卧式车床无接触测量装置	实用新型	2011.09.28
52	齐重数控装备股份有限公司	重型数控机床龙门架	实用新型	2011.08.31
53	齐重数控装备股份有限公司	机床横梁平衡装置	实用新型	2011.07.20
54	齐重数控装备股份有限公司	高可靠性失电制动进给箱	实用新型	2011.06.29
55	齐重数控装备股份有限公司	高精度数控立式车床刀架驱动装置	实用新型	2011.06.29
56	齐重数控装备股份有限公司	车削刀夹自动换刀装置	实用新型	2011.07.20
57	齐重数控装备股份有限公司	超重型数控回转工作台的传动装置	实用新型	2011.09.28
58	齐重数控装备股份有限公司	数控双柱立式车铣床附件头定位装置	实用新型	2011.07.20
59	齐重数控装备股份有限公司	数控重型卧式车床独立走台	实用新型	2011.08.31
60	齐重数控装备股份有限公司	精密中心架滚轮	实用新型	2011.08.31
61	齐重数控装备股份有限公司	车床卡爪机械增力丝杠	实用新型	2011.11.23
62	齐重数控装备股份有限公司	变速箱带轮回油密封装置	实用新型	2011.08.31
63	齐重数控装备股份有限公司	重型卧式车床尾座快速移动转矩限制装置	实用新型	2011.08.03
64	齐重数控装备股份有限公司	数控高精度静压回转工作台	实用新型	2011.08.31
65	齐重数控装备股份有限公司	立式铣车复合加工中心工作台	实用新型	2011.06.29
66	齐重数控装备股份有限公司	数控重型卧式车床主轴箱卡盘防护罩	实用新型	2011.07.27
67	齐重数控装备股份有限公司	重型卧式车床重载C型中心架	实用新型	2011.09.28
68	齐重数控装备股份有限公司	曲轴旋风车床尾座测量装置	实用新型	2011.11.23
69	齐重数控装备股份有限公司	曲轴旋风车床的拐径支承装置	实用新型	2011.08.31
70	齐重数控装备股份有限公司	便捷式机床卡爪驱动装置	实用新型	2011.08.31
71	齐重数控装备股份有限公司	数控重型轧辊磨床V－山导轨精度的控制装置	实用新型	2011.11.23
72	齐重数控装备股份有限公司	具有降噪减振功能的主轴箱箱体	实用新型	2011.08.31
73	齐重数控装备股份有限公司	旋风刀架刀具测量装置	实用新型	2011.08.31
74	齐重数控装备股份有限公司	重载静压丝杠螺母装置	实用新型	2011.08.03

五、企业简介

上海重型机床厂有限公司　创建于1959年，由上海重型机床厂改制而成。公司占地面积11.75万m^2，建筑面积6.58万m^2，其中有7 340m^2的空调装配车间。2011年，公司固定资产原价19 030万元，主要生产设备292台，其中精大稀设备53台。

近几年，公司加大研发费用的投入，逐步形成大重型数控卧式车床、数控龙门导轨磨床、数控深孔钻镗床三大主导产品，产品广泛应用于航空航天、国防军工、船舶和机械等制造等行业。当前，公司通过消化吸收德国沃伦贝格公司技术开发的大重型数控卧式车床,已形成承重10~80t、最大回转直径850~3 500mm的全系列产品。产品以精度高、质量好、性能稳定赢得了国内中高端大型企业的赞誉。在合作生产基础上,不断创新的高精度数控龙门导轨磨床,已形成工作台宽1 000~3500mm、长3 000~12 000mm的MK系列产品,产品性能在国内处于领先地位,国内市场占有率达到90%以上,已能替代进口产品,并成功出口意大利、日本等发达国家。在消化吸收德国沃伦贝格公司技术和品牌基础上自主研发的深孔钻镗床取得了可喜的进展,得到煤矿机械和工程机械行业用户的广泛关注和市场认可。

在三大主导新产品开发中,已掌握自主知识产权和核心技术,获多项授权发明专利和实用新型专利,多项新产品获奖。2011年,公司获授权实用新型专利2项,申请实用新型专利4项;MK5225A数控导轨磨床荣获2011年中国机械工业科学技术奖二等奖,获得上海市重大技术装备研制专项和上海市自主品牌建设专项奖励。

2011年,公司再次连续被评为上海市高新技术企业。公司还先后荣获精心创品牌十佳企业、上海市名牌产品、全国用户满意产品等多项殊荣。

2011年,公司完成工业总产值19 101万元,同比增长4.66%;销售收入18 382万元,同比增长11.74%。全年生产机床519台,其中,CK系列大重型数控车床29台、MK系列数控导轨磨床10台、TK系列数控深孔钻镗床20台。

公司秉承"诚信为本,创新为先,质量为基,用户为上"的宗旨,立足技术的不断创新和质量的稳定可靠,做专做精做强主导产品,打造"技术领先,制造精良,品质一流"的中高端机床制造企业。

齐重数控装备股份有限公司 前身为齐齐哈尔第一机床厂,始建于1950年。2007年,浙江天马轴承股份有限公司与齐重数控装备股份有限公司进行战略重组,重组后的齐重数控为股权多元化的股份制企业。公司占地面积106万m^2,建筑面积42万m^2,拥有员工3 241人。公司拥有雄厚的生产制造能力和科研实力,拥有国家级技术中心和博士后工作站,是国家科技部认定的国家级重点高新技术企业。

公司主导产品为立、卧式重型机床,同时拥有重型深孔钻镗床、铁路车辆车床、轧辊车床、落地铣镗床、立式磨床、立式铣齿机、滚齿机和磨齿机等十大类、26个系列、600多个品种的机床产品。当前,公司年生产各类机床1 500台左右,一大批产品已经达到世界先进水平,并且全部拥有自主知识产权。2011年,新开发了大型高精度数控立/卧式滚齿机、数控重型深孔钻镗床等产品,获得授权专利29项,18项科研成果通过了省级鉴定。公司在第十二届中国国际机床展览会上获"数控产值十佳企业"和"产品销售收入十佳企业"等殊荣。公司连续5年入选黑龙江企业50强,连续6年入选中国机械500强,排名逐年攀升。全年完成工业总产值200 906.6万元,实现销售收入154 365.3万元。

都匀贵航东方机床有限公司 是中国航空工业集团公司下属成员单位,是按照现代企业制度组建的具有独立法人资格的国有独资企业。公司现有员工530人,其中,工程技术人员116人、技术工人334人。公司是贵州省质量技术监督局认定的全省机床行业产品质量监督检验站,是贵州省科技厅认定的高新技术企业,建有省级企业技术中心,曾先后获得部、省、州、市级科技进步奖,技术开发奖,优秀新产品奖等共计60余项。

公司拥有各类生产加工设备500余台(套),具有较强的大型、重型普通机床的批量生产制造能力和数控机床的研制能力。公司主要产品为龙门宽度在6m以内的各型数控及普通龙门式机床,包括龙门刨床、龙门铣床、龙门镗铣床以及各型炭块加工专用铣床、铁路道岔加工专用铣床等专用设备。2011年,公司研制成功具有国内先进水平的XK2745/30m动柱定梁式数控龙门镗铣床和DF-054数控专用钢轨镗铣床。

在"十二五"期间,公司将继续专注重型龙门机床的研制,提升产品可靠性,重点发展总装测试技术和核心零部件的加工能力,产品由现有的龙门刨床、龙门铣床、龙门镗铣床等传统产品向大型、重型、超重型方向发展,重点发展中高档数控龙门镗铣床和数控龙门加工中心。

公司销售网络健全,设有北京、上海、南京、重庆、西安、济南、郑州、长沙、成都、杭州、广州等销售办事处,每个办事处均有十余家当地机床销售公司支持,具有较强的市场营销能力。

武汉重型机床集团有限公司 原武汉重型机床厂,为中国兵器工业集团公司控股子公司(2011年10月经中国兵器工业集团公司重组),是国内生产重型、超重型机床的大型国有骨干企业。公司拥有国家级企业技术中心、机械工业高档重型机床工程研究中心和国家级博士后科研工作站。现有员工3 321人,其中工程技术人员333人、高级职称107人、国家级专家5人、省市级专家9人。2011年,公司完成工业总产值149 336万元,实现销售收入145 855万元。

公司主要产品有数控重型/超重型立式车床、卧式车床、不落轮对车床、卧式加工中心和落地铣镗床、龙门镗铣床、滚齿机、回转工作台及各种专用机械设备等八大类、50多个系列、300余个品种,产品全部实现数控化,具有复合化功能。产品主要服务于能源、交通、冶金、机械、铁路、航空、航天和军工等设备制造行业。公司可生产多品种超重型机床产品,产品填补了多项国内、国际空白。其中,超重型数控立式铣车复合机床(加工直径28m)、卧式镗车复合机床(加工直径6m、两顶尖承重500t)、数控龙门移动镗铣床(加工宽度10m、长度64m)和12.5m大型立式滚齿机达到当代国际先进水平。

近年来,公司荣获多项国家、省部级殊荣:16m数控单柱移动立式铣车床分别荣获2004年中国机械工业科学技术奖一等奖和2005年国家科技进步奖二等奖;2006年获国家发展和改革委员会授予的"在振兴装备制造业工作中做出重要贡献"的荣誉称号;重型数控镗铣床系列产品获"中国名牌"称号;2007年商务部授予"武重"牌机床"最具市场竞争力品牌"称号;CKX5680型螺旋桨用重型七轴五联动车铣复合机床荣获2011年中国机械工业科学技术奖一等奖。

公司始终坚持自主创新,加强基础共性技术与关键技术研究,加快国家级工程研究中心建设,提升重型机床产品技术水平及可靠性,用自主知识产权的国产高档数控重型机床装备中国,着力打造具有国际竞争力的世界知名重型机床企业。

〔撰稿人:中国机床工具工业协会重型机床分会彭鄂 审稿人:中国机床工具工业协会重型机床分会徐宁安〕

小型机床

一、基本情况

2011年,小型机床分会会员企业19家,包括四川普什宁江机床有限公司、山东临沂金星机床有限公司、温州仪表机床总厂、浙江金火机床有限公司、杭州金宝机床有限公司、广州粤港工程技术有限公司、上海第十二机床厂、杭州光大机械有限公司、佛山市佛威精密机器有限公司及西安北村精密机械有限公司等。参加本年鉴统计的企业6家。

2011年,参加年鉴统计的6家企业完成工业总产值99 051万元,比上年增长53.5%。全年实现产品销售收入11.14亿元,比上年增长24.9%;出口交货值5 480万元,比上年增长14.4%。行业企业存货增长12%,企业库存略有上升;工业中间投入比上年增长16.7%。2011年小型机床行业主要经济指标完成情况见表1。

表1 2011年小型机床行业主要经济指标完成情况

指标名称	单位	年度累计
工业总产值	万元	99 051
其中:机床工具类产品产值	万元	80 605
工业销售产值	万元	97 776
其中:机床工具类产品销售产值	万元	97 776
工业增加值	万元	31 278
实现利税	万元	10 733
从业人员平均人数	人	3 245
资产总计	万元	167 084
流动资产平均余额	万元	72 960
固定资产净值平均余额	万元	50 820

二、生产、销售及出口情况

2011年,小型机床行业金属切削机床产品产量57 078台,比上年下降4.37%。其中,车床产量增加2 106台,磨床产量增加1 490台,齿轮加工机床减少199台,仪表机床减少4 592台,其他金属切削机床减少2 149台。金属切削机床产品产值81 903万元,比上年增长28.17%。全行业生产数控机床9 789台,比上年增长52.36%;数控机床产值58 332万元,比上年增长16.51%。

2011年,共销售金属切削机床44 132台,比上年减少19 258台,产品库存有所增加。共销售数控机床8 548台,其中数控磨床销量1 020台,比上年增长339%。出口金属切削机床392台,与上年基本持平。

(1)仪表车床。2011年,共生产43 859台小型仪表车床,比上年下降9.5%;产值6 184万元。当年销售仪表车床32 303台,产品库存有所增长。当年仪表车床没有出口。主要生产厂家为温州仪表机床总厂、浙江金火机床有限公司和浙江光大机械有限公司。

(2)卧式车床。2011年,共生产卧式车床1 917台,比上年增长126.1%;产值3 761万元,比上年增长246.4%。生产厂家为山东临沂金星机床有限公司。

(3)单轴自动车床。2011年,共生产各种单轴纵切自动车床556台,比上年减少154台;产值2 742万元,比上年下降19.3%。主要生产厂家为四川普什宁江机床有限公司。

(4)铣床。2011年,共生产数控铣床389台,出口373台,主要销往美国、日本。出口创汇184.6万美元,比上年增长68.9%。主要生产厂家为山东临沂金星机床有限公司。

(5)磨床。2011年,共生产磨床1 492台,产值1 523万元。共销售磨床1 027台。主要生产厂家为浙江金火机床有限公司。

(6)组合机床及加工自动线、装配自动线等专用设备。2011年,共生产804台(套),比上年增长263.8%;产值17 587万元。销售800台(套),比上年增长275.6%。生产厂家为浙江金火机床有限公司和四川普什宁江机床有限公司。

(7)齿轮加工机床。2011年,共生产小型卧式滚齿机576台,比上年下降25.7%;产值6 317万元,比上年下降26.7%。销售553台,比上年减少196台。生产小型数控滚齿机136台,比上年减少64台;销售128台,库存量略有上升。当年齿轮加工机床无出口。生产厂家以四川普什宁江机床有限公司为主。

(8)加工中心。2011年,共生产加工中心80台,其中,卧式加工中心74台、立式加工中心6台;产值13 612万元。实现销售66台,比上年增长34.69%,但库存量增长63.64%。生产厂家为四川普什宁江机床有限公司和山东临沂金星机床有限公司。

(9)多功能工具机。2011年,共生产多功能工具机739台,比上年减少174台;产值776万元,比上年下降14.3%。共销售835台,且全部出口,主要出口到欧洲等地区。生产厂家为山东临沂金星机床有限公司。

（10）镗床。2011 年，共生产镗床 8 台，比上年增加 6 台；产值 183 万元，比上年增长 266%；共销售 6 台。生产厂家为四川普什宁江机床有限公司。

2011 年小型机床行业分类产品生产情况见表 2。

表 2　2011 年小型机床行业分类产品生产情况

产品名称	实际完成		其中：数控	
	产量（台）	产值（万元）	产量（台）	产值（万元）
金属切削机床	57 078	81 903	9 789	58 332
加工中心	80	13 612	80	13 612
立式加工中心	6	94	6	94
卧式加工中心	74	13 518	74	13 518
车床	9 093	34 922	7 089	30 923
镗床	8	183		
磨床	1 492	1 523	1 482	1 213
齿轮加工机床	576	6 317	136	3 166
铣床	389	1 139	389	1 139
组合机床	804	17 587	613	8 279
仪表车床	43 859	6 184		
其他金属切削机床	777	436		
系列工具机	739	776		

三、新产品、新技术、新工艺

2011 年，小型机床分会各会员单位在“调整人力资源结构、提高企业经营绩效”的思想指导下，不断调整发展思路，明确自身的发展模式和企业定位，大力发展数控机床，走“专精特”的发展道路。各企业在新产品、新技术、新工艺的开发应用中加强技术管理，切实提升企业的专业研制能力，大力推进产品设计的模块化、系列化，深入研究制造工艺，不断优化和细化制造工艺，改进优化工艺流程，不断提高产品可靠性。

2011 年，小型机床行业在科技创新、新产品开发中都取得了显著成效。参加年鉴统计的企业共开发设计新产品 28 种，其中，全新设计 22 种、改进设计 6 种；行业新产品 6 种、企业新产品 22 种。2011 年小型机床行业部分企业新产品开发情况见表 3。

表 3　2011 年小型机床行业部分企业新产品开发情况

序号	产品名称	型号	主要技术参数	产品性质	产品属性	产品水平
四川普什宁江机床有限公司						
1	数控车床	CMK0220 Ⅱ	行程（X/Z）：220mm/180mm，快速移动速度（X/Z）：24m/min	改型设计	企业新产品	国内先进
2	加工中心	μPM1250	行程（$X/Y/Z$）：1 400mm/1 250mm/1 400mm	全新设计	行业新产品	国内先进
3	数控车床	ZXM001/2	行程（$X/Z_1/Z_2$）：400mm/350mm/200mm	全新设计	行业新产品	国内先进
4	数控磨床	ZXM001/16	行程（X/Z）：350mm/400mm	全新设计	行业新产品	国内先进
5	加工中心	THMS6350	行程（$X/Y/Z$）：500mm/560mm/500mm	全新设计	企业新产品	国内先进
6	加工中心	THMS6340	行程（$X/Y/Z$）：500mm/560mm/500mm	全新设计	企业新产品	国内先进
7	数控蜗杆铣床	SK6504	行程（X/Z）：45mm/125mm	改型设计	企业新产品	国内先进
8	专用机床	TK6580	行程（$X/Y/Z$）：1 300mm/800mm/800mm	全新设计	企业新产品	国内先进
9	专用机床	NJ－050	行程（X/Z）：7 500mm/500mm	全新设计	行业新产品	国内先进
10	专用机床	NJ－051	行程（$X/Y/Z$）：400mm/250mm/300mm	全新设计	企业新产品	国内先进
11	专用机床	NJ－K065	行程（$X/Y/Z_1$、Z_2）：1 200mm/1 600mm/450mm	全新设计	行业新产品	国内先进
12	专用机床	NJ－K068	行程（Z_1、Z_2）：320～400mm	全新设计	企业新产品	国内先进
13	专用机床	NJ－HK041	回转式工作台台面直径：4 800mm	全新设计	企业新产品	国内先进
14	专用机床	NJ－HK043	回转式工作台台面直径：400～1 000mm	全新设计	企业新产品	国内先进
15	专用机床	NJ－HK044	行程（X/Z）：1 700mm/400mm	全新设计	行业新产品	国内先进
16	专用机床	NJ－HK046	行程（X/Y）：520mm/250mm	全新设计	企业新产品	国内先进
17	专用机床	NJ－HK047	行程（X/Y）：250mm/350mm	全新设计	企业新产品	国内先进
18	专用机床	NJ－HK048	行程（X/Y）：1 200mm/220mm	全新设计	企业新产品	国内先进
19	专用机床	NJ－HK049	回转式工作台台面直径：800mm	全新设计	企业新产品	国内先进
20	专用机床	NJ－SX037	回转式工作台台面直径：810mm	全新设计	企业新产品	国内先进
山东临沂金星机床有限公司						
21	数控车床	CAK6125	行程（X/Z）：300mm	全新设计	企业新产品	国内先进
22	数控铣床	XK712－Ⅲ	行程（$X/Y/Z$）：400mm/250mm/390mm	改型设计	企业新产品	国内先进

（续）

序号	产品名称	型号	主要技术参数	产品性质	产品属性	产品水平
23	数控铣床	XK7118－Ⅲ	行程（$X/Y/Z$）：360mm/200mm/330mm	改型设计	企业新产品	国内先进
浙江金火机床有限公司						
24	高速精密数控机床	CK0635/G	床身上最大回转直径：300mm，最大加工长度：350mm，拖板上最大回转直径：145mm，主轴通孔直径：48mm，主轴最高转速：3 500r/min，快速进给速度（X/Z）：7 000mm/min，外形尺寸：1 400mm×880mm×1 360mm	改型设计	企业新产品	
25	数控多面切削机床	DMC50K	主电动机功率：3kW，主轴通孔直径：50mm，最大回转直径：360mm，行程（X/Z）：150mm/180mm，最大加工对边宽度：80mm，多平面对边对称度：0.02mm	全新设计	企业新产品	
26	后轴三工位铣钻攻数控机床	JHXZG63100K	工作台最大行程：1 100mm，工作台面尺寸：500mm×1 200mm，铣削进给滑台最大行程：260mm，铣削、钻削动力头最高转速：2 000r/min，工件安装高度：1 000mm	全新设计	企业新产品	
27	数控精密多功能切削机床	CKM6135×2－JH	1#车头最高转速：3 500r/min，2#车头最高转速：1 500r/min，大拖板最大行程（Z 轴）：280mm，小拖板最大行程（X 轴）：250mm	改型设计	企业新产品	国内领先
28	高速数控车床	CK6132	行程（X/Z）：250mm/500mm，主轴最高转速：3 000r/min，定位精度（X/Z）：0.016mm/0.020mm，重复定位精度（X/Z）：0.007 5mm/0.010mm，圆度：0.005mm	全新设计	企业新产品	

四、科研项目及专利发明情况

2011年，小型机床行业积极开展科学技术研究工作，取得较好成绩，为企业产品发展、质量改进和生产制造提供了有力的技术支持。2011年，小型机床行业上报科研项目6项，上报获奖科研项目2项，获得授权专利14项。2011年小型机床行业科研项目见表4。2011年小型机床行业获奖科研项目见表5。2011年小型机床行业授权专利情况见表6。

表4　2011年小型机床行业科研项目

科研项目名称	主要内容	应用状况	投入资金（万元）	项目来源
四川普什宁江机床有限公司				
数控排刀车床开发	优化原CMK0220产品的结构，研发一种技术上具有一定的先进性、适于大批量生产的经济性产品	自行应用	合计930	自主研发
TK6580卧式铣镗床开发	结合叶根加工市场需求，开发重载铣削加工中心，对产品的结构形式、主轴机械传动减速箱等进行优化设计，开发重载卧式加工中心	自行应用		自主研发
加工中心系列产品的改进	根据加工中心单元化装配过程中的问题和产品使用过程中出现的技术问题及对问题评估的结论，对加工中心的产品结构、工艺性及批量化生产进行改进，细化、量化装配工艺，提升产品的可靠性，缩短装配周期，降低生产成本	自行应用		自主研发
YK3610Ⅱ机床控制软件模块化	对YK机床PMC控制程序进行分析、整理，划分模块，进一步优化完善控制软件	自行应用		自主研发
山东临沂金星机床有限公司				
开放式数控机床控制系统开发	采用PC结合传统控制装置，实现机床的运动控制	研制阶段	合计500	市场调研
CAK6125数控车床	斜床身高转速数控车床开发	研制阶段		客户提出

表5　2011年小型机床行业获奖科研项目

项目名称	主要内容及应用范围	获奖名称	获奖等级	主要完成单位
THM63100精密卧式加工中心	机床采用四轴四联动模块化设计结构，适用于汽车、工程机械、模具、泵体阀门、轻纺机械、工业缝纫机、五金工具、航空和船舶等行业各种类型复杂零件的机械加工，能满足多品种中、小型箱体零件和空间曲面零件加工的需要	四川省科技进步奖	三等奖	四川普什宁江机床有限公司
THM63100IV精密卧式五轴加工中心	适用于汽车、工程机械、模具、泵体阀门、轻纺机械、工业缝纫机、五金工具、航空和船舶等行业各种类型复杂零件的机械加工，能满足多品种中、小型箱体零件和空间曲面零件加工的需要，能完成叶轮、叶片等曲面的加工	国家重点新产品		四川普什宁江机床有限公司

表6　2011年小型机床行业授权专利情况

序号	企业名称	专利名称	专利类型	授权日期
1	四川普什宁江机床有限公司	精密卧式加工中心液压夹具自动供油系统	实用新型	2011.06.01
2	四川普什宁江机床有限公司	小模数数控蜗杆铣床	实用新型	2011.02.09
3	四川普什宁江机床有限公司	可控制传动间隙的高精度圆柱齿轮副	实用新型	2011.05.11
4	四川普什宁江机床有限公司	用于卧式加工中心转台的跑车架	实用新型	2011.08.10
5	四川普什宁江机床有限公司	用于精密卧式加工中心转台的跑车架	实用新型	2011.11.09
6	四川普什宁江机床有限公司	用于精密卧式加工中心托板交换架的可靠性试验台	实用新型	2011.11.09
7	四川普什宁江机床有限公司	用于卧式加工中心转台的可靠性试验台	实用新型	2011.10.05
8	四川普什宁江机床有限公司	用于卧式加工中心托板交换架的可靠性试验台	实用新型	2011.09.14
9	浙江金火机床有限公司	台虎钳	实用新型	2011.05.11
10	浙江金火机床有限公司	一种铣钻同步机床	实用新型	2011.06.15
11	浙江金火机床有限公司	一种机床主轴和电动机的联接	实用新型	2011.06.15
12	浙江金火机床有限公司	刀具安装架	实用新型	2011.06.29
13	浙江金火机床有限公司	拉料装置	实用新型	2011.06.29
14	浙江金火机床有限公司	一种自动液压管料切削机床多功能动力头装置	发明	2011.07.20

五、企业简介

浙江金火机床有限公司　创建于1991年，是国内较早专业生产金属切削机床的国家重点高新技术企业。公司注册资金2 000万元，拥有员工450人。公司长期致力于仪表机床、数控机床、铣床、磨床的研制和生产，已成为浙江地区仪表机床、数控机床生产销售的重点企业。产品连续多年保持优良水平，公司先后荣获浙江省名牌产品、浙江省著名商标、浙江省知名商号及浙江省高新技术企业研发中心等荣誉。

公司十分重视知识产权的维护，在研发新产品的同时积极申请相应的专利，并取得较好的效果。当前已拥有1项发明专利和22项实用新型专利。其中，2011年获得发明专利1项、实用新型专利5项。

2011年，公司研发生产了CKM6135×2－JH数控精密多功能切削机床、DMC50K数控多面切削机床等新产品，并有多项产品被列入浙江省级新产品计划。2011年，公司实现销售收入2.5亿元，实现利税4 900多万元。

公司严格按照国家标准、行业标准制定企业产品标准。通过对新产品研发所用器件、材料的选用，工艺技术设计，产品标准等方面的审查，做到产品从开发设计到出厂都符合标准化要求。为满足市场需求和生产需要，促进行业技术进步，根据国家工业和信息化部2010年第一批行业标准制修订计划，由公司起草制定了6个行业标准：《手扳式仪表车床　第1部分：型式与参数》《手扳式仪表车床　第2部分：精度检验》《手扳式仪表车床　第3部分：技术条件》《数控多面切削车床　第1部分：型式与参数》《数控多面切削车床　第2部分：精度检验》和《数控多面切削车床　第3部分：技术条件》。

山东临沂金星机床有限公司　创建于1965年，由原国有企业山东临沂机床厂于1994年改制成立，是以研发、生产制造机电一体化产品数控机床和特色出口产品等为主营业务的高新技术企业。公司位于临沂市高新技术开发区，现有厂区面积7万m^2，厂房建筑面积超过3万m^2。公司拥有资产7 691万元，员工人数231人。公司具有生产立式加工中心、数控车床、数控铣床和普通机床等各类机床1万台的综合生产能力。公司已通过ISO 9001国际质量管理体系认证，享有自营进出口权，为山东省专利明星企业。

公司不断强化技术创新，提升核心竞争力。在上海浦东建立了新产品开发基地，借助上海的人才、技术、信息和市场优势，加快新产品的开发步伐。公司先后研制生产了CK系列数控车床、XK系列数控铣床和XH系列加工中心等十大系列、50多个品种的产品。公司研发的机床系列产品获6项国家专利，先后荣获山东省科技进步奖和山东省优秀新产品奖。公司研发的数控雕刻机填补了省内空白，G系列无级变速多功能机床填补了国内空白，CQ系列轻型多用车床被评为山东省名牌产品，有14种数控机床产品被山东省科技厅认定为高新技术产品，XH7132立式加工中心被列为临沂市科技攻关计划项目。

2011年，公司高新技术产品收入占总收入的75%以上，完成了由普通产品向高新技术产品的转变。公司被山东省科技厅认定为高新技术企业。公司围绕国内外两个市场积极开发新产品，调整产品结构，拓宽了销售渠道。2009～2011年，公司销售收入每年以30%以上的速度递增。产品畅销全国各省市，并远销美国、德国等30多个国家和地区。

〔撰稿人：中国机床工具工业协会小型机床分会房颖　审稿人：中国机床工具工业协会小型机床分会高克超〕

锻压机械

一、生产发展情况

根据有关统计数据，2011年，我国生产锻压设备的规模以上企业约450家，完成工业总产值280亿元。中国机床工具工业协会锻压机械分会有会员单位80余家，参加年鉴统计的企业44家。

2011年，参加年鉴统计的44家企业完成工业总产值2 081 196万元，比上年增长15.5%；工业增加值633 335万元，比上年增长40.0%；实现利税269 322万元，比上年增长30.6%。2011年锻压机械行业主要经济指标完成情况见表1。

表1　2011年锻压机械行业主要经济指标完成情况

指标名称	单位	年度累计
工业总产值	万元	2 081 196
其中：机床工具类产品产值	万元	1 871 899
工业销售产值	万元	1 983 255
其中：机床工具类产品销售产值	万元	1 698 453
工业增加值	万元	633 335
实现利税	万元	269 322
从业人员平均人数	人	36 665
资产总计	万元	2 232 502
流动资产平均余额	万元	1 486 245
固定资产净值平均余额	万元	432 025

二、产品分类产量

2011年，锻压机械总产量113 331台(套)，与上年基本持平。其中，数控锻压机械产品产量10 321台(套)，比上年增长35.8%，增长速度虽比较快，但产量数控化率也仅有9.1%。可见，锻压机械产品数控化率仍很低，数控化进程仍比较缓慢。

在锻压机械产品中，机械压力机产量93 066台(套)，占总产量的82.1%。弯曲、折叠、矫直(平)机占7.5%，剪切机床占4.5%，液压机占4.0%，其他门类的锻压机械产品占比不到2.0%。锻压机械产品仍以中小型设备为主，但大重型锻压机械的产量比上年有所增加。其中，大型锻压机械12 845台(套)，占总产量的11.3%；重型锻压机械4 511台(套)，占总产量的4.0%，两者产量合计占锻压机械产品总产量的15.3%，占比比上年增加近2个百分点。

2011年，锻压机械生产总量与上年基本持平，但产值比上年增长27.8%，说明产品结构有了明显改善。从锻压机械产值分析，产量占比82.1%的机械压力机，产值占比60.9%；弯曲、折叠、矫直(平)机，剪切机床和液压机三项产量合计占比16.0%，产值占比为32.1%。产量占比为15.3%的大重型锻压机械，产值占比为56.3%；其中产量占比4.0%的重型锻压机械，产值占比为22.6%。此外，产量占比9.1%的数控锻压机械产品，产值占比为43.4%，对锻压机械产值的贡献率较大。

由此可见，减少普通机械压力机，特别是小型、低档机械压力机的占比，提高大中型锻压机械的产量，多生产高技术附加值的锻压机械产品，努力提高锻压机械的数控化率，是今后相当长一段时间锻压机械行业发展的重要目标。2011年锻压机械行业分类产品生产情况见表2。

表2　2011年锻压机械行业分类产品生产情况

产品名称	实际完成		其中：数控	
	产量(台)	产值(万元)	产量(台)	产值(万元)
金属成形机床	113 331	1 868 596	10 321	810 351
锻造机及冲压机	833	32 796	17	3 536
金属加工压力机	97 597	1 371 845	3 517	537 910
液压机	4 531	233 612	808	147 023
机械压力机	93 066	1 138 233	2 709	390 887
弯曲、折叠、矫直(平)机	8 500	253 781	4 868	161 261
剪切机床	5 140	111 998	1 189	32 134

（续）

产品名称	实际完成		其中:数控	
	产量（台）	产值（万元）	产量（台）	产值（万元）
冲床	605	39 491	595	39 277
其他金属成形机床	656	58 685	135	36 232

三、市场及销售

2011年,锻压机械行业销售收入前三名的企业与上年相同,济南二机床集团有限公司仍居首位,销售收入达28.1亿元,江苏扬力集团有限公司居第二,销售收入22.2亿元,沃得精机(中国)有限公司以14.4亿元的成绩保持第三名。2011年进入前8名的企业销售收入均超过7亿元,生产销售均比上年有较大增长。2011年锻压机械行业销售收入前10名企业见表3。

表3　2011年锻压机械行业销售收入前10名企业

序号	企业名称	销售收入(万元)
1	济南二机床集团有限公司	280 590
2	江苏扬力集团有限公司	222 193
3	沃得精机(中国)有限公司	144 249
4	扬州锻压机床股份有限公司	95 746
5	江苏金方圆数控机床有限公司	85 516
6	江苏亚威机床股份有限公司	85 023
7	天津市天锻压力机有限公司	83 999
8	江苏江海机床集团有限公司	78 100
9	湖北三环锻压设备有限公司	69 601
10	合肥合锻机床股份有限公司	51 591

2011年,参加年鉴统计的企业共出口锻压机械5 585台(套),出口额16 516.8万美元,分别比上年增长16.7%和46.6%。出口额增幅为出口量增幅的2.8倍,同时,锻压机械产品出口主力已不再是机械压力机,弯曲、折叠、矫直(平)机的出口额上升为首位,这是出口产品构成改善的标志。数控锻压机床出口1 212台(套),出口额6 158.7万美元。值得一提的是,数控锻压机床出口量占比为21.7%,出口额占比达37.3%。2011年锻压机械行业分类产品出口情况见表4。

表4　2011年锻压机械行业分类产品出口情况

产品名称	实际完成		其中:数控	
	出口量（台）	出口额（万美元）	出口量（台）	出口额（万美元）
金属成形机床	5 585	16 516.8	1 212	6 158.7
锻造机及冲压机	73	268.6	1	20.2
金属加工压力机	2 727	6 488.0	20	946.8
液压机	169	2 240.9	12	428.4
机械压力机	2 558	4 247.1	8	518.4
弯曲、折叠、矫直(平)机	1 904	5 859.3	869	3 351.5
剪切机床	726	2 069.7	236	624.7
冲床	86	1 215.5	86	1 215.5
其他金属成形机床	69	615.7		

在出口方面,江苏扬力集团有限公司仍居榜首,出口额3 895.6万美元;江苏亚威机床股份有限公司仍保持第二名,出口额1 726.4万美元;湖北三环锻压设备有限公司以1 601.2万美元的成绩跃升为第三名。上海埃锡尔数控机床有限公司位居第四名,出口额1 588.5万美元。2011年锻压机械行业出口额前10名企业见表5。

表5　2011年锻压机械行业出口额前10名企业

序号	企业名称	出口额(万美元)
1	江苏扬力集团有限公司	3 895.6
2	江苏亚威机床股份有限公司	1 726.4
3	湖北三环锻压设备有限公司	1 601.2
4	上海埃锡尔数控机床有限公司	1 588.5
5	江苏江海机床集团有限公司	1 414.3
6	扬州锻压机床股份有限公司	1 246.8
7	江苏金方圆数控机床有限公司	1 060.4
8	安阳锻压机械工业有限公司	798.6
9	济南二机床集团有限公司	493.4
10	宁波精达成形装备股份有限公司	454.9

四、新产品、新技术、新工艺发展情况

据不完全统计,2011年锻压机械行业企业开发新产品130余项。2011年锻压机械行业新产品开发情况见表6。

表6　2011年锻压机械行业新产品开发情况

产品名称	型号	主要技术参数	产品性质	产品属性	产品水平
天津市天锻压力机有限公司					
移动回转压头框式液压机	THP34Y-1500D	公称力:15 000kN,液体最大工作压力:25MPa,移动工作台面尺寸:2 700mm×1 300mm,压头和移动工作台左右移动距离:2 000mm,压头和移动工作台移动速度:20mm/s,回转工作台顶升缸行程:3~5mm	全新设计	行业新产品	国际先进
电极挤压液压机	THP67-6300	公称力:63 000kN,回程力:5 000kN,液体最大工作压力:25MPa,模具顶起缸顶出力:400kN,模具顶起缸速度:>60mm/s,滑块运行定位精度:≤±1mm	全新设计	行业新产品	国际先进

（续）

产品名称	型号	主要技术参数	产品性质	产品属性	产品水平
电极挤压液压机	THP67－1600	公称力:16 000kN,最大液体工作压力:25MPa,回程力:12 000kN,移动工作台行程:1 400mm,移动工作台移动速度:50mm/s,移动工作台最大载荷:30 000kg	全新设计	行业新产品	国际先进
山东宏康机械制造有限公司					
数控直驱卧式铣镗床	TK611－1	镗轴直径:110mm,铣轴端面直径:190mm,工作台横向行程（X 轴）:850mm、1 400mm、1 800mm,主轴箱升降行程（Y 轴）:900mm、1 200mm,工作台纵向行程（Z 轴）:900mm、1 400mm	全新设计	行业新产品	国际先进
数控直驱刨台式铣镗床	TK6511－1	镗轴直径:110mm,铣轴端面直径:190mm,工作台横向行程（X 轴）:2 000 mm、3 000 mm、4 000mm,主轴箱升降行程（Y 轴）:1 200 mm、1 600mm,立柱纵向行程（Z 轴）:600mm、900mm、1 200mm	全新设计	行业新产品	国际先进
数控板料纵剪生产线	T11 1 12×2200	钢带板厚:4～12mm,钢带宽度:900～2 200mm,钢卷内径:762mm,钢卷外径:1 200～2 200mm,钢卷最大重量:50t,分条数:3～20 条（不含废边）,分条最小条宽:100mm,生产线速度:40～80m/min	改型设计	行业新产品	国际先进
高速滚切碎边机	25.4×60	钢卷厚度:6～25.4mm,最大剪切宽度:60mm,板材强度:≤600MPa,最大剪鼓直径:490mm,剪鼓刀刃数量:6 把/鼓,设计剪切噪声:≤88dB,剪切速度:20～40m/min,碎断长度:≈255mm	全新设计	行业新产品	国内领先
营口锻压机床有限责任公司					
闭式双点机械压力机	J36－800HDJ	公称力:8 000kN,行程:300mm,工作台面尺寸:2 400mm×1 500mm	全新设计	行业新产品	国内领先
闭式双点机械压力机	J36D－630	公称力:6 300kN,行程:500mm,工作台面尺寸:3 500mm×1 800mm	全新设计	企业新产品	国内领先
开式压力机	J21－315	公称力:3 150kN,行程:200mm,工作台面尺寸:1 400mm×800mm	全新设计	企业新产品	国内领先
闭式多工位压力机	J71－200	公称力:2 000kN,行程:260mm,工作台面尺寸:800mm×3 050mm	改型设计	企业新产品	国内领先
江苏省徐州锻压机床厂集团有限公司					
闭式单点压力机	DP31－250H	公称力:2 500kN,行程:315mm,行程次数:20 次/min	改型设计	企业新产品	国内领先
闭式单点压力机	DP31－630H	公称力:6 300kN,行程:400mm,行程次数:16 次/min	改型设计	企业新产品	国内领先
闭式双点压力机	DP36－250H	公称力:2 500kN,行程:400mm,行程次数:20 次/min	全新设计	企业新产品	国内领先
闭式双点压力机	DP36－400H	公称力:4 000kN,行程:400mm,行程次数:15 次/min	全新设计	企业新产品	国内领先
闭式双点压力机	DP36－630H	公称力:6 300kN,行程:500mm,行程次数:14 次/min	改型设计	企业新产品	国内领先
闭式高速压力机	JL75G－60	公称力:600kN,行程:30mm,行程次数:500 次/min	全新设计	行业新产品	国内领先

（续）

产品名称	型号	主要技术参数	产品性质	产品属性	产品水平
闭式高速压力机	DP75G－80C	公称力：800kN，行程：30mm，行程次数：500次/min	全新设计	行业新产品	国内领先
闭式双点压力机	DP36－315	公称力：3 150kN，行程：250mm，行程次数：30次/min	全新设计	企业新产品	国内领先
闭式双点压力机	DP36－500	公称力：5 000kN，行程：280mm，行程次数：20次/min	全新设计	企业新产品	国内领先
专用压力机	JZ21－100Z	公称力：1 000kN，行程：140mm，行程次数：50次/min	全新设计	企业新产品	国内先进
专用压力机	JZ21－160Z	公称力：1 600kN，行程：160mm，行程次数：50次/min	全新设计	企业新产品	国内先进
合肥合锻机床股份有限公司					
数控单动薄板冲压液压机	RZU2000	公称力：20 000kN，最大滑块行程：1 000mm，工作台及滑块尺寸：4 000mm×2 500mm，滑块速度：快降 350mm/s、工作 14～25mm/s、回程 360mm/s，液压垫力：6 000kN	全新设计	行业新产品	国内领先
济南二机床集团有限公司					
电主轴式力矩电动机驱动 A/C 双摆角数控万能铣头	VXD40	电动机功率：40kW，主轴最高转速：20 000r/min	改型设计	行业新产品	国际先进
硅钢片落料线	BL－1X1200A	校平机校平精度：1mm/m²，送料机可调进料长度：1～99 999mm	改型设计	行业新产品	国际先进
定梁龙门移动式镗铣加工中心	XH2740×80	固定工作台面尺寸：4 000mm×8 000mm，立柱间距：5 500mm，主轴端面至工作台面距离：2 100mm，龙门框架纵向行程（*X* 轴）：9 500mm，溜板横向行程（*Y* 轴）：5 800mm，滑枕垂直行程（*Z* 轴）：1 500mm	改型设计	行业新产品	国内领先
数控落地铣镗床	TK6926×156	镗轴直径：260mm，铣轴直径：400mm，主电动机功率：100kW，铣轴最大转矩：16 975N·m，主轴最高转速：1 000r/min，各轴快速移动速度：8～10m/min	改型设计	行业新产品	国际先进
高架式五轴联动高速镗铣加工中心	XHV2525×60	工作台面尺寸：2 500mm×6 000mm，*X* 轴、*Y* 轴快速移动速度：40m/min	改型设计	行业新产品	国内领先
数控定梁龙门镗铣床	XK2425×60	横梁固定式龙门框架结构，床身固定，工作台移动，滑枕式主铣头可随溜板在横梁导轨上水平移动	改型设计	行业新产品	国内领先
动梁龙门移动式镗铣加工中心	XH2830×100	固定工作台面尺寸：3 000mm×10 000mm，立柱间距：4 100mm，主轴端面至工作台面距离：0～2 500mm，龙门框架纵向行程（*X* 轴）：11 000mm	改型设计	行业新产品	国际先进
数控落地铣镗床	TK6926×126	镗轴直径：260mm，主电动机功率：100kW，铣轴最大转矩：17 000N·m，主轴最高转速：1 000r/min，行程（*X*/*Y*）：12 000mm/6 000mm，滑枕和镗轴行程：1 600mm	改型设计	行业新产品	国际先进
数控落地铣镗加工中心	TH6916×103	镗轴直径：160mm，铣轴直径：260mm，主电动机功率：55kW，铣轴转矩：11 200N·m，主轴最高转速：1 200r/min，滑枕截面尺寸：500mm×550mm，快速移动速度（*X*/*Y*/*Z*/*W*）：（12m/min）/（10m/min）/（8m/min）/（6m/min）	改型设计	行业新产品	国内领先

（续）

产品名称	型号	主要技术参数	产品性质	产品属性	产品水平
定梁龙门镗铣加工中心	XH2425A×80	横梁固定式龙门框架结构，床身固定，工作台移动，滑枕式主铣头可随溜板在横梁导轨上水平移动，亦可沿溜板导轨垂直移动	改型设计	行业新产品	国内先进
数控开卷校平落料线	BL-2.5×1850B	带料的屈服强度：120~400MPa，进给长度：400~4 000mm，送料精度：±0.3mm/2 000mm	改型设计	行业新产品	国内先进
呋喃树脂砂工艺大型铸件自动化造型生产线	FNSZS-ZXX	砂型最大外形尺寸：1 600mm×1 500mm×800mm，砂型最大重量：6t	改型设计	行业新产品	国内领先
板料清洗机的开发研制	TC63-2.5×4000	最小板料长度：600mm，最大板料宽度：4 000mm，工作速度：150m/min	改型设计	行业新产品	国内领先
东安黑豹汽车剪切线	CTL-3.2×2000	带料的屈服强度：360MPa，进给长度：600~43 000mm，校平精度：1mm/m	改型设计	行业新产品	国内领先
数控动梁龙门移动式镗铣床	XK2860×200	工作台面尺寸：6 000mm×20 000mm，快速移动速度（X/Y）：10 000mm/min，滑枕式主轴头最高转速：1 100r/min	改型设计	行业新产品	国际先进
数控动梁龙门移动式镗铣床	XK2850×160	固定工作台面尺寸：5 000mm×16 000mm，立柱间距：6 000mm，主轴端面至工作台面最大距离：5 200mm，龙门框架纵向行程（X轴）：17 000mm，溜板横向行程（Y轴）：7 100mm	改型设计	行业新产品	国内领先
数控动梁龙门移动式镗铣床	XK2840×120	固定工作台面尺寸：4 000mm×12 000mm，立柱间距：5 100mm，主轴端面至工作台面最大距离：4 000 mm，龙门框架纵向行程（X轴）：13 000mm，溜板横向行程（Y轴）：6 100mm	改型设计	行业新产品	国内领先
数控定梁龙门镗铣床	XK2425A×120	工作台面尺寸：2 500mm×12 000mm，立柱间距：3 100mm，主轴功率：40kW，主轴转速：10~3 000r/min	改型设计	行业新产品	国内领先
数控动梁龙门镗铣床	XK2130×80	固定工作台面尺寸：3 000mm×8 000mm，立柱间距：3 600mm，主轴端面至工作台面距离：0~3 500mm，龙门框架纵向行程（X轴）：8 500mm，溜板横向行程（Y轴）：4 800mm	改型设计	行业新产品	国内先进
数控落地铣镗床	TK6916×103	镗轴直径：160mm，铣轴直径：260mm，主电动机功率：55kW，主轴最高转速：1 200r/min，滑枕截面尺寸：500mm×550mm	改型设计	行业新产品	国内先进
大台面重载振实台	RS80A	最大负荷：80t，工作台面尺寸：5 000mm×4 000mm，振动频率：24Hz	改型设计	行业新产品	国内先进
大型快速高效数控全自动冲压生产线		整线工作能力：42 000kN，整线全自动换模时间：3min，整线生产节拍：15次/min	改型设计	行业新产品	国际先进
青岛青锻锻压机械有限公司					
双盘摩擦压力机	J53-10000	公称力：100 000kN，运动部分能量：1 650kJ，滑块行程：800mm，行程次数：8次/min，最小装模高度：900mm，工作台垫板厚度：350mm，工作台面尺寸：1 600mm×2 600mm	全新设计	行业新产品	国内领先
卧式辗环机	D52-1250	轧制力：800kN，轧环外径：350~1 250mm，轧环高度：250mm，主滑块行程：560mm，轧制速度：1.3m/s	全新设计	企业新产品	国内先进
数控辗环机	D53K-2000A	辗环直径：500~2 000 mm，轴向轧制力：1 250kN，径向轧制力：2 000kN，辗环线速度：1.3m/s	全新设计	企业新产品	国内先进

（续）

产品名称	型号	主要技术参数	产品性质	产品属性	产品水平
直驱式电动螺旋压力机	EP－400	公称力:4 000kN,允许最大作用力:6 300kN,滑块行程:400mm,行程次数:24 次/min,最小封闭高度:570mm,工作台垫板厚度:120mm,主电动机功率:55kW	全新设计	行业新产品	国内先进
电动螺旋压力机	EPC－2500	公称力:25 000kN,运动部分能量:500kJ,滑块行程:650mm,行程次数:14 次/min	全新设计	行业新产品	国内先进
直驱式电动螺旋压力机	EP－630	公称力:6 300kN,允许最大作用力:10 000kN,滑块行程:450mm,行程次数:20 次/min,最小装模高度:640mm		行业新产品	国内先进
双盘摩擦压力机	JA53－4000	公称力:40 000kN,允许力:63 000kN,滑块行程:800mm,行程次数:9 次/min,最小封闭高度:1 330mm,工作台垫板厚度:300mm,主电动机功率:2×185kW	全新设计	企业新产品	国内先进
湖北三环锻压设备有限公司					
数控单臂液压机	Y41－800	公称力:8 000kN,喉深:1 500mm,油缸行程:800mm,快下速度:85mm/s,工作速度:6.5mm/s,返程速度:80mm/s,主电动机额定功率:55kW	改型设计	企业新产品	国内先进
全闭环高精度伺服折弯机	PPEB－H3000/140	公称力:30 000kN,折弯长度:14m,快进速度:80mm/s,工作速度:6mm/s,返程速度:60mm/s,数控轴数:8 轴,滑块定位精度:±0.02mm,重复定位精度:±0.01mm	合作生产	行业新产品	国际先进
数控板料折弯机	PPEB－H2000/120	公称力:20 000kN,折弯长度:12m,滑块行程:900mm,快进速度:80mm/s,工作速度:6mm/s,返程速度:60mm/s,滑块定位精度:±0.02mm,重复定位精度:±0.01mm	改型设计	企业新产品	国际先进
数控肋骨冷弯成形机	JXS－600	最大水平推、拉力:6 000kN,弯曲力矩:2 400～3 300kN·m,最大中夹紧力:1 200kN(可调),最大侧夹紧力:750kN(可调)	合作生产	行业新产品	国际先进
数控激光切割机	ORION 4020 PLUS 4KW	切割材料厚度:碳钢 20mm、不锈钢 15mm、铝 12mm,最大加工尺寸:4 000mm×2 000mm,行程(*X/Y/Z*):4 000mm/2 000mm/290mm,定位精度:0.05mm,重复定位精度:0.025mm	技术引进	企业新产品	国内先进
数控转塔冲床	S1225	冲压力:2 000kN,冲压频率:1 000 件/min,工位:31 个	技术引进	企业新产品	国内先进
大口径直缝钢管扩径机	PED 40/1422×125	公称拉力:15 000kN,系统工作压力:28MPa,扩径钢管尺寸:ϕ406～1 422mm,扩径钢管长度:8 000～12 500mm,扩径钢管壁厚:8～40mm	全新设计	行业新产品	国际先进
数控板材剪切中心	HGSK120/14	可剪板厚:14mm,可剪板宽:12 000mm,上刀架最大行程:500mm,最大剪切力:810kN,最大压料力:1 164kN,外形尺寸:13 280mm×3 300mm×4 780mm	全新设计	行业新产品	国际先进
数控液压合缝预焊机	YH－1422/133	钢管直径:508～1 422mm,钢管壁厚:8～40mm、60mm,管长:8 000～13 300mm,牵引速度:1～7m/min,最大牵引力:300kN,机器总功率:220kW	全新设计	行业新产品	国际先进
天水锻压机床(集团)有限公司					
钢管精整校直机	TDY44SX－50/1422×12800	精整钢管最大管径:1 422mm,最大壁厚:50mm,钢管长度:12 800mm	全新设计	行业新产品	国际先进

（续）

产品名称	型号	主要技术参数	产品性质	产品属性	产品水平
数控钢管预焊机	SKGYH－50/1422×12200	预焊钢管最大管径：1 422 mm，最大壁厚：50mm，钢管长度：12 200mm	全新设计	行业新产品	国际先进
宜昌力帝环保科技集团有限公司					
金属打包液压机	YB81－315F	包块尺寸：550mm×550mm×1 100mm，料箱尺寸：2 000 mm × 1 800 mm × 1 050 mm，公称力：3 150kN，循环工作时间：≤130s，电动机功率：2×45kW	改型设计	企业新产品	国内先进
金属打包液压机	TC－E30B	包块尺寸：500mm×600mm×1 000mm，料箱尺寸：3 000 mm × 2 000 mm × 950mm，公称力：2 000kN，液压机外形尺寸：8 890mm×7 790mm×4 323mm	合作生产	行业新产品	
金属打包液压机	YB81－250BA	包块尺寸：500mm×500mm×800mm，料箱尺寸：1 800mm × 1 750 mm × 1 075 mm，公称力：2 500kN，循环工作时间≤180s，电动机功率：2×22kW	改型设计	企业新产品	
废钢破碎生产线	PSX－88104	主机功率：3 000kW，生产率：70～90t/h，加料宽度：2 600mm，锤头旋转工作直径：2 230mm，锤头数量：16 个	合作生产	行业新产品	
扬州锻压机床股份有限公司					
闭式双点高速精密压力机		公称力：5 500kN，公称力行程：2mm，滑块行程：40mm，行程次数：80～230 次/min	全新设计、合作生产	企业新产品	国内领先
精密锻造成形设备		公称力：10 000kN，滑块行程：250mm，滑块行程次数：100 次/min	全新设计、合作生产	企业新产品	国内领先
立式强力旋压机		旋压力：纵向 200kN、横向 400kN，行程：纵向 3 000 mm、横向 650mm，工作速度：纵向 0～600mm/min、横向 0～500mm/min，主轴转速：10～100r/min（直流无级调速）	全新设计、合作生产	企业新产品	国内领先
数控三点超精密高速压力机		公称力：3 000kN，公称力行程：3mm，滑块行程：30mm，行程次数：200～600 次/min	全新设计、合作生产	企业新产品	国内领先
安阳锻压机械工业有限公司					
数控全液压模锻锤	C92K－200	打击能量：200kJ	全新设计	行业新产品	国内领先
数控全液压模锻锤	C92K－100	打击能量：100kJ	全新设计	行业新产品	国内领先
450kJ 全液压动力头	YC86－450	打击能量：450kJ	全新设计	行业新产品	国内领先
10t 全液压模锻锤	C90－250	打击能量：250kJ	全新设计	行业新产品	国内领先
8t 全液压模锻锤	C90－200	打击能量：200kJ	全新设计	行业新产品	国内领先
5t 全液压模锻锤	C90－125	打击能量：125kJ	全新设计	行业新产品	国内领先
1250t 四柱快锻液压机	KZDY－1250	公称力：12.5MN	全新设计	行业新产品	国内领先
15t 操作机	T31DHZ－15	操作物料重量：15t	全新设计	行业新产品	国内领先
10t 装取料机	ZHJ－10	操作物料重量：10t	全新设计	行业新产品	国内领先
40t 新型铆接机	T92Y－40	铆接力：400kN	全新设计	行业新产品	国内领先
沃得精机（中国）有限公司					
高速精密压力机	WGC－45	公称力：450kN，公称力行程：1.6mm，滑块行程：30mm，行程次数：200～600 次/min，最大装模高度：260mm，装模高度调节量：40mm，喉口深度：215mm，工作台面尺寸：720mm×420mm，电动机功率：7.5kW	全新设计	企业新产品	国内先进

（续）

产品名称	型号	主要技术参数	产品性质	产品属性	产品水平
闭式高速精密压力机	J75G－200	公称力:2 000kN,公称力行程:3mm,滑块行程:30mm,行程次数:500 次/min,最大装模高度:435mm,装模高度调节量:50mm,工作台面尺寸:1 700mm×1 050mm,电动机功率:45kW	全新设计	企业新产品	国内先进
框架式液压薄板拉伸液压机	YW27－1000	公称力:10 000kN,液压垫力:3 500kN,滑块行程:1 600mm,液压垫行程:400mm,液体最大工作压力:25MPa,开口高度:1 700mm,工作台移动距离:2 700mm,工作台面尺寸:3 800 mm×2 500mm,滑块工作速度:6～15mm/s,滑块回程速度:120mm/s,液压垫顶出速度:60mm/s,液压垫退回速度:100mm/s	全新设计	企业新产品	国内先进
闭式双点压力机	JW36－315	公称力:3 150kN,公称力行程:7mm,滑块行程:280mm,行程次数:35 次/min,最大装模高度:550mm,装模高度调节量:120mm,工作台面尺寸:2 600mm×1 200mm,电动机功率:37kW	改型设计	企业新产品	国内先进
闭式双点压力机	JW36－400	公称力:4 000kN,公称力行程:8mm,滑块行程:300mm,行程次数:25 次/min,最大装模高度:600mm,装模高度调节量:130mm,工作台面尺寸:2 800m×1 200mm,电动机功率:45kW	改型设计	企业新产品	国内先进
闭式双点压力机	JW36－500	公称力:5 000kN,公称力行程:10mm,滑块行程:350mm,行程次数:20 次/min,最大装模高度:650mm,装模高度调节量:130mm,工作台面尺寸:3 000mm×1 300mm,电动机功率:55kW	改型设计	企业新产品	国内先进
闭式双点压力机	JW36－630	公称力:6 300kN,公称力行程:10mm,滑块行程 350mm,行程次数:15 次/min,最大装模高度:650mm,装模高度调节量:130mm,工作台面尺寸:3 100mm×1 400mm,电动机功率:75kW	改型设计	企业新产品	国内先进
闭式单点压力机	JS31－800	公称力:8 000kN,公称力行程:13mm,滑块行程 500mm,行程次数:10 次/min,最大装模高度:750mm,装模高度调节量:300mm,工作台面尺寸:1 600mm×1 600mm,气垫行程:250mm,主电动机功率:75kW	全新设计	企业新产品	国内先进
闭式双点压力机	JS36－250	公称力:2 500kN,公称力行程:13mm,滑块行程:400mm,行程次数:16 次/min,最大装模高度:450mm,装模高度调节量:250mm,工作台面尺寸:2 600mm×1 300mm,电动机功率:30kW	全新设计	企业新产品	国内先进
闭式双点压力机	JS36－300	公称力:3 000kN,公称力行程:13mm,滑块行程:400mm,行程次数:16 次/min,最大装模高度:700mm,装模高度调节量:350mm,工作台面尺寸:2 800mm×1 600mm,电动机功率:37kW	全新设计	企业新产品	国内先进
数控液压板料折弯机	WE67K－500/6000	公称力:5 000kN,可折最大宽度:6 000mm,滑块最大行程:300mm,闭合高度:710mm,喉口深度:450mm	全新设计	企业新产品	国内先进
数控液压板料折弯机	WC67Y－200/3200	公称力:2 000kN,可折最大宽度:3 200mm,滑块最大行程:200mm,闭合高度:520mm,喉口深度:320mm	全新设计	企业新产品	国内先进
液压摆式剪板机	QC12Y－16/6000	可剪最大板厚:16mm,可剪最大板宽:6 000mm,剪切角:1°51′,后挡料最大距离:600mm,行程次数:6 次/min,立柱间距离:6 455mm	全新设计	企业新产品	国内先进

（续）

产品名称	型号	主要技术参数	产品性质	产品属性	产品水平
液压摆式剪板机	QC12Y－6/2500	可剪最大板厚:6mm，可剪最大板宽:2 500mm，剪切角:1°30′，后挡料最大距离:600mm，行程次数:16 次/min，立柱间距离:2 720mm	全新设计	企业新产品	国内先进
液压摆式剪板机	QC12Y－6/3200	可剪最大板厚:6mm，可剪最大板宽:3 200mm，剪切角:1°30′，后挡料最大距离:600mm，行程次数:14 次/min，立柱间距离:3 420mm	全新设计	企业新产品	国内先进
液压闸式剪板机	QC11Y－12/2500	可剪最大板厚:12mm，可剪最大板宽:2 500mm，剪切角:0.5°～2°，后挡料最大距离:600mm，行程次数:8～25 次/min，立柱间距离:2 730mm	全新设计	企业新产品	国内先进
山东高密高锻机械有限公司					
闭式单点压力机	JA31－2000E	公称力:20 000kN，公称力行程:13mm，滑动行程长度:500mm，最大装模高度:1 200mm，装模高度调节度:500mm，滑块行程次数:10 次/min，气垫行程:250mm	全新设计	企业新产品	国内领先
闭式四点单动多连杆压力机	L4－800E/1000E/1300E	公称力:8 000kN、10 000kN、13 000kN，公称力行程:13mm，滑动行程长度:800mm，最大装模高度:1 200mm、1 300mm、1 300mm，气垫:顶出力/压紧力(单个):1 500kN、2 000kN、2 500kN	全新设计	企业新产品	国内领先
上海埃锡尔数控机床有限公司					
数控转塔冲床	TP31225	冲压能力:300kN，最大板厚:6.35mm，最大孔径(一次性冲孔):88.9mm，最大加工板料尺寸:1 250mm×5 000mm，工位数:32 个	全新设计	企业新产品	国内先进
数控光纤激光切割机	LC6020	最大加工板材尺寸:2 030mm×6 050mm，最大切割板厚:碳钢板 12mm、不锈钢板 5mm、铝板 4mm，最大速度(*X/Y*):100m/min，定位精度(*X/Y*):0.05mm，重复定位精度(*X/Y*):0.03mm	全新设计	企业新产品	国内先进
数控卧式液压弯曲机	BM20	额定公称力:200kN，滑块行程:200mm，滑块调节量:200mm，滑块速度:快进 33mm/s、工进 7mm/s、返程 55mm/s	全新设计	企业新产品	国内先进
液压联合冲剪机	IW－85KD	额定冲剪力:85kN，剪切规格:板料 406mm×20mm、角钢 130mm×130mm×12mm、圆钢 ϕ50mm、方钢 50mm×50mm	全新设计	企业新产品	国内先进
江苏亚威机床股份有限公司					
数控激光切割机	HLH－2040	加工范围:4 000mm×2 000mm，最大定位速度:170m/min，*Z* 轴定位速度:60m/min，*X* 轴定位速度:90m/min，定位精度:±0.05mm，重复定位精度:0.01mm，切割精度:±0.1mm	改型设计	企业新产品	国际先进
数控板料折弯机	PBM－110/3100	公称力:1 100kN，工作台长度:3 100mm，滑块最大行程:265mm，喉口深度:410mm，最大封闭高度:500mm，滑块速度:快下≥150mm/s、工作≥10mm/s、回程≥120mm/s	改型设计	企业新产品	国际先进
数控转塔冲床	HPC－3048	加工范围:5 000mm×1 250mm，冲头行程:40mm，送料速度(*X/Y*):(100m/min)/(70m/min)，转盘模位数:30，旋转模位数:6，转盘速度:30r/min，加工精度:±0.1mm	改型设计	企业新产品	国际先进

（续）

产品名称	型号	主要技术参数	产品性质	产品属性	产品水平
大型开式伺服折弯机	PBB－3000/18000	公称力:30 000kN,工作台长度:18 000mm,立柱间距:13 000mm,最大封闭高度:2 500mm,喉口深度:1 500mm,滑块最大行程:750mm,滑块速度:快下 80mm/s、工作 7mm/s、回程 60mm/s,滑块定位精度:±0.02mm,滑块重复定位精度:0.01mm	改型设计	企业新产品	国际先进
数控板料开卷分条卷取线	SL－6×1850	可加工板厚:0.8～6mm,可加工板宽:300～1 850mm,允许钢卷内径:508mm、610mm,允许钢卷外径:2 100mm,允许钢卷重量:≤25 000kg,机组运行线速度:0～100m/min,纵剪分条数:6～25 条	改型设计	企业新产品	国际先进
CLH－3×1650 数控板料开卷校平飞剪线	CLH－3×1650	可加工板厚:0.5～3mm,可加工板宽:200～1 650mm,最大运行速度:106m/min,最大剪切次数:160 次/min,可加工最短板长度:150mm,长度剪切精度:±0.15mm/2m,剪切毛刺:≤板厚的3%,对角线长度精度:0.5mm,板料堆垛整齐度:≤1mm	改型设计	企业新产品	国际先进
CL－1.2×1250 制桶落料线	CL－1.2×1250	可加工板厚:0.7～1.2mm,可加工板宽:900～1 250mm,机组运行线速度:0～60m/min,堆垛整齐度:≤1mm,长度剪切精度:±0.15mm,对角线精度:±0.5mm,圆片冲切精度:±0.08mm,剪切桶身张数:26 张/min,冲切桶盖张数:42 张/min	改型设计	企业新产品	国际先进
泰安华鲁锻压机床有限公司					
数控船用卷板机	WEF11K－37×21000	板厚:37mm,板宽:21 000mm	改型设计	企业新产品	国际先进
数控船用卷板机	WEF11K－35×21000	板厚:35mm,板宽:21 000mm	改型设计	企业新产品	国际先进
数控液压闸式剪板机	QC11K－20×8000	板厚:20mm,板宽:8 000mm	全新设计	企业新产品	国内先进
罐车用数控三辊卷板机	WD11K－8×10000	板厚:8mm,板宽:10 000mm	全新设计	企业新产品	国内先进
精密高强度板料矫平机	WD43M－40×3600	板厚:40mm,板宽:3 600mm	全新设计	企业新产品	国内先进
数控液压水平下调式卷板机	WSY11K－50×2500	板厚:50mm,板宽:2 500mm	全新设计	企业新产品	国内先进
精密高强度板料矫平机	WD43M－40×4500	板厚:40mm,板宽:4 500mm	全新设计	企业新产品	国内先进
数显上辊万能式三辊卷板机	WW11X－40×3000	板厚:40mm,板宽:3 000mm	全新设计	企业新产品	国内先进
全液压数控水平下调式三辊卷板机	WS11K－200/300×4000	板厚:200mm(冷)、300mm(热),板宽:4 000mm	全新设计	企业新产品	国内先进
全液压数控水平下调式三辊卷板机	WS11K－280/400×4000	板厚:280mm(冷)、400mm(热),板宽:4 000mm	全新设计	企业新产品	国内先进
大型数控水平下调式卷板机	W11S－350/450×3500	板厚:350mm(冷)、450mm(热),板宽:3 500mm	全新设计	企业新产品	国内先进

（续）

产品名称	型号	主要技术参数	产品性质	产品属性	产品水平
江苏金方圆数控机床有限公司					
数控激光加工生产线	LPS	最大切割板材尺寸:3 000mm×1 500mm,最大焊接平面尺寸:2 500mm×1 250mm,堆料高度:≤120mm,最大处理板厚:3mm	全新设计	行业新产品	国际先进
数控激光焊接机	LW2512	最大焊接板厚:碳钢3mm、不锈钢3mm,定位精度:±0.1mm,重复定位精度:0.03mm	全新设计	行业新产品	国际先进
数控母线冲孔机	MC-5035	公称力:500kN+350kN,最大冲压速度:80次/min(350kN),最大加工板材尺寸:200mm×6 000mm,一次最大压花面积:30mm×80mm	改型设计	行业新产品	国际先进
单电伺服数控转塔冲床	SMT-250	公称力:250kN,最大加工尺寸(不含再定位)2 500mm×1 250mm,最大冲孔直径:88.9mm	改型设计	行业新产品	国际先进
江苏扬力集团有限公司					
闭式双点高速精密压力机	J75G-300	公称力:3 000kN,公称力行程:3mm,滑块行程:30mm,最大装模高度:450mm	全新设计	企业新产品	
济南铸造锻压机械研究所有限公司					
超薄镀锡板精密剪切生产线	JSL-1.2×1250	板宽:1 250mm,最薄板厚:0.15mm,钢卷重量:25t,生产线速度:180m/min	改型设计	企业新产品	国内领先
板材柔性制造生产线		最大加工板幅:1 250mm×2 500mm,可加工板厚度:0.5~4mm,吸盘平移速度:35m/min,复合公称力:300kN,最大冲压频率:900 件/min,最大单冲孔直径:88.9mm,最大送料速度:110m/min	改型设计	企业新产品	国际先进
汽车发动机缸体铸件振动除芯单元	L4212	处理工件最大长度:1 200mm,处理工件最大重量:350kg,生产率:≥30 件/h,除尘系统粉尘排放浓度:≤30mg/m^3,振击工作噪声:≤90dB	改型设计	行业新产品	国际先进
汽车覆盖件数控液压成形生产线	S-YJ27E-2000/1500/800	公称力:8 000 ~ 20 000 kN,开口高度:2 000mm,滑块行程:1 500mm,滑块速度:快下≥450mm/s、工作25~50mm/s、回程≥400mm/s	改型设计	企业新产品	国际先进
变压器板式散热片自动化成形冲压生产线	ZS-JL31-400/110/110	公称力:4 000kN,最大装模高度:550mm,滑块行程:100mm,装模高度调节量:100mm,校平机校正速度:6~240m/min,切头机切断能力(厚×宽):1.2mm×620mm,定位装置移动速度:12m/min	改型设计	企业新产品	国际先进
高效成形冲压生产线	S-JH36-800/630/500	公称力:5 000 ~ 8 000kN,最大装模高度:1 200mm,滑块行程:500~600mm,工作台高度:650~710mm,装机功率:55~110kW	改型设计	企业新产品	国际先进

五、科研成果及其应用

据不完全统计,2011 年,锻压机械行业科研项目投入87 500万元。投资额居前五位的企业分别是:济南二机床集团有限公司投资额48 920 万元,江苏扬力集团有限公司投资额10 596 万元,江苏省徐州锻压机床集团有限公司投资额7 570 万元,山东宏康机械制造有限公司投资额6 752 万元,济南铸造锻压机械研究所有限公司投资额4 956 万元。2011 年锻压机械行业部分企业科研项目见表7。2011 年锻压机械行业获奖科研项目见表8。2011 年锻压机械行业部分企业授权专利情况见表9。

表7　2011 年锻压机械行业部分企业科研项目

科研项目名称	主要内容	应用状况	投入资金(万元)	项目来源
山东宏康机械制造有限公司				
TK611-1数控直驱卧式铣镗床	大转矩套装伺服主轴、拖链内置、超短圆柱支撑	自行应用	合计6 750	山东省计划

（续）

科研项目名称	主要内容	应用状况	投入资金（万元）	项目来源
TK6511－1数控直驱刨台式铣镗床	大转矩套装伺服主轴、拖链内置、超短圆柱支撑	自行应用		山东省计划
T44－4～12×2200数控板料纵剪生产线	纵剪双机互换、闭式卷曲、辊式张力	自行应用		山东省计划
25.4×60高速滚切碎边机	同步齿轮消隙装置、矩形刀片、同步升降	自行应用		山东省计划
TK611－3数控卧式铣镗床	大转矩套装伺服主轴、拖链内置、超短圆柱支撑	自行应用		企业
16×2000高强度板材矫平机	强度800MPa，三位缺陷检测、矫正，矫平过载保护	自行应用		企业
T44－8～25×2500开卷矫平横剪码垛生产线	最大剪切宽度2 500mm，重载码垛出料技术	自行应用		企业
0.3～1×900开卷矫平横剪码垛生产线	立式活套、恒张力系统	自行应用		企业
4～15×1750铝卷移动剪切生产线	高效矫平，带材卷曲施加装置	自行应用		企业
0.3～3.5×1650飞剪横切机组	双曲柄回转飞剪，双工位气垫码垛，自动覆膜	自行应用		企业
南通锻压设备股份有限公司				
JQ36－800数控机械压力机研制	气液混合压力垫技术，取代传统纯气垫，体积小，压力稳，刚性强，能耗低	自行应用	合计1 670	企业
YQK27(75)－1600多工位拉伸液压机	单向循环旋转传输技术装置，代替传统杆链传输装置	自行应用		企业
YQK34(52)－1600大台面多缸同步液压机	分段双控实现大台面调平或多缸同步	自行应用		企业
YQK27(84)－1250自适应偏载液压机	主动防偏载取代被动抗偏载	自行应用		企业
YQK27(78)－1250节能型压力机	以功率配置技术代替功率控制技术，实现简化、可靠、稳定、节能目标	自行应用		企业
江苏省重大科技成果转化专项资金项目、国家重点新产品计划项目	YQK27(83)－1000大型高性能框架精密成形液压机	自行应用		江苏省科技厅、国家科技部
大型活塞杆表面堆焊工艺研发	分节表面强化技术降低大型油缸制造成本和技术门槛	自行应用		企业
3000T卧式炭素挤压机研发	变径挤压技术提高骨料的定向性、密实性和均匀性	自行应用		企业
江苏省徐州锻压机床厂集团有限公司				
江苏省知识产权战略推进计划项目	加强企业专利、著作、软件著作权的申报流程标准化管理以及需求该项工作的科技创新管理	其他	合计5 000	江苏省科学技术厅
江苏省科技成果转化项目	伺服电动机驱动数控精密压力机	自行应用		江苏省科学技术厅
2011年江苏省认定“首台(套)重大装备及关键部件”	JH36－800E型数控闭式双点压力机	自行应用		江苏省经信委
2011年度江苏省科技支撑项目(标准)	完成《闭式高速精密压力机　精度》国家标准项目资料申报，获批后补助立项计划	其他		江苏省科学技术厅
国家战略创新新产品	JL75G－60型多连杆超高速压力机	自行应用		国家科学技术部
江苏省重点技术创新项目	精密引线框架伺服主传动高速精密冲压生产线研发项目	自行应用		江苏省经信委
合肥合锻机床股份有限公司				
RZU系列冲压液压机	通过机械同步传动，电动调节缓冲点，减轻了劳动强度，提高了安全性能和自动化程度	自行应用	合计3 900	其他企业委托科技项目

（续）

科研项目名称	主要内容	应用状况	投入资金（万元）	项目来源
YH27 系列单动液压机	首创的上置式电动同步调节全吨位低噪声冲裁缓冲装置，可吸收冲裁过程中产生的全部能量，降低了冲裁噪声，优化了操作环境，提高了液压机和模具的寿命，符合现代锻压机械所追求的绿色制造的潮流	自行应用		其他企业委托科技项目
JH36 数控闭式双点机械压力机	主传动采用五轴异向传动，高速级采用人字齿轮副传动，低速级采用直齿轮副传动，既有效降低了噪声，同时又减少了制造成本，采用高速低惯量一体式离合制动器双阀双通道冗余控制，保证安全，在国内同类产品中属于创新性的技术	自行应用		其他企业委托科技项目
YH24 系列封头液压机	利用拉伸力随压边力浮动的柔性控制，达到控制厚板冷拉伸的最佳延伸曲线。配置了快速换凸模拔模装置及压边模锁紧装置	自行应用		其他企业委托科技项目
YH25 系列车门折边液压机	配置自动换模系统，可通过可编程序控制器（PLC）和变频控制器实现液压机与各移动工作台的联动，移动工作台也可采用T形导轨装置，使各移动工作台能完成纵、横两个方向的移动	自行应用		其他企业委托科技项目
汽车内饰件液压机	采用框架式或四柱式结构，可以根据工艺要求，配置油加热系统、蒸汽系统、抽气装置以及左右安全门和前后自动升降门。采用比例伺服系统，快降速度快，压制中可设置排气位置、预压压力、压制力等参数，同时也可设置远程诊断功能	自行应用		其他企业委托科技项目
YH98 系列模具研配液压机	首次创新设计具有翻转180°功能的翻转台，变上模为下模的研配方式，从而解决模具行业上模研配过程的一大难题	自行应用		其他企业委托科技项目
框架锻造液压机	电气控制系统采用可编程序控制器（PLC），提高了电控系统的可靠性，实现了对锻造液压机速度、压力及压力分级的精确控制	自行应用		其他企业委托科技项目
YH32 系列四柱液压机	具有结构及控制系统简单、适用范围广等特点，广泛适用于各种金属、非金属制品的成形、压制、弯曲及模压等工艺	自行应用		其他企业委托科技项目
JH39 数控闭式双点机械压力机	采用闭环无流量保压，数字控制速度、压力、同步等先进技术，克服了传统液压机的缺点，具有效率高、控制精度高、功能多、柔性好、自动化程度高等优点	自行应用		地方科技项目
高速热成形液压机	开发具有冷却系统、进料系统的高速液压机；冲压件自动输送及全生产线智能控制系统等集成技术开发；基于中央控制的自动化生产线开发及应用示范	自行应用		
汽车纵梁专用液压机	采用比例泵控制的液压同步控制技术，使滑块左右同步精度达0.3mm，而当前该类液压机的同步多采用比例阀控制	自行应用		其他企业委托科技项目
济南二机床集团有限公司				
TK6926×156 数控落地铣镗床	新产品研发	自行应用	合计48 900	山东省计划
VXD40 电主轴式力矩电动机驱动 A/C 双摆角数控万能铣头	新产品研发	自行应用		山东省计划
XHV2525×60 高架式五轴联动高速镗铣加工中心	新产品研发	自行应用		山东省计划

（续）

科研项目名称	主要内容	应用状况	投入资金（万元）	项目来源
XH2740×80 定梁龙门移动式镗铣加工中心	新产品研发	自行应用		山东省计划
XK2425×60 数控定梁龙门镗铣床	新产品研发	自行应用		山东省计划
XH2830×100 动梁龙门移动式镗铣加工中心	新产品研发	自行应用		山东省计划
BL－1X1200A 硅钢片落料线	新产品研发	自行应用		山东省计划
TK6926×126 数控落地铣镗床	新产品研发	自行应用		山东省计划
XH2425A×80 定梁龙门镗铣加工中心	新产品研发	自行应用		山东省计划
TH6916×103 数控落地铣镗加工中心	新产品研发	自行应用		山东省计划
BL－2.5×1850B 数控开卷校平落料线	新产品研发	自行应用		山东省计划
CTL－3.2×2000 东安黑豹汽车剪切线	新产品研发	自行应用		山东省计划
TC63－2.5×4000 板料清洗机	新产品研发	自行应用		山东省计划
FNSZS－ZXX 呋喃树脂砂工艺大型铸件自动化造型生产线	新产品研发	自行应用		山东省计划
XK2860×200 数控动梁龙门移动式镗铣床	新产品研发	自行应用		山东省计划
XK2850×160 数控动梁龙门移动式镗铣床	新产品研发	自行应用		山东省计划
XK2840×120 数控动梁龙门移动式镗铣床	新产品研发	自行应用		山东省计划
XK2425A×120 数控定梁龙门镗铣床	新产品研发	自行应用		山东省计划
XK2130×80 数控动梁龙门镗铣床	新产品研发	自行应用		山东省计划
TK6916×103 数控落地铣镗床	新产品研发	自行应用		山东省计划
RS80A 大台面重载振实台	新产品研发	自行应用		山东省计划
大型快速高效数控全自动冲压生产线	新产品研发	自行应用		
湖北三环锻压设备有限公司				
钢管扩径机研发	研发扩径机	其他	合计 260	自行研发
30t 数控转塔冲床研发	研发 30t 数控转塔冲床	其他		自行研发
第二批 S 系列激光切割机研发	引进生产 S 系列激光切割机	技术转让		自行研发
同板差多点补偿研发	同板差多点补偿技术研发	研制阶段		自行研发
飞行光路及大幅面交换工作台研发	飞行光路及大幅面交换工作台研发	研制阶段		自行研发
特厚板焊接工艺研发	特厚板焊接工艺研发	自行应用		自行研发
天水锻压机床(集团)有限公司				
SKGYH－50/1422×12200 数控钢管预焊机	新产品研发	其他	合计 1 600	自有技术

（续）

科研项目名称	主要内容	应用状况	投入资金（万元）	项目来源
TDY44SX－50/1422×12800钢管精整校直机	该机是大口径直缝埋弧焊管生产线的设备之一。其工作原理是通过对圆度、直线度欠佳的钢管逐段从外部施加压力，对其进行矫正，使钢管圆度、直线度达到有关标准和用户使用要求	其他		自有技术
上海埃锡尔数控机床有限公司				
数控转塔冲床	该机床创新点：高速数控液压转塔冲床；采用高强度厚转盘镶套设计技术；工作台配有万向球升降机构；自动分度工位传动装置	自行应用	合计360	上海市科委科研计划项目
数控光纤激光切割机	该机床创新点：齿轮扭力同步结构，已获专利证书；外观设计，已获专利证书；采用国际先进的光纤激光器	自行应用		上海市科委科研计划项目
泰安华鲁锻压机床有限公司				
WS11K－50×3000数控水平下调式卷板机	新产品研发	自行应用	合计2 100	企业自选
WS11K－16×3000数控水平下调式卷板机	新产品研发	自行应用		企业自选
QC12Y－16×4000液压摆式剪板机	新产品研发	自行应用		企业自选
WS11K－80×2500数控水平下调式卷板机	新产品研发	自行应用		企业自选
WS11K－100×3200数控水平下调式卷板机	新产品研发	自行应用		企业自选
WEF11K－37×21000数控船用卷板机	新产品研发	自行应用		企业自选
WEF11K－35×21000数控船用卷板机	新产品研发	自行应用		企业自选
WD43M－25×2500精密高强度板料矫平机	新产品研发	自行应用		企业自选
WB43M－10×1500精密高强度板料矫平机	新产品研发	自行应用		企业自选
WD43M－20×3000精密高强度板料矫平机	新产品研发	自行应用		企业自选
WD43M－12×1500精密高强度板料矫平机	新产品研发	自行应用		企业自选
WB12K－100×3500数控四辊卷板机	新产品研发	自行应用		企业自选
WS67K－1000/4000数控板料折弯机	新产品研发	自行应用		企业自选
WS67K－400/6000数控板料折弯机	新产品研发	自行应用		企业自选
WS67K－320/4100数控板料折弯机	新产品研发	自行应用		企业自选
QC11K－32×4000数控液压闸式剪板机	新产品研发	自行应用		企业自选
QC11K－25×4000数控液压闸式剪板机	新产品研发	自行应用		企业自选

（续）

科研项目名称	主要内容	应用状况	投入资金（万元）	项目来源
QC11K－20×8000 数控液压闸式剪板机	新产品研发	自行应用		企业自选
WS11K－160×4000 数控水平下调式卷板机	新产品研发	自行应用		企业自选
WD11K－8×10000 罐车用数控三辊卷板机	新产品研发	自行应用		企业自选
WD43M－40×3600 精密高强度板料矫平机	新产品研发	自行应用		企业自选
WSY11K－50×2500 数控液压水平下调式卷板机	新产品研发	自行应用		企业自选
WD43M－40×4500 精密高强度板料矫平机	新产品研发	自行应用		企业自选
WW11X－40×3000 数显上辊万能式三辊卷板机	新产品研发	自行应用		企业自选
WD11－50×3200 对称式三辊卷板机	新产品研发	自行应用		企业自选
WD43M－32×3600 精密高强度板料矫平机	新产品研发	自行应用		企业自选
WS11K－90×3500 数控水平下调式卷板机	新产品研发	自行应用		企业自选
WS11K－200/300×4000 全液压数控水平下调式三辊卷板机	新产品研发	自行应用		企业自选
WS11K－280/400×4000 全液压数控水平下调式三辊卷板机	新产品研发	自行应用		企业自选
W11S－350/450×3500 大型数控水平下调式卷板机	新产品研发	自行应用		企业自选
江苏金方圆数控机床有限公司				
HFC3015 型数控光纤激光切割机	新产品研发	自行应用	合计 1 900	自筹
DMT－500 高速电伺服主传动数控转塔冲床	新产品研发	自行应用		自筹
PR6C800×6000 数控液压板料折弯机	新产品研发	自行应用		自筹
PE40×1500 电动伺服板料折弯机	新产品研发	自行应用		自筹
江苏扬力集团有限公司				
可重构全自动数控金属板材加工柔性生产线的研发及产业化	可重构全自动数控金属板材加工柔性生产线由加工系统、物流系统、检测系统和计算机控制系统组成，采用开放式模块化结构，可由一个或多个加工单元＋物流系统＋检测系统＋计算机控制系统组合成线，实现冲、割、剪、折、焊等多种加工工艺。该生产线可满足金属板材高速、高精、全自动加工要求，广泛用于汽车、家电及航天航空等行业	自行应用	合计 10 600	成果转化
SDP－160F 型数控节能复合型伺服压力机	以现有的 SDP－110 型伺服压力机为基础开展优化改进设计，以现有的传动系统为基础开发设计肘杆－曲柄－滑块机构，研发出 SDP－160 型数控节能复合型伺服压力机。本项目完成后可以基本满足国内需求，避免花费大量外汇和以高价格购买进口产品，可参与国际化竞争	研制阶段		自有项目

（续）

科研项目名称	主要内容	应用状况	投入资金（万元）	项目来源
冲床床身自动化焊接生产线	本项目产品具有效率高、质量好、资源占用少等诸多明显的优势。与传统工艺相比，采用本项目产品效率可以提高4~6倍，生产面积可以节省50%，能量消耗可减少30%~50%，综合成本可节约40%~50%，并可显著提高生产制造能力和自动化水平，提升产品品质	自行应用		自有项目
济南铸造锻压机械研究所有限公司				
精密锻轧成套新技术	环件轧制动力学模型研究；环件几何精度和组织性能协同控制方法研究；长寿命环件轧制模具研究；轧环成形工艺过程规划与优化研究；环件轧制CAPP系统研究；新型轧环机和轧制过程在线测量控制系统研究；轧环机变负载条件下弹性变形研究；高效精密低成本的环件轧制设备设计方法研究；环件轧制宏观变形与微观组织演化模拟分析；轧环成形工艺过程模拟分析与优化；模具优化设计方法研究；贵重合金的精密热斜轧/冷剪切下料技术研究；大型环件热轧制成形示范生产线开发	研制阶段	合计4 960	
6 000kN数控肋骨冷弯成形机	本课题针对舰船肋骨（角钢、球扁钢、T型材）冷弯成形的要求，制定大型数控肋骨冷弯成形机的总体方案，完成公称力6 000kN数控肋骨冷弯成形机的技术研发、全套图样设计和产品制造。对大型船体肋骨冷弯成形工艺技术及控制模型、高精度检测机构、组合弯模技术和垂向预弯技术等展开攻关	研制阶段		
WEF11K－40×23000超大型数控船用卷板机	本课题围绕超大型数控船用卷板机的研发，主要就以下关键技术开展技术攻关：超大型数控卷板机整体结构及关键部件的优化设计技术；超大跨度上辊和床身挠度在线自动检测及多点高精度自动补偿技术；下辊中心距水平可调同步技术；下辊独立变频调速驱动技术；数控系统的集成化和智能化控制技术；多腔主油缸设计制造及其比例伺服控制技术；关键件精密加工技术；卷板机整机装配、调试技术；卷板机的节能降耗技术；卷板机的可靠性和精度稳定性技术	研制阶段		
30 000~65 000kN全闭环高精度伺服折弯机	完成公称力30 000kN、36 000kN、52 000kN、65 000kN全闭环高精度伺服折弯机的技术研发，并研制出拥有自主知识产权、精度、可靠性和稳定性达到国际先进水平的实物样机；研究掌握大尺寸高强度板材折弯成形工艺、多缸伺服同步等关键技术	研制阶段		
铸件砂型近净成形成套装备	通过该课题的实施，研制汽车发动机缸体静压自动造型生产线；主机、辅机全部自主开发，并配有一台1 500kg自动浇注机、一台500kg主－从随动式缸体铸件搬运机械手。完成水平分型脱箱自动造型线和汽车缸体铸件生产用制芯中心	其他		
轿车铝合金缸盖缸体低压铸造成套设备	研制开发轿车铝合金缸盖低压铸造成套设备，保温炉容量≥500kg；研制缸盖专用射芯机，最大射砂量20kg；研制缸盖专用除芯单元，最大除芯铸件重量40kg；双吊钩专用抛丸清理机，最大吊钩承载100kg。完成轿车铝合金缸体潮模砂低压铸造成套设备的总体方案设计，可靠性和稳定性等技术指标达到国际先进水平	研制阶段		

（续）

科研项目名称	主要内容	应用状况	投入资金（万元）	项目来源
数控高速冲压设备可靠性增长技术	本项目针对高速精密冲床和数控回转头压力机两类产品的寿命周期可靠性增长技术进行系统深入的研究，包括高速精密冲压设备的可靠性设计理论和方法研究、产品寿命周期可靠性增长技术研究、产品可靠性试验技术研究及实验装备研制、高速精密冲压设备可靠性评价技术及可靠性标准研究等	研制阶段		
超高强度汽车结构件热冲压技术和装备生产线	开展超高强度汽车结构件热冲压成形核心技术、关键装备和集成控制系统的研究，研制完成可年产60万件的、全部采用国产关键设备的超高强度汽车结构件热冲压成形装备示范生产线，用于加工我国汽车及航空航天工业轻量化超高强度结构件	研制阶段		
伺服数控转塔冲床的研制	本项目是研制一种以伺服电动机驱动的创新型主传动为主要特征，具有技术领先、结构完善、性能可靠、精度优良、快速高效及节能降耗等特点，对金属板材进行冲孔及成形的高效数控设备——数控伺服转塔冲床。该机床用于多品种、小批量金属板材加工行业，如电力能源设备、电器开关、仪器仪表、医疗器械、建筑装饰、计算机及家电厨具等行业	其他		
大型数控单双动薄板冲压液压机	主要研制20 000kN数控单动薄板冲压液压机和60 000kN数控双动薄板冲压液压机各一台，制造出样机并形成系列化产品图样，做好有关批量化生产准备工作。研制具有自主知识产权的大型薄板冲压液压机开放性数控系统、大型模具参数数据库系统、移动工作台系统和快速换模系统等。该薄板冲压液压机具有吨位大、台面大、高精度、高速度、高效、稳定可靠、柔性化高、绿色节能环保等特点，技术达到国际先进水平，可完全替代进口，满足国内汽车、石化设备、军工、航空航天等行业的需要	其他		
大功率厚板数控激光切割和三维数控激光切割机	针对航空航天、船舶、汽车和发电设备等制造领域对厚板以及有色金属材料切割的需求，研究大功率光束传输技术、厚板切割技术、激光专用数控系统、穿孔与切割实时监控系统等关键技术，研制具有国际先进水平的大功率厚板激光切割机。针对航空航天、船舶、汽车和发电设备等制造工业的立体工件切割的要求，研究三维切割技术、高精准/大功率/长光程导光系统、高速插补运算激光专用控制系统、三维激光加工头、三维切割自动编程软件和三维工件切割工艺库等关键技术，研制具有国际先进水平的三维数控激光切割机	研制阶段		
大型数控径－轴向辗环机	对大型数控径－轴向辗环机关键技术和辗环工艺开展技术攻关，研究并掌握上抽式芯辊轴机构设计技术、上下双动径向轧制机构设计技术、非刚性同步定心机构设计技术、轴向轧制系统优化设计技术、设备润滑技术、轧制过程自动化控制及智能故障诊断技术、大型环件轧制过程数值仿真技术、大型环件辗环工艺CAPP、辗环过程在线检测与过程控制参数智能设置等，开发出8 000mm数控径－轴向辗环机样机，完成10 000mm数控径－轴向辗环机的总体方案设计，满足我国能源设备、国防等领域的生产需求	研制阶段		

（续）

科研项目名称	主要内容	应用状况	投入资金（万元）	项目来源
YJ28E 型数控框架式双动薄板拉深液压机	对钢基复合铜式超高精度耐磨型模块化导向结构、超大流量多路集成吸排油复合装置、超液面自动泄油的储油装置等技术进行研究，可实现操作的集中控制和移动控制。设有调整、手动和半自动（单次循环）三种工艺规范，并有无压力下行的微动合模操作按钮，用于对模时使用。该液压机主要用于复杂零件和偏心载荷零件的压制加工，特别适用于乘用车车身侧围、顶盖等大型覆盖类冲压件的生产	其他		国家火炬计划
数控重型金属板材柔性成形装备	对大吨位压机框架机身及核心部件的结构优化设计、直线电动机驱动的大型金属板材接料机械手、大尺度重型复杂曲面板材成形及在线检测、大型金属板材成形模具的快速更换、重型压机高精度结构件工艺等核心技术难题进行研究，为船舶、汽车、发电机等领域提供高端柔性装备	其他		山东省科技成果转化

表8　2011年锻压机械行业获奖科研项目

项目名称	主要内容及应用范围	获奖名称	获奖等级	主要完成单位
T44－5～25.4×2200 开卷矫平移动剪切生产线	T44－5～25.4×2200 开卷矫平移动剪切生产线主要用于对热轧中厚碳钢卷、不锈钢卷等进行开卷、矫平、剪切、码垛作业，从而将板卷制成不同规格长度的板材	泰安市科技进步奖 山东省机械工业科学技术进步奖	一等奖 一等奖	山东宏康机械制造有限公司
T44－0.5～3×1850 开卷矫平飞剪生产线	T44－0.5～3×1850 开卷矫平飞剪生产线是高效、节能数控成套设备，主要用于对厚 0.5～3mm、宽 120～1 850 mm 的冷轧碳钢、不锈钢、镀锌、彩涂或有色金属等薄板卷进行开卷矫平、不停机剪切、码垛及包装作业	山东省中小企业科学技术进步奖	一等奖	山东宏康机械制造有限公司
T44－0.5～3×1850 纵剪生产线	T44－0.5～3×1850 纵剪生产线是将金属板卷进行开卷、纵剪分条、收卷制成所需宽度带卷的数控自动化生产线成套设备，适用于对各类金属材料进行分条剪切	技术创新优秀新产品	二等奖	山东宏康机械制造有限公司
DP31－80 型伺服电动机驱动数控精密压力机	广泛应用于汽车、家电、电子、电机、电器、IT、五金、农机、军工、仪器仪表及航空等行业	中国机械工业科学技术奖 徐州市科技进步奖	三等奖 二等奖	江苏省徐州锻压机床厂集团有限公司
JH36－800E 型数控闭式双点压力机	广泛应用于汽车、家电、电子、电机、电器、IT、五金、农机、军工、仪器仪表及航空等行业	国家重点新产品 江苏省高新技术产品		江苏省徐州锻压机床厂集团有限公司
JH71－630 型闭式多工位压力机	广泛应用于汽车、家电、电子、电机、电器、IT、五金、农机、军工、仪器仪表及航空等行业	江苏省高新技术产品		江苏省徐州锻压机床厂集团有限公司
JL71－400 型闭式多工位压力机	广泛应用于汽车、家电、电子、电机、电器、IT、五金、农机、军工、仪器仪表及航空等行业	江苏省高新技术产品		江苏省徐州锻压机床厂集团有限公司
JH36－600E 型数控闭式双点压力机	广泛应用于汽车、家电、电子、电机、电器、IT、五金、农机、军工、仪器仪表及航空等行业	江苏省高新技术产品		江苏省徐州锻压机床厂集团有限公司
大型工件精密矫形成套设备研制及产业化	采用定位比例伺服技术开发出具有自主知识产权的专门液压比例伺服系统，使得设备的自动化程度高、液压机定位精度高、操作灵活便捷；采用数据库技术，建立矫形工艺参数数据库，具有在线确定模具参数、模具自动识别、模具参数自动调用等功能	安徽省科学技术奖	二等奖	合肥合锻机床股份有限公司

（续）

项目名称	主要内容及应用范围	获奖名称	获奖等级	主要完成单位
YH39 系列三向模锻自动成形液压机	该机采用高强度方形圈的密封组合，提高油缸密封性能；采用差动增速回路，实现水平缸的差动增速控制；采用 CAE 技术对特殊形状梁等关键部件进行有限元分析与优化设计，保证机器的强度与刚性。首创水平侧油缸位置精确定位的比例伺服技术，实现液压机压力和速度的比例伺服控制	中国机械工业科学技术奖	三等奖	合肥合锻机床股份有限公司
能源行业用全自动高速高精密硅钢片落料生产线关键技术及设备	突破了制约我国定子、转子硅钢片加工精度与生产效率低的技术瓶颈，成功应用于以电机厂为代表的能源行业中，促进我国新兴能源行业的快速发展	中国机械工业科学技术奖 山东省科技进步奖	二等奖 三等奖	济南二机床集团有限公司
CTL－2.8×2000 全自动开卷摆剪线	满足汽车、家电、风电设备等行业对摆剪线的需求，填补汽车板材冲压件的生产制造、钢板配送、板材剪切配套设备国内技术空白	中国机械工业科学技术奖	三等奖	济南二机床集团有限公司
LS4B－2400 闭式四点六连杆压力机	该大型闭式四点单动六连杆试模压力机技术先进，经济性好，符合当今世界高精度、高行程次数、高自动化的发展趋势。整机性能达到国际领先水平，填补多项国内空白，是汽车更新换代必需的重大技术装备	山东省机械工业科技进步奖	二等奖	济南二机床集团有限公司
XK2750×100 带套料数控定梁龙门移动式铣床	该机床可实现核电设备不锈钢零件的大直径通孔（ϕ200mm 以上）的高效配套加工，同时，还具有常规机床的铣削、镗削、钻孔、攻丝等功能，并配有加长、直角、万能等多种铣头附件，可实现零件的五面加工。为重型电机制造业、能源行业等不锈钢类工件的大孔径加工提供先进设备	山东省机械工业科技进步奖	二等奖	济南二机床集团有限公司
XK2745×120 数控定梁龙门移动镗铣床	该机床用于硬度较高材料（如灰铸铁、工具钢、空冷钢等）模具的加工。适用于模具行业高转速、高转矩的加工要求	山东省机械工业科技进步奖	三等奖	济南二机床集团有限公司
XK2840×160 数控动梁龙门移动式镗铣床	开发一种高刚性静压导轨，成功研发并应用了多电动机驱动负载分配与控制技术、动态载荷下龙门同步控制技术及静压导轨的设计软件，解决了航空航天、国防军工以及轨道交通设备等重点行业的大型、重型零件的加工难题	山东省科技进步奖	三等奖	济南二机床集团有限公司
TK6920×154 数控落地铣镗床	该机床的成功研制，解决了我国数控落地铣镗床研制过程中多项共性技术问题	济南市科技进步奖	二等奖	济南二机床集团有限公司
锻压设备及关键技术创新系统工程	完善创新系统工程，持续推进行业技术进步，研制具有国际先进水平的重大数控装备	湖北省创新工程奖	二等奖	湖北三环锻压设备有限公司
数控合缝预焊机	一种用于大直缝开口管坯的收口、合缝设备	中国机械工业科学技术奖	二等奖	湖北三环锻压设备有限公司
TDLCA3015 数控激光切割机	TDLCA3015 数控激光切割机是用于板材切割和几何图形加工的高精尖加工设备	甘肃省科技进步奖 天水市科技进步奖	三等奖 一等奖	天水锻压机床（集团）有限公司
XBB－50/4700×12500 闭式钢板铣边机	该闭式钢板铣边机是将制管用的钢板经下料、探伤合格后转入铣边加工，可同时将两张钢板的各一侧板边进行铣削成形，使钢板外形尺寸及坡口形状达到焊接规定的精度要求	天水市科技进步奖	三等奖	天水锻压机床（集团）有限公司

（续）

项目名称	主要内容及应用范围	获奖名称	获奖等级	主要完成单位
WD43M－60×3000系列大型精密高强板料矫平机	WD43型矫平机具有技术先进、矫平精度高、工艺范围广、自动化程度高、高强度下工作可靠性好的特点，适用于各种冷热轧板材的矫平，解决了国内高强度钢板、爆炸复合板、零部件矫平困难和矫平质量差的问题。该机由多个单片梁组成，该机上辊除具有平行和倾斜功能外，还能进行V形排布，便于高强度钢板的矫平	山东省科技进步奖	二等奖	泰安华鲁锻压机床有限公司
WS11K－170×3200数控水平下调式三辊卷板机	WSl1K(N)系列数控水平下调式三辊卷板机是在德国专家的指导下设计开发的新型产品，其结构新颖，性能优越，技术性能达到国际先进水平。该系列卷板机采用多项国家专利技术，完全拥有自主知识产权，两下辊能水平移动可以实现金属板料攻上料不需调头即可完成板料端部预弯和卷制，采用双驱动三辊卷板机专利，两下辊分别由独立的动力系统驱动	泰安市科技进步奖	一等奖	泰安华鲁锻压机床有限公司
WC43M－20×5000数控精密板料矫平机	WC43型矫平机具有技术先进、矫平精度高、工艺范围广、自动化程度高、高强度下工作可靠性好的特点，适用于各种冷热轧板材的矫平，解决了国内高强度钢板、爆炸复合板、零部件矫平困难和矫平质量差的问题	山东省优秀新产品	一等奖	泰安华鲁锻压机床有限公司
WS11K－200/300(冷/热)×3200大型数控水平下调式三辊卷板机	WSl1K(N)系列数控水平下调式三辊卷板机，是在德国专家的指导下设计开发的新型产品，其结构新颖，性能优越，技术水平达到国际先进水平。该系列卷板机采用多项国家专利技术，完全拥有自主知识产权，两下辊能水平移动可以实现金属板料攻上料，不需调头即可完成板料端部预弯和卷制	山东省优秀新产品	二等奖	泰安华鲁锻压机床有限公司
WS67K－1200/8000电液伺服数控板料折弯机	采用电液伺服同步方式保证油缸同步，同步性能好，抗偏载能力强，调试简便，两油缸行程实行单控，光栅尺检测滑块位移，同步精度高。数控系统为荷兰Delem公司的DA或意大利ESA数控系统，工作台挠度补偿采用液压油缸自动补偿或自动补偿机构补偿	山东省优秀新产品	三等奖	泰安华鲁锻压机床有限公司
大型电子伺服三坐标多工位压力机引进开发及产业化	主要由大吨位闭式压力机、电子伺服三坐标送料系统、全自动换模系统、电控系统等模块组成，可在一台多工位压力机上完成落料、冲孔、冲槽、拉延、成形等多种加工工艺，是汽车覆盖件等大型冲压件的理想加工设备	扬州市科技进步奖	一等奖	江苏扬力集团有限公司
变截面汽车纵梁数控平板冲孔生产线	该项目是针对近几年汽车行业新型载重汽车和大型客车因配套发动机升级换代引发的车架纵梁及加强梁形状尺寸多变，且有些不规则梁的单边变截面落差最大超过200mm而研制开发的新型数控平板冲孔生产线，其技术原理为将原材料平板纵梁经过本设备进行数控冲孔后，再经过压机成形等工序，制成适合要求的纵梁及加强梁等终端产品。具有自动化水平高、精度高、可靠性高、生产效率高及符合环保要求等特点	中国机械工业科学技术奖 济南市科技进步奖	二等奖 三等奖	济南铸造锻压机械研究所有限公司、郑州宇通客车股份有限公司
高强厚板精密数控开卷校平生产线	该生产线具有以下几个特点：实现板材线外对中劈头的龙门式劈头对中机，单辊独立调整带反弯功能的二重式十一辊复合功能重型校平机，自动调整径、轴向刀隙的全自动调整修边机组，20mm高强板用高刚性高精度四重十一辊重型校平机，实现表面氧化皮清理及收集的重型干式刷料机组，低噪声动力对中机动翻转垛料装置，提升式摆动活套，生产线运行的自动化控制装置。可满足厚卷板高端加工设备市场的需求	中国机械工业集团科技进步奖	二等奖	济南铸造锻压机械研究所有限公司

（续）

项目名称	主要内容及应用范围	获奖名称	获奖等级	主要完成单位
SKYE21225C 型数控伺服转塔冲床	本项目研制的数控伺服转塔冲床以伺服电动机驱动的创新型主传动为主要特征，具有技术领先、结构完善、性能可靠、精度优良、快速高效及节能降耗的特点，用于多品种、小批量的金属板材加工行业，如电力能源设备、电器开关、仪器仪表、医疗器械、建筑装饰、计算机和家电厨具等	山东省科技进步奖	一等奖	济南铸造锻压机械研究所有限公司
20mm 高强板多功能数控开卷校平生产线	该生产线是一种加工处理卷材的柔性化多功能高端装备。在国内首次实现了高强板的高精度校平、低噪声码垛、板材的刷料除尘、径轴向自动调整修边等功能，解决了传统的板材加工设备功能简单、校平质量差、噪声大等问题，满足了厚卷板高端加工设备市场的需求。属先进制造技术领域，应用于我国汽车、船舶、机车车辆、钢结构及钢材加工配送等行业	济南市科技进步奖	二等奖	济南铸造锻压机械研究所有限公司
一种“U”形梁三面冲孔工艺及其使用的生产设备	该项目提供了一种直槽 U 形梁三面冲孔工艺，只需采用可 X、Y 轴移动的腹面小冲孔机、可 Y 轴移动的大小模具混合安装的腹面大冲孔机、左翼面冲孔机和右翼面冲孔机 4 台冲孔机，即可实现 U 形梁三面冲孔工艺，全程自动化控制，生产效率高	山东省专利奖	一等奖	济南铸造锻压机械研究所有限公司
YJ46E－800 型移动旋转压头龙门液压机	本移动旋转压头龙门液压机主要用于船舶板材和型材的弯曲、折边、压筋和矫平等成形工艺。该设备经过二次研发使其具备的功能已经远远超出了传统液压机的范畴，综合了机械压力机的机械传动和液压机的液压传动的各自优点，具有柔性加工的特点	扬州市科技进步奖	二等奖	扬州捷迈锻压机械有限公司
JL36－630T 型数控高效多用途压力机	该压力机主要用于金属板材的冲孔、落料、弯曲、折边、浅拉伸、压印及其他冷冲压工艺，亦具有一次完成成形和冲裁复合工艺的功能。为节省换模时间、提高工作效率，本机采用两部移动工作台 T 形移出方式；电气系统采用日本三菱可编程序控制器（PLC）为主单元，柔性强、操控简便、可靠性高。该产品技术和性能指标已达到国际同类产品先进水平	扬州市科技进步奖	三等奖	扬州捷迈锻压机械有限公司

表 9　2011 年锻压机械行业部分企业授权专利情况

企业名称	专利名称	专利类型	授权日期
山东宏康机械制造有限公司	移动式数控车床主轴箱	实用新型	2011.10.05
山东宏康机械制造有限公司	卧式车床的多功能尾座	实用新型	2011.11.30
山东宏康机械制造有限公司	一种新型升降调节装置	实用新型	2011.04.13
山东宏康机械制造有限公司	内置拖链镗铣床	实用新型	2011.07.13
山东宏康机械制造有限公司	一种铣镗床的主轴传动装置	实用新型	2011.07.13
山东宏康机械制造有限公司	一种海浪涌动与冲击能量利用装置	实用新型	2011.08.10
山东宏康机械制造有限公司	超短圆柱滚动回转工作台	实用新型	2011.04.13
山东宏康机械制造有限公司	双驱动辊式矫平机	实用新型	2011.01.16
南通锻压设备股份有限公司	一种大吨位柱塞缸	实用新型	2011.04.27
南通锻压设备股份有限公司	一种机械压力机节能动力装置	实用新型	2011.11.23
南通锻压设备股份有限公司	一种汽车纵梁压机托模装置	实用新型	2011.06.15
南通锻压设备股份有限公司	一种移动龙门式数控钢板校平液压机	实用新型	2011.11.02
南通锻压设备股份有限公司	一种机械压力机压力垫装置	实用新型	2011.03.11
南通锻压设备股份有限公司	一种旋桨式多工位压力机夹持器	实用新型	2011.12.28

（续）

企业名称	专利名称	专利类型	授权日期
南通锻压设备股份有限公司	自行车后轴液压机	发明	2011.06.08
南通锻压设备股份有限公司	一种移动龙门式数控钢板校平液压机的移动工作台	实用新型	2011.11.02
南通锻压设备股份有限公司	一种数控多点压边框架液压机	实用新型	2011.11.02
南通锻压设备股份有限公司	一种液压机压制速度柔性调速机构	实用新型	2011.01.19
南通锻压设备股份有限公司	一种开口可调试电机转子压装液压机(1)	实用新型	2011.03.02
南通锻压设备股份有限公司	一种开口可调试电机定子压装液压机(2)	实用新型	2011.03.02
江苏省徐州锻压机床厂集团有限公司	高速压力机立柱结构	实用新型	2011.01.05
江苏省徐州锻压机床厂集团有限公司	一种气动湿式分体式带冷却装置的离合器、制动器	实用新型	2011.01.19
江苏省徐州锻压机床厂集团有限公司	压力机平衡装置气动增压系统	实用新型	2011.01.19
江苏省徐州锻压机床厂集团有限公司	压力机装模高度数显装置	实用新型	2011.02.16
江苏省徐州锻压机床厂集团有限公司	一种高速肘杆压力机下死点动态调整机构	实用新型	2011.05.18
江苏省徐州锻压机床厂集团有限公司	一种高速精密压力机驱动机构	实用新型	2011.08.31
江苏省徐州锻压机床厂集团有限公司	一种润滑、液压、离合器制动器泵三泵一体式液压系统	实用新型	2011.10.05
合肥合锻机床股份有限公司	液压机移动工作台挡块定位装置	发明	2011.10.26
合肥合锻机床股份有限公司	一种抗高偏载X形导轨的安装结构	实用新型	2011.11.09
合肥合锻机床股份有限公司	一种无导轨导向滑块的大型龙门液压机	实用新型	2011.12.14
合肥合锻机床股份有限公司	大型液压机的整体移动装置	实用新型	2011.11.23
合肥合锻机床股份有限公司	大型钢管校直V形支架	实用新型	2011.01.04
合肥合锻机床股份有限公司	大型短钢管校直机校直辅具系统	实用新型	2011.12.14
合肥合锻机床股份有限公司	大型长钢管校直机校直辅具系统	实用新型	2011.11.09
合肥合锻机床股份有限公司	汽车内饰件液压机的模具热油循环加热系统	实用新型	2011.10.19
合肥合锻机床股份有限公司	液压机移动工作台前后双向移动的活动挡块机构	实用新型	2011.11.23
合肥合锻机床股份有限公司	双键侧挂式液压机悬挂机架	实用新型	2011.09.28
合肥合锻机床股份有限公司	多键侧挂式液压机悬挂机架	实用新型	2011.11.23
合肥合锻机床股份有限公司	一种液压机的锁紧油缸	实用新型	2011.07.27
合肥合锻机床股份有限公司	一种同步液压顶针装置	实用新型	2011.08.03
合肥合锻机床股份有限公司	电动式油缸行程机械定位装置	实用新型	2011.11.23
合肥合锻机床股份有限公司	一种液压机滑块导向双向调整装置	实用新型	2011.11.09
合肥合锻机床股份有限公司	一种液压机上压头回转装置	实用新型	2011.08.10
合肥合锻机床股份有限公司	一种限位装置	实用新型	2011.08.24
合肥合锻机床股份有限公司	一种回转工作台装置	实用新型	2011.11.23
合肥合锻机床股份有限公司	液压机调节式旋转工作台装置	实用新型	2011.11.09
合肥合锻机床股份有限公司	一种液压压药机抽真空装置	实用新型	2011.10.09
合肥合锻机床股份有限公司	等温锻造液压机	实用新型	2011.11.30
合肥合锻机床股份有限公司	等温锻造液压机的滑块导轨机构	实用新型	2011.11.09
合肥合锻机床股份有限公司	液压油缸	实用新型	2011.11.09
合肥合锻机床股份有限公司	单柱液压机	实用新型	2011.11.09
合肥合锻机床股份有限公司	液压机及螺母防松结构	实用新型	2011.11.09
合肥合锻机床股份有限公司	液压机及其滑块手动锁紧安全装置	实用新型	2011.11.09
合肥合锻机床股份有限公司	一种中小型液压机的油缸	实用新型	2011.11.09
合肥合锻机床股份有限公司	中小型液压机的液压系统	实用新型	2011.11.30
合肥合锻机床股份有限公司	一种中小型液压机的手动换向阀	实用新型	2011.11.09
济南二机床集团有限公司	多连杆压力机偏心体的热处理方法	发明	2011.01.12
济南二机床集团有限公司	压力机离合器制动器控制装置	发明	2011.03.16
济南二机床集团有限公司	钢卷开卷机的钢辊焊接过程中硬度控制方法	发明	2011.04.13
济南二机床集团有限公司	机械主轴式A/C双摆角数控铣头	发明	2011.06.08

（续）

企业名称	专利名称	专利类型	授权日期
济南二机床集团有限公司	提高 ZG270－500 偏心体硬度的热处理方法	发明	2011.05.04
济南二机床集团有限公司	一种五轴联动龙门铣床加工精度的调校方法	发明	2011.06.22
济南二机床集团有限公司	重型数控机床工作台导轨注塑成型工艺	发明	2011.09.07
济南二机床集团有限公司	方滑枕	发明	2011.11.16
济南二机床集团有限公司	一种双电动机驱动消隙装置及消隙方法	发明	2011.11.16
济南二机床集团有限公司	一种液压调速装置	发明	2011.12.14
济南二机床集团有限公司	一种压力机四层双缸气垫	实用新型	2011.01.12
济南二机床集团有限公司	一种双电动机驱动消隙装置	实用新型	2011.01.12
济南二机床集团有限公司	多工位压力机的传动装置	实用新型	2011.03.16
济南二机床集团有限公司	一种多工位压力机送料横杆自动更换装置	实用新型	2011.03.16
济南二机床集团有限公司	方滑枕	实用新型	2011.04.13
济南二机床集团有限公司	拖链辅助支撑装置	实用新型	2011.05.25
济南二机床集团有限公司	齿轮传动式微调装置	实用新型	2011.06.15
济南二机床集团有限公司	一种应用于附件铣头的内冷结构	实用新型	2011.06.15
济南二机床集团有限公司	压力机摆臂式安全栓	实用新型	2011.06.29
济南二机床集团有限公司	自动附件库装置	实用新型	2011.06.29
济南二机床集团有限公司	回转工作台 4×90°定位装置	实用新型	2011.07.27
青岛青锻锻压机械有限公司	一种移动工作台式进出料装置	实用新型	2011.09.21
青岛青锻锻压机械有限公司	一种滑动齿轮式电动螺旋压力机	实用新型	2011.09.21
青岛青锻锻压机械有限公司	一种电动螺旋压砖机	实用新型	2011.09.21
湖北三环锻压设备有限公司	一种剪板机翻起式后挡料装置	实用新型	2011.04.20
湖北三环锻压设备有限公司	下传动式剪板机	实用新型	2011.04.20
湖北三环锻压设备有限公司	一种剪板机随动托料装置	实用新型	2011.04.20
湖北三环锻压设备有限公司	一种折弯机机械挠度补偿装置	实用新型	2011.04.20
湖北三环锻压设备有限公司	一种深 U 形工件成型模具	实用新型	2011.09.07
湖北三环锻压设备有限公司	重载型内力平衡式自动变距折弯下模	实用新型	2011.02.09
湖北三环锻压设备有限公司	钟摆式双向扩径机	实用新型	2011.03.23
湖北三环锻压设备有限公司	油缸沟槽内径数显游标尺	实用新型	2011.02.09
湖北三环锻压设备有限公司	一种自动对中上卷料装置	实用新型	2011.04.20
天水锻压机床(集团)有限公司	激光切割机 PLC 自动控制激光加工辅助气体供气装置	实用新型	2011.10.30
天水锻压机床(集团)有限公司	激光切割机横梁纵向驱动及复合导轨装置	实用新型	2011.07.06
天水锻压机床(集团)有限公司	激光切割机交换工作台同步升降装置	实用新型	2011.07.06
天水锻压机床(集团)有限公司	激光切割机连续供气装置	实用新型	2011.07.06
天水锻压机床(集团)有限公司	激光切割机双路电气低高压比例调节阀控制系统	实用新型	2011.10.30
天水锻压机床(集团)有限公司	激光切割机一种激光发生器调节底座	实用新型	2011.10.30
天水锻压机床(集团)有限公司	闭式钢板铣边机进出料托辊机构	实用新型	2011.07.06
天水锻压机床(集团)有限公司	闭式钢板铣边机压板装置	实用新型	2011.07.06
天水锻压机床(集团)有限公司	闭式钢板铣边机大吨位钢板铣边机压力跟踪系统	实用新型	2011.07.06
天水锻压机床(集团)有限公司	闭式钢板铣边机钢板厚度在线实时自动检测装置	实用新型	2011.07.06
天水锻压机床(集团)有限公司	闭式钢板铣边机一种液压浮动消除齿轮条间隙装置	实用新型	2011.10.30
天水锻压机床(集团)有限公司	钢板铣边机分体式主轴箱	实用新型	2011.07.06
沃得精机(中国)有限公司	导轨专用铣床工作装置	实用新型	2011.07.06
沃得精机(中国)有限公司	镗孔专用机床	实用新型	2011.08.03
沃得精机(中国)有限公司	一种闭式压力机机身	实用新型	2011.09.07
沃得精机(中国)有限公司	防止压力机离合器与制动器干涉的控制阀装置	实用新型	2011.07.06
沃得精机(中国)有限公司	曲柄压力机的双动机构	实用新型	2011.01.05

（续）

企业名称	专利名称	专利类型	授权日期
沃得精机(中国)有限公司	压力机气垫装置	实用新型	2011.01.05
沃得精机(中国)有限公司	曲柄压力机滑块平衡装置	实用新型	2011.01.05
沃得精机(中国)有限公司	剪板机上下刀片间隙均匀度调整装置	实用新型	2011.05.18
沃得精机(中国)有限公司	折弯机后挡料横梁	实用新型	2011.05.05
沃得精机(中国)有限公司	折弯机气动试车装置	实用新型	2011.05.11
沃得精机(中国)有限公司	折弯机脚踏操纵杆焊接定位装置	实用新型	2011.04.15
沃得精机(中国)有限公司	薄壁零件内孔胀紧装置	实用新型	2011.05.25
沃得精机(中国)有限公司	飞轮圆周钻孔定位装置	实用新型	2011.05.03
沃得精机(中国)有限公司	剪板机上刀架回程卸料装置	实用新型	2011.06.01
沃得精机(中国)有限公司	剪板机压料装置	实用新型	2011.05.05
沃得精机(中国)有限公司	剪板机上刀架镗孔工装	实用新型	2011.06.01
山东高密高锻机械有限公司	闭式压力机单顶冠式上气垫	发明	2011.09.14
山东高密高锻机械有限公司	伺服压力机传动装置	实用新型	2011.01.12
上海埃锡尔数控机床有限公司	板料折弯机的行程同步等高调节机构	实用新型	2011.01.12
上海埃锡尔数控机床有限公司	一种板料折弯机的随动式前托料机构	实用新型	2011.10.19
上海埃锡尔数控机床有限公司	一种普通折弯机主压力及补偿压力电子调整系统	实用新型	2011.04.13
上海埃锡尔数控机床有限公司	激光切割机的齿轮扭力同步结构	实用新型	2011.12.07
上海埃锡尔数控机床有限公司	大型激光切割机	外观设计	2011.07.20
江苏亚威机床股份有限公司	一种校平机	发明	2011.08.24
江苏亚威机床股份有限公司	机械伺服数控转塔冲床的主传动过载保护机构	实用新型	2011.08.24
江苏亚威机床股份有限公司	堆垛机的排料落料装置	实用新型	2011.08.24
江苏亚威机床股份有限公司	卷取线上的张力装置	实用新型	2011.08.24
江苏亚威机床股份有限公司	折弯机上的板料定位装置	实用新型	2011.10.05
江苏亚威机床股份有限公司	滑块动平衡监控装置	实用新型	2011.10.05
江苏亚威机床股份有限公司	滚珠丝杠辅助支撑装置	实用新型	2011.10.12
江苏亚威机床股份有限公司	数控转塔冲床手动夹钳相对位置的调整监控机构	实用新型	2011.11.16
江苏亚威机床股份有限公司	机械伺服数控转塔冲床的全工进公称压力的主传动机构	实用新型	2011.11.16
江苏亚威机床股份有限公司	大吨位机械伺服数控转塔冲床的动力机构	实用新型	2011.11.16
江苏亚威机床股份有限公司	机械伺服数控转塔冲床的主传动间隙消除机构	实用新型	2011.11.16
江苏亚威机床股份有限公司	机械伺服数控转塔冲床的冲头凸轮传动机构	实用新型	2011.11.16
江苏亚威机床股份有限公司	折弯机下模抗挠度装置	实用新型	2011.11.16
江苏亚威机床股份有限公司	航空铝材焊接横梁	实用新型	2011.11.16
泰安华鲁锻压机床有限公司	卷板机上辊液压马达传动装置	实用新型	2011.04.15
泰安华鲁锻压机床有限公司	一种卷板机折弯用模具	实用新型	2011.06.08
泰安华鲁锻压机床有限公司	一种卷锥装置	实用新型	2011.08.30
泰安华鲁锻压机床有限公司	卷板机的支撑装置	实用新型	2011.08.30
泰安华鲁锻压机床有限公司	基于PLC的开卷机自动对中系统	实用新型	2011.09.06
泰安华鲁锻压机床有限公司	带钢尾板输送装置	实用新型	2011.10.19
泰安华鲁锻压机床有限公司	一种卷板机的卷锥装置	实用新型	2011.08.02
泰安华鲁锻压机床有限公司	加工卷板机超长辊的定位支撑装置	实用新型	2011.10.12
泰安华鲁锻压机床有限公司	罐车用卷板机	外观设计	2011.11.29
泰安华鲁锻压机床有限公司	一种下辊中心距可调的三辊卷板机	发明	2011.04.20
江苏金方圆数控机床有限公司	双油缸数控母线冲孔机	实用新型	2011.01.12
江苏金方圆数控机床有限公司	液压压料平弯凸模	实用新型	2011.01.12
江苏金方圆数控机床有限公司	数控母排冲孔机用冲断模具	实用新型	2011.01.12
江苏金方圆数控机床有限公司	大面积压花模	实用新型	2011.01.12

（续）

企业名称	专利名称	专利类型	授权日期
江苏金方圆数控机床有限公司	聚氨酯冲孔模具	实用新型	2011.03.30
江苏金方圆数控机床有限公司	母线冲孔机翻转式下料装置	实用新型	2011.01.12
江苏金方圆数控机床有限公司	母线冲孔机的直线模座	实用新型	2011.01.26
江苏金方圆数控机床有限公司	冲压机械中的主传动双伺服电动机的安装结构	发明	2011.05.11
江苏金方圆数控机床有限公司	高速电伺服数控转塔冲床	外观设计	2011.08.31
江苏金方圆数控机床有限公司	堆料台浮动装置	实用新型	2011.08.10
江苏金方圆数控机床有限公司	去毛刷模具	实用新型	2011.08.10
江苏金方圆数控机床有限公司	板材测厚装置	实用新型	2011.07.06
江苏金方圆数控机床有限公司	数控冲床过载保护装置	实用新型	2011.07.27
江苏金方圆数控机床有限公司	一种气动夹钳	实用新型	2011.08.10
江苏金方圆数控机床有限公司	板料自动涂油装置	实用新型	2011.07.20
江苏金方圆数控机床有限公司	数控激光切割机（FC2512）	外观设计	2011.08.10
江苏金方圆数控机床有限公司	一种平弯模具	实用新型	2011.08.24
江苏金方圆数控机床有限公司	一种高速送料机构	实用新型	2011.08.24
江苏金方圆数控机床有限公司	双电动机双丝杠传动送料机构	实用新型	2011.08.24
江苏金方圆数控机床有限公司	重载液压夹钳	实用新型	2011.08.24
江苏金方圆数控机床有限公司	齿轮齿条传动送料机构	实用新型	2011.08.24
江苏金方圆数控机床有限公司	数控激光切割机（HC3015）	外观设计	2011.08.24
江苏金方圆数控机床有限公司	汽车纵梁数控冲孔生产线导向压料装置	实用新型	2011.09.28
江苏金方圆数控机床有限公司	一种板料连续吸取装置	实用新型	2011.09.28
江苏金方圆数控机床有限公司	销定位装置	实用新型	2011.09.28
江苏金方圆数控机床有限公司	一种箱体工装	实用新型	2011.10.05
江苏金方圆数控机床有限公司	一种双工位激光焊接机	实用新型	2011.10.05
江苏金方圆数控机床有限公司	焊缝位置检测装置	实用新型	2011.09.28
江苏金方圆数控机床有限公司	一种激光切割机	实用新型	2011.09.28
江苏金方圆数控机床有限公司	一种激光切割机扩束镜	实用新型	2011.09.28
江苏金方圆数控机床有限公司	激光焊接机旋转工作台	实用新型	2011.09.28
江苏金方圆数控机床有限公司	冲压机械中伺服电动机的主传动结构	发明	2011.09.21
江苏金方圆数控机床有限公司	数控直角剪板机的主传动机构	实用新型	2011.09.07
江苏金方圆数控机床有限公司	一种数控激光切割机床	实用新型	2011.09.28
江苏金方圆数控机床有限公司	激光切割自动上下料分选码垛系统	发明	2011.10.19
江苏金方圆数控机床有限公司	激光切割自动上下料机械手	发明	2011.10.19
江苏金方圆数控机床有限公司	一种激光焊接旋转装置	实用新型	2011.10.19
江苏金方圆数控机床有限公司	激光切割机	实用新型	2011.10.19
江苏金方圆数控机床有限公司	汽车纵梁数控冲孔加工中使用的位移检测装置	实用新型	2011.11.23
江苏金方圆数控机床有限公司	数控转塔冲床的横梁护罩	外观设计	2012.01.04
江苏金方圆数控机床有限公司	激光切割光路补偿系统	实用新型	2011.12.17
江苏扬力集团有限公司	压力机四面45°导轨精度调节机构	实用新型	2011.04.20
江苏扬力集团有限公司	压力机传动连接结构	实用新型	2011.01.19
江苏扬力集团有限公司	一种压力机工作台结构	实用新型	2011.01.12
江苏扬力集团有限公司	压力机导轨精度前后调节装置	实用新型	2011.03.16
江苏扬力集团有限公司	一种压力机复式增扭传动机构	实用新型	2011.03.16
江苏扬力集团有限公司	装模高度调整装置的控制系统	实用新型	2011.03.16
江苏扬力集团有限公司	压力机安全急停控制系统	实用新型	2011.06.01
江苏扬力集团有限公司	压力机装模高度机械锁紧装置	实用新型	2011.05.11
江苏扬力集团有限公司	龙门式压力机	外观设计	2011.06.01

（续）

企业名称	专利名称	专利类型	授权日期
江苏扬力集团有限公司	柱形台压力机工作台挠度补偿装置	实用新型	2011.06.29
江苏扬力集团有限公司	一种压力机机械保护装置	实用新型	2011.05.18
江苏扬力集团有限公司	多工位压力机的全程推料装置	实用新型	2011.05.18
江苏扬力集团有限公司	压力机装模高度锁紧机构	实用新型	2011.07.20
江苏扬力集团有限公司	高速压力机与旋转编码器的连接装置	实用新型	2011.07.20
江苏扬力集团有限公司	一种柱形工作台压力机	实用新型	2011.10.19
江苏扬力集团有限公司	一种可开启的压力机操纵盒	实用新型	2011.10.19
江苏扬力集团有限公司	机床气垫快速排气装置	实用新型	2011.08.24
江苏扬力集团有限公司	磨床伺服电动机扭矩进给控制系统	实用新型	2011.09.28
江苏扬力集团有限公司	一种压力机的伺服控制系统	实用新型	2011.11.09
江苏扬力集团有限公司	一种压力机用旋转编码器的安装结构	实用新型	2011.11.09
江苏扬力集团有限公司	压力机飞轮防甩油装置	实用新型	2011.12.07
江苏扬力集团有限公司	一种压力机球头间隙调整装置	实用新型	2011.11.23
江苏扬力集团有限公司	多电动机驱动装置	实用新型	2011.09.28
江苏扬力集团有限公司	压力机凸轮控制器链条断裂保护装置	实用新型	2011.11.23
江苏扬力集团有限公司	一种能够识别模具的压力机	实用新型	2011.11.23
江苏扬力集团有限公司	一种高安全性的闭式压力机	实用新型	2011.12.07
江苏扬力集团有限公司	一种带移动按钮站的闭式压力机	实用新型	2011.12.21
江苏扬力集团有限公司	闭式压力机远程监控系统	实用新型	2011.12.07
江苏扬力集团有限公司	龙门式压力机	实用新型	2011.03.30
宁波精达成形装备股份有限公司	一种顶置油缸式四柱压力机	实用新型	2011.04.13
宁波精达成形装备股份有限公司	多级变行程压力机主轴	实用新型	2011.08.07
济南铸造锻压机械研究所有限公司	一种铝合金真空浇注装置	发明	2011.06
济南铸造锻压机械研究所有限公司	一种大梁冷弯线成形机	发明	2011.07.20
济南铸造锻压机械研究所有限公司	一种横向矫直机	发明	2011.11.09
济南铸造锻压机械研究所有限公司	一种移动旋转压头龙门液压机压头	发明	2011.04.13
济南铸造锻压机械研究所有限公司	数控液压板料冲孔机的模座	实用新型	2011.05.18
济南铸造锻压机械研究所有限公司	夹钳	实用新型	2011.06.22
济南铸造锻压机械研究所有限公司	带导向和检测的液压缸	实用新型	2011.05.18
济南铸造锻压机械研究所有限公司	振动除芯机	实用新型	2011.06.15
济南铸造锻压机械研究所有限公司	中心线定位装置	实用新型	2011.08.17
济南铸造锻压机械研究所有限公司	纵剪刀座及纵剪	实用新型	2011.08.17
济南铸造锻压机械研究所有限公司	跟随定位夹紧装置	实用新型	2011.08.17
济南铸造锻压机械研究所有限公司	激光切割机(1)	实用新型	2011.08.17
济南铸造锻压机械研究所有限公司	激光切割机(2)	实用新型	2011.02.16
济南铸造锻压机械研究所有限公司	激光切割机润滑系统	实用新型	2011.06.01
济南铸造锻压机械研究所有限公司	二通插装阀	实用新型	2011.06.29
济南铸造锻压机械研究所有限公司	激光切割机工作台的同步升降装置	实用新型	2011.10.26
济南铸造锻压机械研究所有限公司	低压铸造机接取铸件装置	实用新型	2011.06.29
济南铸造锻压机械研究所有限公司	浇注机同步装置	实用新型	2011.08.17
济南铸造锻压机械研究所有限公司	一种行程可调节压力机气垫	实用新型	2011.03.02
济南铸造锻压机械研究所有限公司	一种高强度液压机导向立柱	实用新型	2011.03.02
济南铸造锻压机械研究所有限公司	顶置式精确机械同步满载荷冲裁缓冲装置	实用新型	2011.08.03
济南铸造锻压机械研究所有限公司	移动工作台浮动路轨结构	实用新型	2011.07.27
济南铸造锻压机械研究所有限公司	一种机械压力机气压自动控制系统	实用新型	2011.07.27
济南铸造锻压机械研究所有限公司	带双比例精确调节功能的压拉深装置	实用新型	2011.08.10
济南铸造锻压机械研究所有限公司	数控转塔冲床	外观设计	2011.02.16

六、企业简介

济南二机床集团有限公司　2011年，济南二机床集团有限公司坚持以科学发展观统领各项工作，以市场为导向，大力推进技术创新和管理创新，完善内部机制建设，企业实现了持续、快速发展。新签合同、货款回收、完工产出均超过30亿元；销售收入、工业增加值、利税等主要经济技术指标均增长35%以上，连创历史新高。

公司以实施国家科技重大专项和不断满足国内外高端用户需求为契机，全面推进技术创新和技术进步，主导产品技术水平与国际最前沿技术保持同步。公司承担的7项国家科技重大专项已有4项通过国家验收，其中"大型快速高效数控全自动冲压生产线"入选"国家科技重大专项十大标志工程"，参加了"十一五"国家重大科技成果展。高速冲压线等高端产品占据国内市场60%以上的份额；在与国际一流机床制造企业的竞争中，囊括福特汽车美国工厂全部5条冲压生产线订单。

合肥合锻机床股份有限公司　始建于1951年，集液压机、机械压力机等各类锻压设备的研发、生产、销售和服务于一体，是我国大型自动化锻压成套技术与装备产业化基地和金属成形机床制造行业排头兵企业。产品广泛应用于汽车、家电、军工、航空航天、石化设备及新材料等领域。公司建立了覆盖全国的营销网络，是同行业中率先向美国、德国和日本等发达国家出口成套成线设备的企业之一。

公司占地面积28.7万m^2，现有在职员工960余人，其中，工程技术人员300余人、高级技术职称50余人、享受政府津贴的中青年专家13人。2008年，在同行业率先通过了GB/T 19001、GB/T 24001和GB/T 28001"三合一"管理体系认证。2008年，公司液压机产品取得CE认证，成功打入欧洲市场。

公司长期致力于科技创新型企业建设，通过引进、消化和吸收德国压力机先进制造技术，不断创新和研究，为提高我国锻压机械产品的整体水平做出了贡献。先后建立了院士工作站和博士后科研工作站，并与合肥工业大学联合组建了合肥工业大学合锻先进锻压与成形装备技术研究院，促进了企业产品结构的调整和技术进步。

公司作为我国液压机国家标准的主要起草单位之一，近年来主持制修订《液压机的安全　技术条件》国家和行业标准23项；荣获省部级科技奖励50余项，拥有专利130余项，开发的自主知识产权的高新技术产品产值占总产值的比重达85%以上，连续多年荣获"全国用户满意产品"称号。公司还荣获2011年中国工业行业排头兵企业、机械工业企业管理示范企业、2009年度机床工具行业自主创新十佳企业、最佳综合经济效益十佳企业、全国优秀售后服务网点和全国履行社会责任突出贡献奖等荣誉称号。

青岛青锻锻压机械有限公司　原青岛锻压机械集团公司，始建于1946年，2004年由国有大型企业改制为民营企业，是国内规模较大的螺旋压力机制造企业。公司连续21年被评为山东省、青岛市重合同守信用企业，已通过ISO 9001国际质量管理体系认证。公司占地面积26万m^2，资产总计2亿元，现有在岗职工830人，其中工程技术人员158人。拥有主要生产设备450台，最大起重能力300t。

公司具有雄厚的科技创新和技术研发能力，设有青岛市认定的企业技术中心，并且与多家科研院所有着长期稳定的合作关系，螺旋压力机的研发技术代表着国家水平和发展方向。公司主导产品有J53、QHJ53系列模锻型双盘摩擦压力机，J54系列精压型双盘摩擦压力机，J55系列离合器式螺旋压力机，EP、EPC系列数控电动螺旋压力机，MP系列热模锻压力机，J93、J67、J69系列复合式摩擦压砖机以及D51、D52、D53K系列数控卧式辗环机等。产品曾荣获国家银质奖、国家科技进步奖、部（省）科技进步奖、国家级新产品奖及部、省、市优质产品奖，2006年荣获山东省名牌产品、山东省著名商标称号。产品销往全国各地及世界30多个国家和地区。

广东锻压机床厂有限公司　是华南地区最大的集研究开发、专业技术、制造和服务于一体的锻压设备生产企业，是国家生产锻压设备的骨干企业、国家高新技术企业、广东省民营科技企业、国家火炬计划佛山自动机械及设备产业基地骨干企业。2011年，公司产值达3亿多元，实现利税5 000万元。

公司占地面积超过20万m^2，现有员工800多人，其中，工程技术人员195人、高级职称13人（教授级高工1人）、工程师78人。主要生产设备200多台（套），拥有大型柔性制造系统、齿轮磨床、曲轴磨床、加工中心等大型、精密设备近100台（套）。拥有先进的计量、检测设备3 000多件（套），已取得二级计量资格证。

公司建有博士后科研工作站、广东省省级企业技术中心、广东省锻压设备工程技术研究开发中心以及佛山市大型、高效、精密锻压机械工程技术中心等科研机构，已聚集一批具有国内一流技术水平的、适应性强的实用人才，具备自主开发精密、高速、大型及自动化机械压力机和液压机的能力。

公司主导产品有高精度伺服控制压力机、高性能机械压力机、油压机和自动转序冲压线。其中，大型机械压力机最大公称力12 000kN，大型油压机最大公称力50 000kN，高速压力机最高行程次数800次/min，精密压力机精度0.01mm。产品技术处于国内领先或先进水平，部分达到国际先进水平。产品质量稳定可靠，广泛应用于汽车、船舶、核电设备、轨道交通设备、能源设备、IT及家电等行业。公司建立了完善的销售网络，以珠江三角洲为中心，辐射全国，并远销印度尼西亚、日本、菲律宾、马来西亚、美国等十多个国家和中国香港地区。

山东宏康机械制造有限公司　主导产品为数控板料开卷矫平剪切生产线、数控铣镗床系列产品，公司当前已成为我国研制生产数控板料开卷矫平剪切生产线的骨干企业之一。

公司现有员工802人，工程技术人员290人，其中，具有中高级职称工程技术人员66人、中级以上技工240余人。公司占地面积35万m^2,拥有主要生产设备400余台(套),其中精、大、稀设备62台(套)。先后通过了质量、环境和职业健康安全三个管理体系认证以及CE认证、三级保密认证。

公司是国家高新技术企业,拥有省级企业技术中心、工业设计中心、山东省开矫弯卷成形工程技术研究中心、山东省中韩开矫装备合作研究中心、山东省开矫弯卷成形工程实验室和院士工作站等技术创新平台。现有50多项国家发明专利和实用新型专利,被评为中国专利山东明星企业。公司负责制定数控开卷矫平剪切生产线产品的2项国家标准和1项行业标准,先后承担了3项国家火炬计划、2项国家重点新产品计划项目的研制工作。产品不仅可替代进口,还出口到韩国、日本、美国和西班牙等国家。“宏康”牌数控铣镗床符合机械装备智能、绿色、低碳的发展方向,迅速得到市场认可。

江苏省徐州锻压机床厂集团有限公司 原江苏省徐州锻压机床厂,始建于1951年,1964年开始批量生产开式机械压力机,并于当年被原第一机械工业部认定为国家首批机械压力机定点生产企业,1988年被评为国家二级企业,1995年被认定为国有大型工业企业。

公司占地面积25万m^2,建筑面积15万m^2;拥有资产4.5亿元。2001年,通过了ISO 9001质量管理体系认证;2005年,通过了环境管理体系和职业健康安全管理体系认证;2006年,被认定为江苏省高新技术企业;2007年,被确定为江苏省首批创新型试点企业;2010年,被评为国家火炬计划重点高新技术企业;2011年,被评为江苏省企业创新先进单位;连年被评为中国机械行业500强企业。

公司始终坚持“做精品机床、树一流品牌”的经营方针,不断加大科技投入和产品结构调整力度。主要产品包括JF75G系列闭式高速机械压力机,VH、SH系列开式高速机械压力机,JE、JH、JZ等系列开式高性能机械压力机,JE25系列开式双点机械压力机,JE31、JE36、JH31、JH36系列闭式、半闭式单双点机械压力机,NTP系列数控回转头压力机,DP21、DP31系列精密数控伺服压力机,J11、J21、J23等系列开式机械压力机,Y27、Y32系列液压机,XD系列汽车钢圈成套制造设备等30个系列、200多个品种。产品广泛应用于汽车、家电、IT、五金、农机、军工、仪器仪表及航空等行业。

公司长期坚持科技领先战略,拥有专业技术人员280余人,其中高级工程师26人,研究生以上学历38人,专职从事研发人员80余名。产品开发全部采用三维CAD、CAPP和PDM等信息化技术,实现了从产品设计、工艺流程到加工等各阶段数据的无缝集成,充分保证了产品研发、制造的速度和质量。

沃得精机(中国)有限公司 始建于1953年,是一家专业从事机械压力机、液压机、剪板机、折弯机等金属成形设备研发与制造的企业。沃得精机集团是沃得集团下的二级集团企业,下辖沃得精机(中国)有限公司、沃得重型机床(中国)有限公司、沃得数控机床(江苏)有限公司、沃得精机(沈阳)有限公司和沃得销售有限公司5个全资子公司以及控股子公司上海尚锻压力机有限公司。

公司注册资本逾3 400万美元,占地面积66.7万m^2,总资产11亿多元,员工2 500多人,其中工程技术人员140余人。主要生产设备逾800台,各类大型、关键设备近150台,设备精良,生产能力雄厚,工艺先进独特。主要产品涵盖J23、J21G、JH21、J75G、YW27、QC12Y、WE67Y等十余个系列、200多个品种的大中小型机械压力机、液压机、剪板机和折弯机。

天水锻压机床(集团)有限公司 前身为天水锻压机床厂,是20世纪60年代国家投资建设的大二型国家重点骨干企业。2011年,组建了天水锻压机床集团。公司占地面积31万m^2,其中生产建筑面积6.3万m^2。主要生产设备360多台(套),其中大型、精密设备约40台(套)。主导产品为剪板机、折弯机和制管成套设备,其中石油、天然气制管成套设备处于国际先进水平,大型剪、折机床技术处于国内领先水平。公司是国内唯一一家能生产大型数控剪切中心和全套大口径直缝埋弧焊管生产线的企业,产品出口世界40多个国家和地区。注册商标TSD及图被认定为中国驰名商标。

公司设有国家级企业技术中心和甘肃省制管及锻压设备工程中心,现有各类专业技术人员200余人,高级工程师2人,省级技术带头人11人。公司曾承担国家“100项高技术产业化示范工程”项目、国家“863”计划项目和国家火炬计划项目等。先后获得国家、省、部、厅、市级科技进步奖57项,8种产品被列为国家重点新产品,拥有发明专利10项、实用新型专利86项、标准起草权6项,具有自主知识产权的新产品已成为企业新的经济支柱。

宁波精达成形装备股份有限公司 公司从1990年成立以来,本着“科技为本,精益求精”的宗旨,一直致力于高速精密冲床及换热器生产专用设备的创新与研发,成功开发了具有自主知识产权的高精度GC系列空调翅片高速冲床、CGB系列高速精密冲床。现已发展成为国家高新技术企业、宁波市江北区实力工程企业。公司拥有28项专利,其中发明专利3项。公司是换热器专用胀管机、发夹型弯管机、四柱顶置油缸式压力机产品标准的主要起草单位,并先后通过了ISO 9001:2008质量管理体系认证和产品CE认证。公司占地面积5.6万m^2,厂房面积约3.7万m^2,固定资产净值7 630万元,现有员工418名。

公司核心产品翅片高速精密压力机被评为浙江省加快发展装备制造业重点领域省内首台(套)产品和宁波市最佳自主创新工业新产品,并被列入国家火炬计划;定转子高速精密压力机被列入国家重点新产品计划和国家火炬计划。公司已成为格力、美的、海尔等国内知名家电厂商的主要设备供应商,产品还远销欧美等多个国家,在国内外制冷暖通设备行业拥有较高的市场占有率。

西安西锻机床有限公司 前身为西安锻压机床厂（西安通力锻压机床有限公司），创建于1956年，是原国家机械工业部定点生产机械压力机和专用压力机的重点企业，是一家"开闭式同行，高中低档并举，规格品种齐全"的设备制造商和全方位的系统服务商。现为中国标准工业集团公司全资子公司。

公司经过50多年的潜心经营，积累了丰富的设计制造经验，创造出许多适应用户要求的产品。当前主要生产J31系列、J36系列闭式单双点压力机，J39系列闭式四点压力机和RD36系列多工位自动锻造压力机等25 000kN以下的各类机械压力机。产品广泛应用于汽车、轻工机械、电器、农机、航空、纺织机械、冶金机械、军工等机械制造行业，并销往世界许多地区。

公司在产品开发设计上，不断吸收国内外先进科技成果，不断提升产品的先进性、可靠性和实用性。公司可为客户提供从单台到成线设备的交钥匙工程一揽子解决方案，同时提供技术培训、维护保养、运行指导、设备大修及升级改造服务，让客户在专业的服务中不断受益。

江苏亚威机床股份有限公司 前身是江苏亚威机床集团公司，是原机械部定点从事锻压机械制造的国家二级企业，20世纪70年代开始从事金属板材成形机床的研发制造，经过几十年的发展壮大，已成为国内中高端金属板材成形机床行业的领先企业。2011年3月3日，公司在深圳证券交易所成功上市，证券代码:002559，证券简称亚威股份，被誉为"锻压机床第一股"。

"亚威"牌数控冲压机床荣获"中国名牌产品"称号，公司先后被评为中国机械500强、中国机床50强、全国质量工作先进单位和全国机械行业先进集体。公司是国家火炬计划重点高新技术企业，设有国家级博士后科研工作站、江苏省省级技术中心，当前承担着国家重大科技专项、省科技成果转化等项目，已经具备数控平板加工机床、数控卷板加工机床、普通平板加工机床三大门类，数控转塔冲床、数控折弯机、数控剪板机、数控激光切割机、数控卷板开卷校平剪切线、数控卷板开卷分条卷取线、普通折弯机和普通剪板机8类主要产品，25个系列、200多个规格品种的金属成形机床研发制造能力，产品畅销国内市场，远销欧美、亚非等30多个国家和地区。

〔撰稿人：中国机床工具工业协会锻压机械分会王春生、穆冰〕

铸 造 机 械

一、基本情况

2011年，中国机床工具工业协会铸造机械分会有会员单位23家，参加年鉴统计的6家企业完成工业总产值72 718万元，比上年增长41.0%；工业销售产值69 058万元，比上年增长40.8%；工业增加值15 367万元，比上年增长20.7%，主要经济指标比上年均有较大幅度的增长。但是，与国内其他行业或国外同行业比较，铸造机械行业总体技术水平较低，加强内部管理、注重产品结构调整、消化不利因素、提高企业经济运行质量和总体效益水平仍是铸造机械行业的主要目标。2011年铸造机械行业主要经济指标完成情况见表1。

表1 2011年铸造机械行业主要经济指标完成情况

指标名称	单位	年度累计
工业总产值	万元	72 718
工业销售产值	万元	69 058
工业增加值	万元	15 367
实现利税	万元	1 712
从业人员平均人数	人	2 903
资产总计	万元	140 249
流动资产平均余额	万元	101 918
固定资产净值平均余额	万元	23 985

二、生产及销售

2011年，铸造机械总产量14 105台（套），产值69 316万元。在铸造机械总产量中，砂处理设备1 968台（套），占总产量的14.0%，产值20 931万元，占总产值的30.2%；造型及制芯设备1 136台（套），占总产量的8.1%，产值15 269万元，占总产值的22.0%；清理设备115台（套），不足总产量的1%，产值8 859万元，占总产值的12.8%；其他铸造机械10 886台（套），占总产量的77.3%，产值24 257万元，占总产值的35.0%。2011年铸造机械行业分类产品生产情况见表2。

表2 2011年铸造机械行业分类产品生产情况

产品名称	产量（台）	产值（万元）
铸造机械	14 105	69 316
铸砂造型、制芯机	609	3 218
自动造型线及造型制芯机	527	12 051
砂处理设备	1 968	20 931
铸造清理机	115	8 859
其他铸造机械	10 886	24 257

以上数据表明，产量不足总量1%的清理设备，其产值占总产值的12.8%，表明大型清理设备发展迅速，提高了清

理设备的整体水平。此外，其他铸造机械的产量和产值分别占总量的3/4以上和1/3以上，说明铸造机械配套产品的市场空间相当大。减少小型、低档铸造设备的占比，提高大中型铸造设备以及生产线的产量，努力开发数控铸造设备，是今后相当长一段时间铸造机械行业发展的重要目标。

三、新产品、新技术、新工艺

2011年铸造机械行业新产品开发情况见表3。2011年铸造机械行业科研项目见表4。2011年铸造机械行业获奖科研项目见表5。2011年铸造机械行业授权专利情况见表6。

表3　2011年铸造机械行业新产品开发情况

产品名称	型号	主要技术参数	产品性质	产品属性	产品水平
天水华荣铸造机械有限公司					
缸套全自动离心铸造机	J522HR2	铸件最大长度：100mm	全新设计	企业新产品	
大型辊环铸造机	J5216HR1.5/4	最大直径：1 600mm	改型设计	企业新产品	
保定维尔铸造机械股份有限公司					
垂直分型无箱射压自动造型生产线	XZZ417B	砂型尺寸：750mm × 535mm × (130 ~ 330) mm，生产率：450型/h	改型设计	企业新产品	国内一流
翻转起模机	GF2223	开口尺寸：水平2 200mm、高2 300mm，负荷：10t，生产率：10型/h	改型设计	行业新产品	国内一流
青岛海纳重工集团公司					
弹簧抛丸强化机	ES1422D3	清理工件尺寸：弹簧直径50 ~ 200mm、长度≤500mm，生产率：≥8件/min，抛丸量：2 × 420kg/min，总通风量：6 000m^3/h，总功率：85kW	改型设计	行业新产品	
板链连续抛丸清理机	QZJ658B	清理齿轮尺寸：ϕ260mm × 200mm，清理速度：0.3 ~ 2.5m/min，抛丸量：4 × 300kg/min，功率：4 × 18.5kW，总通风量：11 000m^3/h	改型设计	行业新产品	
吊钩抛丸清理机	QZJ37160	被清理件尺寸：ϕ3 000mm × 4 200mm，吊钩转速：2r/min，抛丸量：6 × 350kg/min，总通风量：26 000m^3/h，总功率：203kW	全新设计	企业新产品	国内领先
吊钩台车清理机	QZJ37100	被清理件尺寸：ϕ2 500mm × 2 500mm，清理工件时间：25 ~ 40min/钩，抛丸量：4 × 220kg/min，总通风量：18 500m^3/h，总功率：110kW	全新设计	企业新产品	国内领先
钎杆抛丸强化机	QZJ060B	被清理件尺寸：ϕ32 ~ 81mm、长1.5 ~ 8m，钎杆速度：10 ~ 30m/min，抛丸器功率：2 × 30kW，总通风量：6 500m^3/h	改型设计	行业新产品	
液化气瓶抛丸清理机	QZJ025A	被清理件尺寸（15kg液化气瓶）：ϕ320mm × 680mm，生产率：120瓶/h，总通风量：3 500m^3/h，总功率：35kW	改型设计	行业新产品	
钢结构抛丸清理机	QZJ015D	被清理件尺寸：2 000mm × 1 200mm，工件通过速度：0.3 ~ 2.5m/min，抛丸量：(8 × 238 + 4 × 173) kg/min，总通风量：22 000m^3/h，总功率：220kW	改型设计	行业新产品	
双台车抛喷丸清理室	QZJ089	被清理件尺寸：ϕ3 000mm × 2 500mm，15 000mm × 3 000mm × 1 500mm，生产率：3 ~ 5件/班，台车载重：80t，抛丸量：6 × 350kg/min，总通风量：60 000m^3/h，总功率：249.5kW	全新设计	企业新产品	国内领先
钢板预处理线	QZJ6940F2	被清理件尺寸：(6 000 ~ 20 000) mm × (1 500 ~ 4 000) mm × (5 ~ 55) mm，工件清理速度：6m/min，抛丸量：16 × 520kg/min，功率：8 × 18.5kW，总通风量：516 000m^3/h，总功率：1 305kW	改型设计	行业新产品	

表 4　2011 年铸造机械行业科研项目

科研项目名称	主要内容	应用状况	投入资金（万元）	项目来源
保定维尔铸造机械股份有限公司				
ZZ41 系列闭式液压系统		自行应用	32	市场需要
青岛海纳重工集团公司				
钢板预处理生产线	该生产线应用计算机监控技术，实行智能化自动控制，完成对型钢和钢板预热、清理、喷漆、烘干和横向喷码打印及工件输送、自动上卸料等生产作业。广泛应用于船舶、桥梁、锅炉、工程机械、列车车厢、集装箱及钢材等制造业	其他	合计 1 480	企业自立
台车抛喷丸清理装备关键技术的研究及应用	本项目研究铸铁件、球墨铸件、锻件等表面上的粘砂、锈层、氧化皮等杂物的脱落技术。清理工件最大外形尺寸为 ϕ6 500mm × 5 000mm，清理后的工件表面 95% 以上达到 Sa2 1/2，符合 GB/T 8923—1988	其他		青岛市企业技术创新重点项目计划
吊钩抛丸清理装备关键技术的研究及应用	主要研究运用吊钩电动葫芦作为承载运送工件，解决大吨位工件吊拉、行走和回转的难题。清理后的工件表面 95% 以上达到 Sa2 1/2，符合 GB/T 8923—1988	其他		青岛市企业技术创新重点项目计划
钢结构抛丸清理机	主要用于钢结构在涂装前的抛丸清理，有效增加附着力，并延长其使用寿命。主要应用于煤矿机械制造业的钢结构清理	其他		企业自立
弹簧抛丸清理机	主要对螺旋弹簧进行表面强化处理，以消除表面应力及缺陷，达到增加弹簧寿命的效果。适用于汽车、机车车辆等弹簧生产厂家	其他		企业自立

表 5　2011 年铸造机械行业获奖科研项目

项目名称	主要内容及应用范围	获奖名称	获奖等级	主要完成单位
多功能运载台车的研究及应用	研发多功能运载台车的关键技术和生产应用技术，进行产业化推广应用。该成果在军工、铸造、发电装备生产制造业有广泛用途	青岛市市北区科技进步奖	一等奖	青岛海纳重工集团公司

表 6　2011 年铸造机械行业授权专利情况

企业名称	专利名称	专利类型	授权日期
天水华荣铸造机械有限公司	大型立式离心铸造机润滑冷却系统	实用新型	2011. 10. 12
天水华荣铸造机械有限公司	全自动托滚式离心铸造机	实用新型	2011. 10. 13
天水华荣铸造机械有限公司	立式离心铸造机	实用新型	2011. 10. 14
天水华荣铸造机械有限公司	大型立式离心铸造机	发明	2011. 09. 28
青岛海纳重工集团公司	浮标涂装保养自动生产线系统及其使用方法	发明	2011. 02. 11

四、企业简介

青岛海纳重工集团公司　原青岛铸造机械集团公司，是以青岛铸造机械厂为主体，集科研、生产、经营为一体的大型集团，属国有中一型企业。公司从业人员 383 人，其中专业技术人员 132 人（高级工程师 18 名）。2011 年，公司完成工业总产值 4 231 万元，实现销售收入 3 804 万元。

公司拥有铸造、铆焊、机械加工、热处理等生产设备 308 台，其中，大型设备 40 台、高精度机床 4 台、加工中心 2 台、数控机床 6 台。具有年生产 1 200 台产品的生产能力。

2011 年，公司的重点技术创新项目：开发风力发电杆设备，开发垃圾联合热解装备，开发特大型履带清理机，开发倾斜滚筒清理设备，开发大型悬链抛丸清理机设备、台车及吊钩抛喷丸清理设备。2011 年开发新产品（非标）14 项，其中 1 项技术成果通过了青岛市科技局的成果鉴定，并申请 1 项国家发明专利。

2011 年，公司承担了《电磁皮带轮　技术条件》《吊钩抛丸清理机　技术条件》《电磁筒式磁选机　技术条件》和《双硬盘抛丸器　技术条件》4 项行业标准的主持起草工作和《轨道式抛丸清理机　第 2 部分：技术条件》《轨道式抛丸清理机　第 1 部分：参数》《吊链步进抛丸清理机　技术条件》《电磁分离滚筒　技术条件》和《吊链连续抛丸清理机　技术条件》5项行业标准的参与工作；承担国家标准《铸造机械　通用技术条件》的参与工作；申报了《板簧应力抛丸机　技术条件》《板链抛丸清理机　技术条件》和《抛(喷)丸清理设备　可靠性试验方法》等标准。

〔撰稿人：中国机床工具工业协会铸造机械分会王春生、穆冰〕

木工机床

一、生产发展情况

2011年是我国木工机床行业高速发展和实施"十二五"规划的开局之年，行业企业为完成"十二五"发展目标，在转变企业发展方式、加大自主创新力度、提升"高端制造"水平、搞好全面质量管理、加强人才队伍建设等方面进行了不懈的努力，为实现行业发展战略目标打下了坚实的基础。

2011年，在国家为应对国际金融危机所出台的各项政策指导下，木工机床行业积极制定应对措施：一些经营状况较好的骨干企业，根据发展形势，重新进行市场定位；一部分企业则在销售渠道不畅的时间段，对企业内部进行资源性整合，加快结构调整，以改善经营状况；一部分企业进行了技术改造，为经济复苏后企业腾飞蓄势。随着国内的经济情况逐步好转，木工机床行业同国内其他行业一样逐步企稳回升，基本上摆脱了国际金融危机的影响，整个行业的工业总产值、工业产品销售产值、出口交货值均有较大幅度的增长。

截至2011年末，我国有木工机床(人造板生产机械、制材机械、实木家具机械、板式家具生产机械)生产企业近1 000家，从业人员10万多人，其中，工程技术人员7 000余人。

根据国家统计局对全国150家规模以上木工机床企业的统计资料显示，2011年，完成工业总产值1 534 107万元，比上年增长34.1%；工业产品销售产值1 500 903万元，比上年增长34.1%；工业产品销售率97.8%，与上年持平；出口交货值1 089 663万元，比上年增长24.3%。

根据中国机床工具工业协会木工机床分会统计信息网8家会员单位的统计数据，2011年，完成工业总产值117 747万元，比上年增长35.2%；工业销售产值112 631万元，比上年增长34.8%；工业增加值27 140万元，比上年增长35.6%；实现利税13 126万元，比上年增长28.5%；资产总额97 143万元，比上年增长12.2%。生产各类主要木工机床64 200台，比上年增长35.2%；生产木工刃具296万件，比上年增长34.4%。

2011年木工机床行业主要经济指标完成情况见表1。2011年木工机床行业分类产品生产情况见表2。2011年木工机床行业分类产品出口情况见表3。

表1　2011年木工机床行业主要经济指标完成情况

指标名称	单位	年度累计(万元)
工业总产值	万元	117 747
其中：机床工具类产品产值	万元	91 486
工业销售产值	万元	112 631
其中：机床工具类产品销售产值	万元	89 283
工业增加值	万元	27 140
实现利税	万元	13 126
从业人员平均人数	人	3 097
资产总计	万元	97 143
流动资产平均余额	万元	47 236
固定资产净值平均余额	万元	37 424

表2　2011年木工机床行业分类产品生产情况

产品名称	产量单位	产量	产值(万元)
木工锯床	台	13 248	21 389
木工刨床	台	2 012	9 959
木工铣床	台	358	185
木工砂光机	台	221	1 424
木工辅机	台	1 568	418
木工联合机	台	45 468	7 970
其他木工机床	台	1 325	4 185
木工刃具	万件	296	10 144

表3　2011年木工机床行业分类产品出口情况

产品名称	出口量单位	出口量	出口额(万美元)
木工锯床	台	13	1.95
木工辅机	台	302	6.13
木工联合机	台	7 969	331.08
其他木工机床	台	340	322.60
木工刃具	件	18 400	190.87

二、行业进步与新产品开发情况

近几年，我国木工机床行业企业通过与高等院校、科研院所的合作和共同开发，提高了国产木材加工机械产品的整体水平。用户在选择装备时，其立足点往往是侧重于国产产品。这是因为国产木材加工机械总体技术水平正在逐渐接近国际先进水平，有较好的性价比。此外，国产木材加工机械执行的标准与国际先进水平等同，木材加工机械装备制造企业严格按照标准组织生产，从而保证了国产木材加工机械装备的先进性。

2011年，部分行业企业为应对国际金融危机的影响所进行的大规模技术改造已经基本完成。为更好地凝聚和培养工程技术人才，企业普遍搭建起了自己的技术平台，多家企业建立起企业技术中心和工程技术研发中心。除了开发核心技术或产品之外，还为其他木工机械企业提供技术服务，推动产品升级换代，提高了企业的自主创新能力。2011年，东莞市南兴家具装备制造股份有限公司申请专利23项，其中，发明专利1项，已进入实质审查阶段；获得授权的实用新型专利20项、外观设计专利2项。2011年东莞市南兴家具装备制造股份有限公司授权专利情况见表4。

表4　2011年东莞市南兴家具装备制造股份有限公司授权专利情况

序号	专利名称	专利类型	授权日期
1	自动封边机(NB系列)	外观设计	2011.09.07
2	五面数控钻(NZK8)	外观设计	2011.09.07
3	编码器控制的重型自动封边机	实用新型	2011.04.24
4	自动封边机之控制系统	实用新型	2011.06.15
5	自动封边机涂胶轮之变频控制系统	实用新型	2011.07.06
6	自动封边机螺杆泵式供胶装置	实用新型	2011.07.06
7	自动封边机之机架结构	实用新型	2011.08.17
8	自动封边机履带式压料装置	实用新型	2011.08.17
9	自动封边机封边带压紧装置	实用新型	2011.08.17
10	自动封边机的前端精修装置	实用新型	2011.08.17
11	自动封边机的后端精修装置	实用新型	2011.08.17
12	自动封边机的开槽装置	实用新型	2011.08.17
13	自动封边机的上下粗修装置	实用新型	2011.08.17
14	自动封边机的上下刮边装置	实用新型	2011.08.17
15	重型封边机精准斩带控制系统	实用新型	2011.08.17
16	重型封边机之压梁准确定位控制系统	实用新型	2011.08.17
17	自动封边机的前后粗修装置	实用新型	2011.08.24
18	自动封边机的上下精修装置	实用新型	2011.08.31
19	自动封边机之压料装置的立柱组装结构	实用新型	2011.10.05
20	自动封边机的上下抛光装置	实用新型	2011.12.07
21	后上料高速电脑裁板锯	实用新型	2011.10.31
22	后上料高速电脑裁板锯的推进结构	实用新型	2011.10.31

木工机床行业部分企业通过技术改造，提高了装备水平，改进了加工工艺，减少了能源消耗和材料浪费，提升了产品质量，提高了生产效率，改善了作业环境，减轻了工人的劳动强度。通过购进大量高精度的数控机床，提高了生产效率，提高了制件精度和产品质量，降低了生产成本，加快了新产品的研发进度。同时，高性价比的产品增强了企业产品的市场竞争能力。2011年木工机床行业新产品开发情况见表5。

表5　2011年木工机床行业新产品开发情况

产品名称	产品型号	主要技术参数	产品性质	产品属性	产品水平
东莞市南兴家具装备制造股份有限公司					
数控五面钻	NZK08	送料速度:5～30m/min	全新设计	行业新产品	国内领先
十排钻	MZ71021	主轴转速:2 800r/min	全新设计	行业新产品	国际先进
后送料数控裁板锯	MZKH6233	送料速度:120m/min	全新设计	行业新产品	国际领先
高速木材复合加工中心	MGK3116	主轴转速:0～24 000r/min	全新设计	企业新产品	国际先进
双面自动重型封边机	NB6SM	板料宽度:240～1 800mm	全新设计	行业新产品	国际先进
自动重型封边机	MFB(Z)80CY	板料厚度:10～80mm	全新设计	行业新产品	国内领先
烟台黄海木工机械有限公司					
无限长(连续)拼方机	MH19XX		全新设计	企业新产品	国内领先
数控液压四面拼板机	MH13XX/4		全新设计	行业新产品	国内领先
液压卧式拼板机	MH13120W/1		全新设计	企业新产品	国内领先

（续）

产品名称	产品型号	主要技术参数	产品性质	产品属性	产品水平
旋转式多工位热压成形机	MH1025/10		全新设计	行业新产品	国内领先
全自动指接机	MHZ15XX		全新设计	企业新产品	国内领先

三、企业简介

东莞市南兴家具装备制造股份有限公司 成立于1996年，是一家专门设计、生产制造板式家具生产设备的专业厂家。公司主导产品有裁板锯、推台锯、封边机、多排钻、高速木材复合加工中心及通用木工机床六大系列、70多个品种。

公司自成立以来，把开展技改、技创项目放在公司发展的首位，引进了一批先进设备，应用了一些新技术、新工艺，开发出了一系列新产品，为公司提高产品质量和技术含量、扩大生产规模、开拓国内外市场、打造知名品牌发挥了重要作用。面对广东省板式家具生产企业的迅猛发展，特别是东莞市板式家具生产企业的高速发展给板式家具生产设备的研发与生产带来的发展契机，公司先后进行了两次扩建公司规模的技术改造，引进国外先进设备100多台（套），其中包括德国通快（Trumpf）公司的TRULASER3030二氧化碳激光切割机，日本OTC公司的AX－V4AP焊接机器人，日本马扎克（Mazak）的SNK－RB－3NM数控龙门加工中心、FH－8800卧式加工中心、SVC2000L/200立式加工中心、VARIAXIS630－5X五轴联动加工中心等高端生产设备。公司已经从十几年前的小作坊，发展成为国内板式家具设备生产企业中举足轻重的规模企业。

公司十分重视技术研发，坚持以企业为主体、以市场为导向、产学研相结合的技术创新方式。先后与东北林业大学、华中科技大学、华南理工大学和制造装备数字化国家工程研究中心、广州工业大学等单位合作，共同研究开发双端封边机、高速木材复合加工中心、高速柔性木材复合加工数控系统与装备制造、木工机械数字化设计系统的开发与应用等高端数字化软件与产品。省级企业技术中心、省级工程技术研发中心的建立，搭建了引进高水平技术人才的创新平台。公司聘请专家先后开展了一系列技术培训和技术讲座等活动，有效提升了员工的综合素质，为企业的持续发展提供了人才保障。2011年，公司开发新产品6种，申请专利23项，其中发明专利1项，已进入实质审查阶段。

佛山市顺德区威德力机械实业有限公司 原名威德力木工机械厂，是一家集木工机械研发、制造、销售、服务于一体的企业，现已通过ISO 9001国际质量管理体系认证，是国家高新技术企业、广东省名牌产品企业、广东省著名商标企业。

公司始创于20世纪80年代，1993年进入木工机械制造领域。本着“以质量求生存，凭信誉立口碑”的宗旨，经过19年的努力，公司已经建立了一支软硬件结合的高素质团队。由30多位专家组成的大型木机工程技术研发中心——人造板、集成材成套设备工程技术研究开发中心于2003年12月成立。该中心主要以研发高技术含量、高效率的全自动成套设备为主攻方向。公司拥有占地面积4万m^2的现代化生产厂房，不断引进先进数控加工设备，产品的关键部件均采用日本、欧洲等进口部件，多种产品获得了出口产品质量许可证。因产品具有环保性能，获得顺德环保产业经营许可证。

公司产品现已形成16大系列、200多个品种，其中，集成材、单板剪裁拼接设备，冷热压机，水洗式喷漆台，布袋吸尘器，木工镂铣机和木工仿型铣床等八大系列产品技术处于国内领先水平。现有自主知识产权专利技术数达31项，其中，发明专利1项、实用新型专利20项、外观设计专利10项。产品远销东南亚、南非、中东、欧洲、北美等50多个国家和地区，产品深受用户的青睐。

佛山市顺德区新马木工机械设备有限公司 成立于1994年，是集木工机械研究、设计开发、制造、销售、技术服务于一体的民营企业。公司占地面积10万m^2，建筑面积6万m^2，拥有高级机械设计与木材加工专业技术人员30余人，熟练生产技术工人400余人。顺德区木工机械工程技术研究开发中心为公司产品的研究、设计和开发部门，公司还精选出多个家具厂作为产品的实验基地，供新机试用、机械演示、人员学习培训、信息反馈及新老客户参观学习。公司现有优良制造设备500余台，其中龙门式、立卧式加工中心及数控机床30余台。

公司以实木、板式家具生产成套设备为主导产品。为保证产品质量，公司设有恒温净化精密主轴加工、装配中心，且产品关键零部件均为进口。公司现已通过ISO 9001:2008质量管理体系认证，是国家级高新技术企业、广东省名牌产品企业。“马氏”牌商标被评为广东省著名商标。

公司在全国建立了销售服务网络，方便快捷地提供专业技术咨询及完善的售前、售后服务。公司自成立以来，共生产各类铣床和锯床近20万台。据不完全统计，铣床系列约占全国总销量的12%，锯床系列约占4%。公司生产的“马氏”牌产品遍布大江南北的家具及其他木制品生产企业，深受业内好评。

广东锐亚机械有限公司 位于广东省佛山市顺德区，占地面积5万m^2。公司生产十大系列、100多个型号的四面刨床，三大系列、18个型号的双端铣床，以及优选锯、多片锯、双面刨床等多种木工机械产品，广泛应用于家具、建材、地板、木门、橱柜、集成材、装饰材料、乐器及卫浴等多个领域，生产规模不断发展壮大。

公司产品已销往60多个国家和地区，是我国四面刨床、双端铣床主要出口企业之一，并和30个国际品牌进行OEM、ODM合作。锐亚“Reignmac”品牌在国内赢得业界的广泛认同。2009年，公司被授予国家级高新技术企业，并被批准成为顺德高效铣削木工机床工程技术研发中心。

公司致力于追求一流的品质，配备三坐标测量仪、金相分析仪、超声波检测仪、光学对刀仪等先进检测设备，现已通过 ISO 9001:2008质量体系认证。2003 年，产品成功进入北美市场，达到 UL 和 CSA 要求；2004 年，四面刨床、双端铣床全系列产品达到欧盟标准，获得 CE 认证。

青岛永强木工机械有限公司 是我国重要的裁板锯（推台锯）、封边机等板式家具机械制造基地之一，公司占地面积4.5万 m^2。经过数十年的发展，公司技术力量雄厚，检测手段齐全，4 条专业的生产线可以同时生产上千台规模的订单。公司的两个制造基地均位于胶州湾畔，紧邻机场和港口，为国际国内物流提供了保证。公司已通过 ISO 9001 国际质量管理体系认证，主力产品均通过 CE 安全认证。

公司主要产品包括裁板锯（推台锯）系列、封边机全系列、排钻系列、往复锯系列及数控加工中心雕刻机等系列产品。产品出口欧洲、东南亚、中东、北美等 60 多个国家和地区。公司在国内外建立了完整的销售体系和售后服务体系，在国内外的代理商 150 多家。

青岛豪中豪木工机械有限责任公司 始建于 1958 年，是由原青岛木工机械制造总公司改制组建的集研发、制造、营销、科工贸于一体的有限责任公司，是青岛市高新技术企业。公司通过引进国外先进技术，在国内推出了 BB1342/1332 立式单板刨切机和 BB1130/1127 卧式刨切机，形成了从刨切、烘干、剪切、检尺到打捆的完整生产线，并获得多项国家技术专利。公司引进意大利 DMC 公司技术，推出了具有国际先进水平的 SFE/SY 系列宽带砂光机。公司现已通过 ISO 9001 国际质量体系认证，“飞轮”牌商标为山东省著名商标。

公司主要产品为刨切机系列、烘干机系列、宽带砂光机系列、精密裁板机、磨刀机、剪切机六大类、30 多个品种。产品先后荣获国家科技部和山东省优质产品奖、青岛市名牌产品等荣誉称号。产品出口到欧洲、美洲、非洲、东南亚等 20 多个国家和地区。

公司致力于市场化运作，坚持“忠诚、和谐、发奋、创新”的企业精神和“全心全意为用户服务，以服务感动市场”的企业文化，追求以当代先进的科技成果来实现产品的信息化、数控化，致力于打造中国刨切机第一品牌。

青岛福瑞德机械制造有限公司 地处山东省青岛市胶州营海工业一园，占地面积 3.5 万 m^2。公司主要研发和生产各类木工机械，还可根据用户的不同需求设计制造用户需要的产品。

经过十几年的努力，公司形成了技术过硬的主导产品——各类宽带砂光机、裁板锯、封边机、多排钻等机械设备。BSG 系列单面定厚宽带砂光机、双面定厚宽带砂光机、辊式快送料抛光机、刨木宽带砂光机、底漆砂光机等被广泛应用于多层胶合板、刨花板、密度板、实木板等各类板材的定厚、刨砂及抛光等，实用新型砂光机（一体宽带机型）荣获国家专利。公司在实用新型砂光机的基础上，研发成功 BSG－C 高配置高精度一体式砂光机系列，将产品提高到一个崭新的高度。

“以质量求生存，靠创新求发展”始终是公司的经营理念。公司依靠科技进步不断开发新产品，坚持优良的产品质量和完善的售后服务，得到了国内外众多客户的认可。公司实行产品跟踪服务，为客户提供技术支持。公司已通过 ISO 9001:2008国际质量管理体系认证和 CE 认证，公司采购、生产、检测、存储等都严格按照标准执行。

公司拥有自营进出口权，是集“科、工、贸”为一体的企业。产品远销美国、俄罗斯、越南、印度、巴基斯坦、西班牙、泰国、墨西哥、巴西等国家和地区。依靠国内外几十个办事处及经销商的强大服务网络，产品已经赢得海内外新老客户认可。

烟台黄海木工机械有限公司 具有 40 多年的专业生产木工机械的历史，技术力量雄厚，检测手段完善，工艺装备技术先进，通过了 ISO 9001 质量体系认证和 CE 认证，并拥有自营进出口权。

公司始终本着做专、做精的原则，从事集成材、建筑构造材等实木加工关键设备的研发和生产，为木屋、实木家具、实木门窗、实木地板、实木楼梯等行业提供优质的通用和专用设备，主导产品有拼板机系列、铣齿指接系列以及其他相关专用设备。黄海机械系列产品已成为国内同类产品中的强势品牌，在国内占据主导地位，并远销到俄罗斯、韩国、日本、南非、东南亚等国家和地区。

公司将继续秉承“一流品质、先进技术、优质服务”的经营理念，不断致力于产品的完善、技术的创新，力求给用户带来最大的效益。公司将不断进取，努力提高产品的质量及技术含量，满足客户的需求。

福建省邵武市振达机械制造有限责任公司 由原机械部重点企业邵武木工机床厂资产优化重组，集科、工、贸于一体的民营股份制企业，是专业生产木工四面刨床、木工多片锯等木工机械的企业。公司全面导入 ISO 9001:2008国际标准质量体系，实施科技品牌管理人才战略，打造国内一流木工机械制造基地。“振达”牌注册商标为闽北知名商标。

公司占地面积4.5万 m^2，积累50年专业生产木工机械的经验，拥有雄厚的研发实力、先进的生产管理体系、精良的加工装备、诚信的经营理念，跨入国家木工机械制造先进行列。公司拥有一批高素质专业技术人员、管理人员和生产工人。长期以来，始终以创新品、造精品为目标，实施品牌发展战略，不断提高产品质量和高科技含量。木工四面刨床、木工多片锯等系列产品拥有自主知识产权，处于国内领先行列。

公司先后取得福建省科学技术企业、南平市重合同守信用企业、中国农业银行 AAA 级信用企业、福建木材加工机械制造行业榜首企业、福建省高新技术企业及福建省著名商标等荣誉。

〔撰稿人：中国机床工具工业协会木工机床分会刘彦君
审稿人：中国机床工具工业协会木工机床分会何耀天〕

刀具量具量仪

2011年是"十二"规划的开局之年,我国工具行业认真实施机床工具行业"十二五"发展规划和切削刀具、量具量仪小行业"十二五"发展规划,以科学发展观为指导,以创新驱动战略为统领,转变发展方式,调整产品结构,采取重点突破带动全局发展的总体策略,充分发挥重大专项的带动引领作用,积极探索适应我国国情的技术创新模式和现代高效工具的发展路径,聚焦国内中高端市场,把提高国产高效刀具、量具、数控精密量仪在制造业高端市场的占有率作为主攻方向,推动行业由规模扩张向技术进步主导发展的模式转变。2011年,全行业核心竞争力和综合服务能力有所提升,一些优势企业的品牌影响力进一步提高,在为高端制造业切削加工和精密测量提供"整体解决方案"方面有所突破,在实现行业"由大变强"战略目标方面迈出了坚实的一步。

一、基本情况

根据国家统计局的数据,2011年,我国工具行业规模以上切削刀具生产企业424家,其中,国有控股企业20家、集体控股企业14家、私人控股企业295家、港澳台商控股企业29家、外商控股企业55家、其他企业11家。全行业完成工业总产值6 124 570万元,其中,国有控股企业占比9.7%、私人控股企业占比71.4%、外商控股企业占比10.0%;工业产品销售产值5 965 770万元,其中,国有控股企业占比9.4%、私人控股企业占比71.5%、外商控股企业占比10.4%;出口交货值1 066 537万元,其中,国有控股企业占比6.7%、私人控股企业占比64.2%、外商控股企业占比17.7%。

量具量仪生产企业共141家,其中,国有控股企业4家、集体控股企业2家、私人控股企业97家、港澳台商控股企业7家、外商控股企业25家、其他企业6家。全行业完成工业总产值1 612 370万元,其中,国有控股企业占比4.8%、私人控股企业占比70.7%、外商控股企业占比11.9%;工业产品销售产值1 575 639万元,其中,国有控股企业占比4.8%、私人控股企业占比71.1%、外商控股企业占比11.6%;出口交货值300 560万元,其中,国有控股企业占比1.0%、私人控股企业占比35.3%、外商控股企业占比30.9%。从企业的所有制构成来看,民营企业已成为工量具行业的重要力量,生产、销售占比均超过总量的70%;港澳台商控股企业和外商控股企业发展也很快,产品的生产、销售均超过总量的10%。

根据中国机床工具工业协会工具分会对71家企业的综合统计,2011年完成工业总产值1 803 457万元,比上年增长21.1%;工业销售产值1 732 666万元,比上年增长17.0%;工业增加值587 110万元,比上年增长21.5%;实现利润总额163 107万元,其中61家赢利企业利润总额168 720万元,尚有10家亏损企业,亏损额5 613万元。71家企业职工平均人数47 103人,职工工资总额148 739万元,职工人均年收入31 577元,比上年增长13.7%;全员劳动生产率(按工业增加值计算)124 643元/人,比上年增长16.4%;资产总计2 473 556万元,比上年增长3.1%。

2011年上半年,国内工具企业的生产销售延续了2010年的高速增长势头,呈现前所未有的火爆,各种档次的产品都产销两旺。从第三季度开始,受到国内总体经济增长明显放缓、机床工具市场整体增幅回落的影响,工业行业销售收入增幅呈现明显的下滑趋势,到年底仍然未见好转。全行业销售收入增幅从1月的50%逐步下降到12月的20.8%。但由于上半年的高速增长,全年行业整体产出规模和增长水平仍然处于高位,全年销售收入的平均增幅为28.5%。2011年工具行业主要经济指标完成情况见表1。

表1　2011年工具行业主要经济指标完成情况

指标名称	单位	年度累计
工业总产值	万元	1 803 457
其中:机床工具类产品产值	万元	1 321 203
工业销售产值	万元	1 732 666
其中:机床工具类产品销售产值	万元	1 258 497
工业增加值	万元	587 110
实现利税	万元	215 889
从业人员平均人数	人	47 103
资产总计	万元	2 473 556
流动资产平均余额	万元	1 285 860
固定资产净值平均余额	万元	683 462

2011年,工具行业31家重点骨干企业完成工业总产值740 409万元,比上年增长18.0%;工业销售产值688 324万元,比上年增长10.6%。31家重点骨干企业利润总额59 591万元,其中24家企业利润总额64 991万元,7家企业共亏损5 400万元。31家重点骨干企业职工人数27 352人,比上年减少117人;职工工资总额95 324万元,比上年增长26.3%;全员劳动生产率111 036元/人,比上年增长21.4%;职工人均收入34 850元,比上年增长26.9%。

二、生产情况

2011年,工具分会71家会员企业共生产各类刀具182 670.57万件,比上年增长25.9%;生产各类量具

1 320.26万件，比上年增长13.6%；生产各类量仪28 402台（套），比上年增长10.6%。2011年工具行业分类产品生产情况见表2。

表2　2011年工具行业分类产品生产情况

产品名称	产量单位	产量	产值（万元）
刀具	万件	182 670.57	1 191 617
高速钢刀具	万件	150 430.22	813 023
刀条、刀片	万件	880.00	15 399
孔加工刀具	万件	129 779.10	504 552
麻花钻	万件	111 040.21	446 571
铣削刀具	万件	5 114.38	55 816
螺纹刀具	万件	13 458.71	110 073
拉削刀具	万件	11.73	25 721
切齿刀具	万件	36.61	40 150
锯条	万件	883.04	55 294
木工刀具	万件	31.60	1 262
其他高速钢刀具	万件	235.05	4 756
硬质合金刀具	万件	32 127.27	350 407
刀片	万件	15 727.02	200 937
车（刨）削刀具	万件	179.34	3 560
孔加工刀具	万件	14 412.82	91 032
麻花钻	万件	12 720.08	50 587
铣削刀具	万件	1 776.62	46 097
螺纹刀具	万件	0.20	82
拉削刀具	万件	0.32	451
切齿刀具	万件	0.10	18
其他硬质合金刀具	万件	30.85	8 230
立方氮化硼刀具	万件	12.45	7 606
金刚石刀具	万件	6.71	4 096
工具系统及刀柄	万件	26.63	10 107
其他	万件	67.29	6 378
量具	万件	1 320.26	106 068
量块及量规	万件	396.48	15 222
卡尺	万件	328.80	29 250
测微螺杆类量具	万件	184.35	17 616
量表	万件	200.00	20 826
角度和平直度量具	万件	9.34	936
电子数显量具	万件	184.11	21 344
辅助测量器具	万件	8.07	385
其他量具	万件	9.11	489
量仪	万台	2.84	19 406

2011年，31家重点骨干企业生产各类刀具产品40 835.65万件，比上年增长6.5%，占全行业总产量的20.9%；生产各类量具产品986.57万件，比上年增长13.5%，占全行业总产量的74.75%；生产各类量仪产品26 397台。从产量占比来看，与切削刀具小行业相比，量具量仪小行业的产品集中度较高。

三、市场及销售

根据工具分会的统计测算，2011年我国工具消费达到400亿元，比上年增长21.2%；其中国产刀具占比67%。2011年上半年，我国工具市场供销两旺，从三季度开始产品销售增幅呈现明显的下滑趋势。市场变化的显著特点是：品牌知名度低、质量不稳定的普通标准刀具产品滞销，经销商订货显著减少，企业产品库存增加；知名品牌、质量稳定、服务到位的重点企业的刀具产品市场表现稳定，产销保持较高增速；在产品结构调整中走在行业前列的企业，研发的现代高效刀具销售业绩逆势而上，有的刀具销售增速甚至同比超过50%。2011年工具市场的变化证明了国内制造业对刀具的需求正在从中、低端为主向高端为主转移，现代高效刀具的需求将明显提速，工具行业的企业只有脚踏实地，潜下心来"调结构，转方式"，才能满足我国现代制造业的发展需求。

根据中国机床工具工业协会工具分会对71家会员单位的统计，2011年产品销售产值1 732 666万元、销售收入1 696 401万元，销售收入比上年增长18.8%，平均产品销售率96.1%，低于上年3.3个百分点。2011年工具行业产品销售收入前10名企业见表3。

表3　2011年工具行业产品销售收入前10名企业

序号	企业名称	销售收入（万元）
1	江苏天工集团有限公司	279 383
2	厦门金鹭特种合金有限公司	246 733
3	江苏飞达工具集团公司	202 648
4	株洲钻石切削刀具股份有限公司	148 011
5	哈尔滨量具刃具集团有限责任公司	70 585
6	上海工具厂有限公司	65 300
7	成都成量工具集团公司	60 117
8	中国贵航集团西南工具总厂	51 580
9	深圳市金洲精工科技股份有限公司	41 559
10	郑州市钻石精密制造有限公司	38 101

注：表中数据包括非工量具产品。

根据海关统计数据，2011年我国刀具进口额同比大幅度上升，共进口各类切削刀具产品137 393.3万美元；进口各类量具4 684.2万美元；进口量仪2 686台（套），进口额15 052.8万美元。刀具、量具、量仪进口额分别比上年增长19.43%、46.57%和35.9%。考虑到随主机配套进口等因素，根据工具分会的测算，进口刀具消费仍占到我国工具消费的1/3；从产品档次上看，进口的刀具大多是用于高端制造业的现代高效刀具，说明尽管国内工具企业在产品结构调整方面已有长足进步，但仍然不能满足高端制造业的需要，现代高效刀具的主要市场仍然为进口刀具所占领。

2011年，工具行业参加年鉴统计的企业产品出口额41 561.8万美元，比上年增长23.7%。其中，刀具类出口56 036.76万件，占总销售量的31.4%；出口额37 174.3万美元，占总销售额的20.8%；刀具产品出口量和出口额分别比上年增长14.1%和22.7%。量具出口413.97万件，占总销售量的31.8%；出口额4 366.1万美元，占总销售额的27.9%；量具产品出口量和出口额分别比上年增长35.5%和28.5%。量仪出口量115台(套)。2011年工具行业分类产品出口情况见表4。2011年工具行业出口额前10名企业见表5。

表4 2011年工具行业分类产品出口情况

产品名称	出口量单位	出口量	出口额（万美元）
切削工具	万件	56 036.76	37 174.2
高速钢刀具	万件	51 599.48	31 278.8
刀条、刀片	万件	132.54	260.3
孔加工刀具	万件	46 591.60	25 752.4
麻花钻	万件	36 488.62	21 060.7
铣削刀具	万件	257.57	688.7
螺纹刀具	万件	4 361.90	3 532.3
切齿刀具	万件	1.62	36.1
锯条	万件	65.64	613.8
木工刀具	万件	9.84	45.3
其他高速钢刀具	万件	178.77	349.9
硬质合金刀具	万件	4 386.71	5 371.0
刀片	万件	1 559.44	2 396.6
车(刨)削刀具	万件	0.30	2.8
孔加工刀具	万件	2 750.23	2 324.9
麻花钻	万件	2 299.75	1 096.5
铣削刀具	万件	61.64	452.1
拉削刀具	万件	0.15	10.9
其他硬质合金刀具	万件	14.95	183.7
立方氮化硼刀具	万件	1.64	146.2
金刚石刀具	万件	0.88	78.7
工具系统及刀柄	万件	4.39	162.6
其他	万件	43.66	136.9
量具	万件	413.97	4 366.1
量块及量规	万件	147.95	332.0
卡尺	万件	68.16	1 075.4
测微螺杆类量具	万件	35.72	680.5
量表	万件	60.46	633.6
角度和平直度量具	万件	3.14	28.2
电子数显量具	万件	96.67	1 597.2
辅助测量器具	万件	0.30	4.1
其他量具	万件	1.57	15.1
量仪	台	115	21.5

表5 2011年工具行业出口额前10名企业

序号	企业名称	出口额（万美元）
1	厦门金鹭特种合金有限公司	23 944.0
2	江苏飞达工具集团公司	15 350.2
3	江苏天工集团有限公司	12 248.4
4	青岛优先出锐工具有限公司	3 652.1
5	株洲钻石切削刀具股份有限公司	3 177.3
6	桂林广陆数字测控股份有限公司	1 555.6
7	深圳市金洲精工科技股份有限公司	1 181.4
8	东风汽车有限公司刃量具厂	1 127.2
9	浙江欣兴工具有限公司	915.9
10	靖江量具有限公司	848.2

注：表中数据包括非工量具产品。

四、科技成果及新产品

2011年，我国工具行业企业在“十二五”规划的指导下，在国家“高档数控机床及基础制造装备”重大科研专项的支持下，科研开发能力得到进一步提升，自主创新和新产品开发跃上了新的台阶，科技成果不断推出，科技成果的产业化不断推进，在为重点服务领域提供成套解决方案方面迈出了可喜一步。成都工具研究所有限公司、株洲钻石切削刀具股份有限公司、哈尔滨第一工具制造有限公司、上海工具厂有限公司、成都成量集团工具有限公司、汉江工具有限责任公司、厦门金鹭特种合金有限公司及陕西航空硬质合金工具公司等企业承担了“高档数控机床及基础制造装备”国家科技重大专项课题。

成都工具研究所有限公司作为国家精密工具工程技术研究中心的依承单位，2011年在科研开发方面取得一系列成果：完成国家科技重大专项课题“高性能激光测量系统的研究”并通过验收；完成“十一五”国家科技支撑计划项目“高速高效切削刀具共性技术研究”和“高速列车关键零件高性能刀具的开发”的验收。成功申报3项国家科技重大专项课题：“激光多维测量系统”计划总经费3 300万元，其中，中央财政投入1 500万元、地方财政投入300万元、自筹资金1 500万元；“复杂数控刀具创新能力平台建设”计划总经费4 000万元，其中，中央财政投入3 000万元、地方财政投入300万元、自筹资金700万元；“高性能刀具涂层技术与装备开发”计划总经费3 000万元，其中，中央财政投入1 500万元、地方财政投入300万元、自筹资金1 200万元。

2011年，成都工具研究所还完成多项科研项目的申报和立项，包括四川省产业研究与开发资金项目“汽车发动机关键零件加工用高效数控刀具的研发”，四川省重大技术装备创新研制项目“复杂数控刀具创新能力平台建设”和“汽轮机及航空航天发动机叶片加工专用高效可转位刀具的研发”，成都市科技局重大科技成果转化项目“地质、石油、天然气等特殊管材用高性能精密复杂数控刀具的产业化”，成都市科技计划项目“汽车发动机配套刀具的研究与开发”以及国机集团科技发展基金项目“难加工材料用硬质合金可转位内排屑深孔钻的研究开发”等。此外，“机夹式硬质合金内排屑深孔钻 ϕ25～105mm”和“激光干涉仪MJS5EMJS6A”申报四川省科技厅2011年重点新产品；“硬质合金内排屑深孔钻削刀具”完成专利申报。

2011 年工具行业新产品开发情况见表 6。2011 年工具行业科研项目见表 7。2011 年工具行业获奖科研项目见表 8。2011 年工具行业授权专利情况见表 9。

表 6　2011 年工具行业新产品开发情况

产品名称	型号	主要技术参数	产品性质	产品属性	产品水平
株洲钻石切削刀具股份有限公司					
大型、精密模具加工高效数控刀具	BMR03 系列、BMR04 系列	产品密度：14.39g/cm^3，维氏硬度：1 690HV，矫顽磁力：23.6kA/m，平均晶粒度：α 相 0.6μm，涂层厚度：2.0μm，孔隙度：A02B00	全新设计	企业新产品	国内领先
超细晶粒整体硬质合金涂层 PM/HM 系列精密铣刀	PM 系列、HM 系列	产品密度：14.36g/cm^3，维氏硬度：1 910HV，矫顽磁力：32.8kA/m，平均晶粒度：α 相 0.8μm，涂层厚度 1.8μm，孔隙度：A02B00	全新设计	企业新产品	国内领先
超硬材料刀具	YBG202、YBG205、CN1000、CN2000、YCB011、YCB012	产品密度：14.39g/cm^3，维氏硬度：1 630HV，矫顽磁力：22.2kA/m，平均晶粒度：α 相 0.8μm，涂层厚度：3.0μm，孔隙度：A02B00	全新设计	企业新产品	国内领先
哈尔滨量具刃具集团有限责任公司					
数控螺旋锥齿轮磨齿机	H2000G	加工直径：2m，加工模数：40mm	全新设计	行业新产品	国际先进
数控螺旋锥齿轮铣齿机	H2000C	加工直径：2m，加工模数：40mm	全新设计	行业新产品	国际先进
齿轮测量中心	L100	测量模数：1 ~ 20mm，测量齿轮最大外径：1 000mm，上下顶尖距离：100 ~ 1 100mm，测头到下顶尖距离：20 ~ 600mm，螺旋角：0° ~ 90°，载重：1 500kg	全新设计	行业新产品	国内领先
万能齿轮测量机	3060A	可测齿轮模数：1 ~ 20mm，可测齿轮最大外径：600mm，上下顶尖距离：20 ~ 800mm，测头至下顶尖距离：10 ~ 410mm，螺旋角：0° ~ 90°	全新设计	企业新产品	国内领先
万能齿轮测量机	3040A	可测齿轮模数：1 ~ 12mm，可测齿轮最大外径：400mm，上下顶尖距离：30 ~ 500mm，测头至下顶尖距离：40 ~ 340mm，螺旋角：0° ~ 90°	全新设计	企业新产品	
刀具预调测量仪	SECA E CC	径向量程：400mm/600mm，轴向量程：400mm/500mm/600mm，主轴规格：BT50	全新设计	行业新产品	国内领先
齿轮测量中心	L80	测量模数：1 ~ 20mm，测量齿轮最大外径：800mm，上下顶尖距离：60 ~ 1 000mm，测头到下顶尖距离：20 ~ 600mm，螺旋角：0° ~ 90°，载重：800kg	全新设计	行业新产品	国内领先
微调精镗头模块	21C.63/ZB16 – T0250 – 45	调整精度：0.002mm	全新设计	企业新产品	国内先进
哈尔滨第一工具制造有限公司					
可转位仿型铣刀	φ63、φ80、φ100、φ125、φ160	直径：63 ~ 160mm，直径公差：±0.05mm，径向圆跳动：0.03mm，端面圆跳动：0.03mm	全新设计		国内领先
可转位高效平装面铣刀	φ63、φ80、φ100、φ125 等	直径：63 ~ 315mm，直径公差：±0.05mm，径向圆跳动：0.03mm，端面圆跳动：0.02mm	全新设计		国内领先
可转位精切盘形齿轮铣刀	37W8F400 – 007SHSY	铣刀径向圆跳动：0.03mm，铣刀端面圆跳动：0.03mm	全新设计		国内领先
重型弧铣刀	H – 40 – 1	规格：40″，刀尖距：W9.5，刀号：No.5，压力角：20°，弧铣刀结构尺寸：φ1 250mm × 155mm	全新设计		国内领先
渐开线花键环规	243 – 8999T、Z 234 – 9000T、Z	花键分度误差：0.005mm，齿形误差：0.005mm，齿向误差：0.003mm，径向跳动公差：0.007 6mm，齿面表面粗糙度：0.32μm	全新设计		国内领先
陕西航空硬质合金工具公司					
金属罩壳带表卡尺	XCHP2011 – 01	测量范围：0 ~ 150mm，精度等级：±0.02mm	改型设计	企业新产品	国内先进

（续）

产品名称	型号	主要技术参数	产品性质	产品属性	产品水平
新型成型剂挤压棒材	GYGG2011－02	产品规格：ϕ3.5～16mm，烧结温度：1 400℃，烧结时间：60min	改型设计	企业新产品	行业先进
靖江量具有限公司					
双面的带表卡尺	0～200Ⅱ、0～300Ⅱ	测量范围：0～200mm、0～300mm，测量精度：0.02mm	改型设计	企业新产品	
合金量面的带表卡尺	0～200、0～300	测量范围：0～200mm、0～300mm，测量精度：0.02mm	改型设计	企业新产品	
衡力电子卡尺	0～150	测量范围：0～150mm，测量精度：0.01mm	全新设计	企业新产品	
单面的数显鸭嘴卡尺	0～200	测量范围：0～200mm，测量精度：0.01mm	全新设计	企业新产品	
倒角卡尺	0～6mm	30°、45°、60°	全新设计	企业新产品	
带V型座卡尺	0～2 000mm	测量范围：0～2 000mm，测量精度：0.02mm	全新设计	企业新产品	

表7　2011年工具行业科研项目

科研项目名称	主要内容	应用状况	投入资金（万元）	项目来源
株洲钻石切削刀具股份有限公司				
超细晶粒整体硬质合金涂层精密刀具的研究与开发	课题开发完成了PM/HM/VSM等高性能整体硬质合金立铣刀以及ST/SL等整体硬质合金钻头	自行应用	合计14 000	
高效精密可转位刀具系列及超硬刀具	高效可转位车、铣、钻削刀具研究，精密制造技术刀具试用性能研究，基体材料、涂层研究，切削参数数据库建立	自行应用		
精密工具创新能力平台建设	建立了刀具材料、涂层、设计、新品应用研究创新平台及国际先进的超硬材料生产线	其他		
汽车发动机配套精密高效刀具开发	汽车发动机专用刀具材料，整体工艺方案及配套刀具，精密工具系统开发，切削机理研究，典型零件切削参数数据库	自行应用		
厦门金鹭特种合金有限公司				
高性能超细晶粒整体硬质合金涂层工具系列		自行应用	合计7 160	
超细晶金刚石涂层刀具		自行应用		国家火炬计划项目
高性能超细晶硬质合金棒材及其深加工刀具		研制阶段		福建省科技计划项目
“紫钨原位还原法”超细晶硬质合金棒材产业化		研制阶段		
“流态化法”超细球形及准球形钨粉		研制阶段		国家重点新产品计划项目
陕西航空硬质合金工具公司				
可转位刀片周边磨床及双端面磨床	完成可转位刀片精化设备的研制，生产高性能数控刀具，实现国产化	研制阶段	合计2 100	
难加工材料高效加工，高性能刀具与环保切削工艺技术	刀具几何参数优化及加工技术研究，工艺技术、刀具涂层研究，难加工材料粗精加工应用验证	研制阶段		
牡丹江工具有限责任公司				
精密高效金属陶瓷可转位刀具的研发	研发一种适合钢材及断面粗铣中心的金属陶瓷牌号可转位刀片产品	自行应用	180	科技部

（续）

科研项目名称	主要内容	应用状况	投入资金（万元）	项目来源
成都邦普合金材料公司有限公司				
切断切槽刀开发	开发切断切槽刀系列产品	自行应用	合计 510	企业自选
金属陶瓷牌号的开发	金属陶瓷牌号的研发	研制阶段		企业自选
喷雾干燥设备及应用工艺	喷雾干燥设备的运用	自行应用		企业自选
上海申利螺纹工具有限公司				
55 圆柱管螺纹整体粗精丝锥		自行应用	合计 970	企业自选
内容屑丝锥		自行应用		企业自选
高性能硬质合金棒料材质系列的研究开发（SG 系列）		研制阶段		企业自选

表 8　2011 年工具行业获奖科研项目

项目名称	主要内容及应用范围	获奖名称	获奖等级	主要完成单位
超细 Ti(CN)基金属陶瓷粉末改性剂及其精密刀具制备技术发明	研发 Ti(CN)基金属陶瓷超细原料球磨分散与钝化剂、混合料表面改性与成形剂、烧结过程控制等，发明了 3 个金属陶瓷基体、两个涂层牌号。应用于汽车、电子、模具及能源设备等行业的精密加工	湖南省技术发明奖	二等奖	株洲钻石切削刀具股份有限公司
电子、模具加工用高效数控刀具的研究与开发	研发超细粉体分散技术、超细粉末压制、烧结晶粒长大抑制技术、超硬刀具焊接和刃磨技术。开发了高性能的可转位粗铣、精铣球头铣刀、多功能方肩铣刀等，主要应用于电子、模具行业	株洲市科学技术进步奖	一等奖	株洲钻石切削刀具股份有限公司
切削不锈钢专用硬质合金可转位刀片	Sn30N、SM3W 等系列牌号刀具在切削不锈钢时，具有抗粘结能力极好、红硬性好、寿命长的特点	黑龙江省第七届优胜新产品奖	二等奖	牡丹江工具有限责任公司

表 9　2011 年工具行业授权专利情况

企业名称	专利名称	专利类型	授权日期
株洲钻石切削刀具股份有限公司	加工铝材用涂层刀片	实用新型	2011.01.26
株洲钻石切削刀具股份有限公司	一种铣削用刀片、铣削刀具	实用新型	2011.01.26
株洲钻石切削刀具股份有限公司	一种表面 Co 含量低的 WC－Co 硬质合金及其烧结工艺	发明	2011.01.26
株洲钻石切削刀具股份有限公司	周期性沉积的多涂层刀具及其制备方法	发明	2011.01.26
株洲钻石切削刀具股份有限公司	模具加工用雕刻刀	实用新型	2011.01.26
株洲钻石切削刀具股份有限公司	引导式阶梯扩孔钻	实用新型	2011.01.26
株洲钻石切削刀具股份有限公司	具有内冷却系统的单片精铣刀	发明	2011.04.06
株洲钻石切削刀具股份有限公司	用于大长径比深孔加工的钻头	实用新型	2011.04.06
株洲钻石切削刀具股份有限公司	钻削加工刀具	实用新型	2011.04.27
株洲钻石切削刀具股份有限公司	硬质合金基体上 Ti－Al－N 涂层的热处理方法	发明	2011.05.18
株洲钻石切削刀具股份有限公司	一种用于固定可转位刀片的刀夹	发明	2011.05.18
株洲钻石切削刀具股份有限公司	加工铝材用涂层刀片及其制备方法	发明	2011.10.05
株洲钻石切削刀具股份有限公司	钻杆扭转装置	发明	2011.12.07
株洲钻石切削刀具股份有限公司	用于径向切断、端面车削的切削刀片	发明	2011.12.07
株洲钻石切削刀具股份有限公司	用于钢材车削的硬质合金涂层刀片(1)	发明	2011.12.07
株洲钻石切削刀具股份有限公司	用于钢材车削的硬质合金涂层刀片(2)	发明	2011.12.07
株洲钻石切削刀具股份有限公司	用于钢材铣削的硬质合金涂层刀片	发明	2011.12.07
株洲钻石切削刀具股份有限公司	一种钻削加工刀具	发明	2011.12.07

（续）

企业名称	专利名称	专利类型	授权日期
成都邦普合金材料公司有限公司	双色涂层刀片(1)	外观设计	2011.07.27
成都邦普合金材料公司有限公司	双色涂层刀片(2)	外观设计	2011.08.03
成都邦普合金材料公司有限公司	双色涂层刀片(3)	外观设计	2011.07.27
成都邦普合金材料公司有限公司	双色涂层刀片(4)	外观设计	2011.08.24
成都邦普合金材料公司有限公司	双色涂层刀片(5)	外观设计	2011.08.03
成都邦普合金材料公司有限公司	双色涂层刀片(6)	外观设计	2011.08.03
成都邦普合金材料公司有限公司	双色涂层刀片(7)	外观设计	2011.07.27
成都邦普合金材料公司有限公司	一种新型的整体头三尖排钻	实用新型	2011.05.25
靖江量具有限公司	0~150mm量面带V型槽的游标卡尺	外观设计	2011.03
靖江量具有限公司	0~150mm量面带V型槽的游标卡尺	实用新型	2011.03
靖江量具有限公司	0~150mm量面带V型槽的数显卡尺	外观设计	2011.03
靖江量具有限公司	0~150mm量面带V型槽的数显卡尺	实用新型	2011.03
靖江量具有限公司	0~300mm轴中心距卡尺	外观设计	2011.03
靖江量具有限公司	0~300mm轴中心距卡尺	实用新型	2011.03
陕西航空硬质合金工具公司	包装盒	外观设计	2011.03.30
厦门金鹭特种合金有限公司	一种纳米级碳化钨粉的制备方法	发明	2011.03.16
厦门金鹭特种合金有限公司	无心磨床连线机构	发明	2011.05.11
厦门金鹭特种合金有限公司	一种复合型钻铣刀	实用新型	2011.06.15
厦门金鹭特种合金有限公司	一种用于加工钛合金和碳纤维夹层板的专用钻头	实用新型	2011.06.15
上海申利螺纹工具有限公司	一种带冷却槽的挤压丝锥	实用新型	2011.03.30
上海申利螺纹工具有限公司	一种镶体丝锥	实用新型	2011.03.30
上海申利螺纹工具有限公司	一种修正齿丝锥	实用新型	2011.04.13

五、标准化

2011年，全国刀具标准化技术委员会（简称刀标委）继续将国家重大专项涉及的标准项目以及“十二五”重点领域的标准项目作为年度标准化工作的重点，引导行业及有关企业开展相关工作，同时对突出技术进步的标准进行先期研究，重点是高效刀具、高速刀具、先进工具柄、超硬刀具等，并为标准制定做好准备。2011年刀标委共完成《键槽铣刀》国家标准和《高精度齿轮滚刀通用技术条件》等23项行业标准的制修订工作；2011年共申报33项国家标准制修订计划，上报了《超硬复合铰刀》等5项行业标准计划。

2011年，全国量具标准化技术委员会（简称量标委）共向国家标准委和国家工信部上报23项标准制修订项目，最终落实19项（包括《圆柱直齿渐开线花键量规》国家标准1项和《量块检验方法》等行业标准18项），当年完成19项标准的审查工作，按时报批。量标委按照中国机械工业联合会的要求，组织量标委委员和有关企业对2005年以前（含2005年）批准发布的11项现行机械行业标准开展了复审工作，做出了标准废止的复审结论建议并上报。按照国家标准委“对标龄已满5年的国标需复审”的要求，对2006年以前（含2006年）批准发布的29项现行国家标准开展了复审工作。

六、企业简介

牡丹江工具有限责任公司 是由原国企牡丹江工具厂在2001年改制建立的有限责任公司，公司从业人员117人。公司主导产品是数控机床用硬质合金可转位刀片、传统刀片和一部分重型装备刀片。在硬质合金毛坯生产方面，公司拥有美国产精密液压机、真空烧结炉和压力烧结炉等5台关键装备；在数控刀片刃磨方面，公司拥有从德国进口的双端面磨床、数控周边磨床（从三轴联动到五轴数控）、负倒棱磨床共7台关键设备，并有瑞典进口的刀片刃口钝化机2台。

2011年，公司共生产硬质合金刀具116.85万件，其中硬质合金刀片107.54万片。在刀片产品中，数控刀片51.7万片，同比增长8%；重型装备刀片9.31万件。完成工业总产值35 000万元，同比增长34.6%；工业增加值1 081万元，同比增长12.4%；实现利税553.8万元，同比下降1.25%。

公司改制后制定的中长期生产经营战略：扬长避短，发挥优势，坚持自主创新，不断调整产品结构，重点发展数控机床铣削用的高端硬质合金可转位刀片。根据公司中长期经营战略，改制十多年来共研发包括不锈钢切削专用系列牌号、重型大锻件车削专用牌号、铝锭铣削专用牌号等十多种硬质合金新牌号产品，并针对数控铣削刀片的特点，先后与各涂层公司联合研发了TiAlN、AlTiN、AlCrN、TiAlSiN等涂层牌号产品十余个。公司于2004年通过了ISO 9001:2000质量管理体系认证，拥有发明专利2项，是国家级高新技术企业。

2011年，公司与中国一重集团合作，研发了可替代进口的核电设备关键件加工专用牌号产品共3种牌号，完成了

600 片、25 万元合同额的任务；与哈尔滨理工大学合作承担的国家科技部“精密高效金属陶瓷可转位刀片的研发”项目也按期完成，申请 1 项发明专利并已受理，当前已进入实质性审查阶段。

〔撰稿人：中国机床工具工业协会工具分会胡红兵　审稿人：中国机床工具工业协会工具分会沈壮行〕

数显装置

一、基本情况

2011 年，参加本年鉴汇总的数显装置行业企业共计 22 家，其中，股份制企业（含转制企业）6 家、民营企业 16 家。企业主要分布在长江三角洲、珠江三角洲以及北京、长春、贵阳、桂林等地区。从行业的企业性质构成看，原有的国有企业都已进行改制，通过股份制改造，国有资本全部或逐步退出，以此应对激烈的市场竞争。同时，民营企业迅速发展壮大，成为数显装置行业的中坚力量。

2011 年，数显装置行业保持快速发展的态势，众多企业采取有效措施应对市场风险，增长强劲。参加年鉴统计的企业产值超过 10 000 万元的有 5 家，实现利税超过 1 000 万元的有 5 家。2011 年数显装置行业主要经济指标完成情况见表 1。

表 1　2011 年数显装置行业主要经济指标完成情况

指标名称	单位	年度累计
工业总产值	万元	130 517
其中：机床工具类产品产值	万元	115 724
工业销售产值	万元	124 231
其中：机床工具类产品销售产值	万元	111 125
工业增加值	万元	49 648
实现利税	万元	21 533
从业人员平均人数	人	4 465
资产总计	万元	173 762
流动资产平均余额	万元	101 086
固定资产净值平均余额	万元	31 416

二、生产及出口情况

作为数显装置行业的主导产品，光栅尺、光栅编码器、量具量仪及容栅尺的总体产量比上年增长，占行业总产量的比重较大。2011 年数显装置行业分类产品生产情况见表 2。

表 2　2011 年数显装置行业分类产品生产情况

产品名称	产量单位	产量	产值（万元）
量具	万件	309.56	23 291
卡尺	万件	44.89	3 701
量表	万件	17.43	939
电子数显量具	万件	161.02	17 601

（续）

产品名称	产量单位	产量	产值（万元）
其他量具	万件	86.22	1 050
量仪	台	8 505	30 415
数显装置			68 020
光栅尺	支	442 135	15 255
光栅数显表	台	146 381	9 277
磁栅尺	支	26 735	4 197
磁栅数显表	台	802	411
球栅尺	支	5 120	1 540
球栅数显表	台	5 035	1 050
容栅尺	支	1 015 228	12 444
圆光栅编码器	只	1 443 515	23 847

产品出口比上年有所提升，桂林广陆数字测控股份有限公司的出口额仍然居行业首位。2011 年数显装置行业分类产品出口情况见表 3。

表 3　2011 年数显装置行业分类产品出口情况

产品名称	出口量单位	出口量	出口额（万美元）
量具	万件	113.7	1 390.8
卡尺	万件	14.7	271.7
量表	万件	1.0	76.0
电子数显量具	万件	57.0	760.0
其他量具	万件	41.0	283.1
量仪	台	803	454.1
数显装置			2 195.7
光栅尺	支	59 184	429.9
光栅数显表	台	14 872	227.7
磁栅尺	支	1 150	52.1
容栅尺	支	713 521	1 146.1
圆光栅编码器	只	137 779	339.9

三、新产品、新工艺

2011 年，数显装置行业新产品开发仍以自行设计和产学研相结合研发为主。在巩固传统产品的同时，有实力的企业努力开发高附加值的新产品，提高产品的质量和技术性能，抢占中高端市场。

桂林广陆数字测控股份有限公司研制成功具有自主知

识产权的绝对原点容栅位移传感器，为更新换代提供了技术支撑，也使我国数显量具类产品的整体水平上升到一个更高层次，进入了世界测量领域高端产品行列，大大提升了我国数显量具量仪行业的产业竞争力，有利于推进现代装备制造业的发展。"绝对位置测量容栅位移测量方法、传感器及其运行方法"申请欧美等国家的专利获得受理后，经过科研人员的不断努力，又开发成功绝对原点系列精密数显量具：绝对原点数显卡尺、绝对原点数显高度尺、绝对原点数显深度尺、绝对原点数显标尺、绝对原点数显异形卡尺、绝对原点数显指示表等六大类多种规格的系列新产品。该项目已列入2011年广西千亿元科技产业发展规划。

绝对原点系列精密数显量具除了具备普通型数显类量具的各种功能外，同时具备以下几个特点：一是采用绝对原点定位技术，提高产品可靠性。即使某一点数据有误，也不会影响其他数据的精确性。二是无响应速度限制，不会产生超速错误。这点相对于一些需要高速测量（移动速度超过1.5m/s）的数显标尺和数显指示表尤其重要，不会再出现乱数的现象。三是功耗更低。普通数显量具（真断电模式的除外）的工作电流和待机电流基本一致，达到20μA以上，而该量具工作电流小于10μA，待机电流小于2.5μA，一颗3V锂电池的寿命可达2年以上，是手持数显量具在节能减耗方面的一大突破。绝对原点系列精密数显量具还具有精度高、运行速度快和功能全等显著特点，能大大提高产品的性价比，同时，特别适应低碳经济、绿色环保的发展趋势，有显著的社会效益。

2011年数显装置行业新产品开发情况见表4。2011年数显装置行业部分企业科研项目见表5。2011年数显装置行业获奖科研项目见表6。2011年数显装置行业部分企业授权专利情况见表7。

表4 2011年数显装置行业新产品开发情况

序号	产品名称	型号	主要参数	产品性质	产品水平
廊坊开发区莱格光电仪器有限公司					
1	密封式激光光栅远程安全微纳米传感测控仪	WN-2A	分辨力：1nm	全新设计	国内领先
2	密封式精密钢带光栅线位移传感器	JGX-38C	最大量程：21 000mm	全新设计	国内领先
广州市诺信数字测控设备有限公司					
3	对刀仪	PT-L-A	重复定位精度：1μm、2μm，接触速度：100～200mm/min，平行度：0.005mm/φ20mm、0.015mm/φ20mm，防护等级：IP66	全新设计	国内先进
4	数控系统	SDS9-6CNCH2	以太网局域网络代码传输速率：500kB/s以上，运动控制插补周期：0.5ms，进给加工速度：40m/min，快进速度：120m/min	全新设计	国内先进
5	光栅尺	KA-300C	分辨力：5μm、1μm、0.5μm，精度：≤±10μm/1 000mm，移动速度：30m/min，加速度：0.8*g*（分辨力1μm）	全新设计	国内先进
6	数控系统教学综合实验平台		三维进给和主轴运行正常，加工四极模塑料零件一件，表面无异常凹坑（0.3mm）	全新设计	国内先进
7	膜片式联轴器	JMJ	传递精度误差：±3″，允许扭矩：0.2N·m，扭转刚度：1 500N·m/rad	全新设计	国内先进
8	扁平式联轴器	JTP	传递精度误差：±4″，允许扭矩：0.5N·m，扭转刚度：1 200N·m/rad	全新设计	国内先进
9	龙门机床	PWR-L2212、PWR-L2213	快速移动速度（*X/Y/Z*）：8m/min，定位精度（*X/Y/Z*）：±0.02mm，重复定位精度（*X/Y/Z*）：±0.01mm	全新设计	国内先进
10	钻攻中心	T500	进给加工速度：24m/min，快进速度：56m/min，刚性攻牙速度：4 000r/min，以太网局域网络代码传输速率：500kB/s以上，运动控制插补周期：0.5ms	全新设计	国内先进
11	数控机床	PWR-1690	定位精度（*X/Y/Z*）：±0.01mm，重复定位精度（*X/Y/Z*）：±0.005mm，行程（*X/Y/Z*）：1 600mm/900mm/680mm，进给速度（*X/Y/Z*）：1～10 000mm/min，快速移动速度（*X/Y/Z*）：15m/min	全新设计	国内先进

（续）

序号	产品名称	型号	主要参数	产品性质	产品水平
12	专用数控系统	LS－JNU	运动控制功能：1～6 轴可控制，3 轴插补联动，5 轴电子凸轮插补联动；第三方用户采用集成调试环境对系统进行配置、PLC 编程与调试、运动程序编程与调试、系统集成监控与调试	全新设计	国内先进
长春禹衡光学有限公司					
13	永磁同步曳引机用外转子光电编码器	ZKD－43	中空轴：ϕ6.7mm，外径：56mm，厚：65mm，使用温度：－20～85℃	全新设计	国际先进
14	薄型绝对式空心轴光电编码器	JKW－2	中空轴：ϕ12mm，外径：50mm，厚：24.3mm，使用温度：－40～70℃	全新设计	国际先进
15	永磁电机门机用光电编码器	ZKT－66	中空轴：ϕ8mm，外径：50mm，厚：27.5mm，使用温度：－20～100℃	全新设计	国际先进
东莞市特马电子有限公司					
16	绝对测量容栅传感器		分辨力：0.01mm、0.001mm	全新设计	国内先进
上海平信机电制造有限公司					
17	橡胶磁尺	MS500	直线位移准确度：±(25＋10L)μm	全新设计	国际先进
18	磁敏式读头	MR500		全新设计	国际先进
19	橡胶磁尺	MS200	直线位移准确度：±(15＋5L)μm	全新设计	国际先进
20	磁敏式读头	MR200		全新设计	国际先进
21	磁敏式磁栅	MC200	直线位移准确度：±(10＋5L)μm	全新设计	
22	磁敏式磁栅	MC100	直线位移准确度：±15μm/m	全新设计	
苏州怡信光电科技有限公司					
23	高速雕铣机	750	行程：750mm，定位精度：±0.005mm/300mm，重复定位精度：±0.003mm，主轴最大转速：24 000r/min，最大夹刀直径：16mm	生产合作	国内先进
24	高速雕铣机	650	行程：650mm，定位精度：±0.005mm/300mm，重复定位精度：±0.003mm，主轴最大转速：24 000r/min，最大夹刀直径：16mm	生产合作	国内先进
25	高速雕铣机	545	行程：545mm，定位精度：±0.005mm/300mm，重复定位精度：±0.003mm，主轴最大转速：24 000r/min	生产合作	国内先进
26	交流伺服三坐标测量机	865	行程：800mm/600mm/500mm，测量精度：(3.0＋L/300)μm，分辨力：0.5μm，最大移动速度：15m/min，测量工件速度：0.5m/min	全新设计	国内领先
广东万濠精密仪器股份有限公司					
27	大行程 CNC 型影像测量仪	WVMS－1215H (V2.0)	光栅尺分辨力：0.5μm，示值误差(X/Y)：(4＋L/200)μm，激光平面度测量重复性：3μm，最大移动速度(X/Y)：300mm/s，测量行程($X/Y/Z$)：1 200mm/1 500mm/200mm	全新设计	国内领先
28	ϕ600 落地式投影仪	WCPJ－6020V	投影屏直径：600mm，物镜倍率：5×～100×，倍率误差：≤0.08%，测量范围：≤200mm，示值误差：≤(3＋L/50)μm，分辨力：0.5μm	全新设计	国内领先
29	ϕ300 数字式测量投影仪（大工作台）	WCPJ－3040A、WCPJ－3040AZ	投影屏直径：300mm，物镜倍率：10×～100×，倍率误差：≤0.08%，测量范围：≤400mm，示值误差：≤(3＋L/75)μm，分辨力：0.5μm	改型设计	国内领先
30	快捷型影像测量仪	WVMS－0705S	视频放大倍率：7.2×，测量范围：70mm×50mm，示值误差：≤20μm	全新设计	国内先进

（续）

序号	产品名称	型号	主要参数	产品性质	产品水平
31	中行程 CNC 型影像测量仪	WVMS-6090H	数显分辨力($X/Y/Z$)：0.5μm，变倍物镜倍率：0.7×~4.5×，视频倍率：23.5×~148×，最大测量速度300mm/s，测量范围(X/Y)：600mm×900mm，示值误差(X/Y)：$(3+L/200)$μm	改型设计	国内先进
32	手动影像测量仪	WVMS-4030GT	数显分辨力($X/Y/Z$)：0.5μm，变倍物镜倍率：0.7×~4.5×，视频倍率：23.5×~148×，测量范围($X/Y/Z$)：400mm/300mm/400mm，示值误差：$(3+L/75)$μm	全新设计	国内先进
33	小型 CNC 影像测量仪	WVMS-2515H、WVMS-3020H、WVMS-4030H(V3.0)	数显分辨力($X/Y/Z$)：0.5μm，变倍物镜倍率：0.7×~4.5×，视频倍率：23.5×~148×，最大测量速度300mm/s，测量范围(X/Y)：(250~400mm)/(150~300mm)，示值误差(X/Y)：$(3+L/75)$μm	改型设计	国内先进
34	新型光栅尺	WTL	分辨力：0.5μm，长度：50~1 000mm，精度：$(5+L/250)$μm，防护等级：IP53，移动速度：90m/min	全新设计	国内先进
贵阳新豪光电有限公司					
35	紧凑型高精度传感器	JCXH	准确度：±2μm	全新设计	
36	全自动光栅指示表检定仪	JDY-50Z	读表精度：0.1 格，示值误差：≤2.5μm(500mm)，回程误差：≤0.4μm	全新设计	
东莞市源兴光学仪器有限公司					
37	影像仪	YVM-8060H	影像测高、带平面度测量功能，0.7×~4.5×光学变焦镜头	全新设计	国内领先
38	三坐标全自动测量仪	YVS-685AV		全新设计	国内领先

表5　2011 年数显装置行业部分企业科研项目

科研项目名称	主要内容	投入资金(万元)	项目来源
桂林广陆数字测控股份有限公司			
综合检测站的研制		合计 9 050	省部级项目
绝对原点系列精密数显量具量仪的研发及产业化示范			省部级项目
BGL130R 柔性钣金加工中心			省部级项目
IP65 新型数显千分尺			企业自选
玻璃栅千分表			企业自选
桂林市晶瑞传感技术有限公司			
水平尺系列产品数字化	数显水平尺的开发	合计 580	桂林市科技局
多用途容栅编码传感器	传感器在实际中的应用		火炬计划
廊坊开发区莱格光电仪器有限公司			
密封式激光光栅远程安全微纳米传感测控仪	用于远程安全微位置测量	合计 440	国家科技部
密封式精密钢带光栅线位移传感器	最大量程 21 000mm		国家重点新产品计划项目
广州市诺信数字测控设备有限公司			
开放式专用数控系统产业化开发	开放式专用数控系统特指有特殊算法需求的自动化设备的数字控制系统，允许第三方嵌入插补与跟踪算法，用于有特殊算法需求的自动化专机控制。项目部分技术(NURBS 实时插补)达到国际先进水平	合计 620	地方科研技术

（续）

科研项目名称	主要内容	投入资金(万元)	项目来源
高速精密数控钻攻中心开发及产业化	钻攻中心研发设计、原型机组装及测试、刀库配合设计、主轴设计，并充分考虑机床的高速运行特性，运用动态模态评估技术、高速热形变技术和有限元设计技术对机床结构进行系统设计		地方科研技术
高精度圆光栅玻璃超精密研磨加工装备与工艺	采用先进的设计技术、制造技术和测量控制技术，研制自主知识产权的研磨抛光机，实现精密圆光栅的光学平面加工；采用模块化技术设计设备整体结构，并进行动力学和热力学分析，保证机器在加工过程中的受热、力后的变形最小；采用低速大转矩电动机直接驱动研磨盘运转，实现起动平稳、高承载能力和无级精确调速的性能；研究设计研磨盘的内冷却系统和温度测量、控制与显示系统；采用精密的数字控制和显示技术以及在线测量技术，设计研磨机加工过程切除量和稳定性的精确测量控制系统，精确控制研磨加工过程切除量和转速等，保证加工质量的稳定性		地方科研技术
主轴移动式纵切(走芯式)数控复合车铣中心	具有双主轴系统，分别完成前工序和后工序的所有加工工序，在一台机床上能完成一个零件的所有加工工序，同时又保持机床的通用性，其生产效率是普通铣削中心的3~5倍		地方科研技术
数控机床和加工中心用高精度伺服驱动控制装置	交流伺服驱动硬件电路开发；伺服驱动系统控制策略与算法研究与设计；伺服驱动系统控制策略算法的软件开发；产品结构设计、加工和组装；软件集成；实验室运行与测试		地方科研技术
直角坐标型机器视觉工业机器人研发及产业化	直角坐标型机器视觉工业机器人采用直角坐标基本机构平台，根据需要配置水平及垂直旋转轴，开发3~5轴工业机器人。控制器采用基于嵌入式多CPU的视觉智能开放式数控系统。机器人具有视觉识别与检测能力、运动控制与逻辑控制能力，机器人价格低廉，十分有利于市场普及		地方科研技术
长春禹衡光学有限公司			
电子多圈绝对式光电编码器	单圈分辨率最高达到21位，多圈达到16位，最高机械转速10 000r/min。主要应用于伺服电动机，替代日本多摩川产品	合计836	
扶梯用冗余设计光电编码器	增量式编码器，采用双读数头。该产品主要是针对电梯扶梯应用而开发的，具有体积小、高可靠性的特点，并可防止电梯出现失控		省科技攻关项目
太阳能跟踪用光电编码器	绝对式，高精度、高可靠、高密封性。分辨率可达21位，防护等级可达IP67，主要应用于太阳能跟踪设备		市科技攻关项目
上海平信机电制造有限公司			
高精度带型长磁栅数显尺	高精度录磁设备、磁栅位移传感器和相应技术	139.9	上海市技术项目
苏州怡信光电科技有限公司			
高速雕铣机	该雕铣机以高刚性、高精度和高耐用性为设计理念，机身采用超强刚性设计，底座采用多层肋骨补强的超强刚性箱式设计，传动系统两端采用固定支承设计，并配有适当预拉力，以提高刚性。系统采用公司和意大利公司合作开发的Z32高速高精度数控系统	合计378	合作生产

（续）

科研项目名称	主要内容	投入资金(万元)	项目来源
865三坐标测量机	该测量机为斜梁运动桥式结构,具有手动或CNC操作功能,三向导轨全部为优质花岗石导轨,主要结构件采用轻质铝合金,气垫全部采用红宝石小孔节流模式,配备公司自主开发的控制系统和测量软件。测量机外形采用意大利专家设计的曲线形轮廓。该测量机采用气浮轴承来实现运动,自主开发低压交流伺服控制系统,自主开发专用运动控制卡		自主开发
东莞市源兴光学仪器有限公司			
齿轮测量中心 三坐标测量仪	齿轮专用测量仪器 电控箱、“RENISHAW”MCP10测头、美国Rational DIMS手动简易版软件	合计99	南昌大学 自主开发

表6　2011年数显装置行业获奖科研项目

项目名称	主要内容及应用范围	获奖名称	获奖等级	主要完成单位
一种密封式超长标尺光栅传感器	用于对大型、超大型制造和检测装置运行位置的测量与控制反馈	河北省知识产权优势企业培养工程专利奖	二等奖	廊坊开发区莱格光电仪器有限公司
JGX密封式钢带光栅线位移传感器	用于对大型、超大型制造和检测装置运行位置的测量与控制反馈	河北省科技进步奖	二等奖	廊坊开发区莱格光电仪器有限公司
智能全自动齿轮测量系统产业化技术研发	全系统的专用齿轮测量设备,各产品的技术创新(应用多方位的产品测量要求)	广东省产学研引导项目奖		东莞市源兴光学仪器有限公司、广州大学先进制造学院

表7　2011年数显装置行业部分企业授权专利情况

企业名称	专利名称	专利类型	授权日期
桂林广陆数字测控股份有限公司	防水型电子数显卡尺专用芯片	发明	2011.09.07
桂林广陆数字测控股份有限公司	键槽对称度数显卡规	实用新型	2011.03.16
桂林广陆数字测控股份有限公司	绝对位置测量容栅位移传感器	实用新型	2011.05.18
桂林广陆数字测控股份有限公司	一种数显卡尺数据接口装置	实用新型	2011.11.16
广州市诺信数字测控设备有限公司	一种光栅读数头	发明	2011.04.29
广州市诺信数字测控设备有限公司	磁栅尺托板结构	发明	2011.05.11
广州市诺信数字测控设备有限公司	加工中心光电信号长度对刀仪	实用新型	2011.10.17
广州市诺信数字测控设备有限公司	光栅尺(KA-NC100)	外观设计	2011.06.29
广州市诺信数字测控设备有限公司	数控车床控制装置	外观设计	2011.04.06
长春禹衡光学有限公司	基于微处理器的省线光学编码器	实用新型	2011.11.02
长春禹衡光学有限公司	一种基于微处理器的省线光学传感器	实用新型	2011.11.02
上海平信机电制造有限公司	一种磁栅磁头保持机构	实用新型	2011.03.02
上海平信机电制造有限公司	一种磁栅尺信号转换器	实用新型	2011.03.02
上海平信机电制造有限公司	一种可偏摆位移传感装置	实用新型	2011.04.06
苏州怡信光电科技有限公司	影像测量仪	实用新型	2011.09.21
苏州怡信光电科技有限公司	一种带同轴光功能的影像测量仪	实用新型	2011.10.05
苏州怡信光电科技有限公司	一种影像测量仪	实用新型	2011.11.09
苏州怡信光电科技有限公司	影像测量仪和限位开关装置	实用新型	2011.09.21
苏州怡信光电科技有限公司	一种简易型影像测量仪	实用新型	2011.10.06
苏州怡信光电科技有限公司	一种带彩虹光装置的光学测量系统	实用新型	2011.11.09

（续）

企业名称	专利名称	专利类型	授权日期
苏州怡信光电科技有限公司	两点定位式的编码器及定位装置	实用新型	2011.11.09
苏州怡信光电科技有限公司	高速雕铣机	外观设计	2011.09.28

四、标准化工作

2011年，数显装置行业共完成5项行业标准的制定工作:《容栅角位移测量系统》《光栅旋转编码器》《光栅编码器串行双向通讯接口技术》《球栅线位移传感器》和《球栅数字显示仪表》。

全国量具量仪标准化技术委员会数显装置分技术委员会自2009年成立以来，共完成光栅(含编码器)、磁栅、容栅、球栅等四大类专业的15项行业标准的制修订(至今已经国家工信部审批颁布的行业标准共9项)工作，感应同步器专业的行业标准正在制修订当中。在数显装置分会的积极配合和大力支持下，数显装置分技术委员会的工作得以顺利开展并取得了可喜的成绩，为推动行业的技术进步和产业发展做出了贡献。

五、企业简介

长春光机数显技术有限责任公司 是中国科学院长春光学精密机械与物理研究所下属的高新技术企业。公司拥有员工100余人，其中具有大专以上学历人员52%，科技人员占20%。公司主要研究线、角位移精密传感器及利用此技术延伸扩展的相关精密计量仪器。其中，光栅线位移传感器系列产品是长春光机所科研成果的转化产品，测量长度、精度等技术指标在国内同类产品中处于领先水平。2011年，公司获得吉林省科技厅、工信厅等部门的多项奖励与支持。

公司以先进的营销理念，特别是运用电子商务，使网络营销更加贴近市场，加快了市场销售的步伐。2011年公司工业总产值增长20%，销售收入增长20%。公司有40%的产品出口德国、土耳其、日本、韩国、新加坡等国家，赢得了较好的信誉。2011年，公司全面启用ERP企业资源计划管理方案，用现代化的信息管理技术使管理工作更上一个新台阶。

长春禹衡光学有限公司 原长春第一光学有限公司，是光栅编码器及光学仪器行业的龙头企业，始建于1965年。公司是国家编码器工程中试基地、吉林省博士后科研创业基地和省级技术中心。公司新建成的产业科技园占地面积3万m^2，技术水平跃上新台阶。“禹衡”牌光栅编码器产品是中国名牌产品，“禹衡”的品牌是吉林省著名商标。2010年，作为组长单位制定《光栅旋转编码器》《光栅角度编码器》和《CPE－Bus位移编码器双向串行通讯协议规范》3项行业标准。

公司主导产品光栅编码器广泛应用于自动化领域，是控制系统构成的重要器件，是数控机床、交流伺服电动机、电梯、冶金设备、重大科研仪器、航空航天装备、自动化生产线等必不可少的关键测量传感器件。公司另一主导产品是光学仪器及相关部件，其中，高精度平行光管、精密单色仪、激光喇曼光谱仪、固体激光器、光电实验室成套仪器等达到国际先进水平。

2011年，公司承担的国家“高档数控机床与基础制造装备”科技重大专项课题“高精度、高分辨力绝对式光栅旋转编码器”项目，主要是开发交流伺服电动机及数控机床用绝对式光栅旋转编码器，掌握相关设计、制造和软硬件核心技术，其产品综合技术指标达到国际同类产品水平。通过课题的实施，在绝对式编码器技术领域取得了突破，并实现了产业化，突破了制约国产高档数控机床发展的技术瓶颈，打破了国外技术壁垒和垄断，具有十分重要的社会效益和经济效益。

桂林市晶瑞传感技术有限公司 成立于2003年，注册资本60万元，公司当前员工100人。公司主要致力于容栅位移传感器在水平、角度测控领域的应用研究，是一家集知识创新、技术创新、产品创新、运行机制创新于一体的，隶属于桂林国家高新技术开发区的高成长性外向型高新技术企业。2004年，公司被认定为高新技术企业，2008年、2011年均通过了高新技术企业复审。

公司主要产品包括数显量表系列、数显水平仪/倾角仪系列、数显角度系列及数显标尺系列产品。公司的数显传感器年产量已超过15万套，90%以上的产品出口到欧美等30多个国家和地区，产量、销量、出口量每年以200%以上的速度增长。公司成立至今，已获得国家授权发明专利1项、实用新型专利6项、外观设计专利2项，美国发明专利1项。

公司从2003年8月开始研制水平、倾角及角度数显产品，采用的是增量型容栅角位移传感器，通过优化容栅角位移传感器的结构参数，优化重力摆锤的归零结构及容栅角位移传感器的数据信息单片机处理方式，使水平、倾角及角度数显产品的技术指标达到较高水平。研发的磁阻尼装置克服了重力摆锤精密轴系的灵敏性和快速读数之间的矛盾，为产品的实际应用创造了条件。已开发完成了分辨率为0.1°的数显水平尺、数显倾角仪、数显倾斜盒、简易角度尺及MINI角度尺等产品，并已进入批量生产阶段。2011年，公司实现销售收入1 371万元，其中出口交货值832万元，创汇128万美元，上缴税金36万元。

上海平信机电制造有限公司 是由国企改制的民营资本投资的国家级高新技术企业。现有从业人员82人，大专以上技术人员占员工总数的60%。公司主要从事高精度磁栅传感器和高精度弧齿锥齿轮铣齿机的开发、制造。

公司是国内磁栅传感器领域唯一独立拥有核心发明专利，可自主开发、生产、销售、服务的磁栅专业制造商。产品分为磁通响应式、磁敏响应式两大类，在长距离测量(超过30m)、抗油污、环境保护(不产生废水)、节省资源(利用再生橡胶)等方面具有突出的优势，能够满足机械制造、仓储、木材加工、石材加工等长距离、环境恶劣场合的使用要求，产品部分出口海外。值得一提的是，公司新开发的磁敏传感器与国际技术水平同步，可直接与欧洲的同类品牌展开市场竞争，赢得了竞争优势，市场销量逐步上升，并迫使进口产品降价，展现了良好的社会效益。2011年，由公司独立承担的磁栅装置国家创新基金项目顺利通过了国家科技部组织的专家组验收。公司磁敏传感器的核心发明专利获得正式授权，还有3项实用新型专利获得授权：一种磁栅磁头保持机构、一种磁栅尺信号转换器和一种可偏摆位移传感装置。公司的高精度带型长磁栅数显尺获得上海市政府立项资助。

公司的高精度弧齿锥齿轮铣齿机是一款适应市场需求的经典弧齿锥齿轮加工装备，广泛应用于电动工具、园林机械、缝纫机等行业小模数齿轮的加工。2011年，公司开发了适合弧齿锥齿轮检验用的可变角度啮合机（啮合角度45°~120°），还为汽车零部件厂商提供专用装备。2011年，公司实现销售收入4 863.9万元、利税1 008.8万元。

广州市诺信数字测控设备有限公司 成立于2002年8月，是一家专业开发、研制、生产数控装备的民营高科技公司，专门生产光栅尺、数显表和数控系统、数控机床及加工中心系列产品。公司现有职工近600人，拥有集办公、研发、生产为一体的面积达6.4万m^2的自主产权基地，有75 000m^2的生产厂房、科研中试车间和研发办公综合楼，同时在云南玉溪研和工业园成立子公司——玉溪佰锐富数控机床有限公司，专业生产、装配数控机床及加工中心。

公司拥有一系列世界先进的检测精度设备，并通过了ISO 9001:2000质量管理体系认证及欧洲电器安全标准认证等。2007年，公司被认定为广州市知识产权扶优工程企业；2008年，被国家科技部、国家科学技术奖励工作办公室和中国民营科技促进会授予“民营科技发展贡献奖”，同年通过了国家高新技术企业认定；2009年被广东省经贸委确认为“广东省装备制造业重点培育企业”。

公司成立伊始便将“诺信”作为公司产品和服务的自主品牌。2007年，“诺信”成为注册商标，2010年被认定为广东省著名商标，2011年被认定为广州市著名商标。公司旗下光栅数显产品使用的信和商标在2009年被认定为广州市著名商标，2011年被认定为广东省著名商标。公司的数控铣床和光栅线位移传感器皆被认定为广东省名牌产品。

当前，公司已建成较完善的元器件供应链、研发队伍、生产体系、质保体系和服务体系，已经形成雄厚的科研实力、卓越的产品质量、合理的价格定位、完善的服务体系、便捷的营销网络五大核心竞争优势，产品技术性能达到国内领先乃至国际先进水平。经过多年的发展，公司的数显产品占据国内市场份额的30%~35%，连续9年全国销量第一，立式加工中心（配备国产数控系统的）占据同类产品国内市场份额的45%。

公司积极开展产学研联合研发，与中山大学、华南理工大学、哈尔滨工业大学、广东工业大学和暨南大学等建立了合作关系，充分发挥产、学、研互动整合的优势。公司拥有强大而完善的销售网络，在沿海一带已经建立34个销售服务部，以此辐射全国各地。

〔撰稿人：中国机床工具工业协会数显装置分会武平
审稿人：中国机床工具工业协会数显装置分会李振雄〕

机床电器及数控系统

机 床 电 器

2011年是“十二五”规划的开局之年，机床电器行业步入快速发展时期，各项主要经济指标继续保持平稳较快的增长，但增幅呈现前高后低的态势。随着国家推进转变经济发展方式、促进企业转型升级，机床电器行业面临新的机遇与挑战，加快产业结构、产品结构调整已是行业必须关注的紧迫任务。回顾2011年，有以下主要问题值得关注：原材料价格大幅波动、劳动力价格持续上涨及财务费用增加推高企业成本；产能过剩普遍存在，低价竞争仍未得到有效遏制；中小企业贷款难，造成企业资金紧张、运营困难。

一、基本情况

参加本年鉴汇总的机床电器行业企业共计25家，其中，国有企业3家、股份制企业（含改制企业）18家、民营企业4家。机床电器行业企业的区域集中度很高，企业主要分布在京、沪及江浙等地区。

2011年，机床电器行业共完成工业总产值39.47亿元、工业销售产值37.66亿元，实现利税4.70亿元，全年从业人员平均人数9 089人。

本次汇总统计中工业销售产值超过1亿元的企业共有9家，占参加年鉴汇总企业数的36%。这些企业是：耀华电器集团有限公司(15.38亿元)、天水二一三电器有限公司(5.43亿元)、九川集团有限公司(3.72亿元)、安阳凯地电磁技术有限公司(2.72亿元)、桂林机床电器有限公司(2.11亿元)、沈阳二一三电器有限公司(1.60亿元)、北京机床电器有限责任公司(1.12亿元)、无锡市明达电器有限公司(1.12亿元)、华威控股集团有限公司(1.07亿元)。

实现利税超过1 000万元的企业是:耀华电器集团有限公司(3.05亿元)、天水二一三电器有限公司(0.58亿元)、九川集团有限公司(0.32亿元)、华威控股集团有限公司(0.13亿元)、桂林机床电器有限公司(0.11亿元)。

2011年机床电器行业主要经济指标完成情况见表1。

表1　2011年机床电器行业主要经济指标完成情况

指标名称	单位	年度累计
工业总产值	万元	394 687
其中:机床工具类产品产值	万元	366 357
工业销售产值	万元	376 558
其中:机床工具类产品销售产值	万元	349 469
工业增加值	万元	91 379
实现利税	万元	46 959
从业人员平均人数	人	9 089
资产总计	万元	305 504
流动资产平均余额	万元	193 551
固定资产净值平均余额	万元	48 717

二、生产及出口情况

2011年,机床电器行业企业生产继续保持平稳增长的态势。国内市场需求旺盛,产品产销衔接良好,促进了机床电器产品产量的大幅增长。2011年,机床电器元件产量9 747.69万件,控制柜产品产量409 524台。机床电器类产品产值总计36.64亿元,其中,机床电器元件产值33.67亿元、控制柜产品产值2.97亿元。在各类机床电器元件中,断路器产品的产值最大,达13.18亿元。2011年机床电器行业分类产品生产情况见表2。

表2　2011年机床电器行业分类产品生产情况

产品名称	产量单位	产量	产值(万元)
机床电器	万件	9 747.69	336 676
接触器	万件	1 329.31	84 079
起动器	万件	3.47	2 237
继电器	万件	381.21	11 744
电磁铁	万件	345.87	32 298
电磁离合器	万件	28.10	6 963
行程开关	万件	339.85	5 785
转换开关	万件	82.23	2 398
按钮开关	万件	255.28	1 967
机床变压器	万件	97.82	13 421
断路器	万件	2 758.65	131 774
其他机床电器元件	万件	4 125.90	44 011
控制柜	台	409 524	29 681

机床电器产品主要面向国内市场,整体出口量较小。由于欧洲主权债务危机尚未有效解决,加之世界经济增长放缓,国际贸易增速回落,机床电器产品出口受到一定程度的影响。此次统计的机床电器出口企业共有6家,2011年共出口机床电器元件4 402.64万件,出口额5 302.32万美元。其中,断路器产品出口额(1 947.62万美元)占比最大,占机床电器出口总额的36.73%。出口额超过100万美元的企业是:耀华电器集团有限公司(2 848.8万美元)、九川集团有限公司(1 573.15万美元)、沈阳二一三电器有限公司(447万美元)、安阳凯地电磁技术有限公司(350万美元)。2011年机床电器行业分类产品出口情况见表3。

表3　2011年机床电器行业分类产品出口情况

产品名称	出口量(万件)	出口额(万美元)
机床电器	4 402.64	5 302.32
接触器	170.09	993.83
起动器	0.65	148.50
继电器	110.1	92.21
电磁铁	45	350.00
行程开关	36.41	5.02
转换开关	0.75	2.30
按钮开关	27	19.50
机床变压器	5.15	91.23
断路器	161.47	1 947.62
其他机床电器元件	3 846.02	1 652.11

三、新产品、新技术、新工艺

2011年,机床电器行业共开发新产品21种,其中行业新产品8种,占全部新产品的38.1%。2011年开发的新产品全部为自行设计,这表明机床电器行业企业的自主研发能力已经有很大的提高。2011年机床电器行业新产品开发情况见表4。

表4　2011年机床电器行业新产品开发情况

产品名称	型号	主要技术参数	产品性质	产品属性	产品水平
北京第一机床电器厂有限公司					
微动开关	YDX2-11BN/CD	(AC-15)U_e:220V,I_e:1A;(DC-13)U_e:220V,I_e:0.42A	全新设计	行业新产品	国内领先

（续）

产品名称	型号	主要技术参数	产品性质	产品属性	产品水平
微动开关	YDX2－22C	（AC－15）U_e:220V，I_e:1A；（DC－13）U_e:220V，I_e:0.2A	改型设计	行业新产品	国内领先
天津机床电器有限公司					
牙嵌式电磁离合器	DLY3－1AD	额定传递力矩：10N·m	改型设计	企业新产品	国内领先
沈阳二一三电器有限公司					
交流接触器	CJX2－F 系列	额定工作电流：115A、150A、330A	改型设计	企业新产品	国内先进
耀华电器集团有限公司					
墙壁开关	HK6－531	额定工作电流：10A，额定工作电压：250V	改型设计	企业新产品	国内先进
广州南洋电器有限公司					
固封式真空断路器	ZN□－24	额定电压：24kV，额定电流：3 150A，额定短路开断电流：31.5kA，机械寿命：10 000 次	全新设计	行业新产品	国内先进
桂林机床电器有限公司					
漏电保护开关	GB2－40L	U_e:230V，I_n:40A，额定频率：50Hz	全新设计	行业新产品	国际先进
漏电断路器	GB2－63LG	U_e: 230V，I_n: 16A、20A、25A、32A、40A、50A、63A，额定频率：50Hz	全新设计	行业新产品	国际先进
漏电断路器	GB1－40LGD	U_e: 230V，I_n: 16A、20A、25A、32A、40A，额定频率：50Hz	全新设计	行业新产品	国际先进
安阳凯地电磁技术有限公司					
直流湿式阀用电磁铁	MFZ12－90YC(SA)	额定吸力：≥90N，额定行程：4mm，全行程：≥9mm，消耗功率：≤36W，耐油压：21MPa，操作频率：12 000 次/h	改型设计	行业新产品	国内先进
螺纹插装比例电磁铁	GC32－S－A	额定电流：0.8A，额定吸力：≥32N，额定电阻：17.5Ω，额定行程：1.5mm，全行程：2.5mm，力滞环：≤3%，电流滞环：≤3%，耐油压：13.7MPa	全新设计	行业新产品	国内先进
荆州市中宇机床电器有限公司					
不锈钢电阻器	RZD－27.2 RZD－13.6 RZD－14.4	27.2Ω，10kW； 13.6Ω，10kW； 14.4Ω，12.5kW	改型设计	企业新产品	国内先进
塔式起重机联动操纵台	QTZ－TC6013	AC380V，DC220V，9 回路	改型设计	企业新产品	国内先进
天水二一三电器有限公司					
直流接触器、磁保持直流接触器	GSZ1－50/80、GSZ1－50Y/80Y	额定绝缘电压 U_i:60V，额定工作电压 U_e:48V，额定工作电流 I_e(DC－1)：50A、80A，约定发热电流 I_{th}:50A、80A	全新设计	企业新产品	国际领先
设备用断路器	GSB3－50	额定电压：240V（1 极、2 极）/415V（3 极），额定电流：0.5A、1A、2A、3A、5A、6A、8A、10A、15A、20A、25A、30A、35A、40A、45A、50A	全新设计	企业新产品	国内领先
直流操作交流接触器	GSC3－09Z～95Z	额定绝缘电压 U_i: 690V，额定控制电压 U_s:（DC）24V、48V、110V、220V，额定工作电压 U_e: 380V、690V，额定发热电流 I_{th}: 25～125A，额定工作电流 I_e:（380V、AC－3）9～95A	全新设计	企业新产品	国际领先
交流接触器	GSC3－E	额定绝缘电压 U_i: 690V，额定工作电压 U_e:（AC）380V、690V，额定发热电流 I_{th}: 16A，额定工作电流 I_e:（380V、AC－3）6A、9A	全新设计	企业新产品	国内领先

（续）

产品名称	型号	主要技术参数	产品性质	产品属性	产品水平
护指型快速转换开关	GSH3－20、32	额定绝缘电压：690V/50Hz，额定工作电压：2P时230V/50Hz、3P时400V/50Hz，GSH3－20额定工作电流：AC－21A下为20A、AC－3下为10A，GSH3－32额定工作电流：AC－21A下为32A、AC－3下为22A	全新设计	企业新产品	国际先进
万能式断路器	GSW1－1600	额定绝缘电压：1 000V，额定工作电压：400V、690V，极数：3极、4极，额定电流：200A、400A、630A、800A、1 000A、1 250A、1 600A	全新设计	企业新产品	国内先进
直流接触器	GSZ1－100、200	额定工作电压 U_e：(DC)48V，额定工作电流 I_e：100A(GSZ1－100)、200A(GSZ1－200)，额定控制电源电压 U_s：(DC)24V、48V	全新设计	企业新产品	国内领先
智能热量表	CYMR－1	口径：15～25mm，准确度等级：3级，温度：2～95℃，环境温度：0～55℃，环境等级：B级	全新设计	企业新产品	国际先进

四、行业合资合作情况

2011年，沈阳二一三电器有限公司继续分别与德国沙尔特宝公司和美国通用电气公司展开密切合作。2011年机床电器行业合资合作产品销售情况见表5。

表5　2011年机床电器行业合资合作产品销售情况

合资合作产品名称	数量(万台)	销售额(万元)	生产企业名称
直流接触器	20	1 465	沈阳二一三电器有限公司(与德国沙尔特宝公司合作)
断路器套件	16	1 350	沈阳二一三电器有限公司(与美国通用电气公司合作)

五、科研成果及其应用情况

2011年，机床电器行业共上报科研项目11项，其中，沈阳二一三电器有限公司的"新能源电动汽车用汽车充电装置的研发"处于研制阶段。此外，共有5项科研项目获奖。2011年机床电器行业部分企业科研项目见表6。2011年机床电器行业获奖科研项目见表7。2011年机床电器行业授权专利情况见表8。

表6　2011年机床电器行业部分企业科研项目

科研项目名称	主要内容	应用状况	项目来源
苏州机床电器厂有限公司			
通信基站用HGM45断路器	适用于在交、直流线路中保护线路的短路和过载，亦可用于不频繁的通断操作。该产品符合RoHS，并取得UL认证	自行应用	企业自选
HGB－30W油杯断路器	额定电流为1～30A，可用于计算机及其外围设备、工业自动控制系统、电信设备、通用电源系统、UPS不间断电源设备、铁路机车、船用电气系统、航空航天设备、电梯控制系统和移动电源设备中，对线路进行过载、短路保护，亦可用于不频繁的接通和分断操作	自行应用	企业自选
HGM2－63直流断路器	适用于额定直流电压至440V、额定电流至63A的直流电路中作为线路及设备的过载、短路保护装置或隔离开关	自行应用	企业自选
耀华电器集团有限公司			
HK6－531墙壁开关	该产品的额定工作电流为10A，额定工作电压为250V，寿命超过20 000次，是国家标准的4倍。具有手感好、塑料件表面无水波纹且几乎无缩水现象、产品结合处缝隙小及安全性较好等特点	自行应用	引进开发项目
广州南洋电器有限公司			
ZN□－24／3150－31.5型固封式真空断路器的开发	额定电压24kV，额定电流3 150A，额定短路开断电流31.5kA，机械寿命达10 000次	自行应用	企业研发技改项目
桂林机床电器有限公司			
GB1－16LC、GB1－10LC、GB2－40L系列漏电保护开关，GB2－63LG、GB1－40LGD系列漏电断路器	GB系列产品由公司自主研发，属国内首创产品。该系列产品适用于大功率空调、电热水器、电冰箱、洗衣机、饮水机等，具有漏电触电保护并及时自动断电的功能等	自行应用	企业自选

（续）

科研项目名称	主要内容	应用状况	项目来源
GC9微型交流接触器	该产品体积小，可用于PLB电路板上，且触头分断能力与接触器相当，是公司未来产品小型化的基础	自行应用	企业自选
墙壁开关插座系列	采用独创的双弹力结构，使接插连接更可靠，避免因接触不良产生电弧而引发的安全隐患	自行应用	企业自选
安阳凯地电磁技术有限公司			
伺服比例电磁控制系统的关键技术研究与应用	伺服比例电磁铁的研发，高精度位移传感器的研发，数字比例放大器的研发，稳态和动态特性检测系统的研发	自行应用	企业自选
矿用防爆电磁铁的研发及产业化	DTBZ9 - 37FYC、DTBZ12 - 37FYC、DTBZ9 - 90FYC、DTBZ12 - 90FYC防爆电磁铁的研发	自行应用	企业自选

表7　2011年机床电器行业获奖科研项目

项目名称	主要内容及应用范围	获奖名称	获奖等级	主要完成单位
GCJ低压成套无功功率补偿装置	智能型大容量无功功率补偿装置应用于低压补偿，可实现动态、静态补偿，补偿方式为集中补偿，投切方式为循环或编码循环	中国机械工业集团科学技术奖	二等奖	北京电器有限公司
GB1 - 32L系列漏电保护开关的研发	GB1系列漏电保护开关是公司历经多年研究，成功开发的国内外首创的专利产品，可直接安装于室内墙壁埋入式暗盒上，且能通断高倍故障电流，最适合于对空调、电热水器等家电提供一对一的漏电保护	广西壮族自治区新产品优秀成果奖	二等奖	桂林机床电器有限公司
GP516 - S - B螺纹比例阀用电磁铁	电磁铁产品关键技术研发及产业化。产品广泛应用于航空航天、军工、冶金、野外工程等高端领域，市场前景良好	行业技术进步奖	二等奖	安阳凯地电磁技术有限公司
GC32 - S - A螺纹插装比例电磁铁	电磁铁产品关键技术研发及产业化。产品广泛应用于航空航天、军工、冶金、野外工程等高端领域，市场前景良好	安阳市优秀新产品奖		安阳凯地电磁技术有限公司
MFZ12 - 25YC阀用电磁铁	电磁铁产品关键技术研发及产业化。产品广泛应用于航空航天、军工、冶金、野外工程等高端领域，市场前景良好	安阳市科学技术进步奖	三等奖	安阳凯地电磁技术有限公司

表8　2011年机床电器行业授权专利情况

企业名称	专利名称	专利类型	授权日期
安阳凯地电磁技术有限公司	一种可在碱性环境中使用的电磁铁	实用新型	2011.09
安阳凯地电磁技术有限公司	一种耐高温高湿的电磁铁	实用新型	2011.09
安阳凯地电磁技术有限公司	一种防爆电磁铁	实用新型	2011.12
安阳凯地电磁技术有限公司	一种液压环境中使用的低噪声电磁铁	实用新型	2011.12
安阳凯地电磁技术有限公司	一种用于发电机组机械停机的电磁铁	实用新型	2011.12
天水二一三电器有限公司	一种断路器手柄连接结构	实用新型	2011.03.02
天水二一三电器有限公司	一种易于操作断路器手柄	实用新型	2011.03.02
天水二一三电器有限公司	一种断路器用复位按钮组件	实用新型	2011.05.18
天水二一三电器有限公司	交流接触器（PTG）	外观设计	2011.06.29
天水二一三电器有限公司	一种安装底座	实用新型	2011.09.07

六、标准化工作情况

2011年，在全国金属切削机床标准化技术委员会机床电器分技术委员会（简称机床电器分标委）的组织领导下，机床电器行业开展了卓有成效的标准化工作。

2011年8月，在贵阳市召开了2011年度机床电器分标委工作会议暨标准审查会议。会议听取了分标委秘书处关于本年度工作情况的汇报，并研讨、审查了《湿式多片电磁离合器》和《主令开关》两项行业标准，同时还向各位与会代表征集标准项目计划的内容。

2011 年，由成都机床电器研究所归口的两项行业标准《干式多片电磁离合器》和《单极和双极交流接触器》正式发布；完成上报《机械设备用变压器》和《机床控制变压器》两项行业标准，另有两项行业标准《直流湿式阀用电磁铁》和《比例阀用电磁铁》的制修订工作正在进行中。此外，还申报了多项国家标准计划，等待立项。

随着机床电器分标委对机床电器标准化工作的有效组织、迅速推进，必将加速机床电器标准的制修订工作，持续完善机床电器标准化体系，进一步提高机床电器产品的运行质量水平。

〔撰稿人：中国机床工具工业协会机床电器分会熊伟 审稿人：中国机床工具工业协会机床电器分会董华根〕

数控系统

2011 年是“高档数控机床和基础制造装备”国家科技重大专项全面实施的第二年，数控系统行业全年主要经营指标保持了稳步增长。在重大专项的支持下，许多数控系统企业与机床企业合作，研制了一批重大专项课题规划中的高档数控机床，满足了航空航天、船舶、汽车及发电设备等制造行业的急需。但受机床行业大环境影响，2011 年第四季度起，数控系统行业产销增速开始下滑，部分重点企业产销、利润均呈负增长。

一、基本情况

2011 年，数控系统行业有 24 家企业参加行业统计，数控系统行业工业增加值、利税、资产总计等比上年均有一定程度提高。其中，武汉华中数控股份有限公司创业板上市，广州数控设备有限公司新生产基地基本建成，两个企业的固定资产同比大幅增加。2011 年数控系统行业主要经济指标完成情况见表 1。

表 1　2011 年数控系统行业主要经济指标完成情况

指标名称	单位	年度累计
工业总产值	万元	302 190
其中：机床工具类产品产值	万元	274 532
工业销售产值	万元	300 321
其中：机床工具类产品销售产值	万元	254 751
工业增加值	万元	124 512
实现利税	万元	65 573
从业人员平均人数	人	5 867
资产总计	万元	285 841
流动资产平均余额	万元	217 563
固定资产净值平均余额	万元	26 581

二、生产及出口情况

2011 年，数控系统产品产量比上年有一定程度提高，其中，数控装置、伺服驱动装置、电动机产量都有所增加。2011 年数控系统行业分类产品生产情况见表 2。

表 2　2011 年数控系统行业分类产品生产情况

产品名称	产量（台、套）	产值（万元）
数控装置	189 293	98 073
经济型数控装置	164 098	59 070
三轴－四轴联动数控装置	24 639	33 755
五轴及以上联动数控装置	556	5 248
伺服驱动单元	427 037	97 390
主轴驱动单元	27 453	25 531
交流进给伺服驱动单元	349 443	66 394
步进电动机驱动器	50 141	5 465
电动机	350 070	70 084
主轴电动机	38 650	26 282
交流伺服电动机	295 354	42 482
步进电动机	16 066	1 320

2011 年，北京凯奇数控设备成套有限公司和沈阳高精数控技术有限公司等企业向俄罗斯等欧洲国家出口各类数控系统，武汉登奇机电技术有限公司、上海开通数控有限公司向东南亚地区批量出口交流伺服电动机和驱动器，广州数控设备有限公司向东南亚等国家出口数百套数控系统，武汉华中数控股份有限公司向欧洲某公司出口近千套专用数控系统。2011 年数控系统行业分类产品出口情况见表 3。

表 3　2011 年数控系统行业分类产品出口情况

产品名称	出口量（台、套）	出口额（万元）
数控装置	4 307	2 062
经济型数控装置（两轴及以下）	2 341	1 078
中档数控装置（三轴－四轴联动）	1 854	748
高档数控装置（五轴联动）	112	236
驱动单元和电动机	3 710	1 064
主轴驱动单元	124	66
进给伺服驱动单元	1 831	396
步进电动机驱动器	121	12
主轴电动机	102	70
伺服电动机	1 532	520

三、新产品及科研项目

2011 年，数控系统行业各企业紧密结合国内市场实际需求，积极承担高档数控专项的研制，共上报新产品 19 项、科研项目 28 项。2011 年数控系统行业新产品开发情况见表 4。2011 年数控系统行业科研项目见表 5。

表4　2011年数控系统行业新产品开发情况

序号	产品名称	型号	主要技术性能
武汉华中数控股份有限公司			
1	全数字高档数控系统	HNC－818	数控装置的高度集成：总线功能单元与数据处理单元集成，控制器一体化；驱动装置高度集成：主轴、伺服轴集成，多轴一体化；数控机床空间误差标定与补偿功能的集成技术；数控机床装配质量检测与分析系统的集成技术；智能化的伺服调试技术。适用于全功能数控车床、数控铣床、钻攻中心和加工中心
2	基于国产64位CPU数控装置	HNC－817	基于国产64位CPU芯片的数控硬件平台；基于国产64位实时操作系统的数控软件平台；数控装置的控制通道数：8，每通道最大联动轴数：8；总线接口：支持自主开发的现场总线，数据传输波特率100Mbit/s；五轴旋转刀具中心RTCP（Rotational Tool Center Point）功能、五轴倾斜面加工控制功能。适用于全功能数控车床、数控铣床、钻攻中心及加工中心
3	总线式交流伺服驱动单元	HSV－180U	基于现场总线接口的全数字驱动装置统一平台技术；全面支持绝对式编码器、正余弦编码器等高精度反馈装置；伺服驱动系统高精度、高响应、高刚度、高抗扰性控制技术；交流感应式异步主轴电动机宽域恒功率调速控制技术；交流永磁同步主轴驱动系统的设计。适用于各类交流伺服驱动和交流伺服主轴驱动
广州数控设备有限公司			
4	磨床数控系统	GSK928GEa	嵌入式双CPU控制内核（MCU＋DSP），内嵌PLC，S曲线自动加减速，交流伺服电动机闭环控制，自动砂轮修整与磨削尺寸修正补偿。快速移动速度：8m/min，加工精度：0.5μm
5	铣床数控系统	GSK990MA	四轴三联动，快速移动速度：30m/min，快速进给速度：15m/min，加工精度：0.001mm
6	车床数控系统	GSK980TB2	最大快速速度：15m/min，最大进给速度：8m/min，加工精度：0.001mm
沈阳高精数控技术有限公司			
7	总线式伺服驱动单元	GJS015ADZ	调速比：1∶10 000，定位精度：±1脉冲，稳速精度：＜0.05r/min，动态响应：600Hz，现场总线通信速度：100Mbit/s。运行稳定性和伺服系统保护能力，增加电动机动态监视和错误判别等功能，防止超程（OT）功能，零嵌位功能
8	总线式全数字数控系统	GJ400	系统最小控制分辨率：1nm，程序前瞻段数：2 000段，程序段处理速度：7 200段/s；传输速率：100Mbit/s，同步精度：＜1μs，最小通信周期：31.25μs。系统的计算处理平台可采用X86处理器和基于国产64位高性能“龙芯”处理器；采用具有自主知识产权的现场总线SSBIII，同时支持MECHATROLINK－III、EtherCAT等现场总线；系统支持8通道，每通道8轴联动，可实现64轴控制，并具有双轴同步功能（每通道）；可接入温度、振动等多种处理器，并具有网络化控制功能
南京新方达数控有限公司			
10	榫槽机数控系统	CNC－90S	可同时高速铣削多个圆形（长圆形）或方形（长方形），深度可调的木榫槽
11	仿形车床数控系统	CNC－81T/W－3	8in彩色宽屏，独特的光纤探测仿形技术，恒线速切削和转进给控制
上海开通数控有限公司			
12	嵌入式中高档数控系统系列	SEC500－G	采用嵌入式结构和WindowsCE嵌入式实时操作系统；计算机网络通信技术；五轴控制，最小控制单位0.1μm；双通道控制
13	具有以太网通信接口功能的伺服驱动器		采用多功能扩展模块接口方式实现以太网接口功能；通信数据通过内部高速SPI接口与数字信号处理器DSP交换；实现驱动器控制参数、运行参数、运行状态的交换，以实现最佳的控制效果。可以满足多轴控制机床、纺织机械、包装机械、印刷机械、机器人等高速、高动态响应传动的要求
北京超同步科技有限公司			
14	交流伺服双轴驱动器	0T	功率：0.2～5.4kW（2～332N·m），调速比：1∶5 000，最高转速：3 000r/min，回转定位精度：1/10 000r
15	交流伺服四轴驱动器	1M	功率：0.2～5.4kW（2～332N·m），调速比：1∶5 000，最高转速：3 000r/min，回转定位精度：1/10 000r
16	车床电主轴	CK16	功率：7.5kW，转速：1 500r/min、6 000r/min
武汉登奇机电技术有限公司			
17	直接驱动大转矩力矩电动机	GZ8系列	力矩电动机转矩：45～11 000N·m，转速：30～500r/min，位置反馈分辨率：≥220万脉冲/r，角度控制精度：±5″，额定转速下转矩脉动：＜2.5%，短时过载能力：＞2.5倍

（续）

序号	产品名称	型号	主要技术性能
滕州市山森创发数控设备有限公司			
18	车床数控系统	SS－CKQB	控制 X、Z 向每转进给量、公制螺纹螺距、英制螺纹牙数等加工参数
19	矩阵数控机床操作面板	SS－XM	通过 ARM 芯片实现的矩阵 I/O 处理，减少 I/O 使用量，降低制造成本

表 5　2011 年数控系统行业科研项目

项目名称	应用状况	投入资金（万元）	项目来源
武汉华中数控股份有限公司			
HNC－808 车床/铣床数控装置	自行应用	合计 3 860	
HNC－818A/B/C 车床/铣床数控装置	自行应用		
HNC－819B 铣床数控装置	研制阶段		
HSV－160U 伺服驱动单元	自行应用		
HSV－160C 伺服驱动单元	自行应用		企业自选科技项目
基于 Infineon PIM 模块的伺服驱动单元	研制阶段		企业自选科技项目
广州数控设备有限公司			
GSK25i 系列五轴联动铣床加工中心控制系统开发	自行应用	合计 4 090	企业自选科技项目
GSK988D 系列数控系统	自行应用		企业自选科技项目
双通道五轴联动车铣复合加工数控系统	研制阶段		企业自选科技项目
系列全电动注塑机的研发	研制阶段		企业自选科技项目
ZJY 系列交流主轴伺服电动机	自行应用		企业自选科技项目
GS/GR 系列高性能伺服驱动单元	研制阶段		企业自选科技项目
沈阳高精数控技术有限公司			
用于多过程复合机床的高性能数控系统	研制阶段	合计 510	辽宁省科技计划项目
开放式数控系统支撑技术创新平台建设	研制阶段		
高性能总线式数控系统研发及产业化	研制阶段		沈阳市信息化及信息产业发展专项
上海开通数控有限公司			
高性能磨床专用数控系统的开发与应用	研制阶段	合计 1 400	市政府攻关项目
基于开放结构平台的永磁同步伺服驱动系统开发	研制阶段		区政府创新产业化项目
南京新方达数控有限公司			
81W－3 制榫机数控系统	自行应用	合计 49	企业自选科技项目
BS60135H 双向数控曲面刨床改型	自行应用		企业自选科技项目
90S 榫槽机数控系统	自行应用		企业自选科技项目
仿形车床数控系统	研制阶段		企业自选科技项目
曲线锯数控系统	研制阶段		企业自选科技项目
滕州市山森创发数控设备有限公司			
车床数控系统	自行应用	合计 180	企业自选科技项目
矩阵数控机床操作面板	自行应用		企业自选科技项目
北京超同步科技有限公司			
磁环编码器	研制阶段		企业自选科技项目
315kW 伺服主轴电动机	自行应用		企业自选科技项目
CK16 电主轴电动机	自行应用		企业自选科技项目
CK36 电主轴电动机	自行应用		企业自选科技项目

四、主要企业介绍

武汉华中数控股份有限公司 2011年1月13日，成功登陆深圳证券交易所创业板，成为国内数控系统第一家上市公司。公司上市后，加大了人才队伍建设和生产经营投入，引进研发、销售和管理骨干人员近200人。公司高档数控系统电装车间技改项目顺利开工，中、高档数控系统产能不足的现状将大大缓解。

2011年，公司通过中、高档数控系统的示范应用和推广，进一步加大了与机床厂的合作力度，销售数控系统同比增长10%左右。公司与电力设备、汽车、机床等重点行业企业合作，进一步加大了国产中高档数控系统在这些重点行业的推广应用，品牌影响更加深远。公司批量研制的砂带磨床在东汽公司组成核电叶片生产线；山东菏泽龙泵车辆有限公司购置配置华中数控系统的数控车床200台、湖北全力机械集团、黄石阳光机械公司、三环汽车方向机公司等企业购置华中数控系统近百台。

公司与大连机床集团高度重视国产数控系统的应用示范，当前，已经有500台华中数控系统和大连数控系统（公司和大连机床集团联合制造）批量应用于集团机床部件生产线的关键生产工序，主要用于加工机床主轴、轴类、盘类、主轴箱体、夹具、定位板及限位板等零部件。

2011年，公司核心技术竞争力进一步增强。2011年3月，华中8型全数字高档数控系统在武汉通过了由湖北省科技厅组织的科技成果鉴定。由来自西安交通大学、北京航空航天大学等的14名国内知名专家教授组成的鉴定委员会一致认为，该项成果已接近国际高档数控系统的先进水平，建议进一步加大投入，加强推广应用，扩大产业化规模，满足我国制造业需求。当前，华中8型数控系统已经与10类44台重大专项机床配套，是为重大专项配套最多的国产高档数控系统。

2011年5月，由东方电气集团东方汽轮机有限公司、北京胜为弘技数控装备有限公司、武汉华中数控股份有限公司和华中科技大学承担的"高档数控机床及基础制造装备"国家科技重大专项课题"大型叶片型面加工六坐标联动数控砂带磨床"，在四川省德阳市通过了由中国机械工业联合会组织的科技成果鉴定。2011年，公司积极申报的2012年重大专项课题"开放式高档数控系统、伺服装置和电动机成套产品开发与综合验证""华中标准型数控系统产业化技术开发与规模化推广应用""基于国产64位软硬件的数控装置应用与推广"及"内外圆磨床及板材加工机床专用数控系统开发与应用"等项目，将在"十二五"期间持续得到国家的大力支持。

广州数控设备有限公司 2011年，公司继续秉承"持续创新，提升用户企业品质和效益"的宗旨，关注用户需求，重视技术研发。GSK系列数控产品市场表现持续良好，数控系统年销售量超过13万套。公司的GSK25i和GSK27高档数控系统成功打入市场，备受业内及新老客户的关注。工业机器人和全电动注塑机两大产品不断取得技术上的突破，产品技术更加成熟，系列和型号不断丰富，更好地满足了客户的各种加工要求。其中，工业机器人新增RB13、RB50、RB165以及C4－1000并联机器人，全电动注塑机增加AE50、AE100及AE350等型号，两大产品市场反映较好。

2011年，公司的"基于实时操作系统的嵌入式车床数控系统"项目被列为"广东省信息化与工业化融合'4个100'示范工程"，公司被认定为"示范工程行业标杆企业""广东省战略性新兴产业骨干企业"及第十八批"国家认定企业技术中心"。此外，公司共有7项政府项目获批。其中，公司申报的2012国家"高档数控机床与基础制造装备"科技重大专项课题"标准型数控系统的产业化及专用型齿轮机床数控系统的研究开发"项目获得国家大力支持，该课题将是公司"十二五"期间的重点研发项目。

南京华兴数控技术有限公司 2011年，公司完成了对7系列高端数控系统、交流异步主轴伺服电动机、永磁同步交流伺服电动机、主轴伺服驱动单元、PC平台控制器的技术创新及改造，并且投入产品市场，市场占有率由10%提高到20%，产能由3万台增长到6万台，销售总额同比增长84%，利税总额提高近3.5倍。

公司与华中科技大学、南京航空航天大学等高校建立合作关系，与德国贝加莱公司及日本安川Metro link建立合作关系，在印度建立销售服务与维修中心。公司设立的企业技术中心被认定为南京市企业技术中心。公司在获得多项国家专利的基础上，又申报了12项专利，部分已经获得授权。

北京超同步科技有限公司 主要产品有交流伺服电动机、主轴电动机、电主轴电动机、水冷电动机、变频电动机五个系列的电动机产品，全系列的交流伺服驱动器和变频器以及自主研发的机床电主轴、电梯无齿轮曳引机、抽油机直驱螺杆泵电动机、电动车电动机等高度技术集成的机电一体化产品。公司拥有电力电子、微电子、电动机三位一体的核心研发团队，全部产品可自主研发。建设有伺服电动机生产线、机械零件加工生产线和伺服驱动器生产线，具备年产10万台（套）伺服系统的生产能力。

公司通过了ISO 9001:2000质量管理体系认证，全系列产品已通过欧盟CE安全认证和电磁兼容性认证。公司连续8年被评为中关村科技园区高成长瞪羚企业，是中关村企业信用促进会会员。

公司产品技术先进、性能优越、质量可靠，广泛应用于数控机床、塑胶机械、压力机、纺织设备、印刷设备、包装设备、起重设备及自动化生产线等高端装备制造业，以及电动汽车、采油设备、风力发电设备等新兴绿色能源设备行业。公司在沈阳、大连、济南、武汉、西安、重庆、深圳、无锡、宁波、台州等地设立十余个办事处，建立覆盖全国的销售服务网络，为广大用户提供优质的售前和售后服务。

南京新方达数控有限公司 2011年，公司在自主创新、新产品开发及用户服务方面，继续采取差异化发展战略，开发特色产品，在局部市场取得较大优势。

2011年,公司对自行研发生产的BS－60135型双向数控曲面刨床进一步创新改进升级,其中数控系统、伺服驱动单元和伺服电动机减速器等都进行了升级换代,产品的配置又上升一个档次,实现了产品的高性能化。双向数控曲面刨床通过众多专业厂家的加工验证,机床各项机械精度及功能指标完全达到设计要求。用双向数控曲面刨床加工的罗茨风机叶轮的形位和形状精度大大高于用传统牛头刨床或龙门刨床加工的精度,最高的加工精度叶轮型线误差可达0.02mm(通过三坐标测量仪检测)。特别是采用自动分度,叶轮装夹后可自动连续完成分度、加工,叶轮的分度精度达到±5″,加工效率比用国外加工中心加工叶轮的效率高出5倍以上。从已使用该产品厂家反馈的信息,用双向数控曲面刨床加工的叶轮组装整机后,其精度、噪声等指标明显提高,有效地提升了企业产品的市场竞争力。

〔撰稿人:中国机床工具工业协会数控系统分会肖明 审稿人:中国机床工具工业协会数控系统分会伍衡〕

机床附件、夹具、主轴功能部件及滚动功能部件

机 床 附 件

一、生产发展情况

参加本年鉴汇总的机床附件行业企业共计50家。按企业所有制性质分类:国有企业5家、合资企业3家、民营企业42家。民营企业已经成为机床附件行业的重要力量,主要分布在山东、江苏、上海、浙江、内蒙古、北京及东北等地区。按机床附件小行业分类:卡盘行业企业10家,夹头、顶尖、刀杆、变径套、铣镗插头行业企业20家,数控刀架行业企业3家,数控机床用刀库行业企业2家,普通(快换)刀架行业企业3家,普通虎钳行业企业4家,电磁吸盘、永磁吸盘行业企业4家,过滤排屑设备行业企业5家,导轨防护装置行业企业2家,其他机床附件行业企业4家(部分企业的产品跨小行业)。本年鉴的统计范围基本涵盖了机床附件行业的经济运营情况。

根据机床附件分会对参加年鉴统计的企业统计,2011年,完成工业总产值433 138万元,比上年增长19.8%;工业销售产值427 295万元,比上年增长25.0%;工业增加值191 831万元,比上年增长22.6%;实现利税51 672万元,比上年增长22.2%;从业人员平均人数18 257人,比上年增长4.5%。2011年机床附件行业主要经济指标完成情况见表1。

表1　2011年机床附件行业主要经济指标完成情况

指标名称	单位	年度累计
工业总产值	万元	433 138
其中:机床工具类产品产值	万元	376 534
工业销售产值	万元	427 295
其中:机床工具类产品产值	万元	370 158
工业增加值	万元	191 831
实现利税	万元	51 672
从业人员平均人数	人	18 257
资产总计	万元	542 223
流动资产平均余额	万元	348 650
固定资产净值平均余额	万元	164 566

2011年,机床附件分会18家骨干企业完成工业总产值167 374万元,比上年增加17.3%;工业增加值78 936万元,比上年增长26.4%;实现利税16 470万元,比上年增长30.4%;资产总计223 133万元,比上年增长11.1%;流动资产平均余额150 735万元,比上年增长12.4%;固定资产净值平均余额57 716万元,比上年增长6.3%。

二、生产情况

作为机床附件行业的主导产品,各类转台、刀架、卡盘、吸盘、夹头、顶尖、虎钳、过滤排屑设备等产品产量比上年均有所增长,占行业产品总产量的比重较大。烟台环球机床附件集团有限公司、呼和浩特众环(集团)有限公司、江苏无锡建华机床附件集团有限公司、山东征宙机械股份有限公司、山东威达机械股份有限公司等占据上述主导产品产量的首位。2011年机床附件行业分类产品生产情况见表2。

表2　2011年机床附件行业分类产品生产情况

产品名称	产量(台、套、件)	产值(万元)
数控刀架	101 140	20 440
数控动力刀架	9	57
刀库及换刀机构	3 856	3 238
数控转台	1 300	6 709
导轨防护装置	7 800	4 200
滚珠丝杠副	21 923	2 311

（续）

产品名称	产量(台、套、件)	产值(万元)
机械分度头	11 133	2 778
数控分度头	1 202	1 028
机械回转工作台	9 882	1 561
自定心卡盘	862 689	63 043
单动卡盘	260 722	20 272
动力卡盘	67 127	5 859
其他卡盘	62 681	3 597
普通快换刀架	620	124
普通虎钳	83 763	4 662
固定顶尖	202 199	464
回转顶尖	208 718	2 189
钻夹头	40 607 339	114 181
丝锥夹头	165 025	1 774
弹簧夹头	5 680 429	4 669
铣夹头	890 257	2 744
变径套	814 937	1 857
电磁吸盘	18 379	8 686
永磁吸盘	11 593	1 574
电永磁吸盘	4 431	6 216
铣、镗插头	500	600
数控刀杆	23 087 516	4 392
普通刀杆	367 940	637
过滤排屑设备	26 620	29 150
其他	1 266 497	57 525

三、市场及销售

2011 年上半年，机床附件市场维持高增长态势。下半年，市场需求开始逐月下降，增长幅度逐月回落。但是，全行业全年工业产品销售产值比上年增长 25.0%。

2011 年，机床附件行业产品主要销售市场是国内，出口份额不大。由于价格优势，夹头类、顶尖类、刀杆类、普通卡盘类等产品出口形势好一些，但基本都是传统的手动机械附件产品。数控刀架、动力卡盘等数控功能部件产品由于产品技术性能和质量与国外市场要求有一定差距，基本没有出口。2011 年机床附件行业分类产品出口情况见表 3。

表 3　2011 年机床附件行业分类产品出口情况

产品名称	出口量(台、套、件)	出口额(万美元)
刀库及换刀机构	80	7.4
数控转台	12	7.3
机械分度头	7 204	78.2
数控分度头	93	7.6
机械回转工作台	3 276	35.9
自定心卡盘	256 499	1 828.0
单动卡盘	83 892	679.0
其他卡盘	6 692	17.0
普通快换刀架	37 159	158.3
普通虎钳	32 263	218.2
固定顶尖	58 112	9.5
回转顶尖	134 776	195.1
钻夹头	26 301 490	7 022.0
丝锥夹头	153 475	135.3
弹簧夹头	1 576 465	421.8
铣夹头	550 338	229.2
变径套	335 162	126.2
电磁吸盘	300	24.9
永磁吸盘	698	13.2
电永磁吸盘	122	17.0
数控刀杆	126 446	5 036.6
普通刀杆	209 335	59.8
过滤排屑设备	6 652	4 559.0
其他	165 464	2 112.7

四、科技成果及新产品

2011 年，机床附件行业多数企业加大了新产品的研发力度，产品种类不断扩大、产品技术水平和质量都有一定程度提升，自主研发能力有较大提高。2011 年，机床附件行业参加年鉴统计的企业共开发新产品 36 项。企业对自主知识产权的重视程度和保护意识进一步加强，共申报专利 24 项，其中发明专利 8 项。2011 年机床附件行业新产品开发情况见表 4。2011 年机床附件行业获奖科研项目见表 5。2011 年机床附件行业授权专利情况见表 6。

表 4　2011 年机床附件行业新产品开发情况

企业名称	产品名称	型号	主要技术参数
烟台环球机床附件集团有限公司	数控立卧回转工作台	TK13400SY	工作台直径:400mm
烟台环球机床附件集团有限公司	数控回转工作台	TK121200×1200	工作台面尺寸:1 200mm×1 200mm
烟台环球机床附件集团有限公司	数控回转工作台	TK123500	工作台直径:3 500mm
烟台环球机床附件集团有限公司	数控回转工作台	TK12500SY	工作台直径:500mm
烟台环球机床附件集团有限公司	数控回转工作台	TK12630R	工作台直径:630mm
烟台环球机床附件集团有限公司	数控回转工作台	TK12630SY	工作台直径:630mm
烟台环球机床附件集团有限公司	浸油数控立卧回转工作台	TK13400J	工作台直径:400mm
烟台环球机床附件集团有限公司	浸油数控立卧回转工作台	TK13400JS	工作台直径:400mm
烟台环球机床附件集团有限公司	可倾数控回转工作台	TK15250R	工作台直径:250mm

（续）

企业名称	产品名称	型号	主要技术参数
烟台环球机床附件集团有限公司	可倾数控回转工作台	TK15400	工作台直径:400mm
烟台环球机床附件集团有限公司	数控回转工作台	TK16400B	工作台直径:400mm
烟台环球机床附件集团有限公司	数控等分回转工作台	TK56630×630TZ1	工作台面尺寸:630mm×630mm
烟台环球机床附件集团有限公司	数控等分回转工作台	TK56800×800TZ1	工作台面尺寸:800mm×800mm
烟台环球机床附件集团有限公司	数控直驱回转工作台	TK621000	工作台直径:1 000mm
烟台环球机床附件集团有限公司	数控直驱回转工作台	TK62800	工作台直径:800mm
烟台环球机床附件集团有限公司	数控交换回转工作台	TK951000×1000×2QC	工作台面尺寸:1 000mm×1 000mm
烟台环球机床附件集团有限公司	数控交换回转工作台	TK95630×630×2RJ	工作台面尺寸:630mm×630mm
烟台环球机床附件集团有限公司	数控回转工作台	TK12630BJ	工作台直径:630mm
烟台环球机床附件集团有限公司	数控分度头	FK100C	中心高:100mm
烟台环球机床附件集团有限公司	数控自定心中心架	PK11360×160U	夹持直径:160～360mm
烟台环球机床附件集团有限公司	数控分度头	FK100D	中心高:100mm
呼和浩特众环(集团)有限责任公司	立式用动力卡盘	KL51450C/A28	卡盘直径:450mm
呼和浩特众环(集团)有限责任公司	高精钢体卡盘	KM31.33 250A	卡盘直径:250mm
呼和浩特众环(集团)有限责任公司	浮动卡盘	KHD60200	卡盘直径:200mm
呼和浩特众环(集团)有限责任公司	链式刀库	BT50－80LSY	容刀量:80 把
江苏无锡建华机床附件集团有限公司	大型高精度电永磁吸盘	X714100MX	吸盘直径:4 100mm
江苏无锡建华机床附件集团有限公司	前置式动力卡盘	K53500	卡盘直径:500mm
江苏无锡建华机床附件集团有限公司	高速精密重载动力卡盘	K54100C	卡盘直径:100mm
江苏无锡建华机床附件集团有限公司	拼焊生产线用电永磁吸盘	X612000×2000	吸盘尺寸:2 000mm×2 000mm
江苏无锡建华机床附件集团有限公司	高速精密动力卡盘	K59250C	卡盘直径:250mm
烟台杞杨机械有限公司	无耗材综合排屑过滤系统和环形自动输送装置		过滤精度:15μm
常州市宏达机床数控设备有限公司	动力刀架	HAK33160	中心高:160mm
常州市宏达机床数控设备有限公司	伺服刀架	HAK32160	中心高:160mm
山东威达机械股份有限公司	手紧带锁钻夹头	SG13OH	精度:≤0.25mm(ϕ13mm×100mm 时)
山东威达机械股份有限公司	手紧带锁钻夹头	SD13A	精度:≤0.25mm(ϕ13mm×100mm 时)
山东威达机械股份有限公司	重型扳手钻夹头	J3113B	精度:≤0.10mm(ϕ12.7mm×38.1mm 时)

表 5　2011 年机床附件行业获奖科研项目

科研项目名称	主要内容及应用范围	获奖名称	获奖等级	主要完成单位
R8 弹簧夹头综合节能加工工艺		德州市科技进步奖	二等奖	山东征宙机械股份有限公司
立式固定油缸	与火车轮毂卡盘配套使用	呼和浩特市科技进步奖	三等奖	呼和浩特众环(集团)有限责任公司

表 6　2011 年机床附件行业授权专利情况

序号	企业名称	专利名称	专利类型	授权日期
1	烟台环球机床附件集团有限公司	一种立式伺服液压刀架	实用新型	2011.05.25
2	烟台环球机床附件集团有限公司	一种重载数控回转工作台	实用新型	2011.05.11
3	烟台环球机床附件集团有限公司	一种油浸式数控回转工作台	实用新型	2011.05.25
4	烟台环球机床附件集团有限公司	一种数控直驱车铣复合回转工作台	实用新型	2011.04.20
5	烟台环球机床附件集团有限公司	数控自定心中心架回程机构	实用新型	2011.11.30
6	烟台环球机床附件集团有限公司	一种数控等分回转工作台	实用新型	2011.10.05
7	呼和浩特众环(集团)有限责任公司	滚丝卡盘	实用新型	2011.07.20
8	呼和浩特众环(集团)有限责任公司	弹簧气动管子卡盘配气环	实用新型	2011.07.06
9	呼和浩特众环(集团)有限责任公司	大行程弹簧气动盘子卡盘卡爪快速夹紧机构	实用新型	2011.07.06
10	江苏无锡建华机床附件集团有限公司	一种改良型大规格电永磁吸盘	发明	2011.09.09

（续）

序号	企业名称	专利名称	专利类型	授权日期
11	江苏无锡建华机床附件集团有限公司	一种电永磁吸盘充退磁控制器	发明	2011.04.11
12	江苏无锡建华机床附件集团有限公司	四爪大型管子卡盘	发明	2011.11.23
13	常州市宏达机床数控设备有限公司	数控刀架滑动锁紧机构	实用新型	2011.10.19
14	常州市宏达机床数控设备有限公司	数控刀架滚动锁紧机构	实用新型	2011.10.19
15	常州市宏达机床数控设备有限公司	数控刀架缓冲机构	实用新型	2011.11.23
16	山东威达机械股份有限公司	柔轮驱动式钻夹头	发明	2011.06.29
17	山东威达机械股份有限公司	锁定机构、具有锁定机构的夹头装置以及紧固夹具	实用新型	2011.07.06
18	山东威达机械股份有限公司	扳手钻夹头	外观设计	2011.06.29
19	山东威达机械股份有限公司	锁紧式钻夹头	发明	2011.11.02
20	山东威达机械股份有限公司	单向离合装置及采用该装置的柄类工具夹持结构	发明	2011.07.05
21	山东威达机械股份有限公司	两级夹紧钻夹头	发明	2011.03.01
22	山东威达机械股份有限公司	斜楔面锁紧钻夹头	发明	2011.05.05
23	山东征宙机械有限公司	弹簧夹头夹持套工装	实用新型	2011.09.21
24	山东征宙机械有限公司	双定位内孔测量装置	实用新型	2011.09.21

五、质量及标准

2011年，全国金属切削机床标准化技术委员会机床附件分会完成2005年前版本机械行业标准的复审工作，完成JB/T 3853—××××《等分分度头》等18项行业标准报批稿的审核并上报；审查行业标准送审稿两个：JB/T ××××—××××《数控等分转台》和JB/T ××××—××××《机床 精密可调手动自定心卡盘》；讨论了行业标准讨论稿3个：JB/T ××××—××××《机床 高速动力卡盘 第1部分：分类和技术条件》、JB/T ××××—××××《机床 回转油缸》和JB/T ××××—××××《工具柄自锁圆锥变径套 第1部分：形式和参数》。

六、企业简介

烟台环球机床附件集团有限公司 1953年开始专业化生产机床附件产品，2003年完成产权制度改革。公司具有从铸锻毛坯制造至机械加工装配调试的综合生产能力，拥有各类主要生产设备和关键检测调试仪器600余台（套）。2000年，通过了DNV国际评审机构ISO 9001质量管理体系认证。公司主要产品为“环球”牌数控刀架、数控分度头、数控转台、数控中心架、机械分度头、机械转台、立铣头、平旋盘等100多个规格品种的机床附件及多种规格的数控专用机床，年产量3万余台。产品在国内具有较高的市场占有率，并大量出口欧美等30多个国家和地区。

公司产品曾多次荣获国家、省部级奖励。1996年，公司产品获山东名牌产品称号；2000年，被山东省经贸委确定为山东省争创全国名牌产品。2006年，“环球”被认定为山东省著名商标。2008年，公司被认定为高新技术企业。2010年11月，公司工程研究中心被命名为“机械工业数控机床附件工程研究中心”。2010年，公司有4项科研项目获得国家“高档数控机床与基础制造装备”科技重大专项立项。2011年，公司申报的2012年“高档数控机床与基础制造装备”科技重大专项两个课题通过了最终评审。

呼和浩特众环（集团）有限责任公司 是当前国内卡盘类机床附件重要生产厂家之一，是我国卡盘类产品标准的起草单位之一。公司主要生产自定心卡盘、单动卡盘和各种动力卡盘以及油缸、气缸、数控刀库等各类机床附件产品共计22个品种、88个系列、1 200余个规格型号。产品远销欧美、亚洲等60多个国家和地区。公司员工1 850余人，其中各类专业技术人员630余人。拥有生产设备1 564台，其中金属切削机床1 088台（含大型精密及数控设备182台）。

公司通过了ISO 9001:2000质量管理体系认证和CE安全认证。“众环”牌和“环球”牌卡盘被评为内蒙古自治区“自主创新名牌产品”。数控刀库及刀具自动交换装置新建项目被评为2006年内蒙古自治区十大科技进展项目之一，“数控刀库及刀具自动交换装置”获得内蒙古自治区科技进步奖三等奖。公司研发中心被内蒙古自治区经济和信息化委员会认定为“自治区企业技术中心”，被自治区科技厅认定为“内蒙古自治区企业研究开发中心”。主导产品曾多次荣获国家、自治区、部级奖励。2006年6月，荣获巴黎“第二十届欧洲国际质量金奖”。“众环”牌卡盘被评为科技名牌产品，“众环”牌商标被认定为内蒙古著名商标。

北京机床附件厂有限责任公司 2003年底由北京机床附件厂改制为有限责任公司，主导产品为滚针式铣夹头、可逆式丝锥夹头、快换攻丝夹头和强力弹簧夹刀柄。企业坚持科技创新求发展，导入现代管理求效益的理念，实施精品战略，产品质量水平不断提高。

山东征宙机械股份有限公司 始建于1958年，1999年改制为有限公司，2011年成立股份有限公司，现有员工960余人。公司占地面积7万m^2，厂房面积2.6万m^2。拥有生产设备790台，其中加工中心60余台，其他数控及高精设备200余台。公司主要生产各类弹簧夹头、铣夹头、回转顶尖、接杆、变径套、万能镗头、砂轮修整器、精密平口钳及磨刀机等产品，年产各类机床附件达250多万件。产品远销欧美、东南亚等50多个国家和地区。

公司自主研发的HDT磨刀机经山东省机械厅组织的专

家鉴定,技术水平国内领先,填补了国内空白,产品70%出口。公司的R8弹簧夹头综合节能加工工艺通过了德州市科技成果鉴定,该工艺处于国内领先水平。公司自主研发的C13A型钻头磨刀机等新产品、新工艺获国家实用新型专利4项、发明专利1项。1999年,公司通过了ISO 9002质量管理体系认证。公司连续多年获得"德州市高新技术企业""山东省高新技术企业""山东省著名商标"和"山东省名牌产品"等荣誉称号。2011年,公司完成工业总产值9 924万元,同比增长21%;工业销售产值10 003万元,同比增长18%;营业收入9 380万元,同比增长27%。完成出口交货值6 814万元,同比增长35%,其中,自营出口405万美元,同比增长53%。

江苏无锡建华机床附件集团有限公司 始建于1950年,前身为江苏省无锡建华机床厂,为我国机床附件行业骨干企业。主要产品有自定心卡盘、单动卡盘、电磁吸盘、永磁吸盘、大型精密电永磁吸盘及高速精密动力卡盘等。公司高度重视技术创新工作,不断加强科技投入,加强与南京航空航天大学、东南大学等高校产学研合作,推进产品改进和新产品开发。2008年建成的江苏省紧密机床附件工程技术研究中心,2009年被认定为"江苏省企业技术中心"。具有自主知识产权的增力型重载单动卡盘被评为江苏省高新技术产品,并荣获无锡市科技进步奖;楔式动力卡盘和铣削用电永磁吸盘被评为江苏省高新技术产品;电永磁吸盘被评为江苏省自主创新产品,并被列入国家重点新产品计划;X714100MX超大规格高精度电永磁吸盘被认定为江苏省首台(套)重点装备及关键部件;"高速精密动力卡盘"项目获得"2010年高档数控机床与基础装备科技重大专项"支持。公司制定国家和行业标准5项,参与制定国家或行业标准5项。截至2011年,公司共获得授权专利36项,其中发明专利6项。

威海天诺数控机械有限公司 创建于1958年,是专业生产机床附件和数控工具系统的企业。公司生产的工具系列产品是引进美国DEVLEG公司技术,有20多个品种、1 000多个规格。锥柄形式有ISO、美国CT、德国DIN、日本BT、中国GB标准,可满足数控机床实现镗、铣、钻、扩、铰、攻丝等加工要求。另外,还生产万能镗头、齿式快换刀架、楔式快换刀架、柱塞式快换刀架、双V型快换刀架、快换铣夹头、平行块、台式钻床和半自动平压模切机。公司自1977年引进平压模切机技术以来,经过不断改进及创新,产品的安全性、稳定性、强压切力等技术指标有较大提高。公司产品畅销国内外,享有较高声誉。

烟台艾格瑞精密机械有限公司 由原烟台第二机床附件厂改制而成的股份制企业,2010年7月,成为山东泰山创业投资股份有限公司旗下的子公司。2003年,公司搬迁到莱山经济开发区,厂区占地面积7.5万m^2,职工300余人,拥有各类主要生产设备和关键检测仪器300余台(套)。公司是国家机床附件行业专业生产自定心卡盘、单动卡盘的企业之一,先后有4个品种规格的产品获省部优产品称号。2001年,公司通过了ISO 9002质量管理体系认证。2006年,"三精"牌被认定为山东省著名商标。公司产品畅销国内,远销至欧美、中东、东南亚等20多个国家和地区。出口量占年产量的40%。

西安机床附件厂 成立于1966年,1998年改制成为股份合作制企业,已通过ISO 9001:2000质量管理体系认证。主要产品有两大类:轴套类机床附件系列,品种规格达300余种;平板硫化机系列,品种规格达30余种。经过40多年的发展,现已形成一套完整的生产、检测、质量保证和售后服务体系,两类产品在同行业及用户中享有很高声誉。轴套类机床附件产品销往全国各地,自行设计制造的平板硫化机产品性能达到国内先进水平。自1998年以来,企业先后投资800余万元,对基础设施及生产设备进行了改造,整体能力得到了很大提升。

甘肃平凉机床附件有限责任公司 原平凉机床附件厂,建于1964年,是国内机床附件重点企业之一。公司拥有先进的机械加工、铸造、热处理、检测等主要设备320台,主要产品为"三台"牌自定心卡盘、单动卡盘、楔式动力卡盘、管子卡盘和机用虎钳等十多个品种、90多个规格。公司可根据用户的需要设计制造特殊要求的机床附件产品。2010年,公司通过了ISO 9001质量管理体系认证。

浙江人和机械有限公司 是浙江人和集团旗下的主要企业,是私营有限责任公司。现有职工260人,其中专业技术人员30人。产品包括矩形、圆形、普通、密纹、强力电磁吸盘,电永磁吸盘,永磁吸盘,自定心卡盘,单动卡盘及管子卡盘。公司注重引进先进的制造技术,通过大规模技术改造提升产品技术水平和质量,建立了完善的质量保证体系,已通过ISO 9001质量管理体系与国内外CE产品安全认证。

常州新墅机床数控设备有限公司 是全国数控机床配套产品的骨干企业之一。1985年以来,公司致力于开发和生产数控电动刀架,为全国几十家机床厂配套,并有部分品种出口欧美、东南亚及中国台湾地区。近年来,公司瞄准加工中心配套市场,引进国外先进技术,成功研发了CNC自动换刀系统(数控机床用刀库),成为国内刀库专业研发生产厂家之一。

烟台开发区博森机床辅机有限公司 成立于1993年,是生产为数控机床配套的切屑自动输送及切屑液、油自动分离过滤净化系统的专业厂家。主要产品有数控机床自动排屑装置、数控机床自动过滤装置、数控机床综合排屑过滤装置及不锈钢多级液下水泵等。公司产品已广泛应用在数控机床、汽车、发动机、军品等制造领域。公司高度重视产品质量,以"团结、务实、创新、超越"为理念,以"为机床行业做最好的辅机"为目标,持续改进产品质量,确保企业持续稳定发展。

常州宏达机床数控设备有限公司 成立于1995年,专业生产数控转塔刀架和精密滚珠丝杠副等产品。现有员工近200人,其中专业技术人员42人。公司占地面积4.5万m^2,建筑面积2.8万m^2,固定资产5 000多万元,拥有加工中心、数控加工设备和专机50台(套)。公司具有年产6万台(套)数控回转刀架、等分工作台和3万套滚珠丝杠副的能力。2007年,数控回转动力刀架被列为常州市知识产权计划项目;2009年,获得国家"科技型中小企业技术创新基金"项目立项;2011年,承担北京信息科技大学"高速、高精度数控切削中心"配套动力刀架项目;2011年,"高精度数控等分、微分转台"获得常州市科技计划项目立项。公司成立了"常州市数控机床关键功能部件工程技术研究中心"。当前,公司拥有国家专利12项。2011年,"宏瑞达"商标被评为江苏省著名商标。2011年,公司生产各种数控回转刀架5.2万套,同比增长35%以上;滚珠丝杠副超过2万m,实现销售产值1.1亿多元。

瓦房店永川机床附件有限公司 原瓦房店机床附件厂,创建于1958年,是国家机床附件行业专业生产自定心卡盘、单动卡盘的重要企业之一。主要产品有自定心系列卡盘、单动系列卡盘、斜齿条式高速回转油缸、通空式及不通空式楔式动力卡盘、通孔式及不通孔式回转油缸、双活塞回转气缸、管子复合卡盘、电动盘丝型自定心卡盘、弹簧气动管子卡盘、液压管子卡盘及数控转塔刀架。公司2000年通过了ISO 9001质量管理体系认证,质量保证体系完善。

烟台杞杨机械有限公司 成立于2000年,当前拥有员工100多名,其中专业技术人员30人。公司从最早生产排屑机、磁分器、纸带过滤机开始,每年都有新产品诞生,产品正向集约化、模块化、精密化发展,并已成熟掌握流量1 000t/h的切削液集中过滤技术,积累了大量的实践经验。产品为国内众多机床厂、轴承厂、钢铁厂、汽车零部件厂配套,自2005年开始出口欧美、中东等地区,得到德国某著名磨床厂家认可,签订长期配套协议。公司采用ERP系统管理,已通过ISO 9000质量管理体系认证,主导产品已通过CE认证。

山东天源机床附件有限公司 是由国营泗水县机床附件厂改制而成,是生产"天鸢"牌机床附件、汽车、农机配件、微型电机等系列产品的综合型制造企业。公司现有职工240余人,其中技术人员40人。厂区占地面积4万m^2,建筑面积3.3万m^2。公司拥有数控机床、高精度外圆磨床、高精度内孔磨床等机械加工设备90余台。回转顶尖、弹簧夹头系列、变径套、数控刀柄等主要产品畅销全国各地,并出口欧美、东南亚、澳大利亚等国家和地区。公司已通过ISO 9001质量管理体系认证和OHSAS18001职业健康安全管理体系认证。回转顶尖产品和弹簧夹头系列产品是山东省名牌产品。公司先后获得山东省高新技术企业、山东省明星企业、市工业企业质量信用等级评价AAA级企业和市质量管理先进单位等荣誉称号。

烟台长生机床附件有限公司 原烟台第三机床附件厂,属集体所有制有限公司,现有职工70人。公司主要生产各种型号的回转顶尖、固定顶尖、顶尖套、变径套、切制螺纹夹头,各种型号的铣刀杆、铣夹头、数控车床用刀夹、数控镗铣机床工具等。产品以品质优良畅销国内,远销国外。2011年,完成工业总产值1 200万元。

浙江园牌机床附件有限公司 是一家民营企业,于2010年建立了卡盘研发中心。公司固定资产1.5亿元,年生产卡盘20万台。现已通过ISO 9001:2000质量管理体系认证和CE认证。公司卡盘产品有K10二爪自定心系列(卡盘直径80~400mm),K11、K12自定心系列(卡盘直径80~1 250mm),K72单动系列(卡盘直径80~1 000mm),K11/A、C、D短锥连接系列(卡盘直径160~1 250mm)及K72/A、D短锥连接系列(卡盘直径160~800mm)6个系列、150余种规格,还可根据用户需要生产各种专用卡盘。公司于2004年与浙江大学合作,成为浙江大学研发基地。近年来,公司在卡盘设计、开发制造,特别是在大规格自定心卡盘的研发方面取得了较大业绩。

烟台同心卡具有限公司 始建于1954年,2003年改制为有限责任公司,是专业生产重型锥孔钻夹头的企业。公司现有从业人员100余人,各种机床设备100多台。在坚持产品整体淬火工艺的基础上,产品零部件选用了性能优质的金属原料,对产品零部件全部进行精磨,改善了产品的性能,提高了精度及耐用性,各规格产品均有精密型产品。公司建立了完善的售后服务和质量信息反馈制度。2011年,公司工业总产值、销售收入均超过750万元。

无锡银通工具手套厂 是一家私营企业,现有从业人员50人。主要生产各种机床夹具、压板、机床调整垫铁及磁性工具,产品规格齐全。产品按照行业标准组织生产,并吸收国内外同类产品之精华,精心设计制作,检测手段完备。产品远销欧、美、东南亚等国家和地区,在国内外客商中享有较高声誉。2011年,公司完成工业总产值680万元。

北京新兴超越离合器有限公司 成立于1994年,2004年改制为民营企业,是北京中关村高新技术企业,注册商标为"KCK"和"新兴超越"。公司通过了ISO 9001:2008质量管理体系认证。公司是超越离合器的专业制造商,产品主要功能是超越和传递转矩、精确定位、防止逆转,主要用于铣床、磨床的机械传动系统中和锻压机床的送料机构中。产品畅销国内30个省、自治区、直辖市,并有部分出口。

武汉昌合阿美斯塔有限公司 成立于2001年,主要生产快换刀架系列、数控刀夹系列和软爪系列,产品适用于各类车削加工中心、数控和普通车床。公司还生产切管器、钻头刃磨机、微调镗头、排刀架以及汽车零部件工装、夹具、模具等。其中,快换刀架系列包括PARAT分度快换刀架、40工位欧式快换刀架、成套楔式快换刀架、成套柱塞式快换刀架和双V定位式快换刀架,数控刀夹系列包括DIN69880VDI数控刀夹、DIN69881VDI数控刀夹和楔式数控刀夹。

广州菱科自动化设备有限公司 是一家民营股份制企业,主要生产高精密联轴器,广泛用于数控车床、加工中心等高精密机床。公司拥有先进的工艺技术,精良的加工、检测设备,完善的质量保证体系。公司拥有22个系列产品,适用于不同场合的高精密联接,产品已出口美国、德国、以色列、新加坡、马来西亚和伊朗等地。

上海金玉篮精密机床配件有限公司　是一家民营企业,现有从业人员50人。公司主要生产数控机床、自动车床用弹簧夹头。2011年,生产设备投资80万元,完成工业总产值800万元。

台州市浙东机床附件有限公司　是一家民营企业,现有员工600余人,主要生产机床卡盘,年产能达25万套。公司引进欧洲先进制造工艺,产品质量达到国内先进水平。公司在国外设有代理商和分销商,产品出口欧美、中东、东南亚等国家和地区,并为欧洲很多著名机床公司配套。其中,K01-50系列与K03-80系列卡盘产品获得科技新产品发明奖。

莱州丰金丰制钳有限公司　是改制的股份制企业,主要产品包括机用平口钳、可倾平口钳、角度压紧精密平口钳、液压增力平口钳、双向平口钳、万向平口钳和V型台虎钳,以及加工中心用的精密机用平口钳及钻床夹具等20多个系列、70多种规格。公司秉承"开拓创新,自强不息,顾客至上,锐意进取"的经营理念,产品不断向高、精、新、尖方向开拓进取,产品畅销欧美、东南亚等30多个国家和地区。2011年,公司完成工业总产值近1 300万元。

台州华鑫机械制造有限公司　是专业生产机床附件的合资企业。公司拥有先进的精密机床设备,技术力量雄厚,产品规格齐全,已形成规模化生产,并可根据客户的要求设计、生产专用机床附件。公司奉行"质量第一,用户至上"的宗旨,已通过ISO 9001质量管理体系认证,是多家国际知名公司的OEM配套企业。公司产品远销美国、欧盟、中东、东南亚等国家和地区。

临西县黑马机械有限公司　是磁力吸盘专业制造厂家。主要产品有电磁吸盘、永磁吸盘、电永磁吸盘、永磁起重器、各式退磁器及各种磁性工具,并可根据用户需求设计制造专用磁力吸盘。公司已通过ISO 9001:2008质量管理体系认证。公司专业维修各式进口磁力吸盘,现为国内外多家磨床、铣床、电火花加工机床生产厂配套。

上海双峰机床附件有限公司　属于私营合资企业,主要生产快换钻孔攻丝夹头、快换铣夹头、镗铣类数控刀柄、高精度重型控力活顶尖及数控车刀等。公司在管理方面融入了科学统计和以人为本的管理理念,夯实了企业的根基。现已形成完善的产品开发、制造、检测、售后服务体系,通过了ISO 9001:2000质量管理体系认证。

临清兴和宏鑫机床有限公司　是中日合资机床制造企业。公司占地面积7.3万m^2,现有职工328人,其中各类技术人员126人。拥有各类机械机加工设备184台(套),包括8m龙门刨铣床、VR-560型立式加工中心、80H立式加工中心、50H卧式加工中心、V380数控车床等精大稀设备36台(套)。公司主导产品有磁力吸盘、立式加工中心、数控磨床三大系列、上百个品种。公司建有山东省磁力夹具工程技术研究中心、聊城市企业技术中心、理化检测室及电气安装试验室。现已通过ISO 9001:2008质量管理体系认证和CE认证。公司先后被评为山东省专利明星企业、山东省高新技术企业和山东省科技型中小企业。近年来,公司积极调整产品结构,取得了快速发展。产品畅销国内,远销东南亚、欧美等十多个国家和地区。

南京吉鸿机床附件制造有限公司　是由原南京机床附件厂改制的有限责任公司,占地面积1万m^2,现有职工60余人,其中技术人员10人。公司是原机械工业部定点生产机床附件的企业,具有50余年的制造经验和技术研发能力,机加工设备门类齐全,有数条机用虎钳装配流水线,检测手段完善。主要产品为"钟山"牌系列普通机用虎钳、高精度虎钳。公司的宗旨是"用户至上、质量第一、求实创新、共同发展"。

大连现代轴承有限公司　建于1952年,现为民营企业。公司现有员工66人,机械加工设备160余台,占地面积7 363m^2。主要产品包括回转顶尖、固定顶尖、变径套、重型回转顶尖、精密高速回转顶尖套等,共有31个系列、135个规格。有11种产品曾多次获国家、省、市名优产品称号。公司通过了ISO 9001和TS16949质量管理体系认证。2011年,公司实现销售收入438万元。

烟台裕丰机床辅机有限公司　原烟台众力机床辅助设备厂,是生产机床辅助设备的专业厂家,现有从业人员140余人,其中工程技术人员29人。公司生产流程规范,检测手段完善。主导产品为链板式、刮板式、永磁式、螺旋式、复合式、反冲滚筒式等排屑装置及磁性分离、涡流分离、纸带过滤等切屑液(油)过滤冷却设备。公司已通过ISO 9001质量管理体系认证,生产流程采用ERP管理。公司坚持以技术创新为动力,以客户需求为导向,实现合作双方的共赢。

昆山伊佳五金机械有限公司　成立于1990年,专业生产各种形式的刀柄。公司本着为客户着想的理念,根据当前国内外先进的技术标准组织产品生产和检验,也可根据客户的要求设计,提供各种非标准数控刀具。

曲阜市崇德精密机械有限公司　成立于2004年,现有职工128人,其中专业技术人员20余人。公司秉承"崇尚品质,精益求精,客户至上,诚信务实,创新发展"的经营理念,成功研发出适合国内外市场需求的高精度、高转速弹簧夹头、刀柄等系列机床附件产品,包括高精度ER夹头、SK高速机夹头、EOC(OZ)夹头、C直柄夹头及BT/DIN69871(SK)/CAT等锥度的精密数控刀柄。产品广泛用于机械加工领域。远销欧美、东南亚、巴西等多个国家和中国台湾地区。2011年,公司完成工业总产值1 770余万元,同比增长31%。

无锡锦歌瑞科技有限公司　公司是集研发设计、制造销售于一体的机床辅机制造专业厂家。公司引进欧、美、日、韩技术,专业生产制造机床切屑输送、切削液冷却过滤净化设备及导轨防护罩,为北一机床、日本大限机床、日本马扎克、沈阳机床集团、大连YNC、杭州友佳集团、武汉机床集团、东风汽车、长城汽车等企业提供机床切屑输送、切削液冷却和过滤净化等辅机。

台州大久机床附件有限公司　是一家专业生产机床附

件的厂家，主要产品有回转顶尖、高精密回转顶尖、固定顶尖、钻接杆、变径套、丝攻夹头及气缸等。2011年，公司开发出很多高端精密回转顶尖，申请了多项专利。公司不断吸收国内外同行的先进生产技术、管理模式、积极开拓，创造优异的成果。

莱州市义盛精密机床附件有限公司 成立于1999年，为私营有限责任公司，专业生产机用虎钳。现有员工60余人，占地面积9 000m²，建筑面积6 000m²。公司具有从铸造、机械加工至装配的整套生产能力，主要生产设备和检测仪器50余台（套），其中立式加工中心9台。主要产品为“义盛”牌加工中心用整体角度压紧高精度虎钳、精密角固式机用虎钳、可倾机用虎钳、Q12/Q13系列普通机用虎钳、对中夹紧机用虎钳、钻床用机用虎钳等10个系列、60余种规格，年产3万余台。主要零部件采用HT250和QT600，可保证产品动态精度和稳定性。产品畅销全国各地，并出口欧美、俄罗斯及东南亚等国家和地区。

杭州阿尔玛工具有限公司 是专业生产各类数控刀杆等机床附件的民营企业。公司在主营业务快速稳健发展的同时，注重企业的文化建设和制度建设，建立创新发展的平台，为企业发展奠定了坚实的基础。公司制定了5年计划和10年发展规划纲要，以实业为依托，科技为先导，努力使公司在5～10年内成为机床附件行业具有国内外良好品牌形象的企业集团。近年来，公司获得多项产品专利，荣获杭州市高新技术企业称号。2011年，公司完成工业总产值2 800万元，

德州征宇精密机械有限公司 成立于2004年，是专业生产机床附件的企业。公司以加工和进出口贸易为主，主要产品包括系列弹簧夹头、数控刀柄、模式刀柄、ER延长杆、ER压帽、拉钉及顶尖等机床附件。公司自成立以来，以铣床夹具为主，在机械行业中享有良好口碑。公司以“合理销售、品质卓越、专业服务、技术开发”为宗旨，产品远销欧美、韩国、日本等多个国家和地区。

山东济宁大象机械有限公司 是由山东机床附件总厂（大象集团）重组而成的股份公司。公司现有职工120余人，厂房面积1.2万m²，各类生产设备300余台。改制后，公司依托设备、技术、品牌优势，主要生产“象”牌自紧、手紧、锥孔、螺纹孔四大系列钻夹头，还生产回转顶尖、铣夹头、端面驱动顶尖及数控机床刀杆等产品。

台州市哈特机械工具有限公司 组建于1988年，是一家专业生产孔加工刀具企业。公司重视加强技术力量，现有数名专业工程师、技术及生产技术骨干。主要产品为麻花钻、铰刀、铣刀三大系列，包括锥柄标准麻花钻、锥柄加长与特长麻花钻、机用和手用铰刀以及非标准、异形复合刀具。公司还可根据用户要求承接非标准刀具的设计生产。

北京京密云发机床附件有限公司 前身为北京燕山机床附件厂，有30多年的平口钳专业制造经验，现主要产品为“双三角”牌重型机用平口钳、角固型精密平口钳、简易镗刀架。在激烈的市场竞争中，公司坚持为客户服务、以品质取胜的战略。2011年，公司推出的角固型精密平口钳，因其耐磨、精度高等优点被用户充分认可。

山东美克新材料科技有限公司 成立于2010年，属于私营有限责任公司，是以矿物复合材料的研发与制造为主营业务的科技型企业，旨在为国内外机床企业提供取代铸铁及铸钢等传统材料的矿物复合材料床身等大型基础构件。公司的矿物复合材料是在国外专利技术的基础上，结合“济南青”天然花岗石独特的理化特性，研究开发的具有自主知识产权的新一代复合材料。

台州市飞鹰机械制造有限公司 创建于1989年，是一家专门生产各种规格钻夹头的企业，现有员工500余人。公司奉行“质量、用户、服务、信誉”为的信念，拥有完善的质量保证体系，不断提高产品质量。企业年生产能力为1 000万件钻夹头。产品远销东南亚、中东、南美、非洲等20多个国家和地区。

台州市力歌机床附件有限公司 是一家专业生产卡盘的企业。公司在卡盘产品的研究、设计、制造、检验、质保、售后服务等方面具有较强的实力。公司创建以来，将积淀多年制造卡盘之经验运用于生产全过程，坚持“求精务实、开拓创新”的精神为用户提供满意的产品。

浙江三鸥机械股份有限公司 民营企业，是国内从事钻夹头等机床附件制造的主要企业之一。主要产品有卡盘、扳手钻夹头、手紧钻夹头、自锁钻夹头、自紧钻夹头等200多个品种。公司现已通过ISO 9001质量管理体系认证、ISO 14001国际环境管理体系认证以及OHSAS18000职业健康安全管理认证。

山东威达机械股份有限公司 是一家民营企业，2004年公司股票在深圳证券交易所成功挂牌上市。公司占地面积59.36万m²，建筑面积12.8万m²。主要生产各种钻夹头、石材锯片基体、木材锯、金属加工锯、粉末冶金配件、精密铸造配件及电动工具开关等产品。拥有机械加工设备3 000余台（套），年生产钻夹头5 000万只、粉末冶金制品7 000万套、木工锯片500万片、脱蜡精铸配件1 500万件、五金制品300万件、石材锯片10万多片、冶金锯片3万片，产品销往欧美、亚、非等40多个国家和地区。公司已通过ISO 9001质量管理体系认证、ISO 14001国际环境管理体系认证和OHSAS18000职业健康安全管理体系认证。

上海浦东同乐志刚机床附件有限公司 创建于1983年，2010年新建设的工厂正式启用，新厂区占地面积2.8万m²，厂房面积1.1万m²。拥有数控折弯机、剪板机、数控激光切割机、氩弧焊和二氧化碳保护焊机等先进设备，于2004年通过了ISO 9001质量管理体系认证和CE认证。公司主导产品有链板式排屑装置、磁性排屑装置、刮板式排屑装置、磁性刮板式排屑装置、螺旋式排屑装置和车间集中排屑处理装置、导轨防护罩、钢制拖链、管缆防护套、盒式防护卷帘及机床防护裙帘等，产品销往国内外。

〔撰稿人：中国机床工具工业协会机床附件分会张越东　审稿人：中国机床工具工业协会机床附件分会王兴麟〕

夹　　具

一、基本情况

2011 年是国家“十二五”和机床工具行业实施“由大变强”发展战略的起步之年。夹具行业以科学发展观为主题，以调整产品结构、转变行业发展方式为主线，利用信息化技术提升技术和服务水平，各企业加大产品结构调整的力度，加快企业由“生产、制造型”向“制造、服务型”转变，朝着“专、特、精”的制造方向发展。2011 年夹具行业主要经济指标完成情况见表 1。

表 1　2011 年夹具行业主要经济指标完成情况

指标名称	单位	年度累计
工业总产值	万元	22 563
工业销售产值	万元	24 182
其中：出口额	万元	2 165
工业增加值	万元	9 815
实现利税	万元	2 558
从业人员平均人数	人	1 401
资产总计	万元	40 723
流动资产平均余额	万元	21 138
固定资产净值平均余额	万元	13 316

2011 年，由于中国第一汽车集团公司对下属子公司进行产业调整，长春一汽天奇泽众汽车装备工程有限公司由多种产品调整为专门从事夹具类产品制造，将年产值 2 亿多元的涂装设备、刀具、锻造模具和锻件等产品划归其他子公司制造。由于长春一汽天奇泽众汽车装备工程有限公司产品品种减少，产值缩减，导致夹具行业工业总产值比上年减少 2 亿多元。2011 年，夹具行业完成工业总产值 22 563 万元、工业销售产值 24 182 万元，实现利税 2 558 万元。夹具产品出口额 2 165 万元，比上年增长 14%。

2011 年，夹具行业经济总量稳中有升，无亏损企业。有 1/3 的企业工业总产值和工业销售产值比上年增长 20% 左右，1/3 的企业增长 10% 左右，1/3 的企业持平或下降 10% 左右。各企业根据自身的优势和市场需求，扩大服务领域，其他产品产值 4 190 万元，比上年增长 50. 2%，成为夹具行业新的经济增长点。

二、产品生产及出口情况

1. 产品分类及生产情况

按产品的功能和使用范围，以及夹具行业各企业产品结构调整情况，归纳为以下六类产品：

（1）夹具和夹具功能部件产品。包括组合夹具、各种机床夹具、焊接夹具、检验夹具、装配夹具、生产线成套夹具及系列化精密平口钳、铰链杠杆夹紧机构、分度台等产品。

组合夹具——夹具行业的主要产品，包括槽系列组合夹具、孔系列组合夹具、槽孔结合组合夹具、槽系列组合焊接夹具和孔系列三维柔性焊接夹具。各种系列的组合夹具均有大、中、小型号供不同行业用户选择。利用系列化、标准化的组合夹具元件，即可快速、灵活地组装各种机床夹具以及检测、装配和焊接夹具，省工、省时、节材、节能。夹具使用后，拆散组装的元件并经过清理，可以组装成新的夹具。组合夹具的元件长期循环使用，节约资源。组合夹具制造企业可为用户提供夹具元件合理配套的方案，以及组合夹具计算机辅助设计和组装软件等全方位的交钥匙服务。

夹具功能部件包括系列化精密平口钳和多齿分度台，快速铰链杠杆，快速夹紧功能部件，各类高精度弹性定位元件、液压塑料心轴，气、液压夹紧功能部件和用于支承、定位、夹紧、导向、分度、可调角度等夹具标准件。

专用夹具包括为各种机床、加工中心配套的手动、气动、液压、电磁、永磁和电控永磁夹具，多轴头钻夹具和各种生产线成套夹具，以及用于检验、焊接、弯管、装配等夹具或工具类产品。

（2）机床附件。包括通用和专用卡盘、转台，数控机床刀柄、弹簧卡头、弹性套和盘、心轴、顶尖和砂轮修整器等。

（3）机床配套功能部件。包括平面镶钢导轨、交换工作台及丝杠等。

（4）量具、量仪。包括各类专用量具、凸轮轴自动检测仪、导程测量仪及机外数显刀具预调仪等。

（5）机床设备。包括金属带锯机、专用设备等。

（6）其他产品。包括骨科医疗器械、清洗机、退磁器、汽车零部件及铝合金型材制品等。

2011 年夹具行业分类产品生产情况见表 2。

表 2　2011 年夹具行业分类产品生产情况

产品名称	产量（台、件）	产值（万元）
组合夹具	6 479 312	11 946
专用夹具及其功能部件	13 865	1 741
机床附件（卡盘、分度台等）	2 050	608
数控机床功能部件（导轨、丝杠等）	16 670	2 184
金属带锯机	313	907
机床光学仪器	85	402
量具	42 950	501
刀具	1 425	85
其他产品		4 190

2. 产品出口情况

2011 年，夹具产品出口量比上年增长 52%，出口额比上年增长 14%。其中，保定向阳吉拉蒂机械有限公司系列化精密平口钳出口额增加 330 万元。受欧洲债务危机的影响，深圳市天凌高实业发展有限公司的三维柔性焊接夹具出口额比上年略有下降。2011 年夹具产品出口情况见表 3。

表3　2011年夹具产品出口情况

产品名称	出口量(台)	出口额(万元)
系列化精密平口钳	39 907	1 740
三维柔性焊接夹具	136	425

三、企业简介

中国机床工具工业协会夹具分会有会员单位12家,其中,原国有企业改制为股份制的企业3家、民营企业9家。保定向阳航空精密机械有限公司、天津市泽尔数控机床成套有限公司和长春一汽天奇泽众汽车装备工程有限公司是制造各种夹具、刀具、量具、机床附件与功能部件、机床设备等多种产品的企业。2011年夹具行业骨干重点企业基本情况见表4。

表4　2011年夹具行业骨干重点企业基本情况

企业名称	工业总产值(万元)	工业销售产值(万元)	实现利税(万元)	从业人员人数(人)
保定向阳航空精密机械有限公司	10 137	10 379	849	646
天津市泽尔数控机床成套有限公司	3 755	3 719	546	328
长春一汽天奇泽众汽车装备工程有限公司	3 706	5 251	399	212

保定向阳航空精密机械有限公司　隶属于中国航空工业集团公司,始建于1964年,是国家大二型、高新技术企业。公司通过了ISO 9001:2008国际质量管理体系认证、武器装备科研生产许可证和中国设备管理协会设备维修企业Ⅰ级资质认证等,建有"中航工业组合工艺装备研制中心"和"中航工业精密数控机床再制造及备件服务中心"。主要产品有组合夹具、高精度柔性夹具和各种专用夹具,系列化精密平口钳、端齿分度台,数控机床交换工作台和导轨,以及骨科医疗器械等产品。系列化精密平口钳是与意大利吉拉蒂公司合资生产的产品,质量达到国际先进水平,在国际市场享有很高的信誉。

"十一五"期间,公司自筹资金2 000余万元实施技改项目并通过了项目验收。改建的新厂房,购置的立式、卧式、龙门式加工中心和车削中心,数控龙门式平面磨床、三坐标测量机等先进机床和检测设备全部投入生产使用。专项投资30余万元进行了信息化建设,提高了公司信息化管理水平。全方位的技术改造为公司又好又快持续发展奠定了坚实的基础。2011年,公司工业总产值和销售产值均超过1亿元,分别比上年增长28.5%和26.3%。系列化精密平口钳出口额比上年增长23.5%,实现了"十二五"开门红。

天津市泽尔数控机床成套有限公司　隶属天津百利机电控股集团,是由原天津组合夹具、机床附件和机床光学仪器等几个厂重组建立的股份制公司。主要产品有组合夹具、专用夹具、卡盘、转台、平口钳、数控机床刀柄、导轨、对刀仪和砂轮修整器等产品。

长春一汽天奇泽众汽车装备工程有限公司　是2009年由原中国第一汽车集团公司长春一汽工艺装备有限公司改制成立的企业。公司技术和制造实力雄厚,设有长春汽车工艺装备设计研究所,承担工艺装备设计和开发工作。公司为一汽集团公司及全国多个汽车制造企业提供各种车型的汽车总装、焊装等生产线装备,以及各种机床夹具、焊接、装配、检验夹具与专用量具等。2011年,中国第一汽车集团公司对下属子公司进行产业调整,长春一汽天奇泽众汽车装备工程有限公司开始筹建新厂区,并由多种产品调整为专门从事汽车生产线工艺装备工程、装配夹具、焊接夹具、检验夹具和加工中心夹具的研发、设计制造和工程服务,服务领域由汽车行业扩大为全国机械制造业。通过产业调整,有利于长春一汽天奇泽众汽车装备工程有限公司向夹具专业化制造方向发展,在夹具行业发挥领军作用。

深圳市天凌高实业发展有限公司　是制造焊接夹具和系列化铰链杠杆夹紧功能部件的专业企业。自主开发的三维柔性焊接夹具系统,填补了我国夹具技术的一项空白,已广泛用于工程机械、医疗器械、钣金加工、车体和航天器,以及设备装配和机器人焊接等制造领域。公司积极参加国内外焊接技术与设备展览会,扩大宣传,开拓国内外市场。公司产品自2008年打入欧洲市场,连续3年出口380多套,创汇近1 000万元,为我国夹具产品开辟了新的国际市场。

北京蓝新特夹具技术有限公司　以高新技术起步,自主创新开发了融合孔系和槽系两种组合夹具优点的LXT－J组合夹具元件系统,以及组合夹具计算机辅助设计与组装软件,可为用户提供新型的组合夹具硬件和先进的软件技术。2011年,公司与清华大学合作,进一步完善和改进了软件技术,提升了组合夹具智能化水平,受到用户的欢迎和好评。历经7年的市场历练,LXT－J组合夹具元件的制造工艺和组装软件技术日臻完善,被列入军工系统先进工艺技术推广项目。公司积极开展校企协作,传授夹具知识和培训技能,入选国家653科技人才继续教育工程。公司的夹具产品成为全国数控技能大赛、全国职业教育技能大赛和全国职工技能大赛指定夹具。产品销售和推广应用模式不断创新,企业进入快速发展的阶段。

宁波鄞州飞翔组合夹具厂、贵阳清江组合夹具元件厂　近几年加大设备更新力度,现已具备生产大、中、小三种型号组合夹具元件的能力,扩大了为纺织机械、轻工机械、军工和航空等制造业提供各种专用夹具、工具、模具等产品的服务范围。这两家企业遵照诚信、快捷、优质的服务宗旨,巩固和开拓市场,促进了企业由小变强持续发展。

保定阳光隆安工贸有限公司　2007年创立,经过4年坚持不懈的努力,产值和销售收入翻了一番,成为一个初具规模的企业。公司从组合夹具、专用夹具设计制造起步,先后开发了电控永磁夹具、永磁夹具、骨科医疗器械等新产品。2011年,公司自筹资金,加大设备投入,骨科医疗器械产品的质量已经向国际看齐，具备全球采购的品质和进入国际市场的可能。同时，在开发机、电、液、气和软件为一体的自动化设备领域取得很大进步，具备了融合各学科的专业化开发自动化设备的能力，为企业的持续发展增添了后劲。

湖北东联阳光机电设备技术有限公司 是在深圳市东风阳光汽车公司驻湖北商务机构的基础上改制建立的，是集产品研发、生产服务于一体的工艺装备制造企业。公司拥有高精度加工设备和一流检测手段，具备国家一级计量单位资质。主要产品是用于汽车制造的精密工装、非标量检具和非标设备的设计与制造。公司秉承专业、服务、共创价值的理念，逐步扩大市场和发展壮大。

“十二五”装备制造业以科学发展观为主题，以转变发展方式为主线，致力于拓展为用户提供全方位工艺解决方案的服务方式，开辟了机床与工艺装备同步发展的平台。以机床行业为龙头，包容和带动配套产业向机械制造市场需求的深度和广度进军，夹具、刀具、量具和机床附件等配套行业将成为支撑机床行业转型发展的产业。面对行业发展的机遇，夹具行业要坚定信心，坚持夹具行业科学发展、夹具技术创新发展、夹具企业和谐发展的工作方针，加强技术创新和调整产品结构的力度，做强夹具产品，做大夹具市场，确保经济产量稳中有升，争取在扩大服务领域方面有新的突破，开辟行业多方位科学发展的新局面。

〔撰稿人：中国机床工具工业协会夹具分会王颖莲　审稿人：中国机床工具工业协会夹具分会刘贵宝〕

主轴功能部件

一、行业概况

主轴功能部件由主轴部件和备件及辅助部件组成，大量的、一般的主轴部件由各主机厂生产，精密的机械主轴、机电一体的电主轴由主轴功能部件行业企业生产。在这种条件下，主轴部件采用专业生产方式逐渐成为当前的主导形式。2011 年，主轴功能部件行业完成工业总产值 13.8 亿元。

机床主轴按所采用的支撑类型可分为滚动支撑（角接触球轴承、滚子轴承）和滑动支撑（采用液体或气体为介质的动压轴承、静压轴承、动静压轴承）。依据工作原理和使用条件，多数采用滚动支撑，产值达 7.96 亿元，占总产值的 57.9%；超精密、高速的采用滑动支撑，产值达 0.73 亿元，占总产值的 5%；备件及辅助部件产值达 5.1 亿元，占总产值的 37.1%，其中，大多制冷机是为主机服务的。2011 年主轴功能部件行业主要经济指标完成情况见表 1。

表 1　2011 年主轴功能部件行业主要经济指标完成情况

指标名称	单位	行业总计	其中：滚动支撑	其中：滑动支撑	其中：配辅件
工业总产值	万元	138 162	79 628	7 258	51 276
其中：机床工具类产品产值	万元	79 880	40 618	6 981	32 281
工业销售产值	万元	130 432	71 324	7 294	51 814
其中：机床工具类产品销售产值	万元	76 906	38 724	6 275	31 907
工业增加值	万元	69 888	55 869	3 303	10 716
实现利税	万元	23 959	14 283	2 084	7 593
从业人员平均人数	人	2 108	1 266	210	632
资产总计	万元	245 008	168 573	12 382	64 053
流动资产平均余额	万元	83 264	40 238	3 735	39 290
固定资产净值平均余额	万元	53 813	39 624	4 163	12 026

二、分类产品生产情况

主轴功能部件行业主要产品构成如下：①电主轴功能部件，由于动静压滑动轴承具有高精度、高寿命、抗震性好的优势，采用该支撑的产品逐渐增多。②机械主轴功能部件，多数是在主机厂生产，高精度、标准化的部件已进入专业化生产，用滚动轴承支撑的主要用于加工中心、车床、磨床、镗铣床、雕铣机、木工机械等机床，用动静压滑动轴承支撑的主要用于磨床、精密车床、金刚镗床等。③转台，随着大型、精密、数控机床需求的增大，采用静压轴承支撑的转台产品受到愈来愈多的重视，开始实现专业化生产。④其他主轴部件，包括铣头、金刚镗头等，其特点是除了主轴功能外，还具有机床需求的其他功能。⑤辅助配套部件，包括用滑动轴承支撑的主轴功能部件配有压力油源，大部分是企业购置液压元件自制；温控或制冷设备，服务对象是机床；增压打刀缸和自动平衡系统等。除压力油源有自制外，都是采取部件外购。⑥主轴零、配件，包括主轴零件和用于主轴功能部件维修所需的专用配件。

按照主轴与电动机的连接方式可分为机械主轴和电主轴。由于电主轴是将机床主轴功能与电动机功能从结构上融为一体的新型主轴部件，省去了带传动或齿轮传动环节，具有速度高、精度高、调速范围宽、振动噪声小、可快速起动和准停等优点。用电主轴取代传统机械主轴，是机床工业发展的大趋势。

2011年主轴功能部件行业分类产品生产情况见表2。

表2　2011年主轴功能部件行业分类产品生产情况

产品名称	产量(件、套)		产值(万元)	
	总计	其中:用于数控机床	总计	其中:用于数控机床
机床主轴功能部件	84 564	9 092	40 955	9 347
电主轴单元	69 890	4 662	28 703	3 162
滚动支撑	68 018	4 620	25 779	3 025
油膜支撑	560	42	1 646	137
气膜支撑	1 312		1 278	
机械主轴单元	14 219	4 377	10 319	5 478
滚动支撑	12 389	3 215	6 033	1 916
油膜支撑	1 830	1 162	4 286	3 562
油膜支撑转台	27	27	653	583
其他主轴功能部件	428	26	1 279	124
铣头	400	20	1 250	115
金刚镗头	28	6	29	9
机床主轴辅配件	324 422	50 050	38 685	17 184
主轴辅助部件	59 898	49 850	18 233	17 016
压力油源	600	280	330	157
制冷机	45 048	37 070	15 164	14 824
自动平衡系统	1 600	1 000	1 600	1 000
增压打刀缸	12 650	11 500	1 139	1 035
主轴零、配件	264 524	200	20 452	168
主轴	188 063	18	16 550	2
油膜轴承	768	182	702	167
气浮轴承	27 268		1 554	
夹头	48 425		1 647	

三、新产品、新技术、新工艺

2011年主轴功能部件行业新产品开发情况见表3。2011年主轴功能部件行业科研项目见表4。2011年主轴功能部件行业授权专利情况见表5。

表3　2011年主轴功能部件行业新产品开发情况

产品名称	型号	主要技术参数	产品性质	产品属性	产品水平
上海原创精密机床主轴有限公司					
高速磨床电主轴	YCGM90	砂轮线速度:200m/s	全新设计	行业新产品	
精密车床动静压电主轴	YCGC150	轴颈:ϕ150mm,转速:5 000r/min	全新设计	行业新产品	
西安英威腾合升动力科技有限公司					
木工雕铣电主轴	HSA1250906－ER25	功率:6kW,最高转速:18 000r/min	改型设计、合作生产	企业新产品	
金切雕铣电主轴	HSA1250906－ER32	功率:6kW,最高转速:18 000r/min	改型设计、合作生产	企业新产品	
工具磨电主轴	HSA1700715	功率:15kW,最高转速:15 000r/min	改型设计、合作生产	企业新产品	
平面磨床电主轴	HSHB1600315	功率:15kW,最高转速:4 000r/min	全新设计、合作生产	企业新产品	
佛山市顺德区福兴达机械有限公司					
镗铣头	T45	功率:45kW	全新设计	企业新产品	
三轴镗铣头	D3		全新设计	企业新产品	
广州市昊志机电股份有限公司					
机床高速电主轴	DGZX－12530H	功率:7.5kW,最高转速:30 000r/min,电压:380V,振动:<1.0mm/s	改型设计	企业新产品	国内先进
机床皮带机械主轴	DGZJ－15508	刀柄接口:BT50,最高转速:8 000r/min,带齿形:8YU,振动:<1.0mm/s	全新设计	企业新产品	国内先进
气浮高速电主轴	DQF－200D2	功率:0.8kW,最高转速:200 000r/min,电压:200V,振动:<0.8mm/s,偏摆:<8μm(200 000r/min)	全新设计	企业新产品	国内先进
机床高速电主轴	DGZX－1040H1	功率:6.0kW,最高转速:40 000r/min,电压:380V,振动:<1.0mm/s	改型设计	企业新产品	国内先进
磨床高速电主轴	DGZM－1040H	功率:6.0kW,最高转速:40 000r/min,电压:380V,振动:<1.0mm/s	改型设计	企业新产品	国内先进
球轴承高速电主轴	DGZ－60K	功率:1.5kW,最高转速:60 000r/min,电压:380V,振动:<1.0mm/s	改型设计	企业新产品	国内先进

（续）

产品名称	型号	主要技术参数	产品性质	产品属性	产品水平
磨床高速电主轴	DGZM－1230H	功率:13kW,最高转速:30 000r/min,电压:380V,振动:＜1.0mm/s	全新设计	企业新产品	国内先进
高速电主轴	DGZ－40B	功率:2.5kW,最高转速:40 000r/min,电压:380V,振动:＜1.0mm/s	全新设计	企业新产品	国内先进
滚珠轴承高速电主轴	DGZ－60J	功率:1.5kW,最高转速:60 000r/min,电压:380V,振动:＜1.0mm/s	全新设计	企业新产品	国内先进
机床高速电主轴	DGZX－1224	功率:7.5kW,最高转速:24 000r/min,电压:380V,振动:＜1.0mm/s	全新设计	企业新产品	国内先进
高速电主轴	DGZ－60I	功率:1.2kW,最高转速:60 000r/min,电压:380V,振动:＜1.0mm/s	改型设计	企业新产品	国内先进
机床高速主轴	DGZX－12530	功率:7.5kW,最高转速:30 000r/min,电压:380V,振动:＜1.0mm/s	全新设计	企业新产品	国内先进
气浮电主轴	DQF－160D2.S	功率:0.95kW,最高转速:160 000r/min,电压:200V,振动:＜0.8mm/s,偏摆:＜8μm(160 000r/min)	全新设计	企业新产品	国内先进
机床高速主轴	DGZX－1230	功率:7.5kW,最高转速:30 000r/min,电压:380V,振动:＜1.0mm/s	全新设计	企业新产品	国内先进
气浮高速电主轴	DQF－160G	功率:1.05kW,最高转速:160 000r/min,电压:200V,振动:＜0.8mm/s,偏摆:＜8μm(160 000r/min)	全新设计	企业新产品	国内先进
气浮高速电主轴	DQF－300A	功率:0.7kW,最高转速:300 000r/min,电压:200V,振动:＜0.8mm/s,偏摆:＜8μm(300 000r/min)	全新设计	企业新产品	国内先进
气浮高速电主轴	DQFZ－200B	永磁同步电动机功率:0.8kW,最高转速:200 000r/min,电压:200V,振动:＜0.8mm/s,偏摆:＜8μm(200 000r/min)	全新设计	企业新产品	国内先进
机床高速铣削电主轴	DGZX－1717	功率:30kW,最高转速:17 000r/min,电压:380V,振动:＜1.0mm/s	全新设计	企业新产品	国内先进
机床高速电主轴	DGZX－1230B	功率:7.5kW,最高转速:30 000r/min,电压:380V,振动:＜1.0mm/s	全新设计	企业新产品	国内先进
机床直连机械主轴	DGZZ－13015	刀柄接口:BT40,最高转速:18 000r/min	全新设计	企业新产品	国内先进

表4　2011年主轴功能部件行业科研项目

科研项目名称	应用状况	投入资金(万元)	项目来源
三河市同飞制冷设备有限公司			
具有交替除霜功能的工业冷风机	自行应用	合计1 050	自有
多压缩机并联控制工业冷风机	自行应用		自有
蓄能式液压油恒温机	自行应用		自有
热混流式高精度双温冷水机	自行应用		自有
断电续流的激光冷水机	自行应用		自有
带有低温换热功能的高效冷水机	自行应用		自有
高能效比的液压站用油冷机	自行应用		自有
风电交流器专用冷却装置	自行应用		自有
印刷机专用润版液冷却机	自行应用		自有
双压缩机互助融霜低温空气源热泵热水机组	自行应用		自有
洗衣房热回收机组	自行应用		自有

（续）

科研项目名称	应用状况	投入资金(万元)	项目来源
MWA 水冷式电柜冷却器	自行应用		自有
双水温带隔热层不锈钢水箱	自行应用		自有
变频器用水冷式冷水柜的开发	自行应用		自有
适用于水冷电动机的防冻型载冷剂的开发	自行应用		自有
上海原创精密机床主轴有限公司			
精密数控车床及车削中心动静压主轴设计制造	研制阶段	60	

表5　2011年主轴功能部件行业授权专利情况

企业名称	专利名称	专利类型	授权日期
北京东方精益机械设备有限公司	一种高精度机械床头	实用新型	2011.02.16
北京东方精益机械设备有限公司	一种采取闭式静压技术的复合转台	实用新型	2011.06.15
北京东方精益机械设备有限公司	一种复合减压液体密封结构	实用新型	2011.08.24
北京东方精益机械设备有限公司	三面静压闭式导轨自驱式圆转台	实用新型	2011.02.16
北京东方精益机械设备有限公司	一种套筒式静压导轨	实用新型	2011.06.22
三河市同飞制冷设备有限公司	多压缩机并联控制工业冷水机	实用新型	2011.04.06
三河市同飞制冷设备有限公司	冬季制冷用具有防冻功能的工业冷水机	实用新型	2011.02.09
三河市同飞制冷设备有限公司	数控电气箱用空调器的冷凝水处理装置	实用新型	2011.02.09
三河市同飞制冷设备有限公司	具有交替融霜功能的工业冷风机	实用新型	2011.02.09
西安英威腾合升动力科技有限公司	一种耐磨式交流永磁同步木工主轴电动机	实用新型	2011.07.06
西安英威腾合升动力科技有限公司	一种双摆式交流永磁同步主轴电动机	实用新型	2011.07.06
西安英威腾合升动力科技有限公司	电动机转子和电动机主轴的联接装置	实用新型	2011.07.06
西安英威腾合升动力科技有限公司	一种双头交流永磁同步主轴电动机	实用新型	2011.07.06
西安英威腾合升动力科技有限公司	一种螺杆挤压设备	实用新型	2011.07.06
西安英威腾合升动力科技有限公司	一种电动机主轴和电动机转子的联接结构	实用新型	2011.07.06
西安英威腾合升动力科技有限公司	电动机转子和电动机主轴的联接结构	实用新型	2011.07.06
西安英威腾合升动力科技有限公司	一种修磨砂轮的装置	实用新型	2011.07.06
西安英威腾合升动力科技有限公司	平面磨床内置式砂轮主轴电动机	实用新型	2011.07.06
西安英威腾合升动力科技有限公司	一种平面磨床内置式砂轮主轴电动机	实用新型	2011.07.06
西安英威腾合升动力科技有限公司	密封式交流永磁同步木工主轴电动机	实用新型	2011.07.06
西安英威腾合升动力科技有限公司	一种旋风铣交流永磁同步电主轴	实用新型	2011.07.06
西安英威腾合升动力科技有限公司	一种机床主轴和机床 *B* 轴联动系统	实用新型	2011.07.06
西安英威腾合升动力科技有限公司	一种手持式电动磨头	实用新型	2011.07.06
西安英威腾合升动力科技有限公司	一种立卧两用交流永磁同步复合电主轴	实用新型	2011.08.07
西安英威腾合升动力科技有限公司	交流永磁同步电动机驱动式机床工作台	实用新型	2011.08.10
西安英威腾合升动力科技有限公司	防尘密封型交流永磁同步电主轴	实用新型	2011.09.21
西安英威腾合升动力科技有限公司	交流永磁同步木工主轴电动机	实用新型	2011.07.06
西安英威腾合升动力科技有限公司	一种车铣磨复合永磁同步电主轴	实用新型	2011.07.06
西安英威腾合升动力科技有限公司	一种螺纹磨床用直驱永磁同步头架主轴电动机	实用新型	2011.07.06
西安英威腾合升动力科技有限公司	一种交流永磁同步木工电动机	实用新型	2011.07.06
西安英威腾合升动力科技有限公司	一种轻便型永磁同步电主轴	实用新型	2011.07.06
西安英威腾合升动力科技有限公司	一种电机定子和电机壳体的联接结构	实用新型	2011.07.06
西安英威腾合升动力科技有限公司	用于攻丝机的交流永磁同步主轴电动机	实用新型	2011.07.06
西安英威腾合升动力科技有限公司	一种平面磨床后置式砂轮主轴电动机	实用新型	2011.07.06
西安英威腾合升动力科技有限公司	适用于大扭矩传递的电动机	实用新型	2011.07.06
西安英威腾合升动力科技有限公司	一种永磁同步磨削电主轴	实用新型	2011.07.06
西安英威腾合升动力科技有限公司	用于电火花机床的永磁同步电动机	实用新型	2011.08.10

（续）

企业名称	专利名称	专利类型	授权日期
西安英威腾合升动力科技有限公司	用于刚性攻丝的交流永磁同步电主轴	实用新型	2011.10.05
广州市昊志机电股份有限公司	一种高速电主轴的机台刀座	实用新型	2011.07.20
广州市昊志机电股份有限公司	一种滚珠高速电主轴的刀柄螺母	实用新型	2011.07.20
广州市昊志机电股份有限公司	一种滚珠高速主轴的轴承座组件	实用新型	2011.07.20
广州市昊志机电股份有限公司	一种滚珠主轴的机体下盖组件	实用新型	2011.07.20
广州市昊志机电股份有限公司	一种气浮高速电主轴的铝水套组件	实用新型	2011.07.20
广州市昊志机电股份有限公司	一种气浮高速电主轴的轴霸组件	实用新型	2011.07.20
广州市昊志机电股份有限公司	一种气浮高速电主轴的轴承座组件	实用新型	2011.07.20
广州市昊志机电股份有限公司	一种主轴的定子降温机构	实用新型	2011.07.20
广州市昊志机电股份有限公司	一种主轴的滑动芯防松机构	实用新型	2011.07.20
广州市昊志机电股份有限公司	一种主轴的热伸长处理结构	实用新型	2011.07.20
广州市昊志机电股份有限公司	一种滚珠高速主轴的卸刀气缸	实用新型	2011.07.20
广州市昊志机电股份有限公司	一种高速电主轴的轴承预紧结构(1)	实用新型	2011.07.27
广州市昊志机电股份有限公司	一种滚珠高速电主轴的液压缸	实用新型	2011.07.27
广州市昊志机电股份有限公司	一种滚珠高速主轴的机体	实用新型	2011.07.27
广州市昊志机电股份有限公司	一种滚珠高速电主轴的轴芯	实用新型	2011.07.27
广州市昊志机电股份有限公司	一种主轴的电动机防水密封夹具	实用新型	2011.07.27
广州市昊志机电股份有限公司	一种滚珠高速电主轴的拉杆组件	实用新型	2011.08.03
广州市昊志机电股份有限公司	一种气浮电主轴的定子水冷结构	实用新型	2011.08.03
广州市昊志机电股份有限公司	一种上轴承内环锁紧螺母	实用新型	2011.08.03
广州市昊志机电股份有限公司	一种下轴承内环锁紧螺母	实用新型	2011.08.03
广州市昊志机电股份有限公司	一种主轴的提高电动机功率结构	实用新型	2011.08.03
广州市昊志机电股份有限公司	一种滚珠高速电主轴的拉刀机构	实用新型	2011.08.10
广州市昊志机电股份有限公司	一种滚珠高速电主轴的卸刀气缸	实用新型	2011.08.24
广州市昊志机电股份有限公司	一种滚珠高速电主轴的刀柄机构	实用新型	2011.09.28
广州市昊志机电股份有限公司	一种气浮高速电主轴的变径套	实用新型	2011.09.28
广州市昊志机电股份有限公司	一种高速电主轴的轴承预紧结构(2)	实用新型	2011.09.28
广州市昊志机电股份有限公司	一种高速电主轴的下轴承座机构	实用新型	2011.09.28
广州市昊志机电股份有限公司	一种滚珠高速电主轴	实用新型	2011.09.28
广州市昊志机电股份有限公司	一种滚珠高速主轴的铝水套组件	实用新型	2011.11.30
广州市昊志机电股份有限公司	一种高速电主轴的下轴承座结构	实用新型	2011.11.30
广州市昊志机电股份有限公司	一种气浮高速电主轴的轴芯组件	实用新型	2011.11.30
广州市昊志机电股份有限公司	一种滚珠高速电主轴的顶套	实用新型	2011.12.28
广州市昊志机电股份有限公司	一种滚珠高速电主轴的换刀机构	实用新型	2011.12.28
广州市昊志机电股份有限公司	一种滚珠高速电主轴的拉爪机构	实用新型	2011.12.28
广州市昊志机电股份有限公司	一种高速电主轴的上轴承座结构	实用新型	2011.12.28
广州市昊志机电股份有限公司	一种高速电主轴用的防护盖结构	实用新型	2011.12.30

四、企业简介

安阳斯普机械有限公司　是一家专业从事研发、制造和销售高精密、高转速电主轴、机械主轴和木工电动机主轴为一体的高科技公司。公司位于安阳市高新产业集聚区，拥有中高级工程技术人员48人、高级技师20人。

自2010年以来，公司获得实用新型专利8项、发明专利2项，产品顺利通过ISO 9001质量管理体系认证。公司研发的“走芯式车床电主轴”在2012年获得国家中小企业创新基金支持，同时获得安阳市创新产品奖。公司获得安阳市五十高企业、安阳市星火企业等殊荣。

到2013年，公司将再建二期厂房，将公司专利产品实现产业化，达到规模生产。预计产值达到5 000万元，创利税1 000万元。展望未来，公司依靠“以人为本，技术创新”的原则，积极占领主轴行业技术前端，为数控机床国际化做更大的贡献。

西安英威腾合升动力科技有限公司　成立于2008年1月，是拥有国际先进水平的稀土永磁同步电主轴制造技术的高科技民营企业。2011年6月，公司实现与深圳英威腾公司的战略合作,正式成为英威腾旗下的子公司,公司整体实力得到明显提升。

公司主要从事交流稀土永磁电主轴、电动机研究与前期产业化开发工作,并专注于永磁同步驱动技术的高端数控机床及其功能部件系列产品。当前,公司共获得实用新型专利37项,发明专利受理30项,实用新型专利受理1项。2009年4月,公司承接国家“高档数控机床与基础制造装备”科技重大专项“交流永磁同步高速高刚度大功率电主轴及驱动装置”项目。2009年6月获得科技型中小企业技术创新基金立项,立项项目为“精密磨床砂轮稀土永磁同步后置式电主轴系统的研究”。

公司坚持“以人为本、科学管理、励志创新、追求卓越”的发展方针,秉承“诚信至上、互利双赢”的核心价值观,用优良的质量和周到的服务不断扩大市场占有率,实现公司和用户的互利双赢。

三河市同飞制冷设备有限公司 是集科研、开发、制造、销售、服务为一体的高新技术企业,现有员工360人。公司通过了ISO 9001:2008质量体系认证和CE认证。2012年设立德国办事处,将产品推向欧洲市场,为国际知名企业配套。

公司拥有15项专利技术、多项科技成果转化以及19年的自有专业技术成果,现已具备年产各种工业制冷设备6万台的生产能力。

公司主导产品有MCO系列精密油冷却机、MCW系列精密水冷却机、MCWL系列激光器专用精密水冷却机、MCS系列精密切削液冷却机、MCA系列电器箱空调及MEA系列电器箱热交换器等。产品在各类加工中心、激光切割设备、焊接设备、淬火设备、精密数控雕刻机、高精度慢走丝、齿轮加工机床、数控磨床、液压站等设备中得到广泛应用,除为国内数控机床配套外,还为德国、美国、瑞士、日本、挪威、韩国及中国台湾等多家知名机床企业提供配套。

〔撰稿人:中国机床工具工业协会主轴功能部件专业委员会何金花　审稿人:中国机床工具工业协会主轴功能部件专业委员会钟洪〕

滚动功能部件

一、基本情况

2011年,滚动功能部件分会共有会员单位37家(新增会员单位6家),约占全行业企业数的48%,生产能力和市场占有率占全行业的90%以上。参加本次年鉴统计的企业8家,具有规模生产能力的企业基本收录在内。

滚动功能部件行业多家企业积极参加中国机床工具工业协会举办多年的“精心创品牌十佳企业”和“自主创新十佳企业”活动。其中,南京工艺装备制造有限公司、广东高新凯特精密机械有限公司被评为2011年“自主创新十佳企业”,南京工艺装备制造有限公司被评为2011年“精心创品牌活动十佳企业”,山东博特精工股份有限公司“精心创品牌活动十佳企业”和“自主创新十佳企业”复审合格,陕西汉江机床有限公司“精心创品牌活动十佳企业”复审合格。

2011年滚动功能部件行业主要经济指标完成情况见表1。

表1　2011年滚动功能部件行业主要经济指标完成情况

指标名称	单位	年度累计
工业总产值	万元	117 578
其中:机床工具类产品产值	万元	81 006
工业销售产值	万元	109 991
其中:机床工具类产品销售产值	万元	73 673
工业增加值	万元	47 832
实现利税	万元	17 239
从业人员平均人数	人	4 427
资产总计	万元	169 700
流动资产平均余额	万元	65 943
固定资产净值平均余额	万元	45 414

二、生产及出口情况

滚动功能部件行业的主要产品有滚珠丝杠副、滚动直线导轨、滚珠花键、滚动直线导套、二坐标工作台、离合器及电主轴、主轴单元等。滚动功能部件可靠性好,精度高,是机电产品的一个重要组成部件,特别是机床数控化以及各种生产设备、机械装置及工艺装备自动化改造中不可缺少的基础性功能部件。2011年滚动功能部件行业分类产品生产情况见表2。

表2　2011年滚动功能部件行业分类产品生产情况

产品名称	产量单位	产量	产值(万元)
滚珠丝杠副	套	285 911	42 173
滚动导轨副	套	138 001	13 803
其他产品	根、套、件、亿粒	74 377	8 726

2011年,滚动功能部件产品出口较上年有所提高,出口量3 674套,出口额126.7万美元。其中,滚珠丝杠副出口量3 263套,出口额120万美元;滚动导轨副出口量411套,出口额6.7万美元。

三、新产品、科研项目及专利情况

2011年,参加年鉴统计的滚动功能部件行业企业共上报新产品19种,上报科研项目5项、获奖科研项目1项(广州市敏嘉制造技术有限公司研制的SMK205五轴磨削中心获得首届广州市专利奖优秀奖)。2011年滚动功能部件行业新产品开发情况见表3。2011年滚动功能部件行业科研项目见表4。2011年滚动功能部件行业授权专利情况见表5。

表3 2011年滚动功能部件行业新产品开发情况

产品名称	主要技术参数	产品性质	产品属性	产品水平
上海雄联精密机械配件有限公司				
增长行程滚珠丝杠副	丝杠螺纹长度:128mm,螺母长度:52mm,行程:214mm	全新设计	行业新产品	国内先进
超重载滚珠丝杠副		全新设计	企业新产品	行业先进
数控螺纹磨床	最大可磨螺纹直径:250mm,顶尖距:2 150mm,可磨螺纹长度:2 000mm,磨削螺纹导程:0~99.99mm,磨削螺纹头数:1~4头(自动分度),磨削精度:C2级	全新设计	行业新产品	国内领先
山东博特精工股份有限公司				
螺母旋转型滚珠丝杠副	公称尺寸:ϕ80mm,螺距:20mm,最高转速:1 500r/min	全新设计	企业新产品	国内领先
自润滑滚珠丝杠副	公称尺寸:ϕ40mm,螺距:20mm	全新设计	企业新产品	国内领先
JSZD138D-9/5.5同步电主轴	功率:5.5kW,最高转速:9 000r/min,转矩:9.5N·m	全新设计	企业新产品	国内领先
GL-4动静压电主轴	最高转速:2 000r/min,功率:7.5kW,径向圆跳动/轴向窜动:0.002mm	全新设计	企业新产品	国内领先
南京工艺装备制造有限公司				
GGB45IAAT1P1X1000-5-G直线导轨副	公称尺寸:ϕ45mm,精度等级:5级,滑块移动对导轨基面平行度:0.025mm,同一平面多滑块总高一致性:0.04mm,同一导轨多滑块侧面到导轨基面尺寸一致性:0.07mm	全新设计	企业新产品	国内先进
XJFZL系列滚珠丝杠副	额定静载:391~1 144kN,额定动载:128~298kN,精度等级:P3级,公称直径:63~100mm,公称导程:16~40mm	全新设计	企业新产品	国内先进
广州市敏嘉制造技术有限公司				
数控车床	500mm×750mm	全新设计	企业新产品	国内先进
数控车床	400mm×300mm	改型设计	企业新产品	国内先进
多轴龙门加工中心	主轴数量:16个,主轴转速:4 500r/min,行程($X/Y/Z$):1 100mm/300mm/450mm	全新设计	行业新产品	国内先进
多轴钻床	两个多轴头,主轴最高转速:3 000r/min	全新设计	行业新产品	国内先进
四轴对列卧式加工中心	多轴卧式加工中心,4个卧式主轴,9个进给坐标轴,4个回转轴,X轴行程:3 600mm,行程($Y_1/Y_2/Y_3/Y_4$):350mm,行程($Z_1/Z_2/Z_3/Z_4$):650mm	全新设计	企业新产品	国内先进
导轨钻床	主轴数量:2个,主轴功率:2×4kW,主轴最高转速:3 000r/min,加工导轨长度:4 000mm	改型设计	企业新产品	国内先进
1m丝杠磨床	磨削螺纹长度:1m,磨削直径:300mm,磨削精度:1级	全新设计	行业新产品	国内先进
2m丝杠磨床	磨削螺纹长度:2m,磨削直径:300mm,磨削精度:2级	全新设计	行业新产品	国内先进
高精度数控平面磨床	磨削行程:1 000mm/500mm,平面度:0.002mm	全新设计	行业新产品	国内先进
陕西汉江机床有限公司				
重载滚珠丝杠副	直径:50mm,导程:16mm,钢球直径:12.7mm	全新设计	行业新产品	国内先进

表4 2011年滚动功能部件行业科研项目

科研项目名称	应用状况	投入资金(万元)	项目来源
陕西汉江机床有限公司			
重载滚珠丝杠副开发	自行应用	合计140	市场需求
滚珠丝杠副性能试验	研制阶段		企业自定
导轨精度保持性试验	研制阶段		企业自定
登机桥丝杠工艺优化	自行应用		企业自定
上海雄联精密机械配件有限公司			
在线检测滚珠丝杠螺旋滚道中径圆度、圆柱度测量仪	自行应用	10	自主研发

表5　2011年滚动功能部件行业授权专利情况

企业名称	专利名称	专利类型	授权日期
南京工艺装备制造有限公司	调心滚柱导轨块	实用新型	2011.03
南京工艺装备制造有限公司	液冷滚动导轨副	实用新型	2011.06
陕西汉江机床有限公司	四方等载荷型滚动直线导轨副	实用新型	2011
陕西汉江机床有限公司	凹槽式滚动花键副	实用新型	2011
陕西汉江机床有限公司	凸缘式滚动花键副	实用新型	2011
陕西汉江机床有限公司	双螺母插管垫片预紧式滚珠丝杠副	实用新型	2011
陕西汉江机床有限公司	内螺纹磨床特殊齿形修整器装置	实用新型	2011
陕西汉江机床有限公司	内循环式滚珠丝杠副组件	实用新型	2011
陕西汉江机床有限公司	单螺母变位导程自预紧式调隙结构滚珠丝杠副	实用新型	2011
山东博特精工股份有限公司	大型、重载梯形螺母内螺纹机夹精车刀	实用新型	2011.11.30
山东博特精工股份有限公司	电动升降研磨头	实用新型	2011.12.07
山东博特精工股份有限公司	滚柱直线导轨副反向器	实用新型	2011.11.30
山东博特精工股份有限公司	高速滚珠螺母	实用新型	2011.11.30
山东博特精工股份有限公司	隔音反向器罩	实用新型	2011.06.01
山东博特精工股份有限公司	一种高速大导程滚珠丝杠副螺母、反相器辅助计算器	实用新型	2011.06.01
山东博特精工股份有限公司	滚柱直线导轨副用双唇密封盖	实用新型	2011.06.01
山东博特精工股份有限公司	精密同步重载升降梯形丝杠、螺母副组	实用新型	2011.06.01
山东博特精工股份有限公司	楔形润滑油腔式大型、重型升降梯形螺母	实用新型	2011.06.01
山东博特精工股份有限公司	滚柱直线导轨副	实用新型	2011.06.01
山东博特精工股份有限公司	轴用无轴承气封防护型光电编码器	实用新型	2011.06.01
山东博特精工股份有限公司	反向器	外观设计	2011.05.04
广州市敏嘉制造技术有限公司	随动磨削检测装置	发明、实用新型	2011.12.26
广州市敏嘉制造技术有限公司	龙门多轴加工中心	实用新型	2011.12.26
广州市敏嘉制造技术有限公司	一种多机床组合生产线	实用新型	2011.11.23
广州市敏嘉制造技术有限公司	基于变径砂轮磨削的弧面凸轮磨削中心	发明、实用新型	2011.05.31
广州市敏嘉制造技术有限公司	双端磨轴五轴磨削中心	实用新型	2011.05.31
广州市敏嘉制造技术有限公司	一种可变直径的CBN砂轮	发明、实用新型	2011.05.20
广州市敏嘉制造技术有限公司	采用可变直径砂轮磨削弧面凸轮的方法	发明专利	2011.05.20
广州市敏嘉制造技术有限公司	用于工件外表面加工的快换夹具	实用新型	2011.04.25
广州市敏嘉制造技术有限公司	数控磨床砂轮角度调整机构	发明、实用新型	2011.04.25
广州市敏嘉制造技术有限公司	一种用于双边磨削加工的磨床	实用新型	2011.02.14
上海雄联精密机械配件有限公司	数控螺纹磨床	实用新型	2011.10.18

四、企业简介

广州市敏嘉制造技术有限公司　成立于2001年，专业从事中高档数控机床、工厂自动化设备的设计、生产和销售。公司现有员工220多人，其中工程技术人员占40%。

公司主要产品有数控车床、车铣复合中心、立式/卧式/龙门式加工中心、多主轴加工中心、数控磨床，以及各类专用自动化设备。主要服务于空调压缩机、冰箱压缩机、汽车空调压缩机、滚珠丝杠及直线导轨等行业。

公司先后投资并控股了5家数控机床产业链上下游企业：宝鸡敏捷精密机床有限公司、广州威嘉机床有限公司、洛阳敏捷制造技术有限公司、广州市安浦汽车空调有限公司和苏州敏嘉机床有限公司。

公司的质量方针是“技术创新，服务至上”。公司所有产品和技术完全自主研发，拥有100%的自主知识产权。公司围绕复合加工、高速加工、多轴加工进行产品研发。公司设有区级技术中心，2008年认定为国家级高新技术企业。公司共承担了14项国家、市、区科技项目，多项成果获广东省和广州市科技进步奖、工业设计奖，公司已获得40多项国家专利，多次在中国发明展览会上获奖。

上海雄联精密机械配件有限公司　根据企业的发展规划和市场的需求，上海雄联精密机械配件有限公司在2009年8月对滚动直线导轨的研发正式立项，经过一年半的时间对产品的前期进行了开发，于2010年10月开始投入设备和基础建设，2012年3月完成项目生产线的全面贯通。该项目分两期工程，总投资1亿元。第一期工程投资5 000万元，自2009年8月至2012年6月。一期设计开发产品为四方向等载型XLD15～XLD35共5种型号，设计年生产导轨

10万m、滑块28万只。二期工程投资5 000万元,自2012年10月至2014年6月。设计开发的产品为XLD45~XLD85共4种型号,设计年生产导轨3万m,并且XLD15~XLD35新增年生产能力5万m。该工程实现目标后,滚动直线导轨的年生产能力为导轨18万m、滑块50万只。

〔撰稿人:中国机床工具工业协会滚动功能部件分会季红丽　审稿人:中国机床工具工业协会滚动功能部件分会朱继生〕

磨料磨具

一、概况

2011年,磨料磨具行业多数企业注重结构调整,促进增长方式转变,推进产业技术升级,应对生产要素和资源环境成本上涨风险及通胀压力,经济运行质量稳步提升,保持了平稳健康的发展态势。全年行业整体经济运行状况良好,继上年快速增长后,增速有所减缓,但仍然保持了一定增速。

2011年,磨料磨具行业参加年鉴统计的企业共235家,比上年增加2家。本次参加统计的企业包括行业内的主要大型企业,也包括部分中小型企业,反映的数据比较有代表性。

增加的企业有:山西沁新能源集团股份有限公司、江阴市广芒砂轮制造有限公司、江苏环球砂轮厂、盐城市锐金磨料磨具有限公司、安徽兄弟磨料磨具有限公司、滕州圣诺研磨有限公司、郓城县伟业达磨业有限公司、临沂金蒙碳化硅有限公司、温州市海力砂轮制造有限公司、浙江一达研磨有限公司、江西富力超硬科技有限公司、泉州市洛江区双阳金刚石工具有限公司、郑州利锋磨料磨具有限公司、郑州烨达高新材料有限公司、河南锐石投资集团股份有限公司、河南金渠黄金股份有限公司超硬材料分公司、平顶山市马亮磨料有限公司、成都力多砂轮有限公司、宁夏天净隆鼎碳化硅有限公司和西宁贵强硅业科技有限公司。2011年磨料磨具行业企业名称变更情况见表1。

表1　2011年磨料磨具行业企业名称变更情况

现　　名	原　　名
南京宁砂磨料磨具有限公司	南京砂轮厂
白山峰泰源研磨材有限公司	白山市能源金刚石砂有限责任公司
平顶山易成新材料股份有限公司	中平能化集团易成新材料股份有限公司
江苏华东砂轮有限公司	江苏华辰磨料磨具有限公司
湖北丰普研磨科技有限公司	湖北丰普磨具有限责任公司

按所有者权益法,统计样本中第三砂轮厂归贵州达众磨料磨具有限责任公司,故其数据汇总于贵州达众磨料磨具有限责任公司。河南伊川县磨料磨具联合会2011年的汇总数据中包含单独报表的伊川4家骨干企业河南锐石投资集团股份有限公司、河南伊龙高新材料股份有限公司、伊川县东风磨料磨具有限公司、洛阳鑫祥刚玉有限公司的数据。重庆市博赛矿业(集团)有限公司、河南黄河实业(集团)股份有限公司、宁夏金旌矿冶有限公司等各项指标中包含非磨料磨具产品的产值等,其非行业产品的数据无法剥离,也将其汇总在合计值中。2007~2011年磨料磨具行业企业按行业分布情况见表2。

表2　2007~2011年磨料磨具行业企业按行业分布情况

(单位:家)

年份	企业数	普通磨料	普通磨具	涂附磨具	超硬材料	超硬材料制品	原辅材料
2007	227	58	74	39	39	36	11
2008	221	55	70	41	34	44	10
2009	227	58	70	44	39	43	7
2010	233	58	65	49	37	48	7
2011	235	61	64	48	36	48	7

注:该表综合性企业会被重复统计。

二、生产发展情况

2011年磨料磨具行业主要经济指标完成情况见表3。2010~2011年磨料磨具行业主要经济指标对比情况见表4。

表3　2011年磨料磨具行业主要经济指标完成情况

指标名称	单位	企业数(家)	实际完成
产品销售收入	万元	235	3 695 424
产品销售成本	万元	223	2 916 877
产品销售费用	万元	208	115 240
产品销售税金及附加	万元	221	23 129
管理费用	万元	222	193 508
财务费用	万元	193	53 610
其中:利息支出	万元	136	39 789
利润总额	万元	227	299 614
资产总计	万元	226	3 799 376
流动资产年平均余额	万元	213	1 854 677
应收账款余额	万元	216	469 130

（续）

指标名称	单位	企业数（家）	实际完成
存货	万元	223	690 549
其中:产成品	万元	198	353 778
固定资产净值年平均余额	万元	221	1 281 490
应付账款	万元	214	314 876
负债总计	万元	221	1 518 962
流动负债年平均余额	万元	209	1 086 729
销项税额	万元	211	465 136
应交增值税	万元	219	84 725
工业中间投入	万元	153	1 596 138
工业总产值	万元	212	3 307 532
工业销售产值	万元	199	2 903 420
其中:出口交货值	万元	88	401 479
本年累计定货量	万元	126	1 695 170
从业人员平均人数	人	226	64 265
从业人员工资总额	万元	219	188 033
平均资产总额	万元	211	2 951 841
出口创汇额	万美元	90	68 583
工业增加值	万元	153	1 170 407
所有者权益	万元	218	2 238 718
流动比率	%	200	173
速动比率	%	199	97
债务股权比率	%	200	127
总资产贡献率	%	207	14.5
资本保值增值率	%	211	115
资产负债率	%	219	52
流动资产周转率	次	211	2.4
工业成本费用利润率	%	222	8.2
全员劳动生产率	元/人	149	166 813
产品销售率	%	198	98
工业经济效益综合指数	%	145	185

表4　2010～2011年磨料磨具行业主要经济指标对比情况

指标名称	同比企业数（家）	2011年（万元）	2010年（万元）	增长率（%）
产品销售收入	233	3 669 235	3 126 014	17.4
产品销售成本	221	2 896 880	2 429 197	19.3
产品销售费用	202	114 498	106 828	7.2
产品销售税金及附加	207	22 628	18 195	24.4
管理费用	218	193 051	155 814	23.9
财务费用	186	53 255	44 417	19.9
其中:利息支出	126	38 842	30 152	28.8
利润总额	224	295 122	277 012	6.5
资产总计	223	3 776 041	3 257 024	15.9
存货	219	685 887	531 382	29.1

（续）

指标名称	同比企业数（家）	2011年（万元）	2010年（万元）	增长率（%）
其中:产成品	196	334 898	259 333	29.1
固定资产净值平均余额	216	1 274 528	1 090 023	16.9
负债总计	218	1 505 519	1 334 437	12.8
从业人员平均人数(人)	225	63 944	62 042	3.1
从业人员工资总额	215	185 420	148 574	24.8
工业总产值	209	3 274 456	2 848 640	14.9
工业销售产值	197	2 874 580	2 678 572	7.3
平均劳动生产率(元/人)	146	168 701	152 539	10.6
人均工资(元/人)	214	27 641	24 006	15.1

表3中的数据与机械行业标准值相比,除资本保值增值率外,其他各项指标均好于标准值。与上年相比,除资产负债率、流动资产周转率、工业成本费用利润率、全员劳动生产率外,其他各项指标均有所下降,但下降幅度均不大。尤其是反映全面情况的工业经济效益综合指数从上年的180%提高到185%,说明本行业整体经济运行情况较好。但也要看到,与上年所有指标均高于标准值相比,资本保值增值率又回落到与2009年接近的115%,说明磨料磨具行业投资收益率相对较低,属于高投入产业。而资产负债率从2010年的57%下降到52%,说明行业企业在2011年减少了负债比例,企业负担减轻。

2011年报送利润总额指标的227家企业中,盈利企业为199家,亏损企业为28家。与上年相比,盈利企业数增长近3%,说明行业发展情况良好。多数企业营利情况较好,盈利1 000万元以上的企业54家,比上年增加9家。这54家企业利润合计27.6亿元,占全行业利润总额的92.1%。

从表4可以看出,209家企业完成工业总产值327.4亿元,比上年增长14.9%;197家企业工业销售产值287.5亿元,比上年增长7.3%。工业销售产值的增幅小于工业总产值,可见2011年企业销售情况不如上年理想,库存有所增加。这从219家企业存货增长29.1%,增幅高于上年也可以得到验证。224家企业利润总额29.5亿元,只增长6.5%,与上年99.8%的增长率相比,相差极大。除了2009年受金融危机的影响利润增幅为负值,历年来此增幅均为两位数,由此也可以看出企业营利能力又受到了一定的考验。221家企业产品销售成本增长19.3%,218家企业管理费用增长23.9%,186家企业财务费用增长19.9%,这几项指标的增幅均大于产品销售收入的增幅,说明2011年企业经营各项成本均有所提高,企业负担加重。但是202家企业产品销售费用增幅仅为7.2%,为历年来最低值,这可能是由于上年增长67.3%,销售费用达到一个相对较高的绝对值,导致增长率不高。223家企业资产总计增长15.9%,211家企业固定资产净值平均余额增长16.9%,两个数值比较接近,增幅虽比上年下降较多,但与前几年相比稍有增长。

负债总计增幅为12.8%，说明行业企业继续提高了偿还力度，减少了负债比例。225家企业从业人员平均人数增幅为3.1%，稍低于2010年。214家企业人均工资为27 641元，比上年增长15.1%，而且工资的增幅比利润总额增幅高出8.6个百分点，说明企业牺牲了一定的利润用于提高职工的收入。与2011年全国城镇非私营单位在岗职工年平均工资42 452元、私营单位在岗职工年平均工资20 759元相比，磨料磨具行业平均工资处于较低水平，居于二者之间。从增长率来看，2011年非私营单位和私营单位在岗职工年平均工资增长率为14.3%和18.3%，磨料磨具行业的职工年平均工资增长率也居于二者之间。

从以上数据分析，2011年磨料磨具行业多项数据均呈现相对稳定的增长率，但销售产值、利润总额等增幅仅有一位数，相对较低。与国家宏观经济指标对比，主要指标增长率均稍低，说明磨料磨具企业在能源、原材料、劳动力方面的压力大于全国平均水平。

三、产品生产情况

2011年磨料磨具行业主要产品分类产量见表5。2007~2011年磨料磨具产品产值构成见表6。

表5 2011年磨料磨具行业主要产品分类产量

产品名称	单位	产量
普通磨料合计	t	1 385 757
棕刚玉	t	604 864
白刚玉（含WA微粉）	t	99 248
黑碳化硅（含C微粉）	t	59 811
绿碳化硅（含GC微粉）	t	268 793
其他①	t	74 750
磨料商品块	t	278 291
普通磨具合计	t	197 750
陶瓷磨具	t	69 036
树脂磨具	t	123 976
橡胶磨具	t	1 643
磨石	t	2 340
其他	t	755
硅碳棒	万标支	2 113
涂附磨具合计	万 m^2	45 126
干磨砂纸	万 m^2	4 960
干磨砂布	万 m^2	1 768
耐水砂纸	万 m^2	13 456
涂层砂纸	万 m^2	2 840
砂卷	万 m^2	17 868
砂带	万 m^2	1 873
异型及其他②	万 m^2	2 361
超硬材料③合计	万克拉	1 274 300
人造金刚石	万克拉	1 240 000
立方氮化硼	万克拉	34 300
超硬制品④合计	件	91 960 442
金刚石制品	件	91 447 711
CBN 制品	件	512 731

①含天然磨料、铬、黑、单晶、微晶刚玉，碳化硼及其他。

②含砂盘、异型产品及其他（包括未分项产品）。

③金刚石、立方氮化硼产量均为为测算后更接近实际运行情况的修正数据，含20家未报表小企业专业生产建材磨削用金刚石的产量约15.5亿克拉。

④含金刚石锯片、刀头、钻头、砂轮、磨石、磨辊、磨轮、磨块、电镀制品、研磨膏、刀具及CBN砂轮、刀具等，单位有付、支、个、件、片等，这里统一用件表示。

表6 2007~2011年磨料磨具产品产值构成

年份	普通磨料（%）	普通固结磨具（%）	涂附磨具（%）	超硬磨料（%）	超硬制品（%）	硅碳棒（%）
2007	30.4	8.5	20.2	26.2	14.4	0.3
2008	29.8	7.7	18.9	27.0	16.4	0.3
2009	36.9	8.9	23.1	17.0	13.9	0.2
2010	43.4	8.7	19.5	16.8	11.4	0.2
2011	35.7	9.0	21.6	21.4	12.2	0.2

注：普通磨料含商品块，超硬磨料含金刚石、CBN及其微粉和聚晶。

从表6可以看出，各类产品产值占比与2009年接近，超硬磨料的比例稍有提高。普通磨料的比重由2010年的异常加大基本恢复到往年的水平，这主要是由于普通磨料尤其是绿碳化硅的产销量下滑引起的。尤其是某家生产光伏产业硅晶片切割用绿碳化硅刃料的大型企业，产值出现了异常下降，影响了总体的比例。其他各类产品的比例变化不大，但是仍然可以看出超硬磨料及制品取代普通磨料磨具的趋势。

（1）普通磨料。2011年普通磨料类纳入统计的生产企业有61家，比上年增加3家。产品产量138.6万t（含商品块），比上年下降4.4%。

与2010年相比，2011年所报普通磨料产品中，棕刚玉、绿碳化硅的比例下降，白刚玉、黑碳化硅及其他的比例上升。分别比较各类产品，棕刚玉（含商品块）统计产量为67.2万t，比上年下降7.6%；白刚玉（含商品块）9.9万t，比上年增长1.6%；黑碳化硅（含商品块）17.2万t，比上年增长4.6%；绿碳化硅（含商品块）36.8万t，比上年下降11.2%。其他项7.5万t，增长幅度仍最大，达142.9%，这主要是由于新参加统计的有一家生产黑刚玉的企业，产量达3万多吨，提高了其他项的比例。

本年鉴统计产品种类除各种刚玉和碳化硅之外，还包括天然磨料、碳化硼等。2007~2011年普通磨料按产量计产品构成见表7。

表7　2007～2011年普通磨料按产量计产品构成

年份	棕刚玉（%）	白刚玉（%）	黑碳化硅（%）	绿碳化硅（%）	其他（%）
2007	63.1	5.0	16.3	10.5	5.1
2008	61.0	8.3	15.2	9.6	5.9
2009	48.0	8.8	14.3	25.6	3.3
2010	50.2	6.7	11.3	28.6	3.2
2011	48.5	7.2	12.4	26.5	5.4

注：表中含微粉及商品块，其他项为天然石榴石、铬刚玉、单晶刚玉、微晶刚玉、黑刚玉、碳化硼及其他。

根据磨料磨具主要相关用户行业的统计资料，2011年，钢铁产量6.8亿t，比上年增长7.13%；有色金属产量3 438万t，比上年增长9.8%；建材比上年增长34.2%，其中，水泥比上年增长11.7%，平板玻璃比上年增长14%，建筑性陶瓷比上年增长32.2%；汽车产量1 841.89万辆，比上年增长0.8%。磨料需求量应该说有一定的增长，但是磨料产能过剩的问题仍然严重。

2011年初，一些企业对形势的把握不够准确，棕刚玉和绿碳化硅冶炼企业加大了冶炼量，但市场需求不旺，造成产品滞销。5月份国家就工业用电价格上调，成本再次上升，不少冶炼企业不得不停产。产能过剩、产品低档同质化越来越不被市场所接受。进入7月份以后，局面更加严峻，南方五省持续干旱，特别是贵州，电力严重不足，冶炼企业全部停产。部分企业利用峰谷电断续少量冶炼，产量太少，出口交货都有困难。一些生产低档产品的小企业面临着被淘汰的局面。普通磨料的下游行业在增长，但对磨料产品的采购量上升幅度不大，这是因为有了替代产品，如矾土的均化料已经进入耐火材料行业，挤占了棕刚玉一部分市场。国内金刚石线锯的投入生产，对绿碳化硅微粉市场也产生了冲击。

在成本大幅提高的情况下，棕刚玉、白刚玉、黑碳化硅磨料价格与上年相比变化不大，吨价浮动在50～100元。绿碳化硅变化很大，其主要原因是快速发展了近10年的我国光伏业2011年遭遇了“寒冬”，占我国光伏出口市场近70%的欧洲因债务危机加剧，各国大幅削减光伏安装的补贴；第二大市场日本，由于地震、海啸而需求减缓；美国、印度等国家相继向我国发起光伏“双反”调查，也让我国光伏企业雪上加霜，从而导致用于光伏产业硅片切割的绿碳化硅微粉销售量和销售价格急剧下降。尤其下半年更加明显，绿碳化硅上半年产量60万t，下半年产量降为40万t，价格由每吨9 500～10 500元下降为每吨7 500～8 000元；碳化硅微粉由每吨27 500～28 000元下降为每吨23 000元左右，年末降至每吨20 000元。该类企业产销量都受到不同程度的影响。

国家“十二五”规划明确重点扶持的是战略性新兴产业，在普通磨料方面，应重点发展深加工产品，即高档固结和涂附磨具制造所需磨料、光伏和半导体制造所需微粉、煅烧及镀衣等特殊磨料，并可根据高档产品的发展所需开发新的磨料品种。当前，已有企业开发了煅烧、镀衣等特殊磨料并批量投放市场。

（2）普通磨具。2011年，普通磨具类纳入统计的生产企业64家，产品产量19.8万t，比上年下降3.7%。2007～2011年普通磨具按产量计产品构成见表8。

表8　2007～2011年普通磨具按产量计产品构成

年份	陶瓷磨具（%）	树脂磨具（%）	橡胶磨具（%）	磨石（%）	其他（%）
2007	54.2	42.1	0.6	2.2	0.9
2008	46.0	49.2	0.5	3.8	0.5
2009	40.3	58.0	0.6	0.7	0.4
2010	42.0	55.7	1.6	0.5	0.1
2011	34.9	62.7	0.8	1.2	0.4

从表8可以看出，陶瓷磨具与树脂磨具依然占据市场主导地位，合计比例高达97.6%。统计到的数据中，陶瓷磨具比例下降很多，树脂磨具产品比例上升。所占比例较小的产品中，橡胶磨具比例有所下降，磨石及其他类产品比例有所提高，这些比例变动多是由于统计企业的不同所导致。与上年统计情况相比也是如此，陶瓷、橡胶磨具产量比上年统计数降低，树脂磨具、磨石及其他类产量提高。

生产设备的自动化是磨具生产企业努力实现的目标，从设备生产和设计单位了解到，主要磨具生产企业特别是树脂磨具生产企业都在对生产线进行了全部或者部分自动化改造。陶瓷低温结合剂的推广使用是行业“十二五”规划的重点之一，当前已在一些企业磨具生产中试用，相关研究单位也在不断研究完善。更多国外公司也在为进入我国市场做积极的准备。

（3）超硬磨料。2011年，超硬磨料类纳入统计的生产企业36家，其中，生产金刚石（不含微粉及破碎料）的企业20家，生产立方氮化硼的企业4家。2011年金刚石、CBN产量及增长情况见表9。

表9　2011年金刚石、CBN产量及增长情况

名称	企业数（家）	产量（亿克拉）	产量增长率（%）
金刚石	20+20	124	34.78
立方氮化硼	4	3.43	12.46

注：金刚石产量含20家未报表小企业专业生产建材磨削用金刚石的产量约15.5亿克拉。

从表9可以看出，金刚石与立方氮化硼的产量又创历史新高，金刚石产量突破百亿克拉大关，增长率34.78%，虽然增幅回落26.9个百分点，但对此高增长产品来说，属理性回归到平稳增长轨道。1982～2011年30年内年均复合增长率为30.93%。2011年，金刚石售价呈前高后低走势，上半年维持2010年下半年的高位，下半年虽然需求扩大，但跟不上产能扩大步伐，价格逐步滑落，全年价格同比小幅降低4%。主要是占比最大的锯切级金刚石价格稳定，否则降幅会更大。

立方氮化硼产量增长 12.46%，售价稳中有降。该类产品多年来增长率波动较大，但一直在持续增长，应用领域不断扩大，市场需求不断扩大，虽有竞争但激烈程度低于金刚石，呈健康发展态势。

具体到企业，同上年情况一样，除个别企业外，主要企业的产量都有较大幅度的增长，尤其是一些大型企业，继续大幅扩大产能。还有一些新兴企业看准市场需求，果断购置设备，建立新厂，加入到超硬材料行业中。从企业格局分布来看，第一梯队仍然保持领先，其他各梯队相对稳定，但是有几家投资较大的企业产量进入第二梯队。统计企业中金刚石的产量过亿克拉的企业增加到 12 家，其中有一家是往年未报送报表的中型企业。前三名企业的金刚石产量合计达 83 亿克拉，这 3 家企业在行业中仍然占据主导地位。CBN 产品集中度更高，有一家企业未报其 CBN 产量数据，统计到的企业 4 家，就企业报表来看，前两名企业 2011 年的产量占统计总量的 78.6%。

(4)超硬材料制品。2011 年，统计到的各类制品产值 30.2 亿元，比上年增长 28.0%。其中，锯片类产品产值小幅上升，增长 21.2%；其他类制品上涨幅度较大，增长 31.9%。2011 年，21 家企业生产锯片近 6 652 万片，比上年增长 23%，增幅同比增加 4.67 个百分点；13 家企业生产钻头近 209 万支，比上年增长 3.76%，增幅同比减少 18.69 个百分点；14 家企业生产金刚石砂轮近 129 万片，增长率高达 74.56%，增幅同比增加 31.4 个百分点，是近年增长最快的产品，说明取代普通砂轮的速度加快；8 家企业生产 CBN 砂轮近 11.3 万片，比上年增长 16.55%，增幅同比减少 6.38 个百分点。2011 年主要超硬材料制品产量、产值见表 10。

表 10　2011 年主要超硬材料制品产量、产值

产品名称	同比企业（家）	产量	产量增长率（%）	产值（万元）	产值增长率（%）
锯片（万片）	21	6 651.77	23.03	10.36	21.16
钻头（万只）	13	208.97	3.76	1.01	9.85
金刚石砂轮（万片）	14	128.82	74.56	2.81	63.13
CBN 砂轮（万片）	8	11.27	16.55	2.14	61.34

2011 年，超硬材料制品企业在调整产品结构、研发新产品方面取得了可喜的成绩。其中，15～60μm 超薄金刚石切割砂轮制造技术，研制出系列半导体、光电材料加工用高端产品，主要性能达到国外同类产品水平，可替代进口同类产品。超精密研磨用陶瓷结合剂超硬材料磨盘产品能够满足不同材料的研磨与抛光一次性复合加工要求，已批量生产并替代进口同类产品。开发出使用速度达 125m/s 的汽车发动机曲轴加工用高速陶瓷 CBN 砂轮，通过对复杂形面砂轮工作层结构和成形技术的优化设计，解决了其均匀成形难题，实现了精密成形磨削用砂轮不同部件的均匀磨损，有效地提高了汽车发动机曲轴加工精度与效率。砂轮的加工效率、耐用度和使用寿命等性能指标达到国外同类产品水平，产品已批量生产并替代进口同类产品。研发的高硬度刀片磨边用新型复合结合剂金刚石砂轮，有效地提高了其耐磨性，解决了硬脆材料刀片加工中同一砂轮无法集成高效、高表面质量和高耐用度的技术难题，满足了不同材料的工件粗、精磨加工一次完成的高效磨削要求。其主要磨削性能达到了国外同类产品水平，产品已批量生产并替代进口同类产品。

2011 年，超硬材料行业新增 1 家上市公司：河南四方达超硬材料股份有限公司，这是本行业第六家上市公司。显示出近年来我国超硬材料产业异军突起，朝大型化、集团化、集约化发展的大好形势。上市公司的增加为行业快速健康发展注入了强力推进剂。

(5)涂附磨具。2011 年，纳入统计的涂附磨具生产企业 48 家，产品产量 4.51 亿 m^2，比上年增长 11.0%；产值 53.6 亿元，增长 21.8%。产值增幅比产量增幅高 10 个百分点，说明平均价格有较大上升，高档产品所占比例提高。

统计产品按形状分为：张页式产品（干磨砂布、干磨砂纸、耐水砂纸及涂层砂纸）；卷状产品（砂纸卷、半树脂砂布卷、全树脂砂布卷），带状产品（砂纸带、砂布带）；砂盘类产品（纸砂盘、布砂盘、背粘砂盘、背绒砂盘、钢纸砂盘）；各种异型产品（砂页轮、砂套、无纺布制品、网格纱布、弹性海绵磨盘及其他）。按用途及技术含量分为：普通产品（干磨砂纸、砂布等）、耐水砂纸、高档产品（卷状、带状及异型产品）。2007～2011 年涂附磨具产量、产值构成见表 11。

表 11　2007～2011 年涂附磨具产量、产值构成

年份	普通产品		耐水砂纸		高档产品	
	产量（%）	产值（%）	产量（%）	产值（%）	产量（%）	产值（%）
2007	19.6	14.5	48.7	17.9	31.7	67.6
2008	24.4	14.7	44.3	13.2	31.3	72.1
2009	21.8	14.7	33.3	14.8	44.9	70.5
2010	21.4	14.9	30.6	13.8	47.9	71.3
2011	21.2	13.3	29.8	12.7	49.0	74.1

从表 11 看出，近三年各产品产量、产值占比变化不大，耐水砂纸占比 2011 年稍有下降，高档产品比例稍有提高。但高档产品的产值提高幅度又稍高于产量，说明高档产品产品附加值有所提高。

2011 年，涂附磨具行业在产品结构调整、技术创新、管理服务方面取得了明显的进步和发展。尤其是龙头骨干企业，大力开展技术创新，努力转型升级，多数企业产销量都实现了增长。而部分小企业产销困难，跌幅较大。

2011 年，涂附磨具产量超过 1 000 万 m^2 的生产企业有 15 家，其产量占总量的 86.4%。产值超过 1 亿元的企业为 14 家，产值占总产值的 78.7%，产业集中度较高。产品单价超过 25 元/m^2 的企业有 13 家，比上年减少 1 家。

四、销售及进出口情况

2011 年，报送数据的 196 家企业中，产品销售率≥90%

的企业为156家，占比为79.6%，稍低于上年；其中产品销售率≥100%的企业72家，占比为47.9%，比上年降低11.2个百分点。产品销售率介于81%和90%之间的企业占比提高4.7个百分点。从这些数据可以看出，磨料磨具行业供不应求的局面已经不存在。销售率≤80%的企业占比有所下降，可能是越来越多的企业实行以销定产所致。2011年磨料磨具行业（196家企业）产品销售率企业分布情况见表12。

表12 2011年磨料磨具行业（196家企业）产品销售率企业分布情况

产品销售率	企业数（家）	所占比例（%）
≥100%	72	36.7
99%～90%	84	42.9
89%～81%	30	15.3
≤80%	10	5.1

2011年，磨料磨具行业工业总产值前10名企业包括普通磨料企业3家、超硬材料及制品类企业4家、涂附磨具企业3家。进入产值前10名的企业中，有一家涂附磨具企业未进入销售收入前10名。磨料磨具行业产品销售收入前10名企业包括普通磨料企业4家、超硬材料及制品类企业4家、涂附磨具企业2家。前10名企业的工业总产值合计1 673 293万元、产品销售收入合计1 882 083万元，在全行业的占比分别为50.6%和50.9%，与上年相差不大。需要说明的是，其中有几家企业数值中包含非磨料磨具产品的数据。

2011年，报送数据的磨料磨具企业中出口创汇前10名企业包括普通磨料磨具企业3家、超硬材料及制品类企业6家、综合性企业1家。前10名企业出口创汇合计33 153万美元，比上年下降14.3%，占报送数据的90家企业的48.3%，所占比例也稍有降低。

2011年磨料磨具产品进出口情况见表13。2011年磨料磨具产品主要进出口国家或地区（按进出口量顺序）见表14。

表13 2011年磨料磨具产品进出口情况

产品名称	出口				进口				进口单价/出口单价
	数量（t）	比上年增长（%）	金额（万美元）	比上年增长（%）	数量（t）	比上年增长（%）	金额（万美元）	比上年增长（%）	
合计	1 314 184	3.9	233 214	23.2	98 219	1.0	63 053	21.0	3.6
普通磨料小计	1 088 438	1.6	108 975	13.9	68 690	-0.1	7 569	13.9	1.1
天然磨料	54 256	-5.3	945	-4.6	6 858	15.7	345	19.7	2.9
人造刚玉	815 871	3.4	55 873	15.8	57 083	-5.4	5 575	4.2	1.4
碳化硅	216 234	-3.1	49 406	12.8	4 632	84.4	1 450	47.4	1.4
碳化硼	2 077	-11.0	2 751	5.3	116	683.4	199	771.4	1.3
普通磨具小计	98 878	17.2	21 601	25.2	9 067	18.1	13 631	33.5	6.9
普通砂轮	74 660	18.8	18 250	28.2	8 235	20.2	11 265	34.7	5.6
天然石制砂轮	2 462	-60.1	247	-78.2	509	39.2	1 665	44.9	32.6
磨石	21 757	41.7	3 104	64.0	323	-29.7	701	1.1	15.2
超硬材料及制品小计	69 154	18.6	80 358	35.4	2 473	-0.5	19 511	22.6	6.8
金刚石	473	9.6	16 104	27.0	21	28.0	2 226	37.4	3.1
金刚石砂轮	16 277	11.7	6 288	42.5	1 319	-4.5	10 779	15.5	21.2
金刚石锯片	38 647	18.5	33 183	34.9	875	-11.5	2 023	13.5	2.7
超硬材料工具	13 757	28.6	24 783	40.2	257	159.3	4 483	41.2	9.7
涂附磨具小计	57 713	15.1	22 280	30.5	17 989	-1.8	22 342	15.4	3.2
砂布	29 859	20.1	11 378	36.9	6 261	-5.9	5 704	4.7	2.4
砂纸	26 822	9.4	8 695	23.4	8 797	2.6	8 096	11.8	2.8
其他	1 032	32.8	2 207	28.1	2 932	-4.9	8 543	28.1	1.4

注：表中数据由于四舍五入，合计数有微小出入。

表14 2011年磨料磨具产品主要进出口国家或地区（按进出口量顺序）

产品名称	出口国家或地区	进口国家或地区
普通磨料		
天然磨料	美国、中国台湾、澳大利亚、日本、新加坡、韩国、加拿大、印度、文莱、印度尼西亚、马来西亚、哈萨克斯坦、泰国、新西兰	印度、美国、泰国、法国、日本

（续）

产品名称	出口国家或地区	进口国家或地区
人造刚玉	美国、日本、韩国、荷兰、印度、意大利、中国台湾、俄罗斯联邦、泰国、比利时、英国、德国、土耳其、波兰、伊朗	英国、日本、美国、印度、卢森堡、德国、新加坡
碳化硅	日本、美国、中国台湾、韩国、新加坡、泰国、墨西哥、印度、挪威、菲律宾、俄罗斯联邦、土耳其、加拿大	朝鲜、德国、新加坡、印度、日本、中国台湾、挪威
碳化硼	日本、德国、美国、印度、中国台湾、英国、巴西	德国、美国
普通磨具		
普通砂轮	印度、美国、泰国、俄罗斯联邦、巴基斯坦、印度尼西亚、日本、伊朗、韩国、阿拉伯联合酋长国、巴西、波兰	日本、奥地利、中国台湾、瑞典、德国、泰国、韩国、美国、波兰、意大利
天然石制砂轮	韩国、越南、意大利、美国、德国、印度尼西亚	奥地利、德国、日本、意大利、中国台湾、韩国
磨石	智利、印度尼西亚、泰国、越南、马来西亚、中国台湾、美国、巴西	中国台湾、日本、比利时、英国、韩国、德国、美国
超硬材料及制品		
金刚石	美国、中国香港、印度、南非、韩国、日本、意大利、新加坡、瑞士、英国、比利时、德国、罗马尼亚、爱尔兰、以色列、巴西、俄罗斯联邦、匈牙利、阿拉伯联合酋长国、土耳其	韩国、爱尔兰、美国、日本、中国、瑞士、比利时、英国、德国、中国香港、中国台湾
人造和天然金刚石砂轮	印度、波兰、伊朗、德国、马来西亚、荷兰、印度尼西亚、泰国、芬兰、智利、孟加拉国、阿拉伯联合酋长国、越南、巴西、巴基斯坦、法国、美国、沙特阿拉伯	奥地利、日本、中国台湾、意大利、德国、韩国、瑞典、墨西哥、美国、泰国
金刚石锯片	美国、印度、德国、越南、韩国、巴西、日本、俄罗斯联邦、意大利、泰国、伊朗	美国、德国、韩国、日本、以色列、法国、中国台湾、印度
超硬材料工具	印度、越南、俄罗斯联邦、美国、英国、巴西、荷兰、伊朗、乌克兰、德国、土耳其	美国、西班牙、韩国、埃及、中国台湾、日本、英国、奥地利
涂附磨具		
砂布	越南、印度尼西亚、韩国、埃及、美国、印度、孟加拉国、泰国、俄罗斯联邦、波兰、马来西亚、乌克兰、土耳其、德国、中国台湾	韩国、德国、日本、美国、中国台湾、意大利、泰国、瑞士、土耳其
砂纸	越南、荷兰、美国、英国、菲律宾、印度、印度尼西亚、泰国、阿拉伯联合酋长国、德国、马来西亚、加拿大、比利时、孟加拉国	日本、加拿大、韩国、德国、美国、泰国、瑞典、瑞士、英国、芬兰、意大利
其他	中国香港、瑞典、印度、美国、巴西、波兰、俄罗斯联邦、阿根廷、乌克兰、哥伦比亚	中国台湾、韩国、美国、日本、意大利、英国

由表13可知,2011年我国磨料磨具海关出口总额23.3亿美元,比上年增长23.2%,稍高于我国外贸货物出口总值20.3%的增长幅度。出口总量131.4万t,仅比上年增长3.9%。从出口额的增长远大于出口量来看,出口的高档产品比例有所增加,价格有所提高。

从进口单价与出口单价之比可以看出,总的比值为3.6倍,与上年相差不大。从每种产品的情况看,占总出口额半数以上的普通磨料的价格比基本维持不变,其他产品的价格比有升有降,但变化不大。除普通磨料外,磨具类尤其是固结磨具的进出口价格比均较高,特别是代表先进磨具发展的金刚石磨具,比值高达21.2。说明国内外的高端用户仍为发达国家所占有,高进低出局面未得到有效改观,磨料磨具行业结构调整仍任重道远。

磨料磨具海关进口总额为6.3亿美元,比上年提高21.0%,低于我国外贸进口货物总值24.9%的增长率。进口总量9.8万t,仅比上年增长1.0%,说明进口产品的价格也有很大的提高。总的来说,磨料磨具市场进出口贸易均衡增长。

但也应该注意到,从进出口数量增长率对比可以看出,有些产品的进口增长率高于出口增长率,说明这些产品对国外高档产品的依赖程度有所提高。

(1)普通磨料磨具进出口情况。普通磨料磨具出口额13.1亿美元,比上年增长15.7%;出口量118.7万t,仅增长2.7%。其中,普通磨料出口量108.8万t,比上年增长1.6%。从具体产品来看,人造刚玉出口量81.6万t,比上年增长3.4%,仍低于2008年的82.1万t;碳化硅出口量21.6万t,比上年下降3.1%,碳化硼出口2 077t,比上年下降11%。全年的出口均价,人造刚玉为每吨685美元,比上年提高12.1%;碳化硅为每吨2 285美元,比上年提高16.4%。普通磨具出口9.9万t,比上年增长17.2%;出口额2.2亿美元,比上年增长25.2%。平均价格为每吨2 185美元,接近2008年的2 113美元,比上年提高6.8%。可以看出,作为资源性材料的磨料,出口价格提高较多,而竞争激烈、技术含量较高的磨具类产品价格提高不多,但是在人民币不断升值、对外贸出口产生较大压力的状况下,价格仍能保持上升,说明高品质产品出口量增加。

全年普通磨料进口量稍有降低,降幅为0.1%,而进口额增长13.9%,说明进口产品档次提高。普通磨具进口量增长18.1%,进口额增长33.5%,价格有更高的提升。进出口单价比从上年的6.5回升到6.9,说明国外磨具的国内市场增幅较大。

(2)超硬材料及制品进出口情况。金刚石及其工具出口额8.04亿美元,进口额1.95亿美元,出口额是进口额的4倍强,顺差6.09亿美元。说明我国金刚石及其工具一方面基本满足国民经济各领域建设的需求,另一方面本行业外向型较强,对国际市场的依赖度较高。

从统计到的分类商品来看,金刚石、金刚石砂轮和金刚石圆锯片占出口主导地位,出口额分别占出口总额的20%、7.8%和41.3%。因不同商品号的出口退税率不同、各地海关对同类产品使用的商品号有差异,金刚石锯片的实际出口额可能占到总额的一半多,是该类产品出口第一大商品。

金刚石进出口均攀历史新高,金刚石出口量达23.6亿克拉,增长率9.6%,进口量则首次突破亿克拉大关,达到创纪录的1.05亿克拉,且增长率达到28.0%。金刚石进出口单价比为3.1,多年来降低很少。

从出口的目的地国家来看,美国是我国金刚石的最大消费国,占我国总出口量的近31%,中国香港是金刚石的最大转口贸易区,印度排第三。出口目的地国家和地区有61个,前三位占总出口量的53.6%,前六位占72.8%,其他55个国家和地区仅占27.2%。

从美国、日本金刚石进口市场统计数据可知,按销售单价排序,在美国市场为(不计占比很低的国家):爱尔兰、韩国和中国,前者单价分别是后者的5.4倍和4倍;在日本市场为(不计占比很低的国家):美国、爱尔兰、韩国和中国,前者单价分别是后者的5.1倍、4.3倍和4.1倍,中国总排在最后。从数量上说,中国金刚石已统领了全世界,但质量亟需大幅提高。

美国进口金刚石总量的79.4%来自中国,增长率为24.8%,多年来该量一直在持续增长。美国进口镀金属衣金刚石的92.4%来自中国,增长率高达50.8%;80目以细金刚石94.8%来自中国,增长率14.4%;80目以粗金刚石73.6%来自中国,增长率26.6%,该类高档产品占比虽在持续增长,但占比不如其他产品高,说明高端用户仍然使用发达国家产品。从日本进口金刚石市场来看,中国金刚石虽占其市场的半壁江山,占比为51.8%,但高端用户较多采用发达国家高档产品。

从进出口单价比来看,最小的是金刚石圆锯片,而金刚石砂轮为21.2。这说明本行业的进出口结构是高进低出,即进口的是高档产品,而出口的是中低档产品或说以此类产品为主。究其原因,自身的问题是:产品结构还很不合理,亟待加强调整;产品质量水平不稳定,很难打开国际高端用户市场。市场问题是:发达国家高端用户抵触中国产品的心理障碍依然存在;因品牌效应差,即使是好产品也卖不出好价格。

金刚石砂轮出口突破1.6万t,同样是历史新高,出口单价增长27.6%,说明出口产品结构有了一定调整。

金刚石砂轮类制品出口到世界各地的121个国家和地区,目的地较分散,出口量排前三位的是:印度占17.0%、波兰占10.7%、伊朗占9.6%,其他118个国家比例均低于9%。前五位国家占50%以上,其他116个国家占比不足50%。这类产品出口到发达国家的极少,绝大部分出口到第三世界国家,由此也能反映出该类产品与世界先进水平的巨大差距。

(3)涂附磨具进出口情况。涂附磨具出口量57 713t,比上年增长15.1%;出口额2.228亿美元,增幅30.6%,创历史新高。出口单价较上年增长13.8%。涂附磨具进口额略大于出口额,与上年贸易逆差2 227万美元相比,明显好转。但进出口单价比仍为3倍以上。

出口产品以砂布为主,金额比上年增长36.9%,其单价3.81美元/kg,比上年提高14%;砂纸出口额比上年增长23.8%,单价3.24美元/kg,比上年提高13.2%;其他基材涂附磨具出口额比上年增长28.1%,单价21.39美元/kg,比上年下降3.5%。出口涂附磨具产品虽然仍以技术含量较低的产品为主,但品质在稳步提高。从稳定的增长率来看,在国际市场上具有一定的竞争优势。

从涂附磨具出口目的地看,砂布出口额前六位是越南、印尼、韩国、美国、埃及、泰国,计占总额的50.4%,增幅前六位是澳大利亚、印度、印尼、越南、马来西亚、美国。砂纸出口金额前六位是越南、美国、荷兰、印度、印尼、英国,计占总量的31%,增幅前六位是美国、印尼、德国、马来西亚、英国、印度。其他基材涂附磨具出口金额前六位是中国香港、美国、日本、马来西亚、巴西、印度,计占总量的81.2%,增幅前六位是波兰、巴西、阿根廷、中国香港、韩国、马来西亚。

2011年,涂附磨具进口产品中,其他基材涂附磨具进口额比上年增长28.1%,单价29.14美元/kg,比上年提高34.6%;砂纸进口额比上年增长11.8%,单价9.20美元/kg,比上年提高9%;砂布进口额比上年增长4.7%,单价9.11美元/kg,比上年提高11.3%。由此可知,我国对其他基料涂附磨具和高档砂纸的需求量相对较大。

从涂附磨具进口来源看,砂布进口额前六位是韩国、日本、美国、德国、中国台湾、芬兰,计占总量的85%,增幅前六位是奥地利、意大利、瑞士、芬兰、德国、美国。砂纸进口额前六位是日本、加拿大、韩国、德国、美国、泰国,计占总量的81.6%,增幅前六位是捷克、美国、泰国、英国、瑞士、加拿大。其他基材涂附磨具进口金额前六位是日本、美国、韩国、中国台湾、英国、德国,计占总量的94%,增幅前六位是意大利、英国、日本、韩国、瑞士、德国。

五、质量管理及标准化工作

2011年是贯彻落实《标准化事业发展“十二五”规划》

的开局之年，全国磨料磨具标准化技术委员会（简称标委会）按照国家标准化管理委员会、中国机械工业联合会和中国机床工具工业协会关于标准化工作的要求，积极有效地开展各项工作，按计划组织落实上级主管部门布置和下达的各项任务。

（1）标准制修订工作。按照中国机械工业联合会“关于印发《2011 年机械工业标准化工作要点》的通知”的要求，2011 年标准制修订工作以市场需求为导向，以产业结构调整和发展方式转变为主线，以围绕产业发展，完善标准体系为重点，全年共完成 18 项标准的制修订工作，其中，国家标准 2 项、行业标准 16 项。

2011 年，标委会把与国际标准对标工作作为采用国际标准工作的基础，积极采用并提升采用国际标准的有效性，完成了 2 项国家标准的制定工作，分别是《筒形砂套夹紧装置　第 1 部分：用于手持式磨削机上的带轴夹紧装置》和《筒形砂套夹紧装置　第 2 部分：用于固定式磨削机上的夹紧装置》。这两项国家标准分别采用国际标准 ISO 15637-1：2002和 ISO 15637-2：2002，与另一项国家标准项目《涂附磨具　筒形砂套》（采用国际标准 ISO 2421：2003，已于 2010 年提前完成，尚未报批）共同构成了我国筒形砂套产品完整的标准体系，为我国该产品充分开展国际贸易和参与国际竞争创造了条件。该 3 项国家标准已组织审查，当前正整理报批材料，准备上报。

2011 年，标委会围绕“十二五”机械工业技术改造和自主创新、节能减排和淘汰落后、培育战略性新兴产业、质量信誉建设等工作重点，实施标准提升战略，加强重点领域标准研制，加快标准更新速度，着力提高标准化工作的科学性和有效性，完成了 16 项行业标准的制修订工作，其中，4 项为制定项目，12 项为修订项目。这 16 项行业标准已组织审查，相关报批材料已上报上级标准化主管部门，等待批准发布。

2011 年磨料磨具行业标准制修订情况见表 15。

表 15　2011 年磨料磨具行业标准制修订情况

标准名称	制修订	代替标准	完成年限	备注
普通磨料　密度的测定	修订	JB/T 7984.3—2001	2011	
固结磨具　体积密度、总气孔率和吸水率试验方法	修订	JB/T 7999—2001	2011	
固结磨具　深切缓进给磨砂轮	修订	JB/T 10039—1999	2011	2008 年结转项目
固结磨具　滚抛磨块	修订	JB/T 10153—1999	2011	
固结磨具　螺栓紧固砂轮	修订	JB/T 7983—2001	2011	
超硬磨料　标志和包装	修订	JB/T 7988.3—2001	2011	
聚晶金刚石磨耗比测定方法	修订	JB/T 3235—1999	2011	2009 年结转项目
超硬磨料制品　电镀磨头	修订	JB/T 7991.4—2001	2011	
超硬磨料制品　电镀内圆切割锯片	修订	JB/T 7991.2—2001	2011	
超硬磨料制品　电镀什锦锉	修订	JB/T 7991.3—2001	2011	
碳化硅特种制品　氧化硅结合碳化硅板	修订	JB/T 10376—2002	2011	
碳化硅特种制品　重结晶碳化硅热电偶保护管	修订	JB/T 8340—1996	2011	2008 年结转项目
固结磨具　磨钢轨砂轮	制定		2011	
固结磨具用玻璃纤维增强网片	制定		2011	
超硬材料制品　金刚石薄壁钻头	制定		2011	
超硬磨料制品　高精度切割砂轮	制定		2011	

（2）标准的复审工作。根据中国机械工业联合会秘书处文件要求，标委会秘书处按照国标委对标准复审工作的要求和工业和信息化部对标准复审计划的安排，认真部署复审工作，通过调研行业贯标情况、征求委员及行业专家意见，在充分考虑标准适用性和先进性的基础上，于 2011 年 9 月完成了符合复审范围的 4 项机械行业标准的复审工作，并按时将复审结果上报标准化主管部门。

（3）标准的立项工作。根据上级主管部门对标准化工作的要求，标委会强化标准制修订工作管理，并制定了《全国磨料磨具标准化技术委员会标准制修订项目管理办法》。在标准立项方面，加强调查研究，坚持科学论证、宁缺毋滥的原则，2011 年共组织完成了 3 项行业标准项目的立项，分别是《超硬磨料制品　金刚石软磨片》《超硬磨料制品　金刚石涂层拉丝模》和《超硬磨料　纳米金刚石》。

（4）国际标准化工作。2011 年，标委会秘书处共收到对口国际标准化组织 ISO/TC29/SC5 秘书处的 19 份投票文件，经组织委员和行业专家研究讨论后，分别进行了回函和投票。

标委会秘书处按照国家标准化管理委员会对参加国际标准化活动的要求以及标委会工作计划，经讨论并征求行业专家意见后，组成代表团，参加了于 2011 年 6 月 15 日在瑞典斯德哥尔摩召开的第 37 次磨料磨具国际标准化工作会议，并对 19 项国际标准议案进行了会议表决。本次组团参加 ISO 国际标准化会议是 20 多年来我国第一次组团参会，引起了国际组织和参会各国的高度重视，搭建了我国磨料磨具行业与国外信息和技术交流的重要平台，为我国充分参与国际竞争并争取更多国际话语权起到了积极的推动作用。

(5)标准的宣贯工作。为配合砂轮产品生产许可证实施细则的宣贯工作，标委会秘书处受国家磨料磨具质量监督检验中心委托，于2011年4月和5月举办了两期标准宣贯培训班，对300多家企业的500多名标准化人员、技术人员及产品检验人员进行了GB/T 2485—2008《固结磨具 技术条件》、GB 2494—2003《普通磨具 安全规则》和JB/T 10450—2004《普通磨具 检验规则》等相关标准的宣贯工作。

(6)标准化咨询服务工作。帮助行业单位起草企业标准3项，受各方委托审查了企业标准20多项，为20多家企业提供了标准技术咨询服务。

六、科研项目

2011年，磨料磨具行业完成科研项目如下：

(1)15～60μm超薄金刚石切割砂轮制造技术研究。该项目是科技部科研院所技术开发研究专项资金项目，由郑州磨料磨具磨削研究所完成，中国机械工业联合会于2011年4月6日鉴定验收。该项目自行研发了专用电镀装置，通过采用气动搅拌与工件旋转相结合的方式，并优化电镀液配方和电镀工艺，实现了微米级金刚石的均匀电沉积；通过采用定制的高精度、微动专用超精密空压夹头，解决了铝合金薄盘类工件高精度内孔及平行度要求的加工难题；采用机械加工与化学腐蚀技术，实现了刀刃裸露；研制出了15～60μm系列厚度规格的电镀超薄砂轮，形成了半导体、光电材料加工用高端产品。经用户使用表明，该产品能够满足半导体、光电材料加工要求，主要性能达到了国外同类产品水平。可替代进口同类产品，市场前景广阔，预期经济和社会效益显著。经鉴定认为，该项目在微米级金刚石的均匀电沉积、超薄电镀砂轮外圆加工、刀刃裸露技术等方面具有创新性，总体技术达到国际先进水平。

(2)超精密研磨用陶瓷结合剂超硬材料磨盘的研制。该项目是科技部科研院所技术开发研究专项资金项目，由郑州磨料磨具磨削研究所完成，中国机械工业联合会于2011年4月6日鉴定验收。该项目通过对专用低温陶瓷结合剂工艺配方、陶瓷磨盘混料均匀造粒技术的研究，制备出超硬材料陶瓷结合剂磨片（丸片），开发了陶瓷丸片快速粘接的关键技术，优化选择树脂复合填充技术，研制出陶瓷结合剂超硬材料磨盘，实现研磨与抛光一次性复合加工。产品已批量生产并替代进口同类产品，经济和社会效益显著，市场前景广阔。经鉴定认为，该项目在陶瓷结合剂均化冶炼工艺、树脂填充剂复合技术及磨抛结合技术方面具有创新性，总体技术达到国际先进水平。

(3)汽车发动机曲轴加工用高速陶瓷CBN砂轮。该项目是科技部科研院所技术开发研究专项资金项目，由郑州磨料磨具磨削研究所完成，中国机械工业联合会于2011年4月6日鉴定验收。该项目通过对低温高强陶瓷结合剂及制备技术的研究，优化选出基体的锥孔加工与测量技术，开发出使用速度达125m/s的陶瓷结合剂CBN砂轮；通过对复杂形面砂轮工作层结构和成形技术的优化设计，解决了复杂形面砂轮的均匀成形难题，实现了精密成形磨削用砂轮不同部件的均匀磨损，有效地提高了汽车发动机曲轴加工精度与效率。经用户使用证明，该产品能够满足不同用户、不同材质曲轴工件（钢件、铸件）的高效磨削要求，磨削工件质量达到了工件工艺要求，砂轮的加工效率、耐用度和使用寿命等性能指标达到国外同类产品水平。产品已批量生产并替代进口同类产品，经济和社会效益显著，市场前景广阔。经鉴定认为，该项目在低温高强陶瓷结合剂、砂轮结构设计及制备成形技术方面具有创新性，总体技术达到国际先进水平。

(4)高硬度刀片磨边用新型复合结合剂金刚石砂轮。该项目是科技部科研院所技术开发研究专项资金项目，由国家超硬材料及制品工程技术研究中心（郑州磨料磨具磨削研究所）完成，中国机械工业联合会于2011年4月6日鉴定验收。该项目通过对耐热树脂的选择与改性、低熔点金属结合剂制备以及树脂金属复合工艺技术的研究，自主研制出新型树脂金属复合结合剂。优选基体材料并采用微变型精密加工技术，优化设计砂轮内部结构，制备出高硬度刀片磨边用树脂金属复合结合剂金刚石砂轮，有效地提高了刀片周边磨砂轮的耐磨性，解决了硬脆材料刀片加工中同一砂轮无法集成高效、高表面质量和高耐用度的技术难题。经用户使用证明，该产品能够满足不同材料的工件粗、精磨加工一次完成的高效磨削要求，主要磨削性能达到了国外同类产品水平。产品已批量生产并替代进口同类产品，经济和社会效益显著。经鉴定认为，该项目在树脂金属复合结合剂制备技术、砂轮内部结构设计方面具有创新性，总体技术达到国际先进水平。

2011年，磨料磨具行业获奖科研项目如下：

(1)电热合金材料在金刚石合成领域的应用。由河南金渠黄金股份有限公司完成，2011年3月获三门峡市科学技术进步奖二等奖。该项目研究出一种新型的电热合金材料，可以取代石墨材料，且成功解决了石墨材料在合成过程中存在的缺陷。将该合金材料制作成带状，取代合成块中的石墨管，可扩大有效合成腔体1～2mm。该项目在行业中实现了一次技术上的变革，对进一步扩大合成腔体、提高单产，提供了新的研究方向。其研究成果处于国内领先水平。

(2)IC硅片高效超精密磨削用金刚石磨具的研究。由郑州磨料磨具磨削研究所完成，2011年7月5日获河南省工业和信息化科技成果奖二等奖。该项目在低温陶瓷结合剂的制备技术、陶瓷结合剂金刚石砂轮的配方及工艺、树脂结合剂金刚石砂轮配方及工艺等方面具有创新性，所研制的陶瓷结合剂和树脂结合剂金刚石砂轮具有气孔率高（陶瓷结合剂金刚石砂轮气孔率44%，树脂结合剂金刚石砂轮气孔率62%）、自锐性好、不用二次修整及加工精度高的特点。经用户使用证明，树脂结合剂金刚石砂轮满足4～8in硅片的粗、精磨加工要求；陶瓷结合剂金刚石砂轮满足4～

8in 硅片的粗磨加工要求，可替代进口。已实现了批量生产，产品质量稳定，其研究成果处于国内领先水平。

（3）ϕ750mm 无缸六面顶压机及配套合成工艺的研究。由河南金渠黄金股份有限公司完成，2011 年 7 月 5 日获河南省工业和信息化厅科技成果奖二等奖。该项目研发 ϕ750mm 无缸六面顶压机以及配套的高压腔体和合成工艺。主机铰链梁设计为灯笼状缸梁一体结构，缸体采用空芯活塞加复合导向套，液压供油系统变增压器为双泵同时超压供油，电控系统采用 IPC 智能控制方式，并产生三项专利。在工艺设计上，对顶锤锤面选择及设计、叶蜡石块壁厚、导电钢圈高度、发热材料选择、合成工艺确定上皆有独特的创新。该项目成果已形成规模生产能力，合成过程稳定，设备运行状态良好，锤耗控制在 0.5kg/万克拉以下。

（4）高性能激光焊接金刚石工具。由博深工具股份有限公司完成，2011 年 8 月 11 日获石家庄市科学技术奖特别奖。该项目针对行业普遍存在的切割效率低、寿命短且易掉齿等问题，对金刚石工具切削机理、金属粉末和金刚石等原材料、金刚石工具胎体、结构及制造工艺等进行研究，引进纳米技术、机械合金化技术、金刚石有序排列技术等先进材料及技术，在开发高性能激光焊接金刚石工具的同时建立先进的激光焊接金刚石工具工艺路线。高性能激光焊接金刚石工具的研发成功与产业化，提高了我国金刚石工具产品的市场竞争力，有效地促进了金刚石工具行业的发展和科技进步，具有良好的经济效益和社会效益。

（5）超精密研磨用陶瓷结合剂超硬材料磨盘的研制。由郑州磨料磨具磨削研究所完成，2011 年 10 月获中国机械工业科学技术奖二等奖。

〔撰稿人：中国机床工具工业协会超硬材料分会赵博、李志宏　磨料磨具分会王永　涂附磨具分会王明远〕

市场概况

发布东欧机床工业考察报告，分析机床相关用户行业对机床产品的需求，提出机床行业发展建议

综述
专文
行业概况
市场概况
企业专题
统计资料
标准化
大事记
附录

市场概况

品牌之路

在国家大力发展新兴产业、推进工业转型升级的背景下，不少机床行业企业加大自主创新的力度，充分发挥自身优势，核心竞争力不断提升，具备了与世界著名机床企业同台竞技的实力，成为机床市场的引领者，走出了各具特色的品牌发展之路。

SYMG

沈阳机床集团

沈阳机床（集团）有限责任公司是在1995年通过对原沈阳第一机床厂、中捷友谊厂和沈阳第三机床厂资产重组后成立的大型企业集团。2004年以来，通过并购德国希斯公司、重组云南机床厂、控股昆明机床厂，目前已形成跨地区、跨国经营的全新结构布局。集团下辖三大业务群——沈阳业务群、昆明业务群、德国业务群，员工1.8万人。公司主导产品为金属切削机床，包括数控机床和普通机床两大类，共300多个品种、1 000多种规格。市场覆盖全国，并出口80多个国家和地区。机床产销量、数控机床产销量、国内市场占有率均居国内同行业前列。

2011年11月，沈阳机床股份有限公司所属商标被评为全国驰名商标；12月，沈阳机床（集团）有限责任公司荣膺中国十大创新型企业。近年来，沈阳机床（集团）有限责任公司获得首届中国工业大奖表彰奖，中国企业500强、中国大企业集团竞争力500强、中国最具价值品牌500强、中国制造业500强、中国机械工业500强以及国家创新型企业、国家科技兴贸创新基地、全国国有企业十大典型等荣誉称号。并通过参加南京数控机床展、北京国际机床展、芝加哥机床展及德国EMO展等国际水平的展会，向世界同行及客户全力展示了集团全新的数控机床产品和经营服务理念，得到了世界机床行业的充分肯定和国内外媒体的广泛关注。

用创新推动
企业成为世界机床市场的引领者

根据国际权威机构——美国加德纳(Gardner)公司2012年2月27日公布的数据显示，2011年，沈阳机床（集团）有限责任公司（简称沈阳机床集团）机床产品实现销售收入27.83亿美元，名列世界机床行业第一位。

已然登临世界顶峰的沈阳机床集团，未来的定位是要成为世界市场引领者，并从传统机床制造商向工业服务商转型。这一转变包含三个条件，一是要实现金融租赁业务，二是信息网络的集成，三是拥有核心技术。

目前，沈阳机床集团正在实现着三大管理要素的突破，真正向工业服务商的战略目标迈进。

一、核心自主创新能力取得突破性进展

进入21世纪，随着我国机床产业的快速发展，数控机床的关键功能部件——数控系统瓶颈愈发明显。攻不破数控系统这道难关，数控机床装不上自主的“大脑”，将根本性地制约我国机床产业向高端领域进军。

1.成功突破核心数控系统，进入产业化

2011年10月，在辽宁省、沈阳市两级政府的大力支持下，沈阳机床集团经过5年潜心研发，成功开发了当代先进的智能化运动控制系统。通过信息技术、运动控制技术、电子技术、机床技术高度集成，在全球率先研制出首台智能化数控机床，实现单机智能化、单元自动化和工厂管理数字化。

2012年4月，沈阳机床集团全新开发的飞阳G系列数控系统开始应用在ETC系列产品中，这标志着由沈阳机床集团自主研发的数控系统正式进入产业化。

飞阳数控系统是沈阳机床集团将工业化与信息化深度融合的创新成果。沈阳机床集团利用自有的当代先进运动控制系统，开展针对机床存量市场的再制造，用新系统改造老机床，实现绿色制造，由此积极探索和实践新型工业化的企业发展模式。同时，这种创新成果也将在推动制造业企业转型升级上发挥重要作用。制造业企业购买使用沈阳机床集团的智能化数控机床及本身赋予的工厂管理数字化功能，将改变制造业企业的制造模式和管理模式，在制造业领域推动两化深度融合方面起到系统性作用。

2.在清华大学等高校建立智能化装备培训基地，推广飞阳数控系统

尽管沈阳机床集团的运动控制技术具有独特的竞争优势，智能化数控机床在世界同行业具有领先的优势，但是西方国家工业化起步早，国外在运动控制技术研发、尤其是应用上具有先发优势，要让国内外的工业行业用户和社会认识、使用沈阳机床集团自主的数控系统和智能化数控机床，任务十分艰巨。

2012年8月9日，沈阳机床集团智能化装备培训基地建设启动仪式暨智能化装备捐赠仪式和校企战略合作签约仪式在沈阳机床集团数控产业园区举行。沈阳机床集团和清华大学、哈尔滨工业大学、华中科技大学、东北大学、大连理工大学、沈阳工业大学、北京市工业技师学院、宁波职业技术学院、辽宁省装备制造职业技术学院、沈阳职业技术学院10所院校正式启动沈阳机床集团智能化装备培训基地建设。沈阳机床集团将为上述10所高校提供20台、总价值近600万元，配置飞阳数控系统的智能化装备（数控车床），同时赠送100台教学机和1 000套标准教材。并邀请最权威的技术骨干帮助培训教师，全面促进教育发展和机床智能化装备普及推广。

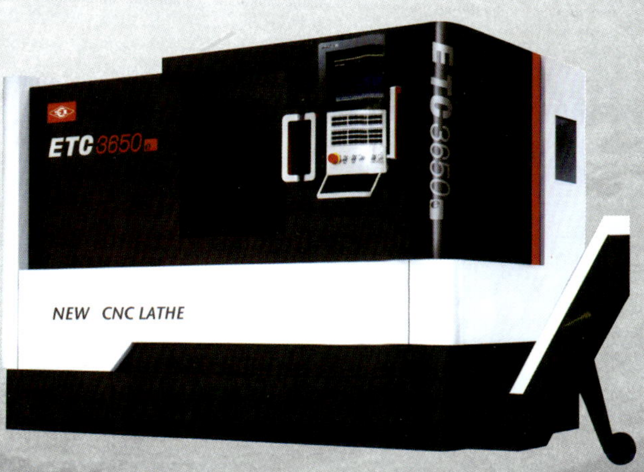

SYMG
沈阳机床集团

二、打造特色营销和服务体系

面对宏观经济环境变化与竞争对手的挑战，把传统经营理念转变成以市场为导向的现代经营理念是当务之急，沈阳机床集团强力进入品牌经营时代。通过打造特色营销和服务体系，将服务于企业经营理念的组织结构与体系做出战略性调整。

1.市场经理、产品经理成为沈阳机床集团营销服务体系新锐队伍

2011年9月，沈阳机床集团31名青年员工通过初赛、决赛等环节脱颖而出，正式成为市场经理。11月，29名产品经理开始参加专项培训学习。

如果将产品比喻成种子，那么产品经理手中要诞生这颗种子，由销售经理播撒，由市场经理进行浇灌和维护，经过传播和维护后形成广阔的市场。市场经理将产品在市场用户使用和需求的信息反馈给产品经理，再定义下一代产品。在这个过程中，市场经理关注客户需求、市场状况、竞品分析等因素，产品经理更关注产品全过程运转，根据市场经理反馈的信息及时改进产品问题，高效响应市场，二者相辅相成。产品升级改进始终围绕着市场真实需求进行，围绕着客户进行。

市场经理、产品经理的诞生，开启了沈阳机床集团一个全新的时代，标志着沈阳机床集团引入竞争机制，开启了选人、培养人、打造人的全新模式。这表明沈阳机床集团已经从传统的机床制造企业过渡到品牌运营的全新时代。

2.“4S”店模式打造沈阳机床集团特色营销与服务体系

沈阳机床集团在国内打造独具特色的4S店营销与服务新模式，提供集产品展示、销售、配件服务、技术服务为一体的服务，在国外构建营销与服务平台。目前已在国内的东北、华东、中南、西北四大区域的主要城市成立了18家特许销售中心、特约服务中心（“4S”店），到2015将在全国范围内建立50~70家4S店，销售网络全面覆盖我国工业的各个细分市场。沈阳机床集团已在德国、土耳其、美国、加拿大等国家组建了销售服务中心，到2015年将建设20家功能强大的海外营销与服务的平台。

与此同时，沈阳机床集团加速推进客服中心建设。沈阳机床集团客户服务中心集服务信息管理、服务业务管理、服务备件管理、服务知识库管理为一体，是国内机床行业首家应用现代信息技术建立的Call center系统。开通400客户服务热线，统一客户需求信息入口，集中受理并快速响应客户需求。

三、创新银企合作模式，打造国内首家产业链融资平台

2012年6月20日，沈阳机床集团与华夏银行联手打造的沈阳机床股份有限公司金融管理中心在数控机床产业园区揭牌成立。以核心企业为依托，建立金融生态圈，通过产业链整体授信，既降低信贷风险，又扩大银行信贷规模，有力地支持了产业和行业的发展，实现银企双方的互利互赢。这一全产业链条的银企合作模式为国内首创，对加快建设沈阳先进装备制造基地有着重要的示范效应。

企业金融管理中心是企业自身搭建经济管理平台，按照金融管理服务模式，引入相关金融机构进入企业，将银行金融服务职能与本企业生产经营、企业战略供应商、产品销售商及其各自的上下游产业链条相结合，完成全面、系统的金融管理活动，实现产业资本与金融资本的创新结合。2011年12月以来，已为20余家沈阳机床集团的战略联盟企业，主要是为OEM企业解决了近5亿元的资金需求问题。

四、OEM 64亿元数控机床零部件产能

为加快世界一流数控机床生产制造企业集团建设步伐，沈阳机床集团决定剥离配套产业，专注于产品研发、数控系统、产品总成、售后服务等核心环节，形成核心竞争力。其中，零部件制造配套基地的建设是重要一环。

2012年2月22日，沈阳机床集团和沈阳市于洪区共同建设的数控机床零部件加工配套产业集群面向全球招商，国内最大规模的数控零部件加工配套产业集群项目正式启动，最终形成以机床产业为核心的中小企业配套产业集群。

这是沈阳机床集团第二次大规模运用OEM运作方式。2010年，沈阳机床集团第一次实行OEM方式成功扩散了55亿元普通产品产能。2012年，沈阳机床集团与于洪区合作扩散64亿元数控机床零部件的产能，全力打造专业化、社会化、规模化、国际化的高水平装备制造产业配套区，目标是进一步推动沈阳装备制造业的快速发展。

SHENJI GROUP KUNMING MACHINE TOOL COMPANY LIMITED

依托国家重大科技专项平台
推出具有国际先进水平的高精度卧式加工中心

由沈机集团昆明机床股份有限公司承担研发的国家重大科技专项项目——THM46100高精度卧式加工中心，是一种大转矩、高精、高速、高自动化，拥有完全自主知识产权的新产品，能够在重载、大转矩的情况下实现高速加工和高精度加工要求；整体采用当今先进的龙门框架式箱中箱结构，保证了机床的高刚性；电气控制集成热变形温度自动补偿、双电动机驱动、双光栅位置反馈同步、刀具自动管理、自动在线测量等多项先进技术，组成机电光液气一体化的集成控制系统，实现机床高速移动和高精度的纳米插补定位和纳米精加工控制；采用产学研结合方式进行的结构优化、热变形、抑振等共性技术研究取得了最新研究成果，为机床的高性能、高可靠性提供了强大的技术支撑。

该高精度卧式加工中心适用于加工精度要求高、形状复杂、加工特征多的箱体、壳体类零件的加工，广泛应用于航空、航天、船舶、风电、核电及汽车等领域。

SHENJI
MACHINE TOOL

研制超精密数控卧式坐标镗床走出中国的极限加工之路

沈机集团昆明机床股份有限公司推出了一款可用于极限加工的超精密加工机床——TGK46100高精度卧式坐标镗床。该镗床各项精度均达到亚纳米，配AC头可进行五轴联动的复杂曲面加工，能切削铝钛合金等多种特殊材料。

该镗床采用高刚度整体式床身、“箱中箱”式重型高刚性大阻尼龙门封闭框架、直结式中央出水机械主轴、直驱式回转工作台、双驱式直线进给系统等前沿技术，通过对机床机电耦合系统优化匹配、低应力制造与装配、热平衡设计及热变形实时监测与补偿等关键技术的攻关研究及应用，使机床具有极高的静、动、热态性能，满足了高精、高速、高效、高可靠性的切削性能要求，实现了传统坐标镗床的“质”的飞跃，使之成为集传统精密制造技术与现代机、电、光、液、气和信息控制技术于一体的高科技产品。

作为高精度和高动态响应的工作母机，TGK46100坐标镗床适用于箱体类、盘套类、板件及模具类等复杂零件的精密或超精密加工，广泛用于发动机缸体/缸盖、变速箱体、阀体及模具等复杂零件的精密或超精密加工。同时，TGK46100坐标镗床选配直驱式摆动回转工作台或*A*轴摆动主轴头即可实现五轴联动控制，适用于风电行业的叶片加工、模具制造行业复杂形面加工、航空航天领域铝钛合金的高精度和高速加工、医疗器械领域淬火钢和不锈钢等特殊材料加工、工程机械领域的全自动化柔性制造线零件加工等，是军工、航空、航天、船舶、交通、能源、刀具、模具、汽车及机器制造业精密零件加工的理想设备。

昆机最新研发的TGK46100-1高精度坐标镗床

GROUP KUNMING
OMPANY LIMITED

提供数字化智能高端装备批量生产柔性自动生产线

继2008年为齐重数控装备股份有限公司研发制造出我国第一条大规格、高精度FMS1600柔性自动生产线，并成功在该企业运行之后，沈机集团昆明机床股份有限公司一次为上海临港三一重机公司提供3条集当今先进技术为一体的柔性自动生产线。这3条柔性自动生产线均是集机、电、光、液、气和信息控制、网络系统集成创新为一体，能自动转换工件，可同时加工多种不同形状的工件，具有工件在线自动测量、自动检测和刀具在线测量及破损检测等众多功能。

现在，沈机集团昆明机床股份有限公司已能够批量生产各行业所需的、可同时加工同一工件或多种不同形状工件的各种不同类型的柔性生产线，并可根据用户的不同要求、产品的不同特点、加工的不同批次（量），实现自动生产线的设备柔性、工艺柔性、产品柔性、维护柔性、生产能力柔性、扩展柔性和运行柔性，柔性线上各工作台任意交换及重复定位精度可达国际先进水平。

昆机批量化生产的数字化柔性自动生产线

集高精高速高自动化于一体
推出新型五轴联动数控铣镗床

沈机集团昆明机床股份有限公司为军工领域用户研发的 XH7725 型铣镗床，是集高精、高速、高自动化于一身的五轴联动数控铣镗床。公司通过与国外五轴铣头配套厂家合作攻关，对五轴联动系统控制、误差补偿、精度调试等技术进行了提升，主轴转速可达 18 000r/min，特别是滑枕 Z 向定位精度最高可达到 0.004mm，重复定位精度最高可达 0.002mm。该机床通过加工航空航天领域专用标准 S 件，机床的锥塔零件切削后同轴度达到 0.012mm。

SHENJI GROUP KUNMING MACHINE TOOL COMPANY LIMITED

与国际知名机床制造公司合作 推出领先水平数控龙门铣镗床

德国希斯公司是世界著名机床厂商之一，已有 150 年的历史，其主要产品有大型数控落地镗床、龙门镗铣（车铣）复合加工中心、立式车铣加工中心、高精度回转工作台及高性能功能附件等，在国际上具有很强的竞争能力，尤其是龙门车铣复合加工中心，其技术复杂、加工范围广，达到世界领先水平。

2011 年，沈机集团昆明机床股份有限公司与德国希斯有限责任公司签订了“2 000mm 横梁双柱龙门机床专有技术和专利许可合同”技术转让协议。按照该协议，公司通过引进消化先进技术，即将推出横梁导轨宽 2 000mm 的大重型龙门镗铣床 VMG 系列产品。该系列产品具有一系列独特的技术优势，其中，高刚性的龙门框架设计，保证了龙门框架的稳定性和精度保持性；独有的龙门四驱技术，保证驱动平稳可靠；流量阀式恒流闭式静压导轨技术，具有更高的油膜刚度和更好的导轨刚性和精度保持性；闭环的滑枕热补偿技术，能实现滑枕受热变形后的实时补偿；回转工作台四驱技术，具有更好的驱动特性和惯量匹配，适应车铣工况转换；断电安全保护技术，使旋转工作台在突然断电的情况下能持续供电至缓慢停止；滑枕带 C 轴功能，光栅尺检测，能实现 C 轴精确分度；主轴和 C 轴电动机采用内藏式结构，缩短了传动长度，传动刚性高，电动机采用水冷，抑振降噪效果好。

武汉重型机床集团有限公司
WUHAN HEAVY DUTY MACHINE TOOL GROUP CORPORATION

热烈祝贺武重集团极限制造国家重大装备成功交付使用

中国兵器工业集团
NORINCO GROUP
武汉重型机床集团有限公司
入
口

BRILLIANT

an engraving of history, innovation creates the future

辉煌镌刻历史，创新缔造未来

FB320 型超重型数控落地铣镗床

DL250 型超重型数控卧式镗车床

CKX53280 型超重型数控单柱移动立式铣车

XKU2680 型数控双龙门移动镗铣床

极限制造 彰显重型机床行业风采

——武重人变梦想为现实

2011年11月2日，在天津滨海重机工业园天津赛瑞机器设备有限公司（简称天津赛瑞）新厂区，武汉重型机床集团有限公司（简称武重集团）与天津赛瑞联合举办了一场别开生面的多品种国产重大装备产品交钥匙工程剪彩仪式。武重集团为天津赛瑞制造的批量极限重型机床装备整齐有序地摆放在厂房内，形成了强大的机械加工阵势，它们不但充分展示了武重集团在加入中国兵器工业集团以后的强劲装备制造和研发实力，也刷新了由武重集团保持的多品种重型机床极限制造的世界纪录，在我国装备制造业的发展历程中留下了浓墨重彩的一笔，成为我国重型机床行业发展史上一个新的里程碑。

武重集团是我国重型机床多品种制造的专业生产厂家，一直承载着发展重型机床的国家使命。从20世纪五六十年代拥有诸多中国重型机床第一，到如今生产出世界最大规格的多品种超重型机床，武重人实现了几代机床人的梦想和追求。

多品种机床世界纪录在这里诞生

2009年3月，武重集团与天津赛瑞签订一单笔近2亿元的产品制造合同，一次性定购武重集团生产的数控重型立式车床、镗铣床、龙门镗铣床以及卧式铣车床等多个产品。

CKX53280型立式铣车床过中心最大加工直径14m，垂直刀架滑枕行程5m，侧刀架滑枕行程4m，立柱高达23.2m，工作台直径达12.58m，重达256t，可加工直径28m、重800t、高13m的零部件。该车床加工规格为世界之最，将填补国产机床加工大型核电关键零件压力壳的空白。

FB320型超重型数控落地铣镗床镗轴直径320mm，主轴最高转速1 000r/min，回转工作台承重达600t。当前仅有德国、捷克少数几个国家能够生产相同规格的产品，而武重集团在某些领域实现了新的超越，达到了同规格产品的世界之最。

XKU2680型超重型数控龙门镗铣床采用超重型、大跨距、长行程、高速移动龙门，龙门间距10m，工作平台长64m，龙门移动部件重300t。在此基础上实现了超重型、大跨距龙门移动高速度、高刚性、无间隙、快速动态响应及平稳运行，而此种规格的龙门镗铣床在我国尚属首次，在世界上也较为罕见。

DL250型超重型数控卧式铣车床作为国家重大专项，打破了国外的技术封锁和限制，成功为国家战略装备的研制提供了关键加工技术保障。该机床两顶尖间最大加工件重量可达500t，为世界之最；其直径1 000mm的超重型高精度静压主轴轴承的径向跳动达0.006mm，居世界领先水平。该机床获得了中国兵器工业集团重大科技创新一等奖，并成为国家“十一五”科技重大专项十大标志性重大装备，获得“十一五”国家科技计划执行突出贡献奖。

武重集团作为我国重型机床行业屈指可数的可以生产重型机床多个系列产品的制造企业，采取“打包采购”的形式，无疑可以形成价格比较优势。同时，武重集团无论是制造研发实力还是产品质量，均在行业内享有响当当的口碑，在激烈的市场竞争中获得这一订单在情理之中，也为武重集团创造多个重型机床世界之最提供了重要条件。

BRILLIANT

an engraving of history, innovation creates the future

辉煌镌刻历史，创新缔造未来

高档重型机床的创新并非易事

与天津赛瑞的合同虽然志在必得，但是武重人面对的产品制造难度是不言而喻的。每一台机床都要向世界之最冲击，这需要面对一次次的超越。产品的每一个数据都可以说是填补了行业空白，而多台设备一起制造更是“前无古人、后无来者”，这需要强大的技术支撑和制造生产实力作保证才能实现。历时三载，武重人做到了，凭着刚毅的气概和不凡的业绩，成功地实现了一次性“交钥匙”。

要实现重型、超重型机床的超越，必须要有强大的技术底蕴和制造能力作保障。武重集团正在建设的中国机械工业高档数控机床工程研究中心作为此次极限制造的主设计单位，在技术创新纪录上下了一番功夫，值得一提。

CKX53280 型立式铣车床不仅规格大，要求的精度也很高，如工作台的径向跳动 0.02mm，工作台任意分度精度 ±3″，垂直刀架滑枕移动对工作台面的垂直度 0.02mm/1 000mm 等。为了实现这一较高目标，在产品设计上应用了多项先进技术，如工作台多电动机预载消隙分度技术、超长滑枕内置铣主电动机及减速箱的结构设计及相关控制技术、超大重载工作台回转静压导轨的油膜厚度自动精确调整技术、工作台回转动平衡在线检测技术、进给运动双电动机预载消隙驱动技术、动态设计技术和多学科设计优化技术等。

DL250×240/500×420 数控重型卧式铣车床是武重集团汲取当代最新光、机、电、液技术成果自主创新研发的具有自主知识产权的新产品。机床具有大承重、大切削力、高精度及多功能复合的特点。

FB 系列数控落地铣镗床是引进德国席士公司的先进生产技术，具有镗孔、钻孔、铣削、切槽等加工功能。FB320 是武重集团在消化国际先进制造技术的基础上推出的创新产品，配上武重集团自主研发的高精度数控回转工作台、直角铣头、万能角铣头和数控平旋盘等功能部件，可实现五面加工，主要用于冶金、能源、电力及船舶等行业大型特大型壳体、钣金以及箱体类零件孔和面的精确加工。

XKU2680×640/80×45–35×30 超重型数控双龙门移动镗铣床是武重集团自主研发的具有完全知识产权的超重型极限制造新产品，刚性好，精度高，效率高。双龙门三个大功率自动分度多功能镗铣头实现多工位复合加工，扩展了机床的工艺范围，使其具有高效率、高精度加工各种大型复杂零件的能力，提高了机床的使用效率，降低了零件的加工成本。该机床具有铣、镗、钻、铰及攻丝等多功能，可加工各种钢件及有色金属的平面、孔系、斜面、斜孔、曲面及零件型腔内部的孔和窄小空间内的平面。每个龙门数控系统控制实现三轴联动，实现轮廓铣削。该机床还配备各种快换附件头，可实现工件一次装夹完成内外五面加工，具有一机多用功能。可广泛适用于航天、航空、军工、船舶、发电设备、战略性新兴产业及重型机器等行业。

集中亮相再次展现武重机床品牌之风采

继 2010 年英国谢菲尔德工厂一次购买多品种“武重”牌超重型机床成功之后，此次天津赛瑞又多品种一次购买、集中安装是武重集团销售策略的又一个成功的典范。随着武重集团的产品相继安装到位，天津赛瑞最大的厂房中有一跨全部安装了武重集团的极限装备。这是国产极限制造装备的一次集中亮相，也是武重集团制造和研发实力的集中展现，更是我国超重型数控机床的展览厅。

天津是我国重要的重工业基地，而在天津滨海新区滨海重机工业园聚集了一批重要的装备制造企业（如天津赛瑞、中国一重、天津中际、天津阿尔斯通等），几乎成为我国装备制造业发展实力的象征，犹如我国装备制造业的皇冠。而武重集团为天津赛瑞制造的多台极限制造装备，以一个个行业领先的数据、打破常规的制造进程，成为这一皇冠上璀璨夺目的明珠。在经济形势较为严峻的情况下，武重集团多台设备的成功制造与安装，一方面为用户提升加工制造实力提供了强大的保障，同时也向外界展现了武重集团引领国家机床行业发展潮流的风采。机床的“个头”在不断长大，机床的技术含量也在不断地增加，这都充分展现了武重集团的强劲技术研发实力和优秀的市场品牌形象，提升了士气，振奋了精神，增强了信心，为武重集团大力开拓国内外市场创造了积极有利的条件。

加大自主创新力度

加强自主品牌建设

关注东欧机床工业现状 抓住融入东欧市场机遇

——东欧三国考察报告

2011年，中国机床工具工业协会一行6人对俄罗斯、乌克兰、匈牙利三国进行考察，参观了在莫斯科举办的“俄罗斯国际机床设备和金属加工业展览会 MATALLOOBRABOTKA 2011”，访问了俄罗斯、乌克兰、匈牙利三国机床协会，考察了3个机床制造企业，1个国家电子机械设备检测（认证）中心，参观了1个展览中心场馆，在展会上还与多个机床协会进行了交流与沟通。通过本次考察，疏通了与乌克兰、匈牙利等协会的联系渠道，建立了互通信息，交流了统计数据，促进了技术、贸易合作等长期合作关系，并商定在EMO2011展会或CCMT2012展会上再次洽谈，启动实质性合作。本次东欧三国考察，开拓了视野，获得了信息，对东欧地区机床工业的现状有了新的认识。尤其是对机床企业的实地考察，起到了解现状、互通信息、知己知彼、探索合作途径的作用。

通过考察，我们认为我国机床行业应发挥自身优势，抓住东欧国家转型发展的机遇，积极寻求技术合作、贸易合作、融资兼并、投资建厂等方式，尽快融入东欧市场。本次考察取得了一定成效，以下分4部分予以阐述。

一、参观俄罗斯国际机床设备和金属加工业展览会——从展会观察俄罗斯机床工业的一个侧面

展会上看不到俄罗斯老国有机床企业品牌，如“红色无产者”“列宁格勒机床”等，这些企业是否已经退出历史舞台不得而知。在展台上向俄罗斯展商询问，有的说已经倒闭，也有的说20世纪90年代企业发生了很大的改变，已转向其他产业。可见以往名声显赫的俄罗斯机床厂不再生产机床产品已成为事实。

俄罗斯中小型机床工具企业正在崛起，中低档数控机床展品为数较多，中高档数控机床产品尚处于起步阶段，在展会上，有档次的展品仍是德国、日本、瑞士的产品，没有耀眼的俄罗斯产品。

俄罗斯部分数控机床展品外观造型不太精美和现代化，但仍能显示出较好的工艺水平和零件的加工质量，不失俄罗斯产品高刚性、经久耐用的形象。在展会上也见到一家俄罗斯厂家的展品，有明显的中国产品特征，疑是贴牌产品，但展商予以否定，我们认为这种合作关系有已经萌生的可能。

二、考察机床制造企业和检测、认证中心

1. 俄罗斯SKBIS工厂

SKBIS（思科博）工厂位于圣彼得堡市，成立于1988年，由一家生产机械设备的工厂一分为三转制而成，SKBIS公司是其中之一。SKBIS公司的厂房是原机械厂的一部分，厂房外表显得很陈旧，内部却比较整齐。

SKBIS公司现有员工180人，主要生产光栅尺和编码器等产品，产品主要用于俄罗斯国内企业，在俄罗斯各地有代理，约有25%的产品出口美国，也有部分产品销往中国。SKBIS公司生产的直线光栅、圆盘光栅编码器的主要零件如光栅尺、读数头等均自行制造，部分电气元件从国外进口，其中印刷电路板来自中国。

工厂的主要设备有：激光刻线机1台，光栅尺检测仪1台，波峰焊机1台，用于光栅尺和圆光栅零件制造的数控专用机床3台。另有5台数控车床、1台带双交换工作台的卧式加工中心、1台带数显的立式铣床和4台卧式车床等金属切削机床。生产光栅尺的关键设备安装在地下室里，刻线机是SKBIS公司自行设计制造的，结构比较特殊，用4套钢丝绳和滑轮组在4个角把刻线机悬挂起来，这种结构抗振性好，刻线精度高。刻线机上母光栅尺的精度为$\pm1\mu m/m$，刻出的光栅尺精度为$2\mu m/m$，刻线高度可达2cm，最长可刻2m的光栅尺。圆盘光栅编码器测量精度为2″，518 400线/r，有2个导向头，标准分辨率为0.003″，转速为9r/min，可测量3 600个读数点，并画出精确的误差图。编码器的控制部分是SKBIS公司自己设计制造的，机械部分调整精度高，最小的编码器$\phi8mm$。该公司生产中档光栅编码器，为中档数控机床配套，当前市场需求量很大，企业掌握了刻制光栅尺和制造编码器的圆盘光栅检测仪核心技术，因此近年来销售额一直在增长，发展前景很好。

SKBIS公司总经理Andrey zodnin先生表示，近年来中国机床行业发展很快，很想把产品销往中国，正在加大对中国市场的开发力度。但由于对中国市场还缺乏了解和相应渠道，当前销往中国的产品并不很多。他表示2012年会参加中国数控机床展览会，以尽快进入中国市场。

该公司掌握核心技术开发出市场急需产品，因陋就简自制关键设备光栅刻线机及检测仪器，在简陋的环境中生产出数控装置关键配件，给我们留下了深刻印象。

2. 乌克兰基辅机床制造中心

该公司是前苏联著名的老企业，建于1934年，1936年生产出第一台车床后，成为金属切削机床制造企业。1936年为纪念高尔基，工厂改名为“高尔基机床厂”。1942年前是苏联最有名的机床厂之一，2000年开始生产数控多轴车床。

当前已是私有企业，占地面积$54hm^2$，现有员工1 000

人，从事机床制造的员工200人。主要设备有：10台立、卧式加工中心，2台龙门式加工中心，2台前苏联伊万诺夫公司生产的落地铣镗床，以及2台瑞士生产的坐标镗床，德国瓦德里希科堡导轨磨床，民主德国生产的龙门铣床，前苏联生产的龙门刨床、立式车床等设备。

工厂的主导产品是专用数控机床和其他专用设备，如双主轴、六主轴数控车床。生产的数控机床采用西门子数控系统，奥地利公司的直线导轨，电器元件主要采用力士乐等产品。

该厂的优势是具有良好的工艺和技术基础，工人和设计人员多数是具有多年工作经验的老员工，机械设计水平较高，保持了老机械制造企业的深厚底蕴。工厂技工学校每年可培养50多名技术工人。

该厂当前的主要问题：一是设备比较陈旧；二是数控系统和应用软件的开发能力不足；三是企业缺乏发展资金。金融危机之后，机床行业的形势不断好转，随着市场需求的增加，正在扩大工厂规模。该厂对于新兴的机床制造国家和地区，如韩国、中国和中国台湾地区的产品和技术非常关注，正在加强与国外合作，表示下一步会考虑采用中国数控系统和购买一些中国数控机床。由此可见，与类似基辅机床制造中心这样的企业合作，前景还是很好的。

3. 乌克兰质量检测、认证中心

该中心已有100年左右的历史，下设7个分部门，共有1 075名员工，其中778名设计人员。

乌克兰质量检测、认证中心员工都是国家工作人员。近15年里人员增加了3倍。据说乌克兰的25个地区都有检验中心，共有员工9 000名。该中心下设3个研究所，1个研究检测，1个制定标准，1个研究产品尖端技术。中心的主要职责：一是产品检测，检测范围包括冶金、食品、轻工、建材和汽车等方面；二是对检测产品进行认证；三是制定相应标准；四是专业人员资格认证。

据介绍，乌克兰将从2012年开始采用欧洲标准，到2016年将全部使用欧洲标准。该中心特别强调，2012年以后中国向乌克兰出口的机床，既要符合欧洲标准，同时也要符合乌克兰标准。

乌克兰针对机床设定了一些特定的标准，如果产品通过认证，颁发产品质量合格证，有效期5年。拿到乌克兰认证的产品方可在乌克兰销售，可享受免税政策。乌克兰曾从中国工厂买了十几台机床，但这些机床还没有得到乌克兰认证。进入乌克兰的机床必须符合乌克兰的标准和要求，认证一般需要两周左右。

该中心按照国家标准对各种产品、原材料和元器件的质量、安全和寿命等指标进行检测，对机床的检测也是该中心的一项重要任务。中心有-70～270℃的温度试验室，振动检测机，电缆抗弯曲疲劳寿命检测机，电器元件防雨检测机，电熨斗抗碰撞检测机，防尘土检测机，防烟尘检测机，防火灾检测机，泵、管的疲劳检测机，电冰箱、空调机温控元件检测机，抗干扰检测机，噪声检测机等设备。该中心业务范围广，设备较齐全，具有良好的检测条件。

为使我国产品更好地进入乌克兰市场，符合乌克兰标准是很重要的，因此，必须对此有所了解，加强这方面的合作。今后在机床进口检测和标准制定方面双方是有合作空间的。

4. 匈牙利EXCEL CSEPEL公司

匈牙利EXCEL CSEPEL公司始建于1933年，早期生产自行车、摩托车和小型设备。1970～1980年期间生产齿轮磨床，1980年员工已达到7 000人。EXCEL CSEPEL工厂的商标沿用100多年，至今没有变更，世界上很多地方仍能看到该厂的商标。苏联解体后，在私有化改造中，由于工厂过于庞大，没人能把整个工厂买下来，只能分成37个专业化小厂，EXCEL CSEPEL便是其中一个，分解的工厂相互之间保持着分工合作关系，以降低各自成本和适应市场。

EXCEL CSEPEL公司没有固定的主导产品，主要进行数控机床改装、老设备翻新，为用户量身订做专用机床。车间现场，2台三井精机的卧式加工中心和2台FANUC机器人正在改装调试，据说是为诺基亚在奥地利的工厂订做的。1台TOYODA FH80S-5AXIS五轴联动加工中心也在改装调试，该产品从德国购买后，到工厂进行精化改造。改造设备采用的滚珠丝杠是其中37个小厂中制造功能部件的工厂提供的。

从现场观察，该厂虽然设备陈旧、人员老化，但仍有深厚的技术和工艺基础，为用户翻新改造老机床，需要很高技术含量和人员素质，属于单件小批生产，企业效益较好。他们认为，在未来的几年与中国工厂合作的空间很大，因为中国也提倡绿色经济、再制造工程，改造老机床是他们的强项。谈到产品质量，他们认为日本、中国台湾的机床做得好，相信将来中国机床也会做得很好。日本发展机床行业用了60年的时间，中国台湾用了不到20年的时间，相信中国人可以用更短的时间，欢迎中国企业到匈牙利投资合作。

三、访问俄罗斯、乌克兰、匈牙利机床协会

1. 俄罗斯机床协会

展会期间考察组访问了俄罗斯机床协会，受到会长瓦西里耶夫维奇的热情接待，并进行了深入友好的交流。2008～2009年，受金融危机影响，俄罗斯机床工业严重受挫，2010年下半年开始回升。2010年，随着俄罗斯经济全面复苏，汽车工业增长27%，机床工业增长14%。俄罗斯政府对工业部门给予很大支持，2011年预期国内生产总值增长35%～40%。

俄罗斯政府出台了两项政策将对俄罗斯机床工业的发展起到积极的推动作用。一是2011～2016年政府将对机床工业投入10亿美元，其中7.5亿美元用于产品开发，2.5亿美元用于技术改造，提高俄罗斯现有机床工业的制作能力。目标是每年开发新产品50～60种。对于研发出来的新产品，3年内同类机床限制进口。2011年7月1日起，用于国防军工的机床，只要国内有生产的不容许进口，由机床协会负责审查。二是2011年起5年内，俄罗斯政府将投入3 000

亿美元用于电力设施和核电站的建设，主要用于购置设备。同时，10年内俄罗斯在军事装备方面（机床、军舰等）将投入9 000亿美元，其中4 000亿美元将用于基础技术装备的技术改造。由此可见，俄罗斯机床工业将得到政府空前的支持和巨大的市场拉动。无疑，这将对俄罗斯机床工业的崛起产生重要作用，也将对全球机床业界带来相应的商机。

2. 乌克兰机床协会

乌克兰机床协会现有会员100余家，会长、副会长、名誉会长热情地接待了协会考察组，介绍了乌克兰工业发展现状。乌克兰拥有70%的城市人口，其中70%从事重工业和制造业。2010年国内生产总值为2 320亿美元，汽车、铁路、船舶、飞机占70%，农业机械占26%，机床在工业中占30%～40%。

乌克兰生产的数控机床、功能部件和数控系统等主要配套件大部分依靠进口，机床成本很高。敖德萨有一家生产滚珠丝杠的企业，为日本的一家企业生产过18m长的丝杠。而其他功能部件主要依靠进口。

据介绍，乌克兰每年从日本、德国、瑞士购买先进的数控机床，价格较贵，也从中国台湾、俄罗斯进口，价格比较便宜，机床也很好，进口中国的机床大部分是卧式机床。中国台湾进入乌克兰市场较早，每年固定参加乌克兰的机床展览会，免费给去中国台湾的用户提供住宿。认为中国台湾机床比中国大陆机床质量和服务都要好些，而且价格便宜。乌克兰国有企业如需进口本国不能生产的机床，需要向政府提出申请，政府部门批准后才可以进口，但私人企业不需要申请。乌克兰机床协会与基辅国际展览中心合作，每年11月份的最后一周举办国际工业展览会。他们希望中国机床工具工业协会和中国机床制造企业参加乌克兰国际工业展览会。双方的首次会晤，都表达了合作的意愿，对交流信息、相互支持参展及促进企业之间合作等方面进行了充分交流，并达成了共识，是一次卓有成效的访问。

3. 匈牙利机械电力工程协会

匈牙利机床协会已成立20多年，2007年由机床制造商协会和电气设备生产商协会合并成现在的“匈牙利机械电力工程协会”。该协会由私有企业和代理商组成，会员中有著名的跨国公司和本国公司，费用来自会费。协会负责机械工业、电子工业的管理及标准的制定。

1989年以后，匈牙利由计划经济转变成市场经济。近20年来，机床工业发展缓慢，一些大型机床厂关闭了，出口几乎停滞了。2008年金融危机进一步影响了匈牙利的发展，从2011年开始慢慢走出低谷。

据介绍，匈牙利有日本铃木、德国欧宝、奥迪、奔驰四个大的汽车公司，著名的诺基亚公司最大的组装厂和研发中心都在匈牙利。匈牙利的高等教育比较好，人工费用比较低廉，由于这些原因，欧洲有许多研发中心建在匈牙利。

他们认为匈牙利有很好的发展环境，成本比西欧低，可以买中国的机床到这里改装后再卖到欧洲，因为技术改造能力比较强，是一个很好的中转站。匈牙利掌握电能储备技术，与中国有很好的合作机会，如风力发电的储备技术，这项技术已在德国应用，效果很好。匈牙利有很多机会可以让中国来投资。匈牙利协会愿意和中国机床工具工业协会建立良好的关系，希望今后加强信息交流，在提高发电能力、降低电力消耗方面寻求广泛的合作。双方探讨了加强协会间的交流与沟通的途径。

四、考察东欧机床工业给我们的启示和思考

苏联解体后，东欧的机床工业发展缓慢，由于与东欧的同行交往减少，近年来对东欧机床工业的实际状况及市场需求不断进行调研。通过本次考察，我们认为东欧也具有广阔的机床市场，东欧的机床工业正趋于重要的转型和发展期。关注东欧机床工业发展，抓住融入东欧市场机遇极为必要，对于促进我国机床工业的发展，引导企业融入东欧具有现实意义。通过考察我们认为以下几个方面值得我们深思和借鉴。

（1）以俄罗斯为首的东欧机床工业在20世纪60年代达到顶峰，苏联解体后的20多年时间里，正是世界机床工业从卧式机床向数控机床过渡的重要时刻，由于这段时间东欧机床工业停滞不前，发展迟缓，与国际机床先进水平拉开了距离。走进这些工厂给我们的第一印象是厂房简陋、设备陈旧，大多是卧式机床，虽然有些是当年看家的精密机床，但先进的数控机床很少，就像我国改革开放初期的老国有企业。尽管如此，考察中仍让我们感到这些工厂的技术底蕴犹在，工艺基础良好，仍有很大的发展潜力。

（2）东欧机床工业正在快速转型，已进入新的发展阶段，各国政府对机床工业越来越重视，但由于政府财政状况比较困难，除俄罗斯协会反映的情况外，其他部门反映的情况，都是资金短缺，并且羡慕我国政府的政策和良好的发展环境。从现场观察，资金短缺是实际情况，已有一些全球知名的机床制造商在俄罗斯进行投资和开拓市场，MAG集团在半年前与当地拥有60多年历史的一家机床企业成立了合资公司。对于我国一些有实力的企业，到东欧投资、收购或合作办厂也不失为良好机会，这些企业的基础较好，改造的潜力很大。

（3）为开拓市场，一些世界著名企业已与俄罗斯当地企业建立代理合作关系。据说，俄罗斯很多用户习惯通过代理商进行采购，因此展会上代理商的展位很多，甚至一家代理商展示多家企业展品。我国大连机床集团、沈阳机床集团、江苏金方圆数控机床有限公司、广州数控设备有限公司、株洲钻石切削刀具股份有限公司等企业都有自己的代理商。大连机床集团、江苏金方圆数控机床有限公司、株洲钻石切削刀具股份有限公司的代理商具有很强的实力，展位面积大、服务人员多，有一定气势，对打开俄罗斯、东欧市场起到积极作用，这是拓展东欧市场很值得借鉴的办法。

（4）进入俄罗斯、东欧的产品需要符合当地的标准，而且需要取得当地权威部门的认证，方可进入市场。通过认证的产品，对于有些国家还可享受免税等优惠政策。

（5）保证产品质量，提高服务水平是进入东欧市场的先决条件,在与各国协会和企业的交流中,对中国大陆产品质量评价不高。东欧国家认为德国、日本机床产品质量可靠,但价格昂贵;韩国、中国台湾的产品质量尚可,价格较低;认为中国的产品质量和服务有待提高,这将是我国机床进入东欧市场的主要障碍。

通过本次东欧三国考察,使我们对东欧的机床工业有进一步的了解,对如何抓住东欧机床工业发展机遇,尽快融入东欧市场,有了一点粗浅认识,希望能通过全行业深入细致的工作,为我国机床工具企业进入东欧市场开辟一条新的途径。

〔供稿:中国机床工具工业协会考察组成员〕

新时期汽车制造业对数控机床的要求与考验

我国汽车市场的巨大变化,带动汽车制造业日新月异。一些汽车生产厂家一方面不断扩充新的生产线,补充产能;另一方面需要对老的生产线进行改造,提高生产能力来满足要求。汽车制造业的繁荣为机床制造行业创造了一些机会,也对其提出了一定的要求甚至是考验。从当前汽车行业的装备技术情况看,国内生产的数控机床与国外产品还存在较大的差距,主要表现为国内装备技术的设计能力不足,设备的可靠性和稳定性等方面明显处于劣势。因此,在汽车制造行业,国内机床的应用往往只局限于简单工艺的加工或复杂工艺的粗加工。这种局面无疑限制了国内机床制造业的发展,对整个机床制造业提出了更新更高的要求。主要表现在以下几个方面。

1. 机床设计理念要不断创新

国内数控机床设计模式是先有标准产品,然后去寻找用户,让用户去“适应”自己的产品,而不能针对用户的需求进行灵活的设计和更改。在机床设计时的科技含量不高,表现为机电相对分开,机械、电气、液压、气动不能巧妙融合,创新意识不够,机电一体化方面欠缺,产品缺乏竞争优势。尤其是在高端产品如加工中心、高速加工中心、机器人等方面的设计制造能力和技术经验更显不足。因此,如果要在汽车行业发展壮大,机床制造厂商必须建立和提升自身的汽车零部件制造工艺的能力,针对汽车零部件制造的要求开发相应产品,逐步形成系列化、模块化的数控机床产品,从而不断满足汽车零部件生产的需要。

2. 要提高整条生产线的设计制造能力

大规模和集成化将成为汽车制造业生产的主要特点。整条生产线自动化控制方案的合理与否,自动化信息系统是否满足现场生产的柔性需求,直接决定了生产系统能否稳定、高效运行,反映了高科技在汽车零部件制造方面的应用,也是现代数控机床系统供应商的核心竞争力所在。在这方面,国内供应商有很大提升空间,国外生产线则有明显的优势。因此,数控机床制造企业作为汽车零部件生产线的主机供应商,不仅要重视主机的设计制造,还要高度重视构成生产线各敏捷、柔性单元的开发,如特殊夹具、机械手、输送装置、机器人等,使主机设备很好地融合到整条生产线中去。

3. 系统控制方式要不断优化

数控机床尤其是加工中心、高速加工中心的控制方式直接决定了机床的稳定性和可靠性。CNC系统的功能、伺服系统的响应速度和稳定性、伺服电动机的转矩特性等必须满足相应的工艺要求,同时能够根据负载情况对系统参数进行优化。控制方式还必须保证机床具有良好的动态特性和静态特性,必要时采用双轴同步控制,如双 *X* 轴等。控制系统要求稳定成熟,一般采用全数字式数控系统,如 SIEMENS 840D、FANUC 18i/31i 数控系统等。高速加工中心还要采用电主轴、直线电动机等先进的机电一体化产品。

4. 控制精度要不断提高

数控机床的控制精度与数控位置环的结构密切相关,普通数控机床一般采用半闭环的控制方式,而加工中心必须采用全闭环的控制方式,用光栅尺作为位置检测元件。同时能够对零件实行自动补偿。磨床还必须应用在线检测装置和动平衡装置,如 MARPOSS 等,精度控制在 1μm 左右。

5. 机床要具有卓越的稳定性和可靠性

机床的稳定性和可靠性指标,反映了机床或自动线连续生产无故障的能力。它涉及到机床许多方面的细节,包括辅助装置和自给装置、防护装置等稳定性和可靠性。机床的稳定性和可靠性对汽车制造行业来说十分重要,机床的可靠性影响了汽车生产线的开动率。而开动率对于大规模生产的汽车工业来说是非常重要的,它直接决定生产线的 RS 值(产出效率),也决定了生产线的运行成本。随着精益生产管理模式的不断推进,高效率和低成本是考核生产线能力的两个重要指标。在生产任务繁忙的时候,一般要求生产线人停机不停,机床 24h 连续运转,只在较短时间内进行必要的保养和维护。因此,机床设计厂家必须慎重考虑,选择可靠的控制方式和优质元器件,从设备的各个部件和各个环节入手提高设备的稳定性和可靠性,树立自己的品牌形象。国外机床在这方面明显优于国内。一些进口机床,故障率很低,元器件使用十几年都不用更换,在为企业创造较高经济效益的同时,也赢得了用户的口碑。

6. 设备的可操控性和可维修性要便捷

设备的可操控性设计除了符合人机工程学特点外，还要考虑整条生产线各工位的信息资源共享问题。自动生产线操作人员一般较少，有时是一人看管多条生产线，这就要求机床必须具有方便、快捷的人机界面设计，使操作人员能够方便地纵览整个生产线全局。

机床的可维修性要求同等重要。汽车零部件生产线任何一个故障都可以引起全线停产，而任何故障停机均会对企业造成一定的损失。所以，机床设计厂家在机床设计时，一方面应尽量优化方案减少故障的产生；另一方面，要充分考虑到设备的可维修性。任何一个零部件损坏，都要能够方便快捷地进行维修或更换。电气方面，电柜的空间大小、电缆线的连接和敷设、电气元件和地址变量的标识等都要合理、规范，机床上元件的标识还要求是永久性的。与此同时，机床还要具备较强的自诊断功能，故障信息最好能直接反映出故障点。所有这些因素都会大大缩短故障处理时间，无形中为用户创造了一定的效益，必定为用户称道。

7. 要有良好的安全性

设备的安全性包括人身安全和设备安全两个方面，二者缺一不可。人身安全的设计应该充分体现"安全第一"和"以人为本"的思想。设备安全，则是设备自我保护能力的体现，包括对机床不合理操作的保护和控制系统出现失控后的自我保护等。

8. 要有保护环境和适应环境的能力

机床的环境保护能力和环境适应能力不容忽视。一方面，作为机床设计厂家，必须具备一定的环保意识，通过科技手段解决自身设备生产过程中产生的粉尘、切削液、油污以及噪声对环境的污染问题，比如安装降噪装置、吸尘装置、排屑装置、吸雾装置等辅助设备；另一方面，机床本身还应具备一定的自我保护功能，应对加工现场切削液、粉尘、油污、铁屑等恶劣环境对机床可靠性的影响。对机床控制系统来讲，还要解决好密封和散热之间的矛盾，如电柜的密封、电气控制系统的密封和散热、电动机的防护和散热、光栅尺的防护、组合开关的密封、丝杠和导轨的防护等必须重点考虑。另外，要设置一些预警功能，如控制系统的温度报警、湿度报警、短路报警等，使机床防患于未然。

总之，汽车制造业的快速发展依赖于装备技术的支撑，也对装备制造业提出更高的要求和考验。相信国产数控机床制造商只要真正树立以用户为中心的市场理念，坚持持续改进、不断创新的思想，不断提高设备可靠性和装备技术科技含量，完全有能力制造出满足汽车生产要求的高质量、高标准的数控机床以及高速加工中心、机器人、柔性制造系统等高端产品，国内汽车制造商完全采用国产机床生产汽车一定指日可待。

〔撰稿人：神龙汽车有限公司李道国〕

数控切割设备在船艇业的应用

数控技术引入到企业生产并逐渐普及，是在20世纪七八十年代。开始主要是装备于金属切削设备（冷加工），先是数控线切割车床，接着是数控车床、数控铣床。数控技术能把操作者从高注意力费神费脑的劳动中解脱出来，使许多复杂的加工由难变易，甚至由不可能变为现实，不仅提高了生产效率，而且提高了加工质量，凸现了其优越性。正因为如此，数控技术又很快被推广应用到金属切割加工（热加工）中，为各类企业的技术提升和产品的升级换代创造了条件，受到业界的关注，获得肯定。

20世纪末21世纪初，随着经济体制改革的推进，我国的众多国有、集体加工制造企业相继转制成民营企业。如何搞好技术接力，保持可持续发展，曾一度困扰着不少中小型民营企业，尤其是船艇行业的民营企业，工作条件相对比较艰苦，对操作者的技术要求比较高，且工资待遇并不高，致使员工队伍不稳定。船艇行业的关键技术之一是，船体制作的画线、放样和下料。由于船体的外形一般是一个三维曲面体，通常需要通过若干块板材的下料和拼接，必要时还得进行冲压成形后，才能形成一个完整的船形整体，不仅对操作者的数理基础要求较高，而且还要求他们有高度的责任心和一丝不苟的工作态度，要有足够的耐心和丰富的实践经验。倘若按照传统的手工方式进行画线、放样和下料来加工船体板料，对技术工人的培养要求高，即使对具有较高素质的人才培养也至少需要四五年的时间，对于处于市场行情瞬息万变、员工队伍流动性相对较大的中小型民营船艇企业来说，存在很多困难，是制约其进一步发展的瓶颈。数控切割机床设备的应用，以及职业类院校对技能型数控人才的培养并大量输送劳务市场，无疑为这些中小型船艇企业带来了福音。由于数控切割能减轻操作中的劳动繁琐程度，又便于操作者掌握技术要领，还能提高工作实效，因而使得从业人员的工作热情有所改观，提高了队伍的稳定性，给企业带来了诸多好处。

数控切割设备的使用，重点在于如何进行编程、如何正确切割定位下料，关键在于能否掌握操作要领。从造船行业反馈的信息来看，这几年来从职业类院校培养出来的数控专业毕业生，通过一段时间的岗位实践，在老师傅的教授下，新知识与老经验交融，一般都能较快地掌握操作技术，投身于生产实际，而且还优化了加工工艺和制造质量。比如湖州红卫实业有限公司船舶制造分公司，船体画线、放样和下料中使用了数控切割设备，明显缩短这一工种人才的培养周期，易上手的人增多。那些自己肯钻研又有一定数控基础知识、有志于船艇事业的年轻人，经过一两年的锻炼，就足可以胜任过去需要花费四五年才能掌握的实际工作。用人成本的降低使企业受益匪浅。

此外，使用数控切割设备以后，速度至少可以提高1～2倍，生产效率明显提高。使得船体画线、放样和下料，这项原本比较耗时脑力、体力劳动并重的工作情况得到改善。当然，具体效果还与视船体的外形有关，船体线形越复杂，手工操作就越繁琐。用上数控切割设备后，工作效率和产品质量都有明显的提高，实用价值凸现。

在环太湖区域，中型规模民营船艇企业(200人以上)一般均不同程度地使用数控切割设备，在生产中发挥了很好的作用，提升了加工技术的层次。小型民营船艇企业，尤其是100人以下的小企业，5年前用数控切割设备的还不多，近年来增长较快，尤其是那些游艇(船体为铝合金或玻璃钢)生产企业，大多数已开始使用数控切割设备。用于建造钢制船舶时，多采用数控空气等离子切割机；而用于建造铝合金材质或玻璃钢游艇时，则选择数控切割机为主。

切割机喷头和激光头均属易损件，对材质的要求比较高，需经常更换且价格昂贵，必须妥善使用才能获得一个较理想的寿命。这类设备都应由专人负责，并有明确的责任制度。

尽管纵观环太湖区域整个船艇行业已普遍使用数控切割设备，发展势头喜人，但多数中小企业却刚开始使用，主要用于特殊工种，如船体制作时的画线、放样和下料。当前数控切割设备的数量、品种还远远不能满足生产需要，有较大的需求空间。这些中小造船企业经过一段时间对设备的使用和摸索，人员的操作技术水平会不断提高，将给企业生产带来实实在在的利益。劳动用工制度的进一步规范化和用人成本的提高以及日趋激烈的市场竞争，企业迫切需要对产品进行升级换代、更新，不断提高技术水平，这些都将会增加企业对使用数控切割设备的需求，数控切割设备在船艇业的应用会越来越大。

〔撰稿人：浙江信息工程学校凌勇坚、朱春明、叶萍、施利华〕

企业专题

介绍机床工具行业先进会员企业的成功经验，优秀企业文化建设和发展规划

综述
专文
行业概况
市场概况
企业专题
统计资料
标准化
大事记
附录

企业专题

先进会员企业专题

提升企业自主创新能力　实现汽车冲压装备制造重大突破

——济南二机床集团有限公司

2011年，济南二机床集团有限公司（简称济南二机床）在与德国、日本等国际机床巨头的同台竞标中，一举囊括福特汽车美国两个工厂全部5条大型快速智能冲压生产线订单。这是福特汽车北美工厂近20年来首次采购非德国生产的成套冲压装备，也是我国机床企业赢得的当今国际最高水平的成套冲压装备订单。

有着75年历史的国有企业济南二机床，自20世纪80年代始，以全新的目光引进国外优秀企业机械压力机设计、制造整套技术，并与多家国际知名企业展开多领域合作，坚持"量体裁衣"的设计研发和市场营销理念，推进"引进技术、吸收再创新"，为自主创新奠定了坚实基础，由此，济南二机床也赢得了"中国汽车工业装备部"的美誉，并开始了与发达国家先进企业的长跑竞赛。

一、自主创新让济南二机床锻压技术发展与国际先进水平同步

济南二机床拥有国家级技术中心、国家级企业研发中心，每年技术研发投入5%以上，同时完善内部创新机制建设，在不同岗位聘任主任（副主任）工程师、管理师、营销师、技师，每年对技术进步、管理创新、技术革新、合理化建议奖励近千万元。经过多年来对自主创新的坚持和投入，济南二机床的技术体系不断成熟和完善，每年自主开发80余种新产品，先后完成450余种国家首台（套）关键设备的研制，特别是在数控冲压设备领域，自主研制的全自动汽车覆盖件冲压生产线、机器人全自动冲压生产线、大型全自动快速送料冲压生产线、重型多工位机械压力机和伺服压力机等当今国际最前沿技术产品，全面推广到国内主要市场，用户涵盖了通用、大众、福特、日产和本田等世界主要汽车制造企业，主要技术、质量指标均达到国际先进水平，经受住了一次次残酷的市场竞争的考验。近三年，完成国家、省市攻关项目58项，申请专利35项，技术进步产品产值占新增工业产值的70%以上。

当前，在为汽车企业提供的六大类机床产品中，以济南二机床为代表提供的冲压生产线是国产设备占据主导地位，装备了除北京现代外几乎所有汽车制造企业，高端产品国内市场占有率在60%以上。

二、国家科技重大专项实施，引领、推动作用进一步显现

2008年底，国务院通过了"高档数控机床与基础制造装备"科技重大专项实施方案。济南二机床共承担了8个国家科技重大专项，是机床行业企业中承担最多的企业之一。这些课题研制的产品，均代表了当今国际先进水平，涉及汽车、军工、能源等重点行业领域。当前，已有4个项目通过国家验收，无论是从技术研发还是项目管理，都走在了科技重大专项承制单位的前列，掌握了多项具有自主知识产权的核心技术，打破国外垄断，主要技术性能指标达到或接近国际先进水平，在用户生产实践检验中运行稳定、可靠，为实现高端数控装备自主化，满足国民经济发展和国家战略需求发挥了重要作用。

近年来，世界上著名的锻压厂家均在致力于锻压机械的高速化、柔性化研究，满足汽车大批量、多品种生产的需要。针对当前国内外市场需求，根据市场的分析和用户的订货要求，济南二机床结合承担国家"高档数控机床与基础制造装备"科技重大专项研究课题，自主开发研制了42 000kN大型快速高效数控全自动冲压生产线。整线由1台18 000kN闭式四点多连杆压力机与3台8 000kN闭式四点压力机组成，配置同步控制系统和双臂快速送料系统，整线压力机采用连续行程生产模式，生产节拍可达每分钟15次，通过编程将涉及16个功能部件近百个动作交叉自动进行，实现了全线模具自动更换，全线换模时间仅为2.8min（一般人工生产线的换模时间是30min以上，其他自动生产线的自动换模时间是5min以上），较好地满足了对大型拉伸件高质量、高效率的成型要求，是当前世界上自动化程度、生产效率最高的冲压生产线，各项性能指标优于当前进口的同类产品，成为中国"高端制造"走向世界的重要节点。该项目也入选了国家重大专项"十大示范工程"。

三、厚积薄发，智能制造国际高端赛场获青睐

作为世界顶级车企之一，拥有108年历史的福特汽车对供应商的选择是长期的、全方位的，也是苛刻的。从2004年最初开始接触，到最后签下订单，福特汽车对济南二机床前后进行了长达7年的考察与谈判，从产品的技术特点、质保体系，到企业的人力资源、发展战略和文化理念，福特高层对济南二机床进行了全方位评判，并最终把信任票投给了济南二机床。

在这段国内汽车工业高速发展的黄金时期，包括奇瑞、比亚迪、长安、长城以及通用、大众、本田、丰田和日产等国内几乎所有民族品牌和合资汽车企业，都选用济南二机床生产的冲压设备。长期采购国外高端冲压设备的一汽大众，也于2010年首次与济南二机床签署了69 000kN双臂高速自动冲压生产线订购合同，打破了一汽市场高端冲压线长期由德国厂家垄断的局面。同时，产品成套出口美国、巴西、泰国和印度等国外市场，作为世界著名汽车公司的重要配套商，泰国萨密特公司、美国德纳公司已多次订购济南二机床设备；2011年初，济南二机床获得为通用汽车印度公司提供5 250kN全自动机器人送料冲压生产线的订货合同，并作为总承包商负责整体全线设备的设计、制造、安装调试、集成和“交钥匙”工程。

2011年4月、11月，福特汽车美国两个工厂5条大型快速智能冲压生产线订单正式落户济南二机床，将在海外实施总承包交钥匙工程。

作为国内锻压行业领军企业，国际市场重要的竞争力量，济南二机床已经承接生产的单臂送料冲压生产线、双臂送料冲压生产线高端产品面布国内各汽车制造集团，为我国汽车工业发展提供了强有力的冲压装备保证，为我国汽车工业上批量、上质量提供了基础支持。面对高端智能装备的迫切需求，济南二机床将致力于更大吨位的智能冲压生产线的研制，进一步加强技术系统集成，提升在线实时控制、在线监测、自我诊断、自我修复、远程监控服务等各项技术性能，全力打造中国冲压设备新的竞争优势。

瞄准高端制造　加快自主创新

——沈机集团昆明机床股份有限公司

沈机集团昆明机床股份有限公司(简称昆机)是我国生产大型精密机床的骨干企业，进入“十一五”，就已完成对五轴联动机床的一系列技术攻关，在全国率先向市场投放了可实用于生产线的五轴联动大型数控落地铣镗床，产品达到国际先进水平。通过这一高端产品的研发，公司系统掌握了高刚度滑枕式主轴系统集成技术、附件头自动夹紧更换技术、五坐标联动加工技术、主轴和附件头油、气、电、液自动快换结构技术、主轴和附件头刀具内冷却结构新技术等一系列关键核心技术，推动着公司高端装备的研发制造水平越上了新的高度，而且使我国大型数控落地铣镗床在高端装备的国际竞争中占有一席之地。

2008年，昆机又向被称为“高端装备的高端”的柔性自动生产线的研发制造发起冲击，集中精兵强将，经过一年的不间断攻关，突破了精度高度一致的多工作台和转台加工及装配工艺技术，多工作台在各主机上交换定位和重复定位的一致性、准确性、可控性的控制技术，工作负重载时的翻转清洗技术，适用于机加工的移动控制信息系统(MCIS)技术，RFID(射频识别)技术在物流系统的应用等一系列关键技术；研制成功了能自动转换工件，可同时加工多种不同形状的工件，具有工件在线自动测量、自动检测和刀具在线测量及破损检测等众多功能的高精度大规格柔性自动生产线。这种集当今先进技术于一体的柔性自动生产线的研制成功并在机床企业成功运行，使我国精密柔性自动生产线的研发制造水平跻身国际先进水平。

2010年，昆机承担了“高档数控机床与基础制造装备”国家重大科技专项，开发具有世界先进水平的THM46100和THM65160精密卧式加工中心。经过一系列攻关，已经开发完成，经国家机床质量监督中心专家组检验，185项产品检验项目全部达标、26项几何精度全部达标、13项工作精度全部达标，X、Y、Z、B轴定位精度、重复定位精度全部达标，部分精度接近纳米水平。数据表明，该两种精密卧式加工中心精度性能全面达到世界先进水平。

2011年，又完成了另一国家重大科技专项TGK46100高精度卧式坐标镗床，各项精度均达到亚纳米，配AC头可进行五轴联动的复杂曲面加工，能切削铝钛合金等多种特殊材料。该机床采用高刚度整体式床身、“箱中箱”式重型高刚性大阻尼龙门封闭框架、直结式中央出水机械主轴、直驱式回转工作台、双驱式直线进给系统等前沿技术，通过对机床机电耦合系统优化匹配、低应力制造与装配、热平衡设计及热变形实时监测与补偿等关键技术的攻关研究及应用，使机床具有极高的静、动、热态性能，满足了高精、高速、高效、高可靠性的切削性能要求，实现了传统坐标镗的“质”的飞跃，使之成为集传统精密制造技术与现代机、电、光、液、气和信息控制技术为一体的高科技产品。公司还应用户的要求，为上海临港三一重机公司研制出3条集当今先进技术为一体的柔性自动生产线。3条柔性自动生产线均是集光、机、电、液、气、信息、控制、网络的系统集成创新为一体，能自动转换工件，可同时加工多种不同形状的工件，具有工件在线自动测量、自动检测和刀具在线测量及破损检测等众多功能。突破了国内大规格、高精度、重承载柔性制造关键技术，填补了国内空白。一次就能为用户提供3条柔性自动生产线，标志着公司实现了柔性自动生产线这种高端装备的批量化生产，真正迈上了高端制造的新台阶。

近几年，昆机主承担了4个国家“高档数控机床与基础制造装备”科技重大专项项目；参与了5个国家重大科技专项项目和1个“863”计划项目；承担了省级科技攻关项目5项。

不仅在产品精度，而且在产品精度保持性和性能的稳定性、可靠性上也要全面达到世界先进水平。为此，昆机正在与西安交通大学、浙江大学、天津大学、重庆大学、昆明理工大学等多所高等院校开展长期合作，共同开发和进行结构优化设计、热变形、抑振等基础技术及共性技术的研究。在承担的国家科技重大专项高精度精密卧式加工中心研制过程中，就联合开展了动刚度分析与抑振技术、精密主轴动态检测技术、精密主轴实时预紧技术、整机热变形及补偿技术、精密卧式加工中心伺服系统优化技术、精密卧式加工中心系统误差补偿技术、精密卧式加工中心防碰撞系统、多轴联动卧式加工中心加工工艺技术等10项基础及共性技术的研究，并使研发的THM46100和THM65100两种精密卧式加工中心的精度及精度性能的稳定性、可靠性都实现了历史性的突破。与此同时，公司还投资近亿元，规划建设CAD/CAE/CAT及仿真试验室、机床整机及关键功能部件性能试验室、机床整机及关键零部件检测试验室、工艺试验室以及光机电液一体化技术集成试验室等。通过深入持续的试验研究，把产品的高精度及精度性能的稳定性、可靠性建立在对基础理论、基础技术及共性技术的研究把握上。

在坚持自主研发的同时，昆机坚持两条腿走路，积极开展与国外知名企业的技术合作，引进消化吸收再创新。继与德国西门子、捷克TOSV等取得卓有成效的合作成果之后，昆机又与德国希斯公司签订了引进其数控龙门镗铣床等产品专有技术的协议，力争在引进的产品及相关功能部件的设计、分析、制造工艺、调试及检测等方面均达到国际先进水平。

集聚内外优势资源　推进产品创新　提高管理水平

——上海机床厂有限公司

2011年是“十二五”开局之年，也是上海机床厂有限公司深入推进“调结构、上水平”战略之年。公司始终围绕“提升能级　拓展市场　深化管理　提高质量”的工作方针，紧紧抓住市场需求的变化，大力调整产品结构，积极开拓大型、精密、专用数控机床市场，尤其是下半年，专机制造情况得到明显改善。与此同时，公司继续深化调整内部生产组织方式，大力优化生产制造系统，整合内部优势资源。在广大干部、员工的共同努力下，公司完成营业收入106 062万元，同比增长14.8%；净利润完成6 099万元，同比增长15%。截至2011年11月底，全公司已经解决了企业的历年累计亏损。在此基础上，公司技术中心被认定为国家级技术中心，2009年申报的4个国家科技重大专项已获工信部最终验收，标志企业的科技进步上了一个新台阶。公司全年机床产量4 670台，同比增长5.9%，通用机床国内销售收入达到5亿元，为历史最高点。

一、整合内部资源，集中精力做好精密加工和装配

从2010年开始，公司围绕适应专机制造方式的转变这个重点，大力优化生产制造系统及其管理，着力淘汰落后产能，2011年，公司又在深化上下功夫，结合企业走高端制造发展之路，在将高能耗、高污染，低附加值产品(200系列通用机床)等生产工序外移的基础上，引进爱姆意物流公司，将大宗商品的采购交给物流中心，每月月底，根据当月领用资金进行结账，提高了资金使用率，优化了企业生产运作模式，使企业能集中精力抓精密加工、精密装配，提高企业核心竞争能力。

为有效利用内部资源，提升制造和研发能力，2011年，公司将数控机床装配车间与电气车间合并成立新数控机床装配车间，以内部强强联合的方式，壮大精密数控机床装配车间力量，提升精密数控磨床制造能力，加大制造市场需求较大的精密数控曲轴、外圆磨床等产品力度，不断满足国内汽车及曲轴加工等行业的需求。在此基础上，公司又将数控机床装配车间的技术及工艺的研发职能统一纳入技术中心，打破公司内部技术队伍及其管理相对分散的局面，壮大技术中心整体研发力量，统一技术标准，提高研发效率和研发水平。

二、压缩存货与应收账款，不断提高经济运行健康度

公司注重落实各项措施大力抓应收账款及存货两个指标的完成，以此提高企业的健康度。公司各车间部门高度重视应收账款的控制，认真理清账目，分解指标并予以落实；加大催讨力度，配备专门人员，对应收账款进行全方位清欠，同时通过加强售后服务，包括安装调试、为用户解决现场问题来配合做好应收账款的催讨。

在压缩库存方面，公司将工作重心放在压缩在制品库存、压缩存货资金占用、提高资金使用率上。企业在不断完善投料计划和工艺流程再造的基础上，积极利用社会资源，寻求合作渠道，通过第三方采购并按期交付企业使用，压缩了企业内部的仓储空间和仓储人员，降低了存货资金占用率。

三、积极应对市场变化，把握机遇实现突破

2011年，机床市场波动很大，上半年与下半年，整体销售形势出现“冰火二重天”的局面，上半年，通用机床需求出现“井喷”现象，下半年受经济紧缩的影响，订单逐月下降，达到了历史最低点。在上半年通用机床供不应求的情况下，公司两次适时上调了通用机床的价格，并且对每个订单收取预付款，以致全年通用机床销售收入达到5亿元，为历史最高点。另外，随着2011年上半年外贸环境略有好转，企业的出口业务也实现了恢复性的增长，销售收入为1.73亿元，较上年增长11.35%。

在抓住通用机床的同时，公司着重关注大型机床的订单，并从年初开始就作了动员，要求承接大型机床订单，在公司员工锲而不舍的努力下，终于承接了ϕ1 250mm以上大型数控机床订单9台，同时还承接了国内最大的一台数控轧辊磨床(MK84300×18000)订单，这也是公司单台价格最

高的一个订单。

四、以重大专项为突破口，进一步提升产品技术能级

近年来，公司紧紧抓住国家科技重大专项立项的机遇，先后获得了8项重大专项项目，7项协助项目，其中4项课题于2011年12月9日成功通过国家专项办验收。公司借助国家科技专项对企业的科技投入，促进企业科技进步，先后采取“请进来”和“走出去”的方式，成功地同国外联合开发市场急需产品。同时，公司聘用日本专家常驻公司开展设计工作，积极同FANUC公司合作，准备将数控外圆磨床配上FANUC机器人来拓展市场。特别是针对汽车行业所开发的产品在2011年的工博会上展出并得到了好评。2011年，技术中心设计开发的新产品已突破百台。

2011年，公司获得“上海市高新技术企业”称号，技术中心被授予“国家认定企业技术中心”称号。2MNKA9820纳米级精度微型数控磨床获得2011年中国国际工业博览会创新奖，“大型重载精密轴类零件磨削技术及系列成套装备”项目获上海电气科技进步奖二等奖，MGKS1332/H获上海电气科技创新奖三等奖；“大型重载精密轴类零件磨削技术与系列成套装备”获2011年度上海市科学技术进步奖一等奖。

在中国机械工业联合会机经网工作部组织开展的“中国机械工业优秀企业、优秀企业家、最具影响力的品牌”系列推广活动中，上海机床厂有限公司分别被纳入“中国机械工业优秀企业”和“最具影响力的品牌”行列；公司执行董事、总经理石光入选“中国机械工业优秀企业家”。此外，公司与上海理工大学合作的项目“大型曲轴磨床静态仿真技术”获2010～2011年度杨浦区军工路产学研联盟“科技合作奖”；公司荣获2010～2011年度杨浦区军工路产学研联盟“平安建设奖”；公司总经理石光荣获2010～2011年度上海市杨浦区军工路产学研联盟“经济贡献奖”。

五、整合业内优势资源，明确做强做精发展方向

根据上海电气集团产业板块的发展要求，以及上海市政协的调研建议，公司在做强磨床产品，保持国内龙头地位的同时，应逐步扩充磨床类以外的产品，并通过产品门类的扩张提升企业的经营规模，尽早进入国内机床行业的第一梯队。因此，公司在考虑“十二五”发展规划时，首先明确磨床的发展方向，对标国际一流企业，实现替代进口。同时在规模上首先聚焦上海电气集团的机床业务，通过吸收合并以及管理输出等形式，纳入上海机床厂业务范围之内，使公司的产品门类跳出单一磨床的门类。2011年8月公司开始启动重组上海冲剪机床厂的工作，目的是充分发挥双方企业的各自产品优势，并以做大冲剪产品为己任，推动上海机床产业的整体发展。随着这次对上海冲剪机床厂重组工作的完成，公司正在思考与筹划吸收其他机床业务等工作。

六、基本完成1.8亿元项目并试运行，提升了大型装备制造能力

公司投资1.8亿元的“大型数控精密磨床产品升级技术改造项目”是公司提升大型装备制造能力的关键工程，该项工程已经竣工，并于2011年11月25日通过上海市杨浦区质量监督局验收，安全质量标准化考核被评定为优良工程。同时，两台进口大型加工关键设备（数控镗铣床、数控龙门铣床）分别于2012年二季度到位。在此基础上，大型机床装配车间、数控机床装配车间产品已陆续进入新厂房，开始试运行，整个改造工程2012年二季度全面投产，公司可以大幅度疏通大型、重型机床、数控机床在场面积、起吊设备、装配设施等不足的瓶颈，同时也对大型零部件乃至整机质量提供了可靠的保证。

七、抓好员工队伍的结构调整与培训，为公司持续发展提供支撑

为适应公司发展目标，使内部组织结构、人员结构适应发展需要，公司按照调整人员结构的总体要求来优化企业队伍。截至2011年12月底，在册人员1 291人，在岗人员1 147人。公司着重围绕企业发展战略，在提升人才结构上加大力度，提高创新能力，加快内部人才培养，提升员工综合能力。各类人员培养和培训主要以提高产品质量和提升内部管理为目标，加大对现有装配、加工等操作人员的技能培训以及管理人员的专业培训力度，同时结合公司当前实际状况，重点放在了关键人才的引进和留住人才制度的创新上，并逐步建立了技术中心核心员工队伍。2011年上半年，邀请复旦大学进行了人力资源管理咨询和系统设计，特别是对公司管理层的岗位及薪酬进行了分析，使人力资源管理更加系统化、专业化、标准化。

八、加强全面质量管理，提高产品实物质量

公司的质量工作重点，主要是对采购以及各制造部门产品质量的过程控制，质量控制重点放在预防上，进一步做好质量考核，用制度来规范和约束供应商的质量意识，不断提高外购外协件的合格率。尤其是2011年上半年，公司的质量管理工作在继续加强内部自查、自审的基础上，从年初开始开展出口免验续延工作，并先后通过浦江局预审和上海出入境检验检疫局初审及国家质量监督检验检疫总局的最终审查。10月份又通过了ISO 9001:2008版换证复审。通过几次大的审查，使公司看到了质量管理中存在的问题，这也为企业进一步完善质量管理体系，抓好质量管理工作找到了突破口。

九、落实各级责任，确保安全生产

公司按照上海电气集团的总体要求，围绕安全责任制这个中心，把重点放在了现场安全上，加强各级员工的宣传、教育和培训工作，落实防范措施，确保安全生产处于受控状态。2011年，公司在逐年签订三级安全责任书的基础上，相应建立了公司行政领导每月一次“安全日”活动制度，公司行政每周一次安全检查、中层干部每日一次安全检查制度，现场曝光制度，特种设备每日点检制度，开展班组安全活动以及防暑降温、防汛防台工作制度等，落实安全生产责任制，做到横向到边、纵向到底。公司未发生过重大工伤事故，确保实现“无重伤以上事故，无火灾事故”的安全生产管理目标。

2012年是实施“十二五”规划的关键之年，也是上海机床厂有限公司转型发展的关键时期，公司将继续按照“调结构，上水平”的发展战略，在硬件建设的同时，着力提升软实力的建设，以狠抓企业管理，狠抓质量管理为突破口，真抓实干，提升公司的整体实力，提高公司的经济效益。与此同时，在做强磨床的基础上，通过资本运作适度扩大公司的产品线，进而实现公司的规模扩张，使公司品牌发扬光大。

技术创新脚步不停　精细制造“齿质以恒”

——重庆机床(集团)有限责任公司

1940年成立的中国汽车制造公司华西分厂，是重庆机床(集团)有限责任公司(简称重庆机床)的前身。作为国家定点研发和制造齿轮机床的专业化排头兵企业，重庆机床从机床行业“十八罗汉”之一，到研制中国齿轮机床发展史上的第一台滚齿机、第一台剃齿机、第一台插齿机等诸多第一而成为中国齿轮加工机床的摇篮并一直领跑我国齿轮加工机床发展，直至成为国内最大的成套制齿装备生产基地，世界上齿轮加工机床产销量最大的制造商。其深厚的历史沿革，印刻着我国现代工业文明发展的足迹，是72年来无数重机人专业、精细文化素养的积淀，更量化在重庆机床每一个职工相依于技术创新与精细加工能力的执着与创造上。

近年来，以“求精求新，追求卓越”为企业核心价值观，重庆机床着力于科研、人才、创新、质量、合作、信誉等多方面突破创新，以纵横市场几十年的“重机”牌产品雄风、极好的市场口碑和名牌魅力，深深扎根于数千家用户。2009~2011年，“重机”牌齿轮加工机床已累计产销6 000余台，出口份额连年居齿轮机床行业前列。

2011年，尽管我国经济发展中的不平衡性、不协调性、不稳定性问题突出，在原材料价格上涨、汽车行业增长放缓等重重阻力面前，重庆机床依然实现了“十二五”开局之年的开门红。以“新重机、新形象、新起点”为开端，重庆机床在4 000多名员工的共同努力下，经济发展实现新跨越，集团营销开拓新局面，新产品产值率得到继续攀升，主要经济指标均实现了两位数增长，各产业板块齐头并进之势已初步形成，技术创新、产品结构调整稳步推进，项目投资取得新进展，管理创新进入新阶段，品牌建设推向新高潮。

2011年，在继续引领技术创新方向上，以YW7226CNC、YW7232CNC数控万能精密磨齿机及“轿车变速箱齿轮加工自动生产线”为代表的成功研制，开创了齿轮机床板块向高、精、尖装备及自动化生产线延伸的新发展。其中，自动化生产线实现了我国齿轮加工机床技术的历史性突破，新一代高档干切机床实现批量销售。与此同时，科管工作也取得新成果，彰显了企业厚重的技术实力，更坚固了企业创新的基石。

由重庆机床集团与拥有百年磨削经验的英国霍洛依德公司(集团公司全资并购的外资公司)通过联合攻关，突破了一系列当今世界尖端的磨齿机技术难题而研制成功的YW7232CNC数控万能精密磨齿机，将以其蜗杆砂轮磨和成形磨功能以及领先国内水平的整机技术性能，满足国内汽车、航空航天、工程机械等相关行业的需求。以YS3126CNC7为代表的面向齿轮干式滚齿加工工艺而设计开发，具有当今国际先进水平的七轴四联动环保型数控高速干切自动滚齿机，代表着世界制造业低碳环保、自动化、高速、高效的发展趋势，体现了以人为本、绿色制造的发展理念，其技术达到国际先进水平，满足市场需求，有助于促进我国汽车齿轮制造等行业的产业升级。YZ4232CNC5五轴数控剃齿机是一种高效的齿轮精加工机床，各项性能指标及整机技术达到国际先进水平，特别适合汽车、拖拉机、载重汽车、工程机械、轻工机械等行业用户的需求。

管理创新成效。继2006年获得“中国名牌产品”荣誉称号后，2011年，“重机”牌被授予“中国驰名商标”称号；在延续了已有管理模式及循序渐进管理改革后，在卓越绩效模式的深入推进年里，重庆机床对战略、领导、顾客与市场等经营管理进行了全面梳理，形成了“一体化发展战略”“制度汇编”“绩效测量指标体系”等众多成果，在品牌建设、企业文化建设、现场管理、信息化建设和知识管理，人才队伍和职工素养建设等方面进行了深度探索，全面提升着企业整体管理水平，推动企业向更高层次发展。同时企业还以第一名的成绩成功申创重庆市质量领域的最高荣誉——重庆市市长质量管理奖。

在致力于国产齿轮机床从无到有、从机械式到数控、从简易到多功能、复合型成套技术与产品开发的进程中，重庆机床国家科技进步一等奖、国家金质奖等数百项重量级嘉奖的背后，有国家科技重大专项、国家“863”项目、国家科技支撑计划、国家重点新产品、国家火炬计划等一系列国家级项目的支持，有国家级技术中心、重庆市首家院士专家工作站、博士后科研工作站、欧洲机床研发中心、重庆市高档数控制齿机床工程研究中心等创新体系及完善的创新手段支撑，有广大用户和潜在市场的引导，更有其内在自主创新和“产、学、研、用”相结合的创新机制推动，还有管理创新能力、品牌建设能力、文化建设能力、人才队伍能力等软实力的保障。重庆机床在技术创新转型升级和新产品的更新换代中形成了一整套科学系统。

无论是加速技术创新转型升级，还是实现品牌拓展跨越发展，在重庆机床的科学系统里，自信心和责任心是重机人的态度，创新力和制造力是重机人的优势。“品质是立业之基，创新是卓越之本”，重庆机床在未来追求变化的过程中，将不停止技术创新的脚步，持之以恒地以专业、精细的制造加工能力保证“重机牌”品质源远流长。

在产业升级的征程上高歌猛进

——陕西汉江机床有限公司

2011年是国家“十二五”规划的开局之年，按照战略规划中“技术高起点，生产专业化，产量规模化，品质品牌化”的运行模式，陕西汉江机床有限公司（简称汉机公司）积极采用高效绿色制造技术，持续加大科研技术资金投入，优化产业结构布局，不断提高产品技术含量，依托精密制造优势，螺纹磨床和滚动功能部件两大核心技术产业发展相得益彰，螺杆转子及其组件产品、光伏行业多线硅片切割机等新领域产业方兴未艾，新老产业蓬勃发展，引领汉机公司在产业结构升级的征程上一路高歌猛进，为企业实现跨越式发展奠定了坚实基础。

一、对传统产业加大技术改造力度，以工艺创新带动制造模式创新，促进传统产业升级换代，使老产业焕发新光彩

螺纹系列机床产品是汉机公司的传统优势产业，公司独立研制开发的一批新产品先后进入国家重点工程、重点领域。针对多种形式进给丝杠副、分度蜗杆、螺杆转子的精密磨削加工，开展关键技术研究，开发关键技术试验平台，重点解决高精度螺纹加工精度分析和各类误差补偿方法、关键部件设计与制造技术问题。公司将主机产业核心技术产品定位在高端前沿，通过高强度技术改造和自主创新，不断增强核心制造能力和水平，确保技术持续领先，巩固国内市场领军地位，同时拓展国际市场。集中精力发展高精、高效数控螺纹加工成套设备和检测设备，全面提升装备制造水平，发挥国内行业排头兵企业的示范效应。

功能部件产业以高效、高精加工设备为主，着力提升专业化、规模化制造水平，坚持“高、精、专”道路，缩短生产周期，促进产品性能、可靠性稳步提升。通过实施国家科技重大专项，培育核心竞争力，使丝杠、导轨产品向高端进军，向高附加值的领域进军。针对丝杠替代进口的高端制造，重点解决好丝杠专用材料的耐磨性问题，加大新技术、新工艺在生产现场的应用力度，补充关键工序先进制造设备和试验检测仪器，将旋风硬铣削高精度、高刚度定位刀盘设计与制造技术、外圆定位自适应夹持系统及控制、超长螺纹旋风硬铣削接刀策略与精度控制技术等多项核心技术运用到丝杠加工制造中，既降低了生产成本，又缩短了交货周期，还延长了产品的使用寿命，提升了我国滚动功能部件产品的技术含金量，在满足国内市场需求、部分替代进口方面迈出了坚实的一步。同时，公司针对大型电站、空港、大型军工等行业对大型、精密、超长行程丝杠的需求，在大型螺纹磨削、加工精度控制与动态补偿技术，大型滚珠丝杠、梯形丝杠精度动态检测技术等方面均取得实质性进展。

二、利用螺杆转子磨、铣设备制造技术突破，致力于打造世界最大的螺杆转子生产基地

近年来，公司致力于精密、复杂型面螺纹加工领域的研究，突破如下技术难点：复杂空间曲面的数学建模、修整软件及误差自动补偿技术；高精度双节蜗杆轴向消隙技术；适用于大螺旋角转子磨削的砂轮架结构设计技术；热变形及其误差补偿技术；精密传动链设计技术。针对国内压缩机行业升级换代快速发展，而关键零部件的加工设备完全依赖进口的矛盾，公司依托精密制造技术优势，开发出精密螺杆转子粗、精加工设备，解决了行业发展中的瓶颈问题，并以此为契机，调整企业产品结构，研发出螺杆压缩机的螺杆转子及其组件产品。

在此过程中，公司成功吸引投资，通过引入战略合作伙伴组建了新的合资公司，以汉江机床高新技术产业基地为发展平台，力求发挥混合所有制的最大优势。当前，新公司多规格的螺杆机头开始投入批量生产，并覆盖市场容量最大的$20m^3$以下的规格系列。$2m^3$、$3m^3$、$6m^3$螺杆转子压缩机机头能效等级普遍达到国家二级标准，部分产品达到一级能效标准，其检测结果得到了国家压缩机行业归口单位合肥通用机械研究所的高度评价。同样是功能部件，螺杆转子及其组件与汉机公司已经发展起来的丝导产业，在发展战略上又有所侧重，丝导产业是向机床的上游拓展，螺杆转子是向机床下游延伸，前者归根结底还是在行业内寻求发展，后者则走出了机床行业，既分散了企业快速发展的风险，又能使企业在核心关键技术基础上充分发挥规模优势，实现由“强”到“强大”的转变。

三、在新兴产业上，以GK4620数控硅片切割机为代表的光伏行业关键设备成功研发并推向市场，顺应了经济社会发展趋势

全球资源日益枯竭，能源危机愈演愈烈，利用光伏效应，将光直接转变为电能，形成清洁、环保、高效和可再生的新能源，用以取代传统化石能源，已成为未来最主要的替代能源解决方案。近年来，世界光伏产业经历了每年30%的高速增长，虽然当前全球太阳能光伏产业进入调整阶段，但发展大趋势不会改变。

在加工半导体硅片环节中，硅片切割技术一直是个瓶颈，国内光伏行业设备全部依赖进口，我国要在光伏产业方面取得领先，必须首先解决装备国产化问题，破解光伏发电成本居高不下的瓶颈制约，企业的工艺装备将直接决定成本，从而最终影响同行业竞争的结果。GK4620数控多线硅片切割机床是汉机公司针对太阳能光伏产业开发的重点高端新产品，该设备可以将晶硅方料一次切割成数千片硅片，切好的硅片经清洗、烘干、加电极，便可成为接收太阳能的产品，该机床样机经在硅片切割厂家试用，进行了切割精度、运行可靠性和主要零部件的使用寿命检验，各项精度满足或高于设计要求，达到国际先进水平。在与国外技术水平相当的情况下，具有良好的性价比，且服务竞争力更强，完全可以抗衡国外同类产品。当前产品日臻成熟，已形成销售,为公司赢得了良好声誉。

"诚信为本,精益求精"的企业精神是推动汉机公司持续发展的强大精神动力。当前,国际经济环境和国内市场都发生了深刻而巨大的变化,企业间的新一轮竞争将更趋激烈,赶超世界先进制造技术水平,促进企业产业升级时不我待、任重道远。汉机公司将继续加大研发和创新力度,充分发挥螺纹磨床和滚动功能部件两大产业优势互补、互相促进的核心技术优势,并以此为推手进军新领域,拓展新市场,将公司建设成为制造各种类型高中档滚动功能部件、精密高效数控机床、螺杆压缩机核心部件以及光伏行业关键设备的现代化新型企业,实现汉机跨越式大发展。

友缘共事　嘉惠未来

——杭州友佳精密机械有限公司

杭州友佳精密机械有限公司(简称杭州友佳)坐落在风景秀丽的西子湖畔,为台湾友嘉实业集团全资控股的外商独资企业,创立于1993年,母公司友嘉国际股票于2005年在香港成功上市,2009年12月在台湾成功上市。作为集团公司最耀眼的明星——杭州友佳已成为同业中国际知名、国内著名且最具实力的国际化企业。正是杭州友佳公司的全体同仁秉承诚信负责,永续经营的理念,相互提携、团结合作、自强不息的企业价值观,使杭州友佳越过了一个又一个障碍,创造了一个又一个奇迹,用真诚赢得了客户的信赖与肯定!使杭州友佳公司从小到大,逐渐发展成为令业界刮目相看的多元化经营体系,进而跨入全球的国际化企业。

台湾友嘉实业集团主要从事设计及生产CNC工具机,设计及建造立体停车设备,以及设计及组装叉车。集团现在全球范围内共有53家公司,其中3家在港台上市。产品涵盖数控机床、停车设备、叉车、龙门加工中心和电子设备等众多领域。

杭州友佳在质量上本着"诚信负责、品质至上、创新价值、持续改善、客户满意、员工乐意"的原则强化管理,于2003年1月通过了ISO 9001:2000质量体系认证。公司始终贯彻"质量是企业的生命"的宗旨,不断提高产品与服务质量,本着对社会负责,对顾客负责的态度推行"5S""JIF""TQM"等国际先进质量管理模式,发展科技创新、以人为本、持续改进、不断提高产品和服务品质,得到了广大客户的好评。

公司下设萧山厂和全国各地69个办事处,各办事处主要负责立式加工中心、卧式加工中心、车床、柔性制造和立体停车设备的销售及售后服务工作。服务网络遍布全国,业务人员和售服人员24h待命,时刻准备着满足客户的需求,想用户所想,急客户所急,和用户心贴心的交流,为用户尽心尽力的服务,使品牌在用户的心目中得到认可和信赖,顾客满意度保持在90分以上并逐年提升。

科技以人为本,人才是企业的核心财富,杭州友佳不断投入研发经费用于引进和培养高素质的专业人才队伍,提高研发力量;改善提案的奖励制度,大大提高了员工的创造欲和成就感,全员的技术改造工程塑造了底蕴丰厚的企业文化,使杭州友佳成为一个学习型的企业。通过全员的努力,借助国际数控技术平台(高速、复合、智能、环保),形成了具有自身特色的产品结构,在五轴联动、复合加工、高速加工、超精加工和数字化设计等一批关键技术上取得了突破,并取得了国内外30项专利,获得浙江省高新技术企业称号。杭州友佳产品可连续完成钻、镗、铣、铰及攻螺纹等多种工序,大大减少了工件装夹时间,测量和机床调整等辅助工序时间,对加工形状比较复杂,精度要求较高,品种更换频繁的零件具有良好的经济效果,是21世纪各类加工制造业中用途最广的工作母机。

危机也是契机,杭州友佳在全球性的经济危机中,一方面积极推进"目标管理、日常管理、IE管理""5S"及"JIT"等先进管理模式,减少浪费,提高生产效率,大练内功,为经济复苏做好准备,另一方面积极推进国际性的合作和重组活动,整合技术及管理资源,为友佳在最短时间内做大、做强提供保障。

先进管理模式的创新也是杭州友佳战略的一个重点,学习、吸收、创新是公司对待先进管理模式的三部曲,同时公司也制定了相关的改善提案制度,提出改善意见被采纳的同仁,可以直接获得改善全年可产生经济效益5%的奖励,并且每半年进行一次表现突出之个人的特别奖励,来发动全员的智慧,共同参与产品研发的改善活动中。

在环境管理方面,公司坚持"绿色设计,节能降耗,资源回收,预防污染,遵守法规,持续改善"的方针,严守国家和地方相关法规,通过技术改造,减少设备能耗,资源的再利用,减少资源的消耗,垃圾分类回收,尽最大努力减少对环境的不良影响。在设计上充分考虑环境影响,以绿色设计为设计主旨,如机床系列产品新增的容积式供油润滑装置可以在不影响机床使用的前提下,减少一半的润滑油消耗,油水分离装置可以使切削液的使用寿命延长1/3。生产辅料考核,双面用纸,办公用品以旧换新,硒鼓重新灌装使用等制度,减少了资源的消耗,最大限度保证了自然资源的有效利用。

市场营销和品牌建设方面,首先保证产品的系列化、全面化,能够满足不同客户需求,这是品牌建设的前提;其次要针对产品客户群扩大宣传,"好酒不怕巷子深"的时代已经过去了;再次要做好客户培训工作,数控机床属于高科技产品,同时也对操作人员的能力提出了更高的要求,所以培训必不可少;最后要做好售后服务工作,使用过程中一旦发生问题,能够迅速得到帮助,使用户用得放心。积极组织参加展会,通过展示宣传产品,增加用户对友佳的了解,特别是第十二届中国国际机床展览会，台湾友嘉集团下的13个品牌同时参展，依靠集团优势，在展会上造成了震撼，加深了客户对杭州友佳的深入了解。

杭州友佳研发部门以友嘉集团为技术依托，全球13个品牌，53家企业，遍布中国台湾、日本、美国、意大利，各公司间技术共享，互相支援，通过视信系统可随时沟通，并且可以最快获得技术资讯，保证技术的先进性。

装备民族工业　服务中国制造

——江西杰克机床有限公司

江西杰克机床有限公司（简称杰克机床）前身是吉安机床厂，是原机械工业部定点生产曲轴磨床的中型企业，2004年底由杰克控股集团收购。现公司是中国机床工具工业协会会员单位、国家级高新技术企业、全国系列化生产各类数控磨床重点装备制造厂。

杰克控股集团是浙江台州的一家专注于制造业的跨国民营企业集团，成立于1995年，经过15年的发展，已成长为拥有工业缝纫机、装备制造、新能源电机和自动裁床4个产业的民营集团，先后在浙江、江西、湖南以及德国投资设立生产基地。2008年，集团在德国收购拓卡、奔马两家拥有70年历史的世界知名企业，由此迈进了国际化进程。集团先后荣获中国大企业竞争力500强、中国民营企业500强、中国成长企业100强、中国企业文化建设先进单位、国家级高新技术企业、中国驰名商标等称号。

近年来，杰克机床逆势而上，加大科研投入，走科学、集约、和谐发展之路，结合国企的深厚优势，整合民营企业的运作机制，逐步探索出一条自主集成创新之路，研发水平实现了由国内先进到国际先进的跨越。先后参与了国家科技支撑计划、国家科技重大专项等国家科技项目、承担了中央产业振兴、江西省高新产业重大项目、科技型中小企业创新基金、国家重点新产品计划等项目，荣获了中国机械工业科学技术奖一等奖、江西省科技进步奖、江西省优秀创新型企业、江西省最具投资价值科技企业100强金奖、国家高新技术企业中国机床工具工业协会国产数控自主研发最高奖项——“春燕奖”和行业“十佳自主创新企业”等荣誉。

一、调结整、促转型、注重有内涵的发展，走科学集约和谐发展之路

积极把握宏观政策导向和市场经济的发展规律，适时调整发展思路，由传统的粗放型的制造体系，逐步转变成为科学集约式发展，注重发展的内涵和节能减排，促进产品转型和技术升级。一是营造企业浓厚创新氛围，持续挖掘企业发展潜能。通过物质激励和价值的导向作用，引导全员参与管理、技术、营销和生产等各个流程改善，其中有合理化建议、有员工命名创新项目，还有重大改善项目提成激励等，这些创新制度有效地挖掘了内部潜能，企业的人均产值和工作效率成倍地增长。二是以愿景感召，组建国内高速强力磨削领域复合型研发队伍，研发实力已站在了第一方阵。杰克机床以“装备民族工业、服务中国制造”为己任，吸引了来自五湖四海的精英加盟，并在上海、北京等地设立研究机构，整合了国内前沿的研发技术，科研实力趋于国际先进水平。三是创新产学研新模式。与湖南大学合作，在随动磨削领域取得了多项国际先进新成果；与华中科技大学合作；重点推广高端数控机床系统的国产化，相应地建立了试磨和试验中心，承担了“十二五”国家科技重大专项，双方投入技术和资金，全面推行国产数控机床系统在高端数控机床的应用与普及，力争国产数控高端数控机床领域实现全面替代进口，对行业的发展和技术进步都起到了巨大推动作用；与井冈山大学合作成立数控机床工程技术研究中心，致力于数控曲轴工程技术的研究和开发；JKM101数控曲轴磨床项目被科技厅立项重点支持、MK8260数控曲轴磨床被科技部立项支持。为深化校企合作成果，公司还投入300万元在大学设立奖助学基金，以期在人才培养、实习基地建设和成果转化等方面取得突破性的成果。

二、规范管理、合理配置、注重整体发展价值链培育，积极营造企业发展的“洼地”效益

现代企业的竞争与发展，不再是单打独斗，而是产业价值链的竞争，其中包括供应链、市场中介及终端等对企业发展的价值认同。这对于在中部投资装备的企业来说尤为重要。杰克机床经过几年的投入和培育，在夯实企业内部规范运作流程的基础上，将管理理念逐步灌输至供应链和终端，形成一个紧密融合的整体，最终释放了强大的能量。一是按照现代制造服务业发展的要求，注重组织架构的战略调整，由传统的“橄榄式”调整为“哑铃”战略模式，以期提升企业内部对外部环境的感知和应变能力，将优势资源集中到营销和研发上来，制造环节由繁变简，注重分工与配套，提升企业的战略执行能力。二是企业注重内部的规范管理和价值链的塑造，以高效运行体系为中心，倡导共创共享，全方位地推进流程再造，逐步规范生产、人事、采购和质量等核心流程，达到资源最佳配置。并通过推进6S管理、ERP企业信息化、JIT精益生产线和六西格玛等管理项目，带动企业的信息流、物流、资金流“三流合一”，不断增强企业的内在核心竞争力。三是本着共同发展、共昌共荣的原则，通过项目辅导和价值分享等方式，逐步带动供应链、经销商的规范发展与协作，形成统一协作的沟通、管理与发展平台，最终达到价值链上的高度认可，形成强大的文化竞争优势，形成企业快速发展的“洼地”效益。

三、科学规划、整合资源、注重运用金融杠杆和产业兼并战略、力争“十二五”末在创业板上市

近年来，公司先后开发出数控曲轴磨床、数控凸轮轴磨床等十余种数控机床产品，实现了从以普通曲轴磨床、凸轮轴磨床为主的产品结构到以中高档数控凸轮轴磨床、数控曲轴磨床的产业结构升级，高端数控磨床主要技术性能与国外产品相当，达到国际先进水平。

杰克集团决定将装备制造产业总部基地放在江西，加大资金和技术扶持力度，力争“十二五”期间，杰克机床在创业板上市。杰克机床通过股份制改制和股权变更，实现了产品结构和区域战略的优化组合。当前，公司已拥有批量生产超高速高精度CBN随动数控磨床的生产能力，是国内唯一实现了超高速CBN随动数控磨床批量生产的行业企业。最近几年工厂的年均发展速度均保持在30%以上。

杰克机床经过6年的努力，已迈入中型机床企业行列，但基础仍很薄弱，未来仍存在诸多艰辛和挑战。首先以“先做强，后做大”的发展路径为基本点，为机床业务板块寻找最具价值的产品组合，以高端数控磨床和专用机床为市场销量主打产品，充分发挥民营企业机制的灵活性优势，全力打造杰克品牌在机床行业中的地位；其次，重点定位于数控复合型随动磨床，致力于发展超高速异形复合面随动磨削技术，打造内(外)置同步电动机高速电主轴等核心功能部件产业化基地，适时拓展专机领域，延伸服务价值链，成为具有市场竞争力的国内上游机床企业；再次，以杰克装备产业园发展为基础，整合产业链优势，实现高端数控机床、功能部件、新能源电机等产业聚集，实现“洼地”效应，力争“十二五”末，杰克机床在创业板上市，利用集团在海外收购的经验，再收购一至两家国际顶尖机床制造企业，直接嫁接国际领先技术，打造全国知名的装备制造基地，产品全面替代进口，并出口至全球各地，为振兴中国装备在国际上的地位贡献一份力量。

发展中的日发数码

——浙江日发数码精密机械股份有限公司

浙江日发数码精密机械股份有限公司(简称日发数码)创建于2000年12月，注册资本9 600万元，位于新昌县七星街道日发数码科技园内，专业从事数控机床的研发、制造和销售，是浙江省机械行业的骨干企业和原国家机械部数控机床的重要制造基地、国家级CIMS工程示范企业、国家级高新技术企业，也是国内唯一一家能够同时生产数控车床、立式加工中心、卧式加工中心、龙门加工中心、落地式铣镗床和数控磨床的企业。公司现有职工500余人，其中大专以上及专业技术人员占80%左右。

产品有数控车床、数控磨床、立式加工中心、卧式加工中心、龙门加工中心和数控落地铣镗床6大系列、180多种规格，产品数控化率100%，行业排名第一。“RIFA”牌数控机床2008年被认定为浙江名牌产品。2005～2010年，日发数码连续6年被中国机床工具工业协会评为“中国机床行业综合经济效益十佳企业”，2009～2010连续两年被中国机床工具工业协会评为“自主创新”十佳企业。2010年12月10日，日发数码在深交所成功上市，股票代码002520。2011年，公司通过了高新企业复审。公司“RIFA”商标被认定为浙江省著名商标，获得了绍兴市重点创新团队、绍兴市成长型企业综合优胜20强、新昌县县长质量奖、绍兴市质量管理五星级企业等多项荣誉。

日发数码在数控机床模块化设计和研发、可重组轴承自动线方面拥有自己的核心技术和核心竞争力。产品质量稳定可靠，产品的平均无故障时间远高于行业平均值，体现了良好的设计、精加工和装配的综合能力，在客户中赢得了良好的声誉。公司生产的RFMP3016五轴联动龙门加工中心为国家创新基金项目，获得了2006年浙江省科学技术三等奖；RFMP3016龙门加工中心、RFMP12035M动梁动柱数控龙门铣镗床、RFTK6920数控落地铣镗床获浙江省装备制造业重点领域省内首台(套)产品，RFTK6920数控落地铣镗床荣获中国机床工具工业协会2010年“春燕奖”；“RF系列数控车床”获得了浙江省高新技术产品证书；五轴联动高速龙门加工中心和三代轮毂轴承磨超自动生产线被列入国家火炬计划项目。

企业从2007年开始总共申请专利26项，当前已获得授权专利18项，2011年被认定为绍兴市专利示范企业。

日发数码始终坚持“以技术创新为核心，争创国际知名品牌，以产业报国为己任”的发展战略；在产品开发过程中秉承“销售一代，试制一代，研究一代，构想一代”的理念，不断提高在细分市场提供针对性解决方案的能力。

一、自主研发与引进吸收相结合，不断提升产品技术水平

公司拥有一支经验丰富、创新精神强的数控机床设计和制造的研发队伍，使得全功能数控机床的开发和生产始终能紧跟国外先进水平，对国外的先进技术具有较强的消化吸收能力。浙江省日发自动化装备研究开发中心(省重点研发中心)的建立和发展，大大提高了公司产品的研发能力。研发中心完善了研发管理模式，实施了产品数据管理，建立了基于Winchill的企业级PDM系统，拥有30套美国PTC公司的PRO/E三维设计软件，实施了ERP项目。独立研制开发形成了RF数控机床、RF加工中心等系列产品。

为满足技术创新需要，公司积极开展与国内外著名科研院所的技术交流、技术合作。在基础研究方面，由清华大学、浙江大学等著名高校提供支持；在产品开发方面，中心与天津大学等著名高校建立了良好的合作关系。中心近期投资数千万元与国外一家企业共同合作研发技术项目，还斥资2.2亿元开展了大型龙门及落地镗铣床的改造项目。在软件支持方面，中心与中国科学院软件研究所、美国PTC公司等进行了广泛有效的交流与合作。研发中心的这些工作为公司开拓了产学研三结合的全新发展道路。

对关键共性技术或关键技术进行重点研究。通过引进德国西泰克的18 000r/min高速电主轴和电机主轴驱动的A轴功能部件，再结合公司自主研发的交流伺服控制C轴，进行高速电主轴和A、C两轴摆动头的联动研发，实现高速电主轴在A、C摆动伺服轴的联动驱动下空间复杂曲面的加工；购置西门子部分开放权进行二次开发，设计适应不同功能要求、不同个性化需求的人机界面软件；通过以提高机床运动精度为目的的各种误差软件补偿的实现方法研究，解决大型精密机床的运动控制个性化设计、误差前馈补偿等问题；研究了低速大转矩电动机的结构性能，及双力矩交流伺服电动机串联结构的大输出转矩的性能，以替代进口。

二、坚定不移地抓好产品质量工作

经过10余年的发展，公司培养了一批高素质的管理队伍、研发队伍和经验丰富的销售、制造、售后服务队伍，这支高素质的员工队伍是产品质量的基本保证。公司成立品质推进部，建设和优化公司综合质量管理、计量管理、供方和产品制造质量控制及客户信息管理，通过综合实施，不断改进，使公司综合质量管理有效性不断提高，从而提高产品质量，满足顾客需求。2011年，公司成立了800售后服务中心，并且增加了5辆工程车，为客户提供最便捷、最快速的售后服务。在产品销售方面，2012年，公司开始重点整合销售力量，对新进销售人员进行统一的岗前培训，对销售人员分行业、分地域的进行规范化管理。

公司通过五面体加工中心、精密坐标落地式镗床等先进加工设备和双频激光干涉仪、三坐标测量仪、图度仪等检测设备保证关键部件的质量，以每台必检的方式来保证产品质量的稳定性。公司认真贯彻ISO 9001:2008标准，建立和实施有效的质量管理体系，通过第三方体系审查，保持质量管理体系有效运行和不断完善，并将ISO 9001质量保证体系延伸到分供方的产品管理过程中。

三、加快质量诚信制度建设

公司成立了"质量诚信制度建设"工作小组，同时建立了各项质量诚信制度。

建立系统的质量检验制度。配备具有资格或相应能力的检验人员；按照《精机基本件指导书》和《钣金件表面质量检验标准》等文件要求，对原材料和外购、外协件进行严格的检验或验证，并按规定保存相关的检验或验证记录；配备必需的出厂检验设备，按标准要求对最终产品进行严格的质量检验，确保不合格产品不出厂，并按规定保存产品出厂检验记录；对在用的检验检测设备定期进行检定或校准，确保检验检测设备符合要求。

建立完善的售后服务制度。向顾客提供产品使用说明；建立顾客档案；建立售后服务网络，在承诺的时间内帮助顾客解决产品使用过程中遇到的问题；公布投诉电话，妥善处理顾客对产品质量的抱怨和投诉，努力使顾客满意；开展顾客满意度调查，了解顾客需求，持续改进质量。

开展用标识明示质量等形式的质量诚信自律活动，对产品使用的原材料、质量性能指标或质量等级等反映产品质量状况的特性进行明示或做出公开承诺。

建立质量诚信教育和奖惩制度，每年有计划组织员工学习质量诚信规范，提高员工特别是新员工的诚信意识，对质量诚信绩效建立了评价和奖惩机制，提高员工参与公司质量诚信建设的积极性。

四、注重科技人才队伍建设

人才是科技自主创新的源头，而且，人才的素质决定着企业的发展速度、质量和效益。公司的人才战略是基于科技创新、企业发展的核心战略，着重从三点入手：一是员工整体素质优化基础上的"人才引进机制"；二是贡献与潜力相结合的"薪酬激励机制"；三是试岗与储备相结合的"职业生涯发展机制"。

公司十分重视人才队伍建设，引进了大批优秀的技术、检测、安装调试等人才，每年从大专院校中招聘毕业生，充实产品研发、产品检验、安装调试队伍，并帮助他们建立明确的职业生涯规划，给予众多的培训、学习、深造机会，以提高员工的综合素质和技术业务能力。2011年，公司在宁波、杭州、南京等地多个高校以及人才市场进行人才招聘工作。为了引进人才，留住人才，发展人才，公司重新制定了考核机制，用企业文化留住人才，用更多的奖励措施激发员工的积极性，让员工在创造自身价值的同时，更好地为企业带来更大的经济效益。

五、重视信息化建设，实现信息化和工业化相结合

2011年7月，公司正式启动实施ERP项目，利用先进的计算机技术提高企业生产制造、工程技术、检验试验的信息收集、处理质量，将企业的生产过程、物料移动、事务处理、现金流动、客户交互等业务过程数字化，并在此基础上，将各部门有机地协同运作起来，为日发数码的技术创新和管理创新服务。

历经十余年的卓绝奋斗与开拓进取，公司不断发展壮大，已成为行业之旗帜。公司使命是在机电产品制造领域，为客户提供数控单机、自动生产线、数控工段，直至协助客户实现数字化工厂的梦想，公司愿景是成为敏捷化的国际性公司。

从"近零传动"到"零传动"看宏康的科技创新

——山东宏康机械制造有限公司

机械装备数控化已是现代装备产业的必然选择。高精、高速、智能化的高端数控机床满足了高端市场需求和社会发展需要，得到快速发展，结构简单、实用、高性价比数控机床产品的需求更广。如何将传统机床中繁杂的机械传动转换成简单的直接驱动，解决因传动方式繁杂带来的能效低、振动大、噪声高及故障率高等问题，使机床具有结构简洁、高可靠性、高性价比、高能效等优点。经过多次实验和改进，山东宏康机械制造有限公司（简称宏康）以康凤明为首的科技创新团队大胆创新，锐意改革，用特制伺服电动机直接驱动切削主轴，从“近零传动”到实现“零传动”，对传统机床的繁杂齿轮传动实施了革命式创新。

一切源于创新，是宏康的核心文化理念，是宏康发展的动力源泉。自主创新、革命式创新为宏康发展提供了根本动力。

充满活力的科技创新体制和机制。公司成立了技术创新专业委员会，制定了“专业技术创新管理办法”和“非专业技术创新管理办法”。研发人员的收入分基本工资和项目奖励两部分。基本工资与内部职称对应，每年3月和9月进行内部职称评定，每一位研发人员都可以根据自身条件申请评为工程师，可享受公司中层干部待遇。项目奖励是对研发工程师和研发团队的补充奖励，每个项目都有具体的奖励额度，每一位研发人员都有机会竞聘项目经理，经专家委员会评审通过后，与公司签订项目承包合同，全面负责某个项目的开发。

杰出的创新团队。集团近千名职工中有296人从事科技活动，其中研发人员131人，1人享受国务院特殊津贴，山东省优秀专家3人，32人具有高级技术职称，67人具有中级技术职称，13人具有硕士研究生以上学历，研发人员平均年龄为39岁。宏康还先后聘请了来自清华大学、西安交通大学、山东大学、北京科技大学等高校和日本、德国等国家的11名国内外著名专家作为技术中心的技术顾问。

充沛的科技创新投入。宏康之所以能在机床这一重要的工业基础行业获得成功，最重要的一个原因就是舍得投入、敢于投入。这些年，宏康每年将销售收入的5%以上投入研发。当前，技术中心拥有建筑面积2 000多 m^2 的技术中心办公区，并实现了办公自动化。拥有动平衡车间、金属材料理化实验室、17 600m^2 中试车间以及技术培训中心、专家公寓等。主要研发、试验、检测设备均达到国内先进水平，可对产品、工艺进行较完整的验证、试制、检测。在不断开发配套完善CAD/CAPP/PDM系统基础上，运用先进三维设计软件，逐步实现所有产品数字化设计及仿真分析，全部产品研发技术实现了自动化、智能化，使设计开发的技术手段和研发效率得到极大提高。

坚实的创新平台。宏康拥有省级企业技术中心、省级工程技术研究中心、省级工程实验室、省级院士工作站和省级工业设计中心。技术中心设立了标准化、项目管理、知识产权、情报信息等职能机构，用以支撑宏康分布在上海、长治及韩国等国内外研发机构的高效运行，这些外部研发机构围绕机床产业进行适当延伸，同时可以共享宏康研发创新的最新成果。为提高产品可靠性，宏康成立了试验检测中心，建起了电气、传动、强度等6个试验室，覆盖了整个集团所有产品关键零部件的试验和检测。

富有成效的产学研联合机制。宏康先后与山东大学、山东省机械设计研究院、北京科技大学和济南铸锻机械研究所等高校院所建立了长期稳定的技术和人才培养合作关系，借助他们的学科优势，解决中心研发过程中遇到的技术难题。与山东大学合作成立了山大宏康工业设计研究院，被认定为省级工业设计中心；与日本住仓机械、韩国大铉、华中数控、武汉登奇、南京埃斯顿等国内外同行和协作企业建立了紧密的技术开发合作关系。先后聘请了多名国内外著名专家作为技术中心技术顾问，并经省科技厅批准，成立了山东省中韩开矫装备国际合作研究中心。企业的产学研合作取得了显著成效，被省政府授予山东省产学研合作创新突出贡献企业。

民营企业可以为重大装备国产化挑大梁，宏康的迅速崛起充分说明，决定企业能否发展的关键不在于所有制形式，而在于体制、机制、文化、管理、品牌及战略等软实力。拥有了强劲的软实力，无论国有企业还是民营企业，都能适应市场竞争，实现长足发展。民营企业在产生“鲶鱼效应”的同时，必将成为我国重大技术装备国产化的重要力量。

开放意识是民营企业担当重任的重要条件。宏康的跨越发展得益于其创新能力，更在于它海纳百川、有容乃大的“开放”心态。把自己的利益让给真正的人才，减少自己的“财富”，这在中国的民营企业并不多见，包容和开放的心态，引得国内外人才不断加盟宏康，使企业得到迅速发展。

服务是不可模仿的竞争力。客户对产品可靠性、易维护的要求非常高，不仅要求产品具有卓越的品质，对及时、高效的服务则更为倚重。宏康之所以能在市场竞争中后发制人，除了技术和性价比优势外，“为客户创造价值”的服务理念和以客户为中心的内外互动式全员大服务体系的建立，是其制胜的另一个重要原因。

加快技术升级步伐　提升产业化技术水平

——烟台环球机床附件集团有限公司

一、基本情况

烟台环球机床附件集团有限公司（简称烟台环球）前身为烟台机床附件厂，拥有60余年专业化生产机床附件的历史。公司现有3个厂区，占地面积17.45万 m^2，建筑面积6.87万 m^2，资产总计3.5亿元，员工1 100人，下设3个子公司、4个分厂。主要产品为“环球”牌数控刀架、数控转台、数控分度头、数控中心架、平旋盘、机械分度头、机械转台、万能铣头和数控专用机床，年产量达3万多台，是全国分度类机床附件品种和规格最全、生产规模最大的企业，产值数控化率达到70%以上，实现了为国内100余家机床厂配套，并有部分产品出口国际市场。“环球”商标为山东省著名商标。

企业拥有省级企业技术中心以及2010年由中国机械工业联合会认定的“国家机械工业数控机床附件工程研究中心”,2008年被认定为高新技术企业。2009年以来,企业共承担和参与了5个“高档数控机床与基础制造装备”科技重大专项。

公司努力跟踪国际数控刀架产品先进标准和先进技术,先后引进开发了AK21、AK30系列经济型数控刀架,AK22、AK23、AK27系列立式/电机内藏式数控立式车床、大型卧式车床用数控刀架,AK31系列全机能数控电动刀架,AK33系列全机能双伺服动力刀架,以及AK26、AK36系列全机能伺服刀架,形成了9大系列100多个规格品种,系列产品基本实现了产业化生产,产品配套国内各车床主机生产企业,部分产品实现了出口。

企业从1983年开始研发数控转台,是我国数控转台最早的生产企业。先后开发了14大系列100多个规格品种的数控回转工作台产品,并与美国ATS公司有着紧密的合作,转台生产基本实现了产业化,产品配套遍及国内各数控主机生产企业,其中TK95400X500X2数控交换工作台配套国产主机成功应用于奇瑞汽车零件加工生产线,TK13630E/EL、TK13800E/EL、TK131000E/EL等规格型号产品实现了出口美洲,TK122500B、TK832500×3000等大型数控工作台产品已实现批量配套供货,已经完成了TK62800/TK621000数控直驱转台,TK13400JS浸油式数控转台、TK123500数控转台,所有系列产品为企业自主研发生产。

二、“十二五”发展思路

1. 指导思想

以科学发展观为统领,以产品结构调整和提升产业化水平为主线,以“专、精、特”为核心,依托重大专项的实施,着重解决产品深层次的设计问题,制造工艺问题和检测手段问题,提升产品的可靠性和稳定性,提高中、高档数控功能部件产品产业化水平,满足主机配套需求。

2. 规划目标

(1)产品型谱优化清晰,工艺支撑体系健全完善,生产组织模式科学先进。中、高档次产品实现产业化生产,将公司建设成数控刀架、数控转台、数控中心架、数控交换工作台等产品的产业化制造基地。具备年产中高档数控刀架12 000台,数控回转工作台、数控分度头6 000台的能力,主导产品可以满足国内主机配套要求,刀架的市场占有率达到25%,数控转台达到35%,“十二五”末实现销售收入5亿元。

(2)依托数控机床科技重大专项的实施,建立完善的“产、学、研、用”联盟体系,在产品优化设计、关键部件加工精度提升、制造工艺和技术水平的提升、检验手段和水平的提升、产品可靠性和精度保持性提升等方面有较大突破。2015年,中高档产品比重达到70%以上,产品性能、产品可靠性与精度保持性达到或接近国际水平,满足国内中、高档数控机床的配套需求。

(3)加强自主创新能力建设,提高产品档次。加快开发高速、复合、智能、环保的高档数控功能部件,提升产品的核心技术和竞争力。加快推进伺服刀架、动力刀架、直驱转台和交换工作台的产品完善和市场推广,“十二五”期间高档数控功能部件配套实现突破,尽早满足国内市场对高性能数控功能部件的需求。

3. 实施重点

(1)建设创新研发平台,提升自主创新能力。把提高自主创新能力作为公司转变发展模式和产品结构优化升级的核心与基点。加大科技创新投入,围绕国家产业结构调整方向和行业技术创新要求,紧跟主机发展趋势,做好产品结构调整和升级换代。要把突破重点关键技术、解决独特技术作为技术创新工作的重点,加快形成一批具有自主知识产权的核心技术、专利技术和技术标准,提高数控功能部件产品研发水平和产品档次。以工程研究中心为平台,以科技重大专项项目实施为依托,以“产、学、研、用”联盟为纽带,搭建开放的社会化创新体系,产品研发贴紧市场,为主机配套服务,再借助主机配套来推动研发体系的完善。立足长远,选定一批高起点、高水平的研究课题,突破关键技术瓶颈,早日形成一批进口替代产品,形成以中高档产品为主导的产品结构,跟上市场升级的节奏。条件成熟时也可以通过引进国外先进技术或并购有关企业来整合利用国外技术资源,实现产品和市场的嫁接,推动中高档产品的发展。

(2)实施技术改造,提高工艺装备水平。技术改造项目将与公司申报的2012年数控机床科技重大专项紧密结合,重点围绕提高数控转台和数控刀架的产业化水平展开工作。以提高产品的精度指标为目的,提升产品的可靠性为重点,主要针对当前的产业薄弱环节加大投入,在产品关键零件的加工工艺、装配线的完善、检验水平和检测平台的完善、生产工序的优化等方面加强研究和投入,一方面购置关键设备,另一方面研发制造专用设备和检验装备,解决当前产品的主要问题,全面提升产业化水平。

(3)加强基础工艺研究,提高产品可靠性。要对部分关键工艺开展技术攻关,加强对新技术、新材料、新工艺的研究应用,进一步提高工艺技术水平和核心制造能力,主导产品的关键工艺形成自己的独特优势。在持续优化产品设计的基础上,加强对产品可靠性的基础研究,结合科技重大专项实施,组成专门的课题小组,拿出几个系列产品作为提升专项,制定完整的可靠性检测方法和工作细则,对关键的加工、检验、装配环节加强标准化管理,建立重点技术问题和多发质量问题的专项治理机制。继续加大对中试环节的投入,模拟主机运行环境搭建起完善的产品应用试验平台,建立完善检验检测标准。

(4)做好产品整合,明晰产品主线。数控转台、数控刀架当前拥有200多个规格品种,由于主导产品不够明晰,影响了产业化发展。要按照模块化设计、标准化生产的思路,逐步形成产品型谱清晰,产品结构合理,性能稳定,有良好工艺支撑的几大系列主导产品。要贴紧用户，紧跟市场，用主导产品占领主要市场，通过下大力气整合产品型谱，集中力量培育主导产品，提高生产组织水平，为国产数控机床提供质优价廉的功能部件。

(5)加强人才队伍建设，支撑企业持续发展。努力培养造就一支与企业发展相适应，规模适度、结构合理、素质优良的人才队伍，形成一批企业领军人才、专家和技术带头人，培养高水平的专业技术人才和高技能人才。继续出台各项鼓励政策，吸引各层次专业优秀人才，发展壮大科技开发队伍，重点培养和引进创新型设计和制造技术人才。进一步优化环境，机制引导，鼓励科技人员科技创新和专利技术申报，提升公司产品技术水平和创新水平。继续做好技能工人队伍建设，积极开展青年技工的技能培训，加强岗位练兵，提高操作水平，形成以工种带头人和技术能手为核心，以技师为骨干的专业化的人才梯队。

(6)抓住机遇，推动营销服务转型升级。与行业主流企业结成战略联盟，紧跟主机发展步伐，用主导产品占领主要市场。一是继续完善年度用户走访活动，组织设计、销售、管理人员走访重点主机厂，虚心听取主机厂的意见反馈，摸准主机发展动态，以便不断完善产品和服务，更好地为主机配套。二是与主机厂结为战略联盟，及时了解对方的技术要求与发展意图，共同研究解决存在的问题，相互满足对方产品生产发展需要，从而实现共同发展、共占市场的双赢目标。在产品上与主机互为用户，技术改造重点采用配套主机厂的机床，用机床来推动新产品的开发。在市场开发上重心前移，完善售前服务，尽可能参与到主机的设计与功能部件选型。此外，继续做好机床销售，在为重点用户做好销售延伸的同时，密切双方关系，加强对话和交流。三是提高产品技术服务能力。既要做好对配套的主机厂服务，主动向主机厂详细介绍产品的性能、特点和使用要求，确保主机厂的合理选用；也要做到为产品的最终用户提供现场服务，保证产品在现场使用中出现问题能获得及时解决，特别是在“三包”期外及时提供备品备件，将用户的停机损失降到最低，从而消除用户的后顾之忧，放心购买采用。四是完善质量保证体系，保证产品质量的稳定性和可靠性，提高用户对产品质量的信任度。五是加强服务的快速反应能力建设，努力打造一支优秀的服务队伍，更好地满足市场的快节奏和个性化需求，完善售后服务承诺机制，提高用户满意度。

机床工具行业的“十二五”发展规划不仅将发展数控功能部件列为工作重点，而且还提出了具体的目标和时间表，这对功能部件企业而言既是机遇，更是挑战。得益于近几年的高速增长和科技重大专项等系列政策的助推，烟台环球在自主创新和产品结构调整的道路上取得一定的成绩，也有了不少心得，具备攻坚向上的基础。公司作为一家国产功能部件排头兵企业，有责任为国产功能部件的发展贡献力量，有信心和行业企业共同努力，改变功能部件发展滞后，制约数控机床产业发展的局面，在国家调整振兴装备制造业一系列政策的支持下，进一步加强自主创新能力建设，实现产业升级，提高产业化水平，更好地满足国内主机配套要求。

现代高效精密复杂刀具龙头企业

——汉江工具有限责任公司

汉江工具有限责任公司(简称汉江工具)是代表大型精密复杂刀具中国制造高水平的行业标志性企业，国家机床工具行业精心创品牌十佳企业。在振兴装备工业中，承担“高档数控机床与基础制造装备”科技重大专项“高效高性能精密复杂数控切削刀具”课题、“国家科技支撑计划”项目“能源装备关键零部件高性能数控刀具的开发”课题的研究。汉江工具的核心产品“齿轮刀具”为国家确认的中国机械工业用户满意产品。

汉江工具前身为国营汉江工具厂，由哈尔滨第一工具厂分迁建厂，1968 年 10 月破土动工，1974 年建成投产。2000 年，汉江工具厂整体改制为汉江工具有限责任公司，2006 年，加入新组建的陕西秦川机床工具集团有限公司，成为该集团 3 个创始核心骨干企业之一。

汉江工具生产的“汉工”牌系列精密复杂刀具国内市场占有率超过 40%，其中，滚刀、插齿刀、剃齿刀和拉刀市场占有率分别达到 55.3%、52.7%、36.4% 和 30.6%，在切削刀具行业处于领先地位。

2011 年，汉江工具完成工业总产值29 237万元，实现营业收入29 016万元，完成销售回款30 319万元，实现利税6 959万元，其中利润3 903万元，工业经济效益综合指数240%，各项技术经济指标处于行业前列。

汉江工具始终将目光牢牢锁定在工具产业的高端产品——精密复杂刀具上，在打造核心产品精密复杂刀具的日益强势地位中，主动、有序地退出低产出、高能耗、低效益的标准通用刀具生产，走出了一条以结构调整、技术创新为主线的发展振兴之路，形成了“求真务实，以人为本”的企业精神，“务实求增长，创新促发展”的经营理念，“增减降严，赢在细节”的管理原则，“强企富民，和谐汉工”的发展目标，“二次创业，建百年汉工”和“打造国际知名品牌”的愿景，创造了汉江工具独有的竞争优势与鲜明的发展特色。

“汉工”牌商标从汉江工具诞生起沿用至今，已有近 40 年历史。“汉工”牌系列精密复杂刀具的设计结构、制造工艺、加工精度、使用寿命、切削速度和效率等指标大幅度领先于行业，达到国际先进水平。

汉江工具可生产国内最大的镶片滚刀、硬质合金滚刀、重载双切滚刀、蜗轮滚刀，插齿刀，剃齿刀，弧铣刀，拉刀及核电、汽轮机用叶根精铣刀，其技术水平与国际同步。汉江工具生产的以滚齿刀具、插剃齿刀具、拉削刀具为代表的复杂刀具，整体领先于国内同行业，具有全面抗衡进口刀具，替代进口的能力。

汉江工具是国内精密复杂刀具制造技术的开拓者和领先者。汉江工具全面开发生产具有当今国际先进水平的各类新型高速高效、大型重型、环保干切等精密复杂刀具及成型异型刀具。高性能刀具材料应用技术与国际同步、热处理与表面涂层技术与国际同步、数控加工技术与国际同步。汉江工具是国内唯一系列化研制、开发、生产各类工具制造专用数控设备，实现自主创新和工具与工具专机一体化发展的企业，从而形成了汉江工具在复杂刀具领域独特的领军优势和核心竞争力。

“十一五”以来，公司投资2.28亿元加快技术改造，发展复杂刀具制造优势，为企业腾飞插上了强健的翅膀。先后引进德国、美国、瑞士等生产的当代国际最先进的多轴联动数控加工、检测设备70台，成为国内唯一规模化拥有此类尖端设备的厂家。同时成功引进了国际一流的德国复杂刀具热处理技术，引入了国际顶级的巴尔查斯复合涂层技术工艺与生产线，成为国际刀具制造最前沿技术的使用者。

汉江工具自主开拓性地研发装备了数控砂轮下线修整机、数控铲齿车床、系列数控滚刀刃磨床、数控插齿刀磨床、数控剃齿刀铣槽机、数控花键磨床和大型数控花键成型铣床等，自主创新能力行业领先。

“真正做优做强做大复杂齿轮刀具、异型数控刀具，以齿轮刀具品牌工艺技术为载体，有效带动通用刀具、螺纹刀具的增长；以刀具制造技术为依托，形成刀具专机产业链；观念再创新，伴随设备数控化全面深入技术进步，使信息化与制造技术数控化有机融合，实现汉工经营管理现代化、品牌制造技术产业规模化，全面增强经营机制和发展动力，从企强民富出发到强企富民为目标，将汉江工具打造成以工具制造为核心的国际知名工具企业”是汉江工具的基本发展战略。为装备制造业提供先进的切削方案和各类品质卓越的数控高性能刀具，替代高档刀具进口，使工业的“牙齿”更锋利，使切削加工更高效、成本更低廉是汉江工具永不懈怠的追求和拓展市场的利器。汉江工具将不辱使命、奋发搏击，为我国装备制造业的发展振兴提供国际先进水平的现代高效精密切削技术与刀具支撑。

不拘一格　走自主创新的数控化之路

——广州数控设备有限公司

广州数控设备有限公司(简称广州数控)成立于1991年，20多年来，一直专注于机床数控系统、伺服驱动装置与伺服电动机的研发及产业化。截至2011年，广州数控GSK系列数控系统累计销售已突破50万套大关，占据国内数控系统市场份额的50%以上。这个数字对于广州数控、国内数控系统行业乃至对于数控机床行业，都具有里程碑式的意义。

从一个20多人的小厂，发展到如今拥有员工2 600多人、年产15万套数控系统和20万台伺服电动机的大中型高新技术企业，成为国内颇具规模、技术完整的数控系统研发与生产基地。广州数控坚持使命必达的信念，关注用户需求，对市场反应迅速，坚持自主创新，通过持续不断的技术进步提升用户产品价值和效益。

广州数控通过开拓旧机床改造业务，在紧缩型宏观调控的大环境和市场需求萎缩的形势下，赢得了生存的契机，同时也为日后的技术开发积累了广泛而实用的市场经验；“成为用户的用户”——从机床厂购买机床，配上广州数控的系统，再卖给客户，首创机床展厅连锁经营模式，设立机床会展中心，为用户和企业之间搭建更直接的沟通平台，成就了公司的第二主业——机床销售；推行“并行研发”的全新研发模式，对同一个研发项目安排2～3个项目团队并行开发，引入内部竞争机制，重要项目并驾齐驱，不仅确保研制成功，也增强了技术储备实力；不仅做控制和驱动，还自主研发制造电动机，成为国内首家“数控系统、交流伺服驱动装置和伺服电动机、主轴伺服驱动装置和主轴电动机”三位一体配套的数控企业，能为数控机床提供完整的数控装置配套方案，不仅很好地解决了电动机的掣肘问题，也形成了企业的经营特色。

不拘一格，大胆变通，为广州数控开辟了一条独特的发展之路；坚持自主创新，重视研发，则是广州数控发展的根本。广州数控的技术中心是国家级企业技术中心，当前已经拥有工程技术人员1 000多人，其中，高级工程师40多人、中级工程师140多人、研发技术人员500多人。年投入科研经费占销售收入的8%以上，形成了每年投产新产品3项以上，新产品收入在主营业务收入中的占比连续4年保持在50%以上。公司并与国内10多所高等院校及科研院所合作，与上海交通大学和广东工业大学建立了2个联合研究中心，现已成为国内数控行业共性和关键技术研究、人才培养、技术交流、产学研合作等于一体的重要基地。同时，公司积极参与政府科技项目的攻关任务，共承担及参与了国家科技重大专项、国家“863”科技计划等国家级课题十多项，各级政府资助的科技经费累计近1 000万元，对企业的技术进步和经营规模发展起到了显著的推动作用。

自主创新为广州数控带来的效益和影响是显而易见的，产品销量剧增，品牌的影响力逐渐提高，凭借“交流伺服驱动”这项填补国内空白的技术，打破了国外交流伺服系统垄断中国市场的局面。GSK系列数控系统产销量牢牢地占据了国内数控系统的半壁江山，GSK系列产品产销量连续12年位居全国首位，“GSK”一跃成为国产数控系统的第一品牌。公司批量生产的GSK系列控制系统，已经成为国内机床行业生产数控机床的主配系统，与沈阳机床集团、宝鸡忠诚机床股份有限公司、济南第一机床集团、大连机床集团等100多家主机床企业建立了长期紧密的批量配套战略合作伙伴关系，并在10多个省市建立了销售服务网点。

国内销售业绩稳步增长的同时，广州数控的海外市场也不断扩展，数控系统出口业务呈现快速增长势头。自2005年设立国际业务部以来，产品用户也已逐渐拓展到印度、马来西亚、秘鲁、阿根廷等地区。公司已在吉隆坡设立了办事处，在多个国家指定了代理经销商，数控机床和数控系统出口业务已全面铺开，出口至马来西亚、泰国、新加坡、印度尼西亚、菲律宾、斯里兰卡、印度、伊朗、土耳其、南非、阿根廷、秘鲁、巴西和美国等20多个国家和中国香港地区，出口业务已成为广州数控新的经济增长点。

当前，国内普及型和经济型等低档数控系统市场趋于饱和，中高档系统市场需求不断增加，但中高档数控系统市场基本上被国外产品占据，从行业总体来看，核心竞争力不强。广州数控适时调整战略，在保证普及型和经济型数控系统销量稳定的前提下，加大力度进行中高档数控系统的研发和生产。作为国家科技重大专项产品的218M、25i、27等中高档系统成功问世，GSK25i铣床加工中心数控系统实现了八轴五联动，拥有五轴RTCP(刀具中心点控制)和倾斜面加工、同步轴、PLC轴控制功能，采用GSK－link工业以太网总线，安装调试维护方便、控制精度高、抗干扰能力强。该系统获得第四届全国数控技能大奖赛一等奖，标志着公司在中档数控系统的研发技术已经日趋成熟，并逐渐形成产业化规模。而GSK27全数字总线式高档数控系统的成功开发，标志着公司在高档数控技术方面的研究已经达到了国际先进水平，这将在很大程度上改变国内高档数控系统市场被进口产品占据的局面。

此外，广州数控还开展工业机器人控制技术、高效节能全电动注塑机技术的研发，积极拓展工业机器人和全电动注塑机两大领域，核心部件均由广州数控自主研发。GSK系列工业机器人能够实现准确、精密、快速、高效的搬运、装卸、喷涂等功能，可以广泛应用于搬运、弧焊、涂胶、切割、科研及教学、机床加工上下料等领域，实现多种生产工艺自动化，最大化满足生产自动化需要。广州数控AE系列全电动精密注塑机是公司自主研发的新一代精密注塑成型设备，全电动控制，开锁模、顶料、计量、注射等动作全部采用伺服电动机驱动，与传统液压驱动相比，可节省50%～70%的耗电量。产品性能指标达到国内领先，接近国外同类产品技术水平，具有精确度高、绿色节能、清洁生产、低噪声和节约成本等优点，可满足医疗、光学部件、电子等行业高精度塑料制品对注塑成型设备的要求。当前，这两个产品均已全面推向市场，也获得了很好的市场反应，这是广州数控在数控技术应用领域的一次成功的拓展。

对广州数控来说，50万套的销售成绩是20年成长的一个结点，也是今后发展的起点。广州数控的数控化之路仍在继续，将致力于建设高品质的数控产品研发生产基地和数控技术应用服务辐射基地，并为实现民族数控产业化、创造国际化的优秀民族品牌而付出不懈的努力。

优秀企业专题

打造民族品牌　构建国家装备制造业保障基地

——齐齐哈尔二机床(集团)有限责任公司

齐齐哈尔二机床(集团)有限责任公司(简称齐二机床集团)于1950年10月从沈阳北迁建厂，是“一五”期间我国机械工业第一批重点骨干企业，闻名全国的马恒昌小组所在企业。2008年7月，齐二机床集团正式加入中国通用技术(集团)公司，重新回归央企行列，企业资本实力和竞争能力得到全面提升，综合实力跃居国内同行前列。

进入21世纪以来，齐二机床集团秉承“国家意志、民族工业、国防保障、经济安全”的历史责任，围绕国家重点建设，瞄准世界尖端技术，不断加快技术研发，调整产品结构，扩大服务领域，引领我国重型机床行业发展，担起振兴民族工业的脊梁。已累计向国内外提供6万余台各类机床，其中单机重量超100t的重型金属切削机床和锻压设备就达1 000余台，填补国家100余项空白，为国家经济社会发展与进步做出了重要贡献。公司曾先后荣获全国“五一”劳动奖状、全国思想政治工作优秀企业、中国工业行业排头兵企业以及机床行业自主创新、数控产值、销售收入、精心创品牌活动、综合经济效益五项十佳企业等称号。

一、全方位的自主创新为企业快速发展搭建起技术平台

齐二机床集团把发展国家重点行业建设所需要的重大装备作为自主创新的主攻方向，坚持“精益求精、用心智造”的理念，在原始创新、集成创新、引进消化再创新的过程中找准定位，发挥优势，先后开发研制了重型数控落地铣镗床系列、重型数控龙门镗铣床系列、重型数控立式车床系列、重型数控卧式车床系列、重型数控多工位压力机，以及大型专机等高档产品150多种。其中，86种新产品达到或接近当今国际先进水平，62种产品填补国内空白，获得省级以上科技进步奖等26个奖项，拥有自主知识产权专利技术101项，新产品产值率平均达到50%以上。公司先后被授予国家级创新型企业、重点高新技术企业、国际科技合作基地、“十一五”国家科技计划执行优秀团队、全国企事业知识产权示范单位及“十一五”期间黑龙江省科技系统先进集体等荣誉称号。“齐二”牌重型数控铣镗床和数控机床产品分别荣获中国名牌产品及最具市场竞争力品牌称号，“齐二”商标被评为“中国驰名商标”，企业技术中心被认定为国家级技术中心。

近年来，齐二机床集团不断推进产学研联合和国际技术合作，取得了显著成效。公司已成为清华大学、上海交通大学、哈尔滨工业大学、燕山大学、南京航空航天大学等多所高等院校科研制造基地，并设立了重型数控机床院士工作站。在国际技术合作方面，公司先后引进瑞典AP&T公司重型数控液压机、日本阪村株式会社高速精密自动锻压机、美国环球公司数控卧式镗床、德国罗特乐公司高速精密型落地铣镗床、德国汉克公司多工位机械压力机等设计技术，经过消化吸收和二次开发，已形成自主创新和集成创新的高端产品系列，为企业加快产品结构调整提供了有力的技术支撑。

二、宽领域的市场开发为企业的快速发展赢得无限商机

近年来，齐二机床集团紧紧抓住为国防建设、军工、航空、航天、造船、汽车、能源及交通等重点行业配套服务的这一经营理念，在较短时间内完成了具有自主知识产权多种规格数控铣镗床的批量市场投放。先后为中国一重、中国二重、中信重工、上重等30多户企业提供了600余台大型装备，国内市场占有率达50%以上。同时，数控多工位压力机、数控立式车床、数控卧式车床也呈现旺销的势头，市场占有率逐年提高；专机产品逐渐成为企业的新亮点。先后开发研制了用于大飞机制造的大型数控龙门铝锭组合铣床，用于大型飞机和超大型风电叶片自动铺带制造的大型筒段铺缠一体机，属于极限制造的世界首台TK6932超重型双立柱数控落地铣镗床和引领汽车冲压生产线技术新潮流的多工位压力机。这些高端产品的研制成功，满足了航天航空、船舶、能源装备、重型机械、冶金、汽车、国防等重点行业发展的急需，实现了重型数控机床产品在国家的龙头地位，重型金属切削机床产值位居行业之首。齐二机床集团在打造中国重型机床龙头企业和世界重型机床知名公司的进程中迈出了新步伐。在扩大国内市场的同时，打开欧、美、亚等国际市场，出口额逐年增长，实现了“走出去”的战略。

三、大规模的技术改造为企业快速发展奠定了坚实基础

国家实施振兴东北老工业基地战略以来，齐二机床集团紧紧抓住有利契机，不断加快技术改造步伐，自筹资金近10亿元，完成了“大重型数控铣镗床技术改造项目”、“重型新型数控铣镗床制造基地建设技术改造项目”及“高档重型数控机床产业化”老工业基地调整改造专项，共完成重型机床机加厂房和装配厂房新建、扩建等土建工程近6万m^2。当前，公司拥有面积近3万m^2，轨顶高22m，最大起重能力为200t的超重型装配机加厂房，以及由20余台重型数控落地铣镗床和龙门镗铣组成的铣镗群，增添了16m大型导轨磨床、XK2860型龙门移动式镗铣床等关键设备。齐二机床集团现已成为重型数控机床生产制造基地，年产各类大重型机床产品可达300余台，制造能力跻居世界同行业前列。

四、深厚的文化底蕴为企业快速发展凝聚了强大的精神动力

进入21世纪以来，齐二机床集团高度重视马恒昌小组精神的继承与创新，致力于打造企业文化的第一品牌，升华和再造了“喊破嗓子不如做出样子”的马恒昌小组精神，形成了深厚的文化底蕴。“一切从员工利益出发”的办企宗旨，将企业推上了由恢复性发展到可持续发展的轨道；“工人伟大，创造光荣”的思想导向，激发了员工爱岗敬业的积极性和创造力；“诚信打造品牌，创新开拓未来”的经营理念，成为提升企业竞争力的法宝；“出了厂门就是国门”的质量意识，赢得了企业发展的新机遇；“把世界技术引进中国，让中国制造引领世界”的奋斗目标，鼓舞齐二机床人在振兴民族工业的征途上不断前进。企业文化的继承、创新与发展，促进了人与人的和谐，员工与企业的和谐，形成了企业内部旺盛的人气，增强了凝聚力和企业发展的原动力。

“十二五”期间，公司将以挑战自我、超越自我的巨大勇气，以装备中国、放眼世界的远大目光，以“国家意志，民族工业，国防保障，经济安全”的历史责任，加大产业布局调整和资本运营，向打造成国际知名重型机床产业集团、居世界前列的科技创新型企业的目标不断迈进，为国家装备制造业的振兴，为国家和社会的发展做出更大的贡献。

前进中的天水锻压

——天水锻压机床(集团)有限公司

2011年，面对锻压机床市场需求下滑、企业生产经营成本不断上升、融资环境进一步恶化的严峻形势，天水锻压机床(集团)有限公司经营层自5月份换届以来，认真贯彻落实两代会精神，积极采取有效措施，狠抓实效管理，使企业的生产经营形势得到了稳定发展，全年经济运行质量良好，实际完成的各项主要经济技术指标与上年基本持平，员工收入有了较大增长。

一、机构、管控、业务重组，完成了三项根本变革

一是调整机构设置，科学配置人力资源。将行政管理办公室拆分为总经理办公室和规划处，综合管理部拆分为人力资源处、党委办公室和宣传部，质量管理部拆分为质量管理办公室和质量检验处，第一联合分厂拆分为一分厂和五分厂，第二联合分厂拆分为二分厂和三分厂，设立总工程师办公室，组建实业开发公司，通过上述的组织机构调整，基本理顺了长期以来机构和职能不顺的弊病。与此同时，科学配置人力资源，对管理处室负责人和管钱、管物、管人等有一定资源支配权的职能部门业务人员进行了轮岗调配。

二是健全内控体系，规范公司运作。在调整公司标准化委员会的基础上，组织专人重新修订了“单位职责条例”和“管理办法”等企业标准，其中新增职责条例 13 个，修订 15 个；新增管理规定 17 个，修订 40 个，建立了较为完善的公司内控制度体系，并强化执行，确保公司规范运作，有力保障资产安全，降低经营风险。

三是重组业务，提升效率。将外修业务调整到三分厂，备件销售业务调整到实业开发公司，剥离市场开发部的常规产品优化和技术服务业务，充分发挥三分厂装配、安装、调试和外修一体化的工作优势及特长，使市场开发部能够专注于新产品开发工作。同时组建压力机子公司，对压力机产品进行专业化生产，提高了各项业务效率，初步形成了天水锻压机床集团化的特色管理框架。

二、产品、资产、服务质量提升，初步实现了三项关键突破

一是产品实物质量的提升突破。公司以“质量第一，安全第一”为准则全力推进质量体系建设，通过对“碳板混料”和“产品液压系统清洁度差”等典型事例的严肃处理狠抓质量和安全，同时将质检员控制重点逐步转移到配套件进厂、关键特殊工序、产品调试及成品质量控制上，强化对整机质量及过程重点工序的控制能力。公司当年顺利通过了质量管理体系外部审核、环境与职业健康安全体系内部审核，液压摆式剪板机通过甘肃省名牌产品复审，数控液压板料折弯机荣获甘肃省名牌产品、国家用户满意产品和甘肃省用户满意产品称号。

二是资产质量的提升突破。公司组织进行了全面的清产核资工作，通过账务清理、财产清查，从而摸清了家底，夯实了企业的资产及财务状况；在国家紧缩性的货币政策下，财务部门尽一切力量秉着花小钱办大事的原则为企业获取项目贷款，确保了企业生产及项目资金的正常使用和储备，并对在手闲置资金办理了适合于企业的金融理财产品，冲减财务费用降低企业成本。

三是服务质量的提升突破。注重主动服务和售前服务，关注顾客关系维护，推动服务工作前沿化。技术人员和质检人员对车间一线的服务质量、服务水平尤其是服务态度大为改观。全公司正在形成一种上序服务下序的良好氛围，全年公司内部投诉和外部顾客投诉都有不同程度的减少。

三、技术改造、产品研发、核心技术研发提速，做好了三项振兴的基本准备

第一项准备是建成压力机生产基地，即安徽马鞍山压力机生产基地。扎实推进一分厂技术改造项目和焦化厂项目实施，基本完成一分厂新购设备的委托招标和焦化厂土地的三通一平工作。压力机生产基地已经投产，并实现产品销售，能量逐步释放。

第二项准备是战略产品更新换代。确立以“打造产品平台、培育新增长点、研制关键技术”为核心的产品研发目标，常规优化系列折弯机陆续亮相，常规优化系列剪板机以及高水准联合冲剪机床研发工作取得突破进展，系列小型液压机投放市场。钢管预焊机、钢管精整机两种新产品、科技成果通过了省科技厅的成果鉴定和省工信委的新产品鉴定，两种产品都达到国际先进水平。

第三项准备是核心技术提升加快。完成了柔性剪切线、500kN 四缸同步折弯机的技术图样设计工作，完成了制管生产线的整顿、优化和升级工作，申报专利 12 项，为长期竞争优势的持续拥有提供有力支撑。

四、抓住营销、物供、生产 3 个关键环节，提升系统反应能力

一是强化营销管理职能，建设国内国际市场。全面推行大区经理负责负责制，扩大销售队伍，深耕细作市场。建立竞争和激励机制，加强对销售人员的考核和激励，强化考核与兑现，提高营销队伍的工作积极性和能动性，提升营销体系执行力和竞争力。

通过采取切合实际、高效的销售流程，制定有效的顾问型销售所需的以客户为中心的行动方案，从捕捉市场信息、制定技术方案、技术部门确认、与用户交流、合同签订到合同执行等都有明确程序，提高了公司对市场的支持力度和响应速度。

二是强力推动供方战略合作，积极降本增效。按照整合、优化、发展、培育战略合作伙伴的整体思路，对供应商体系进行全面梳理、优化整合，通过推行黑名单制度对外协供应商进行审核淘汰。加大对供应商质量业绩考核力度，真正以量化和亮化的质量业绩确定供应商的采购比例。供应、外协部门与稽核处一道，围绕公司年度降本目标，通过招标、比质比价、整合淘汰、拍卖及建立战略合作等途径努力降低采购成本，初步建立起了可靠、稳定、快速的供应链。

三是继续推行大型产品以销定产与常规产品按计划补充生产的组织模式，强化生产的各环节管理。围绕“效率效益”的经营理念，强化产销衔接，以用户急需组织装配，确保市场资源，力控两项资金占用，提高存货周转速度，加快产出节奏。通过强化供应外协配套，关注及解决瓶颈工序，提高生产效率。

五、开展实效管理活动，重塑企业文化

通过聘请外部专家进行实效管理培训、开展全公司大讨论和实效管理活动等，将实效管理落实到企业的各项工作中，逐步形成凡事有人负责、凡事有人检查落实的正常管理形态。企业文化手册编纂已经接近尾声，5S管理正在步入正轨，员工个人行为和良好的企业形象得以重塑。

六、积极实施民生工程和民心工程，解决公司历史遗留问题

一是在资金非常紧张的情况下，坚持增加员工的工资；二是大幅度提高了公司因公外出人员的补助，提高比例达40%，有效化解了职工反映最强烈的老大难问题；三是充分利用国家棚户区改造的政策，彻底改造道北福利区，给职工建房，力争把道北福利区建设成为麦积区高档次的住宅小区；四是为全体员工办理住房公积金，解决了历史遗留问题。

建设创新型研究所　建设创业型新公司

——北京市电加工研究所

2011年是“十二五”规划的开局之年，北京市电加工研究所秉承“一手抓科研、一手抓产业化建设”的发展方针，以科研成果引领产业化，以产业化供养科研，逐步形成了“1个研究中心，3个产业基地”的研发与产业化密切结合的创新模式。继续在超硬材料特种加工、精密数控、精密工模具等领域保持国内的技术领先地位，加大了自主创新技术研发，认真落实国家科技重大专项及“863”计划项目，促进了产业规模化发展取得新进展。

一、国家科技重大专项和“863”重点计划项目研制成果突出

2011年，研究所在落实国家科技重大专项和“863”重点计划项目过程中，坚持自主创新和科技进步，通过努力，承担的国家科技重大专项“高档数控机床与基础制造装备”——“特种材料复杂型面加工的五轴联动精密数控电火花成形机床项目”和“863”计划重点项目“五轴联动精密电火花加工技术与装备”研制工作取得了丰硕成果。

2011年4月，重大专项研制成果“N850五轴五联动精密数控电火花成形机床”获得“国产数控机床优秀合作项目”奖。同年5月，承担的国家“863”课题及09重大专项课题鉴定会隆重召开，专家组一致给予高度评价。项目成功解决了国家重大项目关键部件的制造技术，主要技术指标达到国际先进水平，为国内军工行业打破国际垄断、填补国内空白做出了重要贡献。

2011年11月，研究成果“五轴联动精密电火花技术及装备”项目荣获2011年度“中国机械工业科学技术奖一等奖”。12月，“五轴联动精密电火花技术及装备”项目荣获2011年北京企业评价协会科技创新成果二等奖。

二、在研重大专项研究进展顺利

2011年，研究所积极推进国家04重大科技专项“电控共轨柴油喷射系统制造技术与关键装备的研发及应用”项目的子课题“四工位电火花加工喷孔专用机床的研制”项目，按照项目阶段性目标积极落实进度。项目完成后，将实现加工装备的国产化和工程实用化，打破高压共轨喷油系统的数控电火花加工装备受制于人的局面，全面提升我国汽车行业整车研发能力并带动相关行业的生产能力。该项目于2011年8月通过了二期评审。

三、知识产权、科技成果工作成绩显著

2011年，研究所积极申报科研课题，共申报11项。其中，国家级项目2项，“十二五”预备项目1项，国家自然基金项目1项，市级项目6项。包括：北京市科技新星计划和北京市优秀人才项目各1项，北京市自然基金项目1项，2012年创新工程1项，北京市博士后基金项目2项。

全年申请专利16项，其中，申请发明专利5项，实用新型专利11项，有10项专利获得授权。发表国内外学术期刊及会议论文19篇，其中7篇被SCI/EI/ISTP收录。于家珊编著的《电火花加工基础理论》由国防工业出版社出版。

2011年11月，由研究所承办的“全国电火花成形加工技术研讨会”获中国机械工程学会学会工作成果奖。

2011年是研究所科研成果的丰收年，共获得各种奖项7项。其中，部级奖1项，北京市奖项2项，行业奖3项，院级成果奖1项。其中，“五轴联动精密电火花技术及装备”项目荣获2011年度“中国机械工业科学技术奖一等奖”；“N850五轴五联动精密数控电火花成形机床”获得“国产数控机床优秀合作项目”奖；“AA50型和B30E型”两款精密数控电火花成形机床被中国机床工具工业协会特种加工机床分会评为“达标认定优等产品”，这是全国生产数控电火花成形加工机床的数百家企业中唯一一家获得此殊荣的产品；“AA50型、N850型”两款精密数控电火花成形机床获2011年“中国机械工业创新产品奖”；“五轴联动精密电火花技术及装备”项目荣获2011年北京企业评价协会科技创新成果二等奖；“AA50精密数控电火花成形机床”获北京企业评价协会科技创新优秀产品奖；“电火花加工机床专用全浸液数控转台”获北京市科学技术研究优秀科技成果奖。

四、加强合作平台建设，提升资源整合能力

积极参与首都科技条件平台建设，整合行业资源，面向政府和市场提供服务。坚持科研与产业发展并重，创新与服务社会并重，集中国内多轴联动数控电火花加工技术研

究和应用的优势单位联合组成“产、学、研、用”相结合的创新研发模式,利用社会强大的资源、实现优势互补,促进人才全方位的培养与队伍建设,技术转化、成果推广以及产业基地建设。与北京工业大学等高校进行技术合作及人才培养,优化科技资源配置,形成技术辐射效应。

五、强化培训与交流,提高员工队伍素质

2011年,为加强员工队伍建设,研究所注重员工队伍的素质培训。2011年,先后组织了4次培训,4月份,举办了“TRIZ创新方法及40个创新原理”培训;5月份,举办了为期两天的ISO 9000族质量管理体系标准及内审员培训;7月份,组织了“EDM产品研发设计”专业技术培训及“以人为本是企业健康发展的保证”人力资源管理培训。通过培训,为员工队伍开阔了眼界、拓宽了思路,为提升素质、促进管理起到了积极作用。

六、抓好重点实验室建设,搭建科技创新和产业发展平台

2011年,研究所在原院级重点实验室的基础上,进一步推进科技创新体系建设,以研究所为依托,申请认定了北京市电火花加工技术工程技术研究中心。研究中心着眼于国家发展需求,围绕装备与制造技术突破一批亟需解决的关键技术、共性技术,开发具有自主知识产权的核心技术和较强市场竞争力的创新性产品及重大装备,推动产学研用相结合,推进科技成果转化和产业化,打破国外尖端技术封锁,推动我国电火花加工装备制造行业的可持续发展及整体创新能力提升,为我国转变经济增长模式,加快产业调整做出贡献。

“北京精密特种加工技术研究中心”是北京市的重点实验室,也是北京市科学技术研究院12个重点建设实验室之一。研究所重点实验室建设得到了北京市科学技术研究院领导的关注和大力支持,多次投入资金进行全面的扩建和装修,使实验室的科研硬件条件及基础设施得到了进一步提升。

与此同时,研究所在中国特种加工网、北京数控装备创新联盟网和北京市电加工研究所网上加大了对重点实验室的宣传,为行业、大专院校、北京市科研等多家单位进行了以科研、生产为目的的检测和数据分析,建立了合作平台和产业联盟,发挥了重点实验室的优势和作用。当前,正在与上海交通大学、苏州电加工机床研究所有限公司、北京机床研究所等单位共建创新平台,争取得到国家更大的支持。

七、2012年重点工作任务

创建一支结构合理、稳定的科技创新团队,持续提高创新能力。依托3个重点实验室建设,加大自主创新力度,高档精密数控特种加工装备、超硬材料特种加工及精密工模具技术3项主导技术研发水平要跃上新台阶,在保持国内领先水平的基础上赶超世界先进水平。产业发展要以提高加工效率及能源利用率、降低消耗及排放为前提,通过创新能力的不断提升实现产业规模化发展。

(1)加快产业发展步伐,落实产业基地选址工作,为研究所在“十二五”期间实现更大发展奠定基础。

(2)围绕企业做大做强,积极推进技术成果转化与市场应用的对接,拓宽应用领域,扩大市场份额。

(3)做好国家科技重大专项和“863”重点计划项目结题验收工作。

(4)加大高端人才的引进力度,提升科研创新团队的研发实力。

(5)加强对外合作与交流,整合优势资源,促进研究所发展。

坚持创新制胜　实现跨越发展

——湖南宇环同心数控机床有限公司

湖南宇环同心数控机床有限公司是研发生产精密、高效数控系列磨床的重点装备制造企业。创建于2006年,经过几年的发展,从无到有,从小到大,从弱到强,每年保持成倍增长的强劲态势,公司已成长为一家品牌知名度高、成长性好、带动能力强的生产专用数控机床的湖南省高新技术企业、湖南省战略性新兴产业百强企业、长沙市四大千亿产业集群重点企业。

一、科技创新,立足之本

科技发展是第一生产力,创新是企业发展的动力,是企业可持续发展的源泉。公司以振兴民族装备制造业为己任,坚持以自主创新作为加快企业发展的有力支撑,坚持以科技创新,引领企业的发展。公司拥有省级企业技术中心和一批从事磨削技术研究的高水平高素质的工程技术骨干,对产品的设计及在制造过程中的所具备的极其丰富的理论研究与实践经验,同时,依托国际化的专家队伍和湖南大学、中南大学、浙江工业大学在国内外磨削领域的前瞻优势,引导各类创新要素向公司聚集,在磨削领域锐意进取,不断提高原始创新、集成创新和引进消化现创新的能力,通过技术创新等手段,形成了自己的核心优势。公司每年投入的科研经费都在销售收入的5%以上,拥有各项专利36项。几年来,通过不断加强创新能力建设,在高精度柔性复合磨削技术、非圆车削数控加工技术、超高速磨削工艺参数技术、超高速磨削在线自动检测与自动控制技术集成技术、CBN磨削技术、内置式静压导轨技术、单/双面研磨抛光技术、磨削软件的开发和应用上取得了突破;在高效数控磨削技术及精密数控磨床方面,陆续开发出数控双端面磨床系列、精密数控研磨抛光机系列、全数控凸轮轴磨床系列、数控非圆复合车铣加工中心、全数控气门磨床和动静压电主轴等六大系列产品。高端数控机床及关键功能部件装备的技术水平均为国内首创,替代了进口产品,达到国际领先和先进水平及国内领先水平。产品广泛应用于汽车、航空航天、IT电子、船舶、轴承和密封件等行业,在广大用户中享有盛誉。

公司多项产品荣获国家重点新产品奖,中国内燃机百年成就奖,湖南省科技进步奖二等奖、三等奖,湖南省新产品创新奖,湖南省名牌产品等奖项;承担了国家科技支撑计划项目、科技部中小企业科技型创新基金重点项目、国家发改委中小企业技改等项目。公司曾获国家、省、市级等各种科技奖励30多项。

二、品质创新,拓展市场

质量是亘古不变的制胜之道,全面的质量管理是企业管理现代化、科学化的一项重要内容。在多年的经营运作中,公司始终把质量放在第一位,把质量工作放在突出位置来抓。公司成立了TSO办公室,配备了专人负责该项工作,制定了一系列质量管理手册和各项规章制度,通过QC小组展开各项活动。同时,公司明确在实施质量管理战略计划时,各层管理者担任起不同的责任:公司高管层确立企业的发展目标,建立组织内外的沟通渠道,以及在质量控制与顾客对质量的要求和顾客期望值之间建立密切的联系和起桥梁作用;中层管理人员在推动企业在各方面的改进和发展中,承担具体项目的管理责任,负责跨职能部门的交流,以及确保企业内部的工作质量符合或超过标准,切实加强了质量工作的统筹、规划和组织领导。

公司通过培训讲座等方式培养员工的质量意识。利用班组会、质量分析讨论会和产品质量宣传栏,使员工在思想上重视产品质量,在工作中精细打造,创造品质卓越的产品。同时,公司不断加强生产安排的科学性、计划性,把6S管理贯穿于日常工作中,充分调动员工的工作热情和提高凝聚力,充分发挥每个人的能力,控制好每一道工序,发现问题及时处理,让优质产品发送到客户手中。

为进一步拓展市场,扩大产品应用范围,公司的主要举措:一是做好的产品,提出了“精工细作”的制造理念,把产品当成艺术品来做,做到了不合格品不流向下一道工序,不准进入市场;二是加强销售办事处的建设,与客户零距离接触,反馈最新信息;三是技术延伸服务,参与客户立项,技术讨论,给出专业意见,产品设计时实地了解客户工况和工艺流程,让使用单位获得即满足性能要求又很人性化的设备;四是利用公司厚实的技术底蕴,将触角由原来的汽车内燃机行业伸入到了轴承、家电、密封件及以Apple为代表的智能数码产品的IT电子行业,并取得了显著成效。

三、超前战略,引领发展

公司结合发展实际,综合运用目标集聚战略、差异化战略、成本领先战略实现了在目标市场占有率第一的阶段性目标。

目标集聚战略就是指集中所有的资源做一种产品。集中有限资源,发展数控双端面磨床是公司成立以来业务发展的核心战略,通过几年的专心经营,成功实现了在行业内市场占有率居于前列的市场地位。当前,公司又将资源向智能型单/双面研磨机床转移。

差异化战略就是指人无我有、人有我优、人优我特。近几年,公司创造性地开发的数控双端面磨床、数控非圆复合车铣加工中心、数控气门磨床和数控单面研磨抛光机床等产品均居市场前列。

成本领先战略就是指按照“利润 = 营业额 - 成本”计算公式,运用科学管理方式,不断降低各项成本,实现利润最大化。2011年,公司利润又创新高,这与总成本领先是分不开的。

四、核心竞争力,建设成效

1. 实施管理机制创新,提升核心竞争力

2011年,公司深化机制创新,强抓风险管控,逐步建立起风险预防审计内控机制和规范化、精细化生产管理模式,提高了物资采购管理能力。严格生产过程计划指导和调控程序,严格以工艺流程管理产品制造全过程,严格以产品检验标准控制产品质量,保障了经营质量,提高了经营效率,提升了企业核心竞争力。

(1)为激发经营活力,培养更多具有经营意识的管理人才,实现提升效率和降低成本的目标,划小核算单位,成立项目部,把“划小核算单位”的经营理念贯彻到全员、全过程,采取从点到面、从局部到全面的策略,推进和实施项目负责制。

(2)加强供应链建设,创新采购模式。公司积极采用约谈供应商二次降价、年度协议采购降价、批量材料采购降价、征得用户许可后更改供应厂家降价及与供应商签署“阳光廉洁公约”、“供应商承诺书”等多种措施,奠定竞争力的基础。

(3)强化风险管控,保障公司稳健发展。公司设立内控部,所有合同必须进行综合评审,所有费用必须发生在年度计划之内,所有部门内控部对其进行绩效考核。在经营上,全面强化应收账款管控,保证资金有效运转;千方百计强降库存,盘活资金规避风险;持续推进内控体系建设,改善基础管理,提高经营效率。

2. 大力实施人才战略,提升核心竞争力

公司以“全员人力资源管理”的思想为核心,深入践行人才战略,注重人才的“选、育、用、留”,外引内培工作取得了良好的成绩,大大提升了企业的核心竞争力。

2011年,公司继续实施人才战略,注重人才培养,不断培养高素质、年轻化、职业化的人才,培养和树立员工的共同目标感、使命感、责任感、荣誉感,促进员工综合素质不断提高。同时实施“全员招聘”政策,加大成熟人才引进力度,弥补人才结构短板,提前做好战略人才储备,全年引进中高级成熟人才11名,录用“211”及“985”重点院校对口专业应届毕业生85人;在加强人才引进与储备的同时,推行末位淘汰制度,优胜劣汰,保持团队活力,采取定期考评与侧面调研等多种评价手段对末位员工淘汰;实施了基于战略发展的领先型薪酬策略及构建H型双晋升通道任职资格体系,打通员工成长通道,实现人企共赢。

引领行业技术发展　提升众环核心竞争力

——呼和浩特众环(集团)有限责任公司

呼和浩特众环(集团)有限责任公司(简称众环集团)是中国机床附件行业的重点骨干企业和排头兵企业,有着70多年的悠久历史,是当前世界上规模最大的卡盘制造企业。

近年来,众环集团坚持以科学发展为主题,以加快经济发展方式为主线,以产业结构战略调整为方向,以惠民强企为目标,全面实施“12345”战略,在壮大经济总量中调整产品结构和产业结构,自主创新能力明显加强,各项工作都有了跨越式的发展。2007年,生产实现历史最好水平,达到年产卡盘58.6万台;2010年,实现销售收入3.25亿元;2011年,完成各项经济指标,实现了“十二五”的良好开局。

一、新品研发成果斐然

1. 做大、做强常规产品

1966年,众环集团搬迁至呼和浩特市,生产三爪卡盘、气动卡盘、气缸及气动操纵阀4个系列、23个规格的附件产品,2011年,已发展到17个品种、50个系列、近900个规格的手动常规产品,产品产量已达50余万台,远销60多个国家和地区,具有60%的国内市场占有率和80%的国际市场占有率,是该类产品的国家标准的起草单位。

做大、做强、做精是摆在众环人面前的主要任务,自2004年以来,众环集团共研发新产品21种、60多个系列、近600个规格,极大地满足了不断变化的内、外销市场的需求,保障了企业快速发展所需的动力和源泉。其中,500mm以上的大规格产品有68个规格,占总数的17%,产品结构继续向特、大、精、尖方向转变,具有代表性的产品有K11800以上大规格三爪手动自定心卡盘、KL51三爪/六爪系列立车卡盘等。

随着国际油价上涨,各国对国内石油的开采步伐加快,相应主机厂对石油管数控车床的生产也直线上升,与其配套的功能部件的需求量加大,国内该类卡盘的开发尚属起步阶段,众环集团具有开发K53、K58、K59系列产品所积累的宝贵经验,2011年推出全系列K53D、K59D大通孔、大行程管子动力卡盘,“十二五”期间,将实现批量产业化的生产能力。

2. 动力卡盘及配套液压缸提档、上量

自20世纪80年代起,众环集团就致力于动力卡盘与液压缸的研发工作,近年来公司共研发新品9种、34个系列、150多个规格,年产量可达10 000台。其中,以符合日标产品的中空、中实以及配套的液压缸为主打产品,高附加值的特殊夹具也在逐步形成规模,可为国内沈阳机床集团、宁夏长城数控机床厂、南京数控机床集团等数十家行业厂生产的数控机床配套服务。供应重庆ABB的产品获得了用户好评,已成为稳定的供需关系,摆动爪式指型夹具是为加工缸体而开发的,KL5421全密封防水卡盘是适应中小型数控立式车床而开发的,KL54430、590立车卡盘是为齐重开发的专用夹具等。研发高精度、高速度、高寿命和高可靠性的产品是众环数控装备公司一直不懈追求的目标,到“十二五”末期,众环集团将努力实现数控产品产量国内占有率达到20%的目标。

3. 刀库类产品异军突起

众环集团2005年开始生产刀库,在国家发改委和中国机床工具工业协会的大力支持下,集团公司从刀库的基础抓起,全面致力于自主研发,取得了骄人的成绩,已研发出圆盘式、斗笠式、链式和直排式等七大系列100余种规格的数控刀库产品。其中,盘式分斗笠式、圆盘机械手式等主要以BT系列为主;链式分整体式和翻刀式,主要以BT50大链式为主;排式主要以直排式为主,产品涉及JT、BT、HSK和CAT等各类刀柄型号。众环集团已形成年产3 000多台的生产能力,并为国内30多个主机厂配套刀库产品。

4. 加工中心机床用主轴将成为新的经济增长点

2010年机床工具行业统计数据显示,高档数控机床的产量突破20万台,按照数控车和加工中心2:1的比例关系,加工中心产量7万多台,其配置主轴基本是电主轴和机械主轴两种形式,市场配套量可见一斑。2011年上半年,数控公司完成了加工中心用主轴研制工作,下半年进行了联机测试,“十二五”期间可实现其产业化。

二、企业标准化工作重任在肩

众环集团作为行业的龙头企业,承担着卡盘国家标准的起草工作,其产品标准的制定工作一直指导着附件行业的发展,为行业的发展做出了很大贡献。其中,最早的卡盘标准是公司1960年起草的机床(GC)47-60~51-60《三爪自定心卡盘基本尺寸和参数,四爪单动卡盘基本尺寸和参数,三爪和单动卡盘精度,高精度卡盘精度,卡盘制造和验收技术要求》,该标准为卡盘行业的标准制定奠定了基础。众环集团为行业制修订了数十项标准,并多次获得全国金属切削机床标准化技术委员会机床附件分会标准化工作先进单位称号。由于公司多年来一直致力于行业的标准化工作,2008年5月13日,国家标准化管理委员会批准成立了“全国金属切削机床标准化技术委员会机床附件分技术委员会卡盘工作组(SAC/TC22/SC9/WG1)”,公司任组长单位(标委办综合函〔2008〕44号),负责卡盘领域国家标准制修订工作。

自数控刀库产品研发成功后,众环集团开始参与起草多项刀库标准。因而众环集团既是滚动功能部件分会标委会委员单位也是机床附件分会副主任委员单位,足见其在行业中的地位。

三、加快工艺路线调整及新生产线建立

随着机床工具行业的快速发展,众环集团在“十一五”

期间,为了加快技术进步、技术改造的步伐,扩大产能,优化产品结构,分别做了几大工艺路线的建立和调整,充分体现了众环集团领导的忧患意识及前瞻性,为众环集团的可持续发展,提供了相应的技术保证。

为了实现高精度产品的批量生产模式,企业新建独立的生产单元——钢盘体高精度手动卡盘生产线,以完成K15、KM31(G)、KM33(G)系列产品的生产制作。

数控刀库的生产在国内一直是个空白,不是主机厂自己生产,就是通过中国台湾及日本进口,或者少数合资企业生产,这直接影响了加工中心的发展步伐。众环集团始终以发展民族工业为己任,义不容辞地承担了数控刀库的开发任务,由当初的机修分厂开发出了国内第一台斗笠式刀库,发展到现在建立的国内第一条数控刀库生产线。

为了提升铸造公司产能,响应国家节能减排的号召,改善工人劳动环境,推广消失模铸造的新型工艺技术,使之应用到卡盘的铸件铸造上,众环集团从2009年开始规划筹备,在2010年底终于建成了国内第一条卡盘消失模铸造生产线,并很好地在K72400卡盘铸件上得以体现,铸件合格率达到90%以上,很好地缓解了铸造的生产压力。

为了充分发挥六分厂在生产"特、大、精、专"产品方面的优势,扩大K51、K52系列动力卡盘的产能,合理利用四分厂厂房资源,对铸铁体动力卡盘生产线进行了调整(由六分厂调整到四分厂);短锥压盖调整到一分厂。重新对六分厂工艺路线进行调整,并进行相应的重新排布,建立特、大、精、专卡盘生产线,解决了大规格卡盘上量问题。

四、加强设备自制、改造及引进

众环集团的自制专机一直引领同行业,并为行业的发展做出了巨大贡献。近年来,数控机床快速发展,通用数控机床替代了专机的一些功能,但其实用性、生产效率无法代替专机,数控淬火机床的研制就是一个典型的范例,它能够实现钢盘体一次装夹,三等分工字口上下六面的自动加热,自动冷却的热处理规范,在国内卡盘业也是个创举。

众环集团为了适应自身发展需求,提出自制数控加工中心、高档数控车床以满足企业数控化改造步伐,以保证生产高档产品所用工作母机的先进性。已成功研制数控加工中心10台,钻削中心1台。老旧专机的数控化改造得到了很好的落实,为产品提高竞争力、减少劳动力开辟了新思路。

K-33瑞士斯来福临数控内外圆磨床、MGKF1600/5立式数控磨床、龙门镗铣床等一大批高精度、大规格关键设备的引进,大幅度地提高了产品质量的稳定性和可靠性,并提升了产品的外观档次,扩大了产品的加工范围。千吨压力机的修复使用、炉窑天然气改造的完成为锻造公司提高产能、降低消耗、改善工作环境起到了很好的作用。

五、知识产权、专利申报迈上新台阶

自2006年开展专利工作以来,公司加大了对自主知识产权的保护力度,对具有自主创新的核心技术和专有技术,在法律上加以保护。通过该项目工作的有效推进,促进了企业各项工作的开展。公司在知识产权工作方面主要做了如下工作:制定了"呼和浩特众环(集团)有限责任公司专利工作管理制度",共申报专利23项,授权18项,并获得了2006年"内蒙古自治区专利试点企业"称号,完成了自治区重大自主知识产权成果的申报,并使公司的一项专利成为自治区十大重大自主知识产权成果之一;完成了自治区自主知名品牌培育专项项目及第四批全国企业事业单位知识产权试点工作的项目等,使公司的知识产权保护及利用工作迈上了新台阶,极大地提高了公司的知名度和企业形象。

2011年,企业在成功获得"数控刀库"重大专项国家支持的基础上,又成功申报2个国家重大科技专项,取得1项参研项目资格。

六、信息化建设稳步推进

众环集团作为呼和浩特市装备制造业的"双甩"示范样板工程企业,得到了政府科技部门的大力支持,现已初步形成了技术研发局域网。2009年,又在此基础上对以研究所、工艺装备部为核心涵盖数控公司、刀库事业部等研发部门的局域网进行了扩充,引进了先进的图文档管理软件,同时为了保证众环集团技术部门与国内外主机厂和国外客商在互联网上的技术交流保持畅通,还引进了一套AutoCAD绘图软件,保证了各部门对外交流的方便和可靠。在北航CAXA售后工程师的指导下,搭建了众环集团技术交流平台,为众环集团实现技术信息资源共享打下了良好的基础。

2010年,众环集团ERP信息化的招标成功,标志着众环集团信息化迈上了一个新的台阶,研究所、工艺装备部及各分厂工艺人员在信息办公室的指导下,通过技术资源的录入,为企业信息化的实施打下了坚实的基础,而且众环集团产品编码手册也已基本完成。

七、加大人才激励机制

为了调动广大工程技术人员的积极性,激发技术人员队伍的生机活力和不断进取的精神,稳定现有技术人员队伍,吸收大中专毕业生,增强企业的技术实力,自2004年开始,企业相继出台了各种用人、留人机制,充分诠释了给想干事的人以机会,给能干事的人以平台,给干成事的人以地位,这一经营理念。

自2004年起,公司每年评选10名技术拔尖人才并享受技术津贴;自2009年起,共有17个单位、96人次、57名职工享受内聘专业职务待遇;自2007年起,工程技术人员实行项目负责制,至今共进行了6次评定,评出一类项目37项、二类项目31项、三类项目37项。

自1992年开始,公司设立"科技进步"奖,表彰了在企业科技进步工作中做出突出贡献的集体和个人近千人次,充分调动了科技人员的积极性和创造性,尤其是2005年以后,奖励力度进行了两次大幅度调整。

人才激励机制的有效实施,加快了企业科技进步的步伐。2007年,数控刀库及刀具自动交换装置的研发项目荣获呼和浩特市科技进步奖一等奖,自治区科学进步奖三等奖;KL51系列立车卡盘获得自治区职工"经济技术创新工程”活动重大创新成果奖；杠杆式火车轮毂卡盘获得呼和浩特市科技进步一等奖。

“十二五”时期是我国机械制造业转型升级的攻坚时期，众环集团将紧跟行业步伐，全面做好主机配套服务，立足本岗，勇于创新，为引领行业技术发展，全面提升众环集团核心竞争力而努力。

调结构、转方式、上水平 实现科学发展、和谐发展、可持续发展

——云南合信源机床有限责任公司

云南合信源机床有限责任公司是云南省生产、销售磨床的专业骨干重点企业。2001 年 2 月，公司通过了中国进出口质量认证中心的审核，并获得 ISO 9001 质量认证证书。2009 年，被昆明市工业和信息化委员会认定为市级技术中心，被昆明市科技局确定为创新型试点企业；是云南省科技计划项目承担单位、云南省机械行业重点企业和云南省高效精密数控机床创新战略联盟第一届理事单位。公司现有职工 300 余人，工程技术人员占 15%。

云南合信源机床有限责任公司前身是建于 1969 年的云南第二机床厂，2005 年改制为股份制民营企业。历经 40 多年的发展，特别是近 5 年的巨变，公司产品从手动型、小规格到数控、大型龙门平面、导轨磨床，实现了跨越式发展。

公司现有六类、9 个系列、130 种规格的磨床产品，其中数控产品 16 种，以满足用户的不同需求。卧轴矩台平面磨床是公司的支柱产品，已形成规模化生产，是云南省的特色产品。2010 年该产品被评为“昆明名牌”产品。“COSIS”商标被认定为云南省著名商标。现已形成年产 1500 台的生产规模，每年有 10 多个品种轮番生产，产值和销售超过亿元。

一、技术改造

“十二五”期间，公司将实施“产品结构调整技术改造”项目，研发数控外圆磨床系列产品，扩大数控龙门导轨磨床的年产量，对卧轴矩台平面磨床进行技术升级。在项目实施期间，公司将进行大规模技术改造，实施产品结构调整，用高效、先进的数控设备逐步替代低效率的手动普通机床，提升产品技术含量，提高产能。

公司投入改造资金5 000万元，购进数控、高效、绿色环保设备约 70 台(套)，提高现阶段工序能力，为将来开发高附加值新品奠定基础。到“十二五”末，公司产值将达 3 亿元，产量达2 000 台，数控机床产量占 15%，利税为3 000 万元。

二、新产品开发

公司从事磨床生产研制已有 40 年的历史，生产了市场高知名度的 MY1432、MY1420 系列外圆磨床和 MD2115 内圆端面磨床等产品。企业改制后，加大了新产品的研发力度，先后开发生产了几十个普通平面磨床产品满足市场需求，特别是 YM－71100 大规格平面磨床(台面尺寸：1 000 mm×4 000mm)的研发，创造了国内磨头移动式磨床之最。2007 年，公司开始数控机床的研发，先后成功研制生产了 YM－6001 数控六工位铣床，TKJ7140 数控镗床，MKT7130/HS 缓进给数控磨床，MKY7180×16/75 数控精密平面磨床，MKT7130 数控精密平面磨床，YM－K2212、YM－KD6516 数控龙门磨床等一系列数控机床，掌握了 PLC、数控系统、比例调整液压系统、动静压主轴以及静压导轨等关键技术的运用，培养了一批精通专业的技术人员，造就了一支勇于自主创新的研发队伍。新产品的不断推出使公司经济实力不断强大，产销每年都在高速增长，为新产品的研发夯实了经济基础。

公司以市场为向导，以“系列化大型数控龙门导轨磨床产业化”为发展方向。开发了 800mm、1 000mm、1 200mm、1 600mm 和2 000mm 等不同规格大小的 20 余台系列数控大型平面、导轨磨床，提升了产品的技术含量，增强了公司的技术实力。2010 年开发新产品 11 种；2011 年开发新产品 9 种，其中数控产品 7 种。

三、市场开拓

经多年的运作，公司辐射全国的销售网络培养和锻炼了一支精干、高效的营销团队。近年来，为积极应对机床行业市场变化，加大加快市场结构调整，不断提升企业品牌知名度和产品占有率，公司与昆明机床厂、云南机床厂成立了云南机床销售联盟，并先后授权了 10 家销售旗舰店，强化了东北、中原、华东、东南、中南和西南等地的销售。这些旗舰店秉承“广义销售”的全新理念，集产品展示、销售、人员培训、服务、配件和信息为一体，提供全过程、全方位的优质服务。这一全新的销售模式，在复杂、多变的市场竞争中，显示了强大的生命力，开创了市场营销的新局面。

四、节能减排

公司在可持续发展理念指导下，通过技术创新、设备更新，转变发展模式等多种手段，尽可能地减少对环境的污染和资源的浪费。一方面，要推行绿色制造，使产品从设计、制造、包装、运输、使用到报废的整个周期中，对环境的负面影响最小，资源效率最高。另一方面，对在用设备要加大投入，加大更新改造力度，淘汰耗能高、效率低的设备，实现节能减排。

2011 年，公司节能减排技术改造项目取得了较好成绩，淘汰耗能高、效率低、故障多的，“三漏”(即漏油、漏水、漏气)设备 68 台，节电 50 万 kW·h；改造全部高耗能发电调速刨床为先进节能直流调速刨床。

五、走“产、学、研”的发展道路

本着“优势互补，不求拥有、但求所用、共同发展”的务

实原则，经认真协商，在前期良好合作的基础上，公司与云南省机械研究设计院达成战略合作协议，形成“产、学、研”的研发合作模式。

云南省机械研究院拥有一批在机械研究领域有较强理论和实践经验的科技人员，现已形成工程分析优化及工艺数值仿真、机械及机床性能精密测试分析、先进模具设计制造三大核心学科。其省机电一体化应用技术重点实验室配备有当前国际上先进的硬软件设备，成为云南合信源机床有限责任公司在技术进步和新产品开发的强有力的技术支撑。2010 年以来，双方已开展活动，联合向云南省科技厅、昆明市科技局申报了科技计划项目，取得了较好成绩，有力地促进了公司的技术创新工作。

六、稳定科技人员队伍

企业是技术创新的主体，工程技术人员是技术创新的载体，是公司的宝贵财富，基于这种观念，公司积极为工程技术人员提供学习、培训及发挥才干的平台。近年来，公司多次邀请西门子、华中数控、广州数控、航天数控等外围设备厂商来公司和广大技术人员进行交流、培训；安排工程技术人员到北京、上海、广州、深圳、重庆和西安等地参加机床展会，开阔眼界，增长专业知识；组织大家动脑、动手，总结工作经验，撰写科技论文。

滚动体磨削工艺装备的发展机遇

——安庆机床有限公司

安庆机床有限公司生产的光、磨、研钢球加工设备中3M49、3M79 系列钢球光球机体现出独特的设计和制造技术，具有良好的加工效率和可靠性。公司已经成为专业化生产制造企业。

立轴有磁通过式圆锥滚子球基面磨床是安庆机床有限公司的主导产品之一，已有几十年的生产历史，当前国内仍有不少轴承（滚子）生产厂家使用这种磨床，该机床在推动我国圆锥滚子加工技术的进步中产生过重要影响。

安庆机床有限公司创建于 1955 年，原机械部定点生产厂，有 50 多年生产制造机床的经验，是中国机床工具工业协会、中国轴承工业协会会员单位，还是中国轴承工业协会向全国轴承生产企业推荐的工艺装备制造企业，安徽省机床工具工业协会理事单位，安庆市首批高新技术企业。拥有门类齐全的金属切削设备和铸造、锻造、热处理及铆焊、起重等大型生产设备 80 余台。注册资本2 470万元。占地面积约 5.1 万 m^2，建筑面积约 4.7 万 m^2，现有员工 165 人，大专以上学历 50 人，技术开发人员 20 人。2007 年初企业改制并通过了 ISO 9001 质量管理体系认证。公司为民营股份制企业，当前是安徽英德利集团属下一级法人单位。

安庆机床有限公司依托 50 多年积淀的文化底蕴，功底强实的技术力量，从生产一般通用机械、阀门到生产车床、龙门刨床、摇臂钻床、弓锯床、珩磨机、水泵等多种机械产品，当前以轴承滚动体专用机床和数控专机为主要产品，其间安庆机床有限公司历时三个转型阶段。

一、消化吸收，推陈出新

1975 年，因国家产业政策结构调整，安庆机床有限公司从上海机床厂接受转产 3MT4320A、3MT4320 × 160、3MT4310、3MT41100 锥滚子球基面磨床、3M4630 钢球磨床共 5 种产品，被一机部确立为全国生产轴承滚动体磨床定点生产厂。1976 年，与太原第一机床厂合作生产 CQ6137 车床，CQ6125 型普通车床，BQ208、BQ208A、BQ208B 龙门刨床。公司融合引进技术，消化吸收，推陈出新，开发出 3MW4650、3M4640 钢球磨床，3MT4320 × 200、3MT4317、3MT4325 锥滚子球基面磨床，并通过部、省级鉴定，荣获安徽省、安庆市各类荣誉证书。

为解决各轴承厂在钢球加工精研工序的有关问题，1983 年安庆机床有限公司与哈尔滨轴承厂联合研制 3M4740 钢球研球机，1984 年通过了部级鉴定。该机床系卧式主轴、立式料盘大循环精研机，生产效率高，结构紧凑合理，占地面积小，操作维修方便，采用了独特的弹簧保压装置，压力稳定，电动机总功率比同类机床小，操作安全，加工钢球精度高，在国内外同类机床中是一种独特型式、新颖的高精度钢球加工精研设备，是钢球厂家对 $\phi4 \sim 10$mm 钢球超精研加工的理想设备。该机床为我国首台钢球精研机，填补了国内空白，并为我国后续精研机的持续开发奠定了强实的基础。1984 年获安徽省科技进步二等奖；1988 年，获安徽省优秀新产品奖。

20 世纪初，安庆机床有限公司着力研发研球机系列机型，开发出 3MG77 系列 3 种机型。2008 年，公司持续开发出 3MM77 系列精密卧式钢球研球机，首次使用了光栅定位及自动车盘装置，保证了设备的定位精度和精度保持性。该机床属国内领先技术，已获得 3 项专利，并获安徽省科技成果奖、安庆市科技成果三等奖；2010 年获安徽省高新技术产品证书；2011 年获安庆市科技奖励基金；2012 年申报国家创新基金；成果转化 3M77 系列大规格钢球等 3 种机型。2011 年，公司又新开发立式钢球研球机，2012 年开发改进机型立式钢球研球机，形成立、卧两大系列研球机共 9 个品种，磨球机 4 个品种，光球机 4 个品种，真正实现钢球加工工艺过程的全覆盖。金属球加工精度等级可以稳定达到 G10 级，一些制造商可以稳定生产出 G5 级或 G3 级高级别的钢球。公司依托核心技术，不断开展技术创新，推陈出新，始终使公司的核心技术走在同行前列。

2011 年，公司共申请 7 项专利，其中已获专利证书 4 项，已受理专利申请 3 项。

质量优势的关键在于精度。公司先后承担了国家标准、行业标准的起草制定。负责制订《钢球研球机　第2部分:技术条件》、《钢球光球机　第2部分:技术条件》;负责修订《钢球研球机　第1部分:精度检验》;参与制订《钢球加工机床　安全防护技术条件》、《钢球磨球机　第3部分:高精度机床　精度检验》。企业主动参与国家、行业标准的制定,在一定程度上帮助企业通晓行业规则,在行业标准化组织取得了话语权。

二、转型升级,谋求发展

"工欲善其事,必先利其器"。公司的钢球生产设备已经能够加工 $\phi3\sim75$mm 的各种规格钢球产品,中小球精度可达 G5 ~ G3 级。在替代进口设备方面取得了突破性进展,已完成多批次出口任务。

3MT4317、3MT4325 锥滚子球基面磨床采用连续通过式的磨削方式,大直径双粒度宽砂轮、动静压主轴技术,极大地提高了主轴回转精度和使用寿命。但由于采用了电磁盘吸持滚子,滚子加工以后需要退磁。2009 年,在外聘专家的协作指导下,公司成立了滚了磨床专题组。2010 年,公司成功开发出 3MZ4325 卧轴无磁往复式圆锥滚子球基面磨床,结束了公司没有无磁磨床的历史。该设备为滚子基面磨削的高端设备,采用西门子或法那科全数字伺服控制系统,实现"人机对话",并具有故障自诊断功能;为无磁式全自动单机,也可用在圆锥滚子磨加工自动生产线上批量加工Ⅱ级精度的滚子,且为磨削Ⅰ级滚子预留了空间,为该系列机型的成果转化奠定了基础。

20 世纪 90 年代初期,上海宝山钢铁公司进入三期工程期间,按照重庆钢铁设计院提出的功能参数和技术要求,委托安庆机床有限公司设计制造了首台符合使用要求和技术性能的双端面数控铣床。在此之前,国内双端面数控铣床均从西德、日本引进。在"十五"及"十一五"期间,由于该设备工作精度稳定,效率高、性能好,先后为宝钢、马钢、鞍钢、太钢、新钢、莱钢及北钢提供了 20 余台此类技术装备。为满足多种试样的加工需求,公司先后开发出 XK3616、XK3616A、XK3620、XK3627、XK3627A、XKZ3627、XK3628 等多种规格的双端面数控铣床。其中,XK3628 数控双端面铣床是 2010 年开发的性能更优、自动化程度较高的拓宽品种,采用五轴联动技术,实现自动换刀,解决了冶金行业在双端面铣床上不能换刀的难题;2011 年获安徽省首台套重大技术装备荣誉证书,双端面铣削加工中心—自动换刀装置已申报专利。2004 年为太原钢厂实验室成功研制 XMK3530 铣磨复合机床,完善了产品性能升级。公司荣获上海宝钢集团授予"设备制造优胜单位"称号。

当前,公司主导产品有轴承滚动体加工设备(钢球加工机床、锥滚子球基面磨床),冶金材料试样加工设备[数控双端面铣床、数控双端面(开肩)铣床、数控铣磨机床、上海宝钢夹钳装置等],活塞环加工设备(单轴镗床、双轴镗床、全自动珩磨机等)。

三、提升产品的技术水平,着力满足用户新需求

为符合国家的环保发展要求,研制高效节能、低噪声的钢球光、磨设备是今后公司努力的方向,研球机要求采用 CNC 技术、智能化远程控制技术和在线测量技术,以实现自动控制,将钢球加工精度稳定提高到 G3 级水平,加速我国钢球加工设备的更新换代的速度,进一步优化钢球加工设备联线的合理配置,紧跟国际先进水平,持续创新,提高钢球加工效率。

为满足高公差等级滚子的制造,必须严格标准要求,努力提高实物质量水平。为促进Ⅰ级滚子制造技术的发展须持续开发高效精密滚子加工高端设备,成果转化数控卧轴无磁圆锥滚子球基面磨床系列机型,使科研成果在生产领域转化为实际生产力。

数控机床延伸了人类的脑力,随着复合加工机床、五轴加工机床的应用日渐增多,公司不仅要充分利用现有的科研成果,如何把控高端机床的市场潜力和效益将是今后研发的重点。

我国滚动体磨削工艺装备的发展前景广阔,机遇和挑战并存,唯有立足国内,面向世界,吸纳国外先进技术和先进制造经验;不断创新、努力进取、在提高核心竞争力同时,尽量缩小与发达国家间的差距。在数控智能化技术方面加大研发投入,为此,企业必须持续以知识、智力资源作为驱动力,实适完善产品的更新与拓展,在更广泛的空间完成产品的转型升级,确保公司始终秉持"自力更生、发奋图强、自主创新、艰苦奋斗"的精神,遵循"科学设计,精心生产,持续改进,争创一流"的质量方针。

加强自主创新能力　提升企业核心竞争力

——新乡日升数控轴承装备股份有限公司

新乡日升数控轴承装备股份有限公司(简称新乡日升)专业研发和生产数控精密轴承专用设备及自动线、汽车零部件精密加工专用设备生产线及磨超自动线、精密钢球成套装备生产线,是中国轴承工业协会理事单位、中国机床工具工业协会磨床分会理事单位、磨床分会标准化委员会成员单位,国家级高新技术企业、河南省科技企业,河南省轴承装备工程技术研究中心、省级企业技术中心,河南省知识产权优势培育企业,河南省风电产业技术创新战略联盟成员单位,是国家级的洛阳轴承研究所指定数控轴承设备生产基地、河南科技大学轴承专业挂牌实习基地。2009 年,公司通过 ISO 9001:2008版质量体系认证。

新乡日升坚持科学发展观,走以科技创新、体制创新、管理创新为核心的产业结构调整道路,紧紧围绕政策导向、产业导向、市场导向,坚持人文管理,持续进行科技创新、体制创新、管理创新；走产、学、研、用相结合的科技发展道路，构建国内外技术、信息、市场交流平台；实现组织结构优化，产业结构提升，产品及工艺技术进步，创省优产品、名牌产品的目标；进行知识产权管理与制度建设，并运用知识产权制度提高企业自主创新能力。主要做法：一是要突出专利、商标、标准在企业知识产权的主体地位，企业建立知识产权制度，大力开展发明创造，重奖重大知识产权发明创造者。二是要发展轴承装备产业自主知识产权专利、行业标准、国家标准、著名商标和驰名商标。

公司成立了自主知识产权领导小组和技术标准化委员会，开展知识产权专利、商标、国家标准、行业标准及企业标准工作。年申请专利在20个以上。

同时，建立了产、学、研、用战略联盟，主要与河南科技大学、西安理工大学、河南理工大学、洛阳轴研科技股份（洛阳轴承研究所）等科研院所及成都科华重型轴承有限公司、洛阳联合变速器有限公司等用户组成。国家重大专项、省重点科技攻关项目的发明专利、实用新型专利部分来自产、学、研用战略联盟。

公司尊重知识、尊重人才、保护产品自主知识产权，激发广大科技人员积极参与科技创新，搞发明、搞创造、搞专利和搞标准等知识产权活动。公司建立了新产品研发人员的绩效考核奖励制度，自主知识产权专利奖励规定，自主知识产权标准、商标、论文奖励补充规定，关于科技创新获得（国家级、省部级、市级）荣誉给予奖励等知识产权绩效奖励机制，充分调动了科技人员创新的积极性。

2010年，由新乡日升、安庆机床厂、上海崇明机床厂3家联合申报的国家标准——《钢球加工安全技术条件》已通过全国金属切削机床标准化技术委员会磨床分会初审及专家审核程序，并上报国家标准化管理委员会批准。2011年，制定新产品平面研磨机企业标准2项，钢球、轴承工艺技术标准3项，钢球、光、磨研检验标准6项，4项技术管理标准已讨论通过进入试运行。

2011年，公司与成都科华重型轴承有限公司、河南科技大学组成产学研用战略联盟，用自主知识产权专利技术共同申报财政部办公厅工业和信息化部办2011～2013年国家重大科技成果转化项目：数控立式复合磨床项目。2012年，用自主知识产权专利技术申报河南省重点科技攻关项目：风电钢球光、磨、研生产线设备的研制项目。

公司突出专利、商标、标准在企业知识产权中的主体地位，建立知识产权制度，大力开展发明创造，重奖重大知识产权发明创造者。开展自主创新知识产权专利活动取得成效。2009年，136BSG水泵轴沟道磨床项目获新乡市科技进步一等奖；2010年，3MK1316BJ数控角接触球轴承内圈沟道磨床获新乡市科技进步二等奖；2011年，CXK5225WP数控高精度立式车床获国家能源局能源装备应用国产数控机床优秀合作项目；2010年，大型高精度立车数控装备的研发及产业化项目被列为新乡市重大科技专项；2011年，河南省科技创新促进会授予日升公司河南省科技创新示范企业；2011年，在中国产学研合作创新大会被授予2011年中国产学研合作创新奖。

2010年，“数控立式车磨加工中心”被列入工业和信息化部“高档数控机床与基础制造装备”科技重大专项（04专项）；2011年，“数控立式复合磨床”被列为国家重大科技成果转化项目，大型风电高效数控铣齿机的研制被列入河南省科技发展计划重点科技攻关项目。

未来5年，公司重点向通用轴承装备、汽车零部件轴承装备，大型风电核心部件（机舱、箱体、轴承）制造装备，回转支承制造装备，大型箱体及齿轮零部件机械制造加工及其他相关行业领域发展；将完成“精密轴承制造专用数控装备工业园项目”的建设，包括“数控轴承复合磨床成套装备”“数控精密钢球、滚子成套装备”“数控铁路轴承及矿山冶金轴承成套装备”和“数控汽车零部件磨床成套装备项目”4个项目。

通过利用自主知识产权、发明专利、实用新型专利、国家标准、行业标准、提升企业的核心竞争力、创国家级名牌产品，企业做大做强，数控轴承装备技术水平接近或达到国际同类轴承设备的先进水平，成为我国数控轴承（轴承套圈及钢球）专用装备研发制造基地。

我们创造尚美　尚美创造价值

——安徽省尚美精密机械科技有限公司

安徽省尚美精密机械科技有限公司前身是尚美纺机工具有限公司，成立于2000年，注册资金50万元，主要产品为纺织机械零配件类。2009年，公司扩大注册资本，增资至550万元，以精密机床制造、非标设备为业务核心，向国内外胶辊生产厂商提供环保、高效的胶辊研磨机产品。

2003年，尚美纺机工具有限公司迁入天长市西城区高新技术园内，同时对产品结构作了战略性调整，转型为精密机床、工业装备制造为主的纺织机械辅助设备。2004年，尚美纺机工具有限公司数控非标机械进入打印机滚筒耗材行业、IT行业。2005年，投入55.6万元研发费用用于数控胶辊研磨机产品研发工作。2006年，研发成功的数控胶辊研磨机产品投产运行，在国内发展了50多家客户，当年公司实现销售收入885万元。2007年，在天长市西城区工业园征地1.5万m^2，同时兼并了天长市天众实业有限公司，完成新厂区的选址工作。

2008年，完成生产厂房、办公、研发中心及仓库的基本建设。公司与中国航天晨光集团签署了战略合作协议，在产品、技术上获得了多元化的支持，为公司的发展壮大以及新产品、新技术的研发奠定了雄厚的技术力量。投入研发费用97.2万元用于锯片式海绵胶辊研磨机的研发、数控系统U盘直接输出功能技术的研发。

2009年,在上海理工大学的支持下,研发数控打印机充电辊研磨机自动生产线。自主研发的中国第一台全自动麻花钻磨后角研磨机问世。公司为了适应发展的需要,扩大注册资本,从原来的50万元,增资到550万,将天长市尚美纺机工具有限公司更名为安徽省尚美精密机械科技有限公司。

2010年1月,公司被国家批准认定为高新技术企业。与此同时自主成功研制了全自动工具钢校直切断机,丰富了公司的产品品种,扩大了销售范围,公司所有产品均通过欧盟CE认证。

2011年,公司研发成功全自动宽砂轮四轴四联动数控高效精密胶辊研磨机,先后获得了安徽省新产品、高新技术产品以及滁州市人民政府颁发的科学技术奖等荣誉。

"十二五"期间,公司紧紧围绕"设备现代化,产品高档次,参与国际市场竞争,振兴中国机械工业"的指导思想,在积极引进、消化国内外先进工艺技术的基础上,先后投资数百万元强化技术改造,陆续对原有机械加工设备进行了淘汰改造,引进国外关键技术设备。为了迎接经济危机挑战,适应全球经济一体化的发展要求,公司增加了数控加工中心、大型平面磨床、数控龙门刨铣床等设备,使企业技术装备水平大大提升。

为贯彻响应国家号召,积极落实"十二五"规划,以加快转变经济发展为主线,坚持把科学技术的进步和创新,作为转变经济发展方式的重要支撑。公司成立了全自动宽砂轮四轴四联动数控高效精密胶辊研磨机研发团队,针对数控高效精密研磨机创新研发项目,在全体小组成员的辛苦努力之下,通过一年多的科技研发和技术攻关,取得了较大的技术突破,技术转化效果显著。

全自动宽砂轮四轴四联动数控高效精密胶辊研磨机简称宽砂轮胶辊数控研磨机,专用于打印机走纸轮、充电胶辊、显影胶辊、橡胶滚轮和滚筒等高端胶辊类工件的曲面磨削工作。其设计构思为:对于加工特殊曲面的胶辊,通过程序代码(G代码)编写曲线方程驱动两轴实现曲线轨迹,工作台带动金刚笔修整砂轮表面以产生符合程序要求的曲面。修整完毕的砂轮曲面可一次加工出吻合曲面要求的工件形状,即实现成型砂轮加工。全自动宽砂轮胶辊数控研磨机床产品。

技术难点主要有:加工效率及其精度需要大幅提升,一次加工成型曲面胶辊;数控CNC系统应用于胶辊研磨机产品的专用开发程序;工件两端首尾两端同步夹紧,同步旋转,夹紧与旋转状态的相互分离;送料、卸料无人工干预,自动上下料;运用宽砂轮磨削,砂轮主轴回转精度高,承载能力强。整个研磨机由床身、工作台、头架、尾架、精密双筒夹、砂轮架、上下料机构、特殊砂轮、控制部分、储尘装置十大部件组成。公司在产品研发过程中采用了一系列先进的技术原理和工艺方法,以获取该产品的制造核心技术。

公司设立了专业销售网点,并设立内贸部和外贸部。对于国内客户,公司在福建、浙江、珠海、深圳、广州和北京等地区设立了销售办事处,销售人员直接面对顾客,提供完善有效的售前、售中与售后的服务。同时收集和掌握顾客的直接需求和潜在的需求,并为不同客户提供个性化产品和服务。公司是中国航天科工晨光集团的紧密合作伙伴,借助于晨光销售网络将产品销往国外市场,并定期派技术人员到国外服务,为终端顾客提供技术培训和技术支持,向他们提供所有系列产品的多媒体培训资料。通过公司规范有效的服务,使产品赢得更多用户的信任,建立起规范有序的全球销售网络。

为用户提供创新产品,为客户塑造价值是公司的市场宗旨。公司在国内外行业展览、行业杂志和互联网上大力宣传"尚美"牌产品,稳定现有客户,挖掘战略客户,扩大潜在客户,做强国内市场,做好国际市场。

数控机床领域的一匹黑马

——北京广宇大成数控机床有限公司

北京广宇大成数控机床有限公司成立于2007年4月,注册资金1 000万元,是北京中关村国家自主创新示范区丰台园内的高新技术企业,致力于研发和生产各种高精度数控磨床,以技术创新为特长,以替代进口、提升民族制造业为目标。公司是北京市科委批准成立的高新技术企业、北京市数控联盟理事单位、北京市磨削研究中心。

在自主知识产权方面,公司拥有实用新型专利6项、国家发明专利1项。该发明专利已部分应用于公司数控磨床产品,其中实用新型专利——中间止推套筒式动静压主轴单元和国家发明专利——直驱式三面静压回转工作台技术应用于高精度数控立式磨床。

高精度数控立式磨床的研发生产源于市场的需求。当时数控联盟内企业,北京第一机床厂于2002年进口了1台日本太阳工机生产的加工直径600mm的高精度数控立式磨床,加工内孔精度≤2μm。北京第一机床厂2006年想从日本再次进口1台直径为1 000mm的立式磨床时遭到了日本禁运,原因是加工圆度≤2μm的工业母机禁止对中国机床生产厂家出口。于是北京第一机床厂向北京市科委及北京数控联盟提出了解决该困境的课题,由于公司拥有的主轴专利技术和转台专利技术,该课题被下发到公司进行研制。经过近8个月的努力,于2008年4月成功推出第一台加工直径为1 000mm的高精度数控立式万能磨床。

该机床经过北京第一机床厂先后4批次,每批次4~5种工件的反复加工考核,加工内孔和外圆的圆度均小于≤2μm,实测值0.7μm。工件的端面跳动≤2μm,实测值为0.6μm。加工工件直径500~900mm,工件的表面粗糙度 R_a

≤0.2μm。机床性能完全达到日本太阳工机立式磨床的标准。当前，该机床与日本太阳工机生产的立式磨床共同担负着北京第一机床厂高精度零件的加工任务，并处于完全满负荷的工作中。

公司生产的高精度立式万能磨床之所以能够达到上述技术水平完全依赖于公司成熟的技术支持。立式磨床的两个关键主件，一个是回转工作台，一个是主轴，也就是常说的工件主轴和砂轮主轴。工件主轴的精度决定了工件的运动轨迹，决定了工件的加工精度。砂轮主轴的回转精度及主轴刚性决定了工件的表面粗糙度及工件加工精度。回转工作台是公司具有国家发明专利的产品，由进口大功率力矩电动机直接驱动，传动平稳，降低了电动机传动对转台精度的影响。

公司拥有工程技术人员19名，高级工程师占50%以上，涵盖了精密数控磨床设计、工艺、自动化控制、试验和软件等各个方面。

公司厂房建筑面积1 500m^2，主要用于机床装配、调试，拥有加工中心、数控专机等精良的关键加工设备、精密的检测及测量仪器，并建立了质量管理体系，通过了GB/T 19001—2008/ISO 9001:2008质量管理体系认证，确保了每个环节的精确到位，保证产品质量。2010年，公司为了扩大生产规模，在山东省威海市购买了约9.3万m^2土地，一期已建成8 000m^2的厂房，购置了台湾龙门铣床、龙门铣磨床等数十台大型加工设备。

公司还有3个密切协同单位，有建筑面积6 000m^2的厂房，各种机械加工设备200余台（套），其中加工中心等数控加工设备20余台（套），主要用于零件加工。部分机床用大型结构件采用委托北京第一机床厂、北京第二机床厂等协作单位铸造、加工及自行加工相结合的方式生产。这些条件保证了高精密数控机床整机和部件的高质量。

公司凭借雄厚的科研力量及技术储备，开发了与国际技术水平接轨的高精度数控立式磨床产品，其技术指标处于国内领先、国际先进水平，其市场影响力及占有率正在不断扩大，已逐步进入轴承、汽车和能源装备制造等国家重点行业。

攻坚克难　外拓市场求发展
尽心竭力　内强管理增效益

——天水二一三电器有限公司

2011年，天水二一三电器有限公司全面落实长城电工“确保一个目标、突出三大重点、加快三大建设、落实六个到位”的经营工作指导思想，积极应对通货膨胀和银根紧缩的双重压力，克服大宗物资急剧涨价和现金流异常紧张的不利影响，始终坚持“围绕一个中心，贯彻总部战略；营销机制深化，国际国内并举；财务管理为先，资金管理为重；两园两基布局，提高竞争实力；树立精品意识，打造一流产品；创建和谐企业，推动科学发展”的“十二五”经营指导方针，紧盯生产经营目标，外抓市场，内降成本，使企业生产经营保持了持续快速发展，超额完成了长城电工下达的各项经营指标，实现了“十二五”开门红。

一、深化营销管理体制改革，营销网络日趋完善

销售工作按照“营销工作深化，国际国内并举”的方针，进一步深化“开发、配送＋代理”的营销工作模式，进一步明确片区、办事处和代理商的权责关系，加强对重点客户的监控和服务，创新开发模式，强化三级开发，巩固老用户、稳定大用户，开拓新市场。组建专业开发团队，紧抓对国家产业政策支持的新兴行业的开发，使产品打入新兴行业的中、高端市场，并已在多个企业实现供货；采取平稳的价格政策，确保了产品在传统行业中的增量。针对局域（城市）发展特点，有针对性地组建了多处办事处，业绩取得了有效突破；面对危机，及时调研市场、走访用户和重点客户，积极寻求应对措施，想方设法抵御风险，保持了营销市场的平稳运行。深化体制改革，整合销售资源。成立大华东销售片区、大华南销售片区，将西北片区总部设在天水，并谋划成立物流公司，理顺了管理关系。规范了各片区的管理流程，构建了相应的运行机制，满足了销售规模的扩大对营销管理的要求。以完善网络建设和品牌宣传为重点，以发展客户为落脚点，推进外贸工作向纵深发展。

二、加快企业技术改造步伐，推进“两园两基”布局建设

天水控制电器工业园项目顺利通过竣工验收。以“智能环保型工业控制电器技术改造项目”为依托的天水电器工业园，自2007年9月开始征地、规划设计和施工建设，新征土地面积3.14万m^2，新建生产厂房、研发办公楼约2.08万m^2，同时围绕生产装备和环境改善进行了全面改造，使企业工艺装备水平达到了国内一流水平，并于11月30日顺利通过了由甘肃省工信委、甘肃省发改委组织的项目竣工验收。

驻外公司搬迁改造完成。以搬迁改造为主的驻外公司生产基地建设基本完成，二一三电器上海公司新厂房搬迁改造完成；深圳、西安两公司先后搬迁入住新厂房。通过搬迁改造，使驻外公司的生产场地有效扩大，装备水平、检测手段、办公条件和管理水平大幅提升，为驻外公司的长远发展创造了良好的条件。

三、技术创新成效显著

2011年，公司召开了首届科技创新大会，全面总结了近年来科技工作所取得的成就，表彰了先进科技工作者和优秀科技成果。

技术创新成果丰硕，有8项产品通过了科技成果鉴定，并同时通过了新产品鉴定。GSU1电涌保护器项目荣获2011年度“甘肃省机械工程学会科学技术奖”二等奖。

GSM8-32塑壳式断路器项目荣获天水市科技进步奖二等奖。GSC3-09/95交流接触器项目荣获甘肃省科学技术进步奖二等奖，还有12项专利被受理。接触器式继电器、ZN-1型智能型IC卡水表被评为“甘肃名牌产品”。三大体系顺利通过了中国质量认证中心的监督审核和换证审核，持续有效运行。

四、以市场为中心，精心组织，生产能力有效提升

受国家宏观经济形势的影响，企业订货呈现前高后低的走势，围绕销售订货合同需求，生产管理系统树立以市场为中心的指导思想，改革创新管理模式，积极采取应对措施，确保了生产任务的完成。以订货合同的缓急为依据，合理安排，提高了计划的准确性和调度的及时性；以缺件分析为依据，生产准备工作前移，为成品车间的均衡生产创造了条件；推进供方考评整合，充分调动供应商的积极性，有效提高供货效率；强化资金调度，有效合理地分配资金，确保了生产有序进行；科学调度、周密安排，尽量减少加班频次，提高劳动效能；适时开展大干百天劳动竞赛活动，充分调动职工的劳动热情和工作积极性，有效促进了生产任务的完成。发挥技改效果，充分利用先进设备提高生产效率和自动在线检测能力，保证成品质量，降低返工频次，提高生产效率；积极开展培训，努力提高员工的业务技能和职业素质；强化6S管理，有效提高现场管理水平和精益生产能力。

五、狠抓管理，力降成本，努力提高企业运营效益

2011年，企业面临最大的挑战就是成本大幅上升。一方面，银等贵金属材料的大幅涨价，使企业制造成本大幅增加。另一方面，国家连续6次提高存款金率抑制流动性，回款中承兑汇票大幅增加，企业现金流动异常紧张。针对这一情况，公司积极应对成本压力，适时开展全员全过程的降成本活动。召开专题会议，进行全面部署，确定了各个部门的工作任务和降低成本目标，及时调整可控费用指标，成立检查小组对各个部门的工作成效按月按季进行督查，降低成本工作取得了实效。

加强财务审计工作，防范资金风险，提高资金使用效益。公司对相关部门进行了经济责任审计，扩大了审计内容和范围，防范和化解了经营风险；优化了“资信管理软件”，消除了客户信用等级、信用天数等方面存在的漏洞，使其更加科学有效；严格兑现风险保证金，提高了营销人员的风险意识；明确了呆死坏账和应收账款，加强对应收未收账款的监控和催收，有效防范了资金风险。

运用信息技术，推进管理升级。顺利完成了财务软件系统的切换，在全公司推广使用了协同办公系统；加强了软件的自主开发，使信息管理系统更加科学、优化，提高了工作效率。

六、围绕中心、服务大局，全面推进企业党建工作

公司党委认真贯彻落实长城电工党建工作会议精神，紧紧围绕公司第五次党代会确定的目标任务，紧贴生产经营中心，加强思想政治工作和精神文明建设，广泛深入开展创先争优活动和群众性文化活动，凝心聚力，构建和谐，企业党建工作取得了显著成绩。

以创先争优为抓手，全面推行“党员目标卡”和“一诺三评三公开”活动。各党支部、各部门全力开展“比科学管理，赛生产组织和产品质量；比精打细算，赛成本控制和节能减排；比科技含量，赛技术创新和科学设计；比完成任务，赛高产稳产；比6S管理，赛执行力和职工素养”的竞赛活动，在生产部门掀起一场发挥主动性、创造性，全员降成本，提高战斗力和快速反应能力的热潮；各党支部和全体在职党员每年进行一次公开承诺及双培养活动，通过定期开展领导点评、群众评议和组织评选活动，把党员的言行置于群众的监督之下，使党员时刻牢记自己的使命，促进了模范带头作用的发挥。

丰富活动载体，隆重纪念中国共产党成立90周年。公司党委围绕纪念建党90周年，开展了丰富多彩的系列纪念活动。组织全体在职党员参加了“庆七一”知识竞赛活动；按照“学习型党组织”的创建要求，举办了一期党群干部培训班，公司党委委员、纪委委员、工会委员、各党支部书记、各分会主席近30人参加了培训活动。举办了主题为“不朽的信念、永恒的旗帜”庆祝建党90周年红歌演唱会，选送了4个节目参演长城电工天电集团红歌“唱响”天水纳凉晚会；召开建党90周年纪念表彰大会，通过树先进典型，营造了创先争优活动的良好氛围。组织部分省市优秀共产党员、劳模（先进工作者）及生产技术经营骨干50余人赴西安参加了2011西安世界园艺博览会游园活动；举办了企业排球联赛，参加了长城电工首届排球赛，男子排球代表队取得了第二名的好成绩。通过丰富的活动，激发了广大职工热爱党、热爱社会主义的政治豪情和对企业归属感、自豪感和团队意识。

积极推进建家活动，努力为职工办实事。2011年，为25人从不同渠道争取到中央、省、市财政帮扶救助款，为3名大病致困的退休职工争取救助款，为1名职工子女办理了“金秋助学”。通过争取政策，解决了一些职工的实际困难。

2011年，公司荣获省国资委系统“先进基层党组织”、甘肃省“五一劳动奖状”、天水市“思想政治工作先进集体”和“天水市五四红旗团委”；装配分厂获得全国和全省“巾帼文明岗”，塑料件分厂注射机班获得“全国机冶建材工会技术创新先进班组”，杨大友当选“全国机冶建材工会先进个人”，王秀华当选为“天水市‘杰出女性’”，装配分厂GSC1-40/95班班长杨亚平被评为奉献天水·2010十大人物之一，工装分厂技术员彭朝旭获得天水市劳动模范荣誉称号。

以战略目标引领企业发展　用系统策划实现战略目标

——安阳凯地电磁技术有限公司

安阳凯地电磁技术有限公司(简称凯地电磁技术)作为全国最大的电磁铁生产企业,经历了以“计划经济”、“转型重组”和“二次腾飞”为特征的三大战略发展阶段。当前,正在通过“规模化”的发展模式,进入发展的快车道,在同行业中,各项经济技术指标均名列前茅。

凯地电磁技术专业从事电磁铁的研发及产业化,具有较强的自主研发与创新能力,较完善的设计、制造、检测试验平台及规范的质量控制体系和标准化体系,建立了核心创新平台;在研发、设计、工艺、装备、检测、机制和队伍建设等方面继续保持行业领先地位,担当着引领行业进步、提升行业水平、支撑装备制造业发展及打造民族品牌的重任。当前,企业已步入“战略引领、系统策划、目标支撑”的战略管理阶段。

凯地电磁技术为落实“十二五”规划,引导我国电磁铁行业发展,采取了一系列新举措,明确了公司战略方向,定位企业在中国及国际市场的地位,确定未来五年内公司的发展方向,通过严密的分析提出了在“十二五”期间引导公司发展的“凯地十字方针”。

一、制定企业战略规划

2011年,公司继续深入贯彻科学发展观,坚持“结构、品质、服务、价值、机制”的十字方针,在人力资源、技术、市场及信息化战略等方面做了具体的规划,努力完成公司年初制定的各项任务目标。

1. 凯地“十字方针”要点

结构:以技术创新,促进产品结构调整。结构决定生存质量、结构决定未来空间。

品质:以“六零工程”塑造品质形象,即“低级错误零投诉、重复错误零投诉、磕碰零缺陷、毛刺零缺陷、污染零缺陷、订单零欠交”。

服务:以技术服务贯穿市场服务,实现“主动、瞻前、严谨”的服务价值。

价值:以“产品价值”为基石,为用户创造价值、为员工创造价值、为社会创造价值、为供应商创造价值。

机制:以机制创新为管理核心,激活团队,实现梦想。

2. 人力资源规划要点

根据企业生产实际,确定各职能部门、岗位,制定工作手册,使各部门各岗位按流程、按标准、按制度规范工作行为,最大化合理运用人力资源,降低用人成本,通过专业化、自动化实现一人双机、多机,减少人力资源投入,提高效率实现产出的最大化,采用多元化教育培训方式,满足企业各级员工能力需求,确保“招进来、留得住、起作用”的人力资源目标的实现。

3. 市场规划要点

对内加速新品研发效率,稳定现有产品性能;对外不打“价格战”,打“价值战”;以优异的市场服务、优质的产品性能、稳定的产品质量来占领市场。

4. 技术规划要点

通过新品研发、技术改进、专业化自动化流程改造;以工艺为主线、以产品为载体,通过找“瓶颈”、抓“顽症”使得工艺专业化、单元自动化、一人多机化及批量流程化。

5. 信息化战略规划要点

依据公司升级的K3系统,内部实现办公信息自动化,各部门数据信息共享;外部依据网络逐步实现网络销售、网上订单,最终实现网络销售、订单一体化,生产信息、质量信息、技术信息和采购信息等一体化。

二、合理配置资源以确保战略规划的实施

公司注重从资金、人力、技术等方面合理配置资源,确保战略规划的实施。

(1)创新引进机制,开展多方位人才招聘机制;实施“一岗多能”、“师带徒”、“中层管理干部领导力提升轮训”系列培训计划,从内部培养高、中级人才;建立多条晋升通道,打造“技术、技工、中层三支队伍”,构建核心人才优势。

(2)大力加强电磁铁核心技术研究,创建行业重点实验室,力争2016年建成国家级工程技术中心。

(3)资金流方面,建立财务内控制度及全面预算制度,以资金为中心,搭建“战略、计划、预算”联动的预算管理体系,保证资金的使用、调度。

(4)应用科学管理方法进行成本管理;持续工艺改进,优化工艺路线,提高生产效率。

(5)贯彻环境和职业健康安全体系标准,持续改善员工工作环境;加大职工生活区建设力度及道路改造,创造舒适优雅的生活环境;开展卓越班组活动,营造员工参与企业管理氛围。

三、监测战略规划的进展

为了监测战略规划的进展情况,各车间、部门开展目标内部检查、诊断等工作,逐月通过“考评系统”及时、真实、准确报告目标的完成情况。公司还颁布了“经济责任制考核实施细则”及“质量管理奖惩办法”等标准,用来监测战略规划进展情况,强化了测量系统的协调一致性,这些指标涵盖了公司所有的关键战略部署领域并兼顾相关方利益。

通过专项审核、专题检查等方式对目标实施情况进行不定期的检查、督促、分析和通报。

统计资料

公布2011年机床工具行业主要统计数据及机床工具分类产品进出口数据，准确、系统、全面地反映机床工具行业、地区主要经济指标

统计资料

2011 年机床工具行业主要经济指标完成情况

行业类别	代码	企业数		工业总产值			工业产品销售产值			工业产品销售率	
		数量（家）	占比（%）	实际完成（万元）	占比（%）	比上年增长（%）	实际完成（万元）	占比（%）	比上年增长（%）	实际完成（%）	比上年增长（百分点）
金属切削机床	3521	609	100.0	15 428 727	100.0	23.1	14 867 153	100.0	21.6	96.4	-1.2
国有控股		72	11.8	5 183 042	33.6	18.0	4 892 977	32.9	15.4	94.4	-2.1
集体控股		25	4.1	352 811	2.3	-2.2	354 001	2.4	-0.2	100.3	2.1
私人控股		395	64.9	7 955 857	51.6	28.5	7 714 289	51.9	26.9	97.0	-1.2
港澳台商控股		48	7.9	577 041	3.7	6.8	586 168	4.0	8.6	101.6	1.7
外商控股		50	8.2	1 230 951	8.0	33.7	1 195 576	8.0	34.4	97.1	0.5
其他		19	3.1	129 025	0.8	3.5	124 142	0.8	5.0	96.2	1.3
金属成形机床	3522	461	100.0	5 873 381	100.0	36.0	5 725 267	100.0	36.4	97.5	0.2
国有控股		20	4.3	739 832	12.6	36.1	713 973	12.5	44.9	96.5	5.9
集体控股		12	2.6	84 821	1.4	7.0	77 888	1.3	11.1	91.8	3.4
私人控股		352	76.4	3 882 145	66.1	36.7	3 766 089	65.8	35.8	97.0	-0.6
港澳台商控股		24	5.2	300 204	5.1	39.6	290 797	5.1	37.3	96.9	-1.7
外商控股		43	9.3	757 171	12.9	32.5	766 987	13.4	31.5	101.3	-0.8
其他		10	2.2	109 208	1.9	59.9	109 533	1.9	61.4	100.3	0.9
铸造机械	3523	456	100.0	5 412 459	100.0	37.4	5 284 552	100.0	39.0	97.6	1.1
国有控股		9	2.0	123 784	2.3	1.2	115 448	2.2	0.6	93.3	-0.5
集体控股		11	2.4	221 347	4.1	40.9	220 385	4.2	42.2	99.6	0.9
私人控股		385	84.4	4 251 418	78.5	43.9	4 154 342	78.6	42.8	97.7	-0.7
港澳台商控股		18	3.9	362 809	6.7	44.2	346 322	6.6	44.0	95.5	-0.2
外商控股		23	5.0	366 004	6.8	-4.9	361 967	6.8	14.8	98.9	16.9
其他		10	2.2	87 097	1.6	28.9	86 088	1.6	27.6	98.8	-1.0
木工机械	3624	150	100.0	1 534 107	100.0	34.1	1 500 903	100.0	34.1	97.8	0.0
国有控股		2	1.3	24 467	1.6	30.2	24 128	1.6	15.8	98.6	-12.3
集体控股		3	2.0	18 913	1.2	59.5	14 484	1.0	58.5	76.6	-0.4
私人控股		119	79.3	1 263 147	82.3	38.0	1 241 245	82.7	37.4	98.3	-0.4
港澳台商控股		12	8.0	104 710	6.8	16.7	99 810	6.7	32.1	95.3	11.1
外商控股		11	7.3	108 172	7.1	19.4	107 345	7.1	14.1	99.2	-4.6
其他		3	2.0	14 698	1.0	-16.6	13 891	0.9	-17.7	94.5	-1.2
机床附件	3525	274	100.0	3 414 407	100.0	39.3	3 354 751	100.0	38.9	98.3	-0.2
国有控股		12	4.4	149 745	4.4	9.9	147 068	4.4	7.1	98.2	-2.5
集体控股		7	2.6	156 692	4.6	13.6	153 260	4.6	16.3	97.8	2.3

（续）

行业类别	代码	企业数		工业总产值			工业产品销售产值			工业产品销售率	
		数量（家）	占比（%）	实际完成（万元）	占比（%）	比上年增长（%）	实际完成（万元）	占比（%）	比上年增长（%）	实际完成（%）	比上年增长（百分点）
私人控股		221	80.7	2 724 126	79.8	42.0	2 671 686	79.6	41.3	98.1	-0.5
港澳台商控股		12	4.4	128 823	3.8	19.0	130 497	3.9	24.0	101.3	4.1
外商控股		15	5.5	141 678	4.1	31.1	139 928	4.2	30.1	98.8	-0.7
其他		7	2.6	113 343	3.3	168.0	112 312	3.3	169.2	99.1	0.4
工量具及量仪	3421	565	100.0	7 736 940	100.0	34.0	7 541 409	100.0	34.2	97.5	0.1
国有控股		24	4.2	672 999	8.7	18.2	633 695	8.4	16.9	94.2	-1.0
集体控股		16	2.8	187 562	2.4	11.9	185 612	2.4	12.9	99.0	0.8
私人控股		392	69.4	5 514 231	71.3	41.5	5 383 248	71.4	41.9	97.6	0.3
港澳台商控股		36	6.4	392 039	5.1	9.2	376 124	5.0	10.1	95.9	0.8
外商控股		80	14.2	802 915	10.4	24.4	804 710	10.7	24.0	100.2	-0.3
其他		17	3.0	167 194	2.1	25.5	158 020	2.1	21.8	94.5	-2.9
磨料磨具	3199	1 290	100.0	17 958 914	100.0	35.1	17 511 461	100.0	34.5	97.5	-0.4
国有控股		54	4.2	1 073 433	6.0	28.8	1 038 186	5.9	26.4	96.7	-1.9
集体控股		46	3.6	614 294	3.4	22.1	606 940	3.5	22.9	98.8	0.7
私人控股		1 049	81.3	14 257 772	79.4	38.2	13 904 052	79.4	37.6	97.5	-0.4
港澳台商控股		37	2.9	447 037	2.5	29.9	431 839	2.5	30.2	96.6	0.3
外商控股		75	5.8	1 044 539	5.8	10.5	1 039 854	5.9	11.5	99.6	1.0
其他		29	2.2	521 839	2.9	48.3	490 590	2.8	47.8	94.0	-0.3
其他金属加工机械	3529	580	100.0	8 706 147	100.0	32.7	8 463 804	100.0	27.7	97.2	-3.8
国有控股		25	4.3	1 131 175	13.0	29.5	1 096 491	13.0	32.6	96.9	2.3
集体控股		11	1.9	123 622	1.4	15.5	119 294	1.4	14.9	96.5	-0.5
私人控股		450	77.6	5 859 321	67.3	35.5	5 682 156	67.1	27.1	97.0	-6.4
港澳台商控股		20	3.4	280 361	3.2	21.4	281 610	3.3	23.0	100.4	1.3
外商控股		39	6.7	724 812	8.3	21.4	707 965	8.4	21.1	97.7	-0.3
其他		35	6.0	586 856	6.8	37.1	576 288	6.8	39.6	98.2	1.8
行业合计		4 385	100.0	66 065 081	100.0	32.1	64 249 300	100.0	31.1	97.3	-0.8
国有控股		218	5.0	9 098 477	13.8	21.5	8 661 965	13.5	20.4	95.2	-0.9
集体控股		131	3.0	1 760 061	2.7	15.4	1 731 863	2.7	16.8	98.4	1.2
私人控股		3 363	76.7	45 708 016	69.2	37.0	44 517 108	69.3	35.2	97.4	-1.3
港澳台商控股		207	4.7	2 593 024	3.9	21.2	2 543 167	3.9	22.6	98.1	1.1
外商控股		336	7.7	5 176 241	7.8	21.4	5 124 331	8.0	23.3	99.0	1.5
其他		130	3.0	1 729 262	2.6	40.2	1 670 866	2.6	40.8	96.6	0.4

注：表中数据由于四舍五入，合计数有微小出入。

〔供稿人：中国机床工具工业协会黑杉〕

2011年机床工具行业主要经济指标分行业按地区完成情况

行业及地区名称	企业数（家）	工业总产值			工业产品销售产值		工业产品销售率	
		实际完成（万元）	比上年增长（%）	占行业比（%）	实际完成（万元）	比上年增长（%）	实际完成（%）	比上年增长（百分点）
金属切削机床行业	609	15 428 727	23.1	100.0	14 867 153	21.6	96.4	-1.2
辽宁	58	4 764 149	26.6	30.9	4 717 863	27.0	99.0	0.3
江苏	112	1 572 036	14.0	10.2	1 537 425	13.4	97.8	-0.5
山东	78	1 443 290	23.3	9.4	1 420 702	23.6	98.4	0.3
浙江	83	1 266 603	22.7	8.2	1 222 317	19.7	96.5	-2.5
陕西	9	1 206 981	44.4	7.8	1 081 675	33.0	89.6	-7.7
云南	21	551 897	25.4	3.6	531 422	24.1	96.3	-1.0
上海	37	549 783	9.3	3.6	544 531	12.9	99.0	3.2
黑龙江	6	503 691	-6.5	3.3	471 859	-8.6	93.7	-2.1
北京	14	480 215	22.6	3.1	388 903	15.4	81.0	-5.0
湖北	25	450 786	15.9	2.9	424 722	11.3	94.2	-3.8
广东	38	350 404	12.3	2.3	348 944	14.1	99.6	1.6
河南	11	336 877	18.6	2.2	324 184	17.3	96.2	-1.0
安徽	22	271 704	41.3	1.8	249 736	43.6	91.9	1.5
甘肃	2	213 676	17.9	1.4	208 924	17.1	97.8	-0.7
四川	16	212 369	36.2	1.4	205 602	33.6	96.8	-1.9
河北	11	194 465	74.8	1.3	181 730	70.7	93.5	-2.2
重庆	6	167 156	13.1	1.1	159 549	11.9	95.4	-1.0
宁夏	4	165 058	26.7	1.1	158 520	17.9	96.0	-7.2
青海	2	138 898	15.3	0.9	131 827	13.2	94.9	-1.8
江西	10	117 312	30.4	0.8	115 239	31.2	98.2	0.6
湖南	13	113 487	27.2	0.7	110 651	35.5	97.5	6.0
天津	8	85 967	35.1	0.6	79 362	31.3	92.3	-2.7
贵州	3	68 936	16.2	0.4	68 072	29.6	98.7	10.2
广西	3	64 275	49.5	0.4	49 084	8.9	76.4	-28.5
福建	9	60 171	24.4	0.4	59 026	22.7	98.1	-1.4
吉林	5	52 578	42.8	0.3	52 145	34.7	99.2	-5.9
山西	2	23 962	28.9	0.2	21 139	14.1	88.2	-11.5
内蒙古	1	2 001	-34.9		2 001	-35.0	100.0	0.0
金属成形机床行业	461	5 873 381	36.0	100.0	5 725 267	36.4	97.5	0.2
山东	78	1 419 328	43.8	24.2	1 363 034	46.0	96.0	1.5
江苏	121	1 204 758	21.1	20.5	1 192 323	19.0	99.0	-1.8
浙江	46	448 921	24.9	7.6	407 131	19.7	90.7	-4.0
安徽	39	414 804	47.5	7.1	406 236	52.7	97.9	3.3

（续）

行业及地区名称	企业数（家）	工业总产值			工业产品销售产值		工业产品销售率	
		实际完成（万元）	比上年增长（%）	占行业比（%）	实际完成（万元）	比上年增长（%）	实际完成（%）	比上年增长（百分点）
辽宁	32	413 788	44.8	7.0	401 613	44.3	97.1	-0.3
广东	30	375 987	43.3	6.4	366 617	40.5	97.5	-2.0
上海	23	260 436	32.7	4.4	266 225	39.7	102.2	5.1
湖南	10	221 362	112.9	3.8	217 734	112.6	98.4	-0.1
湖北	13	157 957	45.5	2.7	173 036	45.5	109.5	0.0
天津	5	130 900	24.3	2.2	123 791	19.8	94.6	-3.5
四川	5	130 129	53.0	2.2	127 387	54.2	97.9	0.7
河南	10	127 963	25.9	2.2	126 537	28.1	98.9	1.7
重庆	3	97 629	34.5	1.7	90 744	42.3	92.9	5.1
内蒙古	1	93 102	34.6	1.6	92 105	35.0	98.9	0.3
河北	14	84 726	85.3	1.4	82 741	81.3	97.7	-2.1
福建	6	76 213	2.7	1.3	72 228	-3.0	94.8	-5.5
北京	4	57 065	10.8	1.0	57 280	12.4	100.4	1.5
陕西	7	44 837	52.2	0.8	41 450	48.5	92.4	-2.3
吉林	4	29 890	13.9	0.5	29 296	9.1	98.0	-4.4
甘肃	1	25 379	-50.8	0.4	31 685	-18.8	124.8	49.3
山西	3	24 085	320.8	0.4	21 979	326.5	91.3	1.2
广西	3	20 888	93.5	0.4	20 864	95.3	99.9	0.9
贵州	1	7 868	56.3	0.1	7 457	86.3	94.8	15.3
黑龙江	2	5 368	6.7	0.1	5 777	24.8	107.6	15.6
铸造机械行业	456	5 412 459	37.4	100.0	5 284 552	39.0	97.6	1.1
山东	97	1 473 706	45.3	27.2	1 444 506	42.5	98.0	-1.9
江苏	95	1 018 723	30.2	18.8	985 118	29.7	96.7	-0.3
广东	34	534 894	17.1	9.9	519 307	33.2	97.1	11.7
河南	34	401 412	36.0	7.4	396 667	37.1	98.8	0.8
辽宁	32	380 136	30.9	7.0	367 173	31.2	96.6	0.2
湖南	28	340 410	46.0	6.3	336 852	45.8	99.0	-0.1
湖北	21	221 320	100.2	4.1	212 141	97.5	95.9	-1.3
四川	16	177 601	48.4	3.3	174 945	49.7	98.5	0.9
浙江	21	156 776	3.4	2.9	146 819	4.0	93.6	0.5
上海	13	135 144	22.4	2.5	139 818	26.6	103.5	3.4
吉林	11	99 638	51.1	1.8	99 001	51.4	99.4	0.2
河北	10	97 500	49.3	1.8	93 634	53.5	96.0	2.6
安徽	7	88 280	193.8	1.6	85 715	186.6	97.1	-2.5
陕西	6	79 620	17.3	1.5	77 993	19.3	98.0	1.6
福建	12	55 455	19.7	1.0	55 265	20.3	99.7	0.5
山西	5	53 815	112.6	1.0	51 200	104.8	95.1	-3.7
江西	5	33 530	42.0	0.6	33 206	43.4	99.0	1.0
内蒙古	2	30 219	33.1	0.6	30 236	33.1	100.1	0.1

（续）

行业及地区名称	企业数（家）	工业总产值			工业产品销售产值		工业产品销售率	
		实际完成（万元）	比上年增长（%）	占行业比（%）	实际完成（万元）	比上年增长（%）	实际完成（%）	比上年增长（百分点）
天津	2	12 958	27.9	0.2	14 013	84.4	108.1	33.1
重庆	2	12 113	20.8	0.2	12 065	18.5	99.6	-1.9
广西	2	6 885	83.6	0.1	6 554	70.4	95.2	-7.3
青海	1	2 326	-30.2		2 326	-30.2	100.0	0.0
木工机械行业	150	1 534 107	34.1	100.0	1 500 903	34.1	97.8	0.0
山东	42	392 844	27.6	25.6	384 614	28.1	97.9	0.4
江苏	18	159 069	28.0	10.4	155 077	24.1	97.5	-3.1
吉林	3	152 064	32.2	9.9	151 247	33.0	99.5	0.6
广东	24	147 826	14.5	9.6	147 149	13.2	99.5	-1.1
辽宁	11	145 568	110.0	9.5	141 733	110.1	97.4	0.1
上海	7	117 163	28.7	7.6	112 983	39.0	96.4	7.2
湖北	10	86 471	49.3	5.6	84 499	47.6	97.7	-1.1
湖南	3	57 236	28.7	3.7	56 216	31.0	98.2	1.7
四川	4	51 524	36.7	3.4	51 059	31.8	99.1	-3.7
福建	4	39 117	44.0	2.5	36 108	35.0	92.3	-6.2
河南	5	35 965	61.4	2.3	35 795	60.0	99.5	-0.8
天津	2	34 532	98.1	2.3	34 438	110.5	99.7	5.9
浙江	5	32 899	-3.6	2.1	33 323	-2.8	101.3	0.9
安徽	3	23 021	83.9	1.5	22 987	85.7	99.9	0.9
河北	3	19 296	0.2	1.3	18 912	-8.7	98.0	-9.6
江西	1	16 596	42.0	1.1	16 596	41.9	100.0	-0.1
黑龙江	2	15 279	37.6	1.0	10 908	30.1	71.4	-4.1
广西	1	4 193	11.5	0.3	3 918	63.1	93.4	29.5
重庆	1	3 443	48.4	0.2	3 340	43.2	97.0	-3.5
陕西	1							
机床附件行业	274	3 414 407	39.3	100.0	3 354 751	38.9	98.3	-0.2
山东	70	1 146 573	40.1	33.6	1 133 910	40.2	98.9	0.1
辽宁	59	950 445	50.6	27.8	931 796	50.4	98.0	-0.1
江苏	46	317 671	27.1	9.3	311 743	25.7	98.1	-1.1
浙江	16	127 560	13.8	3.7	127 384	16.7	99.9	2.5
福建	6	109 891	12.1	3.2	109 516	12.4	99.7	0.3
湖北	8	98 990	72.1	2.9	96 473	75.3	97.5	1.8
重庆	2	91 770	208.6	2.7	82 077	174.4	89.4	-11.2
广东	9	89 611	34.6	2.6	85 974	32.8	95.9	-1.3
黑龙江	4	80 716	53.8	2.4	79 469	54.2	98.5	0.3
四川	4	60 472	53.4	1.8	59 134	53.3	97.8	-0.1
河北	7	57 623	33.1	1.7	57 751	31.9	100.2	-0.9
内蒙古	2	49 029	1.7	1.4	48 109	-2.2	98.1	-3.9
湖南	4	44 208	26.1	1.3	44 150	29.1	99.9	2.4

（续）

行业及地区名称	企业数（家）	工业总产值			工业产品销售产值		工业产品销售率	
		实际完成（万元）	比上年增长（%）	占行业比（%）	实际完成（万元）	比上年增长（%）	实际完成（%）	比上年增长（百分点）
上海	11	37 900	-34.4	1.1	36 790	-32.6	97.1	2.6
河南	4	36 134	26.6	1.1	34 870	25.1	96.5	-1.1
安徽	6	26 345	85.6	0.8	25 731	94.4	97.7	4.4
陕西	5	26 208	27.9	0.8	26 478	33.3	101.0	4.1
江西	1	24 817	68.6	0.7	24 851	69.3	100.1	0.4
北京	3	15 647	15.4	0.5	15 758	25.1	100.7	7.8
云南	2	6 833	3.3	0.2	6 117	-4.7	89.5	-7.6
甘肃	2	5 251	0.8	0.2	4 995	-7.1	95.1	-8.0
吉林	1	4 850	61.0	0.1	4 850	61.0	100.0	0.0
天津	1	3 755	0.1	0.1	3 719	-6.5	99.0	-7.0
山西	1	2 110	16.2	0.1	3 106	5.0	147.2	-15.8
量仪行业	141	1 612 370	47.5	100.0	1 575 639	51.0	98.5	2.2
山东	20	348 796	224.5	21.6	347 316	226.7	99.6	0.7
浙江	19	231 190	17.2	14.3	224 276	18.5	97.0	1.1
河南	27	224 552	50.0	13.9	218 803	54.3	97.4	2.7
湖南	7	216 552	77.3	13.4	218 037	80.7	100.7	1.9
江苏	14	100 444	4.6	6.2	96 410	1.1	96.0	-3.4
广东	10	98 736	9.1	6.1	95 924	6.3	97.2	-2.6
上海	6	67 300	29.3	4.2	68 827	24.0	102.3	-4.3
黑龙江	1	63 260	0.4	3.9	61 658	17.6	97.5	14.3
河北	7	56 424	29.4	3.5	55 202	28.1	97.8	-1.0
广西	5	50 806	18.1	3.2	40 067	28.6	78.9	6.4
江西	6	33 303	33.9	2.1	33 226	34.3	99.8	0.3
四川	4	31 182	32.8	1.9	30 861	32.2	99.0	-0.5
重庆	1	18 092	-19.3	1.1	18 092	-19.3	100.0	0.0
安徽	3	17 607	297.4	1.1	15 150	238.4	86.0	-15.0
辽宁	4	16 280	14.6	1.0	16 210	14.9	99.6	0.2
陕西	2	14 302	26.8	0.9	14 364	27.3	100.4	0.4
青海	1	13 096	27.6	0.8	11 940	16.4	91.2	-8.8
内蒙古	1	3 941	40.3	0.2	3 941	40.3	100.0	0.0
湖北	1	2 508	24.6	0.2	2 174	13.5	86.7	-8.4
北京	1	2 497	24.5	0.2	1 857	36.5	74.4	6.6
天津	1	1 502	11.4	0.1	1 302	0.0	86.6	-9.9
切削工具行业	424	6 124 570	30.6	100.0	5 965 770	30.4	97.4	-0.2
江苏	84	2 120 355	33.2	34.6	2 090 304	32.5	98.6	-0.6
广东	41	629 057	21.5	10.3	606 526	21.7	96.4	0.2
山东	39	585 779	32.8	9.6	573 136	31.3	97.8	-1.1
河北	26	395 686	37.2	6.5	377 963	37.4	95.5	0.1
浙江	62	395 246	21.1	6.5	381 588	21.3	96.5	0.2

（续）

行业及地区名称	企业数（家）	工业总产值			工业产品销售产值		工业产品销售率	
		实际完成（万元）	比上年增长（%）	占行业比（%）	实际完成（万元）	比上年增长（%）	实际完成（%）	比上年增长（百分点）
湖南	14	334 808	31.3	5.5	319 545	30.2	95.4	-0.8
湖北	23	250 179	66.6	4.1	230 059	71.2	92.0	2.4
辽宁	19	243 938	45.9	4.0	236 856	49.0	97.1	2.0
上海	21	213 159	15.0	3.5	207 330	12.3	97.3	-2.3
四川	14	195 093	11.6	3.2	198 668	14.1	101.8	2.2
福建	15	153 896	28.2	2.5	144 487	25.6	93.9	-1.9
河南	7	116 357	58.3	1.9	115 774	56.4	99.5	-1.2
安徽	22	109 892	23.4	1.8	106 321	18.3	96.8	-4.2
陕西	3	56 992	9.2	0.9	56 984	14.8	100.0	4.8
贵州	3	56 602	-5.2	0.9	51 401	-8.4	90.8	-3.2
黑龙江	6	48 784	18.8	0.8	47 845	23.3	98.1	3.6
广西	4	48 264	62.5	0.8	45 285	55.7	93.8	-4.1
吉林	5	43 349	79.5	0.7	41 971	73.7	96.8	-3.2
北京	3	42 413	33.1	0.7	41 317	25.8	97.4	-5.6
江西	4	41 524	4.6	0.7	50 691	39.7	122.1	30.7
重庆	4	24 143	60.8	0.4	22 986	60.4	95.2	-0.3
天津	3	13 614	37.5	0.2	13 174	30.8	96.8	-4.9
山西	1	5 000	21.9	0.1	4 950	21.9	99.0	0.0
甘肃	1	439	-57.2		611	-45.4	139.2	29.9
磨料磨具行业	1 290	17 958 914	35.1	100.0	17 511 461	34.5	97.5	-0.4
河南	285	5 846 868	29.6	32.6	5 690 547	27.9	97.3	-1.2
江苏	168	1 952 676	67.2	10.9	1 899 942	68.3	97.3	0.6
山东	120	1 795 342	5.9	10.0	1 786 964	6.2	99.5	0.3
四川	63	773 465	32.1	4.3	749 353	30.0	96.9	-1.6
湖南	72	769 300	56.1	4.3	763 737	56.2	99.3	0.1
广东	76	763 149	28.1	4.2	760 796	29.1	99.7	0.8
辽宁	53	745 328	36.8	4.2	724 387	38.3	97.2	1.1
湖北	51	713 383	59.9	4.0	697 954	61.5	97.8	1.0
安徽	52	624 294	84.5	3.5	606 502	88.1	97.1	1.9
河北	32	475 111	39.2	2.6	466 609	38.8	98.2	-0.3
江西	29	373 848	61.0	2.1	370 690	61.4	99.2	0.2
黑龙江	22	325 743	41.3	1.8	308 469	39.9	94.7	-0.9
吉林	18	313 334	32.7	1.7	305 422	34.2	97.5	1.1
北京	22	281 480	-3.6	1.6	283 349	-2.9	100.7	0.8
浙江	37	263 600	16.4	1.5	253 205	15.0	96.1	-1.1
广西	34	260 958	50.9	1.5	244 831	49.9	93.8	-0.6
贵州	22	258 469	58.3	1.4	237 621	60.8	91.9	1.4
福建	21	235 763	57.3	1.3	225 643	56.3	95.7	-0.6
内蒙古	13	190 028	49.7	1.1	188 672	45.7	99.3	-2.7

（续）

行业及地区名称	企业数（家）	工业总产值			工业产品销售产值		工业产品销售率	
		实际完成（万元）	比上年增长（%）	占行业比（%）	实际完成（万元）	比上年增长（%）	实际完成（%）	比上年增长（百分点）
山西	21	186 963	76.4	1.0	188 134	90.5	100.6	7.5
上海	16	143 247	9.8	0.8	153 237	8.6	107.0	-1.1
甘肃	11	127 683	61.5	0.7	120 534	63.2	94.4	1.0
宁夏	13	124 727	31.2	0.7	117 810	18.8	94.5	-9.8
天津	10	109 026	-1.2	0.6	108 804	-3.0	99.8	-1.9
新疆	10	104 157	20.5	0.6	77 365	14.2	74.3	-4.1
青海	3	90 319	55.1	0.5	76 907	36.7	85.2	-11.5
重庆	7	66 033	99.9	0.4	60 970	105.1	92.3	2.3
陕西	7	36 003	5.8	0.2	35 691	19.7	99.1	11.5
云南	2	8 618	-29.4		7 316	-2.4	84.9	23.4
其他金属加工机械行业	580	8 706 147	32.7	100.0	8 463 804	27.7	97.2	-3.8
山东	110	1 911 711	36.7	22.0	1 853 440	37.9	97.0	0.9
江苏	107	1 112 755	18.9	12.8	1 087 274	16.0	97.7	-2.4
广东	56	1 106 265	40.4	12.7	1 065 118	7.3	96.3	-29.6
四川	53	1 000 014	51.0	11.5	961 670	48.9	96.2	-1.4
安徽	10	520 121	35.5	6.0	510 294	36.1	98.1	0.5
北京	9	460 425	14.5	5.3	455 147	16.4	98.9	1.5
辽宁	26	420 403	7.9	4.8	403 193	6.3	95.9	-1.4
湖北	9	317 000	9.0	3.6	306 224	6.9	96.6	-1.8
上海	44	303 477	11.6	3.5	303 225	13.3	99.9	1.5
湖南	29	268 041	38.9	3.1	259 747	37.7	96.9	-0.9
天津	19	229 309	67.7	2.6	249 191	79.6	108.7	7.2
浙江	31	213 094	37.2	2.4	203 853	37.1	95.7	-0.1
河南	14	181 255	52.6	2.1	178 564	52.8	98.5	0.1
陕西	7	96 906	38.4	1.1	94 292	40.5	97.3	1.5
吉林	6	67 530	180.5	0.8	65 315	173.6	96.7	-2.4
河北	5	62 957	26.5	0.7	61 381	26.7	97.5	0.1
贵州	2	61 613	80.8	0.7	50 403	126.7	81.8	16.5
黑龙江	5	60 558	19.0	0.7	59 624	17.2	98.5	-1.5
福建	12	60 126	51.3	0.7	57 918	47.4	96.3	-2.6
江西	5	57 685	55.7	0.7	57 296	54.0	99.3	-1.1
内蒙古	6	55 499	58.0	0.6	55 244	58.0	99.5	0.0
山西	3	37 842	53.6	0.4	26 086	7.7	68.9	-29.4
重庆	7	37 653	89.8	0.4	37 991	66.1	100.9	-14.4
广西	2	34 101	26.0	0.4	35 508	40.0	104.1	10.4
甘肃	2	26 008	44.8	0.3	22 517	41.6	86.6	-2.0
宁夏	1	3 801	19.6		3 291	6.7	86.6	-10.5

注：表中数据由于四舍五入，合计数有微小出入。

〔供稿人：中国机床工具工业协会黑杉〕

2011 年中国机床工具出口统计

Export Statistics of China Machine Tools in 2011

税号 Tariff	项目名称 Name of item	出口量 Export volume			出口额 Export value		
		2011 年	2010 年	比上年增长 Change(%)	2011 年 (万美元 USD10000)	2010 年 (万美元 USD10000)	比上年增长 Change(%)
	机床工具总计 Grand total of machine tools				889 681.1	703 706.7	26.43
	金属加工机床合计 Total of metalworking machines	7 619 605	7 606 563	0.17	241 808.4	185 570.0	30.31
	其中:数控 In which :NC	40 956	34 176	19.84	89 698.2	64 174.0	39.77
8456 ~ 8461	金属切削机床小计 Sub - total of metal - cutting machines	7 281 850	7 287 014	-0.07	166 301.7	128 423.2	29.50
	其中:数控 In which :NC	37 505	31 224	20.12	72 387.7	52 959.2	36.69
8456.00	特种加工机床 Non - traditional machines	134 736	115 240	16.92	34 707.6	24 528.4	41.50
	其中:数控 In which :NC	23 079	17 808	29.60	25 945.2	18 398.3	41.02
8456.10	用激光、其他光或光子束处理材料的加工机床 Laser or other light or photon beam processing machines	19 926	15 278	30.42	13 363.8	9 853.0	35.63
8456.20	用超声波处理材料的加工机床 Ultrasonic machines	28	16	75.00	22.6	19.0	18.76
8456.30	用放电处理各种材料的加工机床 Electro - discharge processing machines	3 548	2 829	25.42	12 935.1	8 770.6	47.48
	其中:数控 In which :NC	3 153	2 530	24.62	12 581.4	8 545.4	47.23
8456.9010	等离子切割机 Cutting machines of plasma arc	103 500	93 019	11.27	6 343.9	4 665.0	35.99
8456.9090	其他化学、电子、离子束或等离子弧加工机床 Other electro - chemical, electron beam, ionic - beam or plasma arc processing machines	7 734	4 098	88.73	2 042.2	1 220.7	67.29
8457.10	加工中心 Machining centers	2 499	1 067	134.21	14 414.5	6 195.4	132.66
	立式加工中心 Vertical	2 172	838	159.19	11 834.2	4 293.3	175.64

（续）

税号 Tariff	项目名称 Name of item	出口量 Export volume			出口额 Export value		
		2011年	2010年	比上年增长 Change(%)	2011年（万美元 USD10000）	2010年（万美元 USD10000）	比上年增长 Change(%)
	卧式加工中心 Horizontal	205	121	69.42	975.5	845.1	15.43
	龙门式加工中心 Plano	48	46	4.35	498.6	624.8	-20.20
	其他加工中心 Others	74	62	19.35	1 106.2	432.2	155.97
8457.20	单工位组合加工机床 Unit construction machines	3 434	2 399	43.14	1 105.9	742.6	48.93
8457.30	多工位组合加工机床 Multi - station transfer machines	235	174	35.06	173.5	250.0	-30.61
8458.00	车床 Lathes	82 162	77 876	5.50	45 679.6	37 201.0	22.79
	其中:数控 In which :NC	10 886	11 588	-6.06	26 275.3	21 951.8	19.70
	卧式车床 Horizontal lathes	39 001	33 465	16.54	37 825.6	29 086.0	30.05
	其中:数控 In which :NC	10 694	11 440	-6.52	23 529.0	18 583.5	26.61
	其他车床 Other lathes	43 161	44 411	-2.81	7 854.0	8 115.0	-3.22
	其中:数控 In which :NC	192	148	29.73	2 746.3	3 368.4	-18.47
8459.10~20	钻床 Drilling machines	937 658	1 030 372	-9.00	14 619.7	12 267.5	19.17
	其中:数控 In which :NC	106	78	35.90	1 166.4	759.3	53.63
	其他钻床 Other drilling machines	937 176	1 030 223	-9.03	13 405.9	11 484.7	16.73
8459.30~40	镗床 Boring machines	2 805	2 163	29.68	2 491.6	4 141.4	-39.84
	其中:数控 In which :NC	55	48	14.58	729.4	2 576.5	-71.69
	镗铣床 Boring - milling machines	364	270	34.81	1 597.8	2 955.6	-45.94
	其中:数控 In which :NC	29	27	7.41	501.2	2 035.4	-75.38
	其他镗床 Other boring machines	2 441	1 893	28.95	893.8	1 185.8	-24.62

（续）

税号 Tariff	项目名称 Name of item	出口量 Export volume 2011 年	2010 年	比上年增长 Change(%)	出口额 Export value 2011 年 (万美元 USD10000)	2010 年 (万美元 USD10000)	比上年增长 Change(%)
	其中:数控 In which :NC	26	21	23.81	228.2	541.1	-57.83
8459.50~60	铣床 Milling machines	34 559	29 423	17.46	9 208.7	6 505.5	41.55
	其中:数控 In which :NC	474	304	55.92	1 589.2	890.7	78.43
	升降台铣床 Milling machines knee - type	16 851	13 678	23.20	3 952.5	3 570.0	10.71
	其中:数控 In which :NC	46	167	-72.46	68.6	477.9	-85.64
	龙门铣床 Planomilling machines	76	66	15.15	1 047.0	327.7	219.55
	其中:数控 In which :NC	58	59	-1.69	678.9	281.7	140.98
	其他铣床 Other milling machines	17 632	15 679	12.46	4 209.1	2 607.8	61.41
	其中:数控 In which :NC	370	78	374.36	841.6	131.1	542.06
8459.70	其他攻丝机床 Other thread producing machines	30 054	18 224	64.91	945.6	587.3	61.00
8460.00	磨床 Grinding machines	3 858 790	4 061 533	-4.99	20 689.4	18 395.2	12.47
	其中:数控 In which :NC	176	102	72.55	1 510.5	1 111.2	35.94
	平面磨床 Surface grinding machines	3 232	1 730	86.82	1 912.3	1 458.7	31.09
	其中:数控 In which :NC	30	7	328.57	187.4	47.0	298.33
	外圆磨床 Cylindrical grinding machines	353	306	15.36	1 197.7	966.3	23.94
	其中:数控 In which :NC	52	9	477.78	371.6	132.0	181.48
	内圆磨床 Internal grinding machines	27	14	92.86	173.8	55.6	212.86
	其中:数控 In which :NC	8	10	-20.00	125.4	52.3	139.70
	其他磨床 Other grinding machines	398	270	47.41	1 007.5	996.8	1.07

（续）

税号 Tariff	项目名称 Name of item	出口量 Export volume			出口额 Export value		
		2011 年	2010 年	比上年增长 Change(%)	2011 年（万美元 USD10000）	2010 年（万美元 USD10000）	比上年增长 Change(%)
	其中：数控 In which：NC	73	43	69.77	662.6	710.4	-6.74
	轧辊磨床 Grinding machines of roll	59	59	0.00	143.8	124.2	15.84
	工具磨床 Tool grinding machines	560 508	667 203	-15.99	1 398.6	1 479.2	-5.45
	其中：数控 In which：NC	13	33	-60.61	163.6	169.3	-3.40
	珩磨机 Honing machines	149	158	-5.70	138.0	299.8	-53.95
	研磨机 Lapping machines	386	335	15.22	460.2	416.3	10.56
	砂轮机 Grinding wheel machines	3 026 570	3 127 602	-3.23	6 351.6	6 058.0	4.85
	抛光机 Polishing machines	267 108	263 856	1.23	7 905.9	6 540.5	20.88
8461.2010 8461.90	刨床 Planing machines	451	311	45.02	377.0	266.4	41.52
8461.2020	插床 Slotting machines	90	102	-11.76	123.7	134.3	-7.92
8461.30	拉床 Broaching machines	22	14	57.14	92.7	191.9	-51.70
8461.40	齿轮加工机床 Gear cutting machines	21 818	15 816	37.95	2 738.0	2 542.8	7.68
	其中：数控 In which：NC	230	229	0.44	757.2	1 076.0	-29.63
8461.50	锯床 Sawing machines	2 167 037	1 923 517	12.66	18 385.9	14 050.3	30.86
8461.90	其他金属切削机床 Other machine tools	5 500	8 783	-37.38	548.5	423.2	29.62
8462~8463	金属成形机床小计 Subtotal of metal forming machines	337 755	319 549	5.70	75 506.7	57 146.8	32.13
8462.00	主要金属成形机床 Main metal forming machines	311 825	291 391	7.01	58 116.8	44 612.2	30.27
	其中：数控 In which：NC	3 451	2 952	16.90	17 310.5	11 214.8	54.35
8462.10	锻造或冲压机床 Forging or die-stamping machines	3 303	1 860	77.58	5 083.9	3 164.2	60.67

（续）

税号 Tariff	项目名称 Name of item	出口量 Export volume 2011 年	2010 年	比上年增长 Change(%)	出口额 Export value 2011 年（万美元 USD10000）	2010 年（万美元 USD10000）	比上年增长 Change(%)
	其中:数控 In which :NC	277	130	113.08	2 111.2	1 228.0	71.92
8462.20	成形折弯机 Forming and bending machines	145 998	145 654	0.24	19 923.1	15 396.1	29.40
	其中:数控 In which :NC	2 139	2 026	5.58	7 802.4	5 489.3	42.14
	矫直机 Straightening machines	773	495	56.16	1 131.6	1 484.6	-23.78
	其中:数控 In which :NC	30	24	25.00	177.2	463.0	-61.74
	其他成形折弯机 Other forming bending machines	145 225	145 159	0.05	18 791.5	13 911.5	35.08
	其中:数控 In which :NC	2 109	2 002	5.34	7 625.2	5 026.3	51.70
8462.30	剪切机床 Shearing machines	33 201	39 467	-15.88	11 892.0	9 694.4	22.67
	其中:数控 In which :NC	659	569	15.82	3 476.6	2 989.1	16.31
	板带纵剪机 Shearing lengthwise machines	231	169	36.69	2 088.6	1 505.2	38.76
	其中:数控 In which :NC	54	46	17.39	697.7	665.2	4.89
	板带横剪机 Shearing transverse machines	1 070	1 170	-8.55	3 603.0	3 749.8	-3.92
	其中:数控 In which :NC	209	192	8.85	1 673.9	1 705.1	-1.83
	其他剪板机 Other plate shearing machines	31 900	38 128	-16.33	6 200.4	4 439.4	39.67
	其中:数控 In which :NC	396	331	19.64	1 105.1	618.9	78.56
8462.40	冲床 Punching machines	3 938	4 622	-14.80	4 611.7	2 213.9	108.30
	其中:数控 In which :NC	376	227	65.64	3 920.4	1 508.4	159.91
8462.91	液压压力机 Hydraulic presses	89 962	70 167	28.21	9 678.2	8 607.1	12.44
8462.99	机械压力机 Mechanical presses	35 423	29 621	19.59	6 928.0	5 536.5	25.13

（续）

税号 Tariff	项目名称 Name of item	出口量 Export volume 2011年	2010年	比上年增长 Change(%)	出口额 Export value 2011年（万美元 USD10000）	2010年（万美元 USD10000）	比上年增长 Change(%)
8463.00	金属或金属陶瓷的其他非切削机床 Other machine - tools for working metal or cermets without removing material	25 930	28 158	-7.91	17 389.9	12 534.6	38.74
8454.30	铸造机 Foundry machines	2 397	2 023	18.49	7 611.6	7 366.0	3.33
	其中:数控 In which :NC	441	339	30.09	3 298.4	2 623.6	25.72
8465.00	木工机床 Woodworking machines	5 250 524	5 482 175	-4.23	78 109.5	66 618.6	17.25
	组合加工机床 Modular machines	192 686	207 511	-7.14	4 324.1	4 100.1	5.46
	锯切加工机床 Sawing machines	3 899 328	4 040 925	-3.50	44 287.4	39 172.9	13.06
	刨铣加工机床 Planing and milling machines	534 930	544 622	-1.78	9 750.8	8 380.6	16.35
	磨削抛光机床 Grinding and polishing machines	115 812	241 973	-52.14	2 228.3	2 179.0	2.27
	弯曲装配机床 Bending and assembling machines	601	430	39.77	506.8	218.3	132.23
	钻孔凿榫机床 Drilling and mortising machines	36 786	27 615	33.21	1 958.1	1 854.4	5.59
	剖劈切削机床 Cleaving and cutting machines	377 806	346 382	9.07	7 411.3	5 461.5	35.70
	其他加工机床 Other machines	92 575	72 717	27.31	7 642.7	5 251.8	45.52
8466.10~30	机床夹具,附件 Machine jigs,accessories	40 537 361	33 596 439	20.66	23 310.2	16 395.2	42.18
	工具夹具刀具 Cutter tool clamps	14 794 326	14 752 635	0.28	11 121.1	8 828.4	25.97
	工件夹具 Workpiece clamps	16 770 832	15 122 908	10.90	10 264.0	6 532.9	57.11
	分度头及其他专用附件 Indexing clamps and other accessories	8 972 203	3 720 896	141.13	1 925.1	1 033.8	86.21
8466.90	机床零件,部件 Machine parts,components	294 459 364	228 503 574	28.86	68 114.6	51 543.8	32.15
8466.92	税号8465所列机器用的零件、附件 Machine parts and accessories of tariff numbers 8465	29 389 233	26 785 585	9.72	9 310.8	8 775.6	6.10
8466.93	税号8456至8461所列机器用的零件、附件 Machine parts and accessories of tariff numbers 8456 to 8461	233 740 099	177 955 937	31.35	47 216.4	34 612.9	36.41

（续）

税号 Tariff	项目名称 Name of item	出口量 Export volume			出口额 Export value		
		2011 年	2010 年	比上年增长 Change(%)	2011 年（万美元 USD10000）	2010 年（万美元 USD10000）	比上年增长 Change(%)
	其中:刀库及自动换刀装置 In which :tool magazine and automatic tool change device	901 230			669.5		
8466.94	税号 8462 或 8463 所列机器用的零件、附件 Machine parts and accessories of tariff numbers 8462 or 8463	31 330 032	23 762 052	31.85	11 587.4	8 155.3	42.08
8537.10	数控装置 Numeric control devices	19 826 619	17 628 301	12.47	57 904.8	49 169.8	17.77
	量具刃具合计 Total of measuring tools and cutting tools				227 787.4	174 062.1	30.87
8202 ~ 8208	切削刀具,工具 Cutting tools,tools	201 209 733	174 798 880	15.11	210 486.2	160 525.8	31.12
8202.00	带锯片、圆锯片 Band saw blades,circular saw blades	74 794 140	65 550 788	14.10	51 921.8	39 001.2	33.13
8207.00	攻丝工具 Thread producing tools	8 509 458	7 056 997	20.58	8 764.1	6 312.1	38.85
	硬质合金钻头 Carbide – tipped bits	2 324 783	1 920 413	21.06	4 329.7	1 995.5	116.97
	普通钻头 Ordinary bits	73 125 792	64 195 486	13.91	73 386.2	58 810.0	24.79
	硬质合金镗刀 Carbide boring cutters	103 585	216 102	–52.07	382.6	484.7	–21.07
	普通镗刀 Ordinary boring cutters	1 186 368	864 523	37.23	1 179.6	1 056.7	11.63
	铣刀 Milling cutters	3 747 599	2 476 364	51.33	12 576.4	9 031.0	39.26
	车刀 Turning tools	1 132 720	899 175	25.97	1 214.9	994.0	22.23
	可互换工具 Interchangeable tools	29 987 361	26 135 519	14.74	32 583.2	25 657.5	26.99
8208.10	硬质合金制金属加工用刀及刀片 Cutting tools and blades made of carbide for metal processing	6 000 240	5 162 719	16.22	23 151.2	16 364.3	41.47
	其他材料制金属加工用刀及刀片 Cutting tools and blades made of other materials for metal processing	297 687	320 794	–7.20	996.6	818.8	21.72
9017.30	量具 Measuring tools	38 983 529	43 384 740	–10.14	12 795.4	9 225.5	38.70
9031.80	量仪 Measuring instrument	4 906	3 146	55.94	4 505.7	4 310.8	4.52

（续）

税号 Tariff	项目名称 Name of item	出口量 Export volume			出口额 Export value		
		2011 年	2010 年	比上年增长 Change(%)	2011 年（万美元 USD10000）	2010 年（万美元 USD10000）	比上年增长 Change(%)
	磨料磨具合计 Total of abrasives and abrasive tools				185 034.6	152 981.2	20.95
2513.20	天然刚玉 Natural corundum	54 256 254	57 268 500	-5.26	1 056.2	990.6	6.62
2818.10	人造刚玉 Artificial corundum	815 870 896	788 930 086	3.41	55 872.0	48 231.0	15.84
2849.20	碳化硅 Silicon carbide	216 234 183	223 151 318	-3.10	49 405.6	43 827.9	12.73
2849.90	碳化硼 Boron carbide	2 076 968	2 332 459	-10.95	2 751.3	2 612.0	5.33
6804.10	碾磨或磨浆用石磨、石碾 Stone grinders and stone rolls used for milling	4 906 270	2 899 465	69.21	102.0	69.7	46.30
6804.21	合成或天然金刚石制石磨、石碾 Stone grinders and stone rolls made of synthetic diamond and natural diamond	16 278 748	14 572 116	11.71	6 289.0	4 413.0	42.51
6804.22	其他粘聚磨料制砂轮、石磨、石碾 Emery wheels, millstones and grindstones made of other bonded abrasives	174 982 799	140 024 366	24.97	26 411.9	19 764.5	33.63
6804.23	天然石料制砂轮、石磨、石碾 Emery wheels, millstones and grindstones made of natural stones	9 017 187	10 494 477	-14.08	1 591.0	1 416.1	12.35
6804.30	手工油石、磨石 Hand oilstones, sharpening stones	21 756 655	15 357 255	41.67	3 104.3	1 893.8	63.91
6805.10	砂布 Emery cloth	29 858 633	24 863 637	20.09	11 378.4	8 309.6	36.93
6805.20	砂纸 Sand paper	26 823 070	24 517 366	9.40	8 722.5	7 045.9	23.80
6805.30	以其他材料为底的研磨料 And abrasives based on other material	1 032 169	777 420	32.77	2 207.7	1 723.1	28.12
7104.90	经加工的工业钻石 Processed industrial diamonds	21 979 372	33 285 499	-33.97	913.0	795.4	14.78
7105.10	天然、人工合成的钻石粉末 Natural or Synthetic diamond powder	2 253 905 940	1 991 676 033	13.17	15 229.6	11 888.5	28.10

注：1. 磨料磨具中税号为7105的商品计量单位是克拉，7104计量单位是克，其他商品计量单位是千克。

With the abrasives and grinding tools the unit of measurement for commodities are carat for tariff numbers 7105, gram for tariff numbers 7104, and kilogram for other commodities.

2. 税号为8202、8207、8208和8466的商品计量单位是千克，税号为8537和9017的商品计量单位是个。

The unit of measurement for commodities of tariff numbers 8202, 8207, 8208 and 8466 is kilogram, and that for commodities of tariff numbers 8537 and 9017 is piece.

3. 其他税号的商品计量单位是台。

The unit of measurement for commodities of other tariff numbers is unit.

〔供稿人：中国机床工具工业协会李卫青〕

2011 年中国机床工具进口统计
Import Statistics of China Machine Tools in 2011

税号 Tariff	项目名称 Name of item	进口量 Import volume			进口额 Import value		
		2011 年	2010 年	比上年增长 Change(%)	2011 年（万美元 USD10000）	2010 年（万美元 USD10000）	比上年增长 Change(%)
	机床工具总计 Grand total of machine tools				2 029 003. 1	1 569 839. 7	29. 25
	金属加工机床合计 Total of metalworking machines	115 227	109 232	5. 49	1 324 021. 5	941 981. 8	40. 56
	其中:数控 In which :NC	70 724	54 732	29. 22	1 111 220. 7	781 895. 1	42. 12
8456 ~ 8461	金属切削机床小计 Sub – total of metal – cutting machines	96 253	90 568	6. 28	1 053 959. 8	752 776. 8	40. 01
	其中:数控 In which :NC	66 418	50 368	31. 87	953 512. 1	678 721. 5	40. 49
8456. 00	特种加工机床 Non – traditional machines	12 578	11 609	8. 35	115 411. 3	95 891. 3	20. 36
	其中:数控 In which :NC	7 480	7 219	3. 62	109 315. 2	90 352. 4	20. 99
8456. 10	用激光、其他光或光子束处理材料的加工机床 Laser or other light or photon beam processing machines	5 250	4 831	8. 67	88 768. 1	69 582. 2	27. 57
8456. 20	用超声波处理材料的加工机床 Ultrasonic machines	234	119	96. 64	621. 7	179. 3	246. 70
8456. 30	用放电处理各种材料的加工机床 Electro – discharge processing machines	2 376	2 648	– 10. 27	20 810. 4	21 384. 5	– 2. 68
	其中:数控 In which :NC	2 230	2 388	– 6. 62	20 547. 1	20 770. 2	– 1. 07
8456. 9010	等离子切割机 Cutting machines of plasma arc	4 637	3 835	20. 91	4 186. 6	3 364. 5	24. 43
8456. 9090	其他化学、电子、离子束或等离子弧加工机床 Other electro – chemical, electron beam, ionic – beam or plasma arc processing machines	81	176	– 53. 98	1 024. 6	1 380. 7	– 25. 79
8457. 10	加工中心 Machining centers	41 014	30 636	33. 88	486 382. 0	340 863. 7	42. 69
	立式加工中心 Vertical	36 117	26 429	36. 66	267 384. 3	176 728. 4	51. 30
	卧式加工中心 Horizontal	4 112	3 223	27. 58	171 644. 7	121 630. 9	41. 12

（续）

税号 Tariff	项目名称 Name of item	进口量 Import volume			进口额 Import value		
		2011 年	2010 年	比上年增长 Change(%)	2011 年（万美元 USD10000）	2010 年（万美元 USD10000）	比上年增长 Change(%)
	龙门式加工中心 Plano	611	511	19.57	36 626.7	32 965.0	11.11
	其他加工中心 Others	174	473	-63.21	10 726.4	9 539.5	12.44
8457.20	单工位组合加工机床 Unit construction machines	84	138	-39.13	1 682.6	4 939.6	-65.94
8457.30	多工位组合加工机床 Multi - station transfer machines	502	446	12.56	18 583.3	11 861.1	56.67
8458.00	车床 Lathes	8 484	8 598	-1.33	93 065.6	70 337.7	32.31
	其中:数控 In which :NC	6 384	6 020	6.05	89 635.6	67 417.3	32.96
	卧式车床 Horizontal lathes	6 277	6 647	-5.57	61 431.9	48 507.7	26.64
	其中:数控 In which :NC	4 914	4 888	0.53	59 585.0	46 621.8	27.80
	其他车床 Other lathes	2 207	1 951	13.12	31 633.6	21 830.0	44.91
	其中:数控 In which :NC	1 470	1 132	29.86	30 050.6	20 795.5	44.51
8459.10~20	钻床 Drilling machines	4 448	4 411	0.84	21 723.8	14 232.9	52.63
	其中:数控 In which :NC	1 329	812	63.67	20 014.8	12 780.1	56.61
	其他钻床 Other drilling machines	3 016	3 483	-13.41	955.8	1 066.1	-10.34
8459.30~40	镗床 Boring machines	444	376	18.09	20 191.8	17 252.6	17.04
	其中:数控 In which :NC	284	229	24.02	19 442.7	16 440.0	18.26
	镗铣床 Boring - milling machines	241	188	28.19	10 801.9	11 266.6	-4.12
	其中:数控 In which :NC	155	108	43.52	10 394.2	10 877.0	-4.44
	其他镗床 Other boring machines	203	188	7.98	9 389.9	5 986.1	56.86
	其中:数控 In which :NC	129	121	6.61	9 048.5	5 563.0	62.65

（续）

税号 Tariff	项目名称 Name of item	进口量 Import volume			进口额 Import value		
		2011 年	2010 年	比上年增长 Change(%)	2011 年（万美元 USD10000）	2010 年（万美元 USD10000）	比上年增长 Change(%)
8459.50~60	铣床 Milling machines	6 263	3 612	73.39	36 016.8	32 942.2	9.33
	其中:数控 In which :NC	5 066	2 431	108.39	33 912.4	31 099.5	9.04
	升降台铣床 Milling machines knee – type	419	430	–2.56	1 295.4	663.5	95.25
	其中:数控 In which :NC	58	51	13.73	806.3	324.0	148.90
	龙门铣床 Planomilling machines	385	406	–5.17	13 074.9	17 231.8	–24.12
	其中:数控 In which :NC	349	380	–8.16	12 946.4	17 092.1	–24.25
	其他铣床 Other milling machines	5 459	2 776	96.65	21 646.5	15 046.9	43.86
	其中:数控 In which :NC	4 659	2 000	132.95	20 159.7	13 683.4	47.33
8459.70	其他攻丝机床 Other thread producing machines	794	680	16.76	1 556.1	2 039.4	–23.70
8460.00	磨床 Grinding machines	15 025	24 968	–39.82	176 594.7	109 788.0	60.85
	其中:数控 In which :NC	3 953	2 538	55.75	137 840.8	84 035.8	64.03
	平面磨床 Surface grinding machines	2 256	2 256	0.00	14 454.9	10 200.6	41.71
	其中:数控 In which :NC	469	359	30.64	11 633.3	7 887.4	47.49
	外圆磨床 Cylindrical grinding machines	1 316	955	37.80	47 226.1	30 323.0	55.74
	其中:数控 In which :NC	974	632	54.11	45 554.3	29 048.8	56.82
	内圆磨床 Internal grinding machines	497	313	58.79	15 041.5	8 015.5	87.65
	其中:数控 In which :NC	444	257	72.76	14 843.1	7 642.7	94.21
	其他磨床 Other grinding machines	1 381	857	61.14	36 657.7	26 072.4	40.60
	其中:数控 In which :NC	746	552	35.14	35 283.4	25 115.8	40.48

（续）

税号 Tariff	项目名称 Name of item	进口量 Import volume 2011年	2010年	比上年增长 Change(%)	进口额 Import value 2011年（万美元 USD10000）	2010年（万美元 USD10000）	比上年增长 Change(%)
	轧辊磨床 Grinding machines of roll	12	21	-42.86	357.2	102.8	247.40
	工具磨床 Tool grinding machines	1 758	1 172	50.00	31 306.7	14 865.7	110.60
	其中:数控 In which :NC	1 320	738	78.86	30 526.6	14 341.1	112.86
	珩磨机 Honing machines	289	180	60.56	9 053.6	6 038.6	49.93
	研磨机 Lapping machines	1 741	1 568	11.03	9 802.6	6 198.8	58.14
	砂轮机 Grinding wheel machines	3 702	15 942	-76.78	752.6	716.3	5.06
	抛光机 Polishing machines	2 073	1 704	21.65	11 942.0	7 254.1	64.62
8461.2010 8461.90	刨床 Planing machines	49	33	48.48	277.7	234.7	18.32
8461.2020	插床 Slotting machines	11	12	-8.33	129.7	118.8	9.16
8461.30	拉床 Broaching machines	175	133	31.58	5 932.3	4 301.2	37.92
8461.40	齿轮加工机床 Gear cutting machines	1 662	1 242	33.82	58 996.3	37 256.0	58.35
	其中:数控 In which :NC	908	483	87.99	56 968.5	35 732.7	59.43
8461.50	锯床 Sawing machines	3 821	2 870	33.14	13 474.6	8 587.3	56.91
8461.90	其他金属切削机床 Other machine tools	899	804	11.82	3 941.2	2 130.3	85.00
8462~8463	金属成形机床小计 Subtotal of metal forming machines	18 974	18 664	1.66	270 061.7	189 205.0	42.73
8462.00	主要金属成形机床 Main metal forming machines	15 078	14 931	0.98	237 246.7	163 707.5	44.92
	其中:数控 In which :NC	4 306	4 364	-1.33	157 708.7	103 173.6	52.86
8462.10	锻造或冲压机床 Forging or die - stamping machines	2 567	3 009	-14.69	84 777.2	48 987.0	73.06
	其中:数控 In which :NC	945	1 113	-15.09	70 154.1	36 437.4	92.53

（续）

税号 Tariff	项目名称 Name of item	进口量 Import volume			进口额 Import value		
		2011 年	2010 年	比上年增长 Change(%)	2011 年（万美元 USD10000）	2010 年（万美元 USD10000）	比上年增长 Change(%)
8462. 20	成形折弯机 Forming and bending machines	3 104	2 412	28. 69	37 758. 9	24 882. 0	51. 75
	其中:数控 In which :NC	1 110	1 134	-2. 12	31 861. 3	20 914. 7	52. 34
	矫直机 Straightening machines	643	846	-24. 00	15 121. 3	9 002. 5	67. 97
	其中:数控 In which :NC	180	157	14. 65	12 915. 9	7 889. 3	63. 71
	其他成形折弯机 Other forming bending machines	2 461	1 566	57. 15	22 637. 6	15 879. 5	42. 56
	其中:数控 In which :NC	930	977	-4. 81	18 945. 5	13 025. 3	45. 45
8462. 30	剪切机床 Shearing machines	1 600	919	74. 10	14 110. 3	17 164. 1	-17. 79
	其中:数控 In which :NC	268	295	-9. 15	11 764. 3	14 122. 5	-16. 70
	板带纵剪机 Shearing lengthwise machines	118	132	-10. 61	4 907. 1	7 434. 2	-33. 99
	其中:数控 In which :NC	71	97	-26. 80	4 195. 7	6 924. 2	-39. 40
	板带横剪机 Shearing transverse machines	137	125	9. 60	4 608. 3	5 439. 5	-15. 28
	其中:数控 In which :NC	79	78	1. 28	4 207. 9	4 822. 4	-12. 74
	其他剪板机 Other plate shearing machines	1 345	662	103. 17	4 595. 0	4 290. 4	7. 10
	其中:数控 In which :NC	118	120	-1. 67	3 360. 6	2 375. 9	41. 45
8462. 40	冲床 Punching machines	3 376	4 573	-26. 18	51 315. 5	39 120. 5	31. 17
	其中:数控 In which :NC	1 983	1 822	8. 84	43 928. 9	31 699. 0	38. 58
8462. 91	液压压力机 Hydraulic presses	1 622	1 546	4. 92	27 747. 1	16 024. 2	73. 16
8462. 99	机械压力机 Mechanical presses	2 809	2 472	13. 63	21 537. 7	17 529. 6	22. 86
8463. 00	金属或金属陶瓷的其他非切削机床 Other machine - tools for working metal or cermets without removing material	3 896	3 733	4. 37	32 815. 1	25 497. 5	28. 70

（续）

税号 Tariff	项目名称 Name of item	进口量 Import volume			进口额 Import value		
		2011 年	2010 年	比上年增长 Change(%)	2011 年（万美元 USD10000）	2010 年（万美元 USD10000）	比上年增长 Change(%)
8454.30	铸造机 Foundry machines	602	569	5.80	32 381.1	22 470.7	44.10
	其中：数控 In which：NC	165	179	-7.82	15 696.0	12 034.1	30.43
8465.00	木工机床 Woodworking machines	17 949	20 435	-12.17	63 209.5	81 981.8	-22.90
	组合加工机床 Modular machines	165	292	-43.49	1 483.0	1 760.7	-15.77
	锯切加工机床 Sawing machines	3 475	2 809	23.71	3 501.7	3 518.1	-0.47
	刨铣加工机床 Planing and milling machines	2 758	3 000	-8.07	11 352.5	11 283.8	0.61
	磨削抛光机床 Grinding and polishing machines	2 819	2 200	28.14	7 118.0	5 883.3	20.99
	弯曲装配机床 Bending and assembling machines	1 358	2 775	-51.06	3 948.8	3 386.1	16.62
	钻孔凿榫机床 Drilling and mortising machines	2 214	3 789	-41.57	15 465.7	35 948.1	-56.98
	剖劈切削机床 Cleaving and cutting machines	2 799	2 593	7.94	8 910.2	8 074.5	10.35
	其他加工机床 Other machines	2 361	2 977	-20.69	11 429.6	12 127.1	-5.75
8466.10～30	机床夹具，附件 Machine jigs，accessories	13 638 476	14 963 488	-8.85	67 217.2	57 842.8	16.21
	工具夹具刀具 Cutter tool clamps	3 721 577	3 483 734	6.83	21 203.9	17 145.4	23.67
	工件夹具 Workpiece clamps	4 524 213	3 957 823	14.31	28 953.1	21 967.3	31.80
	分度头及其他专用附件 Indexing clamps and other accessories	5 392 686	7 521 931	-28.31	17 060.2	18 730.1	-8.92
8466.90	机床零件，部件 Machine parts，components	87 739 827	80 271 088	9.30	138 480.6	104 130.7	32.99
8466.92	税号8465所列机器用的零件、附件 Machine parts and accessories of tariff numbers 8465	1 364 846	1 317 903	3.56	2 826.7	2 289.1	23.49
8466.93	税号8456至8461所列机器用的零件、附件 Machine parts and accessories of tariff numbers 8456 to 8461	63 269 878	51 566 124	22.70	100 134.5	66 374.2	50.86
	其中：刀库及自动换刀装置 In which：tool magazine and automatic tool change device	5 909 260			9 310.6		

（续）

税号 Tariff	项目名称 Name of item	进口量 Import volume			进口额 Import value		
		2011 年	2010 年	比上年增长 Change(%)	2011 年（万美元 USD10000）	2010 年（万美元 USD10000）	比上年增长 Change(%)
8466.94	税号 8462 或 8463 所列机器用的零件、附件 Machine parts and accessories of tariff numbers 8462 or 8463	23 105 103	27 387 061	-15.63	35 519.4	35 467.4	0.15
8537.10	数控装置 Numeric control devices	7 901 211	6 057 084	30.45	185 506.9	180 465.3	2.79
	量具刃具合计 Total of measuring tools and cutting tools				157 130.2	129 308.6	21.52
8202～8208	切削刀具，工具 Cutting tools, tools	16 168 688	15 565 082	3.88	137 393.3	115 036.4	19.43
8202.00	带锯片、圆锯片 Band saw blades, circular saw blades	5 571 942	4 680 118	19.06	12 611.0	9 867.0	27.81
8207.00	攻丝工具 Thread producing tools	347 498	279 132	24.49	11 092.1	7 447.6	48.94
	硬质合金钻头 Carbide - tipped bits	146 003	20 099	626.42	945.0	591.3	59.82
	普通钻头 Ordinary bits	3 192 373	3 469 087	-7.98	15 882.8	13 163.0	20.66
	硬质合金镗刀 Carbide boring cutters	5 447	4 275	27.42	457.2	413.4	10.59
	普通镗刀 Ordinary boring cutters	84 988	81 984	3.66	3 550.8	2 750.6	29.09
	铣刀 Milling cutters	584 423	467 487	25.01	14 372.4	11 222.5	28.07
	车刀 Turning tools	318 398	179 618	77.26	2 476.5	1 540.2	60.79
	可互换工具 Interchangeable tools	3 965 125	4 649 993	-14.73	13 677.1	13 676.2	0.01
8208.10	硬质合金制金属加工用刀及刀片 Cutting tools and blades made of carbide for metal processing	1 462 952	1 232 423	18.71	43 187.1	34 709.2	24.43
	其他材料制金属加工用刀及刀片 Cutting tools and blades made of other materials for metal processing	489 539	500 866	-2.26	19 141.2	19 655.2	-2.62
9017.30	量具 Measuring tools	2 066 760	1 951 511	5.91	4 684.2	3 195.9	46.57
9031.80	量仪 Measuring instrument	2 686	2 345	14.54	15 052.8	11 076.4	35.90
	磨料磨具合计 Total of abrasives and abrasive tools				61 056.1	51 658.0	18.19
2513.20	天然刚玉 Natural corundum	6 858 389	5 928 699	15.68	334.4	288.1	16.06

（续）

税号 Tariff	项目名称 Name of item	进口量 Import volume			进口额 Import value		
		2011 年	2010 年	比上年增长 Change(%)	2011 年（万美元 USD10000）	2010 年（万美元 USD10000）	比上年增长 Change(%)
2818.10	人造刚玉 Artificial corundum	57 082 348	60 387 456	-5.47	5 564.5	5 342.8	4.15
2849.20	碳化硅 Silicon carbide	4 631 900	2 516 028	84.10	1 449.6	973.3	48.94
2849.90	碳化硼 Boron carbide	116 259	14 841	683.36	198.9	22.8	771.55
6804.10	碾磨或磨浆用石磨、石碾 Stone grinders and stone rolls used for milling	15 796	11 877	33.00	108.4	74.3	45.97
6804.21	合成或天然金刚石制石磨、石碾 Stone grinders and stone rolls made of synthetic diamond and natural diamond	1 319 426	1 378 579	-4.29	10 779.5	9 329.6	15.54
6804.22	其他粘聚磨料制砂轮、石磨、石碾 Emery wheels, millstones and grindstones made of other bonded abrasives	9 419 317	8 010 946	17.58	15 479.8	12 539.2	23.45
6804.23	天然石料制砂轮、石磨、石碾 Emery wheels, millstones and grindstones made of natural stones	733 131	758 976	-3.41	1 827.7	1 349.9	35.40
6804.30	手工油石、磨石 Hand oilstones, sharpening stones	323 353	459 696	-29.66	701.1	690.4	1.55
6805.10	砂布 Emery cloth	6 260 832	6 655 648	-5.93	5 703.6	5 445.4	4.74
6805.20	砂纸 Sand paper	8 796 686	8 576 165	2.57	8 095.2	7 237.8	11.85
6805.30	以其他材料为底的研磨料 And abrasives based on other material	2 931 894	3 083 796	-4.93	8 542.4	6 676.8	27.94
7104.90	经加工的工业钻石 Processed industrial diamonds	1 085 249	1 146 865	-5.37	683.9	529.4	29.18
7105.10	天然、人工合成的钻石粉末 Natural or Synthetic diamond powder	99 884 782	76 636 837	30.34	1 587.1	1 158.1	37.04

注：1. 磨料磨具中税号为7105的商品计量单位是克拉，7104计量单位是克，其他商品计量单位是千克。

With the abrasives and grinding tools the unit of measurement for commodities are carat for tariff numbers 7105, gram for tariff numbers 7104, and kilogram for other commodities.

2. 税号为8202、8207、8208和8466的商品计量单位是千克，税号为8537和9017的商品计量单位是个。

The unit of measurement for commodities of tariff numbers 8202, 8207, 8208 and 8466 is kilogram, and that for commodities of tariff numbers 8537 and 9017 is piece.

3. 其他税号的商品计量单位是台。

The unit of measurement for commodities of other tariff numbers is unit.

〔供稿人：中国机床工具工业协会李卫青〕

标准化

介绍全国、机械行业及机床工具行业标准化工作要点，机床工具行业标准化工作情况，公布机床工具行业标准化工作先进集体及个人名单

标准化

“十二五”机床工具行业标准化工作要点

为了更好地落实机床工具行业“十二五”发展规划，发挥标准化工作在促进机床工具行业由大变强过程中的技术支撑和保障作用，特提出“十二五”机床工具行业标准化工作要点。

一、机床工具行业基本情况

(一)行业发展成就

进入21世纪以来，我国机床工具行业经历了近十年的连续高速发展，取得了令世人瞩目的巨大成就。2009年，行业经济规模跃居世界第一位，2010年全行业完成工业产值近5 500亿元，其中金属加工机床产值209亿美元，约占全世界的1/3。在经济规模迅猛扩大的同时，机床工具行业的产品结构持续优化，技术创新能力显著增强，行业企业的综合素质和市场竞争能力不断提高。2010年，全行业完成数控机床产量超过22万台，国产中档数控机床批量投放市场，国产数控机床以价值量计国内市场占有率达到57%，部分高档数控机床核心制造技术已经取得重要突破，并开始应用于重点行业的核心制造领域。近十年，我国机床工具行业的巨大进步为国民经济的快速发展和国防建设提供了强大技术的支撑。

(二)行业标准化工作情况

1. 行业标准化工作主要成绩

(1)标准制定、修订工作取得可喜成绩。为了发挥标准促进产业结构调整和行业技术进步的作用，确保标准的有效性、先进性和适用性，各标准化技术委员会(以下简称标委会)根据国家标准管理委员会(简称国家标准委)和中国机械工业联合会(简称中机联)标准部的要求，机床工具行业各标委会均圆满完成了现有国家标准和行业标准(包括已确认或修改补充的标准)的复审工作。全行业现有国家标准709项，其中强制性标准57项，推荐性标准652项；行业标准1 390项，其中强制性标准15项，推荐性标准1 375项；共计2 099项。

(2)参与国际标准化工作有所收获。国际标准化工作是标准化工作的重要内容。金属切削机床标准化技术委员会对应ISO/TC39／SC2／SC3／SC6／SC8，特种加工机床标准化技术委员会对应ISO/TC39/SC29(部分)，木工机床与刀具标准化技术委员会对应ISO/TC39/SC4，磨料磨具标准化技术委员会对应ISO/TC29/SC5，刀具标准化技术委员会对应ISO/TC29／SC2、SC9，量具量仪标准化技术委员会对应ISO/TC213(部分)，工业机械电气系统标准化技术委员会对应IEC/TC44。这些标准化技术委员会在国家标准委国际部的统一安排部署下，做了大量国际标准对口工作。

特种机床标准化技术委员会、金属切削机床标准化技术委员会、工业机械电气系统标准化技术委员会、磨料磨具标准化技术委员会等标准化技术委员会积极参加国际标准化会议，参与国际标准制定工作，其中提出的众多建议被国家标准化组织所采纳。

(3)数控机床专项实施推动了行业标准化工作。通过重大专项课题的实施，制定和修订一批高水平的企业标准和产品标准，推动了行业产品技术水平的提高。数控机床重大专项中的标准研究课题也取得一定进展，为引导和促进高档数控机床技术发展提供了必要的技术标准支撑。

(4)标准化机构建设有所加强。现行业内共有金属切削机床、特种加工机床、木工机床与刀具、磨料模具、切削刀具、量具量仪、锻压机械、铸造机械、工业机械电气系统和机床数控系统10个全国标准化技术委员会和37个分会，机构体系设置进一步规范和科学。

(5)行业安全标准进一步得到重视。安全一直是国家、行业、企业发展的大事，中国机床工具工业协会受工业和信息化部安全生产司的委托会同部分标准化技术委员会完成并上报了“提升机床产品操作安全性研究报告”，为工业和信息化部实施“机床数控化安全提升工程”提供了决策资料。

金属切削标准化技术委员会、木工机床与刀具标准化技术委员会以国际先进的机床安全理念、技术、标准以及技术法规为研究目标，全面系统地开展了机床安全标准的研究，分别完成了国家标准委的公益项目“机床安全标准及检验方法的研究”和“木工机床与刀具行业安全生产标准现状研究”。

(6)标准宣贯和信息咨询工作取得成效。各标准化技术委员会非常重视标准化信息咨询服务工作，为企业提供有关标准的众多技术咨询服务，行业标准宣贯和信息咨询工作取得成效。协会充分利用协会网站的标准化工作专栏和机床工具报宣传优势，跟踪企业标准化工作和技术进步对标准的需求，及时传达国家有关标准化工作的信息与要求，深入了解国际、国内标准化新动态，为促进行业技术创新起到桥梁与纽带作用。

2. 行业标准化工作存在的主要问题

(1)标准执行力度不够。一些企业标准意识不强，企业标准相对落后，对现行机床工具国家标准、行业标准的执行力度相对薄弱，是导致产品质量可靠性、稳定性差的原因之一。

(2)标准与技术进步脱节。机床工具行业现有某些标准缺乏时效性，不能适应国际科技进步和新材料、新工艺、新技术发展的要求，标准标龄老、水平偏低，标准制修订与技术创新、产业发展脱节，行业标准化工作滞后于产品技术的发展，不能满足产品开发、制造、服务和贸易的要求。

二、“十二五”标准化工作指导思想、工作目标

1. 指导思想

深入贯彻落实科学发展观，依据《机床工具行业“十二五”规划》和《机床工具行业“十二五”期间工作要点》，立足标准制定的急迫性、创新性和国际性，加强标准战略研究，加快重要领域标准制定，完善技术标准体系，提升标准水平，推进标准贯彻实施，夯实产业发展的技术基础，为促进机床工具行业平稳快速发展提供支撑。

2. 工作目标

为实现《机床工具行业“十二五”规划》和《机床工具行业“十二五”期间工作要点》提出的任务，行业标准化工作要实现如下目标：

(1)完善行业标准化管理体制及运行机制，使机床工具行业标准化管理满足和适应促进行业技术创新的需要。

(2)完善行业标准化体系结构，加强行业急需标准的制修订工作，使标准真正引领行业产品技术进步。

(3)加强标准贯标力度，特别是安全、环保、节能等标准的执行力度，试行实施产品安全准入制度。

(4)加大国际标准和国外先进标准，特别是安全、卫生和节能节材标准的采标力度，提高产品国际市场竞争力。

三、“十二五”标准化重点工作

根据机床工具行业“十二五”规划所提出突出市场导向，突出重点，标准服务于技术进步和与国际接轨的原则，机床工具行业标准化工作的重点任务是：

(1)完善机床工具行业标准化组织及体系建设。分析机床工具行业标准现状，研究产业技术进步和技术发展的新需求，构建科学完善的行业标准化体系。加强对标委会秘书处管理力度，提高标准化工作人员业务素质，确保标准化人才队伍的稳定性，建立绩效考核评估、奖惩和退出机制，强化责任制。

(2)标准的制定要适应产业、产品结构调整和技术进步的需要。增强标准化工作的紧迫感和责任感，加大重要基础标准和方法标准、强制性标准和重点领域标准的研究力度，充分发挥先进技术标准在提升产品质量和水平、推进产业结构调整、产品结构调整和产业升级，提高产业竞争力，以及引领行业技术进步等方面的技术支撑作用。

(3)加强机床安全标准的制修订、启动编制节能减排、绿色制造指导性技术文件。进一步加强机床工具企业安全标准贯标工作。制定和完善各小行业生产和安全技术标准，实行严格的安全标准核准制度。

(4)提升国际标准采标力度，加强参与国际标准的制修订工作，提高标准技术水平。紧密结合机床工具行业发展需求，积极推动国际标准化工作。推进实质性参与国际标准制修订，加快国际标准采标步伐，以国际标准提升我国自主创新成果转化为国际贸易的竞争优势。

(5)提升标准化服务水平，加强标准的宣贯与实施力度。根据机床工具行业“十二五”发展规划要求，加强相关标准的宣传和贯彻力度，为产业振兴、技术水平的提高提供支撑和服务。

四、“十二五”标准化工作的重点领域

(1)金属切削机床：重点加强五轴联动加工中心检验标准、精密数控车床和车削中心及超精密车床检验标准、高档数控磨床、高精度数控坐标镗床检验标准、重型数控齿轮加工机床、重型车铣复合和铣车复合加工中心检验标准、数控机床可靠性评定方法标准、关键功能部件可靠性评定方法标准、数控功能部件标准和机床安全标准的研究和制定。

(2)锻压机械：重点加强锻压机械液压系统清洁度、锻压机械操作指示形象化符号、锻压机械可靠性评定方法、管子成形设备安全要求、锻造液压机安全、挤压液压机安全、数控伺服压力机、壳体钣金成形设备、旋压机、机械伺服折弯机、数控伺服转塔冲床、数控板材冲剪折加工中心、数控弯管加工中心、模锻液压机、数控液压模锻锤、模锻压力机、内高压成形设备、安全和功能部件等标准的研究和制定。

(3)特种加工机床：重点加强数控高效电火花铣削加工机床、数控电火花成形机床、电火花线切割机床(单向走丝型)、电火花加工机床安全防护、精密数控电火花微孔加工机床、多次切割往复走丝电火花线切割机床、带式阳极机械切割机床、精密数控电火花超硬刀具磨床和直接金属型激光选区烧结快速成形机床标准的研究和制定。

(4)铸造机械：重点加强铸造机械安全标准，铸造机械清洁度测定方法标准、噪声测定方法标准，冲天炉及高效外热风冲天炉能耗限值标准，粘土砂和水玻璃砂再生装置标准，砂型自动造型线标准的研究和制定。

(5)木工机床与刀具：重点加强平压两用刨床、多锯片纵剖圆锯机、锯片往复单锯片修边纵剖圆锯机、水平及垂直锯板机、联合机等安全标准，重型、高效木工机床和NC、CNC、MC木工机床与相配套的刀具产品标准，以及竹木机械标准的研究和制定。

(6)机床数控系统：重点加强高档及普及型机床数控系统、机床数控系统可靠性、机床数控系统－NCUC－Bus现场总线协议规范——安全、机床数控系统——印制电路板(PCB)制造与验收技术要求、机床数控系统控制指示基本图形符号、机床数控系统——力矩电机制造与验收技术要求、机床数控系统——直线电机制造与验收技术要求、基于国产CPU高档数控装置的硬件软件平台测试规范等标准的研究和制定。

(7)刀具：重点加强刀具与机床接口技术、高速切削工具系统、整体硬质合金和超细晶粒整体硬质合金刀具、硬质合金微型刀具、汽车和航空发动机刀具、基于寿命试验和动平衡试验的高速切削刀具可靠性等标准的研究和制定。

(8)量具量仪：重点加强工具圆锥量规、数控测量器具、齿轮测量器具、数显装置等标准的研究和制定。

(9)磨料磨具:重点加强固结磨具安全要求、超硬磨具安全要求、涂附磨具安全要求、砂轮的回转试验方法、碳化硅特种制品安全载荷试验方法、高精度切割砂轮、金刚石涂层拉丝模、金刚石软磨片、金刚石磨盘、立方氮化硼品种、超硬磨料制品形状总览、标记和超硬磨料制品复合片等标准的研究和制定。

(10)工业机械电气系统:重点加强工业机械电气安全控制系统、电感应保护装置等安全部件标准的研究和制定,积极推进机械电气安全系列国际标准的转化及国际标准的制定。

五、措施和建议

(1)完善标准化组织及体系建设。加强对标准化技术委员会秘书处的管理力度,提高标准化工作人员业务素质,确保标准化人才队伍的稳定性,建立绩效考核评估、奖惩和退出机制,强化责任制。

分析机床工具行业标准现状,研究产业技术进步和技术发展对标准的新需求,构建、科学完善的行业标准化体系。

(2)推进标准制定与产业、产品结构调整结合。加大重要基础标准和方法标准、强制性标准和重点领域标准的研究力度,充分发挥先进技术标准在提升产品质量和水平,推进产业结构调整、产品结构调整和产业升级,提高产业竞争力以及引领行业技术进步等方面的技术支撑作用。

(3)加强机床安全、绿色标准的制修订工作。制定和完善各小行业生产安全技术标准,实行严格的安全标准核准制度。建立以技术标准、管理标准和工作标准为主要内容的节能减排标准体系,研究制定节能减排、绿色制造等相关标准及规范,引导机床工具产品实现节能、节材、无污染生产。

(4)积极参与国际标准的制修订工作,提高标准技术水平。紧密结合机床工具行业发展需求,积极推动国际标准化工作。推进实质性参与国际标准制修订,加快国际标准采标步伐,以国际标准提升我国自主创新成果转化为国际贸易的竞争优势。

(5)提升标准化服务水平。根据机床工具行业"十二五"发展规划要求,加强相关标准的宣传和贯彻力度,为产业振兴、技术水平的提高提供支撑和服务。

〔供稿单位:中国机床工具工业协会〕

2011年全国标准化工作要点

2011年全国标准化工作的总体要求是:全面贯彻落实党的十七届五中全会和中央经济工作会议精神,以邓小平理论和"三个代表"重要思想为指导,深入贯彻落实科学发展观,紧密围绕服务科学发展这个主题和加快经济发展方式转变这条主线,全面实施标准化战略,统筹国内国际标准化工作,强化工作机制创新,加强管理和协调配合,加快标准研制和体系建设,着力提高标准化工作的适应性和有效性,为实现经济社会又好又快发展发挥基础和导向作用。按照这一总体要求,2011年的标准化工作要继续落实农业标准强基础、工业标准上水平、服务标准拓领域、安全标准保民生、国际标准谋突破、标准化管理强能力的部署,突出抓好以下工作。

一、围绕现代农业发展和社会主义新农村建设,充分发挥农业标准化的基础作用

(1)突出抓好水利标准制修订工作。重点加强农田水利、水土保持、水生态保护、防洪减灾、水质评价、水文气象、水资源管理及配置等标准的研制,为水资源合理开发和利用,推进实施科学治水提供技术支撑。

(2)进一步完善农业国家标准体系。以现代种子、农业投入品、产地环境、农产品流通、检验检测、动植物疫病防控、生态保护和循环农业标准为重点,加快标准制修订,为国家粮食安全、农村经济社会可持续发展提供保障。

(3)加快完善农业地方标准体系。以品种改良、安全高效生产技术规程、良好操作规范等标准制修订为重点,建立适合本地区粮食等主导农产品和优势特色农产品生产的标准体系。

(4)加大蔬菜、水果、肉、蛋、茶等"菜篮子"产品农业标准化示范区的建设力度,促进园艺产品、畜产品、水产品规模种养和设施农业的发展,加快推进农业标准化综合示范市、县建设,促进农业生产经营专业化、标准化、规模化、集约化,完善现代农业产业体系。及时总结示范区建设经验,采取各种行之有效的方式宣传推广典型做法,完善相关措施,加强工作指导。

(5)强化农业标准科研工作。重点开展新品种繁育、先进种养殖技术、农业生物技术、绿色农用生物产品、生物安全、生态保护等生物农业领域和耕地质量、灌溉水质、农业投入品合理使用、畜禽水产养殖环节中有毒有害物质控制等标准的研究,加大农产品流通和农业标准化基础理论研究力度,促进科研成果及时转化为标准。

(6)加大农业标准的宣贯力度。在生产领域重点抓好农田水利基础设施建设、产地环境、良好农业规范以及动植物检验检疫标准的贯彻实施,加强节水灌溉、水资源保护、节地、退耕还林还草、水土保持等标准的应用和推广，强化农业投入品的合理使用和安全控制。在加工领域重点抓好场地环境、良好操作规范、畜禽屠宰卫生安全要求、危害分析与关键控制点等标准的贯彻实施，加快农产品深加工产业标准化工作，促进农产品加工业的发展。在流通领域重点抓好产品包装材料、运输器具、仓储设备、市场建设管理、冷链物流、农产品质量溯源等标准的贯彻实施，保障农产品质量安全，促进农产品流通业的发展。

（7）继续加大对革命老区、民族地区、边疆地区、贫困地区农业标准化示范区的支持力度，有针对性地开展农业标准化知识培训，提高当地农业标准化工作人员的水平。

二、围绕促进工业由大变强，进一步完善工业标准体系

（1）着力抓好制造业的标准化工作。进一步加强先进装备制造业、原材料工业、消费品工业等产业的重要标准制修订力度，着力加强重大战略产品、关键技术、共性技术、基础通用标准的研制，提高基础工艺、基础材料、基础元器件质量和系统集成水平，为支持企业技术改造、提高产品质量、增强企业品牌创建能力和产业竞争力提供支撑。

（2）加强交通运输标准化工作。抓好乘用车燃油消耗量限值标准和重型商用车燃油消耗量限值及其测试方法标准的制修订工作。继续完善汽车强制性标准体系，进一步推进交通运输管理、交通设施、智能交通系统、汽车维修、民航等领域标准研制。

（3）全面提高信息通信标准化工作水平。加快电子信息技术、信息化应用和信息安全标准体系建设。继续推进电子文件相关基础、通用与管理标准的制定工作。继续推动组织机构代码和物品编码重要基础标准的制定，及其在社会公共管理中的应用。

（4）继续推动循环经济、高新技术、国家重大工程等标准化试点示范项目的建设，促进节能减排和新技术新成果标准的实施与推广。

三、围绕推动现代服务业大发展，不断拓宽服务业标准化工作的新领域

（1）建立健全结构合理、层次清晰、科学实用、指导性强的服务业标准体系，加大服务业标准的实施和推广力度，发挥标准化工作对发展新兴服务业、提升传统服务业和提高服务业水平的支撑作用。

（2）生产性服务业标准化工作要在加强物流、金融、商贸等服务领域的基础上，进一步向研发设计服务、信息服务、数字内容服务、知识产权服务和科技成果转化服务等高技术服务业领域拓展，加强标准的制修订和实施推广。

（3）生活性服务业标准化工作要在加强旅游服务、行政服务、体育服务等领域的基础上，进一步向文化创意、家庭服务、医疗保健、体育健身、婚庆婚介、人力资源、社会保障、减灾防灾、旅游休闲等社会较为关注的领域拓展，做好生活性服务业标准体系框架和标准的研究，进一步推动社会管理和公共服务的发展。

（4）扎实稳妥地推进国家级服务业标准化试点，选择一些规模大、综合性强、影响面广的领域开展试点工作。建设标准化试点信息共享平台，积极开展试点工作的动态管理。

四、围绕培育发展战略性新兴产业，带动我国标准总体水平再上新台阶

（1）推进新一代信息技术领域标准化工作。重点加大高端软件、新一代移动通信、三网融合、软件服务、数字电视演进技术、云计算等领域标准的研制力度。加强物联网基础标准及重点领域的应用标准研究，为物联网产业发展做好技术支撑。

（2）进一步完善能效和能耗标准体系。重点抓好节能基础、节能管理、能源计量、能源审计、能源经济运行等标准的制修订工作。推动废旧产品回收利用共性技术标准的研究，强化煤化工、海水综合利用标准的研究和制定。

（3）抓好新能源领域的标准化工作。跟踪国内太阳能、氢能和风电产业的发展，重点做好太阳能热利用设备、光伏光热发电、风力发电装备、氢能利用设备基础标准的制修订工作。加强智能电网标准体系研究，制定一批重要技术标准，为保障能源安全、促进能源高效利用提供支撑。

（4）做好生物技术标准化工作。加强生物育种、生物农药、生物肥料、绿色植物生长调节剂、全降解农膜和生物饲料添加剂等绿色农用生物产品标准的制修订。加强海水养殖新技术新品种、海洋生物活性物质、海洋生物酶分离提取纯化技术等海洋生物资源开发标准的研究工作。加强新型高效工业、食品、医药和环保用酶制剂等发酵工程和代谢工程技术标准的研制工作。

（5）抓好高端装备制造业领域的标准化工作。依托国家重大专项开展大型客机标准化示范工作，推动大型客机标准体系的建立和完善。加强空间基础设施标准化体系建设，不断满足卫星、遥感及其应用产业的发展。密切跟踪海洋工程装备的技术发展，加强海洋工程动力及传动系统等关键系统标准的研究。跟踪轨道交通装备发展趋势，不断完善轨道交通装备标准体系。推进机器人、智能仪器仪表等关键技术标准的研制，推动高档数控机床、智能集装箱等高技术、高附加值产品的发展。

（6）抓好新材料领域标准化工作。加强稀土功能材料、高性能膜材料、特种玻璃、功能陶瓷、半导体照明材料标准的制修订，促进新型功能材料的发展。推进高品质特殊钢、新型合金材料、工程塑料、有色金属特殊材料标准的研制，促进先进结构材料的发展。加快碳纤维、超高分子量聚乙烯纤维标准的研制，提升高性能复合材料的水平。强化纳米材料标准的研制，推进共性基础材料的发展。着力加强新材料基础标准、重要新材料产品标准和重要性能检测方法标准的制修订，构建新材料产业标准体系。

（7）抓好新能源汽车领域的标准化工作。跟踪电动汽车示范工作，制定一批电动汽车标准和电动汽车充电技术及设施标准，完善电动汽车标准体系。跟踪燃料电池汽车相关前沿技术的研发，促进科技创新、产业化与标准化的同步运行。

(8)积极探索战略性新兴产业示范试点。探索战略性新兴产业示范试点工作新领域、新模式，力争上规模、上水平，努力做到与产业发展紧密联系，发挥好示范工作的引领带动作用，形成产业化和集约化。

五、围绕保障人民群众生命财产安全，进一步加强涉及公共安全、消费品安全、食品生产加工等领域的标准化工作

(1)完善公共安全防范相关安全标准和检测方法标准，重点推动消防管理、火灾防控、灭火救援及消防装备领域的标准化工作，组织完成中小学、幼儿园安全技术防范系统等涉及公众安全的重要标准制修订工作，为社会治安提供技术支撑。

(2)加强涂料、胶粘剂、染料以及橡胶乳胶制品中有害物质限量和检测方法，医用化工材料安全卫生规范和医用制品中有毒有害物质检测方法，废弃化学品处理处置基础标准等涉及人身健康安全的标准制修订工作。

(3)完善消费品安全标准体系，完成儿童家具、纸巾纸等重要产品标准的制修订，完善烟花爆竹产品标准体系。组织编制化妆品标准体系规划，加快化妆品中禁限用物质检测方法标准的制定。密切跟踪涉及具有安全风险的消费品的国内外法律法规及标准变化情况，及时完善相关安全标准和检测方法标准。

(4)做好食品领域的基础通用标准、生产过程管理标准、易腐食品生产运输管理标准以及重要产品标准的制修订工作。

六、围绕提升产业核心竞争力，谋求我国实质性参与国际标准化活动能力的新突破

(1)统筹国内国际，加强参与国际标准化活动的组织协调和管理，重点参与我国具有传统优势领域和市场优势领域、国际热点领域以及涉及战略性新兴产业的标准制修订工作，进一步提高我国在国际标准化领域的地位，积极开展IEC“入常”工作。

(2)配合我国外交外贸政策的实施，继续做好与美、俄、日、韩、欧盟、东盟等国家和地区高层合作机制下的标准化支撑和服务工作。积极做好对中亚五国及独联体国家标准化情况研究工作，与重点国家继续签署标准化合作协议，促进标准化国际交流和合作。

(3)完善国际标准化活动跟踪研究机制，全面跟踪研究与我国经济社会密切相关的国际标准动态，尽早介入、重点参与事关我国产业利益和竞争力的国际标准制修订，反映我国利益和要求，有效应对技术性贸易措施，增强我国产业、产品竞争力。

(4)积极推进我国技术标准在重点国家和地区的推广应用，在电子信息、通信、高铁、先进装备制造以及对外经济技术合作、对外工程设计和建设等领域，做好重要国家标准英文版翻译出版工作，服务我国优势技术和产业的海外发展，更好地开拓国内和国际两个市场。

(5)加快国际标准化人才队伍建设，分层次培养我国国际标准化人才，利用多方资源培养具备担任国际标准化组织领导职务的高层专家。进一步完善国际标准化专家管理系统，提高参与国际标准化活动人员的整体素质水平。

七、围绕国家产业和区域经济发展，充分发挥行业、地方、企业等各方面的作用

(1)进一步强化行业协调推进机制。从国家利益和全局出发，统筹国际国内标准化工作，共同制定和实施标准化重大规划和政策，加强标准化工作热点难点问题的交流和研讨，共同推进重点领域的标准制定和实施，形成合力。加强行业标准的备案管理与协调，努力做到行业标准之间、行业标准与国家标准之间的协调统一。

(2)建立军民标准化融合机制。深化标准化工作军民结合，寓军于民，探索军民两用标准相互转化的程序和方法，建立标准化技术组织融合机制，促进标准化资源的军民共建共享，尽快形成有机衔接、军民兼容、协调互补的技术标准体系，推进经济建设和国防建设的互动发展。

(3)进一步完善地方标准体系。根据地方特色和产业发展实际，编制好地方标准制修订规划、计划，加大标准制修订力度，建立健全符合地方经济社会发展需要的地方标准体系。

(4)建立健全地方标准化工作新机制。协调本地各相关行业的主管部门，发挥各自优势，进一步完善协助管理有关国家标准制修订项目和标准科研项目、督促检查专业标准化技术委员会、强化标准实施和信息反馈等方面的工作机制，共同推进标准化工作。加大信息服务和政策支持，建立推动企业、科研机构等参与国际标准化活动和国家标准化活动的工作机制，营造全社会共同做好标准化工作的良好氛围。探索开展多种形式的区域交流与合作，运用标准化手段，引导特色优势产业聚集，优化产业布局，在服务西部大开发、东北老工业基地振兴、中部崛起、东部率先发展战略中发挥好带动作用。

(5)进一步推进地方标准化示范试点建设。鼓励地方结合本地区产业发展的特点，开展以增强区域综合实力为重点的标准化示范市、县建设，引导企业以提高产品附加值、延伸产业链、培育品牌为重点开展示范区建设，增强示范区辐射带动作用。

(6)进一步提升企业标准化水平。推动企业建立健全符合自身发展需要，包括技术、管理和工作标准在内的企业标准体系。贯彻落实《企业产品标准管理规定》，强化企业产品标准责任主体意识，做好企业标准备案工作。鼓励企业积极采用和参考国际标准，引导企业实质性参与国家标准和国际标准的制修订工作。

(7)加大标准化宣传与培训力度，提高各级政府、生产者、消费者、经营者对标准化工作的认知度和标准化工作的影响力。重点加强对试点示范项目承担单位相关管理人员、标准化管理机构新上岗人员的标准化基本理论、知识以及试点示范工作内容和要求的培训，提高人员素质和工作的有效性。

(8)加强标准版权保护有关政策的宣传,增强企事业单位、中介机构、行政执法机构等在生产、经营、服务、执法等活动中使用正版标准的自觉性,有效制止和打击标准侵权盗版行为。

八、围绕提升服务经济社会发展的能力和水平,进一步加强标准化工作管理

(1)逐步实现标准化工作法治管理、科学管理和风险管理。提高标准化工作制度的建设质量,严格按程序办事,增强标准化工作公开性和透明度。以科学的态度、科学的思维、科学的方法开展工作,坚持一切从实际出发,坚持公开、公平和公正原则,不断提高标准的科学性、合理性和可操作性。做好风险预测和管理,提高工作的前瞻性和预见性。

(2)积极探索建立新形势下的工作机制和模式。不断总结和推广多年来实践的新经验,继续探索联席会议、军民融合、联盟标准等工作新机制和新模式,充分调动各方面的积极性和创造性,共同推进标准化工作。

(3)抓好国家标准的立项工作。以通用、基础、强制性以及战略性新兴产业标准为立项重点,满足产业发展、科技创新和社会事业发展的重大需求。坚持公开透明、充分协调、自下而上与自上而下相结合的原则,标准立项前要广泛听取各方意见和建议。

(4)加强公益性科研项目管理工作。在做好顶层设计和整体规划的基础上,抓好公益性标准科研项目立项、验收和项目实施全过程管理。重点开展战略性新兴产业关键技术标准研究,争取形成一批自主创新的高水平标准。

(5)强化标准实施信息反馈和维护更新机制。重点加强通用、基础、方法以及强制性标准的实施和推广,促进标准在全社会的广泛运用。加强对标准实施情况的跟踪、收集和分析,建立健全标准实施信息反馈机制,为标准的修订和废止提供依据。

(6)加强对全国专业标准化技术委员会的管理。加快组建和培育与发展战略性新兴产业相关的技术委员会。结合国家标准化体系工程建设,创新技术委员会工作机制,健全技术委员会工作激励和奖惩机制,适时调整设置不合理的技术委员会,对市场竞争性领域的技术委员会秘书处承担单位实行优胜劣汰,提高技术委员会工作的有效性。

(7)加强机构和队伍建设。各地要加强对标准化研究机构、标准出版发行机构、组织机构、代码机构、物品编码机构和标准化协会的领导和支持,提高标准化队伍的凝聚力、创造力和战斗力,打造一支政治过硬、业务精湛、作风扎实、清正廉洁的优秀队伍。

九、围绕标准化事业长远发展,集中力量抓好五件大事

(1)制定好标准化"十二五"规划。贯彻落实中央部署,深入分析标准化工作面临的新形势、新任务,广泛听取各方面的意见建议,提出国家"十二五"期间标准化发展的目标任务、重点领域和政策措施,与国家标准化战略的实施做到有机衔接。各部门、各行业和各地方要根据实际情况,编制"十二五"行业和地方标准化发展规划,积极争取各方支持,争取将标准化工作纳入行业和地方"十二五"发展规划。

(2)狠抓国家标准化战略纲要的颁布和实施。落实党的十七届五中全会和《国务院关于培养和发展战略性新兴产业的决定》的精神,进一步补充完善纲要草案的内容,提出相应机制和针对措施,加快推进纲要早日颁布与实施。

(3)加快标准化法的修改。配合国务院法制办,进一步加强标准化法的调研工作,加强与各部门的协调沟通,力争取得实质性进展。

(4)整体推进国家标准化体系建设工程。完成国家标准化体系建设工程的各项任务,构建符合我国国情的标准体系、标准化技术组织体系、国际标准化工作推进体系和标准化保障体系。以战略性新兴产业为重点,制定好涵盖各个方面的子规划和子体系,支撑现代产业体系的发展。

(5)完成国家技术标准资源服务平台建设任务。按照平台项目第二阶段建设任务要求,加强各资源数据库和各子项目建设的组织协调力度,加快平台各系统的集成和优化,进一步提高信息化管理和服务水平。

注:本文摘自国标委办〔2011〕6号"关于印发《2011年全国标准化工作要点》的通知"。

〔供稿单位:中国机床工具工业协会〕

2011年机械工业标准化工作要点

2011年机械工业标准化工作的总体要求是:深入学习实践科学发展观,以市场需求为导向,以产业结构调整和发展方式转变为主线,围绕"十二五"机械工业发展重点,实施标准提升战略,着力提高标准的科学性和有效性,充分发挥标准在振兴机械工业中的作用,为"十二五"开好局、起好步做出贡献。

按照这一总体要求,2011年机械工业标准化工作的重点如下。

一、加强指导,推动机械工业标准化科学发展

(1)继续做好"十二五"机械工业标准化发展规划编制

工作。在规划编制工作中,要注重标准化工作的连续性和创新性的结合;要从长远着眼,近期着手;要符合《"十二五"机械工业发展总体规划》的要求,做好与各行业规划,以及质量规划、科技规划等专项规划的衔接协调。

(2)开展高端装备制造产业标准体系研究。按照《国务院关于加快培育和发展战略性新兴产业的决定》的要求,进一步推进机械工业国家标准体系建设工程,构建高端装备制造产业标准子体系。

(3)加强企业标准化工作。推动企业建立健全符合自身发展的包括技术、管理和工作标准在内的企业标准体系;引导企业实质性参与国家标准和国际标准的制修订工作;鼓励企业积极采用国际标准或国外先进标准。

(4)开好3个会议。一是召开全国机械工业标准化工作会议。会议的主要议题是总结"十一五"标准化工作,表彰在标准化工作中做出突出成绩的先进集体和先进工作者,研究"十二五"机械工业标准化工作的指导思想、发展方向和主要任务。二是召开全国机械工业企业标准化工作经验交流会议。三是召开机械工业"十二五"标准化规划座谈会。

二、强化管理,提高机械工业标准化工作水平

(1)强化标准制修订工作管理。在标准立项方面,要加强调查研究、科学论证,坚持宁缺勿滥的原则。在标准审查方面,要严格按照利益公正、程序合法、文书齐全、材料充分的原则,对标准进行严格审查。在标准计划执行方面,要注重计划的时效性和严肃性,保质、保量、按时完成标准制修订任务。2011年,要对标准计划执行情况进行定期或不定期检查,对涉及自主创新、资源节约与综合利用、安全环保等内容的标准项目,以及重点产品标准项目进行全程跟踪。

(2)加强标准化技术委员会管理。2011年将对标准化技术委员会进行整顿,抓好对标准化技术委员会秘书长的培训,推动标准化技术委员会绩效考核评估、奖惩和退出机制的实施,调动标准化技术委员会工作人员的积极性,增强工作的有效性。

三、围绕产业发展,完善机械工业标准体系

(1)加强重点领域标准研制。2011年要紧密围绕机械工业技术改造和自主创新、节能减排和淘汰落后、推进两化融合、培育战略性新兴产业、质量信誉建设等重点工作,重点做好高端装备(如高档数控机床、关键基础零部件、元器件及通用部件,智能专用装备),新兴产业装备(如精密和智能仪器仪表与试验设备、智能控制系统、风电装备),节能环保装备(如高效节能装备、资源综合利用和再制造装备、先进环保装备、废旧商品回收利用装备),现代化农业装备(如先进农业装备、设施农业设备、农产品加工设备)等领域标准的研究与制定工作。

(2)加大采用国际标准力度。2011年要积极采用国际标准,把与国际标准对标作为采用国际标准的基础,提升采用国际标准的有效性。

(3)加快标准更新速度。2011年重点加强标龄10年以上标准的修订工作,着力解决标准技术老化、不适应产业发展的问题。

(4)继续做好标准复审工作。2011年重点开展标龄满5年的标准复审工作,淘汰不适用标准。

四、突出重点,提升参与国际标准化活动能力

(1)加强国内技术对口组织的管理,抓好实质性参与国际标准制修订工作。要积极引导、鼓励和支持有条件的单位参与事关我国出口机电产品竞争力的国际标准化活动,争取承担更多事关机械工业产业利益的国际标准制修订项目。重点是参与土方机械等装备市场优势领域,新材料、新能源设备、智能电网设备、风力发电机组叶片等国际热点领域以及涉及战略性新兴产业的标准制修订工作,更好地占领制高点。

(2)加强与贸易相关的技术标准的跟踪和预警。在关注ISO、IEC国际标准的同时,密切跟踪重要的区域标准化组织动态,关注其技术标准制定工作,及早规避国际贸易风险。加强标准类技术性贸易壁垒的预警、评议和应对,引导外贸型企业积极关注产品输出地的相关标准动态信息,帮助企业迅速调整,以适应国际贸易变化的要求。

(3)加快国际标准化人才队伍建设,分层次培养我国国际标准化专家,对可能担任国际标准化组织领导职务的高层专家做好前期培训;对国际标准化专家数据信息进行系统整合;对我国参加国际标准化活动的机构和专家实行动态管理,普及国际标准化知识,提高参与国际标准化活动人员的整体素质水平。

五、做好标准化服务,提高标准化工作有效性

(1)制定重大标准实施计划。组织实施对机械工业发展具有重大影响的标准,编制工作计划,明确工作目标和要求,推动标准的实施。

(2)加强标准化技术咨询服务工作。加强标准化知识的普及、宣传、解释、培训和重大标准的宣贯工作,帮助企业解决标准实施中的实际问题,为推动标准实施提供切实有效的技术服务。

(3)推进标准化信息服务平台建设。以信息技术为手段,建立高效、及时、准确、权威的标准化信息服务平台,为行业提供标准信息服务。

〔供稿单位:中国机床工具工业协会〕

2011年机床工具行业标准化工作总结

回顾2011年机床工具行业的发展历程，道路坎坷不平，经受住了经济危机的考验。中国机床工具工业协会编制的《机床工具行业"十二五"规划》得到了工业和信息化部的正式批准实施；重大专项课题的实施与完成使整个行业在产业结构调整中焕发新生。行业标准化工作为整个行业实施由大变强战略做出了应有的贡献。通过对2011年工作的总结，全面地、系统地分析当前整个行业标准化工作情况，正确认识所取得的成绩和存在的不足，研究下一步行业标准化工作的方向，提高工作效率，使标准化工作更好地为行业转变发展方式、做大做强服务。

一、机床工具行业发展概况

1. 全行业持续高速发展，数控机床生产增速不断攀高

2011年1~10月，我国机床工具行业产销继2010年的高速增长，仍然保持了较高速增长势头，但增速呈现缓慢回落的趋势。受市场需求变化的影响，部分重型机床和低档机床市场出现下滑，但中高档机床、专用设备市场依然旺盛，特别是机床进口继续维持在高位增长。企业月度在手合同同比仍保持一定增长，但呈逐月走低趋势。出口新兴市场的大型及数控机床呈上升态势。

2011年1~10月，全行业完成工业总产值5 293亿元，同比增长32.6%。2011年1~9月机床工具行业实现利润总额305亿元，同比增长31.8%；产值利润率为5.8%，比2010年下降0.7个百分点。

2011年行业经济总体趋势是增速缓慢回落，但剧烈下滑的概率不大。因此，2011年主要经济指标较上年仍有较快增长。全年全行业产值指标增速在18%以上，利润总额指标增速在32%以上。

2. 高度重视数控机床产业发展，自主创新取得明显成效

"十一五"期间，高档数控机床与基础制造装备科技重大专项（简称04重大专项）的实施，有力地推动了行业的科技创新工作。

"十一五"期间，重大专项总经费90.9亿元，其中国拨21.9亿元，企业和地方政府配套资金69亿元。04专项共启动17个项目共268项课题的研究工作。当前已产生一批高水平的科技创新成果。

机床工具行业的产品结构水平持续提升，技术创新能力显著增强，行业企业的综合素质和市场竞争能力不断提高。国产中档数控机床批量投放市场，高档数控机床在某些核心制造领域已经取得重要突破。

例如，济南二机床集团有限公司为汽车工业研发的64 000kN大型快速高效数控全自动冲压生产线；北京第一机床厂为核电设备行业研发的龙门宽度10.5m数控五轴联动车铣复合加工机床；武汉重型机床集团有限公司为核电设备行业研发的回转直径5m、承重500t的超重型卧式镗车床；上海机床厂有限公司为冶金设备行业研制的MKA84250/15000H型超重型数控轧辊磨床；沈阳机床（集团）有限责任公司为船舶和发电设备等行业研发的HTM125系列车铣复合加工中心等，是一批具有国际领先水平的科技创新产品，在用户行业得到了很好的应用。

二、2011年机床工具行业标准化工作情况

2011年，机床工具行业各标委会认真贯彻国家标准化技术委员会《2011年全国标准化工作要点》中提出的"全面贯彻落实党的十七届五中全会和中央经济工作会议精神，以邓小平理论和'三个代表'重要思想为指导，深入贯彻落实科学发展观，紧密围绕服务科学发展这个主题和加快经济发展方式转变这条主线，全面实施标准化战略，强化工作机制创新，加强管理和协调配合，加快标准研制和体系建设，着力提高标准化工作的适应性和有效性，为实现经济社会又好又快发展发挥基础和导向作用"的总体要求。在行业标准化工作中，以《2011年机械工业标准化工作要点》为指导方针，以《机床工具行业"十二五"发展规划》中提出的重点目标为突破口，以改革创新精神完善标准化工作机制，提高标准化工作管理水平，落实"企业标准强基础、产品标准上水平、服务标准拓领域、国际标准谋突破、标准化管理强能力"的战略部署，使标准更好地服务于产业和产品的技术进步。

1. 重大专项推动行业标准化工作取得新进展

2011年以来，通过重大专项课题的实施，已完成一批项目，不仅产生一批高精、高速、高效，多坐标、复合、智能型，大规格、大尺寸、大吨位的数控机床产品，还制修订一批高水平的企业标准和产品标准，推动了行业产品技术水平的提高。

例如，由金属切削机床标准化技术委员会、工业机械电气系统标准化技术委员会、机床数控系统标准化技术委员会、特种加工机床标准化技术委员会、锻压机械标准化技术委员会和铸造机械标准化技术委员会共同申报并实施的"高档数控机床与基础制造装备技术规范与标准研究——基础制造工艺及装备技术规范与标准研究"课题，提出了高档数控机床技术标准体系框架、重点领域标准发展方案、重要技术标准研究和标准体系实施方案与对策等研究报告，为建立健全我国高档数控机床标准体系框架，引导和促进

高档数控机床技术发展提供了必要的标准技术支撑。

机床数控系统标准化技术委员会、量具量仪标准化技术委员会完成了重大专项“数控系统可靠性技术及重型机床运行可靠性研究”“机床工具高精度锥度传递系统的研究”课题的研究，并起草了相关标准草案稿。

2. 参与国际标准化活动取得突破性进展

（1）特种机床标准化技术委员会参加了在瑞士召开的ISO/TC 39/SC 10/WG5 第3次工作组会议。会议主要对《机床—安全—电火花加工机床》国际标准草案征求意见进行讨论。我国提出的9条意见大部分被采纳，预计该项国际标准不久将正式颁布。

（2）2011年4月，金属切削机床标准化技术委员会在北京成功举办了第五届亚洲标准化工作会议，5月，在瑞士苏黎世召开的第71次国际会议中，我国提出的《金属切削机床术语》国际标准提案被接受。

（3）工业机械电气系统标准化技术委员会在北京成功举办了“IEC60204-3X中日联合工作组第2次会议”，正式通过国家标准化技术委员会向IEC中央办公室提交了IEC 60204-3X《数控机床电气设备与控制系统安全》国际标准提案。

（4）磨料磨具标准化技术委员会组织行业专家代表团参加了于2011年6月15日在瑞典斯德哥尔摩召开的第37次磨料磨具国际标准化会议，对19项国际标准议案进行了会议表决。

（5）木工机床与刀具标准化技术委员会与我国台湾木工机床同业商会进行互访研讨，开展了“中国大陆-中国台湾木工机床与刀具产品的研究与比对”活动，开创了我国机床工具行业与台湾同行之间标准化交流的新篇章。

（6）机床数控系统标准化技术委员会组团赴我国台湾访问，与我国台湾著名国际化企业的标准化人员交流了标准化工作情况，探讨了海峡两岸共同制定标准的合作机制，建立标准制定工作组，互相沟通，共同制定海峡两岸互通的标准，促进海峡两岸机床数控系统标准化工作的发展。

3. 表彰先进，激励标准化工作人员做好本职工作

（1）在近期召开的机械工业标准化工作座谈会上，机床工具行业有4个标准化技术委员会（金属切削机床标准化技术委员会、特种机床标准化技术委员会、刀具标准化技术委员会、工业机械电气系统标准化技术委员会）和1个分会（铣床分会）及李祥文、于志三等23人分别获得“十一五”机械工业标准化先进集体和先进个人称号。

（2）由磨床分会制定的JB/T 10790—2007《数控强力成形磨床》和由锻压机械标准化技术委员会制定的JB/T 10784—2007《机械式干粉压力机　通用技术条件》，2010年12月分别被国家质量监督检验检疫总局和国家标准化管理委员会评为“2010年中国标准创新贡献奖”二等奖和三等奖。

（3）锻压机械标准化技术委员会剪折机械分会2010年度荣获上海市标准化推进专项资金、上海市标准化优秀技术成果奖和优秀学术成果奖。

（4）铸造机械标准化技术委员会制修订的《冷室压铸机》国家标准获得广东省2011年创新贡献二等奖。

4. 随着技术进步一批先进适用标准诞生

标准制修订工作历来是行业各标委会的工作重点，2011年各标委会虽然任务繁重，但始终把标准制修订放在第一位。截至11月15日，国家标准委已发布实施机床工具行业企业急需的重要产品标准102项，其中有代表行业服务能力和水平的GB/T 25636—2010《机床数控系统　用户服务指南》、用于保证人身安全的GB 18209.1—2010《机械电气安全　指示、标志和操作》等系列标准，以及数控机床的方法标准《金属切削机床　机械加工件通用技术条件》等。这些标准的颁布对机床工具行业以标准为导向，促进企业产品上档次、创品牌起到了良好的作用。

5. 抓好标准化常态工作，提高管理水平

在国家标准委狠抓标准制修订质量的方针指导下，2010年11月至2011年11月机床工具行业完成标准制修订211项，其中国家标准52项，行业标准159项。各标准化技术委员会完成标准制修订情况见表1。机床工具行业现有标准数量见表2。

表1　各标准化技术委员会完成标准制修订情况

序号	标准化技术委员会名称	国家标准制修订		行业标准制修订	
		数目	完成率（%）	数目	完成率（%）
1	全国金属切削机床标准化技术委员会	15	100	90	100
2	特种加工机床标准化技术委员会			3	100
3	全国木工机床与刀具标准化技术委员会	4	75	16	63
4	全国铸造机械标准化技术委员会	5	100	38	100
5	全国锻压机械标准化技术委员会	9	75	36	86
6	全国刀具标准化技术委员会	1	100	23	96
7	全国量具量仪标准化技术委员会	1	100	18	100
8	全国磨料磨具标准化技术委员会	2	97.8	14	90.9
9	全国工业机械电气系统标准化技术委员会	14	100	11	100
10	全国机床数控系统标准化技术委员会	1	100		
总计：211项		52	83	159	81.7

表2 机床工具行业现有标准数量

（单位：项）

序号	标准化技术委员会名称	国家标准(强制/推荐)	行业标准(强制/推荐)
1	全国金属切削机床标准化技术委员会	149(8/141)	700
2	全国特种加工机床标准化技术委员会	35(5/30)	29(1/28)
3	全国木工机床与刀具标准化技术委员会	52(11/41)	117(14/103)
4	全国铸造机械标准化技术委员会	24(8/16)	92
5	全国锻压机械标准化技术委员会	32(11/21)	172
6	全国刀具标准化技术委员会	231	115
7	全国量具量仪标准化技术委员会	77	73
8	全国磨料磨具标准化技术委员会	71(1/70)	89
9	全国工业机械电气系统标准化技术委员会	37(13/24)	3
10	全国机床数控系统标准化技术委员会	1	

总计：现有国家标准709项，其中，强制性标准57项、推荐性标准652项；行业标准1 390项，其中，强制性标准15项、推荐性标准1 375项；现有标准共计2 099项。

为确保标准的有效性、先进性和适用性，促进产业结构调整和行业技术进步，根据国家标准委和中国机械工业联合会标准部的要求，2011年各标准化技术委员会均圆满完成了对已经发布实施的现有国家标准和行业标准（包括已确认或修改补充的标准）的复审工作。

6. 围绕行业做大做强，加大标准化宣传力度

2011年，中国机床工具工业协会充分利用网站的标准化工作专栏和机床工具报的宣传优势，跟踪企业标准化工作和技术进步对标准的需求，及时传达国家有关标准化的信息与要求，深入了解国际、国内标准化新动态，为促进行业技术创新起到桥梁与纽带作用。

（1）制定行业“十二五”标准化工作要点。按照国家标准委和中国机械工业联合会标准部的要求，协会理顺了当前各小行业标准体系概况和标准现状，制定了适应市场需求和科技创新的机床工具行业“十二五”标准化工作要点，提出进一步完善行业标准体系，提升行业标准化工作水平，以标准促进行业发展方式转变的工作思路。

（2）抓安全标准体系建设，促进行业稳步发展。安全一直是国家、行业、企业发展的大事，2011年初，中国机床工具工业协会受工业和信息化部安全生产司的委托，会同部分标准化技术委员会完成并上报了“提升机床产品操作安全性研究报告”，为工业和信息化部实施“机床数控化安全提升工程”奠定了基础。

金属切削机床标准化技术委员会、木工机床与刀具标准化技术委员会以国际先进的机床安全理念、技术、标准以及技术法规为研究目标，全面系统地开展机床安全标准的研究，分别完成了国家标准委的公益项目“机床安全标准及检验方法的研究”和“木工机床与刀具行业安全生产标准现状研究”。

（3）深入进行标准宣贯和信息咨询工作。各标准化技术委员会非常重视标准化信息咨询服务工作，2011年为企业提供有关标准的技术咨询服务150余次。

工业机械电气系统标委会编写了新版标准宣贯配套教材——《机械电气系统安全常用标准汇编》（上、下册），已由中国标准出版社正式出版发行，为推动该标准在我国的贯彻实施，促进了我国机械电气设备安全水平的提高奠定了基础。

磨料磨具标准化技术委员会为配合砂轮生产许可证实施细则的宣贯工作，于2011年4月和5月举办了两期标准宣贯培训班，对300多家企业的500多名标准化、产品检验人员进行了相关标准的宣贯工作，取得了很好的效果；帮助行业单位起草企业标准3项，审查20多项企业标准。

金属切削机床标准化技术委员会、刀具标准化技术委员会、量具量仪标准化技术委员会分别定期出版《机床标准与信息》季刊、《刀具展望》及《量具量仪标准和质量信息》网刊，报道标准化工作进展，宣传、解释有关国家和行业标准化的方针政策，介绍国际标准化工作的发展现状，受到企业欢迎。

木工机床与刀具标准化技术委员会组织标委会委员对GB 12557—2010《木工机床　安全通则》及GB/T 14384—2010《木工机床　通用技术条件》两项标准及有关设备安全的其他问题进行了专题宣贯。同时对相关企业进行了安全标准贯标情况的调查。为企业收集、翻译了多项国际及国外先进国家标准，并为企业提供标准化信息技术咨询服务，致力于提高企业的标准化能力和水平。

特种加工机床标准化技术委员会与中国机床工具工业协会特种加工机床分会共同实施“贯标示范产品”活动，有力地推动了标准的宣贯，促进了企业自主贯标的积极性，取得了显著效果。2011年，根据工业和信息化部的要求，“贯标示范产品”改为“达标认定产品”。在以自愿原则申请“达标认定产品”的基础上，2011年特种加工机床标准化技术委员会和协会对6家申请的企业进行了达标检测。对于达到或高于国家和行业标准的产品，发给达标证书，在证书有效期内进行质量跟踪，对提升产品质量起到了良好的促进

作用。

锻压机械标准化技术委员会为行业内企业举办了两期标准宣贯培训班，提高了企业标准化工作水平，切实保证了锻压机械行业国家标准和行业标准的贯彻实施。

7. 适应市场需求，加强标委会的组织建设

标准化技术委员会的组织工作历来是标委会保持生命力的重要一环，优化标准化技术委员会的组织结构，调动标准化技术组织的积极性，提升标准化工作的创新性和有效性，提高标准化技术委员会工作人员的技术素质和工作能力是各标准化技术委员会重要工作内容之一。2011 年，组织各标准化技术委员会共77 人参加了机械工业标准起草人员培训班，通过认真系统学习，增强了对国家标准 GB 1.1 的理解，解决了企业在标准编写和标准报批中的疑难问题。

为加强数控木工机床标准化工作，在中国机床工具工业协会和木工机床与刀具标准化技术委员会的指导协助下，由木工机械分会牵头成立了数控木工机床标准化技术工作组，从体系结构入手完善数控木工机床标准化体系，促进了数控木工机床产业技术的发展。

另外，各标准化技术委员会还通过调整和更换标委会委员，培养和选拔有志于标准化工作的人才。一年来，各标委会更换和调整了标委会委员共计 72 人。在组织结构调整过程中，各标委会注重培养和选拔既有专业知识又有实践经验，既有政策水平又有组织能力的复合型人才从事行业标准化工作，壮大标准化工作队伍，满足新形势下对标准化工作的要求。

三、机床工具行业标准化工作存在的差距

虽然我国机床产量和产值已经连续几年居世界第一，行业技术水平有了显著提高，但也应该看到制约行业发展的问题依然存在。技术进步和管理升级发挥的作用相对有限，深层次技术和产业化技术不过关，高水平创新成果产业化推广应用的占比不大，产品技术升级并不显著。产品结构的雷同化、低档大型和重型机床产能过剩等问题相当严重。机床工具行业产品在品种、质量和性能等方面仍不能完全满足国内市场需要，特别是高档数控机床和关键功能部件仍然主要依赖进口，大而不强的矛盾仍很突出。这些情况说明行业的标准化工作存在不少问题，主要表现为：

1. 标准执行力度不够

行业的标准从数量上讲不算少，但标准的执行力度却相对薄弱，这是导致产品质量可靠性、稳定性差的根本原因。标准的生命力在于执行，要想以标准促进技术水平的提高，最重要的还在于严格执行标准，只有认真执行标准，才能保护用户的利益，充分体现标准制修订的宗旨，为产品质量可靠性的提高打好基础。

2. 标准与技术进步脱节

机床工具行业现有 2 099 项国家标准和行业标准，企业标准和产品标准更是无计其数，但有许多标准还是 20 世纪 90 年代颁布的，甚至更早，至今没有进行复审和修订。

再者，标准水平偏低，标准制修订与技术创新、产业技术发展存在脱节现象，行业标准的制修订滞后于产品技术的发展和市场需求，特别是在新技术、新产品等方面标准缺失的问题尤为突出，现行标准尚不能满足产品开发、制造、服务和贸易的要求。

3. 标准制修订质量偏低

标准制修订的质量、能力和水平与 GB/T 1.1 要求还存在一定差距，标准的可行性、可操作性还有待进一步提高。

4. 参与国际标准化工作能力与水平有待提高

近年来，行业虽在参与国际标准化活动方面取得了丰硕成果，但是实质性参与国际标准化工作的能力还有差距，参与国际标准制修订的水平还不高。为此，需要行业付出更大的努力实质性地参与国际标准化工作。

四、2012 年行业标准化工作思路与建议

在“十二五”期间，机床工具行业要实现“由大变强”的战略，不仅是市场、用户的要求，也是行业应该承担的历史重任。任务十分艰巨，需要全行业共同努力，更需要行业标准化工作的有力支撑。机床工具行业作为一个传统的基础产业，为实现“十二五”规划的各项目标，在结构调整、自主创新过程中应紧跟世界机床工业新产品、新技术的发展动向，以先进技术标准引领产品、引领产业结构调整，促进行业技术进步，是机床工具行业标准化工作的一项非常重要的任务。标准化工作应围绕“着力提升中高档数控机床市场竞争力，着力提高国产数控系统和主要功能部件产业化水平，着力推进发展方式转变”的主要任务，在新的一年做好以下几件事：

1. 完善机床工具行业标准化组织及体系建设

加强对标准化技术委员会秘书处的管理力度，提高标准化工作人员业务素质，确保标准化人才队伍的稳定性，建立绩效考核评估、奖惩和退出机制，强化责任制。分析机床工具行业标准现状，研究产业技术进步和技术发展对标准的新需求，构建科学完善的行业标准体系。

2. 标准的制定要适应产业、产品结构调整和技术进步的要求

增强标准化工作的紧迫感和责任感，加大重要基础标准和方法标准、强制性标准和重点领域标准的研究力度，充分发挥先进技术标准在提升产品质量和水平、推进产业结构调整、产品结构调整和产业升级、提高产业竞争力以及引领行业技术进步等方面的技术支撑作用。

围绕行业“十二五”规划及重大专项课题，优先安排行业急需的标准制修订项目、标准化研究项目。为促进行业结构调整和优化升级，淘汰落后产品、生产技术和工艺，着力加强机床产品的新技术、新工艺、节能减排、清洁生产标准的研究和制定；为提升产品质量和安全水平，加强安全、健康、检测方法标准的研究和制定；为开拓市场和提高产业竞争力，着力加强机床工具产品服务性标准、国际贸易相关标准的研究和制定。加快更新和完善标准体系，不断提升产业整体水平，促进产业可持续发展。

3. 加强机床安全标准的制修订、启动编制节能减排、绿色制造指导性技术文件

进一步加强机床工具企业安全生产工作。制定和完善各小行业生产安全技术标准体系，实行严格的安全标准核准制度。

建立以技术标准、管理标准和工作标准为主要内容的节能减排标准体系，研究制定节能减排、绿色制造等相关标准及规范，引导机床工具产品实现节能、节材、无污染生产。

4. 提升国际标准采标力度，加强参与国际标准的制修订工作，提高标准技术水平

紧密结合机床工具行业的发展需求，积极推动国际标准化工作；推进实质性参与国际标准的制修订，加快国际标准采标步伐，以国际标准提升我国自主创新成果转化为国际贸易的竞争优势。

5. 提升标准化服务水平，加强标准的宣贯与实施力度

根据机床工具行业"十二五"发展规划要求，加强相关标准的宣传和贯彻力度，为产业振兴、行业技术水平的提高提供支撑和服务。

2011 年是"十二五"发展规划的起步之年，机床工具行业所面临的任务十分艰巨。为配合机床工具行业"十二五"发展规划总体目标的实现，中国机床工具工业协会将全面实施国家标准化战略，积极开展机床工具行业国家标准、行业标准的制修订工作。坚持以科学发展观统领标准化工作，坚持标准服务产业结构调整，加快转变发展方式，推动行业由大变强。加强标准化技术委员会的建设，提高工作水平；加强标准的宣贯工作，让标准服务于产业技术创新，引领行业发展。

〔撰稿人：中国机床工具工业协会孙涓〕

2011 年度机床工具行业标准化工作先进集体及个人名单

通过行业各标委会推荐和专家审议，2001 年机床工具行业共评选出在标准化工作中做出突出贡献的先进集体 10 个（其中包括 4 个分技术委员会）、先进个人 32 名。名单如下：

2011 年度机床工具行业标准化先进集体

全国金属切削机床标准化技术委员会

全国特种加工机床标准化技术委员会

全国刀具标准化技术委员会

全国量具量仪标准化技术委员会

全国磨料磨具标准化技术委员会

全国工业机械电气系统标准化技术委员会

全国金属切削机床标准化技术委员会车床分技术委员会

全国金属切削机床标准化技术委员会铣床分技术委员会

全国金属切削机床标准化技术委员会磨床分技术委员会

全国金属切削机床标准化技术委员会重型机床分技术委员会

2011 年度机床工具行业标准化先进工作者

全国金属切削机床标准化技术委员会：李祥文　王兴海　张家贵　胡瑞琳　张　维　张秀兰　钱文明　伍竞平

全国特种加工机床标准化技术委员会：于志三　王　应

全国木工机床与刀具标准化技术委员会：肖晓晖

全国锻压机械标准化技术委员会：马立强　仲太生　邢吉柏

全国铸造机械标准化技术委员会：卢　军　邢海伟　徐年生

全国刀具标准化技术委员会：查国兵　沈士昌　励政伟　赵建敏　周红翠

全国量具量仪标准化技术委员会：邓　宁　姜志刚

全国磨料磨具标准化技术委员会：钟彦征　吕申峰　王伟涛

全国工业机械电气系统标准化技术委员会：黄祖广　张玉洁　杨洪丽　尹震宇

全国机床数控系统标准化技术委员会：金　健

〔供稿单位：中国机床工具工业协会〕

中国机床工具工业年鉴2012

大事记

记载机床工具行业2011年发生的重大事件

2011年机床工具行业大事记

2011 年机床工具行业大事记

1 月

6 日 中共中央政治局委员、全国人大常委会副委员长、中华全国总工会主席王兆国，在全国人大常委会、中国侨联、全国总工会、四川省委、省人大、省总工会、自贡市委、市人大等有关领导的陪同下，莅临四川长征机床集团有限公司视察。

王兆国鼓励企业进一步做好产品研发工作，加强与国内外先进企业的合作，开发出科技含量高、性价比好的机床产品。同时，特别叮嘱公司领导要关心和照顾好内迁退休职工的生活，并向全体职工致以新年的问候。

7 日 以中国工程院院士为组长的国家级科技专家对江西杰克机床有限公司承担的“数控高速随动曲轴磨床”进行鉴定。鉴定委员会审查了“JKM8240 数控高速随动曲轴连杆颈磨床”与“JKM8140 数控高速随动曲轴主轴颈磨床”的技术材料，听取了研制工作报告，考察了生产现场，进行充分的讨论和论证后认为，“JKM8240 数控高速随动曲轴连杆颈磨床”等两款新品研发起点高、创新性强，具有自主知识产权，整体技术居国际先进水平，同意通过鉴定。并建议要加快成果的产业化，全面替代进口，改变我国在该领域的高端装备依赖进口的局面。

14 日 中国机床工具工业协会外企驻华机构领导人新春联谊会在北京昆仑饭店举行，来自美国、意大利、德国、日本、瑞典、西班牙、韩国和以色列等国家和地区的机床工具企业及协会的驻华代表 50 余人参加了会议。中国机床工具工业协会常务副理事长吴柏林、名誉理事长于成廷、执行副理事长兼秘书长王黎明、执行副理事长耿良志、副秘书长毛予锋等领导出席会议。会议由执行副理事长耿良志主持。代表们表示，中国机床工具工业协会每年一次举办的外企驻华机构新春联谊会，为中外机床工具行业增进了解和增加合作提供了交流平台，每次都收获颇丰。

17 日 工信部发布工信部节函〔2010〕528 号，批准了重庆机床集团公司等 9 家单位的再制造试点实施方案。为此，重庆机床集团公司将充分利用废旧机床的主体、基座、铸造大件等零部件，确保资源循环利用率可达 80% 以上，比制造新机床节能 80% 以上，节能降耗减排效果明显等优势，实现机床再制造规模化、批量化生产；达到再制造机床整体性能的提升，实现数控化、绿色化、节能性、信息化等功能性提升的目标，从而保证了再制造机床性能达到或超过原新机床的设计标准，全面完成试点单位的既定目标及工作任务。

26 日 国家知识产权局授予 176 人“全国企事业知识产权管理先进工作者”称号，甘肃省共有 4 人入选。星火机床集团公司常务副总经理蒋保权被授予“全国企事业知识产权管理先进工作者”荣誉称号。

26 日 中国通用技术集团齐齐哈尔二机床（集团）有限责任公司与广东福迪汽车有限公司签订了总合同额近 2 亿元的 2500 吨级和 3200 吨级闭式四点多工位压力机自动化冲压生产线购销协议。

多工位压力机技术含量高、技术复杂、造价高，核心技术由德国、日本小松公司等少数制造商所掌握。该项目的成功引进，是国家冲压装备发展的标志性起点，标志着我国大型冲压设备的设计制造水平已跻身于世界前列。

2 月

月内 由上海机床厂有限公司承担，上海交通大学、上海理工大学合作研发的国家“高档数控机床与基础制造装备”科技重大专项项目之一“MKA84250/15000－H 超重型精密数控轧辊磨床”，在上海顺利通过中国机械工业联合会组织的科技成果鉴定。由谭建荣、徐志磊、郭重庆三位院士及 6 位专家教授组成的鉴定委员会一致认为，这台可顶磨工件 250t 的超重型精密数控轧辊磨床创新性突出，拥有多项自主知识产权，整体技术处于国际先进水平，其中，在可加工工件最大重量和加工精度等方面具有国际领先水平。对钢铁行业产品转型风力发电机及汽轮机等关键零件的加工，以及促进国内清洁能源的发展，起到了装备支持的推动作用。

3 月

1 日 由全国机床数控系统标准化技术委员会（SAC/TC367）制定的国家标准 GB/T 25636—2010《机床数控系统　用户服务指南》正式实施。

本标准主要对机床数控系统制造企业（含销售商）为用户提供服务的基本原则、服务内容以及产品随行文件等方面提出了具体的要求，将在行业监管和引导市场消费上发挥行之有效的作用，不仅有利于促进机床数控系统产品质量和服务水平的提升，而且对于建立良好市场行为规范，推进技术服务创新，促进产业结构调整和产业提升具有重要的实际意义。

8～14 日 由科学技术部、中共中央组织部、国家发改委、财政部、总装备部牵头，会同教育部、中国科学院、中国工程院、国家自然科学基金委员会、中国科协、国家国防科技工业局等，在北京国家会议中心共同主办“十一五”国家重大科技成就展上，华中数控研制的“华中 8 型”高档数控系统及与其配套的普什宁江机床有限公司THMC6350高精密卧式加工中心作为高档数控机床重大专项成果参展。同时展出的还有大连光洋科技工程有限公司"光纤总线开放式数控系统"及"直驱双摆角铣头"演示装置、中科院沈阳计算研究所展出的应用国产CPU的国产高档数控系统、山东博特精工股份有限公司展出的重载内循环滚珠丝杠、南京工艺装备制造有限公司等展出的丝杠和导轨等展品，以及哈尔滨量具刃具集团有限责任公司、株洲钻石切削刀具股份有限公司等展出的新型刀具、工具系统和工装卡具等实物。除实物之外，北京第一机床厂、济南二机床集团有限公司、武汉重型机床集团有限公司以模型和图版信息的形式展示了"十一五"期间的科技创新成果。

9日 中国机床工具工业协会2011年用户联络网年会在北京顺利召开。来自全国各地，覆盖航空航天、船舶、兵器、汽车、能源、农机、重型机械、铁路、纺机、电子等22个行业的113位代表参加了会议。

会议为机床制造企业和用户建立了充分的沟通机会，双方共同探讨在科学发展观指导下，以转变经济发展方式为主线，通过机床制造企业和用户企业的紧密结合，实现在"十二五"期间更好更快地发展方式。

15~16日 中国机床工具工业协会2011年第一次秘书长工作会议在北京召开。参加会议的有中国机床工具工业协会常务副理事长吴柏林，名誉理事长于成廷，执行副理事长兼秘书长王黎明，执行副理事长耿良志，副秘书长毛予锋、李晶明，25个分会秘书处和6个专业委员会的负责人，以及协会常设机构的工作人员共计50余人。会议分别由耿良志和毛予锋主持。

会上，协会各有关领导介绍了2010年机床工具行业经济运行情况和行业"十二五"规划的内容；总结了2010年分会的工作、提出了2011年分会工作重点；通报了第十二届中国国际机床展览会（CIMT2011）的筹备情况、展会特点、重要配套活动等；最后，对当前及今后行业主要工作作了介绍。会议还表彰了2010年度先进分会。会上各分会秘书长工作交流后，协会领导进行了大会总结。

18~21日 中国机床工具工业协会钻镗床分会在沈阳召开了第六届会员代表大会，进行分会理事会换届。34家会员单位的55名代表出席了会议。中国机床工具工业协会执行副理事长耿良志出席会议并就行业经济运行情况和协会重点工作任务做了讲话，并对分会工作提出了希望和要求。

经会议选举，产生了钻镗床分会第六届理事会。28家会员企业当选为理事会成员；11家会员企业当选为副理事长单位；16家会员企业当选为常务理事会成员。理事会秘书长由沈阳机床（集团）有限责任公司副总经理刘春时担任，常务副秘书长由沈阳机床股份有限公司中捷钻镗床厂副总经理易刚担任，常全富继续担任副秘书长。

4月

10日 中国机床工具工业协会举办了"以科技创新迎接后危机时代"高层国际论坛。来自美国机械制造技术协会、日本机床工业协会、Mazak公司、DMG公司、秦川集团、齐二机床、上银科技等7位全球业界领军人物、知名企业家、业界专家，分别围绕后危机时代机床行业的科技创新这一主题，就新形势下的技术和产品需求、工厂自动化技术等业界关心的热门话题发表了演讲。工信部张相木司长出席论坛并发表主题演讲。论坛现场气氛热烈，260余名业界同仁参加了这场高水准的国际专业论坛。

11日 在CIMT2011第十二届中国国际机床展览会期间，举行了先进会员企业表彰颁奖仪式。对"自主创新十佳企业""综合经济效益十佳企业"及"精心创品牌活动十佳"等六类先进会员企业进行了表彰。十佳表彰是展会一大品牌活动，旨在为行业树立学习和赶超的标杆，推动行业进步。

12日 由发改委、工信部、能源局、科工局四部委局联合主办的"2011年军工行业和能源领域国产数控机床座谈会"召开。会议由中国机床工具工业协会、中国和平利用军工技术协会共同承办。国家发改委副主任、国家能源局局长刘铁男，工信部副部长苏波，国防科工局副局长王毅韧到会并作了重要讲话。四部委局领导和121家企业的213名代表参会。会议通报了近年国产高档数控机床发展动态与供需合作情况，启动了国产数控机床应用长效合作机制。

13日 在北京天坛公园举办了各国和各地区机床协会首脑联席会。共有来自17个国家和地区贸促会、机床协会及展览公司的120人参加了活动。商务部支陆逊副司长出席会议并讲话，多位与会代表介绍了各自国家或地区机床行业情况，并对2011年的经济形势进行了展望。

★ 国务院副总理张德江来到中国国际展览中心，对正在举办的第十二届中国国际机床展览会进行视察指导。

国务院肖亚庆副秘书长，工信部苗圩部长、苏波副部长，科学技术部曹健林副部长，财政部廖晓军副部长等陪同视察。张德江仔细观看了沈阳机床集团、大连机床集团、济南二机床集团有限公司、秦川机床工具集团、齐重数控机床、大连光洋有限公司等企业的机床主机、数控系统、机床功能部件等展品，认真听取了中国机床工具工业协会吴柏林常务副理事长关于行业发展现状和展会、展品等情况的汇报，并不时询问展品技术和市场方面的情况。

14日 中国机床工具工业协会在中国国际展览中心新馆召开了机床工具行业海外并购企业座谈会，商务部对外投资和经济合作司商务参赞陈林（正司级）出席会议并讲话。沈阳机床等11家企业出席了会议。与会者交流了信息，介绍了企业投资并购及合作过程中的体会与感悟，同时提出了有关政策建议和意见。会议由协会执行副理事长兼秘书长王黎明主持，协会名誉理事长、特别顾问于成廷在会上作了"海外并购应作为企业发展战略的重要组成部分”的总结发言。与会企业普遍认为很有收获。

11～16 日 CIMT2011 中国国际机床展会期间，共举办了 114 场技术交流讲座，境内外 70 家单位举办了讲座，听众人数达 6 100 人次。讲座单位比上届增长 16.7%，场次增长 40.7%，听众比上届增长 22%。讲座企业和场次数量均创历届之最。

19～21 日 在瑞士温特图尔(Wintertur)召开了 ISO/TC39/SC10/WG5《机床—安全—电火花加工机床》国际标准制定的第三次会议。会议主要针对《机床—安全—电火花加工机床》国际标准草案(DIS)各国标准化组织返回的意见进行讨论，并对该项标准草案进行修改。中国提出了 9 条意见，提请会议讨论。

这是中国电加工行业第一次参与国际标准制订工作。WG5 召集人表示，今后此类工作还希望中国参加。

28 日 第二届中国工业大奖表彰大会于在人民大会堂举行。大连机床集团荣获第二届中国工业大奖表彰奖，马俊庆总裁代表大连机床集团出席大会并上台领奖。

中国工业大奖是经国务院批准的我国工业领域的最高奖项，由中国工业经济联合会牵头，组织 10 家全国性工业行业联合会(协会)和省区市工业经济联合会共同组织实施，每 3 年评选、表彰一次。大连机床等 12 家企业及大同煤矿集团塔山循环经济示范项目等 12 个项目被授予中国工业大奖表彰奖。国务院前副总理曾培炎亲切会见了获奖企业代表并合影留念。十届全国人大常委会副委员长顾秀莲出席会议。会上，中国工业大奖审定委员会主任、中国工业经济联合会会长徐匡迪出席会议并讲话。中国工业大奖工作委员会主任、中国工经联高级副会长王秦平宣读了表彰获奖企业和项目的决定。审定委员会副主任、中国工经联常务副会长孙树义主持会议。

★ 由青海省委、省政府组织的全省庆“五一”暨玉树抗震救灾后重建全国“五一”双奖表彰大会上，对荣获“全国五一劳动奖状”“全国五一劳动奖章”及青海省“十一五”建功立业先进集体、先进个人进行了表彰。青海华鼎公司副总经理、青海重型公司董事长刘富斌荣获“全国五一劳动奖章”，设计员李永忠获得青海省“十一五”建功立业竞赛先进个人称号，受到省委、省政府的表彰。

29 日 工信部“高档数控机床与基础制造装备”科技重大专项办的领导和专家对数控专项重点课题进行了调研。专项办领导和专家对烟台环球集团作为责任申报单位申报承担的“大重型数控回转工作台关键技术研究及开发应用”和“立式伺服转塔刀架关键技术研究及开发应用”的科技重大专项课题所取得的成果给予了高度的评价，对环球集团近年来的长足发展给予了充分的肯定。双方还就相互关心的“高档数控机床与基础制造装备”科技重大专项 2012 年度课题申报，进行了广泛的交流，取得了一致性的意见。

五一节前夕，桂林机床股份有限公司董事长、党委书记何桂华，被桂林市人民政府和桂林市总工会授予桂林市“五一劳动奖章”。

5 月

12 日 中国机床工具工业协会齿轮机床分会第五届会员大会暨换届会议在渝召开。出席会议的有中国机床工具工业协会毛予锋副秘书长、齿轮机床分会各会员单位的领导、联络员、统计员等。会议由齿轮机床分会第五届理事会秘书长胡成渝主持。分会第五届理事会理事长张明智向大会作了第五届理事会工作报告。中国机床工具工业协会毛予锋副秘书长讲话，并对分会工作提出了要求。大会选举了齿轮机床分会第六届理事会理事长、副理事长和理事单位及秘书长和副秘书长

16 日 中国机械工业联合会组织召开了由北京市电加工研究所及所属北京迪蒙数控技术有限责任公司分别承担的国家科技重大专项课题“特种材料复杂型面加工的五轴联动精密数控电火花成形机床”、863 计划重点项目“五轴联动精密电火花加工技术与装备”成果鉴定会。鉴定委员会由 11 人组成，中科院院士徐性初任主任委员，中国机床工具工业协会名誉理事长、特别顾问于成廷及天津大学教授黄田任副主任委员。鉴定会由中国机械工业联合会科技工作部李冬茹部长、司小军处长共同主持。北京市科学技术研究院丁辉院长、科研处张经华处长出席了鉴定会。

专家们对完成的两个项目所取得研制成果给予了具有自主知识产权的核心技术、主要技术指标达到国际先进水平、填补了国内空白、具有良好的经济和社会效益等高度评价。

18 日 济南二机床集团公司承担的“高档数控机床与基础制造装备”优先启动的科技重大专项——“大型快速高效数控全自动冲压生产线”和“数控大型多工位压力机”在烟台同时通过国家验收。来自工信部、科技部、中国机械工业联合会、相关领域科研院所、汽车行业的专家、用户等 50 余人参加了验收会。

验收组专家现场考察了设备使用情况，查阅了课题研制的技术资料和产品用户使用报告，认为两项重大技术专项装备，技术达到国际一流水平，一致同意通过验收。验收组组长中国机床工具工业协会名誉理事长于成廷说：“这两项成果显示了中国汽车机械装备的实力，可以和世界一流企业的产品相媲美，二机床成为中国汽车装备赶超世界水平的典范。”

20 日 甘肃省人力资源和社会保障厅、省总工会、省企业联合会在兰州联合召开全省第二届劳动关系和谐企业和谐工业园区命名表彰大会，星火机床公司等 128 户企业被授予“甘肃省劳动关系和谐企业”荣誉称号。这是星火机床公司继 2010 年荣获“天水市劳动关系和谐企业”后再次受到省里表彰。

27 日 沈机集团昆明机床股份有限公司被国家科技部确定为制造业信息化科技工程应用示范企业。

数字化信息技术的应用，加快了

沈机集团昆明机床股份有限公司的产品、产业和产业价值链的升级。公司已形成大（重）型数控落地铣镗床、龙门铣镗床、数控卧式铣镗床、精密卧式加工中心、精密功能部件等五大系列支柱产品，全部实现数控化、高附加值，其精度在国内处于领先地位，许多项指标达到世界先进水平。

31日至6月3日 中共中央总书记、国家主席、中央军委主席胡锦涛在湖北就加快转变经济发展方式、保障和改善民生、加强和改进党的建设等进行调研，并于6月1日下午视察了位于光谷的武汉金融港展厅，在视察中，胡锦涛非常关心国产高档数控系统的研制和应用，并且关切华中数控与武重集团合作生产的七轴五联动车铣复合加工中心的应用情况，听取了华中数控董事长陈吉红的工作汇报，仔细询问了该机床是否能用于大型舰船螺旋桨的制造。当了解到华中数控在“高档数控机床和基础制造装备”国家重大科技专项的支持下，瞄准国外数控系统的最高水平，研发了华中8型高档数控系统，并已在东汽公司核能发电机叶片加工车间批量应用，胡锦涛非常高兴和欣慰。

6月

1日 中共中央总书记、国家主席、中央军委主席胡锦涛到武重集团视察调研。

月内 国家科技重大专项课题验收组领导和专家莅临汉江工具有限责任公司，对公司承担的“高档数控机床与基础制造装备”科技重大专项中“航空能源汽车船舶用高效高性能精密复杂数控切削刀具”项目进行验收，工信部王建宇处长主持了验收会。

精密复杂数控切削刀具课题项目的顺利通过验收，表明了我国工具行业首批承担科技重大专项的汉江工具公司所具有的较强的自主创新能力和企业定位高端的实力。

7月

1日 为庆祝中国共产党成立90周年，亲身感悟井冈山峥嵘岁月，中国机床工具工业协会党支部分两批组织全体人员怀着崇敬的心情，赴革命圣地井冈山，接受革命传统教育。

2日 中共中央政治局常委、全国政协主席贾庆林，副主席钱运录，在全国政协、辽宁省、大连市等各级领导的陪同下，视察了大连光洋科技工程有限公司控股的大连科德数控有限公司精密高档数控机床制造车间。

公司董事长兼总经理于德海简要汇报了光洋及科德数控产业发展、创建数控产业完整技术链和产业链情况，汇报了光洋高档数控系统及直驱部件在沈阳机床、北京机床所、四川长征机床、四川普什宁江等机床企业的数控重大专项配套情况，以及光洋高档数控系统与西门子、发那科、海德汉等技术对比等。贾庆林对光洋科德公司在数控机床硬件软件的设计开发应用上取得的成果给予了肯定。

同时，中国工程院院士、大连理工大学教授王众托就系统工程观对指导数控产业发展的意义和作用向贾庆林进行了汇报。

6~8日 由中国机械工业质量管理协会、中国机冶建材工会全国委员会、中国机械工业职工思想政治工作研究会在北京人民大会堂主办的全国机械工业第三十次“质量信得过小组、质量管理小组”代表大会上，机床行业有2家企业获奖。分别是：山东普利森集团董事长陈声环荣获“全国机械工业质量管理功臣”荣誉称号；山东普利森集团荣获“全国机械工业群众性质量管理活动杰出企业”荣誉称号；公司五车间技术攻关QC小组荣获中国机械工业“工人先锋号”荣誉称号。

汉川机床集团有限公司总经理杜立群获得“全国机械工业质量管理活动杰出领导者”称号；公司装配车间龙门装配组获得“全国机械工业优秀质量信得过班组”称号；大型高速直联主轴质量攻关QC小组、数控镗主轴箱降噪工艺攻关QC小组获得“全国机械工业优秀质量管理小组”称号。

9日 中国机床工具工业协会第六届理事会轮值理事长、济南二机床集团有限公司董事长张志刚同志，自2010年7月9日起担任中国机床工具工业协会第六届理事会第二年度理事长，至2011年7月8日任期已满。根据协会章程有关规定，自2011年7月9日起至2012年7月8日止，由协会第六届轮值理事长、陕西秦川机床工具集团有限公司董事长龙兴元同志接任第三年度理事长职务。

中旬 受工信部装备工业司的委托，中国机床工具工业协会4个调研小组，在协会领导的带领下，分赴东北、华东、华中和西部地区开展全国性的企业调研，前后历时半个多月，共走访了行业企业和重点用户企业60余家。

调研活动受到了调研企业的广泛重视和响应。大家普遍对行业“由大变强”结构调整的必要性和迫切性有了进一步的理解；对影响企业发展的不利因素有了更清晰的认识。通过初步总结，大家在感受中国机床行业快速发展的同时，也看到了制约中国机床行业“由大变强”的一些短板和掣肘，调研中反映出的问题值得行业进一步思考与探讨。

21日 由东方电气集团东方汽轮机有限公司、北京胜为弘技数控装备有限公司、武汉华中数控股份有限公司和华中科技大学承担的“高档数控机床与基础制造装备”国家科技重大专项课题所研制的“大型叶片型面加工六坐标联动数控砂带磨床”，在四川省德阳市通过了由中国机械工业联合会组织的科技成果鉴定。专家组一致认为，所研制的大型叶片型面加工六坐标联动数控砂带磨床、数控系统、加工工艺及编程软件具有自主知识产权，创新性突出，总体技术达到同类产品的国际先进水平。当前，该机床已经交付东方电气集团东方汽轮机有限公司9台，用于核电汽轮机末级和次末级叶片精密磨削抛光生产。在不经配重调整的情况下，高速动平衡效果已经优于法国某知名公司制造的转子。该型号设备荣获了中国机床工具工业协会授予的国产数控机床“春燕奖”及中国机床工具工业协会和中国和平利用户军工技术协会联合颁发的2010年度“国产数控机床优秀合作项目”奖。

★ 全国涂附磨具行业技术进步奖表彰大会在成都召开。会议表彰和奖励了获全国涂附磨具行业技术进步奖的16个项目。此次获奖的项目产品涵盖了中国涂附磨具行业近10年来技术进步的重大成果，有的已大量投入市场、替代进口产品。对涂附磨具行业这么多新产品、新技术，专家们感到非常振奋。鉴于上述产品当前在国内市场没有得到应有的认可，我们还在花高价大量进口的现状，专家们建议，在国家项目的招标和配套产品的选择方面，应给国内涂附磨具行业多一些关注和支持，以促进民族工业品牌的成长和壮大。

8月

13日 中共中央政治局常委、全国政协主席贾庆林到秦川机床工具集团总部视察。听了该企业领导的工作汇报和观看了数控锥齿轮铣齿机QJK002、数控锥齿轮磨齿机QMK009，贾庆林一方面称赞秦川“有志气”，一方面也提醒要注意机床行业的国际发展新动向。并鼓励企业要进一步坚定既定的“技术领先、模式创新”的战略发展思路，坚持自主研发，加速转型升级，提升竞争力，打造基础装备的高端品牌。

15日 全国构建和谐劳动关系先进表彰暨经验交流会在北京举行。会议由全国总工会、人力资源和社会保障部、全国工商联、中国企业联合会、中央宣传部联合召开。中国通用技术集团齐齐哈尔二机床(集团)有限责任公司等全国357家企业被授予“全国模范劳动关系和谐企业”称号。中共中央政治局常委、中央书记处书记、国家副主席习近平等中央领导同志为受表彰的企业和工业园区代表颁奖，齐二机床公司董事长曲波代表黑龙江省受奖企业在人民大会堂接受颁奖。

22日 2011年度机床工具行业“中国机械工业科学技术奖”评审活动在中国机床工具工业协会举行。此奖项是当前国内机械行业中唯一经国家批准、于2001年由中国机械工业联合会和中国机械工程学会共同设立的。每年评审一次。来自全国各地的机床专业评审组的20名专家参加了评审会议，中国机械工业联合会科技工作部以及中国机械工业科学技术奖励办公室的有关领导出席了会议。会议由中国机床工具工业协会执行副理事长兼秘书长王黎明主持。参与评审的项目共49项，来自63个企业和大专院校。经中国机械工业科学技术奖评审委员会机床工具专业评审组评审，并报中国机械工业科学技术奖管理委员会批准，授奖项目为27项，其中，一等奖2项、二等奖11项、三等奖14项。

对于获奖项目将颁发奖状、证书，并在评审基础上择优推荐申报国家奖。

9月

14~16日 中国机床工具工业协会夹具分会在保定召开2011年行业工作会议。来自全国12个省市的30余名代表出席会议。会议的主题是：推动两化融合及标准化工作，提升行业转型和服务能力。会议由夹具分会刘贵宝秘书长主持。王学良理事长总结和分析了近期夹具行业的基本情况，对加强夹具软件技术开发和标准化工作提出了建议和部署。

20日 中国机床工具工业协会在汉诺威展览中心的会议中心召开了中国机床工具行业形势新闻发布会。中国机床工具工业协会常务副理事长吴柏林、执行副理事长兼秘书长王黎明、副秘书长毛予锋、高级顾问陈惠仁，中国国际展览中心集团公司副总裁贺彩龙出席新闻发布会。

会上，详细解答了记者关心的问题，向与会的世界各国、地区的机床协会代表、行业媒体记者介绍了中国机床工具行业2010年和2011年上半年的经济运行情况以及中国机床市场的需求概况，通报了第十二届中国国际机床展览会(CIMT2011)的情况，以及第七届中国数控机床展览会(CCMT2012)的筹备情况。新闻发布会吸引了50多名各国/地区机床协会代表、机床制造厂商代表和媒体记者出席了新闻发布会。

23日 在中国机械工业联合会组织的“中国装备 装备中国 走向世界”主题活动中，56家企业荣获“装备中国功勋企业”称号，沈机集团昆明机床股份有限公司是云南省唯一获此殊荣的企业。

2010年昆机完成的属于国家重大科技专项的两种精密卧式加工中心的开发数据表明，该两种精密卧式加工中心精度性能全面达到国际先进水平。

25~27日 全国刀具标委会、工具分会技委会2011年年会在江苏省常州市联合召开，期间召开了西夏墅工具产业发展研讨会。会议由全国刀标委副主任胡祖光和全国刀标委秘书长查国兵共同主持。

会议审查并通过了国家标准指导性文件《切削刀具数据表达与交换 第100部分：参考字典的定义、原则和方法》。

10月

20日 中国机床工具工业协会六届五次常务理事扩大会议在北京召开。会议的主题是：实施战略转变，推动行业由大变强，着重探讨了如何更好地贯彻落实中国机床工具行业“十二五”发展规划的重要目标和措施。

工信部装备工业司张相木司长、原国务院发展研究中心陈清泰主任分别在会上作重要报告，中国机床工具工业协会吴柏林常务副理事长作题为“实施战略转变，为推动行业由大变强而努力奋斗”的主题报告，王黎明执行副理事长兼秘书长介绍行业经济运行情况。

21日 继协会六届五次常务理事(扩大)会议之后，中国机床工具工业协会2011年第二次秘书长工作会议在北京召开。25个分会和6个专业委员会的秘书长、负责人，以及协会常设机构的工作人员出席了会议。会议分别由协会执行副理事长耿良志和执行副理事长兼秘书长王黎明主持。

本次会议是一次积极贯彻落实中国机床工具工业协会六届五次常务理事(扩大)会议精神的重要工作会议。毛予锋副秘书长代表协会通报了2011年第一次秘书长工作会议确定的重点工作任务落实情况,并对进一步加强分会建设,就协会分支机构的设置,会员的发展,总会和分会如何进一步加强沟通,如何更好体现行业协会提供服务、反映诉求、规范行为等问题提出了意见。毛秘书长特别强调,这些工作的开展,都要紧紧围绕刚刚在六届五次常务理事(扩大)会议上通过的《机床工具行业"十二五"期间工作要点》来做,要有利于"三大标志性目标"的实现。

陈惠仁副秘书长以"关于推动我国机床工具产业由大变强的几点思考"为题,对常务理事扩大会刚刚通过的《机床工具行业"十二五"期间工作要点》进行了解读。并谈了如何贯彻落实常务理事(扩大)会议精神,做好行业工作的思路。

25日 由工信部信息化推进司、中国机械工业联合会联合举办的"2011机械行业两化融合推进大会暨机床行业两化融合评估发布会"在北京召开。汉川机床集团有限公司等5家机床企业被命名为"机床行业两化融合示范标杆企业"。

★ 位于武汉东湖新技术开发区的中国兵器武重集团正式揭牌。武汉重型机床集团有限公司正式更名为中国兵器工业集团-武汉重型机床集团有限公司。

战略重组完成后,武重将利用兵器工业集团的技术、市场、资金和用户工艺等资源优势,努力将武重打造成为兵器工业装备制造业的生产基地。兵器工业集团将支持重组后的武重大力发展关系国家经济、政治、环境安全的海洋工程装备制造业和环保设备制造业。

26~28日 全国机床数控系统标准化技术委员会一届四次会议暨国家标准审查会在广东珠海召开。来自38家企事业单位、科研机构与高校的53位委员和特邀专家出席会议。国家标准化管理委员会王军伟处长、原国家发改委程竹生处长、广东省质监局标准化处张定康处长、珠海市质监局张思源副局长、广东省标准化研究院李木华副院长等行业领导到会指导。会议审查通过了《机床数控系统 NCUC-Bus现场总线协议规范》国家标准送审稿。

月内 在中国机床工具工业协会六届五次常务理事扩大会议之前,召开了两次行业"十二五"期间工作要点高层论证会,分别邀请了国家有关部委相关司局的领导和机械行业的老领导、老专家对协会提出的"机床工具行业'十二五'期间工作要点"(讨论稿)进行研讨和论证。

有关部委的论证会邀请了来自国家发改委、商务部、工信部、科技部、国家能源局、国防科工局和新华通讯社等部门及单位的十几位领导和专家。老专家论证会邀请了何光远、陈清泰、沈烈初、陆燕荪、徐性初、蔡惟慈等老部长、老专家和原发改委工业司程竹生等领导。

与会领导和老专家对机床协会拟定的"十二五"期间工作要点(讨论稿),在充分肯定的基础上,还从不同角度并结合相关政策,分别提出看法、意见和建议。也对行业如何发展、实现由大变强等方面诚恳地提出希望、要求和建议。

11月

2~5日 "2011年机床工具行业统计预警工作会议"在成都成功召开。中国机床工具工业协会执行副理事长兼秘书长王黎明、国家统计局安徽调查总队副总队长杜希双等领导,以及来自机床工具行业的104家企业的110多名预警专家和统计工作者共同出席本次会议。会议由王黎明执行副理事长主持。

会上,国家统计局安徽调查总队副总队长杜希双作了"'十二五'时期统计发展改革规划纲要和常用统计分析方法介绍"的培训报告;协会市场部屠景先副主任作了"加强统计工作,为行业由大变强提供优质服务"的主题报告。会议表彰和奖励了工作优秀的6个分会、39名统计员。并进行了大会经验交流。

4~10日 由工信部、财政部、国资委委托中国机床工具工业协会承担的"机床产业结构调整问题研究"(研究制订机床产业结构调整指导意见)课题进行了专家评审工作。工信部政策司产业发展处贾宏伟处长主持会议并简要介绍了课题立项背景和要求,并表示,选择机床协会来完成这个课题,是因为机床协会拥有很强的技术力量和行业号召力。评审工作共聘请了行业企业、行业协会和大学教授等10位专家,由徐性初院士担任评审专家组组长,主持课题汇报和评审验收工作。

专家们经过认真审阅,一致认为,"机床产业结构调整问题研究"课题针对当前机床工具行业的现状和形势展开研究是非常必要和及时的,研究成果对实现机床工具行业由大变强具有很强的指导作用。报告提出了完成行业"十二五"期间重点任务的主要措施。向政府提出加强对国产数控机床、数控系统和功能部件的支持力度,发展国产功能部件,支持新产品开发,淘汰落后产能的建议十分必要,对推动我国机床工具行业的可持续发展,实现行业由大变强的目标具有指导性意义。

专家评审组充分肯定"机床产业结构调整问题研究"课题研究报告取得的成果,认为达到了工信部、财政部、国资委的合同要求。同意通过课题验收。

6日 中共中央政治局委员、中央政法委副书记、中央综治委副主任王乐泉同志视察华中数控。在听取了公司董事长陈吉红的工作汇报后,王乐泉同志对华中数控自主创新,掌握高档数控系统核心技术给予肯定。他表示:"我国当前机械制造业和国外差距比较大,关键还是在精细加工方面。高档数控系统对国家装备产业发展很重要"。王乐泉同志参观了华中数控研制的华中8型高档数控系统,仔细询问了高档数控系统的应用情况。

6~8日 中国机床工具工业协会工具分会六届二次理事(扩大)会议在海南三亚召开。分会39个理事单位、5个特邀单位以及分会秘书处工作人员共60余名代表出席了会议。中国机床工具工业协会常务副理事长吴柏林、办公室副主任张彦君出席了会议。

本次理事会的召开,对分会进一步围绕行业由大变强这一中心任务,创新工作方式,开拓服务领域起到了积极的推进作用。

会议还确定了由上海工具厂有限公司萧伟锋总经理接任第二年度工具分会当值理事长。

13~15日 中国机床工具工业协会铸造机械分会、锻压机械分会2011年年会暨五届三次理事会在山东省济南铸造锻压机械研究所有限公司召开。来自近80家单位的100多名代表出席了会议。中国机床工具工业协会执行副理事长兼秘书长王黎明,分会理事长、济南铸锻所董事长总经理刘家旭及铸锻所公司领导出席了会议,并分别作了2011年机床工具行业经济运行形势及2012年发展与对策的报告和关于我国铸锻机械行业“十一五”发展概况暨“十二五”面临的任务和挑战的报告。同时,通报了机床工具行业“十二五”期间的工作重点任务,以及国家科技重大专项项目需求建议征集等有关信息。

会议还安排了济南铸锻所科技质量部部长陈汝昌、重庆大学张根保教授作了专题发言。通过了分会2011年度工作总结报告。大会还为锻压机械分会发展的南通锻压设备股份有限公司等5家新会员单位颁发了会员证书。

16日 在深圳高交会上,发改委、科技部、财政部、海关总署、国家税务总局联合对第18批国家认定企业技术中心进行授牌。合肥合锻机床获得“国家认定企业技术中心”铜牌。这是合锻荣获的又一持续创新的硕果。

此次申报国家认定企业技术中心的成功,为合肥合锻机床股份有限公司建设“行业科技领先型企业”创造了一个高规格的平台,是公司跨越式发展在科技创新方面的一个里程碑。

12月

5日 四川长征机床集团承担的国家科技重大专项2009年课题——“高速龙门五轴加工中心(AC摆角)”通过了验收。工信部、四川省经信委及自贡市经信委相关领导到会参加。

验收组由中国工程院院士卢秉恒、中国机床工具工业协会执行副理事长兼秘书长王黎明等机床行业专家、用户行业专家、大专院校教授等14人组成,卢秉恒院士担任组长。卢秉恒及验收小组对长征机床2009年重大专项课题的执行情况给予了高度评价。

8日 济南二机床集团承担的两个国家科技重大专项课题——“高速龙门五轴加工中心”和“双摆角数控万能铣头”在济南同时通过国家验收。

这两个项目均是国内航空、航天、发电、冶金、铁路机车、船舶等重点行业领域急需的关键装备。其在用户的可靠运行和通过验收,打破了国外产品在重点行业领域的技术封锁和技术垄断,为实现高端数控装备自主化,满足国民经济发展和国家战略需求发挥了重要作用。

来自工信部、山东经信委、山东大学等部委、行业以及相关领域科研院所的领导和专家、用户近40人参加了验收会。

8~9日 机床工具行业标准化座谈会在北京召开。40多位机床工具行业标准化工作人员参加了会议。工信部装备司苏铮副处长和中国机械工业联合会王金弟副秘书长参加了本次会议并讲话。王黎明执行副理事长兼秘书长作了“机床工具行业标准化工作总结报告”,会议对在机床工具行业标准化工作中做出突出贡献的10个标准化工作先进集体(其中包括4个分技术委员会)、32名先进个人,予以表彰。

29日 济南二机床集团董事长张志刚在新闻发布会上,正式对外公布了济南二机床集团为福特汽车美国两家工厂提供全部冲压线的大项目,标志着中国机床企业已经跻身国际高端市场,在与国际一流企业同台竞争中胜出。这是一令业界振奋的消息。工信部装备工业司副司长王富昌、中国机械工业联合会执行副会长蔡惟慈、中国机床工具工业协会常务副理事长吴柏林、济南市委宣传部常务副部长凌安中、济南市国资委主任王嘉振、济南市经信委主任王宏志等国家部委、行业协会、市有关部门领导出席会议。新华社、中央电视台、人民日报等10余家媒体参加了新闻发布会。

工信部装备工业司副司长王富昌说,该项目是我国振兴装备制造业进程中的里程碑事件,也是实施数控机床重大专项取得的最具代表性成果。中国机床工具工业协会常务副理事长吴柏林认为,福特在新一轮设备采购中选中济南二机床集团是国际高端客户对我国高技术、高效率汽车装备投下的信任票,必将改变全球的竞争格局。

月内 华中8型系统定型并投入公司SMT生产线。华中8型通过了湖北省科技厅组织的技术鉴定,入选了“十一五”国家重大科技成就展。配套此系统的“大型叶片型面加工六坐标联动数控砂带磨床”,达到国际先进水平。通过了省部级成果鉴定。当前,华中8型数控系统已实现数百台生产销售。

月内 在全国机械工业质量评审中,经全国机械工业质量奖评审委员会审议通过,沈机集团昆明机床股份有限公司荣获机械工业质量奖,陕西汉江机床有限公司的汉机牌HJG-S滚珠丝杠副和螺纹磨床S74/75/76/77获得用户满意产品称号,赵甲宝获得优秀质量管理经营者称号。获得质量奖称号的共有13家企业和12种产品。在福州召开的中国机械工业质量管理协会质量奖项表彰大会上对获奖单位和个人进行了表彰。

月内 湖南宇环同心数控机床有限公司与湖南大学、浙江工业大学联合研制开发的数控立式双端面磨床、数控凸轮轴磨床、立式单面研磨(抛光)机、高精度立式双面研磨机通过了由中国机械工业联合会、湖南省经信委、湖南省科技厅共同主持的科技成果和新产品鉴定。鉴定委员会由中国工程院院士谭建荣教授担任主任，中国机床工具工业协会、中国机械工业联合会、北京机床研究所、郑州磨料磨具磨削研究所、大连理工大学、国防科技大学、中南大学及用户单位代表富士康等单位的专家所组成。

鉴定委员会通过对研发单位鉴定文件的审定和现场生产条件考察及产品出厂试验测试，一致认为：立式单面研磨（抛光）机产品技术和高精度立式双面研磨机产品技术均达到国际同类产品先进水平，另外两种产品技术则达到国内同类产品领先水平。

专家对宇环同心公司开发的4个新产品项目给予高度评价。对公司为提升国家数控机床水平所作出的努力给予了肯定。

〔供稿人：中国机床工具工业协会 周秀茹〕

附录

介绍2011年国内、国外机床展览会及参展产品情况

附录

2011年汉诺威欧洲机床展览会(EMO2011)调研报告

由欧洲机床工业合作委员会(CECIMO)组织主办,德国机床制造商协会(VDW)承办的2011年欧洲机床展览会(简称EMO2011)于2011年9月19~24日在德国汉诺威举行。世界各国的机床工具制造商带着他们的最新产品和技术亮相汉诺威机床展,展示数控创新产品,演绎完美解决方案。EMO2011展示当今世界的最新机床工具产品、高效的技术解决方案、产品支持服务以及其他产品和技术。主要展品包括金属切削机床和金属成形机床、产品系统、高精度工具、物流自动化、数控和自动化技术、工业电子和配件。展会观众来自机械设备、建筑、自动化工业及其零部件、航空技术、精密机械及光学、造船、医药制造、工具模具制造、钢及轻工机械等工业领域,基本涵盖了装备制造业的所有领域。

EMO2011以具有世界最大的机床展览面积、丰富的展品和创新的内涵著称,成为制造技术领域最重要且最具影响力的展会之一,引起业界极大关注。欧洲机床展览会是世界最有影响力的四大机床名展之一(另为北京、芝加哥、东京国际机床展),来自世界各地的制造业专家汇聚汉诺威,探究最新制造技术,规划采购目标以及探讨行业发展趋势。展会吸引了来自世界各国约14万名业界人士参观。作为全球机床与金属加工行业的重大盛会,它指引着行业全新发展趋势,提供前瞻性的解决方案,被业界称为世界机床工具工业发展的晴雨表和风向标。

一、世界经济和机床工业发展背景

2008年国际金融危机以来,国际经济遭受严重挫折。2010年,世界经济开始逐步复苏,但近期主权债务危机的阴影笼罩着欧美主要国家,世界经济复苏呈现反复和不稳定态势。根据展会期间有关资料,受国际金融危机冲击,2009年世界机床产值比2008年下降30%,2010年世界机床产值同比恢复增长20%。据专家预测,2011年国际机床工具生产与贸易将保持增长趋势,全球机床工具用户订单保持10%以上增长,其中,亚洲增长约15%,美洲约12%,欧洲约10%。在三大经济区域中,亚洲是增长引擎,衰退最少,复苏最快。业界专家认为,世界机床工业对经济和金融环境的变化是很敏感的,经济的起落影响着市场需求变化,产能利用率、产能扩大以及商业信心水平的变化均对市场产生了重大影响。

据CECIMO介绍,欧盟15国机床企业约1 500家,员工约15万人。欧盟机床产业提供的制造技术装备,在欧盟工业化中起到巨大作用。2010年,欧盟机床总产出约165亿欧元,其中,德国占44%,意大利占23%,瑞士、西班牙各占4%,法国占3%,土耳其、英国、捷克各占2%。欧盟机床产值占世界总量的33%,其中74%用于出口,占世界总出口量的50%。

2010年,欧盟出口中国的机床工具产品占出口总量的30%,欧盟机床的增长很大比例来自中国机床大量进口的拉动。欧洲机床工业传统上是以出口为导向,产品价值主要来自于研发和设计。欧洲客户仍然是欧盟机床的核心支撑,因为制造业一直是欧洲经济的重要组成部分和经济复苏的主要驱动力。近期,欧盟颁布了一系列的倡议,关键能动技术(KET, Key Enabling Technologies)就是其中之一,它对未来产品和服务的提升将起着非常重要的推动作用。机床作为先进制造系统,能够在装备制造业间高效、环保和可持续地生产产品。根据预测,2011年欧洲机床工业的生产将明显优于2010年,这种平衡的可持续上升发展趋势将在今后几年持续进行

近年来,中国在汽车、航空、造船、交通和能源等重要装备制造行业的需求量大幅增长,从而带动了机床行业的大幅增长。2010年,中国机床产值209亿美元,约占世界总量的30%;当年消费机床294亿美元,占世界消费总量的45%。中国已成为当今世界第一大机床生产国、第一消费国和第一进口国,但是中高端数控床的自给率严重偏低,机床工具行业面临由大变强的战略转型。

世界许多国家已经意识到机床行业的核心作用以及高效的制造技术对加强行业竞争力的重要性,因此,当今各国积极地发展本国机床行业,或鼓励国内企业从发达的制造国家引进尖端技术。美国政府提出“美国重返制造业”,日本政府采取控制机床行业被境外并购的措施,俄罗斯政府拟投巨资重振机床工业,欧盟的决策者们表示要支持制造商振兴研发能力和开拓新的解决方案。创新是发展动力之源泉,EMO2011为全球制造业的复兴提供了国际交流大舞台。

二、展会总体概况

1. 参展总体情况反映了经济复苏迹象

据展会有关资料,本届展会有41个国家的2 037家参展商参展,展厅面积17.64万m^2。来自100多个国家的约14万人参观展览会,展会布展面积和参观人数都超过2009年米兰机床展和2010年芝加哥机床展,从一个侧面反映了全球制造业开始缓慢复苏,但总体尚未完全恢复到金融危机前水平。本届展会延续了2007年汉诺威欧洲机床展的传统布局,分16个展馆布置,展品按门类相对集中展出。

从展商看,世界著名机床工具制造商基本参展,其中以

德国展商阵容最为强大,欧洲其他国家(如意大利、瑞士、西班牙和奥地利)参展商也很多。德国著名制造商德玛吉、斯来福临、西门子、海德汉、HERMLE、埃马克、利勃海尔、科堡和希斯等,瑞士阿奇夏米尔、斯达拉克海克特等公司,意大利PAMA、INSSE、BW、菲迪亚公司,西班牙达诺巴特集团和发格公司参展,日本马扎克、大隈、牧野、丰田工机、发那科、三菱、东芝及沙迪克等,美国的格里森、MAG、HASS等公司悉数参展。亚洲方面,中国参展企业97家,中国台湾参展企业超过60家,韩国斗山、现代等制造企业参展,反映了亚洲经济的率先恢复将对世界经济的复苏做出重大贡献。

世界著名工具企业(如山特维克、伊斯卡、肯纳、山高、瓦尔特、三菱材料、玛帕等)高调参展,成为展会一大亮点。2009年,在米兰举办的欧洲机床展览会上,由于国际金融危机使得各大工具公司营业额大幅度下降,经营维艰,世界著名工具企业几乎全部缺席。工具作为装备制造的消耗品,是机械制造业运营状态的标志,工具企业的踊跃参展表明世界制造业复苏迹象明显。

德国德玛吉公司和日本森精机公司实现强强联合,以豪华阵容高调亮相,独占展会2号展馆,展出面积7 600m^2,联合展出机床97台(套),其中世界首次亮相新产品25台,显示该联合体超强的创新能力和竞争力,成为展会一大亮点。

2. 展会主要配套活动

据资料介绍,EMO2011展会主办者为了扩大宣传,会前在全球举办了约60场新闻发布会,动用展会官网信息(10种语言)全球185家专业杂志进行宣传,影响深远。从总体来看,受经济不景气的影响,EMO2011展会在参观票务和宣传资料、展会广告、展会活动等方面体现了务实和节俭的指导思想。在展会主办方精心策划、安排的丰富配套活动,与展览主题相得益彰,体现了世界机床工具产业发展的前瞻性和时代精神。

(1)主题为"可持续生产"的欧洲机床会议(国际EMO峰会)。2011年9月20~21日举行的欧洲机床会议,关注制造业可持续发展。该会议由弗劳恩霍夫机床和成型技术研究所(IWU)和德国机床制造商协会共同组织。会议的主要议题有:探索改进切割和成形机床及其制造流程的能源和资源效率的技术解决方案;高效的工厂设计和工艺链;生产规划和制造系统中的可持续性。

(2)促进商贸联系活动(b2Fair)。主办方德国机床协会(VDW)联合欧洲企业网络共同举办的b2Fair活动,为参展商和观众开拓新业务提供有力支持。特别设立的数据库平台用于安排观众和参展公司之间的会议,帮助促进国际合作或寻找新的客户、供应商或贸易伙伴。

(3)航空业新制造技术和新型高精度加工技术项目发布会等。展会举行了航空业新制造技术会议和新型高精度加工技术项目发布会,研讨有关航空业制造新技术、新工艺和解决方案等。

(4)专题新闻发布会。世界有关国家机床协会、企业集团举办众多新闻发布会,通报有关信息。

三、中国机床工具行业在展会的活动与影响

中国参展企业达到97家,创中国历届参展之最。其中,大连机床集团有限责任公司在展会隆重亮相,展位面积超过600m^2,以自己品牌展出的加工中心、数控车床、功能部件等引人注目,这些展品属于中国数控机床发展的代表性产品,具有一定技术内涵和可靠、实用、经济等特点,市场前景广阔。秦川机床集团有限公司展出了当今世界最大的大型圆锥齿轮磨加工样品和拉床资料等,引起观众极大关注。株洲钻石切削刀具股份有限公司展出各类先进刀具,展出面积近200m^2,在刀具展馆占有一定地位。沈阳机床(集团)有限责任公司旗下德国子公司——希斯公司展出沈阳机床集团与希斯公司联合开发的重型龙门机床和龙门滑枕部件,具有当代先进水平。北京第一机床厂旗下德国科堡公司展出重型数控龙门铣床加工大型齿轮附具,成为一个亮点。广州数控设备有限公司展出数控系统,烟台环球机床附件集团有限公司、呼和浩特众环(集团)有限责任公司展出一批具有先进水平的转台和卡盘等机床附件,鲁南机床厂、上海工具厂有限公司、浙江锯力煌锯床股份有限公司、浙江晨龙锯床股份制造有限公司和郑州磨料磨具磨削研究所等一批企业展出中小型数控车床、数控钻床、折弯机、冲床、锯床以及工具、轴承、量仪等。此外,武汉重型机床集团有限公司、齐重数控装备股份有限公司等也设置了展台,以上情况表明了中国机床工具行业积极参与世界经济发展的信心。

但从总体看,中国机床工具行业参展缺乏整体形象,国内数控机床和先进工具的主流产品大多没有参展。中国大陆参展面积小于中国台湾地区和韩国参展面积(大陆参展面积3 819 m^2,中国台湾参展面积10 119 m^2,韩国参展面积5 390 m^2),与中国作为机床生产大国的地位还不相称。

中国机床工具工业协会代表团在展会期间工作取得成效。中国机床工具工业协会和中国国际展览中心集团联合组成工作团,由中国机床工具工业协会常务副理事长吴柏林和和中国国际展览中心集团公司副总裁贺彩龙带队,赴展会展开紧张对口展览工作、交流和调研活动,取得了丰硕成果。

展会期间,工作团召开的新闻发布会取得圆满成功。会上,中国机床工具工业协会副理事长兼秘书长王黎明介绍了中国机床工具行业现状。中国经济建设的成就和机床市场的需求,以及2012年北京国际机床展览会筹备情况。出席新闻发布会的有德国、美国、日本、意大利、俄罗斯和捷克等国的机床协会代表,同时吸引了世界众多著名机床集团代表和媒体记者参会。

展会期间,工作团会见了欧盟、德国、美国、俄罗斯、日本、意大利、瑞士、捷克等国家和中国台湾地区的机床协会负责人,进行了协会间工作交流活动,同时参加了展会举办的国际技术经理会议、GM国际信息交流会议、国际微制造技术会议;参加了德玛吉、发那科、埃马克等世界著名公司的有关新闻发布会和调研交流活动；对展会展品组织分工调研，收集了大量的技术信息和展品资料。工作团还考察了世界著名机床企业德玛吉、斯来福临、科堡、PAMA 和 INNSE 公司的制造工厂。通过一系列务实活动，加深了了解，达到了交流、合作、共赢的目的。

由中国机械工业信息研究院、德国机床制造商协会与德国弗戈媒体集团共同主办的"中国日——国际机床峰会"于9月20日在 EMO2011 期间举办。中国机床工具工业协会、德国机床制造商协会的高层领导分别对中德两国机床工业发展的现状、趋势以及相关政策作了介绍，受到观众好评。

四、部分展品介绍

1. 数控车床、加工中心和复合加工机床

（1）德玛吉和森精机公司产品。德玛吉和森精机作为战略合作伙伴，继参加2010在芝加哥美国国际机床展后，第二次在国际大展上联合展出97台高性能机床，其中25台为全球首次亮相，轰动展会。

MILLTAP 700 高效钻孔攻丝机是两家公司合作研发的首个创新成果，该钻孔攻丝机配有25刀位的快速换刀装置，换刀时间短，仅1.5s，配 SIEMENS 840D solutionline 数控系统。此外，MILLTAP 700 坚固的机床设计、方便的排屑功能（如自动排屑），结构紧凑，占地面积小。X 轴、Y 轴、Z 轴快速移动速度达 60m/min，在 700mm × 420mm × 380mm 加工区的非加工时间短。据了解，该机可降低30%的功耗。

DMG eco 系列有关产品。新款 DMG eco 系列机床采用 PROGRESSline 特殊装置，操作员可以通过其显示屏查看工件的剩余运行时间和加工任务的数量，这在整个机床领域都是很独特的。SIEMENS 840D solutionline 数控系统具有直观程序导航和 3D 仿真功能，引进装配有这一数控系统的 DMG SLIMline® 控制面板，可实现最快速的入门级控制。新一代 DMG eco 系列机床确定了车削和铣削领域中新的入门级机床时代的方向。

DMU 50 eco 数控万能铣床具有可选配的实现优秀表面质量的转速为 10 000r/min 电主轴和增加五轴加工灵活性的30刀位刀库。

DMC 635 V eco 和 DMC 1035 V eco 全新立式加工中心具有以下特点：配备新型 12 000r/min 强力铣削主轴（选配）和全新的30刀位刀库（选配），该刀库配置双爪换刀机械手，各轴快速移动速度达 30m/min，以减少非加工时间。

CTX eco 系列中的 CTX 310 eco、CTX 510 eco 两款车床完美结合了功能、效率和使用舒适度，带伺服同步电动机的高动态性能刀塔可缩短换刀时间（两个60°刀位的换刀时间仅0.4s），并且具有液压联锁功能，确保最高的动态性和稳定性。

全球首次亮相的 DMU 40 eVo linear 和 DMU 100 eVo linear 表明 eVo 万能铣床系列的规格在向高低两端扩展。这些新产品的特殊亮点在于：龙门设计与原有的摆动回转工作台相结合，确保高动态性能的五轴加工；良好的通达性和自动化功能，加上直线驱动，快速移动速度高达 80 m/min；可选择集成铣车复合加工技术。机床主轴上带有负荷显示器。带快速紧凑型托盘交换系统的 DMU 60 eVo linear 机床可实现自动五轴全套加工，DMU 80 eVo linear 配备集成式铣车工作台。

森精机公司全面推出 X 系列新一代高性能机床。全球首次亮相的 NLX3000Y/700 和带 GX05 及 Magnescale 的 NLX2500/700 万能机床的亮点是具有卓越的可靠性，在各轴上采用滑轨，床身采用可主动控制和补偿加工过程中的温度波动的额外冷却循环系统，确保更精确的加工。配置 GX05 和 Magnescale 的 NLX2500/700 结构紧凑，占地面积小，制造系统集高速工件库/装刀工位 GX05 和磁尺于一体，磁尺是一种高精度工件测量系统，可大大提高生产力。NTX2000/1500SZM 车铣复合加工中心可加工最大加工直径为 600mm、车削长度为 1 540mm 的工件。凭借转速极高的主轴和副主轴、强力铣削主轴以及作为第二刀架的快速刀塔，该新产品旨在实现航空航天工业、医疗行业和半导体工业中复杂部件的高效且高精度的六面加工。

（2）马扎克公司产品。以"DONE IN ONE"为理念的马扎克公司在其 2 500m^2 的展位上，以24台新机器（其中复合加工机10台）展示"马扎克的力量"。马扎克机床应用本公司的主轴监控功能、防止干涉功能、振动防止与控制等智能化技术，向与会观众展示其杰出的符合人体工程学的设计、环保能力，以及高效制造和生产效率的新水平。推出新一代 INTEGREX i 系列的多任务车铣复合加工机，实现"DONE IN ONE"，用户可以最大限度地利用工厂的空间，实现一台机器上一次装卡完成全套加工。主要改进体现在提高性能和生产率上。如 Y 轴最大行程到 250mm，X 轴最大行程到 615mm，B 轴 0 ~ 240°，各轴采用直线滚动导轨以提高刚度和精度，减少润滑油。铣轴装有热检测并通过循环油冷，以保证精度。主轴功率加大，30min 工作功率 22kW、30kW，铣轴 30min 工作功率 22kW，转速 12 000r/min。刀库移机床前部，刀具数量从24把增加到36 ~ 72把。装备 MATRIX 2 CNC 系统，性能更先进。作为 i 系列机器的补充，马扎克公司又推出了 INTEGREX j 系列机型，新的 INTEGREX eH 和 eV 多任复合加工机可以提供更大的容量、更多的功能和更高的生产效率。

（3）大隈公司产品。大隈公司展出高性能机床17台，包括新一代产品9台，其中五轴复合加工机床6台。新一代产品主要机型有：立式、卧式加工中心，五轴复合加工中心，高速精密立式加工中心，双主轴3刀架车削中心及紧凑型五轴复合加工中心等。新一代产品全面应用"热亲和概念、防碰撞、加工导航"三大技术，机床精度、稳定性和生产率提高到新水平。如通过监测零件的不平衡性消除不平衡，降低加工噪声；消除振动，提升表面粗糙度，提高生产率，操作更加简易。

大隈公司的 MA600H Ⅱ 型一代卧式加工中心主要参数：$X/Y/Z$ 轴行程 1 000mm/900mm/1 000mm，托盘尺寸

630mm×630mm，最大负荷1 200kg，主轴转速50～20 000r/min，X/Y/Z轴快速移动速度60m/min，进给速度1～60 000mm/min；主轴功率22kW、30kW，刀库刀数40～400把，控制系统为OSP－P200MA。主要性能：采用高刚度三点支撑床身，三轴滚柱丝杠中冷。具有刀具磨损补偿和破损检测、自动零点补偿和自动测量功能，具有多托盘及FMS进线功能。

VTM－1200YB型新一代立式五轴复合加工机床主要参数：X/Y/Z轴行程1 257mm/1 000mm/1 080mm，快速移动速度36m/min，主轴转速5～500r/min，主轴转矩6 093N·m，铣轴转速40～5 000r/min，铣轴转矩505N·m，刀库刀数36把，控制系统为OSP－P200MA、FANUC31iTB。产品特点：热亲和概念应用，高精度，稳定加工。具有高铣削率、强力车削功能。

（4）牧野公司产品。牧野公司在本届展会展出12台高性能机床以及CAM软件、自动化系统和生产管理系统。其中，电加工机床3台，五轴联动数控机床4台，立式、卧式加工中心3台，卧式磨削中心1台，立式微加工中心1台。主要机型有：D系列五轴立式加工中心，大型航空件加工的MAG系列大型五轴卧式加工孔中心，精密模具加工的V系列五轴立式加工中心，以及a系列卧式加工中心等。展出机床主要面向精密模具加工、航空业钛合金和精密件加工等。

D300、D500型五轴立式加工中心通过高速平滑TCP加工，提升五轴运动的平稳性，使得零件表面精度更好。回转轴的中心定位测量功能在加工开始之前对回转中心进行误差修正，使加工精度更高。D300型五轴立式加工中心主要参数：X/Y/Z轴行程550mm/1 000mm/500mm，工作台直径300mm，主轴转速15 000r/min、20 000r/min，换刀时间0.7s（刀对刀），托盘交换15s。通过VP控制（误差位置控制）功能，使零件精度进一步提高，特别是回转体达到精密车削的等级。由于五轴加工减少工序、节省加工时间，该机床具有高速、高精、高刚度特点，适于小型、精密、复杂零件。D500型五轴立式加工中心主要参数：X/Y/Z轴行程300mm/750mm/300mm，快速移动速度48m/min、50m/min、50m/min，主轴转速14 000r/min、20 000r/min、30 000r/min，刀库刀数40～323把。该机床具有高速、高精特点，适于加工航空等复杂零件。

（5）阿奇夏米尔公司产品。阿奇夏米尔公司展出的HSM600ULP型高速精密五轴加工中心是一款适合高端模具加工的机床，其轴向最小位移仅为100nm，表面质量极高。机床提供了ITM技术，即在全部主轴转速下利用先进的图形传感器测量刀具，记录刀尖数据的过程。该机床全部直线轴均采用直驱技术，并应用独立冷却装置，确保驱动部件的发热不会传导至床身，保证了机床几何稳定性以及直线运动的重复精度。此外，机床还提供OSS操作者支持系统，操作者可以根据实际需求选择加工参数，在控制零件的加工成本的同时，保证加工的高效和可靠性。

（6）其他公司有关产品。

TRAUB公司全球首发的TNL32型双主轴双刀塔车削中心结构新颖，采用了副主轴与第二刀塔一体式设计，既可以实现头架滑动加工也可以实现固定头架加工，加工或长或短零件时均可实现高效加工。在主轴同侧还装有用于加工零件后部的刀具组件，由3个动力刀具和4个普通刀具在主轴径向排列。该机床最多可以实现7轴联动，可有3把刀具同时以不同转速工作。车削主轴可加工棒料的最大直径为32mm，Z轴行程最大可达305mm，快速移动速度20m/min，主轴最高转速8 000r/min，功率6.7kW、10.7kW，转矩21 N·m、32N·m。副主轴功率和转矩均小于第一主轴。上刀塔有10个工位，均安装动力刀具，换刀（切屑到切屑）时间最短为0.3s。下刀塔的各个性能指标也基本与上刀塔一致。

INDEX公司全球首发R300型双刀塔、双主轴、双刀库车削中心。与多数双主轴双刀塔结构不同的是，其刀塔是在铣削主轴的径向安装了6个固定刀具。机床为垂直设计，具有充分的加工空间，运动部件和床身具有很强的刚性，同时机床具有很高的动态响应能力。主轴在Z轴方向运动，最大装卡零件直径315mm，行程610mm；副主轴在Z向和X向运动，行程分别为610mm、780mm。机床主轴与上刀塔、副主轴与下刀塔形成两个完全独立的五轴联动加工系统，可以同时工作，或分别进行正面和背面加工。具有很高的柔性，适合短型和盘类零件的大批量加工。

HERMLE公司新推出的车铣复合加工中心C42U MT为3＋2结构，X/Y/Z轴行程800mm/800mm/550mm，主轴最高转速18 000r/min，X/Y/Z轴快速移动速度60m/min，A轴摆动范围±130°，C轴转速为800r/min。适合加工轮毂类零件。C60U MT是一款规格更大的3＋2结构的车铣复合加工中心，树状端铣刀可加工螺伞齿盘。X/Y/Z轴行程1 200mm/1 300mm/900mm，主轴最高转速12 000r/min或18 000r/min，轴向快速移动速度50m/min，转台最大承重1 500kg。

哈挺公司的T－51双主轴车削中心，可对Rc60的零件进行车削，工件圆度可达0.25μm，重复定位精度3μm。QUEST GT27超精度排刀车床，排刀刀架上装有磨削主轴，可以对零件进行内圆和外圆磨削，零件的圆度0.38μm，重复精度＜3μm。T42精密双主轴车削中心轴向重复精度0.76μm，工件圆度0.25μm，径向圆跳动3μm，C轴定位精度和重复精度分别为±3″和±1″。

WILLEMIN－MACODALE公司的全球首发直线电动机驱动的508MT型车铣复合加工中心，所有直线轴和两个回转轴均采用其自主开发的直驱电动机，每个电动机配有独立冷却系统，以保证机床高速运转时的精密性。快速移动速度可达60m/min，配FANUC31i系统，售价约40万欧元，是节能、轻型、小型复合加工中心的典型产品。

SCHAUBLIN公司的136－7AX－Y精密双主轴车削中心具有高刚性、模块化设计、运行稳定性和精密性等特点。最大车削直径140mm，最大车削长度300mm，主轴与副主轴最高转速均为8 000r/min，主轴通孔直径为36mm，所有直线轴的快速移动速度均为40m/min。

CHIRON公司。展出的8台机床均为全球首发，使用了多项节能技术，包括集中冷却塔、减少润滑液、能源再利用等。首次展出的第一款FZ 08 MT铣车复合加工中心为双主轴+刀塔+铣削主轴结构，铣削和车削可以同时进行，副主轴可在B轴方向运动，尤其适合对棒料进行6面加工，大大提高了生产效率。

2. 重型机床

重型机床展出以数控落地铣镗床数量最多，反映出数控落地铣镗床的技术进步加快、使用面越来越广的趋势。展品揭示了重型机床的技术发展趋势：移动速度加快，加工精度提高，可靠性提高；附件品种增加，复合功能增强，进一步提高了加工效率和加工质量。

PAMA公司展出的新一代SPEEDRAM3000型数控落地铣镗床的亮点是提高了性能、可靠性和加工效率。主要参数：X/Y/Z/W轴行程14 000 mm/5 500 mm/1 500 mm/1 200 mm。镗杆直径200mm，滑枕行程440mm×480mm，主轴转速3 500r/min、2 500r/min、2 200r/min，主轴功率93kW，主轴转矩10 385N·m；各轴快速移动速度25m/min，刀库容量120把刀。采用全铸铁新结构，可增加机床刚性20%；多种附件头配置可实现五面五轴加工；镗头伸出变形补偿采用实测误差按数据补偿，误差量已经固化在控制系统；通过优化补偿及平衡和冷却装置提高机床动态精度；配备公司研制的新一代频率适配器补偿高低频振动；提高生产率和自动化水平，方便保养。

Skoda公司展出的HCW3型数控落地铣镗床的镗杆直径200mm、225mm、250mm、260mm可选，铣镗头轴功率100kW，切削主轴转速1～2 000r/min。主要用于重型机械行业，可五轴加工，采用液压缸、滑枕上端双拉杆和滑枕微观造型3种动态自动合一补偿。

沈阳机床集团与德国希斯公司联合推出新机型ASCHHERSLEBM型动梁工作台移动式龙门镗铣床。主要参数：工作台面尺寸(2 600～3600)mm×(4 000～8 000)mm，最大承重40t，滑枕行程380mm×350mm，Z轴行程1 100～1 500mm，W轴行程1 800～2 300mm，各轴快速移动速度25 000mm/min，主轴功率38kW，转速4 000～6 000r/min。采用高强度地基弱刚度床身，机床重量下降，节约材料；除镗头电动机外，其他6个电动机均采用西门子节能电动机。

3. 超精密机床

医疗、IT、航空航天、模具、光学元件和精密仪器等行业对超精密加工需求越趋广泛，本届展会展出的多种型号超精密及微加工机床成为展会亮点。

(1)日本YASDA公司的超精密机床。YMC430型超精密立式五轴机床采用对称的圆柱形主轴和对称的H形立柱冷却结构，便于热稳定。采用X-Y形工作台和高刚性床身，直线电动机驱动，X/Y/Z轴行程430mm/300mm/250mm，主轴转速40 000r/min，功率7.5kW，快速移动速度20 000 mm/min，进给速度10 000mm/min，最小进给增量0.000 1 mm。H40i型超精密卧式五轴机床(X/Y/Z/A/B轴)主要参数：X/Y/Z轴行程875mm/740mm/685mm，主轴功率22kW，转速20 000r/min，转台尺寸：400mm×400mm，采用直驱电动机，高刚度导轨系统，A轴90°和直线轴500mm位置同步补偿，主轴油气润滑，具有高速、高刚度特性，适于航空零件、模具等高精、高效加工。YBMVi40型超精密立式五轴机床(X/Y/Z/B/C轴)主要参数：X/Y/Z轴行程900mm/500mm/450mm，主轴功率22kW，转速40～24 000r/min，转台直径400mm，采用直驱电动机，最小进给增量0.000 1mm；高刚度导轨系统，主轴和导轨热稳定系统，改进加速性能，精度五轴同步圆锥插补精度实测2.32μm，Y轴定位精度实测0.89μm，B轴分度精度实测±0.5″(ISO 230-2)，C轴分度精度实测±0.2″(ISO 230-2)。具有高速高精、高刚度、硬铣特性，适于航空、模具等高精、高效加工。

(2)牧野公司IQ300型精密微加工中心。主要参数：X/Y/Z轴行程400mm/350mm/200mm，主轴功率9.5kW，转速45 000r/min，工作台面尺寸600mm×400mm，机床刚性结构设计，采用Makino公司专利的主轴热稳定系统，主轴减震能适于精密模具加工。

(3)森精机公司NN1000DCG HSC型五轴纳米级加工机床。主要参数：X/Y/Z轴行程120mm/150mm/50mm；转速39 000～50 000r/min，转台直径150mm，激光测量系统误差0.034nm。花岗岩床身，床身底部动态隔振装置；机床具有铣、车、磨、雕刻等功能。配有高精度附件如直线和圆形激光测量、气浮轴承、主轴平衡装置、刀具预调器、在线测量头等。该机床适于光学透镜、医疗、IT、模具等超精密加工。

4. 数控磨床

参展的磨床生产厂家大约有300多家，主要磨床展品有内外圆磨床、无心磨床、平面磨床、工具磨床及其他专用磨床等，国际上主要的生产厂家都有较大的展位展示最近的新产品、新技术。

斯来福临集团展出的Studer S41是2011年新推出的产品，这款新一代的数控万能外圆磨床经过长达18个月的工件磨削实验，具有五大优势：更高的精度，更快的速度，更优的机床人体工程学，更多的综合优势以及更卓越的使用效益。Studer S41拥有多项技术优势，如其高精度的基础是采用吸震性和热稳定性更高的人造花岗岩床身。具有革命性专有技术的StuderGuide导轨系统，配用直线电动机的高精度轴驱动系统，超快速度的B轴直接驱动，比以往更多选择的砂轮头架配置形式等。由于该款磨床的中心高分为225mm和275mm两种规格，顶尖距分为1 000mm和1 600 mm两种规格，可以满足大部分磨削加工的需求。特别在对于辅助时间短有严格要求的加工应用中，S41可以充分发挥其速度优势。S41以StuderWIN作为用户界面并采用StuderGRIND模块，创造了一个稳定的编程环境，可以保证该款磨床的有效应用。在机床控制系统中能够内置加工监测和接触感应的在线测量和传感技术，自动动平衡系统，在机床的控制系统中还内置了内部自动上下料系统，驱动元件能够优化地适配于机床控制系统。

哈挺集团其下属的钟思敏公司和 Kellenberger 公司共同出现在哈挺集团的展位上，并展出了其机床产品系列中的坐标磨床、万能外圆磨床和非圆磨床及平面和成形磨床。在这次展览上，Kellenberger 公司展示了 1 台带 Z 轴的坐标磨削机床，配备了新开发的磨削头以提供高动态振荡磨削能力，可以实现高精度孔磨削。在 500mm × 300mm 工作台上的总误差不超过 1.25μm。可选五轴控制实现任意形状的磨削，只要砂轮允许，最小直径可以达到 3mm。

勇克公司展示 GRINDOR speed 高速磨床、JUPITER125 磨床、PLATEMAT 机床。首次展出了配备全新一代 FANUC 0i－TD 控制系统的高性能磨床——GRINDOR speed 磨床，可以通过触摸屏和 Windows 基本编程系统方便编程。机床具有更大的屏幕、更高的色彩分辨率和显著提高的处理速度，操作简便，经久耐用。GRINDOR speed 高速磨床配备了新一代控制系统，使用 CBN 砂轮或者金刚石砂轮保证达到最佳的效果和极高的生产率，从小批量单件加工到大批量生产都适用。该款机床配置的可自由编程的数控 B 轴，借助其广泛的应用范围和普遍性可以加工外圆、轴肩、锥体、倒角、环形槽和切削槽等部位。通过使用最多两根高效磨削主轴——每根主轴的驱动功率 12kW，圆周速度最高达 140m/s。可以在最高去除率的前提下，实现高精度磨削。

达诺巴特集团主要展示了其创新以及高科技含量的产品和解决方案。展品比较成熟，磨床展品主要有：ID－400L 长零件内圆磨床，工件最大长度 1 300mm，最大加工内径 250mm，并具有 B 轴功能；IRD－200 内圆和圆角磨床，可实现内外圆、圆角、端面和非圆磨削功能；LG－600－B8 柔性外圆磨床，具有左右双砂轮配置，砂轮最高线速度可达 125m/s；HG－92－5000－B8 重型外圆磨床，最大磨削长度 5 000mm，工件最大直径 850mm；Estarta－315FV 无心磨床，工件最大直径 50mm，CBN 砂轮的最大线速度可达 120m/s；VG－1000 立式磨床，磨削直径 1 000mm，磨削深度 700mm，工作台最大承载 3 000kg。

Winterthur Technology Group（WTG）展示的可转位刀片加工生产线，由 1 台端面磨床、两台周边磨床和 1 台激光加工机床组成，展示了其在刀片加工领域提供全面解决方案的能力。

5. 齿轮加工机床

齿轮加工机床的展品也是比较丰富的，主要面向的市场也是近几年国内外发展比较快的产业，如汽车、风电、工程机械等。此次齿轮加工机床展览中，更加体现了提供全套解决方案的发展方向，如美国格里森公司的“total gear solutions”理念，EMAG 集团的齿轮自动加工生产线等。本次展览中，齿轮加工机床的参展厂家大约有 150 多家。

格里森公司全面展示了其在齿轮加工方面的技术实力，从齿轮机床到齿轮刀具，再到齿轮卡具，以及测量和加工控制软件和设备。Gleason Titan® 1200H 滚齿机床开创了滚齿机床的新标准，更高的生产效率，更加简便的操作和最全的功能。主要特点：机床最大加工直径 1 200mm，最大加工模数 30mm；机床设计时针对干切和湿切齿轮优化排屑结构，具有更优的人体工程学设计；合金钢床身具有很高的刚性，并且装备了最新申请专利的导轨设计思路，在运动刚性方面产生了量变；采用基于西门子 840D SolutionLine 控制系统的最新操作界面和软件，使得操作更加容易；通过采用最新的电动机和驱动技术，实现能量有效管理。

KLINGELNBERG 公司齿轮加工方面的产品主要涉及三个方面：齿轮加工机床、测量设备和齿轮部件。展示的产品有用于重卡变速箱齿轮盘加工的滚齿机，也有精密的齿轮测量中心和辅助部件。公司最擅长生产高精度圆锥齿轮、涡轮和蜗杆转子加工机床。G80 立式螺旋锥齿轮磨齿机最大加工直径 850mm，最大加工模数 20mm。H35 蜗杆转子磨削机床最大加工直径 350mm，最大加工长度 1400mm，最大加工模数 45mm。另外，该公司也生产高精度的螺旋锥齿轮部件、端齿盘等，螺旋锥齿轮的最大直径 3 000mm，最大模数 50mm，最大传递功率可达 7 500kW。端齿盘最大直径2 100 mm，最大模数 35mm，齿数范围 12～360 个。

埃马克集团的齿轮制造系统能实现从毛坯到成品的齿轮精密加工，一般由五个工序组成：车外圆和端面、滚齿、激光焊接、热处理、车削或磨削内外圆表面。各工序的单台机床设备由自动传送系统连接起来。该生产线可以用来批量生产直径≤200mm 和模数 <4mm 的齿轮盘。应用这种齿轮制造系统可以减少生产占地面积（同比减少 15%），缩短生产线长度，提高自动化程度，减少生产辅助时间，进而减少生产使用成本。

瑞士 Reishauer 公司展出了 12 台（套）机床。可加工齿轮规格从最小的 60mm 到最大的 1 000mm，市场覆盖面广。这次展出的最大特点是成线（套）装备，以被加工齿轮热处理工序为界限，把热前的、热后的工序集成在一个加工单元里，从而较大幅度的提高加工效率。

6. 特种加工机床

（1）激光加工展品主要是板材和管材的切割、模具和刀具等微小零件的精细加工等。比较有特色的展品有：斯来福临集团伊瓦格机床磨削中心（EWAG LASER LINE）可以称为机床技术的里程碑，通过唯一独特的设计理念，为激光加工超硬材料启用新的标准，使得在对外部轮廓和断屑板在一个固定支架上实现经济简约化生产成为可能。快速的皮秒激光器确保有优异的表面质量和一个非常干净的加工过程。凭借其五轴运动学，激光磨削中心适用于广泛的工具制造。

Winterthur Technology Group（WTG）公司的 SPECTRA 820 Highlights 激光加工机床主要用于刀片表面微小结构和型面的加工，具有很高的动态刚性，并采用激光器固定工件移动的方式加工可获得很高的加工精度；采用高动态性能的直线电动机驱动，可获得 $3g$ 的加速度；具有 1 级激光防护罩，确保安全；具有 3D CAD/CAM 系统，方便操作编程；采用波长 1.064nm 的固体激光器加工质量更高。

(2)电加工机床。随着工艺研究和关键技术的成熟,电加工机床和相关技术的应用越来越广泛,从本届展会上反映的突出情况看,除在微细、高精零件加工上保持优势以外,在难加工材料、高精度加工和高效加工等方面,电加工的优势已经渐渐显露出来。

电火花成形加工在本次展会中一个最新的方向就是大型、精密模具加工。主要的代表有阿奇夏米尔公司的 FORM 30 电火花成形机床,用于精密模具加工,最大加工电流 104A,加工表面粗糙度 0.2μm。日本 SODICK 公司的 AG60L 电加工机床也可实现精密模具的加工。大型模具-曲轴的铸模加工也可实现,比如意大利 ONA 公司展示的 NX6 型电加工机床。这种工艺能力的提升,必将引起新的加工工艺升级和技术的替代。

电加工的大型化也成为本次展会新的趋势,这种新趋势的出现使得电加工进入航空航天、能源和汽车行业成为可能。例如,日本 SODICK 公司的 AQ1200L,号称 XXL 尺寸的大型线切割机床,采用直线电动机驱动方式,*X/Y/Z* 轴最大行程 1 200mm/800mm/400mm。还有意大利 ONA 公司的 NX 系列电加工成形机床 *X/Y/Z* 轴最大行程3 000mm/1 500 mm/1 000mm,最大电动机重量 200kg,工件最大重量 20 000kg。这些大型、精密电加工机床的出现,已经开始用于汽轮机叶根槽加工、汽车模具和整体叶轮的加工。

本次展会上,MAKINO 公司展出了 3 台电加工机床,分别是 UPV-5 线切割机床、EDAF-3 电火花加工机床、DUO64 线切割机床。从性能指标上看,电火花加工的表面粗糙度可以达到 0.06μm,不用抛光处理,最小圆角半径可以达到6μm。线切割的加工精度在一次切深400mm 的直线度可达 12μm,在 1mm/min 的进给速度下粗糙度可达 0.2μm。

7. 主要功能部件

德国凯斯乐(Kessler)公司展出了诸多功能部件,有摆角铣头、转台、主轴等部件。其展出的 *A/C* 轴摆角铣头,主轴转速 0~20 000r/min,功率 75kW,转矩 75N·m,*A* 轴转速 0~100r/min,功率 12kW,转矩 1 150N·m,卡紧力矩2 200 N·m;*C* 轴转速 0~100r/min,功率 12kW,转矩 1 150 N·m,卡紧力矩 3 000N·m。展出的电主轴有低转矩高速电主轴,主轴最高转速 60 000r/min,功率 2.2kW,转矩 0.4 N·m;大功率电主轴转速 0~8 000r/min,功率 75kW,转矩 500N·m。还有带 *B* 轴的电主轴,主轴转速 0~18 000 r/min,主轴功率 50kW,主轴转矩 120N·m;*B* 轴转速 0~100r/min,*B* 轴功率 12kW,*B* 轴转矩 1 200N·m,卡紧力矩3 000N·m。展出的旋转工作台,转速 0~80r/min,功率 5kW,转矩 800N·m,卡紧力矩 2 000N·m。

德国西泰克(CYTEC)公司展出了其 G30 系列 *A/C* 轴摆角铣头。该系列铣头可以根据用户需求选配性能不同的电主轴,*A* 轴功率 3kW,转矩 2 500N·m,卡紧力矩 6 000~7 000N·m,摆角范围 ±110°,定位精度 ±2.5″,*C* 轴功率 3kW,转矩 2 200N·m,卡紧力矩 6 000~7 000N·m,旋转范围 ±360°,定位精度 ±2″,*A*、*C* 轴转动速度 360°/s。

德国肖特(Sauter)公司展出的新产品有 e-Direct Drive 动力刀塔,动力刀具功率 11kW,动力刀具最高转速 12 000 r/min,转矩 33N·m。采用了肖特公司专利的 Trifix 接口技术,提高了换刀精度,重复精度 0.02mm,一个刀位换到另一个刀位的重复精度 0.01mm,卡紧机构机电结构,不再使用液压系统,结构更加紧凑,刀具的驱动和转位可以根据用户要求采用一个力矩电动机,或者使用力矩电动机驱动刀具,另外专门使用一个电动机来控制转位。

德国费布罗(FIBRO)公司是一家专业生产工作台的企业,本届展会展出了带有倾斜功能的重载数控旋转工作台 FIBROMAX。该系列旋转工作台最大承重 35t,非倾斜状态的最大承重 70t,工作台转速 0~3.5r/min,定位精度最高可到 ±2″,直线轴的定位精度 0.02mm,倾斜轴定位精度 ±5″,倾斜角度 0~10°,根据用户要求,也可提供倾斜角度 90°的工作台。展出的 FIBRODYN 旋转工作台,采用力矩电动机驱动,工作台直径 1 000~2 000mm,最高转速 250r/min,最大允许承重 3 000kg(车削)、8 000kg(铣削),分度精度 ±2.5″,定位精度 ±2.5″,重复定位精度 <0.2″。

8. 数控系统

德国海德汉公司展出了其研发的数控系统 TNC640,这是海德汉公司推出的第一套能够在铣床上执行车削操作的铣削控制系统。也就是说,TNC640 控制系统能完成复合加工任务。与所有其他 TNC 数控系统一样,用户不需要重新学习。与铣削加工编程一样,也用简易语言编程所有车削加工程序。许多海德汉车削数控系统中的循环全部在全新 TNC 640 数控系统中,因此,用户可以继续使用现场充分验证的车削功能。TNC 640 的用户界面进一步改善,用户编程时更灵活,功能显示更完善,状态信息更明了。TNC 640 还引入了全新控制系统设计。今后,TNC 以及 MANUAL plus 和 CNC PILOT 车削数控系统都将配现代化的不锈钢面板。海德汉公司的键盘面和显示器边框全部用防指印设计,更容易清洁。全新 19in 彩色平板显示器引人注目,是 TNC 640 的标配设备,也是 iTNC 530 的选装设备。海德汉公司还展出了全新的 TS 460 和 TT 460 测头,使用红外线或无线电发送触发信号。因此,用户可得到更大传输范围(无线电)和更快信号传输速度(红外线)。

日本发那科公司展出的数控系统与 2011 年 4 月在北京举办的 CIMT2011 上展出的产品一样,有 30 iB、31 iB、32 iB 以及 0 iMD。在发那科展台上,众多的机器人展品引起了广泛关注,展示了发那科公司在机器人设计制造和控制技术方面的进步。

西门子(Siemens)公司展出了针对车床、铣床、磨床应用的 828D 数控系统,以及针对复合加工机床的 840D sl,还展出了直线电动机和力矩电动机,驱动装置、主轴电动机等展品。直线电动机最大推力 10 400N·m,力矩电动机最大转矩 6 030N·m,伺服驱动装置最大功率 300kW,伺服电动机最大功率300kW，电主轴最大功率120kW。西门子公司在本届展会上，特别强调针对不同领域提供解决方案，提出了针对发电设备、医疗器械、消费品、航空工业、模具加工和汽车工业等领域的数控系统解决方案。

9. 刀具

瑞典山特维克可乐满公司展出的新产品有CoroMill 316刀片、CoroMill 176齿轮铣刀、CoroDrill 860整体硬质合金钻头、快速换刀卡紧机构、Coromant Capto C10刀柄以及长刀减震适配器。

美国肯纳金属公司展出了在铣刀、车刀、孔加工工具以及刀具系统方面的最新技术和产品。展品有应用Beyond Blast™技术的KSSM 45™铣刀片、钻头和多种车刀片，孔加工刀具GOdrill，深孔钻头Drill - Fix DFS™和KM4X™刀柄。

瑞典山高刀具公司展出了最新的涂层技术Duratomic技术，Square6 - 04方肩铣刀。除展示新品外，公司在本次展会上突出展示了能够为通用加工、汽车制造、航空工业、发电设备和医疗设备行业提供刀具整体解决方案，突出宣传山高刀具从一家刀具提供商向刀具解决方案提供商的转变。

五、展会展示的技术发展动向

1. 复合加工技术应用更加广泛

从展品看，复合加工技术应用更加深入与广泛。主要表现在：一是新型复合加工机床在展览中占有重要地位。如车铣和铣车复合机床、车磨复合机床、齿轮加工复合机床等不断涌现。马扎克公司展出10台复合机床，德玛吉和森精机首次推出5台复合机床，奥地利WFL推出M80型铣车复合机床新产品，大隈公司展出4台复合机床。这类机床是企业展台的重要亮点。二是多家公司推出车铣复合与五轴联动结合新机床，在技术上达到新的高度。如大隈公司VTM - 1200YB型新一代立式五轴复合加工机床具有高精度、重切削等特点。三是重型机床增加多功能附件和转台等，复合化加工趋势明显。四是金属切削与特种加工复合有了新的进展，激光、电加工与切削加工复合技术已经有了成熟的产品推广应用。如DMG公司和阿奇夏米尔公司推出铣—激光复合加工模具表面纹理技术，斯来福临集团和WENDT公司推出磨削—激光复合加工刀具技术等。复合加工技术推广将对多品种、小批量生产工艺流程产生重要影响。

2. 直驱技术应用速度加快

由于电力电子和数控技术的进步，以及直线电动机、力矩电动机、电主轴、光栅检测等部件的成熟，直驱技术在数控机床的应用速度加快。如德玛吉公司新开发的DMU eVo系列产品，全部采用了直线电动机驱动；森精机公司新开发的X级系列新产品广泛采用了力矩电动机驱动转台和数控刀架；YASDA公司展出的YMC430型超精密立式五轴机床超精密机床，全部采用直驱电动机；阿奇夏米尔公司展出HSM600ULP型高速精密五轴加工中心，全部直线轴均采用直驱技术；瑞士斯图特公司2011年推出的S41型高精度复杂磨削全能磨床，其主轴、砂轮和直线轴全部采用直驱技术；WILLEMIN - MACODALE公司全球首发508MT型车铣复合加工中心，所有直线轴和两个回转轴均采用其自主开发的直驱电动机。据展会资料，西门子公司已经能够提供最大至120kW电主轴、10 400N · m直线电动机、6 030N · m力矩电动机、300kW伺服驱动器等系列产品。直驱技术应用将对数控机床的结构改变和性能提高发展产生重大变革。

3. 微制造技术崭露头角

展会期间，微制造（Inter - Micro）会议发布微制造技术研究有关进展。Inter - Micro是欧盟资助的研究项目，由德国、意大利等有关国家大学、研究院所和企业承担。该计划的目标是发展一种高效、绿色、高精度微制造新技术，研究工作聚焦在结合各种加工技术集成开发多功能机床和工艺上，主要用于加工3D形状的各种微型零件。该项目当前已经取得有关成果，如超精密五轴联动微型金刚石和立方氮化硼工具加工技术设备，电加工和钻、铣、磨集成的微加工设备，微型铣削和激光加工集成设备，激光辅助超高速微型铣钻加工中心，超声振动辅助微型铣钻磨设备等技术设备已经进入样机制造试验阶段。瑞士SARIX公司展出电火花微加工中心、高速3D电火花微加工铣床、高速电火花微型钻床等产品，森精机公司、DMG公司、阿奇夏米尔等公司也有相关产品展出。据专家介绍，从节能的角度考虑，LED照明具有优势，预计到2015年全球市场将达到148亿美元。当前，LED模具成为高端模具市场的新的增长点。在EMO2011上，有很多适合LED模具加工的微加工技术的机床和卡具展出。微制造技术具有很大应用潜力，应该引起我国业界的关注。

4. 低温加工技术进入实用

MAG公司推出低温加工技术设备，在航空制造加工中取得应用经验。低温切削可以提高切削速度、增加金属去除率、延长刀具寿命。其技术要点是冷却介质通过中空主轴和工具系统直接冷却切削刃更加有效，液态氮（零下321℃）可与少量润滑液（MQL）结合，减少降低刀具摩擦和磨损，从而使刀具寿命更长，去除率更高。应用低温加工技术切屑去除率是原来的2 ~ 4倍，刀具寿命延长2倍，硬金属（如钛合金、镍基合金、球墨铸铁）切削效果显著。公司开发的专用装备冷却切削刃，液态氮使用量有限（每刀刃仅为40mL/min），符合经济型和环保要求，加工以上金属，可以实现高速切削，提高生产率和加工质量。低温加工技术推广应用具有重大突破。

5. 绿色制造技术正在兴起

绿色制造技术是一门综合技术。展会设立机床"蓝色竞争力"专题展览，其口号是"节约能源、节约资源、提高生产率——制造业可持续发展之道"。机床"蓝色竞争力"在于鼓励发展可持续制造技术、发展节能技术、标准及推广等。西门子、德玛吉、通快、力士乐、LIBEHERR Starragheckert、TORNOS、Chiron和INDEX等大批欧洲机床企业提出本公司机床绿色制造技术资料，参加机床“蓝色竞争力”专题展览。如西门子公司提出机床的最小能耗——节能电动机、PC控制软件方案、西门子制造优化、CNC及驱动等。德玛吉公司提出控制技术（DMG绿色模块及自动化解决方案）、智能电子及驱动技术、优化的制造技术等。由此可见，绿色制造技术的应用不但是可持续发展的客观要求，也是市场竞争的需要。

6.“解决方案”是产业发展的重要形态

为用户提供“解决方案”，体现了技术和管理的集成，是时代技术进步的必然要求。EMO2011展示的每一种新产品，都演绎一种解决方案。当今世界，制造业服务的高级形态是全面解决方案。展会提出了诸多解决方案：产品加工的智能解决方案（工厂和加工过程中的资源效率，提高生产力的高性能机床与工艺程序，高压冷却、加工整合、混合加工，模块化生产站应用的拓展，机床的全套配置选项，机床智能化与自动化等）；产品支持服务方案（生产规划和流程优化、虚拟生产、仿真模型，流程与生产规划、金融服务与商业模式）；汽车制造解决方案（大规模生产的制造解决方案，为替代驱动技术提供了批量生产技术、为制造低排量的内燃机提供了精密、高效的设备与工艺，为高度多样化的生产提供了灵活、适应性强的生产设备）；航空制造解决方案（钛加工高性能流程，陶瓷与金属基复合材料先进材料的制造工艺，光纤增强塑料的制造技术与自动化解决方案，用于维护、整修检查的灵活制造工具）；医疗加工技术（几何埋植入剂的高精密加工、微型元件制造加工、生物相容表面的微观结构与被覆层、生产流程与系统的清洁度要求）等。世界著名企业集团如西门子、德玛吉公司等公司提出医疗元件、航空制造、发电设备制造、模具制造等一系列解决方案；格里森、Reishauer等在展会上都提出了齿轮加工全面解决方案。行业专家普遍认为，为用户服务，如为航空航天、汽车制造、船舶及能源设备制造等国家重点行业提供主机是不够的，用户需要解决方案。

六、EMO2011的启示

1. 创新引领产业发展

创新是机床产业技术进步的动力和源泉。纵观EMO2011，创新引领产业发展，创新的领军企业就是一批著名跨国集团和小巨人企业。虽然经历了国际金融危机风波冲击，但这些企业加快技术创新步伐，通过在精密控制、动态补偿、网络制造、机器人与数控机床集成、自动化生产线等领域技术创新，开发了新一代高速、高精、复合、智能等数控新产品，如展出的DMG eVo系列，森精机X系列，马扎克新一代INTEGREX i系列，大限公司新一代立式、卧式加工中心等。新一代数控机床新产品表现了高效和绿色的基本特征，反映了国际机床工具产业新技术发展和新产品换代的速度不断加快。其中，许多新产品在航空航天、汽车、IT、医疗设备、交通和能源设备等重点领域已经成功应用，成为国际机床工具产业的主导产品和市场竞争力的重要体现。由此可见，国际机床产业新技术、新产品发展速度之快。我国要从机床工具大国走向机床工具强国，就必须紧紧把握创新引领产业发展，加快技术创新步伐，努力培育一批具有国际竞争力的企业集团和小巨人企业，并在航空航天、汽车、船舶和发电设备等国家重点领域国产数控机床应用取得重要地位。

2. 世界机床产业结构重组的新形势

近几年，受国际金融危机冲击，世界经济低迷，国际机床工具产业兼并重组成为产业界关注焦点。世界两大机床集团——德玛吉和森精机的战略联合（相互拥有对方股份），对世界机床产业格局产生很大影响。近期，MAG并购了法国著名机床企业——里内公司；捷克Skoda公司（落地镗）、Toskurin公司（龙门铣床）、Skd公司（立式车床）三家企业组成ALTA集团；日本Amada公司收购WASHINO公司，意大利C. B. Ferrari公司被北京第一机床厂全资收购。凡此种种，兼并重组，优化资源配置，这是市场经济竞争的本质特征。我国机床生产企业应从世界机床产业重组中吸取经验，进一步推进资源优化与重组，提高国际竞争力。

3. 机床产业创新联盟应如何运作

由欧洲著名大学、研究机构和著名机床工具企业组成的制造创新网络（MACHINIC INNOVATIONS NETWORT）在EMO2011举办了“钛合金元件制造技术”专题展览，展示钛合金结构元件制造技术和发展。参加该创新网络的企业有：山特维克（可乐满）、MARPOSS、BILZ、BLASER、DEHARD、KESSLER、HELLER、ISCAR等，这些企业大都是该领域的领军企业。该创新网络由政府支持，企业出资，集中各自优势，专注重点用户领域需求，以市场需求为导向，针对机床工具企业急需的技术难关，组织攻关，潜心研究，成果形成产业化。据介绍，通过4年合作，该创新网络钛合金和碳纤维材料加工两个课题已经取得成果。从该项目研究到推广应用，以合作伙伴为代表，创造了航空工业有价值的产业链，开创了金属切削加工链中重要阶段。对照我国机床工具行业产学研合作现状，该欧洲产业创新网络的成功经验值得我国同行思考。

4.“蓝领技能”专题展览具有新意

EMO2011举办了“蓝领技能”专题展览，展览面积达到1 000m^2，德玛吉、西门子、通快、博世力士乐等29家著名机床工具企业设蓝领技能展台，有的展台现场演示机床操作。展会邀请各国5 000多名师生参观和实践，表明作为先进制造的强势职业，为吸引大学生就业机床工具行业提供先导性咨询，展览取得了很好效果。据考察的德国企业介绍，在政府支持下，德国企业都附属职工技校，为本企业和社会培养高技能蓝领工人。蓝领工人培训十分重要，机床强国必须与有相应技能蓝领工人作基础，德国政府的做法值得我国政府和业界借鉴。

〔撰稿人：中国机床工具工业协会符祚钢、李雷、杜智强、谢赟、张菁、徐尚文、邵钦作〕

科技造福人类　创新引领未来

——CIMT2011“以科技创新迎接后危机时代”高层国际论坛

2011年4月10日，由中国机床工具工业协会举办的CIMT2011“以科技创新迎接后危机时代”高层国际论坛在北京中国国际展览中心（顺义新馆）隆重召开。来自机床工具行业的企业家、专家、学者和技术人员等260多名代表到会。论坛由中国机床工具工业协会执行副理事长耿良志主持。

中国机床工具工业协会常务副理事长吴柏林首先致辞。工业和信息化部装备工业司张相木司长和7位全球机床业界领军人物和知名企业家代表，分别围绕后危机时代机床行业的科技创新这一主题，以及新形势下的技术和产品需求、工厂自动化技术等业界关心的热门话题发表了自己的看法。

一、调整产业结构和产品结构，以科技创新打造竞争优势

吴柏林客观分析了行业近年的发展形势。他指出：2010年以来世界经济缓慢复苏，全球机床工具业正在逐步走出低谷，中国机床工具行业更是连续10年实现了大幅增长，并连续两年实现了机床产销量的世界第一。2011年全球经济将进一步摆脱危机影响，迎来又一次经济上升周期。他认为，金融危机给人类带来许多深刻的教益，其中重要的一条，就是要以科技创新促进人类社会的和谐以及人与自然的和谐，实现可持续发展。可以想见，危机过后世界经济将发生深刻的变化，一个以科技创新为支撑，以低碳经济为主导的现代文明时代即将到来。

对于中国机床工具行业所面临的挑战，吴柏林指出，中国机床工具行业当务之急，是应下大力气调整产业结构和产品结构，转变经济增长方式，以科技创新打造竞争优势，突破机床产业大而不强的困局。

二、加快产品结构调整，打造自主创新体系

美国机械制造技术协会会长武德在题为“中美两国相互学习，共同促进制造经济”的演讲中，主要从教育、创新和全球化三个方面探讨了在如何推动制造业技术创新方面的一些切身体会。

武德谈到，制造业要有未来，重视教育也许是上上之策。他认为，中国在发展职业学校和理工科课程设置方面值得褒奖，但是在把教育成绩转化为创新能力和商业成就等某些关键因素上，中国则可以向美国学习；自由思考、公开交流、注重实用的美国文化精髓也许值得中国在发展自己的创新文化时借鉴。武德客观评价了中美双方在创新领域方面的主要工作以及双方的传统优势，高度赞扬了中国在提升自主创新能力方面所取得的成效。他指出，两国各自的优势能让双方在全球的舞台上参与竞争，但是在良性竞争的基础上进行合作，让双方都能在竞争中获得更好的结果。

对于全球化的理解，武德认为，美国的机床制造企业必须立足于全球，跟着用户的脚步，通过合资等各种各样的渠道在其他国家发展，否则就没有成长的空间；市场趋势和市场本身将日新月异，能与时俱进的企业就能领先于别人；随着今天的发展中国家变成明日的世界制造源头和消费市场，必须准备面对面地迎接挑战和机遇。

三、以解决方案的创新来替代传统的创新模式

吉特迈集团董事会成员托斯滕·施密特博士演讲的题目是：创新的机床不足以让我们的客户应对新的挑战？托斯滕·施密特从次贷危机的影响谈起。他指出，变化无常的世界是次贷危机给人们的教训，制造企业（不仅仅局限于机床行业）应该为一些根本性的变革做好准备，未雨绸缪。他认为，在机床行业遭受了破坏性最强之一的惨烈下滑之后的迅速复苏，让人们看到贯穿整个机床业务（以及该行业之外）的制造企业正面临着波动性越来越强的经济发展模式。为此，施密特博士认为，制造企业将其创新能力配置在以技术为驱动的已有产品的研发上的传统创新模式已难以适应新形势，需要转向于高水平解决方案这一创新模式。

在报告中，施密特博士从解决方案的重要性、过程链方案、生命周期方案等几方面阐述了解决方案创新的重要性和必然性。

四、后危机时代的科技创新

日本机床工业协会技术委员长花木以“后危机时代的科技创新”为题，谈到了未来机床行业的发展方向。花木首先分析了后危机时代世界机床行业的发展格局，强调了以中国为代表的新兴市场国家市场的重要性。他指出，人口问题、高度信息化的发展以及机床客户需求的突飞猛进，要求机床厂家必须迎合这一时代的需求；后危机时代的机床，正在从传统的加工为主的机床转变成为客户提高全球竞争力提供有效手段的机床，同时这不仅仅是简单的生产手段，而必须内含充分利用科技的独有技术。

花木最后指出，后危机时代为了满足全球市场需求，必须要有全新的解决方案。这一解决方案不是停留在提高5%或10%的生产效率上，而是需要提高1.5倍或2倍的创新解决方案。因此企业要始终如一地熟知加工现场的课题，开发独到的解决方案，而这一独到的解决方案的基础就是科学技术。

五、无人化运转——当今制造业成功的关键

如今，加工制造企业正面临着从大批量生产向多品种小批量的转化，加之成本，特别是劳动力成本的上涨，高素质技能人员的不足的多重挑战，如何应对这种严峻的环境，山崎马扎克株式会社专务取缔役、营业本部长山崎高嗣在题为“无人化运转——当今制造业成功的关键”的报告中给出了自己的答案。

他用图表详细列举了自动化生产系统与传统加工生产系统在生产效率、人员配备等多方面情况对比；展示了自动化生产系统在综合成本方面、实现柔性灵活的生产方面所表现出来的优势；介绍了山崎马扎克公司在日本和中国的自动化工厂的运行情况。据了解，从1981年建立首座无人化工厂到2010年为止，山崎马扎克公司已经推出了2 000多套无人化系统，能够实现夜间完全的无人化生产。宁夏小巨人机床有限公司的无人化主轴生产车间的加工演示给代表们留下了深刻的印象。

山崎高嗣最后讲到，为了能在这种严峻的环境中实现柔性灵活的生产，基于先进机械设备的自动化生产系统将成为其关键。

六、以科技创新迎接新时代的繁荣和发展

针对机床行业未来的机遇与挑战，结合公司的多年实践，陕西秦川机床工具集团有限公司董事长龙兴元从形势分析、应对策略等方面作了题为“谋事、布局、突破，靠科技创新推动转型升级”的主题报告。

据龙兴元介绍，多年来，陕西秦川机床工具集团有限公司瞄准机床市场发展方向，积极布局，在组织架构上，通过不断重组、优化机床工具行业的制造和科技资源配置，整合了在磨削、拉削、复杂刀具等领域的制造和科技资源优势。在技术分类上，通过产学研，建立基础技术研究的专业队伍和部门，吸引和聚集众领域的专家集中研发，开展不同学科、不同技术之间的跨界整合，并利用自己庞大的销售网络迅速地将研发成果推向市场，从而形成科研、技术、市场高度关联的创新生态。同时，公司以承接国家重大专项为抓手，快速实现突破，进一步快速提升了自己的发展能力。

人才资源是第一资源。最后，龙兴元从立足于内部培养、建立国际化研发平台、“产学研用”等三个方面谈到了公司在形成科技“人才高地”的成功经验。

七、让中国装备制造企业在全球崛起

齐齐哈尔二机床（集团）有限责任公司总工程师程凤兰代曲波董事长作了题为“科技创新是中国装备制造业参与国际化竞争的重要支撑”的主题报告。她特别强调，科技创新是企业参与国际竞争的必由之路。

程凤兰总结了公司科技兴企的转型发展的成功经验，阐述了科技创新的必要性和迫切性，客观分析了“十二五”期间机床行业的形势。最后，详细描绘了公司科技创新工作要重点实施的四大战略，即高端产品发展战略、国际化发展战略、提升装备发展战略和人才发展战略。

八、制造也是一种服务

上银科技股份有限公司董事长卓永财的演讲题目是“台湾机床在后危机时代的创新”。他结合自身感受，谈了对于后危机时代中国台湾机床行业创新问题的一些理性思考。

他讲到，2008年9月15日华尔街 Lehman Brothers 倒闭，引发了全球史无前例的经济大恐慌。虽然各国受影响的程度不同，但中国台湾的海岛型经济主要靠着外销为生，这波空前的打击，在震撼之余也让企业重新思考未来。中国人是勤奋的，“埋头苦干”一直是中国人的美德，但是，一直以 OEM 作为经营的模式，制造不是目的，制造是为了满足人类的需求，因此，制造也是一种服务，而服务就可以带来创新的机会。

此外，卓永财对于高素质年轻人才的渴望也溢于言表。他表示，为吸引高素质的青年人加入机床工具行业，上银科技股份有限公司2011年和国内有关行业学会组织一道，开展优秀论文评选活动，并重奖获奖者，以吸引更多有才华的青年人投身到机床工具行业。

历史经验证明，每次大的危机过后，社会经济发展模式总会面临新的变革。以科技创新应对后危机时代的挑战正在成为机床制造企业的共识。可以预见，随着市场竞争的加剧，关注客户需求，为客户提供量身定做的解决方案将成为企业制胜的利器。制造是一种服务，而服务带来创新的机会，以科技创新来提升企业服务能力，必将推动机床行业持续健康发展。

〔撰稿人：中国机床工具工业协会张芳丽〕

第十二届中国国际机床展览会（CIMT2011）五大看点

第十二届中国国际机床展览会（CIMT2011）于2011年4月11~16日在北京隆重举行。这是后金融危机时期在我国举办的一次大型国际机床展会，总计有28个国家和地区的1 400余家机床制造商踊跃参展，国际知名机床制造厂商悉数到场，涵盖主机、功能部件、数控系统、机床电器以及量具、刃具、附件等机床主要展品达数万件，展区面积达到12万 m^2，创 CIMT 展会的历史纪录。

这次展会既是世界机床制造业最新最高技术成果的展

示，也是世界机床制造业积极应对世界金融危机的冲击和影响的一次重要活动，同时又是世界机床制造业面对世界经济社会的最新发展需求，努力转变发展方式、大力推进产业和产品结构调整并取得重大成果的展示。展会使广大观众现场领略了世界机床工业发展的最新水平，感受到国际顶级机床展的魅力和风采。本届展会的展品特色和看点主要体现在以下五个方面。

一、转变理念，提供全面解决方案

本届展会有多家国内企业的多条柔性生产线亮相，其中服务于汽车领域主要零件的柔性生产线，实现了零的突破。从单机向柔性生产线和全面解决方案发展，从以产品为中心向以客户为中心并当好用户总工艺师理念转变，凸显我国机床制造业在集成技术上得到大幅提升，营销服务理念方面正在发生深刻而巨大的变化。例如，大连机床集团有限责任公司的 DKX057 发动机生产线、DKX058 发动机缸盖生产线、DXQZ 发动机曲轴生产线、DXHS - 0001 活塞生产线，北京第一机床厂的汽车制动盘生产线，沈阳机床(集团)有限责任公司的新 CAK 生产线，沈机集团昆明机床股份有限公司的箱体类零件生产线，江苏省徐州锻压机床厂集团有限公司的 JH21(25 - 400)高性能压力机自动成型生产线，扬州锻压机床股份有限公司的 J76 系列闭式双点数控高速精密压力机生产线等。

二、研制精品，提升品牌内涵

本届展会精品荟萃，是行业企业多年倾心打造、精心培育成果的集中展现，同时又是我国机床行业在技术、管理、运营机制以及劳动者素质等诸多方面得到大幅提升的综合反映。经过多年发展，机床产品有了质的飞跃，高端产品比重不断增加，数控化率连年增长，以精密、高性能和可靠经久耐用为主要目标的品牌战略，为传统品牌概念注入并提升了与时俱进的新内涵，成为新形势下机床行业未来发展的重要内生动力之一。精密，作为机床本质属性之一，在诸多展品中得到了充分展示，微米、亚微米甚至纳米级精度的机床正越来越多地走进观众的视线。最具代表性的展品有北京机床研究所的 NANO - TM500 超精密纳米级精度车铣复合加工机床和 ASPM50 超精密非球面加工机床、大连机床(集团)有限责任公司的 DLM12X600 精密数控车床，以及其他多种多台以高速、复合、五面、五轴联动及柔性等为主要特征的高性能精品机床。高速机床的典型展品有武汉奔腾楚天激光设备有限公司的 PLUS 3015 高速激光切割机、济南二机床集团有限公司的 XHSV2525 ×60 高架式五轴联动龙门加工中心等。复合机床展品有 50 余台，如沈阳机床(集团)有限责任公司的 VTM35014g 立式车铣磨复合加工中心，上海电气股份机床集团上海机床厂有限公司的 H405 - BE 轴套类精密复合数控磨床等。具有五轴联动功能的机床展品有 80 余台(套)，如济南二机床集团有限公司的 XHSV2525 ×60 高架式五轴联动龙门加工中心，大连机床(集团)有限责任公司的 VHT 系列五轴联动立式车铣复合加工中心，以及北京机电院的 XKH800 五轴叶片加工中心和 XKR32F 五轴叶轮加工中心等。

三、自主创新，转变发展方式

本届展会新品纷呈，琳琅满目，为展会带来无限新意和活力，也使广大观众耳目一新，并能对机床行业改革创新焕发的鲜活气息感同身受。机床行业新品研发势头强劲，大量新品充分体现了行业大力转变发展方式，自主创新，加快产品结构调整所取得的丰硕成果。展会上有 300 多种新品属首次展出，代表了机床行业的最新发展成果。新品中有 58 项重大专项成果和 72 项虽未列入重大专项，但其主要技术指标已达到或接近国家重大专项攻关项目的成果，充分说明重大专项工程进展顺利，一批制约我国机床发展的主要技术瓶颈和具有前瞻性的重大技术已经或正在取得突破性进展，“制造大国”向“制造强国”的转变正在从梦想走向现实。具有代表性的展品是重庆机床(集团)有限责任公司的 Y31320CNC6 大型数控滚齿机和 Y4232CNC5 五轴数控剃齿机，湖南中大创远数控装备有限公司的 YK2260 全数控螺旋锥齿轮铣齿机和 YK2060 全数控螺旋锥齿轮磨齿机，南京二机齿轮机床有限公司的 YW5120CNC 高速万能数控插齿机，南通科技投资集团股份有限公司的 5DMCH63 五轴联动卧式加工中心、5DGBC50 五轴联动立式加工中心，沈阳高精数控技术有限公司的基于国产“龙芯”CPU 芯片的 GJ - 401/GJ - 310/NC - 110/GJ - 402 数控系统和伺服驱动。这些新品中有许多是国民经济建设和国防建设重大工程项目急需的重大装备，并实现了“首台套”销售，机床作为国家基础装备的地位和作用得到进一步验证和发挥。

四、节能减排，深化绿色制造

本届展会众多展品采用多种节能减排技术，向观众诠释和倡导低碳的含义和绿色制造方式。传统思维和生产模式正在经历深刻的变革，越来越多的机床制造企业已经肩负起低碳方式赋予的社会道义和责任，步入边治理边发展的科学发展之路，一场绿色产业革命正在机床行业蔚然兴起。归纳起来，这些展品通过 4 种技术措施实现绿色制造。一是通过技术创新实现低碳。如大连光洋科技工程有限公司研制的 GDPS 系列数控智能电源采用三相全桥受控整流/逆变专利技术，在改善供电质量和提升控制质量的同时，实现了高功率因数和能量回馈，在数控机床节能方面实现平均节电 25% 的新突破。秦川机床集团有限公司自行研制的静电吸雾装置，对油雾的处理效果较传统过滤式装置有很大提高，有效率达到 96% 以上，排出的空气基本达到洁净程度，并且回收后的油雾粒子得到重复循环使用。二是通过创新加工工艺实现低碳。如重庆机床(集团)有限责任公司研发的 YS3126CNC - CD 数控高速干切滚齿机以及宜昌长机科技有限责任公司 YK83160 数控铣齿机，在保证高效、高质量、高刀具耐用度以及高工作可靠性的同时，又因不需要切削液的绿色环保特点而受到众多用户的青睐。三是通过创新结构减少用材实现低碳。如天津市津机磨床有限公司的 MGK7363 数控高精度卧轴圆台平面磨床以及重庆机床(集团)有限责任公司的 Y31320CNC6 大型数控滚齿机主要结构件采用双层壁的框架结构，通过采用先进的分析理论和计算技术，精心合理安排机械结构，用最少的材料获取最好的刚度。四是油水自动回收分离、粉尘收集回收、自润滑材料应用、少油润滑等技术措施，减少排放，降低对环境的影响。

五、智能制造，推进新兴产业

本届展会众多展品采用了智能化技术，是本届展会的另一特色。我国的机床制造在经历了手动、机电液自动化、数字控制发展阶段之后，正在攀越新的高峰，正在向更高层次的信息控制的智能化方向发展。智能机床的研发和广泛应用，必将促进我国新兴产业快速、健康和可持续发展，并引领未来制造业的深刻变革。例如，沈阳机床(集团)有限责任公司的VMC25100u立式加工中心，具有自适应控制功能，通过检测主轴负载信息，运用内部专家系统进行分析处理，实时确定最佳进给速率，大幅提高了生产效率。沈阳机床(集团)有限责任公司的HTM40100h车铣加工中心、HTC2550hs高速车削中心以及东风汽车有限公司设备制造厂的DH500Ⅰ高速卧式加工中心具有主轴轴向尺寸温升自动补偿功能。另外，沈阳机床(集团)有限责任公司的GMC2590u桥式五轴加工中心和HTM40100h车铣加工中心以及东风汽车有限公司设备制造厂的DH500Ⅰ高速卧式加工中心，具有主轴防碰撞功能，利用传感器在零件周围设置临界区，发现危险后自动实现碰撞规避。北京第一机床厂的BHBM200落地镗床具有滑枕及镗杆悬伸挠度自动偏差补偿功能；湖南中大创远数控装备有限公司的YK2060全数控螺旋锥齿轮磨齿机利用自主开发的误差反调技术，具有自动在线检测和精度判别功能；无锡光洋机床有限公司的HD3数控卧式双端面磨床具有在线自动不合格零件检测和剔除功能；重庆机床(集团)有限责任公司的Y4232CNC5五轴数控剃齿机具有根据齿形加工结果自动补偿功能；深圳市大族激光科技股份有限公司的G3015F光纤激光切割机具有内置专家数据库。此外，刀具寿命管理、故障自诊断、刀具自动识别、主轴功率自动监测、润滑自动检测等智能功能得到更为广泛的使用。

总之，为适应我国经济稳步发展的需求，众多新品在CIMT2011展览会竞相展示，国产数控机床及功能部件产品以全新的形象和理念吸引了广大用户的关注。

〔撰稿人：中国机床工具工业协会周敏森〕

第十二届中国国际机床展览会(CIMT2011)圆满成功

中国国际机床展览会由中国机床工具工业协会主办，自1989年创办，已成功举办了12届，第十二届中国国际机床展览会(CIMT2011)更是取得了空前的成功。汇聚了来自全球业界28个国家和地区的1 400多家厂商，知名企业悉数参展；占用了中国国际展览中心(新馆)全部8个展馆和1个临时馆，展出面积达12万m^2。无论展会规模、展商数量、观众人数、展品数量和水平、展会成交额，还是受到国家领导人及社会各界的关注程度，都创造了历届CIMT展会和全国同类展会之最。

一、CIMT2011展会背景及特点

1. 体现世界经济开始复苏，中国机床工具行业平稳快速发展

2010年，世界经济在经历了2008～2009年的金融危机之后，终于出现了复苏迹象。2011年，全球经济呈现缓慢增长态势，我国在全球经济复苏中担当着重要角色。中国机床工具行业在科技创新、产品开发和产品结构调整方面都取得了明显进步，产业结构调整取得初步成效。自主创新成果及其产业化满足了国家重点领域用户急需，在国民经济发展中起到了关键作用。危机过后，世界经济环境发生着巨大而深刻的变化，这些变革的迹象，都在CIMT2011展会上有所体现。

2. 透视行业发展趋势和用户领域最新需求

2011年，是我国"十二五"规划的开局之年。"十二五"时期，我国国民经济各领域都要以贯彻科学发展观为主题，以加快转变经济发展方式为主线，进行深入的技术创新和发展方式变革。航空、航天、船舶、电力、能源、汽车、轨道交通、高速铁路和国防军工等用户领域，都将进行大范围和深层次的结构调整，对机床工具产品在精度、效率、可靠性和节能环保等方面也将提出更新、更高的要求，对高档数控机床将有更大量和更迫切的需求。在此背景下举办的CIMT2011展会带有鲜明的时代特色和重要的发展任务，对全行业转方式、调结构必将起到重要的促进作用，从而更好地满足今后国民经济发展的需求。

3. 预示全球工业发展方向，为后危机时代工业经济的重新洗牌提供线索和依据

在全球经济缓慢复苏、全球业界以积极姿态和全新面貌迎接后危机时代的背景下，CIMT2011展会主题确定为"以科技创新迎接后危机时代"。通过产品展示和各项活动，突出全球业界在金融危机中的深刻思考和重要变革，强调科技创新在行业进步和经济发展中的重要地位和作用，从而促进国民经济各领域转方式、调结构的进程。此次展会举办的众多活动，综合透彻地反映了机床行业的发展现

状和前景。

4. CIMT2011 展会多项指标创历届展会之最

CIMT2011 展会创造了 CIMT 历史上多个最佳纪录，而成为最好的一届。

（1）展览规模为历届最大。使用中国国际展览中心（新馆）全部 8 个展馆和 1 个临时馆，占地面积 12 万 m^2，比上届增加了 20%。共 1 406 家展商参展，境内外知名厂家悉数到场，是上届 1 200 家的 117%。其中，境内参展商 758 家，境外参展商 648 家。

（2）成交额为历届最高。境内展商成交额达 22.6 亿元，比上届增长 67.3%。

（3）人气为历届最旺。参观人数达到 30.6 万人次，首次跃上 30 万人大关，比历史最高的上届 26.5 万人次增长了 15.2%。观众如潮，摩肩接踵，为国内专业技术类展会所少见。

（4）贵宾阵容为历届最强。出席开幕式、晚宴、国际论坛等展会活动的各级政府领导、各国使节和官员、各国各地区行业首脑、境内外业内知名人士为历届最多。

（5）参展产品为历届最多。共展出各类机床、柔性生产线和大型量仪 1 140 台（套）。其中，国产机床 641 台（套），配置国产数控系统的有 124 台。展会上共展出五轴联动机床 95 台，其中国产 43 台，配置国产数控系统 13 台。

（6）展品技术水平为历届最高。境内厂家突出展示了重大专项成果和大批新产品，境外厂家大多带来了其最新研发的产品和技术，很多展品为全球首发。

二、CIMT2011 受到社会各界高度关注

中共中央领导、国务院各有关部委和北京市等地方政府领导十分关注中国国际机床展览会。2011 年 4 月 13 日，张德江副总理专场视察了本届展会。他向协会领导详细询问了展会情况和机床行业经济运行情况，对该届展会组织工作给予了很高的评价，并对协会在推动行业进步、发展方式转变和科技自主创新方面所做的工作和取得的成绩予以充分肯定。国务院副秘书长肖亚庆，工业和信息化部苗圩部长、苏波副部长，科学技术部曹健林副部长，财政部廖晓军副部长陪同视察。

中共中央委员、中国工程院院长周济，工业和信息化部副部长苏波出席了展会开幕式。国家发展和改革委员会副主任、国家能源局局长刘铁男，工业和信息化部副部长苏波，国家国防科技工业局副局长王毅韧出席了军工能源系统国产数控机床座谈会。北京市副市长苟仲文出席开幕式并致辞。开幕式和招待晚宴邀请到了 20 多个省市的领导出席。展会期间又有很多地方政府领导前来考察，参加所在地企业的各种活动。

新闻媒体对该届机床盛会投入了极大的关注，先后有新华社、中央电视台、北京电视台、《人民日报》、《经济日报》、央视网、新浪网及搜狐网等众多媒体来展会采访并做报道，从而使更多的用户领域了解机床工具行业的最近发展。

三、CIMT2011 展会展品亮点

本届展会汇集了世界数控机床和先进制造技术的最新成果，集中展示了近年来我国机床产业自主创新的最新产品，在高速、高精、智能、复合、环保等五大先进技术领域又向前迈进了一大步。

归纳起来，参展展品集中呈现五大亮点：一是提供全面解决方案的成套设备多。展会上多家境内企业共展出了十几条柔性生产线。从单机向柔性生产线和全面解决方案发展，从以产品为中心向以客户为中心发展，从供应商向当好用户总工艺师理念转变，在营销服务理念方面发生深刻而巨大的变化。二是以精密、高速为特征的高档产品多。展会上展出了多台微米、亚微米甚至纳米级精度的机床和高速机床。三是很多厂家展出多轴机床、复合机床。这是机床技术发展方向之一，展会共展出国产五轴联动功能的机床 48 台（套）。四是节能减排、绿色制造技术的应用初见成效。大量展品通过技术创新、工艺创新、结构创新等方式达到节能减排、绿色环保的效果。五是多项国产机床展品采用了故障自我诊断、悬伸挠度及温升自动补偿、自动防止碰撞等智能技术。

四、CIMT2011 展会重要活动

CIMT2011 围绕“以科技创新迎接后危机时代”的主题，组织了大量异彩纷呈的国际交流和行业活动，起到了深化主题、提升品位、聚拢人气、扩大影响的作用。

（1）由工业和信息化部主办的科技重大专项成果展示，以机床实物和图片相呼应的形式，介绍了科技重大专项的实施情况和已有成果。共展示了 43 家企业的 12 类 101 个项目，涉及机床 55 台、数控系统 11 项、功能部件 14 项、工量具 5 项以及基础共性技术 13 项。有 75 项展品实物悬挂了“重大专项研制成果”和“重大专项研制任务”标识。这些参展产品遍及 4 个境内展馆，在展会上引人注目。

（2）4 月 10 日举办了“以科技创新迎接后危机时代”高层国际论坛。来自美国机械制造技术协会、日本机床工业协会、马扎克公司、德玛吉公司、秦川机床集团有限公司、齐齐哈尔二机床（集团）有限责任公司、上银科技股份有限公司的 7 位全球业界领军人物、知名企业家、业界专家，分别围绕后危机时代机床行业的科技创新这一主题，就新形势下的技术和产品需求、工厂自动化技术等业界关心的热门话题发表了演讲。工业和信息化部张相木司长出席论坛并发表主题演讲。论坛现场气氛热烈，260 余名业界同仁参加了这场高水准的国际专业论坛。

（3）4 月 11 日举行先进会员企业表彰颁奖仪式，对“自主创新十佳企业”“综合经济效益十佳企业”和“精心创品牌活动十佳”等六类先进会员企业进行了表彰。十佳表彰是展会一大品牌活动，旨在为行业树立学习和赶超的标杆，推动行业进步。

（4）4 月 12 日召开了由国家发展和改革委员会、工业和信息化部、国家能源局和国家国防科技工业局联合主办的“2011 年军工行业和能源领域国产数控机床座谈会”。会议通报了近年国产高档数控机床发展动态与供需合作情况，启动了国产数控机床应用长效合作机制。

(5)4月13日在北京天坛旻园举办了各国和各地区机床协会首脑联席会，共有来自17个国家和地区贸促会、机床协会及展览公司的120人参加了活动。商务部支陆逊副司长出席会议并讲话，多位与会代表介绍了各自国家或地区机床行业的情况，并对2011年的经济形势进行了展望。

(6)4月14日成功召开了海外并购企业座谈会，商务部对外投资和经济合作司商务参赞陈林出席会议并发表了讲话。14家机床行业海外并购企业的负责人出席会议并一一发言，介绍了本企业并购过程和并购后的运行情况、经验教训及存在问题等。

(7)技术讲座活动十分活跃。共有境内外70家主讲单位举办了114场技术交流讲座，听众人数达6 100人次。讲座单位数比上届增长16.7%，场次增长40.7%，听众增长22%。讲座企业和场次数量均创历届之最。

CIMT2011展会给全球机床业界留下了深刻印象，展会的众多成果将在今后制造业发展中发挥重要作用。中国机床工具行业将按照"十二五"规划要求，进一步转方式、调结构，提高创新水平，提升核心竞争力，为国民经济平稳较快发展做出应有的贡献。

〔撰稿人：中国机床工具工业协会张芳丽〕

CIMT2011释出了哪些机床工业发展的重要信息

随着世界经济的缓慢复苏，2010年，世界机床工业也呈现了全面恢复的势头。急于寻找市场的各国机床制造企业，把目光投向市场容量最大、最活跃的中国机床市场。

由中国机床工具工业协会主办的第12届中国国际机床展览会(CIMT2011)于2011年4月16日成功落幕，有来自28个国家和地区的1400多家厂商踊跃参展。在12万m^2的展览面积上，各国参展商都竞相展示他们最新开发的新产品和新技术，有些还是首次在我国展出，展品性能和技术含量明显提高。参观展览的观众也十分踊跃，商贸洽谈和信息交流都很活跃。展会规模之大和参展商数量之多以及展品技术水平之高，均创历届CIMT展之最。

CIMT2011举办于我国"十二五"规划开局之年，时机很好。国家"十二五"规划已启动实施，按照"转方式、调结构、促发展"等规划精神，业界正在考虑和关注我国机床工业向何处发展和如何发展的问题。而作为世界机床技术发展风向标的这届CIMT2011展览会，荟萃了国内、外机床技术发展的最新成果，带来了很多世界机床工业发展的信息。

1. 节能环保型机床发展势头强劲，绿色制造是大势所趋

节能环保是现在各国都很关心的问题，欧洲、美国、日本和我国都有相应的绿色环保规划要求，机床行业也不例外。

在CIMT2011展会上，展出了许多高能效的节能环保型机床。如日本森精机公司在2010年JIMTOF2010展会上重点推出的用于替代N系列4个主力机型的X级机床(NLX、NVX、NHX、NTX)首次集体亮相CIMT2011。这种X级机床就是结构更紧凑的节能环保型机床。为了节省能源和资源，对原有的N系列的4个主力机型的机床结构分别进行了重新设计，并在尽可能保留DCG驱动优点的前提下，重新设计了驱动轴的位置，使驱动轴尽可能靠近运动部件的重心，从而变双驱动为单驱动，这样一个直线坐标就省去1台伺服驱动电动机；在NHX系列机床上配用新开发的链式直接交换式刀库，又可省去ATC刀柄驱动用伺服电动机；还有，使运动部件轻量化，在液压装置上安装蓄能器，并采用LED照明等。通过这些措施，最终使X级机床节能30%～40%，占地减少20%，润滑油消耗节省约15%，节能环保性能非常突出。

日本牧野公司展出的J3系列小型高速加工中心具有高速度和高加速度性能，非切削时间减少40%，循环时间缩短20%，因结构紧凑而节省空间45%。随着加工时间的缩短以及采取自动切断电源和集中供应冷却液等节电措施，可减少CO_2排放22%，所以环保性能也大有改善。

日本马扎克公司也积极推动节能环保型机床的研发，如在机床的生产工序中采取节能、节省资源等措施；在产品开发中，考虑使用可重复利用的材料及采取相应的技术措施开发节省能源的新机型和新功能等。如配有6项智能功能的INTEGREX i－150和配备了5项智能功能的INTEGREX j系列复合加工机床。用MAZATROL CNC装置可进行对话式编程，从准备到加工完成整个生产过程的时间可缩短约82%，成效非常可观。

沈阳机床(集团)有限责任公司按节能环保理念自主开发的新HTC系列、新HMC系列、新VMC系列、新ETC系列和新AH/AF系列等新5类产品都具有国际先进水平，也是更新换代产品。这些新一代高效复合机床的加工效率和节能环保等技术性能都有提高，也是环保型产品，如HTC2050i新型车削中心就实现了高效节能，在同等切削条件下可省电2.5kW·h。

大连光洋科技工程有限公司自主研制的GDPS系列数控智能电源也是首次展出的"十一五"成果，采用三相全桥受控整流和逆变专利技术，在改善供电质量和控制质量的

同时，实现了高功率因素和能量回馈，提高了电能利用率，可使数控机床节能25%，这是一项很有环保意义的创新成果。

其实，一些世界机床制造强国早就有所动作，如2007年欧洲国际机床展（EMO2007）期间，在他们举办的技术讲座中，有一个内容就是关于降低机床能耗问题，提出要制定标准来限定机床的空载功率。这是欧盟要用技术标准限制高能耗机床进入欧盟的信号。这事关我国机床出口，所以当年在《WMEM》杂志上通报了这一信息。现在，机床的能效问题已受到普遍重视，并纷纷研究和落实提高机床能效的各种措施。如从切削刀具入手来提高机床的加工能效，即为高能效和省资源的加工过程开发刀具和工艺。2010年德国还专门召开了会议来讨论提高资源利用效率的生产技术问题。希望促成用户和设备制造商共同来关注和解决生产能效问题。德国不仅认识到机床能效问题的重要性，而且进行具体的研究，在斯图加特的AMB 2010展会上就有一批高能效机床展出。

节能环保型机床发展势头强劲，绿色制造是大势所趋，这是今后机床技术发展的一大趋势，我国机床行业必须尽快跟上。

2. 多工艺完全加工机床发展迅速，渐成主要发展机种

机械零件由于结构不同，加工的复杂程度也不同。有些零件的全部加工只要车削和铣削就够了，而另一些零件除一般车、铣加工外，还需经过制齿、磨削甚至热处理、辊压等多种不同工艺的加工才能完成。在一台机床上一次装卡进行多工艺完全加工能为用户带来提高加工效率、降低零件加工成本和提高加工精度等好处，所以，这种多工艺完全加工机床一经问世，就很受用户欢迎，发展迅速。现在，国外一些机床制造商都把机床能实现多工艺完全加工功能作为卖点之一而大力宣传。

在CIMT2011展会上，日本马扎克公司展出了多台能实现一台机床一次装卡完成全部加工（DONE IN ONE）的紧凑型机床，如配有6项智能功能的INTEGREX i－150和配备了5项智能功能的INTEGREX j系列复合加工机床都具有完全加工功能。日本牧野公司展出的机内装有机器人的J3i加工中心，工件的自动装、卸以及清洗、去毛刺等工序均有机器人完成，是真正实现了一台机床完成全套加工（ALL－IN－ONE）的生产系统。森精机的X级机床和DMG展出的多台新机床都声称具有完全加工功能。沈阳机床（集团）有限责任公司也展出了1台集车、铣、磨、淬火于一体的VTM 350140lg大型车－铣复合中心，这也是一台真正意义上的多工艺完全加工机床，可实现对大型零件整体复合加工。

反观EMO 2009展会，日本大隈等公司的展出重点是完全加工，日本森精机公司展出的铣－车加工中心聚焦于完全加工。德国AMB2010展会的主题就是完全加工和柔性自动化。在这个展会主题下，有一批完全加工机床登场，如Winema公司展出了刚改进的用于完全加工的多工位机床RV20，MAG展出了一台带滚铣单元、可用于齿轮完全加工VDM1000H型立式加工中心等。

《WB》杂志近年来报道多工艺完全加工机床的文章很多，涉及的机床种类也较广。凡加工效率高、精度好、技术先进的新机床，无论是立式、卧式加工中心，还是数控磨床、齿轮加工机床等，几乎都可以具有完全加工的功能。在中、高端机床领域，开发具有多工艺完全加工功能的机床是国外机床制造企业竞相发展的主要机床品种。现在，我国也已经有了良好开端，发展具有多工艺完全加工功能的高端机床，我国也绝不能滞后。

3. 机床结构设计模块化趋势明显，发展前景看好

随着技术的快速发展，产品的生命周期越来越短，许多机床用户希望，当需要加工的零件发生变化时，旧机床稍加改装就能适应不同零件的加工，这样既节省用户的投资，又减少了资源浪费，还符合环保要求，一举多得。这就是机床可重构问题的由来。德国卡斯鲁尔研究中心在进行可重构机床的实用性研究中，就是对机床主机和配套的功能部件进行模块化划分，并统一相应接口的标准，使整套机床模块或坐标轴能实现互换。这样就能按零件特点，用相应的功能模块构建最适合零件加工需要的机床，使通用机床具有专机那样的加工效率和加工质量，大大扩展了多工艺完全加工机床的适应能力，深得用户欢迎。

在CIMT2011展会上，模块化结构的机床也显现了发展势头。日本马扎克公司首次展出1条由1台精密卧式加加中心和1条有6个托盘的物流传输线构成的可长期实现无人化加工的加工单元e－BOT CELL，通过先进的模块化的PALLETECH单元系统，可以随生产量的变化简单而灵活地配置最符合用户需求的柔性加工系统（FMS）。机床可以不停机地连续工作720h，可对多个品种的工件进行加工。沈阳机床（集团）有限责任公司展出的GTC系列大型数控立式车床，就采用了模块化结构设计。观众对这些展品都很感兴趣。

近年来，国外关于模块化的完全加工机床的报道很多，展会上也出现了越来越多的模块化的机床展品，如在METAV2010展会上，德国Pittler公司展出一台模块化机床，可实现全部加工。德国Pittler T&S公司对所有结构系列的机床都进行模块化设计。这些结构系列的机床有丰富的组合部件模块，可为用户提供由用户确定的个性化的机床。瑞士雷斯豪尔（Reishauer）公司开发新一代齿轮磨床RZ260蜗杆砂轮磨齿机时，为了能最大限度地适合用户企业的条件，考虑采用了模块化的机床方案。为此开发了很多任选部件，以优化机床配置。还有一些著名的机床制造商都推出了柔性的模块化机床产品。德国斯来福临集团的美格勒（Maegerle）公司把大型磨削中心开发成模块化机床，有许多模块化功能部件单元，能向市场提供符合用户个性化需求的专用机床而又不增加多少成本。这种兼具完全加工功能又是模块化结构的机床，颇受用户青睐，而且更符合绿色制造的理念。因此，模块化机床今后的发展前景看好。我国有设计和生产组合机床的经验，发展模块化结构的机床是

有基础的。

4. 服务已成为市场竞争的焦点之一,营销方式在变

当前,机床生产厂家为机床用户服务的理念普遍加强,营销模式都在变,即由过去单纯的产品销售改为服务、销售一体化,特别强调了服务意识。除销售本厂产品、做好用户培训外,必要时还能为用户考虑加工工艺流程,帮助用户用好机床。此外,还能成套地承包生产工程。也就是说,可以根据用户的具体加工任务需要,为用户选配包括本厂产品在内的各种设备,向用户提供成套生产系统。这种自觉为用户着想的服务和营销方式,深受用户欢迎和好评,已逐渐成市场竞争的焦点之一。我国机床制造企业的营销方式也正在转变之中。

5. 数控技术综合性发展趋势增强,联合研发优势凸现

现在的数控机床是集多学科新技术于一体的产品,所以,单靠一个企业,即使是技术力量雄厚的企业,开发新产品的速度也常常难以适应市场需求的多变、快变。在遭遇国际金融危机侵袭、市场萎缩、资金紧缺的困难时期,为尽快推出新产品以摆脱困境,国外很多企业采取联合或合作方式研发新产品的现象增多。如德国 ELB - Schliff 公司与阿亨工业大学的 WZL 紧密合作开发了一种创新的多工艺机床 MultiTec 8。这种机床加工效率更高,能有效降低生产成本。还有 MAG 公司在 AMB 2010 展会上展出的带滚铣单元的 VDM1000H 型立式车削中心,就是 MAG 和 Samputensili 公司合作开发的第一个成果。在滚铣时,其功能和操作界面用了 Samputensili 的软件,并集成在 CNC 控制软件中,提高了机床的完全加工潜力。再如德国 Pittler 公司开发完全加工机床所需要的控制技术和驱动技术,是与西门子紧密合作,发挥各自技术优势,很快取得成功的。

德国 GFM 测量技术公司有基于光学扫描的 3D 传感器技术,装在刀具上能获取刀具是否锋利或刀刃几何形状等信息。Zoller 公司是专门从事非接触刀具测量和检验的公司。他们在生产过程的测量领域进行合作,把 GFM 的 3D 光学传感器和 Zoller 公司的高精度轴向控制技术相结合,开发了在刀具制造过程中的 3D 数字化测量仪。

国外这样的合作例子还有很多,最典型的是德国德玛吉集团和日本森精机公司的深度融合。这两家企业都是世界著名的机床制造商,技术实力也都比较雄厚。在缺少合同、生产负荷不满的最困难的 2009 年 3 月,为携手应对国际金融危机,双方相互交叉参股,实行了强强联合。合作范围包括生产、采购、研究和开发以及营销和服务,在产品层面上进行了协调和整合,并对国际市场也进行了分工、协调,可以说是全方位的深度合作。

这种取长补短,联合开发新产品成功的例子我国也有。2010 年在沈阳制博会上首次展出的具有世界先进水平的 HMT 50200 型异型石材车铣加工中心就是由沈阳建筑大学与沈阳机床(集团)有限责任公司等多家单位联合攻关完成的。现在,沈阳机床(集团)有限责任公司采用产、学、研、用相结合的方式,组成了由高校、机床配套件企业和用户参加的产品研发团队,也加速了新产品开发速度。这次在 CIMT2011 展会上,沈阳机床(集团)有限责任公司能展出这么多新产品就是合作优势的明证。

此外,从"十一五"科技成果展上也可以看到,我国在"十一五"期间取得的一批重大成果,也都是不同部门、不同地区协同攻关的结果。事实证明,开展协作能有效加速新技术应用和新产品的开发进程。所以,在数控机床科技重大专项立题研究中,早就提倡的产、学、研、用相结合的正确方式,应继续坚持。

6. 新镀层、新结构的刀具发展迅速,加工能效明显提高

在 CIMT2011 展会上,世界主要的刀具制造商肯纳、山特维克、伊斯卡和瓦尔特等公司都展出了一批新的高效刀具。如德国瓦尔特(Walter)公司展出的 Walter Titex 钻头和 Walter Prototyp 丝锥,两者联合应用,可使螺纹加工效率大大提高;展出的虎牌刀具,是按 PVD 镀层法在刀具材料上沉积氧化铝硬镀层,即所谓 PVD - Tiger 刀具,还有用于完全铣削和车削的可转位刀片等。这种刀具和刀片的韧性极好,同时氧化铝镀层硬度高,耐热性好且耐磨,特别适合加工钛合金、铟康镍基(Inconel)合金、钴基合金等耐高温的难加工材料。瓦尔特的标牌为 Ti40 的 VHM 铣刀是加工钛合金的基本刀具。一种新硬质合金基体,新的 AlGrN 镀层和优化的微几何结构,使铣刀的切削率可以接近极限值。

Cemecon 公司用俄罗斯科学家弗拉基米尔·库兹涅佐夫(Vladimir Kouznetsov)开发的 HiPIMS 技术进行镀层的刀具,其镀层质量大有改善。HiPIMS 镀层刀具在提高切削参数、加工镍基合金和各种奥氏体不锈钢等难切削材料时更经济,刀具磨损小得多。HiPIMS 镀层法的机理是,使一种阴极真空喷镀的中间电极材料(施主材料)达到高度电离化,在兆瓦级高能量、大功率脉冲作用下飞向标靶,在靶前形成高密度载流子的等离子区。这个密度超过一般直流溅射的密度。与其他方法相比,溅射靶材料的高度电离作用改进了镀层结构,并因此改善了镀层特性。除了致密的镀层结构外,镀层与基体粘结的牢固度比迄今的 PVD 镀层大 1 倍以上。所制刀具刀刃锋利,能进行断续切削。在铣削钛合金时,性能提高 80%。

可见,从切削刀具入手来提高机床的加工效率,作用很大。所以,国外非常重视刀具技术的发展。如 2010 年 11 月 3 ~4 日,在德国 Schmalkalden 举行了两年一次讨论刀具技术的例会,围绕"刀具技术向何处发展"这个主题发表了 22 篇报告,主要内容有:为高能效和省资源的加工过程开发刀具和工艺,新材料和功能材料的切削加工,集成测量技术以及传感器和执行原件技术的刀具,用于高速切削的刀具新材料及其应用,创新的刀具涂层和刀具结构等。因此,刀具发展加快,高效组合刀具、适合强力切削的耐高温、耐磨损的新涂层刀具、能进行复合铣的行星式铣刀等一大批新刀具问世,使切削效率成倍提高。可是我国刀具技术的发展明显滞后,重主机、轻配套件的现象未根本转变,这应引起我国相关业界关注。我国的刀具技术也须尽快跟上世界发

展潮流才是。

综上所述，在世界机床工业不断发展的过程中出现的这些新变化，应引起我国机床行业的关切。因为，在我国机床工业快速发展的进程中，以上几方面虽都有进展，但还有不少差距，现在提出来，便于对照并更好地了解自己。我国机床工业的发展条件和基础都比较好，只要能做到知己知彼，有针对性地努力缩短差距，机床制造的强国梦就一定能早日实现。

〔撰稿人：沈福金〕

CIMT2011 展览会国产数控机床创新产品介绍

第十二届中国国际机床展览会（CIMT2011）于2011年4月11～16日在北京中国国际展览中心（新馆）成功举办。本届展会汇聚了数控机床和先进制造技术的最新成果，展出面积12万 m^2，参展厂商1 400多家，国际知名机床制造厂商和国内重点机床企业悉数到场。其中，境外展商650多家，境内展商740多家，共展出了1 200多台（套）高水平的机床和大型量仪，数万件机床配套产品。

我国机床工具行业近年来快速发展，尤其是在“高档数控机床与基础制造装备”科技重大专项的拉动下，企业加大了自主创新的力度，并取得了阶段性成果，开发了一批高速、精密、复合、多轴联动数控机床，以及一批大规格、大吨位、重型和超重型数控机床新产品，以满足航空航天、发电、大型船舶、石化、冶金矿山、轨道交通等领域的需求。

本届展会展出国产数控机床980多台，“高档数控机床与基础制造装备”科技重大专项数控机床55台、数控系统11项、功能部件14项、工量具5项，柔性生产线、柔性制造单元10多台（套），五轴联动机床48台，复合加工机床38台，高精度机床160台，高速数控机床110台。首次展出的具有自主产权的新产品300余台。

1. 沈阳机床（集团）有限责任公司展出的VTM350140lg立式车铣磨复合加工中心

VTM350140lg龙门车铣磨复合加工中心，集成了车、铣、磨、激光淬火功能与一身，实现了真正意义上的对大型零件“一次装夹，完全加工”，其复合加工功能满足了客户的多种需求，体现了沈阳机床在高档数控机床产品上为客户提供解决方案的能力与水准。

VTM350140lg龙门车铣磨复合加工中心采用龙门结构，立柱间距3 850mm，床身上最大回转直径3 500mm，车削工作台转速2～150r/min，车削主电动机功率71kW，X轴行程1 800mm。

2. 沈阳机床（集团）有限责任公司展出的VMC850u超声波立式加工中心

VMC850u超声波立式加工中心采用超声波旋转主轴，主要用于硬脆材料（如玻璃、陶瓷石英、二氧化铝等）和软质材料（如碳纤维、石墨、镍铁材料合金等）的精确加工。适用于PCB板、陶瓷基板、手机面板、太阳能玻璃、LED的散热陶瓷基板等的加工。

机床采用高刚性集体结构，立柱固定，X/Y轴水平十字运动，主轴箱垂直运动采用机械重锤平衡，运动灵活平稳。工作台面尺寸1 000mm×500mm，最大载荷600kg，采用超声波振动技工技术，可产生30万r/min主轴转速的加工效果。

3. 沈阳机床（集团）有限责任公司展出的高效智能轮毂加工单元

这套高效智能轮毂加工单元主要由1台双托盘双刀架立式车削中心VTC6664vwh、1台立式加工中心VMC0745d、1套机器人搬运系统等设备组成，实现了整个轮毂加工区的无人化作业，减轻了工人的劳动强度，提高了产品的制造质量。整个加工单元采用轮毂型号自动识别系统、轮毂尺寸自动测量系统、轮毂气门孔加工前识别系统、加工程序自动生成系统和废品自动剔除系统，能够满足客户混流生产需求，改变了轮毂制造的传统方式，可以实现轮毂的全过程自动化、无人化加工，满足了当代汽车工业快速发展的需求。

该高效智能轮毂加工单元可加工轮毂直径 16 ~ 18in，工件最大重量 75kg，生产节拍 120 ~ 180s。

4. 大连机床(集团)有限责任公司展出的 HDBS - 50 高速卧式加工中心

HDBS - 50 高速卧式加工中心具有高精度、高速度、高刚性的特点。机床床身为高规格铸铁整体浇铸，具有很高的刚性，采用重心驱动技术，有效抑制了加工中的机械振动，X、Y、Z 三个坐标丝杠全部采用栅尺技术，有效地控制了机床加工运动过程中的发热变形问题，提高了机床的加工精度。采用电主轴、直线电动机、力矩电动机等直驱技术，具有速度高、加速度大、定位精度高等优点。主轴配有补偿功能，保证了加工精度。

5. 大连机床(集团)有限责任公司展出的 DKX057 发动机缸体柔性生产线、DKX058 发动机缸盖柔性生产线、DXQZ 发动机曲轴加工柔性生产线

DKX057 发动机缸体柔性生产线由 3 台卧式加工中心组成，工件传输采用双桁架机械手，无人化自动加工，主要完成精铣缸体顶面和两端面、精镗缸孔、精镗曲轴孔和精铰定位销孔等经加工工序。该生产线零件的传输采用滚道和桁架机械手并用的方式，实现了生产线的高柔性化和高自动化。生产线年生产 410 发动机缸体 7.5 万件，生产节拍 <3.56min，工序能力指数 CPK 值大于 1.33。

DKX058 发动机缸盖柔性生产线主要由 3 台卧式加工中心组成，工件传输采用双桁架机械手，无人化自动加工，主要完成精铣缸盖底面，精加工进、排气导管及阀座孔，粗、精镗铰凸轮轴孔。该生产线零件的传输采用滚道和桁架机械手并用的方式，实现了生产线的高柔性化和高自动化。生产线年生产 CK14 发动机缸体 15 万件，生产节拍 <1.78min，工序能力指数 CPK 值大于 1.33。

DXQZ 发动机曲轴加工柔性生产线由 6 台设备组成，工件传输采用双桁架机械手，无人化自动加工，主要完成铣削两端面积钻两端中心孔、车拉主轴颈、铣削连杆颈、钻油道孔等的加工。生产线的端面中心孔加工机床、主轴颈加工车 - 车拉机床、连杆颈加工外铣机床、油道孔加工机床、圆角滚压机床、法兰端孔系加工机床全部由大连机床(集团)有限责任公司制造。零件传输采用滚道和桁架机械手并用的方式，实现了生产线的高柔性化和高自动化。

6. 武汉重型机床集团有限公司展出的 WHGS7000 车铣复合加工中心

WHGS 7000 车铣复合加工中心主要服务于船舶、航空航天、能源发电、印刷机械、重型汽车等装备制造行业，适合于加工中高速船用柴油机的曲轴，大型飞机的起落架、发电子转子、汽轮机叶轮、印刷机及重型车辆轮轴等高精度零件的加工，可实现工件一次装夹，全工序的车、铣、锁、钻和磨的复合加工。采用斜床身设计，所有基础件均采用树脂砂造型高强度优质铸铁，经时效处理消除铸造应力。

机床具有五轴联动功能，并能自动更换附件头，自动换刀具，工具自动检测与补偿，是一种全功能型，整体解决零件加工的高效、高精、智能机床。

7. 北京北一数控机床有限责任公司展出的 B1 - ZX001 汽车零件加工生产线

B1 - ZX001 汽车零件加工生产线是北京北一数控机床有限责任公司研制开发的高精度、高效率、高可靠性和高柔性自动化加工机床。主要用于汽车制动盘、制动加工行业使用的生产线，能实现制动盘自动装夹，完成粗车、精车、铣削、钻孔和攻螺纹等在线动平衡检测并自动去重的功能，并采取了多项物流机构上工件位置的可靠性检测手段，实现了工件从毛胚到成品的全自动化加工过程。该生产线由 1 台 HA563 立式复合车削中心、1 台 CDKA513A 数控倒立车床和 1 套自动化物流传送机构串联组成，可以满足当前市

场上流行的大部分刹车盘加工的需求。

8. 秦川机床集团展出的 QMK009 锥齿轮磨齿机

QMK009 锥齿轮磨齿机是针对我国矿山、冶金、建材、电力、石油、船舶和国防等行业主机设备日趋大型化、高精度化的需求而开发的，用于最大磨削工件分度圆直径 2 500mm 以下的硬齿面大型圆锥齿轮，采用创新工艺技术，不仅能实现大型 Gleason 制弧齿锥齿轮的磨削加工，还能磨削 Klingelnberg 制延伸外摆线齿线锥齿轮。该机集弧齿、直齿和收缩齿、等高齿、延伸外摆线齿及各种展成修正齿轮的磨削于一身，首创的小直径铲形轮展成磨削工艺，具有灵活的可控性和广泛的加工适应性，具有自主知识产权和国际先进水平，填补了我国高速、精密大型锥齿轮磨齿机床的空白和长期依赖进口的局面，能满足多个重要经济领域大型精密锥齿轮的磨削加工。

QMK009 锥齿轮磨齿机最大磨削工件分度圆直径 2 500mm，最大端面模数 50mm，最大齿宽 500mm，台面直径 1 400mm，X/Y 轴行程 1500mm，Z 轴行程 1 000mm，台面可 360°旋转，摆动头垂直旋转范围 ±50°，摆动头水平摆动范围 ±120°。

9. 大连科德数控有限公司展出的 TG－45 六轴五联动数控刀具磨床

TG－45 六轴五联动数控刀具磨床采用平衡对称设计，结构稳定性高，热场均匀分布，便于补偿。底座为人造石材料，具有阻尼减震、耐热性、高精度、吸震性好、热稳定性好、耐蚀性等特性。砂轮主轴采用双电动机串联驱动，且驱动完全对称，平衡性好。B 轴可以实现 ±360°旋转，大幅度提高加工刀具种类，减少刀具重复装夹次数。

TG－45 六轴五联动数控刀具磨床可以加工大部分刀具，应用于所有刀具行业，配合大连光洋科技工程有限公司的高档数控系统，可以一次装夹完成群钻加工。该机床已申请 PCT 专利两项。

TG－45 六轴五联动数控刀具磨床最大砂轮直径 200mm；最大磨削直径 220mm；最大磨削长度 300mm；$X/Y/Z$ 轴行程 460mm/300mm/250mm；直线轴快移速度 20m/min；直线轴定位精度 0.005mm，直线轴重复定位精度 0.003mm（高精）；砂轮主轴最高转速 8 000r/min，最大转矩 108 N · m；B 轴最高转速 100r/min，最大转矩 1 200N · m；A 轴最高转速 1 000 r/min，最大转矩 218N · m；5 轴 5 联动；配置大连光洋科技工程有限公司 GNC60 光纤总线开放式高档数控系统和 GTOOL 刀具磨削工艺软件系统。

10. 济南二机床机床集团有限公司的 XHSV2525 × 60 高架式五轴联动龙门加工中心

XHSV2525 × 60 高架式五轴联动龙门加工中心工作台为落地式平台，一体式床身分别放置在工作台两侧，横梁安装在滑板上，沿床身纵向移动（X 轴），溜板沿横梁导轨横向移动（Y 轴），滑枕沿溜板上下移动（Z 轴），双回转摆动头可实现绕 Z 轴旋转（C 轴）和 X 轴旋转（A 轴），五轴联动。高转速和高的进给速度，整机具有良好的动态响应特性。铣头转速达到 24 000r/min，三轴进给速度 20m/s，各轴快速移动速度 40m/s。进给轴设计加速度达到 5m/s^2，X 轴应用直线电动机。该机床主要面向航空航天各个领域铝合金和钛合金零件的加工。

XHSV2525 × 60 高架式五轴联动龙门加工中心工作台面尺寸（宽 × 长）2 500mm × 6 000mm，立柱间距 3 660mm，五轴头端面至工作台面距离 250 ~ 1 500mm，龙门框架行程（X 轴）6 000mm，溜板横向行程（Y 轴）2 600mm，铣头滑枕行程（Z 轴）1 250mm，工作台承载 3t/m，铣头功率 40kW，主轴转速 10 ~ 24 000r/min，主轴锥度 HSK－A63，B 轴摆角 ±110°，C 轴摆角 ±200°。

11. 哈尔滨量具刃具有限责任公司展出的新型工具系统

新型工具系统包括HSK工具系统和热缩夹头。这种高速新型工具系统是高速精密数控机床(加工中心)的重要功能部件,其结构特性、精度、动平衡稳定性等直接影响和制约着高速精密数控机床性能和高速加工的质量和效率。HSK工具系统应用于加工中心、数控镗铣床、各类车床(车削中心)、磨床(磨削中心)、数控专机及数控加工自动生产线上,适用范围广泛,对现代轿车工业、飞机制造、汽车制造业及其他先进机械制造业的推动十分巨大。

12. 武汉华中数控股份有限公司展出的HNC-8A/B/C系列数控系统

HNC-8A/B/C系列是华中数控股份有限公司在CIMT2011展会大力推出的全数字现场总线数控系统。该系列产品是全数字总线式高档数控装置,采用模块化、开放式体系结构,基于具有自主知识产权的NCUC工业现场总线技术。最多支持10通道,每通道最大联动轴数为9轴,每通道最多主轴数为4轴。该系列产品支持总线式全数字伺服驱动单元和绝对值式伺服电动机,支持总线式远程I/O单元,集成手持单元接口,采用电子盘程序存储方式,支持CF卡、USB、以太网等程序扩展和数据交换功能。采用LED液晶显示屏,主要应用于数控车削中心、铣削中心、车铣复合、多轴及多通道等高档数控机床。

13. 南京工艺装备制造有限公司展出的伺服直驱旋转复合单元

伺服直驱旋转复合单元是最新开发的复合型、模块化功能部件,主要应用于高速、精密定位的直线运动场合。该功能部件将伺服电动机、编码器与滚动轴承、滚珠丝杠副高度集成,直接驱动螺母旋转实现直线运动及精密定位。与传统的“伺服电动机+滚珠丝杠副”直线驱动系统相比,该功能部件摒弃了联轴节、同步带轮、齿轮等过度传动环节,具有高效能、高精度、低振动、低噪声、转动惯量小和结构紧凑等特点,同时具备润滑、防尘、冷却等辅助功能。伺服直驱螺母旋转复合单元的成功开发为数控机床直线运动系统设计注入了新的理念、引入了新的结构。

此外,南京工艺装备制造有限公司还展出了高速、重载、精密滚珠丝杠和直线滚动导轨。

〔撰稿人:中国机床工具工业协会符祚钢〕

TOPTECH®
www.toptechmachine.cn

扬州欧普集团

我们拥有专业的团队，致力于数控车床，数控铣床，加工中心，总有一款适合您！

扬州欧普集团拥有扬州欧普兄弟机械工具有限公司、欧之星机械工具厂、欧普铁玛（扬州）机械工具有限公司以及拓展进出口有限公司。主要产品有数控机床、钻铣床、车床、钻床、金属切断锯、台式砂轮机及各式电动工具。目前已形成规格齐全配套、质量稳定可靠、服务快捷周到的经营格局。

“品质控制、先进的技术、不断创新的产品设计、良好的售后服务”是维系本公司的生存、成长之要素，我们的一切活动目标，都是在追求品质第一、创新科技、一流人才、专业完善的服务。

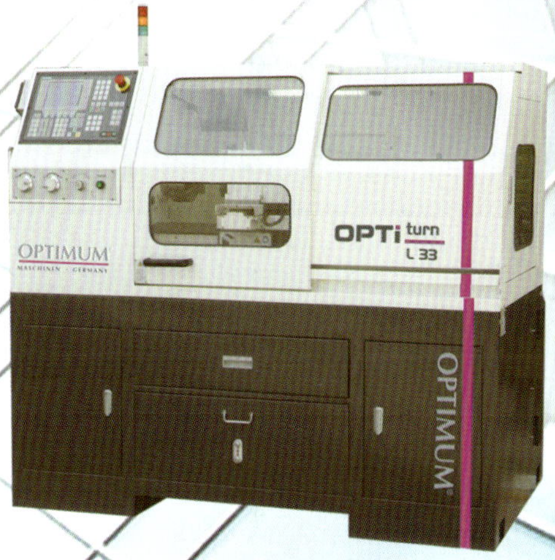

L33 CNC数控车床

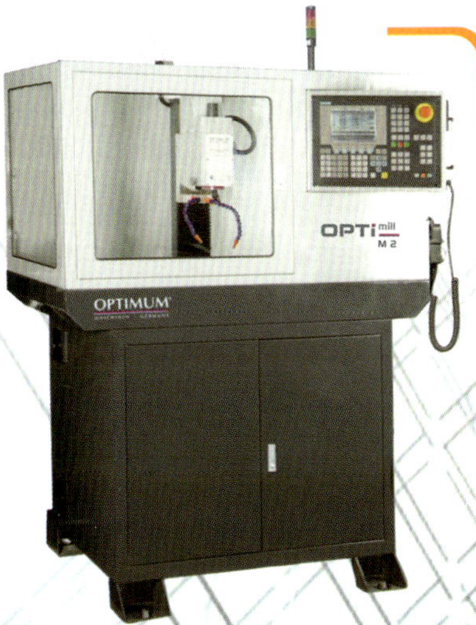

M2L CNC数控铣床

F210 TC CNC立式加工中心

F4 TC 加工中心

联系我们
contact us

地址：江苏省扬州市开发西路99号 邮编：225009
Tel: 0086-0514-85860388 85113988
Fax: 0086-0514-87086366 87899862
http://www.toptechmachine.net www.toptechmachine.cn
E-mail:james@toptechmachine.cn

宝玛数控
SUZHOU BAOMA

采用日本安川伺服控制

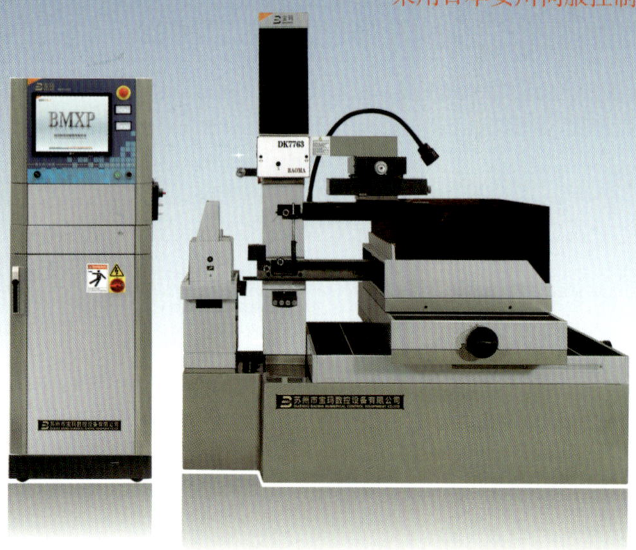

BMW型闭环中走丝线切割机床

- 机床运动部件采用精密滚珠丝杆、精密直线导轨；
- 线架为二悬臂对称结构形式，钼丝的张力均匀；
- 采用BMXP编控一体化软件，系统操作平台为WINDOWS XP；可嵌入式的控制系统，实现与多种设计软件无缝连接；
- 凭借着XP强大的网络功能，可实现数据交流和远程控制；
- 系统带螺距补偿功能，有效提高机床位置精度；
- 大容量数据库，方便用户随时调用和储存；
- 采用进口手控装置，快速位移6 000mm/min；
- 闭环控制采用的是日本安川或松下交流伺服系统；
- 冷却系统采用大容量水箱，三层高效过滤。

BMD703CNC全数控小孔加工机

- 能加工孔径0.2～3.0mm，最大深径比能达300:1以上；
- 加工速度可达30～60mm/min;
- 能加工不锈钢、淬火钢、硬质合金、铜及铝等各种导电材料；
- 能直接从斜面、曲面穿入；
- 具有电极自动修复功能，提高加工孔的精度；
- 带集中润滑系统，以及专业手控装置；
- 数控轴具有反向间隙补偿功能；
- X、Y、Z 轴采用滚珠丝杠,直线导轨；
- X、Y、Z 轴都采用伺服电动机驱动，控制精度0.001mm。

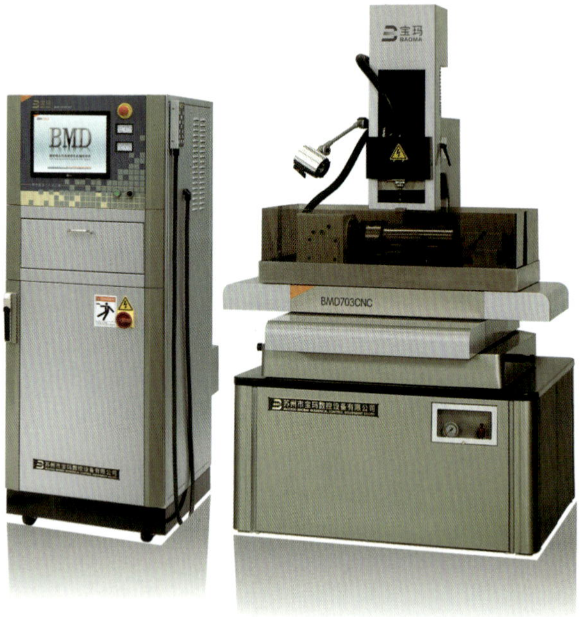

三轴数控牛头式成形机

- 机身为树脂砂去应力高级铸铁，工作台采用HT300高频淬火；
- 三轴滑轨采用中国台湾P级线轨，于重压下滑动轻巧，精度不变；
- 采用日本NSK精密级轴承，进口油泵；
- 伺服控制可选择直流伺服、交流伺服，直流伺服采用日本三洋伺服电动机，交流伺服采用日本松下交流伺服电动机；
- 可靠的安全装置：液位控制、液温控制、火焰监控装置，拉弧、短路自适应处理功能。